欧洲大学史

第二卷

近代早期的欧洲大学

（1500—1800）

总主编 瓦尔特·吕埃格
General Editor WALTER RÜEGG

欧洲大学史

A HISTORY OF THE UNIVERSITY IN EUROPE

第二卷 近代早期的欧洲大学（1500—1800）

VOLUME II UNIVERSITIES IN EARLY MODERN EUROPE (1500—1800)

主编 希尔德·德·里德-西蒙斯
Edited by H. DE RIDDER-SYMOENS

贺国庆 王保星 屈书杰
张婷姝 张 薇 金传宝 译

贺国庆 王保星
张 薇 金传宝 审校

河北大学出版社
Hebei University Press

冀图登字：03-2001-014

《欧洲大学史》第二卷《近代早期的欧洲大学(1500-1800)》

A History of the University in Europe, Volume II,

Universities in Early Modern Europe, 1500-1800

本书根据剑桥大学出版社(Cambridge University Press)1996年版翻译

图书在版编目(CIP)数据

欧洲大学史：近代早期的欧洲大学：1500－1800．第2卷/(瑞士)吕埃格主编；(比)里德－西蒙斯分册主编；贺国庆等译．—保定：河北大学出版社，2007.10

ISBN 978-7-81097-182-9

Ⅰ．欧… Ⅱ．①吕…②里…③贺… Ⅲ．高等教育－教育史－欧洲－1500－1800 Ⅳ．G649.509

中国版本图书馆CIP数据核字(2007)第078065号

责任编辑 臧燕阳 Tel:0312-5921826 E-mail:zyyzmq@yahoo.com.cn

封面设计 王占梅

版式设计 赵 谦

责任印制 闻 利

出版：河北大学出版社(保定市五四东路180号)	印数：1～4500册
经销：全国新华书店	版次：2008年8月第1版
印制：河北新华印刷一厂	印次：2008年8月第1次
规格：1/16(787mm×960mm)	书号：ISBN 978-7-81097-182-9/G·579
印张：48.75	定价：100.00元
字数：725千字	

欧洲大学史

这套四卷本丛书由欧洲大学校长常设会议(CRE)领导的编委会组织编写。CRE 是一个非政府组织,总部设在瑞士日内瓦,会员包括东欧和西欧的许多大学,总数超过 500 个。CRE 作为本套丛书的协调者,委托其副秘书长管理全部工作,并任编委会秘书。

在过去的一千年中,大学是欧洲唯一一种基本形式、基本社会作用和功能都保持不变的机构。本套丛书将阐明大学如何且为什么能逐渐包括所有的知识,并遍布于世界绝大部分地区,大学是如何形成欧洲共同智力传统的,以及大学是如何培养学术和职业精英的,这些精英的精神气质具有超越国界的特征。

本套丛书包括:

第一卷　中世纪大学

　主编　希尔德·德·里德-西蒙斯

第二卷　近代早期的欧洲大学(1500—1800)

　主编　希尔德·德·里德-西蒙斯

第三卷　19 世纪和 20 世纪早期的大学(1800—1945)

　主编　瓦尔特·吕埃格(准备中)*

第四卷　1945 年以来的大学

　主编　阿萨·布里格斯(准备中)

---

* 原文如此,第三卷已于 2004 年由英国剑桥大学出版社出版——译者。

译校者序

本卷作者来自英国、荷兰、波兰、德国、美国、丹麦、比利时、西班牙、瑞士、意大利和法国等十余个国家，可以说，本书是国际学术交流和合作的结晶。

本卷结构和特色与第一卷基本相同，由于第一卷译校者已作详尽交待，此处不再赘言。

众所周知，现代大学制度诞生于中世纪的欧洲，关于中世纪大学的研究汗牛充栋。然而，关于中世纪以后直到19世纪之前欧洲大学的发展，我们知之甚少，有关研究即使在欧美也不多见。人们根据并不充分的资料或在未能充分挖掘已有资料的情况下，以“僵化”、“颓废”、“麻木”等词来描绘这一时期的大学，更有人把这段时间比喻为大学发展的“冰河期”，认定大学在这二三百年间处于一种与世隔绝的状态，不仅落后于时代的要求，而且对科学和学术贡献甚微或毫无贡献。实际情况果真如此吗？本卷研究近代早期(1500—1800)欧洲大学的历史，以大量翔实的材料和确凿的事实，纠正和消除了以往研究的偏差和误区，使我们对近代早期大学的认识更趋全面和客观。本书的学术价值是不言而喻的。

本卷的翻译工作，主要是由河北大学教育学院部分教师和个别博士生承担的。在翻译过程中，我们遇到了前所未有的困难和障碍。仅举一例，本书除了英文外，涉及大量拉丁文、德文、法文、西班牙文及意大利文词汇，有的词汇在词典里根本查不到，只能根据上下文推测其意，这就难免有出错的时候，但因为出版日期所限，这些错误只能留待将来改正了。

本书分工如下：贺国庆翻译前言和第一章，张薇翻译第二章、第三章、第四章，屈书杰翻译第五章、第六章、第七章，张婷姝翻译第八章、第九章、第十章，王保星翻译第十一章、第十二章、第十三章，金传宝翻译第十四章、尾声，张弛、檀慧玲翻译人名索引，孙冬青、何振海翻译主题索引。译稿完成后，王保星对前言、第一章、第二章、第三章、第四章、第五章，金传宝对第六章、第七章、第八章、第九章、第十章，张薇对第十一章、第十二章、第十三章、第十四章、尾声分别进行了校对，全书由贺国庆终校。

在本书翻译中，何振海、檀慧玲、张宛承担了部分技术性工作。

最后要感谢河北大学出版社前社长宫敬才教授和责任编辑臧燕阳为本书翻译出版付出的心血和劳动。

贺国庆

2007 年 9 月于河北大学教育学院

目　录

第一编　主题与模式

第二编　结构

第三编 学生

第四编　学术

地图一览表*

* 地图一览表中的页码为原书页码——译者。

作者与主编

阿萨·布里格斯(英国),1921年出生于约克郡,勋爵,目前已经退休。曾任牛津大学沃斯特学院院长(1976—1992)、苏塞克斯大学校长(1967—1976)、英国社会历史学会会长、巴黎欧洲教育与社会政策研究所所长(1974—1990),1978至1994年,任开放大学名誉校长。

劳伦斯·布罗克里斯(英国),1950年出生于肯特郡的贝克汉姆。牛津大学莫德林学院研究员、牛津大学现代史专业的导师,1986至1993年任《大学史》的编辑。他的许多著述主要集中在法国大学的哲学教学和医学教学,以及17和18世纪法国的学院和大学的智力作用方面。

威廉·弗里霍夫(荷兰),1942年出生于聚特芬。鹿特丹的伊拉斯谟大学近代早期文化和智力史教授,目前关注的研究领域为近代早期欧洲的阅读文化、脑力职业,以及文化传递的非正式方式。他是《大学史》编委会的成员,荷兰皇家人文科学院的成员。

亚历山大·盖伊什托尔(波兰),1916年出生于莫斯科。曾任波兰科学院院长(1980—1984、1990—1994),华沙皇家城堡主管(1980—1992),目前是华沙大学历史学名誉教授。

诺特克尔·哈默施泰因（德国），1930 年出生于美因河畔的奥芬巴赫。美因河畔法兰克福大学近代早期史教授，出版了数本关于德国大学史和教育史的著作，目前是《大学史》编委会成员。

尤尔根·赫布斯特（美国），1928 年出生于布朗斯威格。威斯康星州麦迪逊大学教育政策研究和历史学名誉教授、全国教育学会委员，1988 至 1991 年任教育史国际常务会议主席。其著作和教学主要集中在美国教育史、美国历史和美国文明等领域。

赖纳·A. 穆勒（德国），1944 年出生于奥尔珀的北莱茵－威斯特伐利亚。先在慕尼黑大学中世纪史研究所做助教，随后在"拜恩历史之家"担任了一个时期的科学顾问，后被任命为艾希施泰特天主教大学的历史学教授。

奥拉夫·彼德森（丹麦），1920 年出生。奥胡斯大学科学史名誉教授、剑桥圣埃德蒙德研究所的访问研究员、国际科学哲学与科学史学会副主席和国际天文学学会历史委员会主席。

罗伊·波特（英国），1946 年出生于希钦。曾在剑桥大学进行了一段时间的历史教学和研究工作，之后在 1982 年被任命为伦敦威尔克姆医学史学院的医学社会史教授。著述广泛，并担任《科学史》杂志编辑。

希尔德·德·里德－西蒙斯（比利时），1943 年出生于布鲁塞尔的圣扬斯－莫伦贝克。阿姆斯特丹自由大学的中世纪史教授、根特大学比利时国家科学研究基金会的准研究员；1985 年起，一直担任国际大学史委员会秘书长。

约翰·罗伯茨（英国），1928 年出生于巴斯。曾在牛津大学默顿学院任院长，之前他是现代史专业的研究员和导师（1983—1994），还担任了几年南安普敦大学的副校长，1967 至 1976 年任《英格兰历史评论》的联合主编。

阿格达·玛丽亚·罗德里格斯·克鲁斯（西班牙），1933 年出生于加那利岛上的塔泽科特。曾在西班牙、委内瑞拉和哥伦比亚受过教育，是多明我会成员，1985 年起任萨拉曼卡大学的正式教授（此前她曾在该大学任短期教授）。她是拉丁美洲教育史方面的专家，并在该领域发表了不少著述。

瓦尔特·吕埃格（瑞士），1918 年出生于苏伊士。伯尔尼大学社会学名誉教授，前法兰克福大学社会学教授，1965 至 1970 年任法兰克福大学校长，目前是《欧洲大学史》的总主编。

威廉·施密特·比格曼（德国），1946 年出生于奥尔珀。现在是柏林自由大学哲学教授，研究主要集中在中世纪和近代早期的哲学史和人文主义方面。

爱德华·希尔斯（美国），1910 年出生于马萨诸塞州斯普林菲尔德，1995 年在芝加哥去世。《密涅瓦》的创办者和编辑，曾任芝加哥大学社会思想和社会学教授，剑桥大学彼得学院、伦敦经济学院的研究员。

玛丽亚·罗萨·迪西莫内（意大利），1949 年出生于罗马。曾在罗马大学以副教授身份教授意大利法律史，1986 年被任命为的里雅斯特大学教授。出版了数本关于法律教学、政治和社会机构史以及大学史的著作。

彼得·范德梅尔斯（比利时），1961 年出生于托尔豪特。在根特大学学习历史，曾在比利时国家科学基金委员会中担任研究员，之后在安特卫普大学担任助教；目前是比利时日报《标准》的记者。

雅克·韦尔热（法国），1943 年出生于波尔多附近的塔伦斯。巴黎高等师范学校中世纪史讲师、国际大学史委员会的副主席。

读者指南

本套丛书尽管是由专家们编撰的，但却面向一般读者。因此，各章所附的注释和精选文献都尽量精简。这些注释要么是引文出处(一般是与该主题相关的最主要或最新的资料)，要么是一些量化的数据或用以解释某个问题的两种阐释之间的区别的。每一章后面都有一份精选文献。这些文献并不是详尽无遗的，目的只是鼓励进一步的阅读。读者可以在本书文献中涉及的著作里找到更完整的参考书目。由于这一时期有一些著名的著作在几章中都被引用，所以在注释中就使用这些著作题目的缩写形式。本书中有注释文献缩写表。另外，读者在第二章(《模式》)末，可以看到较为笼统的参考书目和一些地图，因为这一章确定了近代早期大学的存在和性质。为了避免各章之间过多的重复，编者们相互参照其他章节的内容及注释，从而告知读者关于某一主题可以在本卷丛书的其他地方找到更为充裕的资料(也可参考地名与主题索引)。整卷书都使用标准英语专有名词的写法；必要的时候，通过在人名索引中的相互参照，也会采取一种在欧洲大陆更为常用的表达形式。

注释文献缩写

Ajo González, *Universidades hispánicas*

C. M. Ajo González de Rapariegos y Sáinz de Zúñiga, *Historia de las universidades hispánicas*, *Orígenes y desarrollo desde su aparición a nuestros días*, 11 vols. (Madrid, 1957 – 1977).

Brockliss, *French Higher Education*

L. W. B. Brockliss, *French Higher Education in the Seventeenth and Eighteenth Centuries. A Cultural History* (Oxford, 1987).

Chartier, *Education en France*

R. Chartier, M.-M. Compère and D. Julia, *L'Education en France du XVI e au XVIII e siècle* (Paris, 1976).

Coing, *Handbuch I*

H. Coing (ed.), *Handbuch der Quellen und Literatur der neueren europäischen Privatrechtsgeschichte*, vol. I (Munich, 1973).

Coing, *Handbuch II*

H. Coing (ed.), *Handbuch der Quellen und Literatur der neueren europäischen Privatrechtsgeschichte*, vol. II (Munich, 1977).

Conrads, *Ritterakademien*

N. Conrads, *Ritterakademien der frühen Neuzeit. Bildung als Standesprivileg im 16. und 17. Jahrhundert* (Göttingen, 1982).

Frijhoff, *Gradués*

W. Frijhoff, *La Société néerlandaise et ses gradués 1575 – 1814. Une recherche sérielle sur le statut des intellectuels à partir des registres universitaires* (Amsterdam/Maarssen, 1981).

Hengst, *Jesuiten*

K. Hengst, *Jesuiten an Universitäten und Jesuitenuniversitäten* (Paderborn/Munich/Vienna/Zurich, 1981).

History of Oxford III

J. McConica (ed.), *The History of the University of Oxford*, vol. III: *The Collegiate University* (general editor: T. H. Aston)(Oxford, 1986).

History of Oxford V

L. S. Sutherland and L. E. Mitchell (eds.), *The History of the University of Oxford*, vol. V: *The Eighteenth Century* (general editor: T. H. Aston) (Oxford, 1986).

I collegi universitari

D. Maffei and H. de Ridder-Symoens (eds.), *I collegi universitari in Europa tra il XIV e il XVIII secolo. Atti del Convegno di Studi della Commissione Internazionale per la Storia delle Università, Siena – Bologna* 16 – 19 *maggio* 1988 (Milan, 1990).

Kagan, *Students and Society*

R. L. Kagan, *Students and Society in Early Modern Spain* (Baltimore/London, 1974).

Kearney, *Scholars and Gentlemen*

H. F. Kearney, *Scholars and Gentlemen: Universities and Society in Pre-Industrial Britain, 1500 – 1700* (London, 1970).

Klinge, *Kuningliga Akademien*

M. Klinge, A. Leiloka, R. Knapas and J. Stömberg, *Kuningliga Akademien i Åbo 1640 – 1808*, Helsingfors Universitet 1640 – 1990, vol. I (Helsinki, 1988).

McClelland, *State, Society and University*

C. E. McClelland, *State, Society and University in Germany 1700 – 1914* (Cambridge, 1980).

Paulsen, *Geschichte des gelehrten Unterrichts*

F. Paulsen, *Geschichte des gelehrten Unterrichts auf den deutschen Schulen und Universitäten: vom Ausgang des Mittelalters bis zur Gegenwart mit besonderer Rücksicht auf den klassischen Unterricht*, vol. I (Leipzig, 1885; 3rd edn, Leipzig, 1919); vol. II, 3rd edn (Leipzig/Berlin, 1921).

Populations étudiantes

D. Julia, J. Revel and R. Chartier (eds.), *Les Universités européennes du XVI e au XVIII e siècle. Histoire sociale des populations étudiantes*, 2 vols. (Paris, 1986 – 1989).

Roche, *Le Siècle des Lumières*

D. Roche, *Le Siècle des Lumières en province. Académies et académiciens provinciaux 1680 – 1789*, 2 vols. (The Hague/Paris, 1978).

Stone (ed.), *The University in Society*

L. Stone (ed.), *The University in Society*, 2 vols. (Princeton, N. J., 1974).

Universität und Gelehrtenstand

H. Rössler and G. Franz (eds.), *Universität und Gelehrtenstand 1400 – 1800* (Limburg/Lahn, 1970).

Universités européennes

Les Universités européennes du XIV e au XVIII e siècle. Aspects et problèmes (Geneva, 1967).

Verger (ed.), *Universités en France*

J. Verger (ed.), *Histoire des universités en France* (Toulouse, 1986).

前　言

总主编　瓦尔特·吕埃格

“直到 20 世纪 50 年代早期，大学的历史都是一个未知的领域，只是由那些虔诚的圣徒传记作者、目光短浅的编年史家，以及史前动物中最危险的一种——教育史家所占据。这后一种人……似乎只关心为当代教育不切实际的思想搜集历史的证据，或者找出那些符合现代认可标准的最早的教学实践方面的实例。”①这种判断来自于一篇关于 16 和 17 世纪英格兰大学的论文，尽管含有一定的夸大和侮辱的意味，但却包含了事实的核心，它应该对那些忙于寻找过去的美好根源的人们起到警示的作用。这是因

① V. Morgan, ‘Approaches to the History of the English Universities in the Sixteenth and Seventeenth Centuries’, in G. Klingenstein, H. Lutz and G. Stourzh (eds.), *Bildung*, *Politik und Gesellschaft*. *Studien zur Geschichte des europäischen Bildungswesens vom 16. bis zum 20. Jahrhundert*, Wiener Beiträge zur Geschichte der Neuzeit, 5 (Vienna, 1978), 142.

为，正像另外一位历史学者曾经说的："作为一个一般原则，一所大学的历史是由一些特别指定的历史学者所写的一份'官方'历史。在这样的情况下，这种描述通常把其表现地一点儿缺陷都没有。"②

现在的这套《欧洲大学史》是由欧洲大学校长常设会议（CRE）发起编写的，该组织拥有东欧和西欧的大约500所大学作为会员。然而，它绝不是欧洲大学的"官方"历史。正像在丛书第一卷的介绍中所说的那样，CRE定期开会讨论其成员当前的问题和将来的任务，在20世纪80年代初决定，它需要对大学的历史有更深入的了解。由于这项工作到目前为止是没有人做过的，CRE建议召开一次大学历史学者和社会学者的会议，来考虑这一计划的可行性。1983年，CRE决定可以实施这一计划之后，它将详细策划该计划并将其付诸实施的任务交给了一个编委会。

筹划全部四卷著作、选择撰稿人、整理和编辑稿件，过去是、现在也完全是编委会的职责。编委会的唯一指导原则是，要达到进行比较的、综合的分析目标，为此要吸收以下几方面最新的研究成果：社会环境和社会职责、不同的智力和体制特色、从中世纪至今欧洲大学的结构和主要问题。本著作要论述的是欧洲各大学基础性和永久性的特征，包括各大学普遍具有的特征以及它们的民族差异和地区差异。对编委会会议的经济资助和人力支持、学术帮助和翻译都是由各私人慈善基金会和各大学提供的。大学校长常设会议的总秘书处负责编委会的管理工作。

正像1992年问世的关于中世纪大学的第一卷所显示的那样，许多在1950年之前出版的关于中世纪大学的研究著作，即使写作的目的是周年庆典，或是为了证明现在的目标的正确性，也在相当大的程度上直接和间接地增添了对大学史未知领域的阐释。尽管这样，我们还是屡次碰到一些研究尚未涉及的、迄今尚无定论的问题。

这一点在1500至1800年间表现得更为明显。以这些资料为基础研究高等教育与大学发展、课程与教学，以及经济、政治与智力环境的详细著作只有一部，但是该书并没有涵盖整个欧洲，而仅仅局限于讲德语的地区。该书的作者在前言中写道："使我全神贯注于过去的，是对于我们高等教育

② Kearney, *Scholars and Gentlemen*, 11.

的未来的兴趣。”③事实上，该书作者、柏林大学哲学兼教育学教授弗里德里希·保尔森1890年在柏林的一次著名的教育会议前的公开讨论上说，他的目的是打破文科中学里古典语言的垄断。正是由于这个原因，他试图证明古典语言在纯人文主义教育中是毫无用处的。不过，他坚信一条古老格言：“历史只能教给那些倾听它的人，而不是那些想告诉历史点儿什么东西的人。”这项成果在1888年以两大卷的形式首次出版，成为1500至1914年其第三版面世期间德语国家的关于文科中学和大学史的经典性著作。④

正如雅克·韦尔热在1981年所评论的那样，近代早期的大学并不享有什么好名声。当谈到当时的大学时，人们往往使用“僵化”、“颓废”、“麻木”这样的词汇。造成这种情况的原因之一是，可以利用的丰富文献却被非常有限地使用。⑤1984年，海科·奥伯曼总结了这种情况的三个成因：其一，由于大学史是中世纪问题专家的专门领域，现代历史学者对于可以研究“现实”生活的其他一些领域更感兴趣，他们对大学领域只是谦恭地点头表示一下而已；其二，根据奥伯曼的观点，对文艺复兴时期的早期研究仅局限于16世纪初的人文主义与经院哲学之间的冲突；其三，最优秀的大学史学者也承认这一点，即1500至1800年间的大学不那么令人感兴趣，因为在社会最需要它们的时候，它们却忽视了自己的社会功能，陷入危机。⑥

同时，关于近代早期大学的研究前景被明显看好，因而降低了前面那些说法的可信性。在过去的10年中，出现了一批重要的调查研究，特别是一些关于科学、教育发展，以及关于学生的社会流动性与职业定向的研究。这些调查报告在很多方面扭转了对于大学衰落的负面印象。在关于文艺

---

③ Paulsen, *Geschichte des gelehrten Unterrichts*, vol. Ⅰ (Leipzig, 1885; 3rd edn, Leipzig, 1919), xvi.

④ Paulsen, *Geschichte des gelehrten Unterrichts*, vol. Ⅱ, 3rd edn (Leipzig/Berlin, 1921).

⑤ J. Verger, 'Les universitiés à l'époque moderne', in G. Mialaret and J. Vial (eds.), *Histoire mondiale de l'éducation*, vol. Ⅱ (Paris, 1981), 247 – 272; M.-M. Compère, 'Les universitiés: d'une cléricature à l'autre', in Chartier, *Education en France*, 249; J. Le Goff, 'La conception française de l'université à l'époque de la Renaissance', in *Universités européennes*, 96 – 98.

⑥ H. A. Oberman, 'University and Society on the Threshold of Modern Times: the German Connection', in J. M. Kittelson and P. J. Transue (eds.), *Rebirth, Reform and Resilience: Universities in Transition 1300 – 1700* (Columbus, Ohio, 1984), 21 – 25.

复兴的近期研究中，表现出人文主义与经院哲学之间的矛盾并非那么尖锐，今天它们其实只在几点上有联系。大学的社会角色是我们四卷书的主题。本卷显示，大学的功能的确是变化了，以适应即时的社会需要和要求。

也许正是这种从追求真理到满足社会需要的社会功能的转变，阻碍了1500至1800年综合性的大学史的出现。第二章后面有题为“综合性的著作”的文献调查，该调查参考了我们的撰稿人弗里约夫和韦尔热的两份简短的调查报告、关于这一主题的不同方面的三篇文章，以及把欧洲看做一个整体背景的三本书。斯特凡·德伊尔绍伊的给人以深刻印象的书用168页的篇幅概括了直到1933年的知识发展状况。1984年问世的《欧洲大学的历史概略》，与我们的主题有很紧密的联系，该书包括各大学的最重要的历史时代和文献目录。意大利出版的《欧洲大学史》，装帧考究，有很多插图，在第二卷中包括了1500至1650年这一时期。该书由一批杰出学者撰写，描述了不同欧洲国家的大学的历史，但它每章的参考文献却非常有限。

关于欧洲大学的最重要的历史著作，比如德里弗勒、坎弗曼和拉什德的那些著作，都局限在中世纪这一时期中，这与作者的意图部分相左。为避免出现这一危险，本丛书编委会在准备第一卷之前两年就开始着手本卷的工作。本卷在第一卷出版之后，花费一年时间才完成出版前的准备工作，这一点可以作为本卷所面临的困难的一个证明，这些困难是由将某些章节联系起来所引起的，它要求一次次地修订，甚至需要变更撰稿人。

查尔斯·B.施密特是16世纪大学史的权威，他也是开拓性的国际《大学史》年鉴的创始人，他在1975年写道：

> 不仅对于一些甚至是最重要和最有影响的大学中心而言，还有很多基础性的工作没做，而且迫切需要我们对一些大学之间的关系进行综合性的和比较性的研究。然而，即使是在目前出版的这些资料的基础上，我们也仅处于开始进行某种形式的综合分析的阶段。

我们自己的著作不会超越施密特对他自己的论文的主张：“简言之，我所遵从的只不过是整体分析的一项基础性尝试。”⑦

本卷与第一卷在结构上是类似的，只有两点不同之处。在第二编(《结构》)中提供了一份关于欧洲大学模式向其他大陆输出的报告(正如在第一卷前言中指出的那样)，在 16 和 17 世纪是向中美洲、南美洲和北美洲输出。尽管起初我们计划设计两个二级标题，但后来还是决定，从把整个著作看做是一个总体的欧洲的观点出发，将两个独立的二级标题合并成比较性的、单一的一章。在第四编(《学术》)中，我们没有按照中世纪的科系(faculties)划分，部分原因是由于在我们所写的这一时期，科学的发展打破了旧的科系界限，还有部分原因是这种发展的一些部分是在大学之外发生的。这部分内容在第十一章(《传统与创新》)中介绍，它是对科学的历史分析，正如科学在中世纪的发展以及它们在大学内外的复兴和发展一样。大量的关于在这四个科系中所教授的内容的呈现，构成了这一部分的结论。在这两个部分之间，有一章《知识的新结构》，它论述各种力图将快速发展的知识体系进行概念化和体系化的努力，从神学作为主导科学的中世纪和宗教改革时期，到法学成为主导科学的 17 世纪，直至哲学获得类似地位的 18 世纪。关于科学发展的这一章，考察了这一时期的科学历史的主题——科学革命。它表明，在远比我们想到的广得多的程度上，科学在英国各大学中有了很大的发展，它还涉及到这种发展对大学的影响。

与第一卷一样，本卷的各章先是由编委会的专任主编修订，继而由各位作者修订。最后的定稿，也与第一卷一样，是由本卷主编希尔德·德·里德－西蒙斯完成。

---

⑦ C. B. Schmitt, ‘Philosophy and Science in Sixteenth Century Universities: Some Preliminary Comments’, in J. E. Murdoch and E. D. Sylla (eds.), *The Cultural Context of Medieval Learning* (Dordrecht, 1975), 485 – 537; 引自:485 及 486.

鸣 谢

《欧洲大学史》的准备工作一直获得下述机构的无私支持:伯尔尼大学的马克斯和埃尔斯·比尔－布朗温德基金会,埃森的德国促进科学与人文捐赠者协会,阿姆斯特丹欧洲文化基金会,波恩的康拉德·阿登纳基金会,马德里的拉蒙·阿雷塞斯基金会,葡萄牙高等教育政府秘书处、国家科学研究院及里斯本的卡勒斯特·格尔本肯基金会,波尔图的安东尼奥·德·艾尔美达基金会,苏黎士－维塔－艾尔皮纳保险公司朱比利基金会,巴塞尔霍夫曼－拉·洛克公司,沃韦的雀巢公司,苏黎士的瑞士信贷银行,汉诺威的沃克斯温基金会,以及科隆的弗里茨·蒂勒森基金会。我们真诚地感谢这些赞助机构。我们同样感谢承办我们的会议和讨论会的那些大学,特别是伯尔尼大学、萨拉曼卡大学、科英布拉大学、艾希施泰特大学、牛津大学、波鸿大学、博洛尼亚大学和根特大学。我们还在此表达我们对于以下两位教授的敬意,他们是格拉茨大学的格雷特·克林斯坦和伦敦大学名誉教授W.罗伊·尼布利特。与编委会的成员一样,他们在本计划的初期阶段帮助我们列出了《欧洲大学史》的框架。另外,我们还要感谢尼古劳斯·洛布科维茨的建议和支持。作为慕尼黑大学的前校长、艾希施泰特天主教大学的现任校长，洛布科维茨在界定和发起整个工作中发挥了关键作用。最后，我们还要感谢遍布整个欧洲的国家通讯员，他们非常慷慨地奉献了他们的时间和知识，帮助我们使本卷丛书在其范围上更“欧洲化”，这些人是罗马格列高利大学的米格尔·巴特罗瑞教授、伯明翰阿斯顿大学的约翰·弗莱彻博士、乌普莎拉大学的托雷·弗兰斯米尔教授、格拉斯哥大学的迈克尔·莫斯先生、克拉科夫·捷吉伦吉安大学的卡米拉姆罗佐乌斯卡教授、奥伯托大学的路易斯·德奥利韦拉·拉莫斯教授、瓦伦西亚大学的玛里亚诺·佩塞特·雷格教授，以及当时在雷尼格拉德国家文化学院工作的格里高瑞·季什金教授。我们尤其应该感谢的是欧洲大学校长常设会议（CRE）秘书长安德里森·巴伯兰和副秘书长艾利森·德·皮默热－布朗宁，正是他们的热忱和机智，使这么多欧洲学者得以和谐地（实际上是友好地）合作相处。

第一编　主题与模式

第一章 主 题

瓦尔特·吕埃格

引言

《欧洲大学史》每一卷的第一部分都打算向读者提供各个时期大学全貌的概况或鸟瞰。随后的每一章都各自围绕一个主题,向读者进行具体阐述。当然,第一章并不刻意提前概括后面几章要论述的所有问题。例如,本卷第一章就未概括16世纪的宗教改革和反宗教改革运动的历史框架,也不试图概括针对法国大革命的极权统治的历史框架。同第一卷一样,本卷力图使大家注意那些在大学的发展过程中出现的主题,目的是阐明这些主题产生的前提,就如同在考古时,进行挖掘之前,总要先对地貌进行空中拍照以弄清这一地形深层次的结构。接下来的第二章以具体的细节描绘大学全貌的特征,其中包括大学的各种机构形式。这一章以宽广的视野考察1500至1800年大学的地域性扩展和分布情况。

一个贯穿全卷始终的主题是,在大学所经历的演变过程中人文主义的重要性。显而易见,课程及各种思想流派都影响着大学,新的智力中心的出现也与之有关。此外,有关的因素还包括某些大学相对更具吸引力、大学师生的流动等,这些在后面的各章中将有详细的论述。

4 然而,导致人文主义产生不同效果的原因是什么?难道只是大量新发现的古代神学的、法学的、医学的、哲学的和历史学的文献所造成的吗?上述这些文献都大大拓宽了知识的范围,并对高等教育作出了相应要求。然而,虽然存在着百科全书式的教育观、科学观和学术观(这种百科全书式的观点也渗透在数学和自然科学中),但也无法解释人文主义教育的影响是如何导致科学上的新发现并导致科学上的革命的,像哥白尼在天文学方面和维萨里在解剖学方面所作的贡献,是由人文主义促成的吗?还是与人文主义无关?

1500至1800年大学史还有第二个主题,这就是政治世界的分裂。这种分裂是伴随着宗教团体与各国之间的分离而产生的。政治世界的分裂带来了随之产生的一系列无休止的政治迫害和战争。在这种背景下,欧洲学术界怎么可能自立,甚至扩展和巩固自己的地位呢?

毫无疑问,中世纪的欧洲文明还远没有达到完美的智力统一。然而,在那时的学术界,天主教权力机构还是培养了一定的统一性,即保证教学的普遍权力——巡回讲学的自由,经院主义的教学方法及巴黎大学和博洛尼亚大学对较新的和较小的大学的榜样的作用也助长了这种统一性。但当这些因素不复存在的时候,如在近代欧洲早期,使欧洲学术界联系在一起的因素又是什么呢?

正像前言中所讲的那样,大学的社会作用是我们这套丛书的基本主题。欧洲大学是否忽视了对它们各自社会的责任呢?当社会最需要大学提供帮助的时候,大学是否正由于内部的危机而无能为力呢?还有,关于前面已经提到过的"最好的大学史学者"的争论,早在十年前就已经过时了。提出那些观点的H.A.奥伯曼曾指出,证明三十年战争前的德意志帝国大学中所存在的危机是不可能的;他说,恰恰相反,从教会会议开始,"文职官员这一新的阶层,即教师的地位大大提高"。埃克博士是因戈尔施塔特大学的一名教授兼副校长,他是马丁·路德观点的反对者。针对埃克博士所提出的框架，马丁·路德声称，作为一名神学博士，有自由讨论关于教会的批判性主题的权利。马丁·路德的这一观点得到了他所在的维滕堡大学及该大学领导人、选帝侯“智者腓特烈”的支持，后者不是以个人身份，而是作为这所大学的一个杰出的成员的身份来支持马丁·路德的。①

由于教会特权和利益的暂时取消，宗教改革先是引起大学学生数量的锐减，接着又出现了大学学生人数剧增的情况。为什么大学对各王国和各市政当局如此重要，使得它们在一有足够的资金的情况下就马上建立自己的新大学？它们期望从大学中得到些什么？大学又在多大程度上能满足这些期望呢？ 5

本章认为，人文主义的三种现象、学术团体及大学的社会作用这些都可以追溯至一个共同的源头，那就是关于时代和世界的概念的改变，以及受过人文主义教育的知识分子对于自己的专业作用和自己在社会中的权利和义务的设想的相应改变。这一改变源自于意大利的人文主义，它在近代早期影响了全欧洲的每一所大学。

第一卷以人文主义的出现为结尾，本卷则概述了在近代早期的大学发展中人文主义的源头这一背景，这是与第一卷相呼应的。

时代感的变化首先证明了这样一种信念：一个新时代开始了，而目前这个时代与古代和中世纪都不相同。人们不再把现在看做是世界历史的最终阶段，而是把现在看做是两个时代之间的一个过渡时期。

从一个时代到另一个时代的过渡期是由多种多样的历史事实和日期来界定的，如但丁和彼特拉克的诗歌、印刷术的发明、1453 年君士坦丁堡的衰落以及 1492 年美洲新大陆的发现等，是否把过去作为人类行为的中心，这要视历史评论而定。人们试着尽量精确地描述古代的个人和复杂的往事，并把这些人物和事件置于确切的日期和记载之中。大学教师们揭露了诸如将教会财产“捐献给君士坦丁”这一类的谎言。

最后但并非最不重要的一点是，从一个时代过渡到另一个时代的感觉，使得一种现世未来的观念变得富有意义，其间个人好奇心和关注点得

① H. A. Oberman, ‘University and Society on the Threshold of Modern Times: the German Connection’, in J. M. Kittelson and P. J. Transue (eds.), *Rebirth, Reform and Resilience: Universities in Transition 1300 – 1700* (Columbus, Ohio, 1984), 30 – 35.

以进行水平性的探究，不受外部世界的干扰，由此创造出一个广阔的视角。历史也不再被看做是进步观念的一个体现。虽然如此，随着美洲新大陆的发现，对于科学家和学者来说，"新"成为了一个重要的术语，他们都很自豪地指出他们的发现及他们描绘这些发现的文字的"新"之处。通过这样做，他们把自己与"旧"的发现和作品区别开来。这表明了判断标准方面的转变：由过去基于权威的、传统的规范判断标准，转变为与将来新的、有价值的和发现的可能性相一致的新的判断标准。对于新奇、变化的追求，对于名声的渴望，所有这些在原来都不被认为是学者的美德，现在在大学中却被认为比旧的美德更为重要，如与世无争、沉思和自制。

这不仅仅是人类行为方式获得了新的意义的时代，整个世界，作为人类行动的舞台都将成为科学、学术好奇和努力的目标。这种现象并非只出现在发现美洲之后，在发现美洲之前，就有许多其他航海旅程及偶尔有商人前往东亚的旅行。这些旅行的口头报告用拉丁文记录了下来，这样全世界的人（包括全世界的学术界）就可以阅读这些报告了。在15世纪中期前后，人文主义学者开始汇集关于邻国及那些原来只知道名字的遥远的国度的地理和历史资料，这项工作的完成，部分是靠书本上的资料，部分是靠航海记录，包括那些第一手的观察报告。在人文主义的这种努力下，产生了许多成果，宇宙结构学和关于世界的描述就是其中的两项成果。这些作品与制图学一起，在具有发现意义的航海准备和航海过程中起到了重要的作用。

大学很快就开始注意到这些航海发现了。这些航海发现慢慢使得传统的关于地球的形状和人类居住情况的结论不得不被摈弃。由于征服了许多美洲土著人，并努力使他们改信基督教，导致关于整个人类的权利和关于人类作为个体的权利这类讨论增多。这些发现进入大学教学大纲的速度就更缓慢了。但这些大纲同样也表明，人们已经认识到，对当时以为彻底知晓的世界，还有一些新的东西需要学习。弗朗西斯·培根的《新工具》及《伟大的复兴》的卷头版画都显示船只通过海格立斯灯塔驶向广阔的大海。版画下面是这样的题词:拓展见闻,增长知识。②

在已知的范围之外,航海这一概念表明了对于科学知识的新的、富有生气的理解。沙特尔的伯纳德(卒于约1130年)曾有过一个著名的比喻:中世纪的科学家和学者据说是站在古代人的肩膀之上的,所以他们能够看得更远。人文主义者则通过与古代人进行对话及人文主义者内部进行讨论,从而在科学知识和学术知识的增长进程中加入了新的个人的成分,而这样做的时候,他们在某种程度上将其相对化了。在16世纪,科学和学术成就开始像航海发现一样被对待,这是因为从准备工作、辅助程序和装置到调查的一般方向,都依靠目前的技术和科学知识状况。然而,很明显,学术知识和科学知识的增长又导致了新领域的发现和探索。

这种新的态度改变了学者的角色。早在1518年,就有一位法国政治家把人文主义学者之间的友谊看做高于他们对各自国家的忠诚。在以后的许多年中,不乏一些著名的大学教师把自己对于科学的义务看做高于对教会的义务。确定无疑的是,他们对于教义的顺从是被严密监视的,持异端学说的学者在加尔文统治的日内瓦被烧死,这和在教皇统治的罗马的情形是一样的。甚至到了18世纪,也有如伊曼纽尔·康德这样著名的大学教师因其异端思想而受到普鲁士督导的谴责。然而,对于异端的审判和检查员的行动都不能阻止知识的进步。之所以会这样,一个重要的原因正像培根的作品首页插图上的说明文字所说的,"许多人"正准备向前超越已有知识的界限。对世界的科学调查已成为知识界的责任和存在自由,超越了民族、国家和宗教的界限。这一国际性的知识界不是像中世纪大学那样依赖于教会的普遍权威,它更依赖于一种新的交流形式,即对话。这种对话可以从不同的出发点来讨论共同的问题,它渗透到高级中等学校和大学的教学方式中,正如同它开始支配知识分子之间的口头和书面交流以及城镇居民和大学全体师生之间的交流一样。

在这一变化过程中,科学和学术知识的社会地位,以及仍旧作为这种新知识的发现和传播的最重要中心的大学,也同样变化了。与中世纪相

② 版画见:A. Grafton, with A. Shelford and N. Siraisi, *New Worlds, Ancient Texts. The Power of Tradition and the Shock of Discovery* (Cambridge, Mass., 1992), 199.这部著作是关于航海发现最新的书目,且给出了对于航海发现最新的调查。

比，近代早期的大学更关注于其各自团体的需求。当然，中世纪大学的毕业生也常常会进入宗教及世俗权力机构中去，但是基于生活的思考仍然是中世纪大学的主要理想。在人文主义的支配下，大学教师把自己置于社会实际生活的服务机构之中，甚至达到了这样的程度：莱顿大学和鲁汶大学教授于斯特斯·利普西乌斯在教学中关于罗马管理艺术和罗马军事技巧的内容，都被统治者和军人们应用于实际。

这种状况产生的一个结果便是增强了大学教师的自信心。他们开始把自己看做不仅是自己学生的教师，而且是他们所处社会中精英们的教师。智力训练不再像中世纪时那样只关注培养大学师资，它比以往在更大程度上关注形成更大的社会中的广泛的精英阶层的思想。③大学随即获得了这样一项重要任务：即为社会训练与“斯文”、“文明”或“文化”的规范相一致的“文人学士”或“绅士”。这种教育包括与古代先驱、古代思想模式和古代艺术形式进行对话。这些做得越彻底，他们与社会现实就越不一致。导致了人文主义的僵化和欧洲教学声誉的瓦解，以及 18 世纪大学所面临的挑战的原因，并不是他们忽视了社会责任，而是仅仅过分地关注现实生活——所有这些我们都将在以后的章节中谈到。

历史转折点

“噢，世纪！噢，知识！活着真快乐，但是不能放松，维利巴尔德！知识领域正在扩大，精神正在激奋，而你，野蛮，拿着根绳子正要自我放逐！”这是激进的人文主义者乌尔里希·冯·胡滕(1488—1523)的一段著名的讲话，1578 年，他在给纽伦堡议员维利巴尔德·皮克海默的自传性报告中就是以这段话为结尾的。④

正像第一卷的结语中所显示的那样，意大利的人文主义者早在 14 世纪就把自己的时代看做是与中世纪彻底划分界限的时代。在 1450 至 1550 年间，这种开创新时代的自我意识变得更为明显。佛罗伦萨哲学家

---

③ J. Le Goff, *Les Intellectuels du Moyen Age* (Paris, 1957), 4.

④ U. von Hutten, ‘Epistola vitae suae rationem exponens’, H. Scheible and D. Wuttke (eds.), *Willibald Pirckheimers Briefwechsel*, vol. Ⅲ (Munich, 1989), 400-425.

马尔西利奥·菲奇诺(1433—1499)迄今为止被认为是“柏拉图派学园之领袖”,按照最近的研究,他成为大学史上的一个重要人物。⑤ 菲奇诺感到,自己生活在一个新的黄金时代。在这个时代,由于重新发现了柏拉图哲学,诗歌与修辞、绘画与雕塑、建筑与音乐都再次出现,天文学趋于完美;在德国,则发明了锋利的工具用以活版印刷书籍。⑥智力生活的创新则体现在以下方面:⑦ 人文主义不仅在人文科学,而且也在自然科学中开始了新的道路;由于发现了柏拉图的原始作品,哲学思想丰富了;书籍印刷革命性地发展了书面语言及其在大学内外的影响。

人文主义的大学教师阿尔都斯·马努提修斯(1452—1515)在 1494 年转换了职业,成为了一名书籍印刷商兼出版商。同年,法王查理八世依仗他的火炮入侵意大利,在那不勒斯,军队几乎没遇到什么抵抗。意大利的政府体制崩溃了,许多当时的人及后来的历史学者都认为,这一事件标志着欧洲争夺权力斗争的一个新纪元的开始。到 16 世纪,人文主义从意大利现象发展为整个欧洲的运动。⑧ 在这一进程中,阿尔都斯的威尼斯出版公司起到了重要作用。阿尔都斯创办了一座图书馆,正像 1508 年鹿特丹的伊拉斯谟在他的带注解的谚语集《谚语》中所写的那样,该图书馆不像过去的那些伟大的图书馆一样局限在墙内,而是能够到达整个世界。托马斯·莫尔是伊拉斯谟的亲密朋友,他在其《乌托邦》(1516 年出版)中写道,在欧洲文化的所有成就中,只有那些“阿尔都斯珠状式的铅字”,即印刷成书籍的希腊诗人、历史学家、医学家的作品才允许进入“乌托邦”这一理想国度。⑨

---

⑤ J. Hankins, ‘The Myth of the Platonic Academy of Florence’, *Renaissance Quarterly*, 44-43 (1991), 429-475 确凿地证实了菲奇诺并不是柏拉图学园的领袖,而是暂时性地充任一所私立体育馆的领袖和大学的教授。在第 2 章将出现人文主义者用于称呼这两种教育机构的词“academia”。第Ⅰ卷第 451 页对菲奇诺的“柏拉图学园”的注释也被“academia”取代。

⑥ E. Garin, ‘Die Kultur der Renaissance’, in G. Mann and A. Heuss(eds.), *Propyläen Weltgeschichte*, vol. Ⅵ (Frankfurt-on-Main/Berlin/Vienna, 1964), 468.

⑦ 参见第 11-14 章。

⑧ 由第Ⅰ卷结论而出。

⑨ M. Mann Phillips, *Erasmus on his Times*, *a Shortened Version of the ‘Adages’ of Erasmus* (Cambridge, 1967), 10; T. More, *Utopia*, ed. P. Turner (London, 1965), 100 quoted by M. Lowry, *The World of Aldus Manutius. Business and Scholarship in Renaissance Venice* (Oxford, 1979), 258.

北欧在吸收人文主义的时候，同样也获得了它的划时代的自我意识。菲利普·梅兰克顿是教育和哲学方面路德的主要支持者，也是继路德之后
10 德国新教的首脑。1518 年，在维滕堡大学的就职演说中，梅兰克顿肯定了卡洛林王朝时代和 12 世纪代表着古代作家们的圣本笃会全体修士的努力。他进一步说，12 世纪以后，对亚里士多德作品的翻译相当拙劣，而促成这种拙劣的翻译的又是经院哲学的争论。这二者损坏了大学、教会的道德形象。这位 21 岁的教授坚信，人文主义大学改革的一个主要目标，应该是回归到诗歌、科学、神学的源头上去。这样，人们就可以回到事物的本质，在神学上，就是直接回到耶稣的智慧上去。⑩1526 年，在纽伦堡市新建的高级人文主义学校的开学仪式上，梅兰克顿发表演讲，他认为佛罗伦萨的美德不仅仅在于接纳那些从君士坦丁堡逃来的学者，而且在于向这些希腊教授提供可观的薪水。还应该感谢佛罗伦萨保存了希腊语言，使它免于消亡，并且还造成值得尊重的科学进入了新时代。这种新的教育运动从佛罗伦萨向四面八方辐射，导致了本国语言的发展、国内法律的改进，以及宗教的纯净化。⑪

从很多角度上看，梅兰克顿关于时代的概念都显得意味深长。他认为，新时代开始于 1453 年土耳其人征服君士坦丁堡，而这个时期正是被许多历史学者最近才确定的中世纪的结束时期。梅兰克顿和 19 世纪的德国新人文主义者都认为，人文主义的新颖之处在于对希腊文化的研究，回到原始资料上去。关于人文主义教育改革，梅兰克顿认为，它对于民族语言文化、国内秩序及宗教改革运动都有实际效果。⑫

彼得吕斯·拉谟斯（1515—1572）的哲学和教育学著作首先在那些受加

---

⑩ P. Melanchthon, 'Sermo habitus apud iuventutem Academiae Witebergensis de corrigendis adolescentiae studiis', in R. Nürnberger (ed.), *Melanchthons Werke in Auswahl*, vol. Ⅲ (Gütersloh, 1961), 32 - 40.

⑪ P. Melanchthon, 'Oratio...in laudem novae scholae habita Noribergae in corona doctissimorum virorum et totius ferme Senatus', in Nürnberger (ed.), *Melanchthons Werke*（注释 10）, 67.

⑫ 第 2 章和第 3 章将阐述这些主题。

尔文教义影响的大学里引起轰动性的效应。⑬ 他在巴黎的普莱斯雷学院开始其教师生涯的就任演讲中，宣称在旧大学和新大学之间，有着一条彻底的裂痕，他是这样比喻的：

> 让我们设想一下：一位100年前去世的大学教师现在回到我们中间了。如果他比较一下他去世以来法国、意大利和英格兰人文主义学科和自然科学的发展，把这些与他自己的时代相比，会深感震撼和震惊。他只知道人类用粗劣的野蛮人的方式讲话，而现在他却看见无数的各年龄段的人可以优美地讲并书写拉丁文。至于希腊文，以前他不时听到'那是希腊文，看不懂'，现在他不仅可以听到人们非常轻松地读希腊文，还会碰到一些能够熟练地教这种语言的学者。如何能将那曾经遮盖着所有的艺术的黑暗与今天的光明相比较呢？在100年前，语法学家、诗人和演说家们，只知道维尔迪厄的亚历山大和费斯特斯以及格雷斯莫斯的作品，⑭在哲学方面只有司各脱和西班牙人，医学上只有阿拉伯人，神学方面著名人物则说不上名字，连他们来自哪里都不知道。现在，他们可以听到特伦斯、凯撒、维吉尔、西塞罗、亚里士多德、柏拉图、加伦、希波克拉底、摩西、先知们、传教士们及其他真正的福音传道师说着各自的语言。他如何能不惊讶？这几乎就像他把视线从地上提升到天上，第一次看到太阳、月亮和星星一样。⑮

这位法国人文主义者认为，正确地进行语言教育是新教育运动的核心。他同样一再表现出他的意大利前辈们的偏见。他说，在中世纪大学，

---

⑬ A. Grafton and L. Jardine, *From Humanism to the Humanities. Education and the Liberal Arts in Fifteenth- and Sixteenth-Century Europe* (Cambridge, Mass., 1986), 162; W. J. Ong, SJ, *Ramus, Method, and the Decay of Dialogue. From the Art of Discourse to the Art of Reason* (Cambridge, Mass., 1958; 2nd edn, 1983), 295，提及约有800个'拉谟斯著作的版本和改编本'，塔隆[他的学生]'拥有作品(如果将发表于著作集中的作品单独计算的话大约有1100部)和将近400名拉谟斯主义教育者及社会名流。

⑭ 参见第Ⅰ卷，312，344.

⑮ P. Ramus, 'Oratio de sudiis philosophiae et eloquentiae conjugendis Lutetia habita anno 1564', in *P. Rami et Audomari Talei collectaneae prefationes, epistolae, orationes* (Paris, 1577), 305.

语言是未经训练的、粗野的;经院哲学的教科书使智力黯然失色。正是通过用原来的语言阅读古代和关于圣经的著作,才使光明进入大学教育。

与梅兰克顿的看法不同,拉谟斯像意大利的人文主义者一样,并不太关心从希腊原始资料中传递的那些智力实质内容,而是更关心与古罗马和古希腊那些信奉多神教的作者和圣经作者们之间进行对话。这是因为,在那些人文主义的大学中,能够"听到用各种民族语言讨论"这些内容。

拉谟斯的比较可以用一句话来总结,那就是,他援引柏拉图的山洞的比喻,却不接受它的含义。人文主义的教育计划,并非是由努力避免人类的各种意见和转向 对于纯粹思想的理解所组成的。1550 年,拉谟斯提出一项课程计划,这个计划会引导学生一步步地分析所学过的东西,然后把它运用到自己的智力活动中去。"文雅而优美的演说,敏锐的理性,熟练地掌握数学和几何,具有关于苍穹和整个世界的知识,这些将一起塑造精神,给精神一个形式,使它坚定、优雅和完美"。而所有这些都不是为了精神本身,而是为了普遍的知识,将先前的完美知识通过教学转化成可信赖的公众行为。⑯

1550 年,"关于整个世界的知识"包括了"新世界",这在 1503 年出版的阿梅里戈·韦斯普奇的《新世界》的译本中可以看到,在拉丁文、德文、荷兰文及捷克文的版本中也都可以看到。⑰1545 年,法国内科医生让·费内尔·达米安斯在他的《事物的隐藏原因》一书中,认为新时代的特征是环球航行(由麦哲伦实施,1519—1521)、新大陆的发现、书籍印刷和枪的发明,古代书籍的重新发现及科学的复兴。⑱西班牙编年史作家弗朗西斯科·洛佩斯·德·戈马拉在 1552 年则说,1492 年美洲大发现是"自世界产生以来除了我们的救世主献身和复活之外最伟大的事件"。⑲很多历史学家都把

---

⑯ P. Ramus, 'Pro philosophica parisiensis academiae disciplina oratio' (Paris, 1557), in *P. Rami et Audomari* (注释 15), 307 - 401.

⑰ D. Beers Quinn, 'New Geographical Horizons: Literature', in F. Chiapelli (ed.), *First Images of America. The Impact of the New World on the Old*, vol. Ⅱ (Berkeley, Calif. /Los Angeles, Calif. /London, 1976), 639ff.

⑱ Garin, 'Kultur der Renaissance' (注释 6), 474.

⑲ R. Konetzke, *Überseeische Entdeckungen und Eroberungen*, in Mann and Heuss (eds.), *Propyläen Weltgeschichte* (注释 6), 537.

发现美洲这一年，即 1492 年，作为近代史的开端。⑳

1508 年以后，“关于苍穹的知识”，特别是在 1543 年纽伦堡出版的哥白尼的《天体运行论》中，扩展为关于地球在行星及恒星的轨道上自转的日心说。早在 1538 年，路德就因这种新天文学“不符合圣经”而拒绝接受它，这种新天文学也一直不被注意，甚至罗马的天主教直到 1616 年，还把这种新天文学放在教廷的禁书目录中。㉑

当代人认为，1527 年罗马经受的洗劫是一个关键性事件。对于意大利人文主义者来说，它使文艺复兴的黄金时代结束了；北欧的神学家和诗人则把这一事件看做是上帝的审判。㉒最后，在 1517 年 10 月 31 日，路德宣布了自己的一些论点，这一事件被新教历史学家看做不仅是宗教改革运动的开端，也是近代的开端。

今天，历史学者一般都尽量避免对于某个时代的起始时间作精确的描述。正像上面的那些例子所表明的那样，他们只是提一下历史变化的部分方面。㉓他们更愿意使用诸如“历史转折点”㉔或“这一时代的变化趋势”等说法，而不愿意去描绘重大变革发生的时代中的那些持续不断的转变。

总的来说，今天我们认识到，从“中世纪”到“近代”的转变是一个渐进的过程，而不是相反。㉕许多我们认为是“近代”的东西，如理性的经济和政治思想、个体的自我意识、对于古代知识的仔细利用等，其源头都在中世

---

⑳ G. R. Potter (ed.), *The Renaissance 1493 – 1520*, The New Cambridge Modern History, vol. Ⅰ (Cambridge, 1957; new edn, 1975).

㉑ H. Binder Johnson, ‘New Geographical Horizons: Concepts’, in Chiapelli (ed.), *First Images* (注释 17), vol. Ⅱ, 617 – 618. 佛罗伦萨多明我会的托洛萨尼(1470 – 1549)与哥白尼之间的讨论并未公布，直到 E. Garin, ‘Alle origini della polemica anticopernicana’, in E. Garin, *Rinascite e rivoluzini. Movimenti culturali dal XIV al XVIII secolo*, 2nd edn (Bari, 1990), 283 – 295.

㉒ D. Cantimori, ‘Reason, Unreason and Faith’, in D. Hay (ed.), *The Renaissance* (London, 1967), 158.

㉓ 关于阶段划分参见 N. Hammerstein, ‘Bildungsgeschichtliche Traditionszusammenhänge zwischen Mittelalter und früher Neuzeit’, in *Der Übergang zur Neuzeit und die Wirkung von Traditionen* (Göttingen, 1978), 32 – 54.

㉔ L. von Muralt, ‘Das Zeitalter der Renaissance’, in W. Andreas (ed.), *Die Neue Propyläen-Weltgeschichte*, vol. Ⅲ (Berlin, 1941), 3.

㉕ P. von Moos, ‘Das 12. Jahrhundert-eine “Renaissance” oder ein “Aufklärungszeitalter”?’, *Mittellateinisches Jahrbuch*, 23 (1988), 9.

纪。同时,“中世纪的”这一概念也经历了相当多的变化。大多数历史学家都认为,经院哲学、天主教的宗教法庭、迷信、社会分化为领主和农奴、政治和教会权力的形式及农村地区人口的卫生、物质和社会生活状况,都只有通过17、18世纪的“革命”才发生了决定性的改变:从哥白尼(1523)到牛顿(1666)的“科学革命”、以1769年蒸汽发动机的使用为开端的使用新能源的“工业革命”,以及1776年在美国和1789年在法国发生的政治革命。在16和17世纪里,中世纪大学的结构也几乎没有什么改变。伏尔泰在其《哲学辞典》一书中的“大学”(1764)条文中,描绘了受经院哲学统治的大
14 学。在法国大革命期间,大学随着法国旧制时代的其他机构一起消失了。

然而,“历史转折点”这种思想表明,在1450至1550年间,的确出现了一些决定性的变化。不仅生活在那个时代的人经历了这些变化(正像我们前面引证所证明的那样),当代的历史学者也同样认识到了这种变化。[26]这些变化中有五个特征影响了大学的历史:通过哥伦布和瓦斯科·达·伽马穿越大西洋航海而使欧洲获得的“新的革命性内容”、欧洲历史性地向世界开放、交流的新方式和“一种新的文化自我意识”的形成、[27]人文主义的渗透,以及由于各王朝受到不同教派的限制而导致的大学僵化。

发现的渴望和开放

新大陆的发现对于欧洲大学的意义何在?对这些伟大事件作出了反应的制图学、水文学和航海技术这些新学科都是在大学之外发展起来的。[28]与中美洲和南美洲土著居民的冲突及国际法的发展成为了大学教学

㉖ N. Hammerstein, '“Klassik” im Blick auf die Geschichte der Universitäten und Wissenschaften?', in W. Vosskamp (ed.), *Klassik im Vergleich. Normativität und Historizität europäischer Klassiken*, DFG-Symposion, (Stuttgart/Weimar, 1993), 594: '[Es] Lässt sich also-grob gesprochen-um 1500 gleichsam ein neuer Abschnitt der Universitätsgeschichte ansetzen.'

㉗ F. Braudel, *L'Europe* (Paris, 1982), 142. E. Hassinger, *Das Werden des neuzeitlichen Europa 1300 – 1600*, 2nd edn (Braunschweig, 1964), ixx.

㉘ 参见第11章, pp. 464 – 470.

的主题。[29] 这种显然是非常有限的"新的革命性内容"对于大学的渗透是如何发生的呢？

哥伦布使用的文献，包括托勒密和其他古代作家的作品、人文主义的教皇庇护二世（1405—1464）关于亚洲的一本著作，以及佛罗伦萨人文主义者、医生、数学家保罗·波佐·托斯卡内利（1397—1482）[30]绘制的地图与文字叙述。关于东亚的地理概念，则是以威尼斯附近的基奥贾的商业航海 15
家尼科罗·德·康蒂（1397—1469）所写的报告为依据的，他的报告经人文主义者波吉奥·布拉乔利尼（1380—1459）用拉丁文编辑，流传很广。[31]活跃在大学之外的这三位意大利人文主义者代表了16世纪的大学中更为显著的三种趋势：对创新的接受、科学作为控制自然的一个手段，以及对于新旧知识的宇宙结构学的排列。

在中世纪的价值等级中，好奇心并非被算做美德。从彼特拉克（1304—1374）之后，好奇、好动、坚持力这些在旅行中显示了的美德，也与安静、自制和沉思这些传统的美德一起出现了。[32]发现美洲之后，"新"成为一个非常重要的词。的确，哥伦布认为自己只不过是找到了一条通向印度的更短的路线。在这一过程中，他发现了几座在当时未被人知的岛屿。然而，早在1493年11月，彼得·马蒂尔就将他称做"新世界的发现者"。彼得罗·马蒂尔·丹费拉（1457—1526）是新式的不安分学者的代表：既渴望创新，同时又尽责地把所有这样的创新记录下来。丹费拉是一名意大利人文主义者，1485年被一位西班牙大公带到西班牙，他曾在萨拉曼卡大学作关于古罗马讽刺作家尤维纳利斯的演讲，曾参军与摩尔人作战，1492年格兰纳达陷落之后，他活跃在教坛上，并在西班牙法庭任"印第安人委员会"的秘书。所以，所有关于发现的报告都送到他手里，由他负责出版作为当时的文献，

---

[29] 参见第14章，p. 602；参见 p. 576，提到一个在法国塞恩大学教修辞学的教授远征到加拿大的情况。

[30] D. B. Quinn, 'The Italian Renaissance and Columbus', *Renaissance Studies*, 6.3 - 6.4(1992), 355 - 356 ends with: '我倾向说没有意大利文艺复兴所取得的智力和务实的成就，哥伦布探险就永远不会发生。'

[31] V. M. Godinho, *Mito e mercadoria*, *Utopia e pratica de navigar*, *séculos XIII - XVIII* (Lisbon, 1990), 160, 172, 286.

[32] C. Trinkaus, 'Renaissance and Discovery', in Chiapelli (ed.), *First Images*（注释17）, vol. I, 6 - 8.

其间，得到了他的朋友、人文主义教授安东尼奥·德·内夫里哈（1444—1522）的不少帮助。丹费拉理想化了印第安人及他们的行为方式，他经常将其与古代的神话相比，其实是与黄金时代作比较。但他同时也自豪地指出这些发现的新奇和伟大，“与它们相比，萨图恩和海格立斯的事迹都显得无关紧要了”。㉝

“新”在这里的意思是指古人所不知道的东西。“创新取悦于每一个人”，这是1507年出版的《宇宙学概论》一书的“给读者的前言”中所坚持的观点。㉞ 这本著作所包含的创新之处比前言中所说的要多得多。在书中，第一次使用“美洲”这一名称来称呼新世界（南美洲）。正像后来所看到的那样，关于新世界的信息慢慢向大学渗透。但是，“新”的思想不但改变了学术交流的内容，也改变了它的形式，先是大学之外的学术交流，然后是大学之间的学术交流。很快，不仅是那些新发现的岛屿和地球的部分被称做新的，关于这些发现的报告也被称做是新的。科特关于他1521年征服墨西哥的阿兹台克帝国的报告被称做是“消息”。事实上，这份报告与哥伦布及麦哲伦的作品一起以《辉煌的新记载》为书名出版。㉟

在大学教师和其他学者撰写的18世纪一些著作的题目中，就体现了关于那些古人的知识和作品的创新性，如罗马哲学教授弗朗西斯科·帕特里兹（1529—1597）所著的《新普遍哲学》（1591）、莱布尼茨（1646—1716）所著的《新方法》（1684），或是那不勒斯的修辞学教授詹巴蒂斯塔·维科（1668—1744）所著的《新科学》（1725）。在这些著作中，把那些新学科与航海发现紧密联系在一起，以至于前面提到过的那本培根的《新工具》（1620）的扉页上的插图就是一艘帆船通过海格立斯灯塔驶向开阔的海域。他的《新大西岛》一书的书名中也同样强调了这一点。

㉝ Quoted by J. N. H. Lawrance, ‘Humanism in the Iberian Peninsula’, in A. Goodman and A. MacKay (eds.), *The Impact of Humanism on Western Europe* (London/New York, 1990), 255.

㉞ Quoted by D. Wuttke, ‘Humanismus in den deutschsprachigen Ländern und Entdeckungsgeschichte 1493 - 1534’, *Pirckheimer-Jahrbuch*, 7 (1992). *The Cosmographiae introductio* 发表时所谓的原创者是瓦尔德塞弥勒，实际上该文本是阿尔萨斯的人文主义者林曼的作品。

㉟ R. Hirsch, ‘Printed Reports on the Early Discoveries and Their Reception’, in Chiapelli (ed.), *First Images* (注释 17), vol. Ⅱ, 557, 附录 nos. 102,103.

从彼特拉克开始，在学者中传播这些新知识就成为了人文主义者所撰写作品的目标，这些作品本意就是要发表、再版的。1665年，学术杂志和科学杂志的出现扩大了这些知识的传播，如法国的《斯卡汉斯报》及英格兰皇家协会的《哲学学报》。有时候，这些出版物的名称都指向革新，如皮埃尔·培尔（1647—1706）在1684年创办了《文化报》，以批判所有过时的知识为目的，当时培尔是鹿特丹大学的哲学教授。在德国，第一份学术杂志为《博学者论坛》，是由莱比锡大学的道德哲学教授奥托·门克（1644—1707）于1682年创办的，他的儿子约翰·贝恩哈德·门克（1674—1732）是同一所大学的历史教授，他继续发行《博学者论坛》，并于1715年创办了一份本国语言的杂志《博学者新报》。1702年，哈勒大学教授尼古拉斯·贡德林（1671—1729）出版了一份本国语杂志，但却没提他自己的名字。这份名为《新交流》的刊物，既具科学严谨性，又不乏幽默感；既受到博学人士的推崇，又能让普通人喜爱，它所涉及的问题发人深省、促人明智。在18世纪，各个大学都开始出版自己的杂志。[36] 17

科学作为控制自然的一个手段

这些新的科学不仅仅是指知识实质，还指培根所强调的一个特征，即它们用于作为控制自然的手段。科学研究不再是冥思苦想的理论知识，而是更实际的生活，它是人文研究的教育理想，既包括语言教育和道德教育，也包括数学方面的训练。拉谟斯的教育计划就包括了上面这些内容，这项教育计划还试图涉及那些“关于苍穹和整个世界的知识”。这种知识被哥伦布的第二代科学先驱、佛罗伦萨内科医生保罗·波佐·托斯卡内利人性化了。1474年，他写了一封信给马蒂纳斯·德·罗里斯，后者是葡萄牙国王阿方索五世的忏悔神父。在信中，他提到了已送给国王的一幅海洋图，推荐一条向西通往东亚的宝藏的更短的路线。哥伦布一定十分清楚这封信，因为这封信出现在庇护二世的作品《亚洲》的附录中，并且是哥伦布本人亲自

㊱ 相关信息参见刊物：B. G. Struvius, *Introductio in notitiam rei litterariae et usum bibliothecarum*, 1st edn (Jena 1704; 6th edn by I. C. Fischer; Frankfurt/Leipzig, 1754), 490, 511, 514, 523-527, 537, 549-550, 577-580.

注解的。[37]

托斯卡内利既是内科医生、数学家，也是天文学家，他对于地理学和制图学的兴趣则是第二位的。建筑师布鲁内莱斯基正是从托斯卡内利那里获得了建造佛罗伦萨大教堂的自撑屋顶所需要的数学知识。托斯卡内利与库萨的尼古拉斯及著名的德国天文学家雷乔蒙塔努斯（又名约翰·米勒·冯·柯尼希斯贝格，1436—1476）相互之间经常书信往来，探讨复杂的天文学和数学问题。他为大教堂建造了当时最大的日冕仪以进行天文学计算；他观察气象现象，包括彗星，并对占星学很感兴趣。当时与他同住一城的最杰出的人文主义者有建筑师阿尔贝蒂（1404—1472）、哲学家菲奇诺和外交家兼史学家马内蒂（1396—1459），这些人文主义者都在自己的作品和书信中谈到他们是多么仰慕托斯卡内利这位人文主义者同伴。[38]

雷乔蒙塔努斯也和他的老师普尔班奇一样，在维也纳大学做讲座教授，讲授的内容主要是关于古代诗歌的。然而，他却因为自己的天文学著作而闻名。在哥伦布于1503年第四次穿越大西洋时，正是雷乔蒙塔努斯的《方位表》中的知识救了他的命。[39]

18世纪之前，"两种修养"在大学中并不存在。伊曼纽尔·康德（1724—1804）一方面能够成为一名诗歌教授，另一方面他讲授的内容涉及人类科学的各个领域：从教育学、人类学、自然法则、哲学的各个领域，到地理学、数学和天文学。他1755年的早期作品甚至对于天文学体系的出现起了重要作用。

在以菲奇诺为中心的佛罗伦萨圈子中，占星术沿着赫耳墨斯－柏拉图的方向而深入下去。[40] 直到17世纪，占星术在大学教学中也一直占据着重要地位。梅兰克顿被称为"德意志的师表"，也是新教教会的智力领袖，他对于包括释梦和占星术在内的这些神秘科学也持严肃态度。当时人们接受这样一种观点：天地中存在的东西比学校中传授的智慧所能把握的要

---

[37] E. Schmidt (ed.), *Dokumente zur Geschichte der europäischen Expansion*, vol. Ⅱ: *Die grossen Entdeckungen* (Munich, 1984), 9－11.

[38] E. Garin, 'Ritratto di Paolo dal Pozzo Toscanelli', in E. Garin, *La cultura filosofica del Rinascimento italiano. Ricerche e documenti* (Florence, 1961; 2nd edn 1979), 313－334.

[39] Schmidt (ed.), *Dokumente* (注释 37), 181.

[40] 16世纪赫耳墨斯－柏拉图的发展方向在第12章第495－497页中描述。

多，要从学术上和科学上去对待这些神秘的东西，特别是要从人类行为的目的出发去推断它们，就更需要科学和学术了。克雷斯蒂安·沃尔夫(1679—1754)是一位曾在哈勒和马伯格两所大学任教的学者，驰名整个欧洲，他用一句拉丁文箴言来描述这种新科学的目的："直面生活"，他说："我从小就非常渴望获得知识的确定性，特别是那些为人类提供幸福快乐的知识。"㊶

宇宙结构学的开端

追求、获得和传播与人类、事物、个体自身及外部世界有关的"确定的知识"，成为人文主义的教皇庇护二世著书建立关于整个世界的历史—地理的宇宙结构学的动因。此书名为《世界生物地理结构的历史》。甚至在巴塞尔(1431—1449)委员会时期，当时还在为委员会红衣主教服务的世俗人士埃涅阿斯·皮科洛米尼(即后来的教皇庇护二世)，也成功地利用他的多次旅行来描述自己所去过的那些城市和国家，包括它们的大小、气候、动植物分布、居民数量、农业产品和手工业产品、建筑、人们的生活方式、历史、政治制度、国家中贵族和中产阶级的地位、政治态度、学术和法律机构等，了解这些的方式可以是直接研究原文，也可以是研究其他人提供的资料。皮科洛米尼用信件的形式把这些情况报告出来，后来又将这些与古代和中世纪的资料相结合，描述欧洲各国的情况。埃涅阿斯·皮科洛米尼在1458至1464年任教皇期间，"不停地、不知疲倦地"在整个意大利和梵蒂冈罗马教廷统治下的地方游历，这招致了与他共事的许多人的不满。㊷庇护二世在已计划好的对土耳其人的圣战开始之前死于安科纳。

19

无论是作为庇护二世的土耳其政策框架的一个部分，还是出于普通的人文主义兴趣，不管怎样，作为一名教皇，庇护二世进行了重要的调查，从早于他的同时代人的旅行报告中整理出了关于亚洲的信息。这项工作的

㊶ *450 Jahre Martin-Luther Universität Halle-Wittenberg Ⅱ* (Halle, n. d. [1952]), vi, 33.

㊷ G. Voigt, *Enea Silvio de' Piccolomini, als Papst Pius der Zweite, und sein Zeitalter* (Berlin, 1862), vol. Ⅱ, 302 - 309, 334 - 336.

最初设想是，从东至西对于整个世界的国家都进行地理方面和历史方面的描述研究，当然，庇护二世没有实现自己的初衷。然而，这项以亚洲为对象的工作获得了极大反响，这种反响不仅仅局限于那些对亚洲有着政治方面和贸易方面兴趣的圈子里，如伊比利亚国会及热那亚航海者，这位教皇还为超越古代地理学家的宇宙结构学这门学科作了准备。

1493年，哥伦布讲述自己1492年发现的信札《发现者之旅》以拉丁文在安特卫普、罗马和巴塞尔出版。1494年，巴塞尔大学教授塞巴斯蒂安·布兰特（1457—1521）祝贺西班牙国王“在海中发现了王国”。同年，布兰特教授的的讽刺作品《愚人之船》使他扬名于大学之外。在这部作品中，他讲到了新发现的岛屿，上面有黄金和未开化的人类，这引起了超出智力方面的利益追求。在伊比利亚半岛以外，对于地理详细情况的兴趣首先出现在人文主义圈子里，出现在如纽伦堡和奥格斯堡这样的商业城市里，或出现在皇宫中，如由瓦尔德塞弥勒－林曼出版的《宇宙结构学导言》一书就是受沃德蒙特公爵的委托而出版的。[43]

20 1514至1517年间，这些新型知识由乔科姆·冯·瓦特（又名瓦狄亚努斯，1484—1551）引入理论地理学中。瓦狄亚努斯是王室册封的桂冠诗人、维也纳大学的校长，还任德国最著名的人文主义讲座的教授。自从“韦斯普奇发现了美洲”、葡萄牙人到达了加尔各答之后，赤道附近由于炎热而不适宜居住的老观点被最终推翻了，而这种新观点是与教父拉克坦提乌斯和圣奥古斯丁的意见完全相反的。后来，瓦狄亚努斯放弃了教授职位而就任其故乡圣加伦市的医生和市长，成为一名改革者。此后，他的宇宙结构学方面的著作虽然声称“努力追求真理，将考察和批评那些可疑的传统”，但这些著作仅得到有限的反响。[44]

格拉雷阿努斯（1488—1563）是巴塞尔大学和弗莱堡大学的教授，1517年，伊拉斯谟称赞他是一位无与伦比的地理学家。他曾绘制了一幅欧亚间大陆的图画，并绘制出从北极看的北半球地图，他的《地理学》于1523年第一次出版，很快成为西欧各大学普遍采用的教材，并一再重印。该书完全

㊸ Wuttke, ‘Humanismus’（注释34），21，27－29，49－51.

㊹ W. Näf, *Vadian und seine Stadt St. Gallen*, vol. Ⅰ: *Bis 1518. Humanist in Wien* (St Gallen, 1944)，263－277，引自277.

以托勒密的观点为基础，只是在书的结尾处很简略地提到那些托勒密所不知道的西方国家，即“称做美洲”的那些国家，而这些国家维吉尔在《埃涅阿斯纪》第六卷中已经讲到过了。彼得·阿皮亚努斯(1495—1552)从1527年开始在因戈尔施塔特大学任数学教授，1524年出版了《世界志》一书，该书也成为使用广泛的教科书，书中有一章是介绍美洲的，但这一章却写得相当糟糕。㊺

塞巴斯蒂安·明斯特（1489—1552)是巴塞尔大学的希伯来语教授，他的《宇宙》一书再版达46次。1550年该书第一版首页上的插图显示了人们对新世界的好奇：一个穿着兽皮衣服的猎人和一个裸体女人，旁边的树枝上挂着一个摇篮。㊻关于埃塞俄比亚和拉普兰的地理知识，㊼明斯特参考了葡萄牙学者达米昂·德·戈伊斯(1502—1574)的著作，因为戈伊斯曾在弗莱堡呆过一段时间。关于美洲，明斯特了解的知识并未超过格拉雷阿努斯。㊽ 21

奥维多·y.巴尔德斯(1478—1557)、何塞·德·阿科斯塔（1535—1600)和迭戈·德·科多(1542—1616)都对新世界进行了详细叙述，但他们的叙述只是在这个世纪末才被美国和英格兰的地理学家留意。让·博丹于1566年出版的《通晓历史之方法》一书中众多的参考书只提到了三本有关新世界的著作。在牛津，理查德·哈克卢特自1577年始在基督教堂学院教授地理学，他在1580年为《新法兰西两次航海简述》一书的出版提供了资金资助。1582年，他出版了自己的《水手之旅：美洲及一些岛屿的发现》，1589年，他出版了著名的《英国的重要航海和发现》第一卷。1608年，牛津大学

㊺ 关于格拉雷阿努斯：A. Dürst, ‘Glarean als Geograph und Mathematiker’, in R. Aschmann *et al*. (eds.), *Der Humanist Heinrich Loriti, genannt Glarean 1488 - 1563. Beiträge zu seinem Leben und Werk* (Glarus, 1983), 122 - 144. 关于阿皮亚努斯：D. Briesemeister, ‘Das Amerikabild im deutschen Frühhumanismus’, in G. Siebenmann and H.-J. König (eds.), *Das Bild Lateinamerikas im deutschen Sprachraum*, Beihefte zur Iberoromania, 8 (Tübingen, 1992), 97.

㊻ Grafton, *New Worlds*（注释2），98.

㊼ J. Lawrance, ‘The Middle Indies: Damião de Góis on Prester John and the Ethiopians’, *Renaissance Studies*, 6: 3 - 4 (1992), 315.

㊽ Johnson, ‘Concepts’（注释21），619.

埃克塞特学院的一名自费生罗伯特·斯塔福德出版了一本世界地理学。㊾

直到17世纪，地理学才从“对于景色和居民的描述”发展为“一门科学”。这一发展的动因在很大程度上来自于巴索洛梅厄斯·凯克尔曼(1572—1608)，他是但泽大学的哲学教授，他从实际应用的目的出发，将不同的学科予以“分类”。㊿

西班牙的一些编年史作家撰写了许多报告，介绍了新世界中迄今为止不为人知的各种动植物，这些报告逐渐进入了植物学和动物学教科书中及百科全书中。莱昂哈德·富克斯(1501—1566)是图宾根大学的教授，他所著的《植物学》(1542)一书中关于美洲的植物只提到了葫芦和玉米两种。弗拉芒人文主义者和植物学家卡罗吕斯·克鲁西乌斯(1526—1609)在其1583年出版的著作中也只描述了几种美洲植物。[51]1589年克鲁西乌斯成为新近创办的莱顿大学的植物学教授，1605年他出版了《论文集》，该书翻译了一些关于南美洲和美洲西部的植物的作品，这些作品有些是葡萄牙哲学家兼植物学家加西亚·达·奥尔塔(1504—1579)所写的，有些是由西班牙内科医生尼古拉斯·莫纳德斯(卒于1583年)所著。[52]

新世界的动物群较早地吸引了学术圈的注意。苏黎世大学的教授和多才多艺的学者格斯纳(1516—1565)的百科全书式的著作，以及更为详细的博洛尼亚大学教授阿尔德罗万迪(1522—1605)的著作，都用文字概括并设想出16世纪获得知识的情况，这些知识可以从古代和中世纪的自然历史及神话书籍中，以及关于新近发现和重新发现的国家的旅行记录中建构出来。格斯纳的《动物研究》出版于1551至1558年之间，在此书中，他从整个欧洲汲取知识，为了描述美洲鳄鱼的类型，他甚至采用从巴西得来

㊾ M. P. Gilmore, ‘The New World in French and English Historians of the Sixteenth Century’, in Chiapelli (ed.), *First Images* (注释17), vol. Ⅱ, *519–523*; *History of Oxford* Ⅲ, 716f.

㊿ 关于 Keckermann's ‘Systeme’ 参见 W. Schmidt-Biggemann, *Topica universalis. Eine Modellgeschichte humanistischer und barocker Wissenschaft* (Hamburg, 1985), 89–94.

[51] J. Ewan, ‘The Columbian Discoveries and the Growth of Botanical Ideas with Special Reference to the Sixteenth Century’, in Chiapelli (ed.), *First Images* (注释17), vol. Ⅱ, 808.

[52] G. Sarton, *Six Wings. Men of Science in the Renaissance* (Bloomington, Ind./London, 1957), 144.

的鳄鱼皮。[53]然而，他也和他同时代的人一样，只要其他学者提过的关于神话动物的叙述他都深信不疑，如他描述了传说中的海蛇怪。[54]

人权与国际法

上述这些新发现，对关于人类在宇宙中的命运问题的神学、哲学和法学等方面的争论产生了最为迅速和持久的影响。被征服地区的土著居民是否对于自己的财产拥有权利？由于他们的异常的风俗习惯，如裸体、乱伦、人祭和吃人肉，他们是否应该服从征服者的统治？是否应该迫使他们转而信仰基督教并为他们的儿童洗礼呢？所有这些问题使人们对于传统法律的范围和正确性进行基础性的考虑，使人们开始思考征服的合理性、全世界适用的宗教和自然法律、个体的自治和可教育性这些问题。

西班牙各大学根据《圣经》、中世纪的自然法理论及关于宽容的人文主义思想，对这些问题进行了讨论。1539 年，时任萨拉曼卡大学最著名的神学讲座教授的佛朗西斯科·维多利亚（1486—1546），在《古印度新解》中讨论了由于新发现了地球上的一些地区而引发的并又必须加以解决的若干问题。他认为，西班牙对于新发现的那些国家的统治只有在这样的情况下才是合理的，即它的统治与自然法和宗教法则所约定的情况相一致。这就要求殖民者尊重印第安人的人权和财产权，以及高度宽容他们的异族风俗习惯，同时在改变其宗教信仰和文明化活动中持慎重态度。这与 1537 年 23
教皇保罗三世在诏书《高贵的上帝》中所提出的观点是一致的。然而，殖民者对于当地人的军事征服、剥削和虐待仍在继续。在与拉斯·卡萨斯（1474—1566）的一场著名的争论中，印第安人权利的保护者、博学的神学家和菲利普王子的老师塞普尔韦达（约 1490—1572）认为，西班牙王室拥有使野蛮的印第安人摆脱非人性的风俗习惯并信奉基督教的信仰和道德的权利，必要的时候可以使用武力来做到这一点，塞普尔韦达以此为根据为这一政策进行辩护。

---

[53] G. Petit, 'Conrad Gessner, Zoologiste', in *Conrad Gessner 1516 – 1565*, *Universalgelehrter*, *Naturforscher*, *Arzt* (Zurich, 1967), 51.

[54] Sarton, *Six Wings* (注释 52), 153 – 156.

与塞普尔韦达认为欧洲－西班牙文化优于印第安人的文化相反，维多利亚从普遍假设出发，认为每个个体都具有自由、行动、定居、贸易和组织的人权，他还认为人以出生地为基础具有公民权。同时，他设想了一些国际法的基本原理，包括航海自由、外国的法律地位、限制军事权力的行使和摈弃殖民者在立法方面的独裁权力。这些基本原理随后由于维多利亚在西班牙、荷兰和德国教育上的巨大成功进一步获得发展，而维多利亚的这种教育方面的成功是由格劳秀斯(1583—1645)、普芬道夫（1632—1694）和托马西乌斯(1655—1728)等人的努力而实现的。[55]

承认“野蛮人”是具有理性并且是可以受教育的人，这一点对于历史思考有相当的影响。1568 年，法国学者雷吉厄斯(1510—1577)论述说，3000 年前，欧洲居民也和最近由西班牙人和葡萄牙人发现的这些野蛮人同样粗野和不开化。文明化被认为等同于认识字母。1599 年，历史学家波普兰耐（约 1540—1608)写道：“希腊人能够过一种文明的社会和政治生活，因为先前的腓尼基人已经创造了文字。”[56]这样，这些新发现就与人文主义的文化理论直接联系在一起了，而人文主义的文化理论又是以古代智者派的理论为基础的。智者派认为，人类可以通过掌握语言而实现文明化。

大学教育的新目标

西塞罗式的对话已经由不同演说者表述成不同的观点或原理，并由于个人的见解及涉及个人的经验而变得具体化，这种对话方式被称做是“16 世纪对北欧最为成功的文化输出之一”。[57]这种表述与认为人文主义

---

[55] E. Grisel, ‘The Beginnings of International Law and General Public Law Doctrine: Francisco de Vitoria’s *De Indiis prior*’, in Chiapelli (ed.), *First Images*（注释 17), vol. Ⅰ, 305－325; H. Pietschmann, ‘Aristotelischer Humanismus und Inhumanität? Sepúlveda und die amerikanischen Ureinwohner’, in W. Reinhard (ed.), *Humanismus und Neue Welt*, Mitteilung XV der Kommission für Humanismusforschung (Weinheim, 1987), 143－166.

[56] 引自 G. H. Huppert, ‘The Idea of Civilization in the Sixteenth Century’, in A. Molho and J. A. Tedeschi (eds.), *Renaissance Studies in Honor of Hans Baron* (Florence, 1971), 763－767.

[57] M. B. Becker, *Civility and Society in Western Europe, 1300－1600* (Bloomington, Ind., 1988), 12.

甚至不是对于古代的重新发现,而是一种对待古代作家的新的态度这种观点有一些不同。这些作家不再被认为是永远正确的权威,而成为了另一个时代的对话者,他们从感情上和理性上激发读者,就读者的问题给予他永远不过时的正确答案,并以这种方式使读者在与具有异族的自我理解方式的人的对话中形成他自己的文化自我意识。[58]

这种情况影响到大学。对话交流的领域扩展了,包括社会内部的以及社会之间的对话;伴随着教皇权威下的教会统一性的衰落,共和国教育得以形成;这又依次导致礼仪、文明和文化的理想成为了大学教育的目标;它还促使大学对于各自社会所关注的事情进行回应,并因之形成了民族文化自我意识;就大学教师个体来说,它促进了他们作为智力职业的集体自我意识的增强。

"此时,对话形式成为哲学讨论所青睐的形式",[59] 它允许各种分歧的观点以各种方式进行对峙。它可以使作者不必承认是自己的观点,而表达一些与基督教教义不同的观点。这种表达方式使伽利略有可能在他的《关于两种世界体系的对话》中得到教皇的允许来扩展哥白尼学说体系。伽利略曾任比萨和帕多瓦大学的教授,当时是佛罗伦萨的宫廷天文学家。这种对话以托勒密体系的胜利而告终,这是确定无疑的。然而,伽利略作为一名受人文主义训练的文体家,他能够在讨论会的参加者和体系的内容之间形成科学的论辩,从而使自己的立场变得非常明显。在这种情况下,这种对话形式就无法保护作者免于被定罪和被要求收回自己的观点的命运了。 25

这种文学对话的形式为纠正口语争论的缺陷提供了可能性。焦尔达诺·布鲁诺(1548—1600)就这样做了,当时(1583)他不光彩地结束了他在牛津大学三个月的教学生涯。在伦敦,他在其对话集《圣灰星期三晚餐》中,把牛津教师描写得荒谬可笑,而把自己的观点阐述得非常成功,以至于他在随后留居伦敦的两年中,又用意大利文写了五本哲学对话集。《无限

---

[58] 第Ⅰ卷, pp. 446 – 450; W. Rüegg, 'Humanistische Elitenbildung im antiken Rom und in der europäischen Renaissance', in S. B. Eisenstadt (ed.), *Kulturen der Achsenzeit*, vol. Ⅱ, Part 3: *Buddhismus*, *Islam*, *Altägypten*, *westliche Kultur* (Frankfurt on Main, 1992), 358 – 384, esp. 373 – 377.

[59] L. Olschki, *Galilei und seine Zeit*, Geschichte der neusprachlichen wissenschaftlichen Literatur, vol. Ⅲ (Halle, 1927), 29, 331 – 404,伽利略关于世界体系的对话。

的宇宙与世界》就是其中一本,也正是这本书导致他1600年被烧死在火刑柱上。[60]

这种对话形式也可以用在学术性的著作中。例如,于斯特斯·利普西乌斯在1579至1591年任莱顿大学历史学教授,1593至1606年任教于鲁汶大学。他在关于罗马人的军事组织和军事技术的著作中,受一位年轻的"听众"的激励,采取了背离的观点,这位"听众"被安排对作者进行提问及进行简短回答的工作,这样使他得以阐述出更为详尽的讲解。一群朋友也起到了同样的作用,他们在利普西乌斯1596年出版的补充著作《围城术》一书中扮演文职官员的角色。[61]

这里,这种对话形式对于以别的方式表述起来干巴巴的材料可以生动一些。在两本书中,利普西乌斯都使用专门化的术语"对话"作为题目名称的一部分。但是更为重要的是,学生听众和处于高位的文职官员都在对话中具有平等的权利,尽管事实上还是把他们看做是需要导师指导的。在构成1582年出版的《布道论文集》的复杂对话中,利普西乌斯更为忠实地采用了西塞罗模式——各个不同的参与者平等地共同论述各个主题,即使是关于古罗马人的餐桌礼仪以及格斗比赛的问题也是一样,而不像大卫·休谟的《关于自然宗教的对话》(1751/1779)中讨论的都是一些哲学问题。

这种对话文献形式是与社会关系中对话的重要性同步发展的。它始于意大利,然后传遍整个欧洲,形成了各种谈话圈子,如俱乐部、同事聚会、朋友聚餐,有时甚至在专门学校的名称之下,具有智力方面兴趣的人和其他从事实际事务的人定期聚集在一起,进行学术讨论。这些活动逐渐从非正式的会议发展成为有章程的正规机构。不论它们是私人组织或是受王室资助,目标都是推进科学知识和学术知识的发展。[62]

---

[60] Olschki, *Galilei* (注释 59), 12 - 67; D. W. Singer, *Giordano Bruno, His Life and Thought, with Annotated Translation of His Work on the Infinite Universe and Worlds* (New York, 1950), 26 - 45.

[61] J. Lipsius, *De militia romana libri quinque, Commentarius ad Polybium. Editio ultima* (Antwerp, 1614); J. Lipsius, *Poliorceticon sive de machinis, tormentis, teils libri quinque, ad historiarum lucem. Editio quarta, correcta et aucta* (Antwerp, 1625).

[62] 详细说明见第11章, pp. 480ff.

国际、国内学术交流

欧洲学者之间的交流都是以信件形式进行的。18 世纪被称为“信的世纪”,还有人曾这样阐释信件:它们是中产阶级“发现作者的自我意识及发现自己所处的社会”的证明。信件使个体在一种新的团体意识下团结在一起,“这种新团体意识”可以扩展为对友谊的追求。[63]密切的信件往来和友谊早在 16 世纪的人文主义圈子里就很显著了。纪尧姆·比代是建立法兰西学院的前身皇家语言学院的不遗余力的倡议者,1518 年,比代收到瑞士教授瓦狄亚努斯寄来的一本书和一封信,他立刻觉得自己是瓦狄亚努斯朋友圈子中的一员。他在回复给瓦狄亚努斯的感谢信中加上了这样的话:他们之间的友谊不会因任何法国与瑞士联盟之间可能发生的战争而受到损害。在这个时期,没有哪个在外国找到朋友的人文主义学者会因为本国统治者厌倦了和平想要进行军事计划而宣布中止与朋友的友谊。[64]

这种态度使我们能够理解,欧洲教会统一性崩溃之后,一个欧洲知识界是如何建立起来的。在这个知识界里,拉丁文信件的第二人称单数不过是平等的一个外在标志,实际上也是所有参与者友谊的外在标志。多方 27
的书信交流把大学教师们互相联系在一起,这种联系超越了阶级、地位、宗教信仰及政治派别,并且使他们与各自社会中其他精英人物有所接近。这就促成了各种新思想在整个欧洲的传播和讨论。约 1665 年起,杂志或评论书籍取代了信件的功能。[65]然而,私人之间以信件形式进行的对话一直是最受欢迎的智力交流方式,这种情况一直持续到后来电话的广泛使用。

就智力问题进行交流的信件量相当巨大。梅兰克顿有 10 000 封信保

---

[63] R. Wittman, 'Das Jahrhundert des Briefes', in *Einladung ins 18. Jahrhundert, Ein Almanach aus dem Verlag C. H. Beck im 225. Jahr seines Bestehens* (Munich, 1988), 151–152.

[64] Text in W. Rüegg, 'Humanistische Elitenbildung in der Eidgenossenschaft zur Zeit der Renaissance', in G. Kauffmann (ed.), *Die Renaissance im Blick der Nationen Europas*, Wolfenbütteler Abhandlungen zur Renaissanceforschung, 9 (Wiesbaden, 1991), 133.

[65] 参见 p. 485.

存下来，他在苏黎士的对手布林格则有 12 000 封，这说明他们二人分别在新教教会和新教归正会中都居于领袖地位。利普西乌斯的信件交流包括他写的和从 800 个不同的人那里收到的共 4300 多封信。这 800 多人几乎包括了当时欧洲所有主要的知识分子。[66]汉堡州图书馆和汉堡州大学图书馆保存的宗教改革时期至 1735 年间最杰出学者的信件达 35 000 封之多，这些信件是由 6700 个人写的，收信人则约有 2000 人。[67]其中，有 1000 多封是贝尔内吉尔 (1582—1640)来往的信件，贝尔内吉尔是"当时最受爱戴的大学教师之一，1613 至 1640 年在当时著名的德国斯特拉斯堡大学任历史学教授"。[68]贝尔内吉尔信件往来的对象包括当时那些最伟大的人物，如古斯塔夫二世·阿道夫、奥克森谢尔纳、伽利略、开普勒、格劳秀斯和奥皮茨。[69]

这种书信形式也用来向读者介绍作品。15 至 18 世纪时期的学术或科学书籍都没有前言或序言，一般是以两封信开头的。第一封信是给某个特定读者的，常常是写给资助人的，该资助人要么是帮助出版了此书，要么是以某种方式赞赏了此书；或是写给某个朋友的，他要么会因此书而增光，要么是会为这部作品带来荣耀。第二封信是写给该书的所有读者，常常把读者称做"朋友"，[70]这封信阐明该书的写作意图。

---

[66] G. Oestreich, 'Justus Lipsius als Universalgelehrter zwischen Renaissance und Barock', in T. H. Lunsingh Scheurleer and G. H. M. Posthumus Meyjes (eds.), *Leiden University in the Seventeenth Century. An Exchange of Learning* (Leiden, 1975), 185.

[67] C. Schultess, 'Aus dem Briefwechsel des französischen Philologen und Diplomaten Jacques Bongars (1554 - 1612)', in E. Kelter, E. Ziebarth and C. Schultess (eds.), *Beiträge zur Gelehrtengeschichte des siebzehnten Jahrhunderts* (Hamburg, 1905), 149; N. Krüger, *Supellex Epistolica Offenbachii et Wolfiorum. Katalog der Offenbach-Wolfschen Briefsammlung*, 2 vols. (Hamburg, 1978).

[68] G. Oestreich, 'Justus Lipsius als Theoretiker des neuzeitlichen Machtstaates', *Historische Zeitschrift*, 181 (1956), 39.

[69] E. Kelter, 'Die Briefwechsel zwischen Matthias Bernegger und Johann Freinsheim (1629. 1633 - 1636)', in Kelter *et al*. (eds.), *Beiträge* (注释 67), 3.

[70] E. g. Daniel Heinsius, *Orationum editio nova*, ed. N. Heinsius (Amsterdam, 1657), 552: title: 'Amico lectori'; text: 'Amice lector...'.

雄辩的时代

对话形式主要关心的就是，说服读者、听众或参加谈话的人承认作者的假说的正确性。在学术辩论中，人文主义对话没有使用专门语言或学科论证特征的模式。伴随着学术对话的公开性，演说者与他人在经历、知识和信仰方面开始进行交流，在18世纪以前这种学术交流的语言主要是拉丁语。

相应地，正像本书许多章节中都表明的那样，修辞学在大学教学中占据着中心地位。曾有人把16、17世纪称做是“雄辩的时代”，[71]15、16世纪则被称做“西塞罗时代”，这是与亚里士多德的中世纪时代相对的。[72]在1528年出版的《西塞罗》一书中，伊拉斯谟尖锐地指责对于西塞罗作品形式的机械模仿。他说，值得模仿的，不是古代语言模式，而是这种语言模式所表达的具体观点。正如西塞罗本人也会认同的那样，由于语言是在社会中获得其意义的，古代基督教徒就必然与信奉多神教的人有着不同的表达方式。正确模仿西塞罗成为出名的原因，这种做法占据了整个16世纪的各所大学。[73]由西塞罗主张的关于一些因素之间的联系问题当时已达成了普遍的一致，如口才与智慧之间的关系、雄辩与哥廷根大学相应的教授讲座名称“世俗智慧”之间的关系等。这样，修辞就被理解为以其理性和感情的所有成分，将说服的艺术带到完美的顶峰，它不仅适用于政治行为和社会交往，还适用于解决自然的神秘问题。[74]

早在1402年，弗吉里奥就曾对对话交流的目标进行过论述，弗吉里奥原是博洛尼亚大学的逻辑学教授，后来在把人文主义介绍到匈牙利方面

---

[71] M. Fumaroli, *L'Age de l'éloquence, rhétorique et 'res literaria' de la Renaissance au seuil de l'époque classique* (Geneva, 1980).

[72] E. Gilson, 'Le message de l'humanisme', in F. Simone (ed.), *Culture et politique en France à l'époque de l'humanisme et de la Renaissance* (Turin, 1974), 4; volume Ⅰ, p. 449; R. Tuck, 'Humanism and Political Thought', in Goodman and MacKay (eds.), *Impact* (注释33), 51－65.

[73] Fumaroli, *L'Age* (注释71), 101－175.

[74] J.C. Briggs, *Francis Bacon and the Rhetoric of Nature* (Cambridge, Mass./London, 1989).

起到了重要作用，他于1444年在布达佩斯去世。在弗吉里奥的第一本并且是广泛流传的著作中，他说，以"一系列令人愉快的书籍"进行对话交流，其目标是形成一种高雅的举止，而这需要博雅的知识及与基于道德的雄辩相结合的历史知识；它以公民权为方向，以文明的社会为目标。[75]这样，贵族社会的军事举止将会更温文尔雅，新兴的城市精英们也将会在社会和政治方面受到更好的教育。

1519至1522年间，伊拉斯谟写了《家庭谈话标准》，写作此书的目的很简单，即该书首页上所说的："不仅为了教学生以高雅的知识，而且最为重要的是，为生活而教育他们。"[76]在那些充满着机智的批判性的对话中，他允许一种声音以几乎是夸张的形式来谈论当代社会、僧侣、商人、士兵和娼妓等问题。同时，他向学生们展示了在面对成人世界中口头的、虚假的宗教信仰行为、政治虚伪和性过失时，如何能在社会行为中获得和证实他们内心的信仰。这一著作获得了巨大的成功，而且是在一般阅读和作为教材两方面都获得了巨大的成功。通过这本书，连同伊拉斯谟其他教育方面的著作，如王子生活的写照、行为举止的书籍等，伊拉斯谟引领了整个欧洲的潮流，在这里，仁爱、修养和礼仪成为智力精英的显著特征。[77]古罗马天主教的研究计划和16至18世纪的新教大学的计划都分享了明智、雄辩、虔诚的教育思想，这一教育理想是1538年斯特拉斯堡大学的教育改革家约翰·斯图谟系统提出的，后来被新建的黑尔姆施塔特大学纳入其章程之中。[78]

新集体自我意识

"人文主义者，我的意思是指那些影响国家事务的知识和历史的人。"

---

[75] J. M. McManamon, 'Innovation in Early Humanist Rhetoric: the Oratory of Pier Paolo Vergerio the Elder', *Rinascimento*, 32 (1982), 3–32.

[76] D. Erasmus, *Familiarum colloquiorum formulae, ..., non tantum ad linguam puerilem expoliendum utiles verum etiam ad vitam instituendam* (Basle, 1522).

[77] Huppert, 'Idea' (注释 56); Becker, *Civility* (注释 57).

[78] A. Schindling, *Humanistische Hochschule und Freie Reichstadt. Gymnasium und Akademie in Straßburg 1538 – 1621* (Wiesbaden, 1977), 31.

这是英国外交大臣法因斯·莫里森(1566—1630)在1607年所认识到的教授或研究文明的业余爱好者的作用。到1589年,在英语里已经把这些人称做"人文主义者"了。[79]这些人对于精神生活不感兴趣,也不对知识感兴趣。相反,他们对于现实生活更感兴趣,从知识对于公民社会的作用出发而对知识感兴趣。中世纪大学智力方法的教学和学习所产生的一个受欢迎的副产品成为了16世纪大学的主要任务,那就是培养神职人员、教士、医生、律师、法官和国家公务员。

然而,使大学及其教师与公众权威的拥有者之间的关系更为紧密(前者甚至常常过分地依赖后者)的,不仅仅是出于这种对于职业的关心。

大学教师希望为自己所处的社会贡献一些有用的东西。为此,他们首先对古代资源进行哲学-历史的研究,这种研究使大学教师及其同时代人可以掌握他们自己时代的问题。先前佛罗伦萨人文主义者已经在古罗马的机构中发现了保卫共和国的政治和军事防御模式。莱昂纳多·布鲁尼(1370—1444)是历史学家、佛罗伦萨大学校长及人文主义翻译家,他曾翻译亚里士多德的《伦理学》,他的《战争论》就是建立在古罗马资料基础之上的,目的是支持当时的建立民众民兵团、反对雇佣军的讨论。马基雅维利(1469—1527)则承担了一项毫无希望的任务:按照古代的模式建立普遍的民兵组织以保留佛罗伦萨的共和政体。[80]

于斯特斯·利普西乌斯关于古罗马人军事生活的对话体作品取得了更大的成功。这些作品描述了罗马军队的组织、战术、武器和防御工事的技术和围攻的技术等,并把它们与当代的军事活动做比较。早在1589年,利普西乌斯在其《国家公民教育(VI):战略战术原则》中就提出了一些基本原则,内容涉及军事训练、纪律、操练和演习及武装力量的内部结构等。尽管正像这部作品的题目所显示的那样,这部书主要是针对君主而言的,但其中关于军事原则的讨论甚至被纳入新的荷兰战争条款(1590)。到1750年,人们还一字不漏地复述它们。《罗马军事论》这部书在1596年一出版

---

[79] *Oxford English Dictionary* (Compact edition, Oxford, 1971), 1345; 引自 Becker, *Civility* (注释 57), 31.

[80] C. C. Bailey, *War and Society in Renaissance Florence*, *the* De militia *of Leonardo Bruni* (Toronto. 1961).

就被大业主送给著名的军事改革家拿骚的莫里斯王子，后者与他的高级官员一起研究这部作品，并尝试了其中的一些具体原则。通过作者的亲自指导，莫里斯王子懂得了古罗马军队的优越性并不在于它特定的武器，而是在于军队各个不同部分之间的战术合作。他对军队的成功改革就主要依
31 靠他对利普西乌斯的理论的认真研究。这对约翰·冯·拿骚－西根（他是拿骚那所著名的军事学校的创建者）来说也是同样适用的，这一点我们可以从他在《科雷伯克》中提出的改革中看出来。这也同样地适合 17 世纪相应的法文和英文的军事教科书。[81]

在《政治》和其他一些著作中，利普西乌斯阐述了自己关于政治事务的一些观点，包括对于塔西图斯和斯多葛学派哲学思想的评论，及对于与他同时代的人，如维多利亚的思想的评论。这些观点产生的影响更为深远。利普西乌斯所获得的巨大影响力不仅在于他作为文学家、历史学家，以及在新教大学和改革后的大学中任修辞学教师的能力，还在于他在罗马天主教大学中对人们思想所起到的转化作用。在德国、英格兰、西班牙、奥地利和法国的政治圈子中，人们热切地阅读利普西乌斯的政治作品，甚至还有人剽窃它们。瑞典的古斯塔夫二世和他的女儿克里斯蒂娜以及年轻的丹麦国王克里斯蒂安四世都是以学习利普西乌斯的《政治》而开始进入实际政治事务的。[82]

就利普西乌斯的个人生活来说，他在宗教信仰方面的改变幅度同外表改变一样大，但这些变化并没有影响利普西乌斯持续稳定的影响。利普西乌斯的这种生活是当时知识分子新自我意识的突出例子。作为一名大学教师，利普西乌斯宗教和政治方面的忠诚都让步于个体的信仰，并且是为他的工作和影响而牺牲的。大学教师开始不仅把自己看做是广泛的知识界的一员，而且从能力方面认为自己是与红衣主教和政治家们具有平等地位的对话者。利普西乌斯就把他的《政治》"送给所有的王子"。他这样做

---

[81] G. Oestreich, *Neostoicism and the Early Modern State* (Cambridge, 1982); A. Grafton, 'From Ramus to Ruddiman. The *Studia humanitatis* in a Scientific Age', in N. Phillipson (ed.), *University, Society and the Future. A Conference held on the 400th Anniversary of the University of Edinburgh, 1983* (Edinburgh, 1983), 65–68.

[82] Oestreich, 'Justus Lipsius' (注释 66), 191.

体现出超凡的自我意识。[83]历史学家已在其他大学教师中发现了相似的增强了的自我意识，[84]哲学院（或文学院）的教授们尤为如此。在中世纪大学中，只有在该领域的学习伴之以神学、法学和医学学位的授予，哲学教授才可以给予其学生更高的社会地位。学术职业的这种新集体自我意识通过其著作的插图和首页深刻地影响了现代读者。

自我意识可使人们认为自己的观点是正确无误的，从而导致激烈的 32
辩论和极端的党派偏见。从16到18世纪，以“主义”结尾的党派标签更多了。伊拉斯谟从《旧约全书》及教父们那里借用了如“希腊主义”、“犹太主义”、“基督教主义”等这些教条主义的名称。从1570年起，类似的党派标签用在了当时的宗教派别上，如加尔文主义、卡特里主义、再浸礼教主义、天主教主义。就哲学派别来说，则有柏拉图主义、伊壁鸠鲁主义、斯多葛主义、自然神论和怀疑论。在18和19世纪，所有这些新词的使用都大量增加。在1808年，人们在一次辩论中创造出了“人文主义”一词以对抗“慈善主义”。[85]

自我意识并不局限于个体自我意识或学术集体自我意识。一种民族自我意识在学术圈子内变得明显起来。这一点常常令人感到困惑：关注重建古典资源的人文主义者，同时也是对他们本国的文献和历史进行重新发掘和研究的最为活跃的先驱。然而，这种困惑仅仅是对于那些把人文主义界定为对古代模仿的人来说的。这种从古代学习来的对话方式是与民族集体自我意识相匹配的。这的确发生在大学教师中间，他们常常与业余人文主义者进行合作。这样，1501年，维也纳大学教授康拉德·采尔蒂斯编辑了甘德尔希姆的赫罗斯维塔的著作。他通过在因戈尔施塔特、海德堡、纽伦堡、维也纳、奥格斯堡建立“知识学会”，开始了中世纪德国历史和文献

[83] W. Dilthey, ‘Weltanschauung und Analyse des Menschen seit Renaissance und Reformation’, in *Gesammelte Schriften*, vol. Ⅱ (Leipzig/Berlin, 1914), 269.

[84] Olschki, *Galilei* (注释 59), 20; M. Greschat, ‘Humanistisches Selbstbewusstsein und reformatorische Theologie’, in *L'Humanisme allemand (1480 – 1540), XVIIIe colloque international de Tours* (Paris, 1979), 371 – 386, esp. 374.

[85] W. Rüegg, *Cicero und der Humanismus, formale Untersuchungen über Petrarca und Erasmus* (Zurich, 1946), 2.

资料的收集和编辑。[86]巴黎则以让·道拉特（也叫道拉特，1508—1588）为中心形成了一个圈子，道拉特是皇家学院的教授，该圈子中的人希望通过对于古典模式的创造性的改造，以实现法国文献的复兴。龙萨是道拉特最有才华的学生之一。[87]

在西班牙，阿尔卡拉大学修辞学教授阿方索·加西亚·马塔莫罗斯
33 （1501？—1572）写了《西班牙文化寓言》一书，该书对从图巴尔和西庇阿家族时代到作者自己所处时代的西班牙文学进行了历史性叙述。[88]

在尼德兰，起初一些业余人文主义者开始关注民族历史和语言，如科内利乌斯·奥雷利乌斯（约 1460—1531）和德尔克·沃克尔茨·科恩赫特（1522—1590）；约翰尼斯·贝坎纽斯（1519—1572）则在其《安特卫普语起源》（1569）中把本族语言和历史追溯到亚当那里。后来，莱顿大学的教授们开始关心自己的母语，这些教授包括数学家西蒙·斯泰芬（1548—1620）及著名的古典文学家丹尼尔·海因修斯（1580—1655），后者于 1616 年出版了长诗《尼得德斯克诗集》。[89]

在英格兰，非专业人文主义者中这种关注更为显著。托马斯·莫尔的《理查德三世》（1513—1516）和托马斯·斯塔基的《波尔和勒普塞特的对话》都论述了英国的历史和英国的体制。1532 年，出现了关于乔叟和约翰·高尔的人文主义版本，该版本在前言中介绍了英国语言和英国文学的地位。[90]

---

[86] H. Lutz, 'Die Sodalitäten im oberdeutschen Humanismus des späten 15. und frühen 16. Jahrhunderts', in W. Reinhard (ed.), *Humanismus im Bildungswesen des 15. und 16. Jahrhunderts*, Mitteilung XII der Kommission für Humanismusforschung (Weinheim, 1984), 49 - 56.

[87] A. Grafton, *Joseph Scaliger. A Study in the History of Classical Scholarship*, vol. I (Oxford, 1983), 74 - 78; S. Dresden, 'The Reception of the Italian Renaissance in France', in H. O. Oberman and T. A. Brady (eds.), *Itinerarium Italicum. The Profile of the Italian Renaissance in the Mirror of its European Transformations*, Studies in Medieval and Renaissance Thought, XIV (Leiden, 1975), 128 - 133.

[88] Lawrance, 'Humanism in the Iberian Peninsula' (注释 33), 249.

[89] E. Strietman, 'The Low Countries', in R. Porter and M. Teich (eds.), *The Renaissance in National Context* (Cambridge, 1992), 79 - 80.

[90] D. Starkey, 'England', in Porter and Teich (eds.), *Renaissance* (注释 89), 154 - 158.

在体现个体自我意识方面，恐怕没有其他人像德国的乌尔里希·冯·胡滕那样钟爱使用争辩的方式，胡滕是德国爵士、桂冠诗人，还是六所大学的校友。他在本章第二部分开始这样赞美人文主义："看！后代们！诗人胡滕的歌，你完全可以声称是属于你自己的……他以把祖国从无知中解放出来为目标，以把祖国从罗马的桎梏中解放出来，把自己的文化提升到高于意大利文化为目标。"[91]

人文主义与大学

然而，许多人文主义的教育和交流形式都对新的自我意识的形成有促成作用。大学及与大学同时发展起来的高级中学和学园都是这些观点的主要据点。[92]德国的情况同样也适于中欧和东欧的其他一些国家。"在德国，所有早期建立的大学，包括维也纳大学和布拉格大学，以及15世纪反映学校的世俗和教会捐助人文化和政治愿望的新建大学的迅速发展都是 34
由人文主义教育的迅猛发展而激励的"。[93]甚至在那些古老的学院中，人文主义的影响也很盛行。当然，这种发展并非是一帆风顺的，但即使是经院哲学与人文主义之间的紧张状况所带来的结果，也常常是相互充实而不是夸大的争辩。

医学院的教授们大都学习过人文主义的课程，在进行教学的时候，常常在教授医学之外，还要教"三艺"或"四艺"，有时甚至还以"三艺"或"四艺"代替医学教学，他们还编辑、评注及翻译新发现的和经过重大改编的古代中世纪的作品。伊拉斯谟曾赞扬了三位这样的医学方面的人文主义重建者，他们是尼科洛·莱昂希诺 (1428—1524)，他在费拉拉大学教授哲学、数学和医学长达60年之久；托马斯·利纳克尔 (1460—1524)，他是亨利八

[91] L. W. Spitz, 'Humanism in Germany', in Goodman and MacKay (eds.), *Impact* (注释 33), 212 - 213.

[92] 参见 W. Rüegg, 'Die humanistische Unterwanderung der Universität', in *Antike und Abendland, Beiträge zum Verständnis der Griechen und Römer und ihres Nachlebens*, 38 (1992), 115 - 122,全面论述了'ad fontes'.

[93] L. Boehm, 'Humanistische Bildungsbewegung und mittelalterliche Universitätsverfassung', in J. IJsewijn and J. Paquet (eds.), *The Universities in the Late Middle Ages*, Mediaevalia Lovaniensia, series 1, studia 6 (Louvain, 1978), 324.

世的私人医生及伦敦皇家医学院的创建人；以及威廉·科普（卒于1536年），他曾任巴黎大学教授，后成为法国国王的私人医生。下一代的内科医生有让·费内尔·达米安斯（1487—1558），他是巴黎的宫廷医生，还是生理学方面的一些重要教科书的作者；约翰·凯厄斯（1510—1551），他是英国的宫廷医生和剑桥大学克伦威尔学院的捐助人；康拉德·格斯纳（1516—1565），苏黎世大学的医学教授和一位博学者；以及特奥多尔·茨温格（1533—1588），巴塞尔大学教授，他的继任者是一部百科全书式著作的作者。上面提到的所有这些人都运用文献学方法，目的是使古代科学发现能为现代医学所采用。

安得列亚斯·韦萨琉斯（1514—1564）所接受的也是人文主义教育，在1537年成为帕多瓦大学教授之前，他就已经出版了关于古希腊医生加伦的著作。为了检验加伦解剖学方面的观点，他还开始亲自进行解剖。六年后，即1543年，他出版了《人体结构》一书。[94]

人文主义对法学的影响始于16世纪，后来波及到阿尔卑斯山以北，主要中心是法国，特别是在布尔日。在这里，受到伊拉斯谟高度赞扬的米兰人文主义者安德烈亚斯·阿西亚特斯在1530年开始对法律协会进行人文主义的评论和解释。雅克·居雅斯（1522—1590）正是因为对于法律资料进行了人文主义的编撰而获得了杰出的法学家的美名。尤德雷卡斯·察修斯
35 （1461—1535）是弗莱堡法学家，伊拉斯谟的朋友，他早已认识到，这些资料要比中世纪的评论文章更为重要。[95]但是，当时发现并利用的不仅仅是罗马法的资料。“人文主义与西塞罗的碰撞……特别是与希腊法律哲学家的碰撞”打开了“获取关于法律原理和法律机构的新知识之门”。学法律的学生所用的教科书都是以著名人文主义者的方法论方面的著作为中心的，如伊拉斯谟、阿格里科拉、维韦斯和梅兰克顿等人的著作。事实上，他们的目标在于“使来自于人文主义的、西塞罗式的，最终是古希腊式传统中的那

[94] Sarton, *Six Wings*（注释52），175.

[95] R. Stintzing, *Ulrich Zasius. Ein Beitrag zur Geschichte der Rechtswissenschaft im Zeitalter der Reformation* (Basle, 1857; reprint Darmstadt, 1961), 103.

种课程得到实现，也就是和谐发展的理想”。[96]

由伊拉斯谟开创的圣经人文主义的影响则更为深远。1518 年，梅兰克顿认识到，在神学重新回到原始资料方面，伊拉斯谟起到了重要作用。[97] 后来“回到源头去”（也许只是在 19 世纪）成为了人文主义复兴的战斗口号。梅兰克顿第一个明确以呼唤回到原始资料作为他在新教大学中学科改革的出发点。他在维滕堡的就职演讲题目是纲领性的《论改正青年的学习》，在这篇演讲中，他允诺向学生提供一种具有最高价值的教育，在这种教育下，他们“可以利用最好的作家们提供的科学原始资料。任何希望在神学或法学上获得一些有价值东西的人都必须熟悉人文主义教育”。他说，包括历史和自然哲学两个方面的人文主义教育的目标是一种哲学的和修辞学的教育，它传递处理公共事务时的伦理责任，同时也为神学研究做准备。神学部分是希伯来语、部分是希腊语的。人们必须学习古罗马人创作其著作时使用的这些外国语言。研究原始资料才能显现出词语的出色外表和内在价值及它们的真正意义，这会使人认识到物质的存在。当“我们把注意力转向原始资料时，我们才能开始理解基督”。[98]

在阿尔卑斯山以北，正是伊拉斯谟推动了希腊语和希伯来语的研究。这种研究不再是为东方培养教士所需要的（像那些只是偶尔实施的维埃纳会议所建议的那样），也不是像意大利人文主义者所期望的那样，仅仅是为了与古希腊的哲学家、诗人、科学家和历史学家进行对话。占主导地位的 36
动机是通过回到其原始资料来促进神学研究这种愿望。1511 年，在剑桥大学，伊拉斯谟作为女王资助的神学教授职位的任职者，首先开始了希腊文的研究。1540 年，剑桥大学获得了希腊文和希伯来文的皇家教授职位。1546 年，牛津大学也获得了同样的殊荣。1517 年，在鲁汶大学，伊拉斯谟的一个朋友杰罗姆·布斯雷登建立了三种语言学院，该学院后来成为整个欧洲人文主义研究的主要中心。在法国，弗朗西斯一世接受了纪尧姆·比

---

[96] H. E. Troje, ‘Die Literatur des gemeinen Rechts unter dem Einfluss des Humanismus’, in Coing, *Handbuch* Ⅱ, 614 – 793, 引自 p. 615.

[97] ‘Nondum satis Erasmus probatur qui primus, etiam doctorum iudicio, theologiam ad fontes revocavit’ (Dedication to Bernardus Maurus in January 1519 to Melanchthon’s ‘Rhetorica’ printed in Haguenau: *Corpus reformatorum*, vol. Ⅰ (Halle, 1834), 63).

[98] Melanchthon, ‘Sermo habitus’ (注释 10), 引自 pp. 38 – 40, 参见 p. 19.

代的建议，以鲁汶大学为榜样，建立了皇家语言学院，研究拉丁文、希腊文和希伯来文（该学院正是法兰西学院的前身）。

1499年，红衣主教希门内斯建立了阿尔卡拉大学，以神学研究的人文主义改革作为大学的目标。这一目标的第一个成果就是1517年印刷、1523年出版的《多语种圣经》，该书包括未经改动的拉丁文《圣经》及其希伯来的、古叙利亚的和古希腊的资料。虽然这部著作在文献学方面并不完善，它既未获得普遍的成功，也未获得像伊拉斯谟在1516年编辑和重新翻译的希腊文《新约全书》所获得的教会方面的影响，但它仍不失为一部杰出的作品。[99]

梅兰克顿吸引了成百上千的学生参与其经过改革的学科课程计划。他还在1529年建立的马伯格大学中从结构方面巩固该计划的地位。1536年，他在维滕堡大学进一步发展了自己的计划——在文学院创建了10个新的教授职位，其他高级学院每个只给一至三个教授职位。在传统教授职位，即文法、辩证法、数学、物理学和天文学的基础上，新增希伯来语、希腊语、历史学和诗歌的教授席位，并通过新增两个教授席位来加强雄辩术，这成为当时新建的大学和学园追随的范式。旧大学也按人文主义方向进行了改造。对于新教神职人员来说，以人文主义为基础的神学训练是不可或缺的。在反宗教改革过程中，学习人文主义成为训练罗马天主教神职人员的教规。[100]

随着时间的推移，人文主义学习的目标也变化了：它们力图培养一种与日常生活的要求相一致的世俗虔诚的行为，不再是作为促进由教义主导
37 的那种虔敬方式。正像萨卢塔蒂所表述的，它们努力限制自己，“为正确的写作开启大门，以使人可以自己努力去处理那些更具有神学性质的、更困难的问题”。[101]这类问题有精神非道德性、神授天意与自由愿望之间的关系、快乐与努力奋斗之间的关系、荣耀与虔敬之间的关系等。这些问题都曾以信件或对话的形式进行过讨论。对这些问题的各种不同答案，不是从信条的正确性方面来判断的，而是通过把它们作为主观经验和知识的表现

---

[99] Lawrance, ‘Humanism in the Iberian Peninsula’（注释33），252.

[100] 见第9章，pp. 371－372.

[101] C. Salutati, *Epistolario*, ed. F. Novati, vol. Ⅲ (Rome, 1896), 614.

进行比较，并将它们与要面对的实际情况进行比较，从而进行判断。不论是新教正统观点，还是反宗教改革的观念，都没有给这种宽容态度以优先权，这二者都是由渗透着人文主义观点的大学毕业生作为主要代表的。

"懂得越多，就越容易犯错误"，这一谚语被再浸礼教教徒用于以人文主义培养神学家，但实施这种方针的不仅仅是再浸礼教。巴塞尔大学的希腊语教授塞巴斯蒂安·卡斯特略（1515—1563）同样如此：在塞尔维特斯被处死之后，卡斯特略判定加尔文派的所作所为使"耶稣在希伯来、希腊和拉丁语言中都被处死了，这在今天仍然是一样，难道你们没有看见懂得三种语言的人也是迫害的唆使者"。确实，受到攻击的加尔文教徒可以指出卡斯特略和其他异教徒迫害的对手也都是人文主义者。阿姆斯特丹的传道士德温格洛，由于编辑卡斯特略的作品而被怀疑为有罪，他指责受人文主义教育的"神学者"允许权威之剑来保卫自己的地位，这种指责无疑是有道理的，医师或商人可能永远不会做这种事情。[102]

早期的历史学家认为，16 世纪下半期和 17 世纪上半期的多次宗教战争是导致大学衰落的原因。但在这一时期，大学其实是发展了的，它们取得了一些真正的科学和学术成果，今天的人们比 19 世纪的人更看重这些成果。然而，科学和学术的中心则慢慢转移了。帕多瓦和莱顿变得比博洛尼亚和巴黎更为重要。对于帕多瓦大学和莱顿大学来说，不知是因为它们成为威尼斯和阿姆斯特丹的商业中心，还是因为它们对于持不同观点的人更宽容，这二者是哪个促成了它们的发展仍然是一个悬而未决的问题。在
16 世纪，萨拉曼卡大学不仅在新大陆，而且在欧洲都是一所重要的大学。 38
在 17 世纪，苏格兰的几所大学超越了牛津和剑桥。18 世纪，哈勒大学和哥廷根大学快速领先于古老的中欧和东欧的大学。

同时，大学正在逐渐失去它们在中世纪时享有的那种对于科学和学术研究及培养精英的垄断地位，在某些程度上也失去了一些宗教会社性质的学院机构。最具创新精神的那些学者和科学家纷纷离开大学，为各王权

---

[102] C. Gilly, 'Das Sprichwort "Die Gelehrten die Verkehrten" oder der Verrat der Intellektuellen im Zeitalter der Glaubensspaltung', in A. Rotondo (ed.), *Forme e destinazione del messaggio religioso, aspetti della propaganda religiosa nel Cinquecento* (Florence, 1991), 229 - 375，引自 pp. 232, 330.

政府服务、参加学园或去追求那种他们作为私人进行研究所需要的愉悦和自由。然而，大学并未远离17、18世纪被称做科学革命的运动，正像本书将讲到的那样，也像最近证明的，哈勒大学对化学教授的尊重。[103]然而，这一时期最伟大的那些科学发现都是与大学无关的，这一点与19世纪的情况形成了强烈的对比。关于大学没有成功地对科学革命作出更多的贡献，部分原因可能是由于各个不同宗教团体对于他们信仰的教条似的确认或是由于信仰审查，而更深层次的原因则必须在大学的人文主义支配地位中去寻找了。

人文主义占领了各所大学。接下来的任务就变成了对这些被占领的地区进行巩固和加强。实现巩固所采用的方式有创设教授席位、编制学习课程和教科书的大纲等。这样，所有关于哲学、数学、语文学和历史学的著作的产生就可以与人文主义的科学和学术思想保持一致：建立植物园、解剖中心、博物馆和图书馆，并且出版各类学术性的书籍和百科全书，从哲学上和神学上去证明人文主义对于教会和政府的价值并将它付诸于实践。在巩固其胜利的这一过程中，人文主义失去了它们最初的动力，它们的特征也改变了。人文主义大学的中心任务变成了将它的客观成果进行应用，而不是学者或学生在与古代作家进行个体交流时得到智力和道德上的体验。以下就是梅兰克顿在维滕堡的就职演说中蕴涵的主要观点：在古代作家中找出人文学科的来源，在《圣经》和教父们的著作中找出神学的来源。

声称应该把古代这些作者看做是各种事实、思想体系和信仰实质的主要来源，这意味着什么呢？关于这个问题，有一本书首页上的版画给出了明确的答案。该书是1536年出版的由慕尼黑公务人员沙伊顿莱塞尔翻
39 译的德文版《奥德赛》。那幅画是这样的：从荷马的口中流出四股溪流，分别流向维吉尔、贺拉斯和奥维德和后面一位辨不清是谁的诗人的口中。最后这个人可能就是指荷马传统的当代接受者。在文中，荷马被说成是“最古老的、最有艺术天赋的所有诗人之父”。

这里我们发现在两种意义上人文主义研究观点的转变。古代的作者不再是和我们具有同等地位的朋友，而更是精神之父，他们的重要性在于

[103] 见第13章，p. 546及注释53.

他一成不变地成为传给后来的接受者的知识的源头。这样,古代作者再一次成为了权威,而古代则成为现代仿效的模式。

1519 年出版的《社会》是梅兰克顿的一本开创性的作品。梅兰克顿在该书中所表述的思想暗含着这样的结论:应首先把古代的这些作者看做是生手。这里他指的是"所有以某种方式能与实际生活相联系或与科学和学术思想相联系的各种事物的形式"。这些"事物形式"是从《旧约圣经》《新约圣经》和古代作者那里提取的基础性的、普遍的、符合逻辑的、合乎道德的那些概念,梅兰克顿这样写道:这些概念"并非是随心所欲的发明结果,它们的根源在事物的深层次性质之中,它们实际上是所有事物的原始影像或原始准则"。[104]按照《社会》的说法,大学应该遵循这种"普遍正确的方法论的原则",[105]就是在思考、写作和讲话的时候,无论是正规的还是实质上的这种文学修辞性质的教育,都应该追求那些精选出来的权威们的模式。

当以人文主义为中心的时候,对话中个体经验的质量是被提升了的。现在又降低它以培养在科学和学术活动中对于古代的形式和成果的绝对和完全的忠诚,并尽可能地模仿古代的这些形式和成果。前面我们提到的关于罗马军事技术和统治艺术的应用可以成倍地增加乃至达到无限。[106]

一些关于古代作者或古代主题的作品首页展现了这一进程。1550
年以后,古代历史人物或神话人物的画像穿着古代的外衣,常常作为纪念
碑,实际上是古代大理石棺的一部分。他们不再是早期首页上充满生气的 40
必需事物。[107]古代作者们不再是以客人或朋友的身份进入现代人的家中,
而更多的是现代人闯入了古代世界,以他自己的研究进行判断,达到了皮

[104] P. Joachimsen, '*Loci communes*, Eine Untersuchung zur Geistesgeschichte des Humanismus und der Reformation', *Jahrbuch der Luthergesellschaft* (1926), 32; 再版在: N. Hammerstein (ed.), *Gesammelte Aufsätze* (Aalen, 1970), 387 – 442; Schmidt-Biggemann, *Topica* (注释 50), 19 – 20.

[105] W. Bruckner, '*Loci communes* als Denkform', *Daphnis. Zeitschrift für mittlere deutsche Literatur*, 4 (1975), 4.

[106] S. Gaukroger (ed.), *The Uses of Antiquity: the Scientific Revolution and the Classical Tradition*, Australian Studies in History and Philosophy of Sciences, 10 (Dordrecht/Boston/London, 1991) and the imformative review by A. Grafton in *Isis*, 84/1 (1993), 151 – 152.

[107] G. Finsterer-Stuber, *Geistige Väter des Abendlandes, eine Sammlung von hundert Buchtiteln antiker Autoren, mit einem Essay von W. Rüegg* (Stuttgart, 1960).

拉内西（1720—1778）的《古罗马》里所描述的那种程度。在该书中，他像是一个在古代雄伟的残垣中搜寻、挖掘被埋宝藏的小小的考察者或探索者。

16 世纪的大学完全被西塞罗式辩论所占据，在这种情况下，大学的任务就是找到对待古代模式的正确方式。到了 17 世纪末，这些进而发展成古今之争。就后者来说，问题不再是应该采取什么方式来模仿古代人，而更是把进步的现在与古代世界的过时成就进行比较的问题。丰特奈尔(1657—1757)是法国科学院秘书，也是评论学者，他对自然科学的进展与语言使用的掌握之间进行了区分。伏尔泰(1694—1778)则在蓬帕杜侯爵夫人与西塞罗的女儿图利娅之间的一段机智的对话中，总结出下面的结论：

> 我们对那些曾控制我们那么长久的粗俗的经院哲学家们嗤之以鼻，但我们尊重西塞罗和所有那些教导我们去思考的古代人。尽管我们的自然法则与你们那个时代的不同，但我们关于雄辩的规则是相同的。这也许正是解决古代人与现代人之间争执的方式。[108]

古代成为了教育的内容。1767 年，即在被任命为爱尔福特大学哲学教授的两年前，克里斯托弗·马丁·威兰(1733—1813)写了第一本德文的教育小说《阿迦通的故事》。这部作品描述了一位年轻人在古代人中间进行一次巴罗克式的重要游历，目的是寻找自我意识的人文性的方式。在这些古代人中间，教士和哲学家们代表着保守的精神，而无神论者和智者则代表着自然和理性的本质特征。威兰非常清楚古代太遥远了，翻译西塞罗的
41 文字的时候，他把经历"遥远的爱"当做一件痛苦的事情。人文主义已失去了它们对人类的特别的、人文主义的力量。人文主义不再是一种与古代作

---

[108] 'Des anciens et les modernes, ou la toilette de Madame de Pompadour'，引自 J. von Stackelberg, 'Die "querelle des anciens et modernes". Neue Überlegungen zu einer alten Auseinandersetzung', in R. Toellner (ed.), *Aufklärung und Humanismus*, Wolfenbütteler Studien zur Aufklärung, 6 (Heidelberg, 1980), 35–56，引自 p. 51. 关于 'querelle' G. Highet, *The Classical Tradition, Greek and Roman Influence in Western Literature*, 3rd edn (New York/London, 1953), 261–292: ch. 14: The Battle of the Books.

者们的友谊的有生命的集体，而越来越变成了一个陌生的舞台，这个舞台代表着世界，并且最终显示虚构的人类。[109]

柏林大学教授奥古斯特·伯克（1785—1867）写了《文学与科学百科辞典及方法论》一书，在书中，他批评那些伟大的荷兰学者们对于古代这一时期是匆匆掠过，就好像他们走在一条主路上，只看到事物的表面。“这种做法不能理解事物的性质。而唯一正确的方法是收集各种资料，然后从这些资料出发从外围考察事物的各个部分”。[110]在伯克看来，这个中心点不是个体的人，而是“一个人或一个时代的原则”，或是黑格尔所说的“真正的普遍精神的实质”。[111]这一范式转变是以洪堡的新人文主义及其关于教育的概念为基础的。这种新人文主义和教育的概念在大学的历史上开辟了一个新纪元，它也正是本书第三卷所要探讨的主题。

精选文献

Becker, M. B. *Civility and Society in Western Europe, 1300 - 1600*, Bloomington, Ind., 1988.

Chiapelli, F. (ed.) *First Images of America. The Impact of the New World on the Old*, Berkeley, Calif./Los Angeles, Calif./London, 1976.

Fumaroli, M. *L'Age de l'éloquence, rhétorique et 'res literaria' de la Renaissance au seuil de l'époque classique*, Geneva, 1980.

Gaukroger, S. (ed.) *The Uses of Antiquity: the Scientific Revolution and the Classical Tradition*, Australian Studies in History and Philosophy of Sciences, 10, Dordrecht/Boston, Mass./London. 1991.

Goodman, A. and MacKay, A. (eds.) *The Impact of Humanism on Western Europe*, London/New York, 1990.

Grafton, A. and Jardine, L. (eds.) *From Humanism to the Humanities*:

[109] F. Sengle, *Wieland. Leben, Werk, Welt* (Stuttgart, 1949), 558.

[110] A. Boeckh, *Enzyklopädie und Methodologie der philologischen Wissenschaften*, ed. E. Bratuschek (Leipzig, 1877), 3-14, 47, 56.

[111] G. W. F. Hegel, *Werke*, vol. XVI (Berlin, 1834), 144.

Education and the Liberal Arts in Fifteenth and Sixteenth Century Europe, Cambridge, Mass., 1986.

Grafton, A., with Shelford, A. and Siraisi, N. *New Worlds, Ancient Texts. The Power of Tradition and the Shock of Discovery*, Cambridge, Mass., 1992.

Kaufmann, G. (ed.) *Die Renaissance im Blick der Nationen Europas*, Wolfenbütteler Abhandlungen zur Renaissance-Forschung, 9, Wiesbaden, 1991.

42 Kearney, H. F. *Scholars and Gentlemen: Universities and Society in Pre-Industrial Britain, 1500 – 1700*, London, 1970.

Kittelson, J. M. and Transue, P. J. (eds.) *Rebirth, Reform and Resilience: Universities in Transition 1300 – 1700*, Columbus, Ohio, 1984.

Lunsingh Scheurleer, T. H. and Posthumus Meyjes, G. H. M. (eds.) *Leiden University in the Seventeenth Century. An Exchange of Learning*, Leiden, 1975.

Porter, R. and Teich, M. (eds.) *The Renaissance in National Context*, Cambridge, 1992.

Schmidt-Biggemann, W. *Topica universalis. Eine Modellgeschichte der humanistischen und barocken Wissenschaft*, Hamburg, 1983.

Stichweh, R. *Der moderne Staat und die europäische Universität. Zur Interaktion von Politik und Erziehungssystem im Prozess ihrer Ausdifferenzierung (16. – 18. Jahrhundert)*, Frankfurt-on-Main, 1991.

第二章 模 式

威廉·弗里霍夫

大学的目的

在本卷所讨论的时期约2000年前,有人问亚里士多德,在他那个时代教育的确切目的是什么:是培养有知识的人?是培育美德?或是满足社会的物质需要?知识、美德和实用,即推动知识的进步,促进社会、道德和宗教行为规范的遵守,以及为高级职位或专业培养人才是大学在整个历史上最主要的三个目的,而在关于大学目的的讨论中,一直有人提到大学在这三个目的中不断改变侧重点。高等教育外貌的不断变化以及欧洲诸大学地图的不断改变都在很大程度上与这种侧重点的改变有关,与这三种目的的重要性的变化有关,以及与社会(或者更确切地说是社会主导的经济、社会和文化集团)对于每一种目标的优先考虑程度有关。

在这里,笔者提到了古代思想家中的一人,之所以提及他并不是像乍看上去那么随意。我们的时期以 1502 年维滕堡大学的建立为开端，后来这所大学很快发起了一场伟大的宗教运动，这场运动演变为各大学改革的热潮。然而正是这所大学很自豪地在其契约"维滕堡大学学术规则"中宣称，对于中世纪经院哲学的黑暗它持骑墙态度，它属于与来自于古希腊和古罗马的真正的知识来源相联系的那种传统。①中世纪大学学科的结构中
44 教师与学生之间的关系表明，权威观点也即那些有名望神学家的意见是在多么大的程度上影响着知识的发展。至少在理论上说，中世纪大学的这种师生关系必将被一种新型的学术理想所取代，即在新型的大学机构中，将师生联系在一起的是对学术、人文研究的共同追求，它对个性的塑造丝毫不亚于对精神和智力的培养。②

在 17 和 18 世纪，当近代大学失去其动力和很多它们原来所拥有的期望的时候，这种学术交往的模式也体现于文学和科学学会的学术交流之中，这些学会的成员——专业研究者和业余研究者们，对待新知识分支的态度都是开放的。③在下卷书讨论的时期的一开始，这种学术模式通过洪堡的理想，④在大学中重新焕发出生机。

源自古希腊的术语"学术界'，早在 15 世纪就为人所知，对此新术语的使用象征着另外一个原因：它直接指出，我们现在需要对学术模式进行改革，⑤这是因为它表明，历史文献学的方法已经被用来作为理解科学事实

---

① 参见 E. C. Reinke and G. G. Krodel (eds.), *Nicolaus Marschalk's Commencement Address Delivered at the University of Wittenberg, January 18, 1503* (Valparaiso, 1967), 8; M. Grossmann, *Humanism at Wittenberg 1485 - 1517* (Nieuwkoop, 1975).

② W. Reinhard (ed.), *Humanismus im Bildungswesen des 15. und 16. Jahrhunderts* (Weinheim, 1984); G. M. Bertin, *La pedagogia umanistica europea nei secoli XV e XVI* (Milan, 1961); N. Hammerstein, 'Humanismus und Universitäten', in A. Buck (ed.), *Die Rezeption der Anike* (Hamburg, 1981), 22ff.; A. Grafton and L. Jardine (eds.), *From Humanism to the Humanities: Education and the Liberal Arts in Fifteenth and Sixteenth Century Europe* (Cambridge, Mass., 1986).

③ 关于不同科目的学术学会，参见精选文献，pp. 109 - 110.

④ C. Menze, *Die Bildungsreform Wilhelm von Humboldts* (Hanover, 1975); L. Boehm, 'Wilhelm von Humboldt (1767 - 1835) and the University: Idea and Implementation', *CRE-Information*, 62 (1983), 89 - 105.

⑤ 参见 T. S. Kuhn, *The Structure of Scientific Revolutions* (Chicago, Ill., 1962; 2nd enlarged edn. Chicago, Ill., 1970).

的一种新方法。然而,在整个近代早期,这种模式并不是一直占主导的。文献学必须给精确科学让路,而在精确科学中,数学是 17 世纪普遍的试金石。在 18 世纪,数学也开始不得不给实验方法让路了。⑥

这样,在本卷所论述的三个世纪中,每一个世纪都有各自支配的科学影响力,都有各自成为那个世纪的捍卫者的杰出人物。16 世纪是文献学的世纪,也是对神学基础进行重大修订的世纪,文学家和神学家们是居于主导地位的。这一时期的文学家和神学家有德西迪里厄斯·伊拉斯谟(1469—1536),维滕堡的修道士马丁·路德(1483—1546)和约翰·加尔文(1509—1564),以及所有那些活跃在新教改革运动和天主教反宗教改革运动中的新教神学家和天主教神学家。⑦16 世纪末,这种文学模式达到其顶峰,标志是约瑟夫·贾斯特斯·斯卡利杰(1540—1609)和于斯特斯·利普西乌斯(1547—1606)的著作,这几位学者所服务的大学是通过相互竞争才聘任到他们的。但是当人文主义成为政治奴仆或成为建立大学的奴仆的时候,它就失去了生命力,事实上就是失去了它的可信性。于斯特斯·利普西乌斯就是这样一个悲剧性的例子:尽管他本人是斯多葛派人文主义者,但他却为火刑辩护,说火刑是维护国家意志的一种方式。⑧这种文学模式的时期结束了。 45

另外一种模式逐渐取代了它的地位。追随像尼古拉斯·哥白尼

---

⑥ 参见 T. S. Kuhn, 'Mathematical versus Experimental Traditions in the Development of Physical Science', *Journal of Interdisciplinary History*, 7 (1976), 1－31; republished in T. S. Kuhn, *The Essential Tension: Selected Studies in Scientific Tradition and Change* (Chicago, Ill., 1977), 31－65; 亦参见第 13 章精选文献。

⑦ 有关教学进展的不同内容,参见第 12、13 和 14 章。有关大学转变的问题,参见 J. M. Fletcher, 'Change and Resistance to Change: a Consideration of the Development of English and German Universities during the Sixteenth Century', *History of Universities*, 1 (1981), 1－36. 有关宗教改革与大学的关系,参见 L. Grane (ed.), *University and Reformation* (Leiden, 1981); L. Petry, 'Die Reformation als Epoche der deutschen Universitätsgeschichte', in L. Petry (ed.), *Festgabe J. Lortz*, vol. Ⅱ: *Glaube und Geschichte* (Baden-Baden, 1958), 317－353; O. J. de Jong, 'States, Churches and Universities during the Reformation', *CRE-Information*, 72 (1985), 47－60; G. A. Benrath, 'Die Deutsche Evangelische Universität der Reformationszeit', in *Universität und Gelehrtenstand*, 63－84.

⑧ A. Gerlo (ed.), *Juste Lipse (1547－1606). Colloque international tenu en mars 1987* (Brussels, 1988).

(1473—1543)和皮埃尔·德·拉·拉谟斯（1515—1572)这样的前辈们的足迹,伟大的数学家们出现了,著名的有西蒙·斯泰芬（1548—1620)、弗朗索瓦·维埃特（1540—1603)、加利莱奥·伽利略（1564—1642)、勒内·笛卡尔(1596—1650)、皮埃尔·德·费马（1601？—1665)和克里斯蒂安·惠更斯(1629—1695)。值得注意的是,这些人并不都是在大学中任教的,其中许多人仍保持着那种以自己的方式或靠津贴生活的知识分子的生活方式,有时他们这么做是自己选择的,但同样也是由于许多大学都对这种新知识怀有敌意。事实上,科学的伟大复兴主要是在大学外进行的,虽然各地并非都是如此。大学正确地认识到,新知识会威胁它们已建立的学科秩序,这是因为 17 世纪的哲学家和数学家们的作品都非常重要,它们远远超越了那些学科的狭隘限制。例如,笛卡尔的争论在一定程度上影响了所有的教育界人士,这是因为笛卡尔的方法深入到了科学的根源,它对当前的教学和实践方法提出了挑战。[9]

同时,这种新模式开始了其实验方法较清晰的轮廓。《伟大的复兴》是弗朗西斯·培根（1561—1626)未竟的著作,他是这一方法的先驱,确切
46 地说,他更是这一方法的倡导者而不是缔造者。[10]随着著名的学者,如化学家罗伯特·玻意耳(1627—1691)、物理学家伊萨克·牛顿(1642—1727)和医师赫尔曼·布尔哈夫(1668—1738)等人的努力,实验方法已成为科学著作的坚实操作基础。由此才出现了 18 世纪实验科学的惊人发展,及随之而来的一系列应用科学的发展。这些应用科学是大学之外那些专门学校的基础,如工程学、林学、兽医学和其他学科的专门学校。

随着主导模式的变化,传统的中世纪教会对大学的控制也在缓慢地,然而是不可避免地减弱。在本卷我们所论述时期的最后阶段,在改革的混乱时代之前建立的最后两所大学就是这种双重趋势的典型例子。这两所大学都是德国大学,一所是由科隆的选帝侯建立的波恩大学,该大学于

⑨ L. W. B. Brockliss, 'Aristotle, Descartes and the New Science: Natural Philosophy at the University of Paris 1600 – 1740', *Annals of Science*, 38 (1981), 33 – 69; L. W. B. Brockliss, 'Philosophy Teaching in France, 1600 – 1740', *History of Universities*, Ⅰ (1981), 131 – 168.

⑩ 参见 C. Webster, *The Great Instauration. Science, Medicine and Reform 1626 – 1660* (London, 1975).

1784年获得皇帝约瑟夫二世的批准，是德语国家中第一所没有教皇特许权的大学(然而它却建立在由主教统治的疆域里!)。[11]另外一所是1781年建立的、存在时间很短的斯图加特大学，该大学在名称上和结构上都摈弃了传统大学的做法，为了避免冒犯附近的图宾根大学里的神学家，它小心翼翼地称自己为“高级中学”;为了与古代的传统保持一致，它也赞同大学的传统特权，但是它的课程却是全新的。前身为军事学园的斯图加特大学，在课程上摈弃了文学和哲学、医学、法学、神学这四种传统的学院课程结构，而是采用六个部分:法律、军事科学、公共管理、林学、医学和经济学。[12]在教学上，既注重纯科学，又注重应用科学，还总是考虑到国家及公共利益。这所大学是现代西方大学体系的先声，与几年后法国革命建立的、用以代替革命所废除的大学的专科学校是一模一样的。

轻视名称改变的重要性是错误的。当一所新大学采取了一个通用的名称时，表明它加入了其他使用这种名称的大学之列，表明它宣布共享其他大学的历史，而且常常采用其他大学的结构、传统、惯例和标志。它采取了一种借来的特性，并且不得不遵从这种特性。而一所大学如果改变了名称的话，就意味着它改变了自己的特性，至少在其自身观点方面是如此。因此，我们就得考虑大学馆，或综合性大学，或母校与18世纪后期出现的专门的专科学校之间有什么相同之处。大学馆，或综合性大学，或母校是中世纪晚期的包罗万象的组织，它承担着管理其成员的全部生活的任务，并覆盖所有的知识内容，无论是纯科学还是应用科学知识。萨拉曼卡大学、博洛尼亚大学、克拉科大学和鲁汶大学都是这种“贪婪的机构”的好例子。而专科学校则具有限制的、专门化的功能，如巴黎的土木工程学校(1795年称做“专科学校”)。这种名称上的改变以及名称改变所表达的大学观点的改变，阐明了中世纪大学向19世纪大学发展的长期且艰难的过程。虽然大学不断地应社会上使用群体的需要而进行形式和功能的改变，但是它保存了自身特性的完整性。

---

⑪ M. Braubach, *Die erste Bonner Universität und ihre Professoren. Ein Beitrag zur rheinischen Geistesgeschichte im Zeitalter der Aufklärung* (Bonn, 1947).

⑫ H. Wagner, *Geschichte der hohen Carlsschule*, vol. Ⅰ (Würzburg, 1856); J. H. Voigt, *Die Universität Stuttgart: Phasen ihrer Geschichte* (Stuttgart, 1981).

维滕堡的大学－学园是由那些发誓要为上帝和教会服务的奥古斯丁派修士的大学，而斯图加特的国家大学－高级中学的建立目的则是培养军队官员和政府官员，这二者之间似乎存在着巨大的鸿沟。然而，这二者都把各自的起源追溯到一个共同的具有公共机构特征的组织，它们认为它们属于同一种传统，并为社会提供类似的服务。在这两所大学建立中间的这一时期，在欧洲建立，或复原，或重组了大约140所大学。在1500至1800年间，包括那些在近代早期还存在的大学，总共有190所大学存在了或多或少的时间（见本章的附录）。要想系统研究大学与社会之间的关系，就得对这些机构进行分类，把它们区分开来，或者把它们与其他类似的在不同水平上的机构区分开来，或者是相反地，使我们有可能认识到不同的名称下面的相似的结构，或者至少是在不同名称下共有的那些目标。

近代早期的大学是什么

那么，我们该怎样定义大学呢？自己把自己称做大学，这不是一个充分的判断标准。在近代早期，地中海沿岸国家仍然经常使用中世纪的术语"大学馆"，甚至一些新建大学也是如此，但在德语国家和斯堪的纳维亚国家中，大多数大学都使用"学园"（Academy）这一名称。这就导致了与其他教育水平的学园之间的混淆，如提供中等水平或专门指导的贵族学园，[13]
48 或者甚至与那些15世纪以来不断增加的以"学园"为名的知识社团相混淆。还有，在像苏格兰和西班牙这些国家中，由于大学的组织方式的不同，那里的大学使用学院（college或collegio）这一名称。

东欧的例子可以清楚地表明，依赖传统术语从完整意义上界定大学是非常困难的。斯蒂芬·巴托里国王（1578年，1579年由教皇格列高利十三世批准）在立陶宛首都维尔纽斯建立了一所新的天主教学园，王国大臣简·扎莫伊斯基在波兰城镇扎莫希奇建立了一所天主教学园（1594），1632年，大主教彼得·莫希拉在乌克兰的基辅建立了一所东正教学园，称做学院（Kollegia），[14]后来这一学园归波兰管辖。在俄罗斯帝国，此类例子出现在

[13] Conrads, *Ritterakademien*.

[14] Z. I. Khizhnyak, *Kievo-Mogilyanskaya Academia* (Kiev, 1988).

1687 年,当时在莫斯科建立了一所斯拉夫-希腊-罗马学园。在基辅和莫斯科的教育机构里,教授自由艺术、语言和神学,与西欧的那些“完全”大学只有哲学院和神学院的教学情况是一样的,也与几所耶稣会大学的情况是一样的。但是,在俄罗斯帝国(乌克兰在 1667 年回归俄罗斯帝国)中,由于缺乏成熟的大学,俄国和乌克兰的这些学园发挥了更大的影响:它们的教学帮助培养了各种职业的许多专业人士(政治家、律师、医师和文学家)。在俄罗斯内部,尤其把基辅学院看做是一所“真正的”大学。1724 年,彼得大帝(1672—1725)在圣彼得堡建立了科学院,这一机构的建立无疑又增加了在术语上的混乱。该科学院由三个相互联系的机构组成一个有机整体:一个西欧模式的科学院,一所其学者可以进行高水平的学科教学的大学,以及一个这些学者的学生可以向更年轻的人们传递一些基础的科学知识的学院。[15]1747 年圣彼得堡大学成为一所自治机构,许多人还继续称它为学园。在俄罗斯,第一所使用大学名称的学校是莫斯科大学,该校是在著名的圣彼得堡科学家米哈伊尔·瓦西列维奇·罗蒙诺索夫(1711—1765)的建议下,由彼得大帝的女儿伊丽莎白(1709—1761)于 1755 年创建的,罗蒙诺索夫的一些学生被任命为该校教授。然而,尽管这所大学包括两个讲学
所(一个为贵族服务的讲学所,一个为其他精英服务的讲学所,与三年后即 49
1758 年在喀山建立的二元讲学所是一样的)和三个系,但这所完全大学在最初并未获得学位授予权。[16]

总的来说,很明显,只有在英国和法国,有权授予学位的高等教育机构才一直被称做是大学,但这样概括还不完善。对大学史进行研究的一个谨慎的方法也许就是不那么严格地界定大学,即把大学界定为施行某种高级教育并授予证书的机构。但是如果更细致地考察大学历史的话,这一定义中的每一个术语都会引起争议。

让我们从这个问题开始吧,大学是不是指政府当局建立的或至少由政

---

⑮ Y. D. Margolis and G. A. Tishkin, *Otechestvu na polzu, a rossiyanam vo slavu. Iz istorii universitetskogo obrazovaniya v Peterburge v XVIII - nachale XIX veka* (Leningrad, 1988); E. Donnert, *La Russie au siècle des Lumières* (Leipzig, 1986), 68-92.

⑯ I. A. Fedosov (ed.), *Letopis Moskovskogo universiteta, 1755 - 1979* (Moscow, 1979), 16-18.

府当局在法律上所承认的机构呢？这一判断标准产生于建立大学是教皇,或皇帝,或他们二者共同的特权的时候,多年来他们的权威并未受到质疑。然而,在近代早期,政治权力分裂成无数的管理机构,这种体制合法性的判断标准就靠不住了。当然,在这一时期,政治权力还可以继续行使其批准建立大学的特权,如通过地区政府、地方政府甚至个人(如 1594 年在扎莫希奇)。它还可以通过系统地建立大学而采取主动,如在 18 世纪伟大的教育改革中,从意大利到西班牙,都在改革那些被认为是不适宜的、数量过多的或偏离正轨的大学制度。

有些大学未经合法权力机构批准就建立起来了。这能证明德国皇帝及他那些拥护君主政体的王储们多年来一直拒绝承认 1575 年由荷兰反叛者建立的莱顿大学的行为就是合理的吗？(据说,该校伪造的假创建证书是来自合法的权力机构国王菲利普二世,但后来他很快否认是自己做的。)⑰在近代早期,这是与不同宗教团体持有不同意见的主要问题之一：只要持某种不同观点的人在法律上成为少数,他们只有出国去留学,正像爱尔兰的天主教徒跑到在法国和低地国家中那些为他们建立的学院中去
50 一样,或者像新教徒在英格兰一样,建立私立学校;⑱但是只要某个君主或地方统治者接受这种不一样的意见,他就赶紧把当地的大学变成他自己教派的机构。这种事情首先发生在海斯,1527 年,菲利普·黑塞伯爵在未获得教皇特许或皇帝许可的情况下,建立了一所路德教派的大学(1541 年皇帝给予了批准)。

加尔文主义信徒就没有这么幸运了。最初,德国的皇帝不给加尔文主义的学园或高等学校以授予学位的权利,从而不承认它们是大学。日内瓦学院同样也没有授予学位的权利,它只能向就读者发放一纸“接受教育的证明”。然而,在一些加尔文主义的国家中,人们从法律上认可这种“证

---

⑰ M. W. Jurriaanse, *The Founding of Leyden University* (Leiden, 1965).

⑱ 关于英格兰非国教徒的学园,参见 I. Parker, *Dissenting Academies in England* (Cambridge, 1914; 2nd edn New York, 1969).一些新教徒努力在剑桥建立一些具有新教精神的学院;对他们来说,学习是非常重要的。关于这方面的论述,参见 J. Morgan, *Godly Learning. Puritan Attitudes towards Reason, Learning and Education 1560 - 1640* (Cambridge, 1986). 夸美纽斯关于包括高等教育在内的新教育制度的计划,参见 C. Webster (ed.), *Samuel Hartlib and the Advancement of Learning* (Cambridge, 1970).

明”等同于学位。[19]但是，在日耳曼帝国中的加尔文学园，不论是黑博恩、不来梅或施泰因福特，还是任何其他的文法学园，没有一所获得过特许状。唯一例外是成立于1654年的杜伊斯堡学园，它依据1566年皇帝批准在杜伊斯堡这座城市建立一所大学的特许状（然而这一特许状从未被完全认可），可以把自己当做是一所真正的大学。当时，加尔文主义事实上已经由皇帝在威斯特伐利亚和约（1648）中予以承认。对于加尔文派教育机构的这种抵制产生了一个引人注目的结果：出现了这样一种大学——在这类大学中，授予学位及系科设置都不那么重要；在这些大学中，各加尔文大学已采取的斯图谟式的教学法比在其他任何地方都更为兴旺。[20]

其次，任何试图通过大学的教学水平来界定大学的努力都会带来其他问题。这种教学水平应该如何评估？当然不是根据质量。即使是在那些最为著名的大学中，如巴黎、科英布拉、萨拉曼卡、剑桥、牛津、博洛尼亚、克拉科和海德堡大学，这些都是无可争辩的优秀大学，就是在这些大学中，教学也不总是被列为有代表性的。在16和18世纪，当时有很多埋怨之词，说大学正在大幅衰落，其原因是大学教学不再令人满意。在我们现在看来，这种到处都有的大学教学的所谓“危机”似乎是一种流行病，是大学的迟钝反应与它对于正在形成发展的社会不断变化的责任之间的紧张状况的必然结果。但是，毫无疑问，也许是有足够的理由去怀疑大学的教学质量的。那种质量应不仅仅单纯以学术形式进行评估，它更多取决于课程能在多大程度上满足支持大学的社会团体的需要，也许甚至在一定时期更取决于它们没有完全调和大学的学术与人们期待大学完成的责任之间的 51

---

⑲ T. Heyer, ‘Lettres patentes des Provinces-Unies des Pays-Bas en faveur des docteurs et autres gradués de l'Académie de Genève, 1593 – 1599’, *Mémoires et documents publiés par la Société d'histoire et d'archéologie de Genève*, 11 (1859), 161 – 191.

⑳ 参见 N. Hammerstein, ‘Schule, Hochschule und Res Publica Litteraria’, in S. Neumeister and C. Wiedemann (eds.), *Res Publica litteraria. Die Institutionen der Gelehrsamkeit in der frühen Neuzeit*, Wolfenbütteler Arbeiten zur Barockforschung, 14 (Wiesbaden, 1987), 93 – 110; G. Menk, *Die Hohe Schule Herborn in ihrer Frühzeit (1584 – 1660). Ein Beitrag zum Hochschulwesen des deutschen Kalvinismus im Zeitalter der Gegenreformation* (Wiesbaden, 1981).

矛盾。当然,在这里人们常常发现大学并非那么令人满意。㉑

于是,我们必须采取那些更为客观和更为正式的评判标准:高等教育机构的建立应该是由拥有法定资格的官方认可的,而官方之所以认可它,要么是由于它引领着教育制度等级,要么是由于它与某个传统模式是一致的,如把大学的各学科分成系这种传统模式。但是,按照这样的标准,我们还面临着其他的隐患。1520年,当宣布教皇为反对基督教者的时候,他在各新教国家中马上就失去了确认大学的特权。在神圣罗马帝国各国中,皇帝则比教皇更多保存了这一特权很多年。但是帝国的版图也在逐渐减小,最后它的疆域与德国差不多了。从那时起,各地方的统治者作为神圣罗马帝国的下属成员,或各地方共和国的政府作为最高统治者,承担了根据他们自己的要求在自己的疆域内建立大学和赋予它们授予学位的垄断权或高等教育的权利。但这两种权利都受到其毗邻者的质疑,也受到那些无法阻止它们的高一级的权力机构的质疑。从成熟的大学馆起步的大学,常常最后不过成为一所地区性的学校。㉒当时的人就对这些大学的教学水平及其颁发的学习证书或文凭的有效性非常迷惑。近代早期出现的不计其数的旅行指南或大学一览表就是试图尽最大能力解除这种迷惑。大多数此类著作也包括欧洲大学史的内容,这一领域最早的重要学术著作之一是赫尔曼·康林的《六十所古老大学调查报告》(黑尔姆施塔特,1651)。值得注意的是,这种大学分类的著作在那些大学概念不清、急需质量指导的欧洲地区尤为受欢迎。如在西班牙,这种名称上的问题是不存在的。㉓

㉑ 关于18世纪欧洲大学衰落的问题,以下著作进行了简要地讨论:R. Chartier and J. Revel, 'Université et société dans l'Europe moderne: position des problèmes', *Revue d'histoire moderne et contemporaine*, 25 (1978), 353 – 374; R. Chartier, 'Student Populations in the Eighteenth Century', *The British Journal for Eighteenth-Century Studies*, 2 (1979), 150 – 162.

㉒ P. Baumgart and N. Hammerstein (eds.), *Beiträge zu Problemen deutscher Universitätsgründungen der frühen Neuzeit*, Wolfenbütteler Forschungen 4 (Nendeln/Liechtenstein, 1978).

㉓ 见 A. Álvarez de Morales, 'La universidad y sus denominaciones', in M. Peset (ed.), *Universidades españolas y americanas. Época colonial* (Valencia, 1987), 57 – 66. 数目众多的近代早期大学目录见精选文献,pp. 107 – 108.

52

高等教育的地位

由上我们可以知道,这一时期的公众,虽然充分认识到了大学的重要性(对他们来说,大学是指有授予学位权利的机构),但还是对于高等教育持一种宽泛的看法。他们这种宽泛的看法就是从学术水平考虑,或者像我们今天所说的,从大学的水平考虑。那些从未获得过学位授予权利的学校,或是那些学位授予权利有限的学校,只要它们的水平被认为是合格的,或它们自称具有大学地位,它们就能相当容易地获得与有称号的大学平等的地位。此类的例子有黑博恩的文法学园、阿姆斯特丹或代芬特尔的精英学校、布兰斯堡的大学学院、米兰和巴勒莫的耶稣学校、瑞士各州(苏黎士、伯尔尼和洛桑)的神学学园,以及所有在中欧的东部边界建立的大学。这些大学都从未明确获得过大学地位,只有多尔帕特的路德派大学和维尔纽斯的天主教大学及克拉科的国立大学属于例外。

以克拉科为首的一些古老大学,阻止后建立的那些大学成为成熟的大学,从而加强它们自己的地区性垄断权利。这样,海乌姆诺、波兹南和许多其他波兰城市中的学校都只不过是克拉科大学的分部而已。[24]在法国,图尔农建立的耶稣会大学在四年之后(1626)不得不关闭了,原因是愤怒的竞争对手的攻击。1756 年,莱顿大学阻止在济里克泽建立一所泽兰省大学,济里克泽城的摄政团则以指责莱顿大学的建立是不合法的(也确实是这样)来予以回击。[25]一个世纪之前,在 1631/1632 年,阿姆斯特丹曾残暴地对待莱顿的对手。从阿姆斯特丹致王室的信中,我们可以特别清楚地知道,它在欧洲大学的建立运动中是如何保持清醒的,当时这一运动包括了各种层次和各教派的教育机构。[26]英格兰仍然由心胸狭隘的牛津和剑桥这

㉔ 总共有大约 30 多这样的"学院群",而第一所就是在拉科城建立的"paedagogium"。"学院群"包含从初等小学到高等学院众多不同层次。见 W. Grzelecki, *Szkoly-kolonie Uniwersystetu Krakowskiego 1588 – 1773* (Wroclaw, 1986).

㉕ W. Frijhoff, 'Zeelands universiteit: hoe vaak het mislukte, en waarom', *Archief Koninklijk Zeeuws Genootschap der Wetenschappen* (1987), 7 – 41.

㉖ P. C. Molhuysen (ed.), *Bronnen tot de geschiedenis der Leidsche universiteit*, vol. Ⅱ (The Hague, 1916), 214* – 252*, 286* – 289*.

两所大学进行垄断控制，这两所大学都成立于遥远的中世纪。当时有试图
53 促进教育水平的努力或使教育对社会更有用的努力（如律师学院的建立、内科医生学院的医药教学），以及将高等教育的权力下放的努力（如未能实现的 1640 至 1657 年的在曼彻斯特、约克郡和达勒姆建立大学的计划，或是在那些宗教团体中，著名的沃灵顿或北安普顿的不信奉国教的学园），所有这些努力都是针对牛桥和英格兰教会的垄断权利而进行的。

大学网的分支逐渐形成，以及对于大学或某特区的学园资格和学生人数的限制规定，这些影响了学生与教师的流动性及学科的影响力，甚至还影响了大学的模式。这样，统治者就能够禁止学生去国外学习。当评估大学对社会的影响及大学的国际声望的时候，一定得考虑到这个因素。就新建大学模仿的大学模式的发展来看，在近代早期有一个值得注意的趋势，那就是趋向于模仿所谓的教派大学家族，如路德派、加尔文派或天主教派，在这些教派中，还进一步形成各国大学子家庭。16 世纪的大学通常是移植早于它们的模式（如巴黎大学、博洛尼亚大学或牛津大学），但是，这些 16 世纪的大学模式自己也成为了在同一国家内有相似的教派忠诚的新建大学的模仿对象，这是适合当时情况的。

这样，苏格兰的几所大学（在 16 世纪下半期进行了重大改革）就在大学结构上与荷兰的那些加尔文教派的大学区别开来。在苏格兰的大学中，学院其实就是整个大学，另外有一个完全的学院管理体系。西班牙的大学及学院与法国的大学也是大不相同，在西班牙的大学中所存在的学院体系有另外的功能。西班牙学院－大学形式，容易由政府控制，这一形式特别适合于那些疆域通过征服而扩大的国家的需要，正像后来 17 和 18 世纪时天主教欧洲的东部边界的那些伟大的准大学学院一样。最后，当所有天主教国家都采取超国家模式的时候，像耶稣会大学那样，大学体系的复杂情况达到了极点。

上面提到的这种尝试性的大学定义带来了进一步的问题：在近代早期，还未建立起一个清晰的教育分级系统，这类的分级系统常常是由历史学家在后来建立起来的，所以与当时的情况并不一定一致。事实上，中世纪大学实施的教育我们今天应该叫做中等教育，有时候甚至还有初等教
54 育，这是因为所有中世纪的制度化的教学（包括来自传统教科书的读写教

学)都是用拉丁文进行的。这能够解释为什么当时文科学生的数量非常大,这并不完全由于在统计时代之前对于数字的轻蔑态度所造成的。从16世纪开始,许多正规的人数过多的大学中,学生的数量陡降。那些没有发挥新功能(如为社会机构或政府机构的就业提供培训)的大学,大部分就消亡了。㉗

当时有些观察家认为这是一个令人焦虑的危机,但是也许这只不过是一个初期阶段的困难时期。随着人们认识到新的知识运动、人文主义正在形成中等程度的"中等教育"部分(即普通教育学院),这又进一步界定了"高级"水平,即高等学校,在有些国家中开始把它们称做高级中学或大学,情况就变得明朗化了。㉘从那时起,教学水平而不是机构建制成为大学的标志和特征。

换句话说,在16世纪,老大学分裂为两个部分。第一部分是教授人文学科的学院网络(或称文法学校),这种类型的学校遍布各地,它们从旧的文学院中吸引了大量学生。而那些在近代早期流失了大量学生的院系,除非它们能够并入学院,否则它们就失去了大多数学生。并入学院恰恰是被耶稣会接收的斯图谟大学模式的长处之一。第二部分则是严格意义上的大学,它们现在被集合在一个特定的中心,即只为某些职业培训学生:科学、教学、天主教和新教神职人员、各个专业(医药和法律)及文职部门。在这种教学计划中,文科课程往往都只是些预备学科。而教授人文学科的学院,或文法学校,则是与大学相联系的,仍然保持着教学特征,也即是,普通教育的学院一般遵从巴黎大学的模式,将教学建立在一种渐进的年级制度上,这种体系在今天也仍然是很普遍的。同时,大学却仍然延续循环的权威课程体系。

这些变化深刻地影响了高等教育。虽然变化是缓慢和渐进的,但最后

㉗ 参见 L. W. B. Brockliss, 'Patterns of Attendance at the University of Paris, 1400–1800', *The Historical Journal*, 21 (1978), 503–544; revised version in *Populations étudiantes*, vol. Ⅱ, 487–526.

㉘ M.-M. Compère, 'Les collèges de l'Université de Paris au XVIe siècle: structure institutionnelle et fonctions éducatives', in *I collegi universitari*, 101–118; M.-M. Compère, *Du collège au lycée (1500–1850). Généalogie de l'enseignement secondaire français* (Paris, 1985).

几乎在所有的地方，大学完全停止教授普通文化（这一功能由文法学校接
55 手了），而变成了培训精英的工具（虽然法律培训也许会看做是现代的一种新型的普通文化）。较之以前，大学的规模变小了，更为相似了，它也变成了社会上产生教会和政府官员阶级的属地。这样，大学有时就变成了气氛民主的学院。在17世纪，德国的大学曾被叫做“家庭大学”，这是由于教师之间的家庭纽带网络以及它们在一定程度上从社会上的同一个阶级中吸收学生。[29]这些变化的步伐在各地并不是相同的，但是它们显示了高等教育对于社会流动性和精英阶级培养的影响力。

当然，文法学校仍旧与大学紧密联系在一起（它们在很长的一段时间里都一直提供读写的初步教学）。在许多拥有大学的城镇中，文法学校继续与大学联系在一起，这是因为文法学校高级班级的学生被认为是文学院的一个部分，所以必须注册入大学。这就使得我们在解释大学生的数据和关于他们年龄信息的时候应该非常小心——许多似乎是超前发育的天才也许实际上只不过是一个年轻的文法学校学生。然而，我们的主要问题是，在一个单独的教育机构中，各个不同水平的教育机构之间存在着相互影响，很难说什么时候中等教育结束、什么时候高等教育开始。

如果把大学教授的学科作为衡量标准的话，仍然无法解决这个难题。例如，可以把大学定义为至少有四个或五个传统的学院的机构（文学或哲学、医学、民法或教会法及神学）。如果用这一标准来衡量的话，那些不设立正规科系，而是围绕着一些教授讲座进行分散教学的大学就会被排除在外，而这种分散教学却是一种能够更快地满足新型教学需要的更为简单的体系。另外，这也会排除那些只有两个学院（文学和神学）的大学，许多天主教大学，尤其是那些宗教会社的大学就是这样的大学。甚至有些著名的大学也开始变成纯粹的神学院（一般附设一个文学院进行哲学的初步教学，有时，特别是在后来，还附设有一个简单的医学院和一所法学院）。对于大学毕业的医生和受过很好训练的律师的需求则受到一个旧制度社会能在多大程度上吸收所有受到良好培训的专业人才的限制，也受到是否有与大学培养出的这些人的才能相称的职业的限制。

㉙ P. Moraw, *Kleine Geschichte der Universität Giessen 1607 - 1982* (Giessen, 1982).

相反，不论是圣彼得堡学园，还是莫斯科大学，都不曾有过神学院或系。在俄国，神学培训继续牢牢地掌握在东正教教会手中，教会在基辅 56
(1632)和莫斯科(1687)拥有自己的教会学园。这样，从最初开始，教会对俄国大学的影响就非常有限。

17 世纪以后，受过教育的人的失业问题及随之发生的社会动荡成为对大学批评的主题。[30]人们还指责大学采用过时的方法教授过时的知识。确切地说，在 17 世纪，大学培养的过剩人员主要是文科和文学方面的，而在 18 世纪则是专业学院的。也许要问，这种过剩是否真正存在？或者它是否只是由于对于大学功能的看法不断变化而引起的一种错觉？以及对于社会和职业分级系统、知识分子应该做的工作种类、智力与休闲之间关系问题不断变化的看法所引起的错觉？知识分子逐渐被看做是闲人，其含义是他们好逸恶劳，甚至是社会的寄生虫。在 18 世纪，正像我们现在所知道的，公众舆论开始出现。主导的观念趋势——重商主义，重农主义，以及复兴手工劳动、文科与文学的启蒙运动都毫无疑问地带来了思想上的混乱。同样地，这种公开的矛盾状况表明，成功的职业与先进的培训之间应该是有联系的，并且这种联系是允许出差错的。就 17 和 18 世纪的舆论来看，非常明显，大学的目的就应该是提供职业培训。

在很大程度上，在那些世纪中由当局进行的改革被期望达到两个目标：第一个目标是减少大学学生数(如果必要的话，减少大学数)，以平衡大学毕业生的数量与社会吸收他们的能力(今天我们称劳动力市场)之间的矛盾；第二个目标是修订大学课程，以为当时社会能提供的职业提供更实际的培训(或者用今天的话说，就是使高等教育职业化)。这种大学从属于社会需求的做法引起了强烈的反对。实际上，在洪堡的观点中，大学并不是从属于社会的需求的；与此相反，大学的特定职责就是生产知识。

---

[30] W. Frijhoff, 'Grandeur des nombres et misères des réalités: la courbe de Franz Eulenburg et le débat sur le nombre d'intellectuels en Allemagne, 1576 – 1815', in *Populations étudiantes*, vol. 1, 23 – 63; R. Chartier, 'Espace social et imaginaire social: les intellectuels frustrés au XVII e siècle', *Annales. Economies, Sociétés, Civilisations*, 37 (1982), 389 – 400; D. Roche, 'L'intellectuel au travail', *Annales. Economies, Sociétés, Civilisations*, 37 (1982), 465 – 480, reprinted in D. Roche, *Les Républicains des Lettres. Gens de culture et Lumières au XVIII e siècle* (Paris, 1988), 225 – 241.

57

大学及其对手

把大学仅看做是有传统科系的机构还有其他缺点:它会形成恶性循环,拒绝往课程中增加任何新的东西,认为这些新东西都不值得加入大学。这种已有的价值确定性与创新的冒险之间的紧张状态,当然在所有的教学机构中都是存在的,但是在那些无生气的大学中,这一紧张状态会很快变得非常严重。最后,如果它们执意拒绝自己的教学适应在社会上出现的新知识分支的话,或是拒绝提供上面我们所列出的那些新学科的教学的话,这些大学就会最终失去它们的学术价值。这类拒绝与16世纪早期出现的那些可供选择的教育机构的增多有关,如法兰西皇家学院。皇家学院受到巴黎大学的抵制,没有成为巴黎大学的一部分。不像鲁汶大学的三种语言学院(它也是历史文献学这一新学术学科的发源地),它后来把火炬传给了莱顿大学。㉛即使是在莱顿大学,吸收另外一门学科——精密科学的时机也是不成熟的;1600年,由莫里斯王子建立的数学与工程学校采用的是西蒙·斯泰芬(1548—1620)所设计的模式,这所学校一直被挡在大学的大门之外,只不过是一个二流的附属物。经过激烈的斗争,精密科学才被认可为一门新的学科,直到18世纪,精密科学才在严格意义上的大学教学中获得了正式的地位,最初是建立专业化的精密科学讲座,很久之后才建立起真正的科学学院。

这并不意味着从广义上讲科学是被完全排除在高等教育之外的。在那些以专业讲座进行教学的大学中,甚至在相对大学而言组织灵活的教学学园(精英学校、大学和高级学校)中,当需要的时候,也是会介绍精密科学的。在苏格兰的几所大学中,课程改革帮助了工业革命,这种新的课程促进实业家与大学教师之间协调行动。当然,它们属于同一派系,但是在建立这种对话中起决定性作用的也许是位于工业区中心的格拉斯哥大学和

㉛ P. S. Allen, 'The Trilingual Colleges of the Early Sixteenth Century', in P. S. Allen (ed.), *Erasmus. Lectures and Wayfaring Sketches* (Oxford, 1934), 138 - 163; A. Lefranc, *Histoire du Collège de France depuis ses origines jusqu'à la fin du Premier Empire* (Paris, 1893); H. De Vocht, *History of the Foundation and the Rise of the Collegium Trilingue Lovaniense 1517 - 1550*, 4 vols. (Louvain, 1951 - 1955).

爱丁堡大学。这些大学与那些位于小镇上、远离工业和商业活动的英格兰大学之间的不同之处是相当显著和富有意义的。㉜

然而,决定性的影响则是来自于另外一场运动,这一运动最终严重地冲击了大学作为采纳新学科的发展中心的根本理念,这就是专科学校的创办。每所专科学校都只涵盖知识的一个有限领域,并且更多地教授这些知识的实际应用和进行职业训练,而不关注于科学研究和普通教育。列举一下此类学校是冗长而乏味的,它们包括外科专门学校(海牙 1637 年,巴黎 1724/1731 年,等),炮兵专门学校(杜埃 1679 年, 伍利奇 1741 年,曼海姆 1754 年,波尔图 1779 年,等),管理学专门学校(凯撒斯劳滕 1779 年),兽医学专门学校(里昂 1762 年,都灵 1769 年, 德雷斯顿 1774 年,等),工程学专门学校(莫斯科 1712 年,维也纳 1717 年,梅济耶尔 1749 年,等),农业学专门学校(凯斯特海伊 1797 年),采矿学专门学校(塞麦克巴亚 1735—1762 年,弗莱堡 1765 年,圣彼得堡 1773 年,克劳瑟 1775 年, 巴黎 1783 年,等),东方语言专门学校(那不勒斯 1732 年, 维也纳 1753 年)和商业专门学校(汉堡 1768 年,巴塞罗那 1769 年)。这些专门学校并不都拥有建立大学所要求的所有学科,但是它们与大学的课程都有部分相同。当这种重叠很多的时候,即会出现控制这门学科的真正斗争,就像在巴黎发生的贯穿整个 18 世纪的医学院与皇家外科学园之间的斗争一样。㉝

毫无疑问,作为大革命时代前夜欧洲最为僵化的大学体制——法国体制被密集的专门学校网络所复制。这种复制活动非常成功,以致于使 1793 年被废止,继而又在 19 世纪复兴了的法国大学呈现单一学科的学校(法学、医学、科学、文学或神学)形式,这些学校共同存在,但并不是有机地联系着的。这样,在 1790 年前后的巴黎,有学校、学院或学园,它们都讲授高水平的文科、外科学、自然史、军事科学、采矿学和土木工程学。1795 年

㉜ 参见 R. H. Campbell and A. S. Skinner (eds.), *The Origins and Nature of the Scottish Enlightenment* (Edinburgh, 1982); R. B. Sher, *Church and University in the Scottish Enlightenment. The Moderate Literati of Edinburgh* (Princeton, N.J., 1985).

㉝ T. Gelfand, *Professionalizing Modern Medicine. Paris Surgeons and Medical Science and Institutions in the* 18th *Century* (Westport, Conn./London, 1980). 关于法国技术教育: F. B. Artz, 'L'éducation technique en France 1700 - 1789', *Revue d'histoire moderne et contemporaine*, 13 (1938), 361 - 407.

多科性工艺学校的建立甚至可以看做是高等教育的可供选择观念的决定性胜利，因为正是在这两个日期之间，法国大学被废除了。[34]

59 巴黎远非以专门化的教学机构替代大学的唯一例子。此外，18 世纪的专门学校可以声称它们是更古老的传统承袭者，这是因为伴随着特伦托城教令建立的神学院及贵族学园，从本质上讲，也是专门学校，就像它们的前身——16 世纪意大利的外科学学校一样。考察一下在这一时期末德意志帝国内一些较大城市中所建立的高等教育机构和专门学校数量表(见表 2.1)，就可以清楚地看出这方面的广泛性和多样性。[35]

与大学或是那些具有类似大学的高级课程(即为培养未来的教师和神职人员开设的哲学和神学课程)的学院同时存在的，还有一些广泛面向公众的神学院，以及内部的一些宗教会社学院。以培养贵族和未来的军官(实际上，他们属于社会的同一阶级)为目的的教育也得到繁荣发展，还有大范围的专门学校一直教授一些科目，直到大学以各种原因制止这种做法为止。

最后，专门学校的兴起令人对大学的用途产生了怀疑。这是否能够解释俄国大学建立非常迟缓的原因：当时俄国的高等教育仅限于文科和神学。实际上，彼得大帝一世考虑到当时俄国经济发展的需要，早在 1698/1699 年游历欧洲之后就设想要建立一所俄国大学。[36]但是值得注意的是，俄国第一所大学水平的教学机构(圣彼得堡大学，1724)是按照科学学园的模式建立的。它的体系并非是传统的学院制，而是采取把新旧科学分开的现代做法，这决定了这所大学的教学结构。此外，俄国的第一所完全大学(莫斯科大学，1755)学习的是普鲁士的模式，把重心放在公用事业上面，强调职业训练。它实际上只不过是当时共存的一些专门学校与一些提供职业培训(在神学、农业和艺术方面)的非大学学校及一些军事学园的融合。

㉞ D. Julia, *Les Trois Couleurs du tableau noir: la Révolution* (Paris, 1981); T. Shinn, *Savoir scientifique et pouvoir social: l'Ecole Polytechnique, 1794 – 1914* (Paris, 1980); J. Langins, *La République avait besoin de savants. Les débuts de l'Ecole Polytechnique: l'Ecole Centrale des Travaux Publics et les cours révolutionnaires de l'an III* (Paris, 1987).

㉟ 依据 K. Goldmann, *Verzeichnis der Hochschulen* (Neustadt an der Aisch, 1967).

㊱ P. Pekarsky, *Istoria imperatorskoy academii nauk v Petersburge, vol. I: Zhizneopisaniye presidentov i chlenov Academii nauk, vsupivshikh v neyo 1725 – 1742 godakh* (St Petersburg, 1870), xvii.

表 2.1　1800 年前神圣罗马帝国一些经过选择的大城市的高等教育学院 *

	布拉格	柏林	慕尼黑	维也纳	德累斯顿	斯图加特
大学	超国家的 1347 耶稣会的 1558　联合 主教制的 1635　1654	（1810 年建立）	1826 年由兰茨胡特迁来	1365	——	1781－1794
		——	——	匈牙利人 1623	——	——
神学院	诺贝尔特会的 1635－1776 本笃会的 1683			教父 1751		
宗教会社大学馆	多明我会的 1635－1776 西多会的 1756	——	嘉布遣会的 1600 圣方济各会的 1619 奥古斯丁修会的(约 18 世纪)	多明我会的 1401 加尔默罗会的 1385 西多会的 1385－1623	——	——
文科中学	耶稣会的 1556 （国家的 1773）	科林 1579 乔奇姆塞尔 1607 法国的 1684	1597/1598	耶稣会的 1558 （1623 与大学合并）	——	——
精英中学	路德派的 1609－1620	——	——	卢温堡 1748	1724	1685
贵族学院	1744－1745 （本笃会的）	1705－1723 1765	——	耶稣会的 1565 国家的 1693－1748 塞利希纳姆学院 1746 伊曼纽尔 1749	约 18 世纪	——
军校	——	1701	1778－1790	1760	1692	——
军事学园	——	——	1790	1752	——	1770(1775)
专门学校和学园						
医学和外科	1778－1791	1724 （军事的 1797）	1772	1775	1710;1748	——
兽医学	——	1790	1790	1767	1780	——
美术	1799	1694	1770	1692	1705;1764	1761－1764
民用和军事工程	1718	1776	1780	1717	1742	——
炮术	——	——	——	1778	1716	——
采矿	——	1770	——	——	——	——
林学	——	1770	1790	——	——	1772
建筑学	——	1799	——	——	——	——
商业	——	1791	——	1770	——	1779
管理	——	——	——	1763	——	——
东方语言	——	——	——	1753	——	——

* 表中的单独年份是那些永久性学校的教学开始的年份。

61 狄德罗受叶卡捷琳娜女皇委托制订了《俄罗斯建立大学的方案》(1775),在这个方案书中,他建议教学计划应该超越当时政府的最低要求。他这么说是正确的,事实上,建立莫斯科大学并非主要是为了改进教学质量,而是因为政府希望把自己从当地或地区的控制下解脱出来,政府希望自由地选择它的官员,自由地培养他们并且让他们听候自己的调遣。㊲

到现在可以看出,界定大学的困难是多么明显。近代早期的大学借助于自身惯性、漠视公众利益、实施一项有关具体科学范式维护的自愿性限定政策或基于社会文化的原因(扩大或限定精英数量),而逐渐缩小自身规模。这一事实与纯制度的研究关系不大,正像在大学史上,有许多人仅仅凭大学自己所说的规模来研究大学一样。

我们这部著作还有其他追求目标:它致力于研究大学与社会之间的联系,它们是如何互相影响的,或者更确切地说,它们是如何相互作用的。所以我们就应该以长远、实际的眼光看待大学这一教育机构,考察大学在多大程度上实现了自己的目标,或在多大程度上达到了自己应有的水平,以及它是否真正地考虑到社会(或社会中受教育的少数人)的需求和批评。我们应该考察在任何社会都可能存在的教学的整个范畴,并且评估大学在试图成功支配这种教学的广度,或者大学在多大程度上允许这一权利被那些对教会和政府或对家庭、精英、城市或职业更具吸引力的教育机构所掌控。

这就引出了大学定义的第四个部分,那就是通过授予学位或证书而被批准进行教学。这一点使大学最为成功地保住了它从最高当局获得的垄断特权。有些职业(如医生、律师、法官)没有大学学位是不能从事的。大学教授在任教之前一般也应具有学位,但常常在他们开始任教时,这一学位才在名誉上授给他们。这样,近代早期的大学首先是法律和医学的培训

㊲ 参见 J. C. McClelland, *Autocrats and Academics. Education, Culture and Society in Tsarist Russia* (Chicago, Ill./London, 1979), 5–28; Donnert, *La Russie* (注释 15), 54–96. 关于早期近代欧洲大学模式以及中、东欧科研机构中科学的影响参见 R. G. Plaschka and K. Mack (eds.), *Wegenetz europäischen Geistes. Wissenschaftszentren und geistige Wechselbeziehungen zwischen Mittel- und Südosteuropa vom Ende des 18. Jahrhundert bis zum Ersten Weltkrieg*, Schriftenreihe des österreichischen Ost- und Südosteuropa- Instituts, 8 (Munich, 1983).

62

中心，而不像在中世纪时，数目有限的大学的高级学院常常背负一个膨胀的文学院负担。因此，把两种法律研究区分开来是可能的：一种是大学在严格意义上进行的更为理论化的法律研究，一种是那些不需要学位的学生（如秘书、律师助手、文书、低级官员）学习的更为实际的法律研究，这些人现在的学习可以比从前花销更少，而且不用到很远的大学去，也不用在大学所在的城市里呆上好几年，他们可以只坐下来学习用以对付应聘时的竞争考试就可以了。有时，这种情况也适用于神学学科，就神学学习来说，大学学位的重要性因国家、教派和职位的要求不同而不同。这里的问题则是，培训与任职要求资格之间的不断变化关系正是国民技能证书成为任职的关键，而不是教学水平，而国民技能证书有时是由大学及其学生的方向所决定的。在18世纪，当开明的专制君主对一些职业放置了限额后，仅仅是国民技能证书本身就不够了。除了学术证书，日益普遍的做法是要求拥有国民技能证书（发放数量极少，采用竞争性考试的形式）或者是拥有在高等教育机构教学的能力证书（采用职业准入考试的形式）等等。

这一实践产生了两个结果。第一，从15世纪末开始，在人文主义理想的帮助下，所有宗教和政治精英的培养逐步在近代早期得到改进。㊳第二，全体人口的一般教育水平提高了。人们不再把神职人员、学校校长和政府官员看做是拿薪俸的官员，而是把他们看做是为社会服务的人，这里的社会包括教区、教会、地方政府或国家。结果，为他们服务的教育则慢慢变得更为实用，并且更为适应全体人民的需要。

这两个特征解释了当时为什么新建了大量的大学，或准大学，或高等教育机构，这些教育机构中有许多都是在大学的网络之外的，其组织非常复杂，并具有自治权利。这些新建的教育机构并不轻易隶属于大学，事实

㊳ W. Frijhoff, 'L'Etat et l'éducation (XVIe-XVIIe siècle): une perspective globale', in J. C. Maire Vigueur and C. Pietri (eds.), *Culture et idéologie dans la genèse de l'Etatmoderne. Actes de la table ronde organisée par le CNRS et l'Ecole française de Rome, Rome, 15 – 17 octobre 1984*, Bibliothèque de l'Ecole française (Rome, 1985), 99 – 116; C. Tilly (ed.), *The Formation of National States in Western Europe* (Princeton, N.J., 1975); G. Geison (ed.), *Professions and the French State, 1700 – 1900* (Philadelphia, 1984); P. Lundgreen, *Sozialgeschichte der deutschen Schule im Überblick*, vol. Ⅰ: *1770 – 1918* (Göttingen, 1980), 26 – 52.

63 上，有时它们还是作为大学的替代品而建立的。在建立中等教育机构或少量新型的教育机构的过程中，教会与政府互相竞争。由于受到新教改革或著名的特伦托会议法令(1563)的鼓舞，[39] 欧洲各国纷纷建立了许多神学院和神学学校：瑞士和胡格诺派的学园，荷兰一些精英学校，西班牙的女隐修会大学或学院大学，教授哲学和神学课程的法国普通教育学院，以及由四个未成熟的学院组成的、上层结构具有准大学性质的德国精英学校。[40] 在欧洲的各天主教国家中，由于在大学之外存在着一个神学院的大网络，这使得对天主教神学院的招生和教学与新教神学院进行比较变得极为困难。例如，在18世纪的波兰，几乎所有的神学教学都是在大学之外进行的：要么是在耶稣会学校，要么是在主教学院。另一个我们在这里仅提一下的问题是，有多少神职人员是在他们自己的宗教团体中，甚至是在他们的机构内接受哲学和神学教育的。

这些机构之所以能够成立和存在，依赖于扩展高等教育的一系列政策。通过制定这些政策，并通过提供教学服务，使得通过控制教学的内容和水平更为容易，也更容易对宗教人员和官员进行严格的约束。这类学校是大学的竞争对手，这是因为它们毫无疑问地威胁到了大学传统的招生领域。但是这些大学同时又不受旧式大学的影响，它们为外部的更多的新主顾服务。无疑这种竞争行为常常会对大学所提供的教学质量产生正面的影响，使大学更愿意创新，并有助于提高大学适应不断变化的情况的能力。一般来说，近代早期最杰出的大学都是处在作为其对手的教育机构的密集网络的中心——如在意大利北部、下德国、联合省及苏格兰。

因此，我们必须估量这种教育机构网络的价值和密集程度，考察评价它们的成败得失，甚至试图找出为什么有些建立教育机构的计划终未实

[39] J. O'Donohoe, *Tridentine Seminary Legislation. Its Sources and its Formation* (Louvain/Boston, Mass., 1957); H. Tüchle, 'Das Seminardekret des Tridentiner Konzils und die Formen seiner geschichtlichen Verwirklichung', *Theologische Quartalschrift*, 144 (1964), 12–30.

[40] 例如可参见1787年法国学院中的哲学讲座及神学院地图，in D. Julia, H. Bertrand, S. Bonin and A. Laclau (eds.), *Atlas de la Révolution française*, vol. Ⅱ: *L'Enseignement 1760–1815* (Paris, 1987), 71. Further: A. Degert, *Histoire des Séminaires français jusqu'à la Révolution*, 2 vols. (Paris, 1912).

现。我们还须考虑到还有社会文化运动激活了的一些替代大学的高等教 64 育机构——承担教学功能的高级学校；那些延续着大学社会化功能的贵族学院和教士学院；以及那些现代意义上的学园，在大学变得越来越职业化或变得保守的时候，这些学园承担起传递知识的任务。

类型

上面提到的这些对界定大学的考虑难免显得过于笼统，但是它们的确表明了本卷论述的教育机构类型的一些特征。不过还是有必要讲明两个初步的、有限的观察结果。

第一个就是，在不同的国家，大学的发展是不同的，并且在近代早期出现的各民族文化彼此也有很大不同。要对此进行全面的描述是相当困难的。大学是把很久以前的范例作为自己的模式，但实际上它们又因循着近在眼前的一些范例。我们可以把在西班牙、瑞士、下德国和联合省发展起来的那些大学称为国家大学。莱顿大学的章程是学习鲁汶大学的，但实际上它更像其加尔文派的姊妹大学，而所有这些加尔文派大学都是学习斯图谟的斯特拉斯堡模式。换句话说，近代早期大学的正规模式对于我们了解其实际组织是没有什么帮助的。

第二个影响我们进行分类的观察结果是，国家对于大学的建立者和管理者的自由加以限制。非常奇怪的是，这一点在开明君主的时代，通过规范大学与申请入学者之间的关系，国家的限制和介入反而使大学恢复了家庭似的特征。

可以从许多方面来探讨大学类型。所有大学都呈现出复杂社会－文化制度、高等教育网络的某一具体特征，且不局限于此。从法定组织这一单纯角度来看，巴黎大学模式与博洛尼亚大学模式之间存在着传统的差异：巴黎模式的大学是由教授组成的，学生是受教授管理的，学生只不过是大学的成员而已；而博洛尼亚模式的大学，大学是由学生建立的，由学生来招聘教师。其实，古老的博洛尼亚式大学早已有之，虽然这些大学存在于近代早期，但这种模式却明显是属于过去的事情。教会比以前势力变弱了，政府则变强了，这使得学生完全不可能进行自我组织。在近代早期的 65

大学中，权利是掌握在以评议会形式组织的教师手里，或是统治者派出的代表手里的，由公共政府建立和控制大学。

这一点其实不是什么新东西。巴黎大学模式仍然是常见的模式，但是，现在这种模式有三种形式：

1. 教师大学。实行集中教学，建立在学院制的基础上，按学科将教师分组，授予的学位都精确表明学位的内容。这种结构旨在培养专家。

2. 以牛津大学模式为榜样的学院大学或导师大学。在这类大学中，教学是分散的，有各种日常生活的组织，组织中既包括导师也包括学生。这类大学仍然设立系科体制，但这类大学更多地传授“通才”知识。

3. 中间模式（即学院－大学）。这一模式结合了中央组织和学院制的优点，并在此基础上还加上了规模小的优点，由于规模不大，使学生管理更为有效，同时学习的费用也相对少些。这些密集分布的小型大学，一般集中在一片半隐修院式的建筑群中，它们在整个欧洲以不同的形式出现。在欧洲的边缘地区，这种小型大学尤为多见，如在苏格兰、爱尔兰、西班牙、德国及其东部扩展地区。对于那些想增加自己对大学体系控制的统治者来说，这类大学是理想的模式。

从学习组织这一角度来看，重要的是一些新模式的出现，如三种语言学院，其实是荷兰的那些人文主义学校的派生物。这类新模式的大学主要教授文科，拒绝应用学科，认为应用学科不适合大学。在这些新模式的大学中，建立于1538年、由约翰·斯图谟制定章程的斯特拉斯堡大学是最具影响的大学之一。这所大学有一个双层结构：一是一所传授人文学科的学院，采用的是逐级上升的年级体系；另外一层是一个准大学性质的上层结构,教授文科,教学方式以大学讲座的形式,进行循环讲授课程。[41]这一模式的目的是促进一种博学的和雄辩的虔诚行为,加尔文派和耶稣会教派的学校都采取了这种模式,后来学院(拉丁学校)逐渐脱离了大学。大学讲座制仍然是由菲利普·梅兰克顿(1497—1560)所进行的改革的实质(菲利普 66
·梅兰克顿被称做是“德意志师表”),后来路德教派各大学都在不同的程度上采用了这一模式。[42]

另外一种被普遍采用的模式是神学院大学,这类大学同样也出现在西班牙、意大利、德国和波兰。当然,这一模式是宗教改革的一部分,其目标是培养哲学和神学专业的学生。但是它的精神则传播得更远一些,如果把根据鲁汶大学章程建立起来的杜埃大学称做是唯一一所大的反宗教改革的神学院的话,那是一点儿也不夸张的。

很明显,在某种程度上,学习组织在某种形式上决定了大学在实践中的思想开放程度,也决定了它是否愿意接受新思想,或者更进一步,是否愿意把这样的新思想纳入自己的教学之中。像在天主教的西班牙,那种保守的科系有时不得不以很大的灵活性来接纳新学科。而在德国等地那些科系结构不那么僵化保守的地方,则很容易改组这些新学科,特别是在那些按照大学讲座形式组织的大学中更是如此。实际上,由约翰·斯图谟首先提出的教授讲座制模式,以及直接影响了胡格诺派学园的在尼姆(1540)的克洛德·巴迪埃尔的模式中的教授讲座制,都鼓励进行新学科的教学,并且

---

[41] A. Schindling, *Humanistische Hochschule und Freie Reichsstadt. Gymnasium und Akademie in Straßburg 1538 – 1621* (Wiesbaden, 1977); N. Hammerstein, 'Bildungsgeschichtliche Traditionszusammenhänge zwischen Mittelalter und früher Neuzeit', in *Der Übergang zur Neuzeit und die Wirkung von Traditionen. Vorträge gehalten auf der Tagung der Joachim Jungius Gesellschaft der Wissenschaften, Hamburg 13. u. 14. Oktober 1977* (Göttingen, 1978), 32ff.; G. Codina Mir, *Aux sources de la pédagogie des Jésuites. Le 'modus Parisiensis'*, Bibliotheca Instituti Historici S. I., 28 (Rome, 1968).

[42] K. Hartfelder, *Philipp Melanchthon als Praeceptor Germaniae* (Berlin, 1889; reprint Nieuwkoop, 1964); G. Müller, 'Philipp Melanchthon zwischen Pädagogik und Theologie', in Reinhard (ed.), *Humanismus im Bildungswesen* (注释 2), 95 – 106. 参见 also W. Fläschendräger, '... mocht geschehenn... gutte reformation der universitetenn...-Zu Luthers Wirken als Professor und als Universitätsreformer', *Jahrbuch für Regionalgeschichte*, 10 (1983), 26 – 36.

都有专门化的趋势。[43]这样，在苏格兰，教授讲座制的引进对于确保新学科的成功起到了很大的作用。

这里我们涉及到中间领域：许多准大学性质的精英学校也有许多教授讲座，这使得它们实际上也是一个科系，但它们无意于达到完全大学的地位。由于这些学校不能授予学位，有些大学被鼓动承担起授予学位这一任务。在克拉科的国立波兰大学就是一个典型的例子，这里只有一所大学垄断高等教育，并垄断学位授予，但是它把实际教学任务分散在许多教育机构中，所以在全国的许多大学"殖民地"中都可以进行教学，而这些教学还是由母机构，即国立波兰大学控制的。

还可以用传统的方式来确认大学，即通过大学的创立者的性质。以这种方式进行确认的时候，一定要谨慎：在近代早期，大学的创立者与实际指导大学的团体之间的关系也许是非常疏远的。例如，埃武拉大学是葡萄牙皇室建立的，但却是由耶稣会以他们的超国家模式进行管理和运行的。近代早期的大学创立者多种多样：除教皇、皇帝和君主这些传统的大学创
67 立者之外，还包括如德国的地方统治者、宗教界、地方团体(在加泰罗尼亚、联合省和德国)，甚至各地方权贵，如甘迪亚的公爵、奥苏纳伯爵－公爵以及简·扎莫伊斯基大臣(在扎莫希奇)。不过，随着近代早期的结束，最初这种创建大学的自由似乎减少了，君主或公共权力机构重建它们的权威破坏了由教会和宗教界发展起来的那些超越国家的教育模式。

不用说，不同的教派创办的大学之间是有许多差异的。但除了由于教派的差别之外，各大学由于教派特性的不同，在授予学位的严格程度方面也有差异。这样，神职人员的大学与世俗大学之间的差别就很显著：前者在很长一段时间里不容忍其他教派，后者虽然也有强加于教授身上的宗教宣誓，但从整体上说还是非教派性质的。最为明显的例子是在联合省的那些大学，它们总是能(在不同的程度上)避免受到新教归正会的控制，同时又对教会曲意逢迎，并为其培养神职人员。在德国，有几所大学获准实施一种双教派主义。这样，爱尔福特大学、林特尔恩大学、海德堡大学和奥德河畔法兰克福大学就与法国的尼姆大学和奥兰治大学一样，在或长或短的

[43] M. J. Gaufrès, *Claude Baduel et la réforme des études au XVIe siècle* (Paris, 1880).

一段时间内是由官方认可的双教派主义的。然而一般的情况则是，各教派之间是存在着竞争的，特别是在那些有好几个被正式认可的宗教派别的城镇里，这些教派为了取得教学方面的优先地位而互相竞争，如在不来梅、格拉茨、林茨和马斯特里赫特等地的情况就是如此。到了18世纪，这种竞争变得没那么激烈了，这是因为大学都开始关注专业教学和为政府服务了。在旧制度末期，教派问题已不再是非常重要的了，就连起初只被限制在几所大学中选择的犹太学生，当时也有许多大学向他们敞开了大门。[44]

我们还可以按照大学在社会中的主要职能将其分类。根据这个标准，有五种主要职能，即：

1. 提供作为生活周期的一部分的教育，对于那些拥有庞大的文学院的大学来说，这常常是它们最为重要的功能；

2. 提供一种普通教育；

3. 为某项职业培养从业者或促进科学知识发展，这一功能往往会导致专门人才的训练；

4. 培养精英——社会化的功能；

5. 监护功能，即在一个集体内传授生活方式的准则，那些学院式大学尤其体现出这一功能。

68 把所有这些类型方面的特点综合在一起，我们就有可能界定出几种主要的大学机构类型。首先，正式的大学网络与实际存在的大学网络是有差别的。严格地讲，只有由教皇和皇帝建立的才是大学。但是，法令本身又是谁建立的呢？从严格的法律字面意义上讲，那些不是由教皇或皇帝建立的大学是否是真正的大学值得探讨。但这种探讨立刻就会取消大多数加尔文派大学和许多其他大学的大学资格。毫无疑问，旧制度的正统主义者是这样认为的，但是现在我们要是这样认为那就不切实际了。从严格的意义上讲，可以把大学界定为所有称自己为大学，并由管辖它的实际最高权力机构通过给予它授予学位的权利，进而承认或正式批准它为大学的那

[44] 参见第7章，注释37－40。

些高等教育机构。符合这些条件的教育机构见本章末的一览表。

而广义的大学定义还应该包括以下另外两类教育机构：一是教学学园，二是高级学校或精英学校，或者在德意志帝国称做文法学院的机构，即所有那些凭借其教学组织和教学质量的教育机构都可以称自己具有大学地位，但它们并未获得大学的某些特权，特别是未获得授予学位的权利。正是由于这类教育机构的存在，促使一些大学在其正规教学之外，授予一些在其他地方学习过或根本未学习过的学生一些廉价的学位。布尔日、杜伊斯堡、哈尔德韦克、瓦伦斯、兰斯、威尼斯，特别是奥尔良都有兜售学位的尴尬名声——这一名声甚至在有些政府的有力管治下也未曾消除。第二类教育机构可以进一步分为三种：一是组织上与大学完全一样的，二是只有一个或两个"科系"的（这里用"系"这个术语甚至还不太准确），还有一种是只有教授讲座的。在这段时间内，许多充分成熟的高等学校（如斯特拉斯堡、因斯布鲁克、布雷斯劳、耶拿和哈尔德韦克）获得了授予学位的权利，但其他一些学校（如黑博恩、哈瑙、哈姆、施泰因福特、林根、不来梅和汉堡）一直都只不过是有四个"系"的精英学校，而它们中的许多都已经名声传到国外去了。系科少或讲座少的教育机构似乎不那么著名，但它们仍然是各类教师任教和学生学习的统一网络中的一部分。有些教育机构，如尼斯学校、林茨学校、墨西拿学校和米兰学校都以不同的理由获得了授予学位的有限权利，但它们并未进一步发展，而是继续作为教学学园与完全大学之间的教育机构而存在。

69 这类的耶稣会学院则是一个特例。它们一般都是不完全大学，只有一个学制三年的文学院和一个学制四年的神学院，但是它们获得教皇的特许状（保罗四世，1556/1561）以授予第一流的学位。[45]而有些这类教育机构后来的确成为了完全大学，如在澳洛穆茨，1570 年建立了一所教学学园，后来又转变为一所耶稣会学院，其文学讲座和神学讲座则发展成了学院，并于 1581 年获得了授予学位的权利。从此以后，这所学园就可以看做

---

[45] Hengst, *Jesuiten*; M. Batllori, 'Les universités et les collèges jésuites du XVIe au XVIIIe siècle', *CRE-Information*, 72 (1985), 61 - 73，关于明确分类；G. P. Brizzi, 'Strategie educative e istituzioni scolastische della Controriforma', in *Letteratura italiana*, vol. I (Turin, 1982), 899 - 920.

是一所大学了。然而,它的法学院却成立于1670年,其医学院则到1753年才成立。耶稣会班伯格大学则是第二个著名的例子。班伯格神学院成立于1586年,后在1611年由耶稣会接管。1648年,耶稣会把它变成为一个拥有授予学位权的学园,在1735年则增加了法律系和医学系。虽然直到1773年耶稣会解散它才获得了大学的称号,但是从1648年开始就应该把班伯格归为大学了。

第三种类型的教育机构,很难与中等学校区别开来,虽然没有关于整个欧洲此类教育机构的详细记载,但是它们可能是最为普遍的一种类型了。这就是教授人文科学的学院,在这类学院中,哲学和神学课程要么是作为升入大学做准备的课程来教授,要么是作为一种单纯的高等教育的初级形式,低级教士在进入住宿制神学院之前要学一些宗教课程已成为一种惯例。毫无疑问,这类教育机构可以和大多数神学院归为一类,而这些神学院同样也是没有详尽的分类的。[46]

在实际中,一、二、三级分级系统更为复杂,这是因为三级中间又有许多中间的形式,而令这种复杂化进一步加剧的则是,它们在各国的情况又不尽相同,这一点我们在此无法完全阐述清楚。但这一分类类型的分级系统还包括着其他分级系统,如由于学生质量而产生的社会特权,或是由于教师的较高名望而带来的文化特权等。有些并未获得授予学位权利的学园(如黑博恩或阿姆斯特丹)在一定时期内却比许多大学都享有更多的特权;在大学网络中,有些类型的大学(如耶稣会大学网)同样是著名的。 70

大学建立的速度

在近代早期,大学网络经历了许多变化,其中一些变化我们在上文中已经提及。不过,现在需要从整体上对大学网络的这种发展做出描述,这一点相当重要。这种发展在一定程度上能够解释近代早期欧洲大学体系

---

[46] 关于法国神学院的分类,参见 D. Julia, ‘L'éducation des ecclésiastiques en France aux XVIIe et XVIIIe siècles’, in *Problèmes d'histoire de l'éducation. Actes des séminaires organisés par l'Ecole française de Rome et l'Università di Roma-La Sapienza* (*janvier-mai 1985*) (Rome, 1988), 141–205, esp. 142–149.

的变迁。所以,我们就试图以一系列的地图(见第 91—98 页,原书页码,以下同——译者),以 50 年为一段来描述大学网络的发展情况,并对从 1500 年这一时期开始至这一时期接近结束的 1790 年之间的情况作一个概述,而 1790 年正是在变革时代废止大学和重建大学的大运动开始的前夜。最后一幅地图上的扼要介绍预示了在本著作下一卷中将要论述的激变。有些已关闭的大学重新复兴或是奄奄一息的大学重新获得改造,还包括新建了一些大学,这些都表明了大学精神的活力。同时,那些未获得授予学位资格的准大学机构也是一个例子:它们由于影响力较小,更无法有可靠的资料来确认它们。勿需多言,这一分类无疑是不完全的。[47]

必须记住的是,大学可以溯源到久远的中世纪。第一幅地图清楚地表明了这一点,它表示的是 1500 年存在的大学网络。当时在意大利、法国(在法国有许多存在时间很短的大学这时已经消失了)及阿拉贡有许多大学。这三个地方正是中世纪文化的三个重要地区,而中世纪文化基本上是地中海式文化的沿袭。在近代变得重要的一些地区中,当时是没有什么大学的。这幅地图尤其显示了大学建立体制方面的惰性。同时,从图中我们也可以看出,1450—1500 年间建立的大学是受新的人文主义哲学影响的。这一点在德意志帝国和斯堪的纳维亚各国(如巴塞尔大学、弗莱堡大学、图宾根大学、哥本哈根大学和乌普萨拉大学)及法国(布尔日大学和瓦伦斯大学)和西班牙表现得尤为明显。在西班牙,南进运动表明了天主教政权对于重新被征服的各省份控制的加强。1501—1550 年的地图则清楚地显示了这一点:耶稣会甘迪亚大学建立的目的就是要专门培训那些新转变信仰

---

[47] 本章精选文献将提供大学和准大学目录的有关资料。

71

表 2.2　1500 至 1790 年间成立和废止的大学数量

时期	建立、恢复和改造的大学			废止、搬迁和合并的大学
	天主教的	新教的	总数	
1501—1550	22	4	26	3
1551—1600	31	16	47	3
1601—1650	14	10	24	3
1651—1700	5	7	12	12
1701—1750	10	2	12	13
1751—1790	13	3	16	16
总计	95	42	137	50

（转为基督徒）的巴伦西亚王国的摩里斯科人，并对他们的文化发展进行监督管理。

就大学的严格意义上讲（也就是说，正式确认那些有授予学位权利的大学），由表 2.2 中可以很明显看出，在 1500—1800 年整个时间段中，新建大学的数目是有起伏的，在大约 1650 年的时候达到了饱和状态。之后，废止的大学与新建大学的数目大抵相同，有些大学则搬迁到其他地方，这常常表明它们试图通过把大学处于中央权力机构的更紧密的控制之下而对大学的体系进行合理化改革，如在贝桑松、斯特拉斯堡、南锡和布达佩斯就是如此。在建立大学的过程中，可以看到受到两种进攻，一是始自 16 世纪初期的天主教的进攻，二是稍后出现的新教的进攻。新教的进攻似乎从整体上比天主教的结束得晚，其影响的区域也较天主教小。从 1527 年路德教派建立马伯格大学开始，新教的网络在其后的 150 年间发展起来，主要是通过建立文法学院和精英学校来发展的。这首先出现在瑞士和德国，然后是法国（在法国，甚至在 1685 年南特赦令被废除之前，除奥兰治外的其他所有胡格诺派学园都被取消了）。[48]后来又进一步在地区上有所扩展：包括英国诸岛（在英格兰，不可战胜的牛桥垄断遮住了不信奉国教的新教徒的活力）、斯堪的纳维亚、联合省，以及（在瑞士的影响下的）波罗的海各国。

新教的进攻可以部分地归因于领土权的原则。正如三十年战争期间，瑞典在其占领的各国中都实行积极的建立大学的政策。在德国的海斯 72

[48] P. D. Bourchenin, *Etudes sur les académies protestantes en France aux XVIe et XVII e siècles* (Paris, 1882).

地区这一特点表现得更为明显:1605年,海斯大学分裂,马伯格大学成为一所加尔文派大学,并相应地在吉森(1607)建立了一所新的路德派大学。第二次分裂导致建立了一所加尔文派学院卡塞尔(1627/1633)及吉森大学与马伯格大学的合并,马伯格大学1625年再次成为了路德派大学。最后,强大的政治和宗教重组使路德派的吉森大学又从马伯格大学分离出来(此时马伯格大学又恢复为加尔文派),并导致于1653年废止了当时看来是多余的加尔文派卡塞尔学园。大学是宗教和文化政策的有力工具,这表明大学的历史与政治疆域的宗教派别组织的关系是相当紧密的。

同时,复地运动和西班牙帝国的经济发展二者共同的影响,使天主教的攻势得到了加强(西班牙从16世纪开始将自己的大学模式向其殖民地输出),组成这种力量的因素还有特伦托会议后进行的天主教改革和其东进运动。表2.3显示:在神圣罗马帝国,广泛地建立了大学,而从1551至1650年间建立的大多数大学和文法学园,要么是新教的,要么是天主教的。后来这些大学比已有的学园在程度上并未提高多少。网络已经分布好了,只不过这些教育机构的教学水平后来出现较大变化。加尔文教的大学网络很快就停止扩展了。正像在第100页上的地图所显示的,只有耶稣会的攻势继续到18世纪。

第100页上的地图清晰地显示了这种双管齐下的政策。首先,耶稣会进入各个仍是信奉天主教的国家,在已有的大学网络中,耶稣会学院被吸纳进大学,或组成大学的系。其次,在那些受到新教威胁的天主教国家的边界地区系统地创办大学和不完全的大学,以作为一种堡垒或防御物。然而,耶稣会在伊斯兰国家的边界地区却没有这么活跃。在1683年土耳其人撤出的一些地区中,耶稣会并不急于取代土耳其人的地位。此外,到18世纪末期,耶稣会的影响力已逐渐减弱。在欧洲中部,其他一些现代教派取代了耶稣会在教育体系中的地位,但并未延续大学模式。很明显,也包括欧洲其他的地方,情况已经变化了。17世纪初,撒丁王国首府卡利亚里市政府机关原本计划在该市建立一所大学,但后来未能成功。而活跃的耶稣会则承担了这项任务。耶稣会由于受卡利亚里的竞争对手萨萨里的推动,在他们于1559/1562年在卡利亚里建立的教授人文学科的学院中,逐步增加了神学讲座、医学讲座、民法和教会法讲座等。

表 2.3 神圣罗马帝国(包括瑞士和尼德兰)及东欧创办的大学

	1501–1525	1526–1550	1551–1575	1576–1600	1601–1625	1626–1650	1651–1675	1676–1700	1701–1725	1726–1750	1751–1775	1776–1800	总数
天主教创办													
大学[1]	2[2]	—	6(2)	3(1)	3	2	3(2)	—	2(2)	1(1)	2(2)	1(1)	25(11)
学园、文法学校等	2	1	6	5	8	4	6	3	4	3	I	I	44
路德教派创办													
大学[1]	—	2[3]	1(1)	1	4(3)	1(1)	3(1)	2	—	2(2)	1	1(1)	18(9)
文法学校	1	7	4[5]	8	7	8	6	5	4	3	2	1	56
加尔文教派创办													
大学[1]	—	—	2	1	1	3(3)	2(2)	—	—	—	—	—	9(5)
精英学校、文法学校等	—	3[4]	1	6	8	11	2	3	1	—	—	—	35
总计													
大学[1]	2	2	9(3)	5(1)	8(3)	6(4)	8(5)	2	2(2)	3(3)	3(2)	2(2)	52(25)
其他	3	11	11	19	23	23	14	11	9	6	3	2	135

1. 括号内的数字指这些大学作为 gymnasia academica 起源时的数量。
2. 维滕堡大学和法兰克福大学/奥德河畔都成了路德派大学。
3. 其中一所(马堡大学)于 1605 年成为加尔文教派大学。
4. 其中一所(杜塞尔多夫大学)于 1621 年成为耶稣会派大学。
5. Ditto(诺伊堡/多瑙河)于 1617。

1612年教派领袖给予这所学院授予学位的权利，这一权利在1617年又获西班牙国王批准。卡利亚里市非常羡慕这种支持，终于在1626年开办了自己的大学，但这所大学后来很快就失去了活力，于1679年前后关闭了。[49]

从整体上说，17世纪下半期建立的大学比较少。就外表来看，大学的标准类型过时了。人们不仅早已觉得大学太多了，而且对于大学体系的质量也不太满意。这就导致出现了大量的大学外的高等教育机构，其形式有对大学进行补充或与大学进行竞争的选择性学校。在18世纪后半期，整个大学体系都经历了巨大的改革。本章末列出的那些大学地图的持续变化，就预示了18世纪末和19世纪初在法国、西班牙、尼德兰和德国这些国家中，由革命所带来的一系列改革。在所有这些国家里，大学网络都以当时存在的一些被证实质量较好的大学为样板进行了合理化改革。

南部和北部：大学地图中的虚实空间

上面我们所做的一般考察还需要两个注解。一是这些大学地图给了我们一个相当错误的印象：似乎大学大多数都位于完全由新教控制的欧洲北部地区。但是如果审视整个时期(1500—1800)的话，三所欧洲大学中至少有两所是在天主教领地内的，也就是在当时欧洲人口最为密集的地方。这些天主教大学，许多建校的时间可以追溯到中世纪鼎盛时期，它们成为欧洲大学体系的中心，它们的组织最接近于古老的模式和章程。近代早期的一些先驱大学，如日内瓦大学、莱顿大学、哈勒大学、哥廷根大学、埃朗根大学、爱丁堡大学、格拉斯哥大学和柯尼斯堡大学，最初大多是以新教大学的面目出现的，但是仔细审视后，可能发现并非如此。

最近，人们重新恢复了对于大学史的兴趣，并且考察大学历史的角度也与以前不同了：不再把大学作为有学问的和伟大的学者的历史，而更倾向于对大学与社会之间的各种关系感兴趣。这就使我们更为注意发生在欧洲南部(即天主教地区)的情况。北欧或反教权主义的历史学者对于蒙

---

[49] R. Turtas, *La nascita dell'università in Sardegna. La politica culturale dei Sovrani spagnoli nella formazione degli Atenei di Sassari e di Cagliari* (*1543 - 1632*) (Sassari, 1988).

昧主义的地中海式大学的描述就不那么可信了。[50]当然，在南欧也有一些伟大的学者，特别是在意大利，这里例举几个：加利莱奥·伽利略（1564—1642）、马克切洛·马尔皮基（1628—1694）、路易吉·伽伐尼（1737—1798）、詹巴蒂斯塔·维科（1668—1744）、洛多维科·安东尼奥·穆拉托里（1672—1750）和西班牙的格利戈里·马扬斯（1699—1781）。在南欧，知识也并不是局限在大学之中的。然而问题的关键在于，大学是否在南方没有像在北方那样更彻底地保持它自己的地位，即在社会服务中作为普遍的文化影响。如果从学生的数目来考虑的话，答案当然是肯定的。在整个北欧，从17到18世纪，大学的学生数减少了。但在南方的情况则不同，虽然南部各国的情况或各大学的具体情况是不一样的，但从整体上看，比北方要好。[51]

此外，在18世纪南部的各大学中，一种充满活力的智力氛围再次发展起来了，这是因为这些大学为政府服务更为彻底。文化精英们获得了解放（在18世纪的意大利，首次允许女子上大学）；[52] 大学与教会疏远；一些开明的君主，要么是统治者，要么是政府的有权力的顾问，如葡萄牙的塞巴斯蒂昂·德·卡瓦略侯爵、奥地利的范格哈德·斯威滕和西班牙的阿兰达伯爵，他们都积极地介入对大学网络进行合理化改革，并且通过使大学的功能与政府的事务更紧密联系来改变大学。还是在欧洲南部，启蒙运动最大程度地影响了大学的改革，这也许是因为人文主义从前并未像它在北部那样改变了南部的大学，所以南部的大学此时仍旧在等待着一种新的职责，这种职责是由集权化的国家给予它们的。

---

[50] 参见 M. Peset and J. L. Peset, *La universidad española (siglos XVIII y XIX). Despotismo ilustrado y revolución liberal* (Madrid, 1974); M. Roggero, 'Professori e studenti nelle università tra crisi e riforme', *Storia d'Italia. Annali*, 4 (Turin, 1981), 1037 - 1081; M. Roggero, *Il sapere e la virtù. Stato, università e professioni nel Piemonte tra Settecento ed Ottocento* (Turin, 1987).关于西班牙与欧洲的差异，参见 M. Peset 所写的简短而精辟的评论 'Universidades españolas y universidades europeas', *Ius Commune*, 12 (1984), 71 - 89.

[51] 有关西班牙，参见 Kagan, *Students and Society*; M. Peset and M. F. Mancebo, 'La población universitaria de España en el siglo XVIII', in M. Peset and M. F. Mancebo (eds.), *El científico español ante su historia. La ciencia en España entre 1750 - 1850. I Congreso de la Sociedad Española de Historia de las Ciencias* (Madrid, 1980), 301 - 318; republished in French as 'La population des universités espagnoles au XVIIIe siècle', in *Populations étudiantes*, vol. I, 187 - 204.

[52] 参见第7章，注释43 - 47。

鉴别出大学中进行的这些改革的真正特征是非常重要的。诚然,大学一直都是不断改革的,在一些大学里,有改革者(如在博洛尼亚),偶尔还有官方的督察员。这些持续的或是反复进行的改革是必需的,因为大学必须与它早期的或原来的模式保持一致,改革就意味着回到从前。但在17世纪,特别是在18世纪,在更新法令之后,逐渐产生了一种新的精神,这一精神不那么关注其本源的纯正性,而是更注重使大学的组织能担负起一些新的职责。

这些改革波浪式前进,首先在17世纪初期(如1617年鲁汶大学、1621年哥本哈根大学和1625年萨拉曼卡大学的改革),[53]然后在18世纪初(1714—1717年间的加泰罗尼亚大学和1729年的皮德蒙特大学),最后是1760—1780年间的改革巨浪,它在废止耶稣会(常常只不过是以适合自己需要的借口)后又恢复了其规程。这一改革浪潮在1763年席卷了法国,1758年和1772年在葡萄牙,1773年在波兰,西班牙则是从1769年开始的,1774—1777年在哈布斯堡帝国的各个国家,1777年在那不勒斯,1779年在普鲁士及1782年在俄国。[54]整个欧洲(主要是在南部)的这些改革并

---

[53] 关于鲁汶,参见 E. Reusens, 'Documents relatifs à l'histoire de l'Université de Louvain, 1425 - 1797', *Analectes pour servir à l'histoire ecclésiastique de la Belgique*, vol. Ⅰ (Louvain, 1881), 600 - 684. For Salamanca: L. E. Rodríguez-San Pedro Bezares, *La Universidad Salmantina del Barroco*, *période 1598 - 1625*, 3 vols. (Salamanca, 1986); M. Peset, 'La monarchie absolue et les universités espagnoles', *CRE-Information*, 72 (1985), 75 - 104.

[54] R. Chartier and D. Julia, 'L'école: traditions et modernisation', in *Septième Congrès international des Lumières*, *Budapest 26 juillet - 2 août* 1987: *rapports préliminaires* (Oxford, 1987), 107 - 117, with a bibliography; M. Kulczykowski (ed.), *Les Grandes Réformes des universités européennes du XVI e au XX e siècles*. *IIIème Session scientifique internationale*, *Cracovie*, *15 - 17 mai 1980*, Zeszyty Naukowe Uniwersytetu Jagiellonskiego, DCCLXI. Prace Historyczne, Z. 79 (Warsaw/Cracow, 1985); A. Álvarez de Morales, *La Ilustración y la Reforma de la universidad en la España del siglo XVIII* (Madrid, 1971); N. Hammerstein, *Aufklärung und katholisches Reich. Untersuchungen zur Universitätsreform und Politik katholischer Territorien des Heiligen Römischen Reichs deutscher Nation im 18. Jahrhundert*, Historische Forschungen, 12 (Berlin, 1977); J. Cobb, 'The Forgotten Reforms: Non-Prussian Universities 1797 - 1817', Ph.D., Wisconsin, 1980; N. Hammerstein, 'Besonderheiten der österreichischen Universitäts- und Wissenschaftsreform zur Zeit Maria Theresias und Josephs Ⅱ', in R. G. Plaschka and G. Klingenstein (eds.), *Österreich im Europa der Aufklärung. Kontinuität und Zäsur in Europa zur Zeit Maria Theresias und Josephs Ⅱ.*, vol. Ⅱ (Vienna, 1985), 787 - 812; M. Peset and J. L. Peset, *Gregorio Mayans y la Reforma universitaria* (Valencia, 1975).

不是偶然进行的,而是基于两条原则。第一,人们开始认识到,教育国民是政府的职责;[55]其次,人们坚信,教会仍旧比政府应得到更专门的权利。大学教育对于优秀官员来说是必需的,这一古老的观点在欧洲南部比在北部更为盛行。所以,教育上的改革就以为政府服务为目标,如在西班牙查里三世统治时期,萨拉曼卡、巴利亚多利德和阿尔卡拉等帝国大学的改革目标直接指向公共服务的方向。[56]这些改革更多的是满足政府的需要,也就是满足教育的需求,而不是为支撑教育的文化服务的。

第二个需要附加说明的注解与地图上那些空白地区有关。在1790年的地图上有一些空白的地方,这是因为那些地方是山区(中央高原、阿尔卑斯山脉和喀尔巴阡山脉),而在下德国、匈牙利和特兰西瓦尼亚,则有一些根据前面的分类是属于第二类的教学学园网络。其他一些地区之所以空白,有的是由于当地人口稀少(如斯堪的纳维亚);有的是由于在土耳其的占领之下(如多瑙河南部的一些国家);还有一些空白的地区是人为留下来的,如经塞巴斯蒂昂·德·卡瓦略侯爵大规模改革后的葡萄牙;英格兰和波兰出现这种情况则是由于一些中世纪就建立起来的教育机构自私地把大学的垄断权紧紧抓在自己手中。

把大学网络的密集度和人口进行一下对比,做出总体描述是很有价值的(见表2.4)。在1790年前后,欧洲平均一百万多一点儿的人口即拥有一所大学。在取消大学的改革进行之前,1790年左右欧洲共有143所大学,这些大学的分布明显是相当不均衡的。法国和斯堪的纳维亚各国所拥有的大学数相当于欧洲的平均值,而拥有大学相对多的国家要么是那些有古老文化的国家(意大利),要么是那些其大学努力促进科学发展的国家或

---

[55] 关于政府与大学,参见第3、4章。关于政府干预教育的哲学观点,参见U. Krautkämer, *Staat und Erziehung. Begründung öffentlicher Erziehung bei Humboldt, Kant, Fichte, Hegel und Schleiermacher* (Munich, 1979); L. Ferry, J. P. Pesron and A. Renaut (eds.), *Philosophies de l'université. L'idéalisme allemand et la question de l'université. Textes de Schelling, Fichte, Schleiermacher, Humboldt, Hegel* (Paris, 1979); H. Chisick, *The Limits of Reform in the Enlightenment* (Princeton, N.J., 1981).

[56] 参见Kagan, *Students and Society*, 109–158; D. De Lario, 'Mecenazgo de los colegios mayores en la formación de la burocracia española (siglos XIV – XVIII)', in Peset (ed.), *Universidades españolas* (注释23), 277–309. 参见P. Zabala y Lera, *Las universidades y los colegios mayores en tiempos de Carlos III* (Madrid, 1906).

地区(联合省和苏格兰)。英格兰、奥属尼德兰、葡萄牙和爱尔兰的大学数则殿后,在这些国家中,不仅大学数量少,大学与其人口的比例也小。换言之,在这些国家中,进入大学或进入大学所代表的文化领域是相当困难的。在爱尔兰,情况甚至更糟,因为在那里大学是英国国教会的,而当地的人口绝大多数都是信奉天主教的。这里未来的学生(或他们的家长)比其他地方的人更会遇到这一难题:要为学生到很远的地方去求学而筹措资金。不仅是由于离家太远这一缺点,粗略地分析肯定还有成本效益的原因,使得许多年轻人无法进入大学,

78

表 2.4　1790 年大学网络的密集度

国家	严格意义上的大学的数量	人口[1](百万)	每百万人中的大学生数
苏格兰	5	1.50	3.3
爱尔兰	1	5.25	0.2
英格兰及威尔士	2	9.25	0.2
联合省	5	2.10	2.4
奥属尼德兰	1	3.25	0.3
斯堪的纳维亚各国	4	5.25	0.8
俄国的欧洲部分	2	36.00	0.1
日尔曼帝国	34	24.00	1.4
瑞士	2	1.75	1.1
奥属匈牙利	12	20.75	0.6
意大利	26	19.00	1.4
法国	25	29.00	0.9
西班牙	23	11.50	2.0
葡萄牙	1	2.75	0.4
总计	143	171.35	0.8

[1] 1800 年的数据

来源:C. McEvedy and R. Jones, *Atlas of World Population History* (Harmondsworth, 1978)

也就无法获得一些专门知识,无法从事一些他们所选择的职业。

地图上的最后一类空白面积小些,但却同样重要。这就是没有大学的大城镇。[57]即使是在中世纪,有些城市就坚决拒绝成为大学城,这些城市惧怕管理那么多享有社会和法律特权的难以驯服的学生,正如他们在18世纪惧怕学生的政治颠覆因素一样。当时,人们并没有正确理解贸易与教育和科学之间的关系,只有一些国家可能例外,特别是在联合省,那里有一些由市政当局建立的大学。1632年,在阿姆斯特丹精英学校的开办典礼上,卡斯帕·巴勒乌斯(1584—1648)发表了他的著名的《有知识的商人》的演讲。一些新近发展起来的城镇之所以没有大学是因为在它们的邻城已经有了一所(一般是古代就建立的)。这种大学的缺乏带来了一个问题:如果我们认同在近代早期城市化是现代化最重要的因素之一的话,那么我们就 79
得问大学与城市动力之间的关系到底是什么。

有一点非常惹人注目:近代早期,在大部分大的正在扩展的城市中,没有严格意义上的大学,并且一直没有大学,至少到本卷论述截止的时间是如此,如伦敦、阿姆斯特丹、布鲁塞尔、汉堡、柏林、德累斯顿、慕尼黑、马赛、里昂、马德里、里斯本和华沙等。我们应该考察这些城市是如何将它们的文化生命力转移到其他教育机构中去的,如从业者学校(伦敦律师学院),不完全的大学学院(如在米兰),拥有教授讲座的精英学校(如在阿姆斯特丹)和职业学校(如巴塞罗纳商业专门学校)或一些研究性学园和学术性组织。据推测,这些教育机构受大学传统和限制的束缚相对较少,所以它们可以更有效地发挥作用,并更具批判性和更新颖的精神。毕竟,这些教育机构对于新学科和新知识的态度都是更为开放的。彼得大帝在新首都圣彼得堡建立的高等教育机构采用的是科学学园的结构,而不是传统大学的形式,这一点是不是令人惊异呢?

关于1790年已存在的大学地图,主要表明了过去的遗产,这更进一步证明了这一体系的迟钝多于其活力。如果继续进行仔细考察的话,就可以

---

[57] W. Brulez, *Cultuur en getal. Aspecten van de relatie economie-maatschappij-cultuur in Europa tussen 1400 en 1800* (Amsterdam, 1986), 22-23,在更广泛的背景下对欧洲城市职能体系进行了讨论。亦可参见 E. Maschke and J. Sydow (eds.), *Stadt und Universität im Mittelalter und in der früheren Neuzeit* (Sigmaringen, 1977).

看出,高等教育的活力为各高级教育机构的多样性开辟了一条途径。对大学期望过多是不合情理的,重要的并不是大学是否总是先锋,而是大学是否能从整体上在其相互竞争中吸收这些社会中产生的创新知识,以及大学能否将它们传递给自己的学生。在这一方面,近代早期的大学非常灵活,特别是我们考虑到它们的组织形式是多么僵化,而许多大学又是几个世纪前的模式,它们能做到这一点就更为不易了。

可以借用加劳斯基对19世纪的大学模式进行评论的三个关键词来形容近代早期大学网络的发展状况,即扩展、变异和职业化。[58]扩展是与大学数量的增长相联系的,所以在近代早期大学网络达到饱和状态的时候,大学覆盖了整个基督教欧洲地区。在18世纪一些国家中,大学与宗教分离,公众舆论对于文化问题愈见关注,政府介入大学以确保大学满足其重要的
80 需求,所有这些都为对大学网络进行合理化改革扫清了障碍,促进了大学的内部改革,使大学更好地为国家服务。变异则是由那些许多不同种类的继续教育机构网络的建立所体现出来的,大学形式只不过是其中的一个部分。在这一段时期内,大学不再关注中等教育、纯技术、应用技术和许多科学研究了,大学这样做的时候常常是心照不宣的。而这样做是否使大学更为协调,这一点值得怀疑。当然,在近代早期奠定了职业化的基础,虽然这一点直到19世纪末才表现得很明显。大学与职业之间的差距变小,大学受政府的鼓励,开始观察市场。大学的这种质变,既从生产它们或多或少喜爱的知识的机构转变为由市场需求引导的机构,也许是这一时期最为显著的特点。这一特点无疑也是对大学发展影响最明显的,直到今天仍是如此。

近代早期欧洲大学一览

下表是把1500至1800年存在(即使是存在时间很短的)的大学按照其建立的时间顺序排列。这里的大学指的是由它们所在地公共权力机关

---

[58] K. H. Jarausch (ed.), *The Transformation of Higher Learning, 1860 – 1930: Expansion, Diversification, Social Opening, and Professionalization in England, Germany, Russia and the United States* (Chicago, Ill., 1983).

建立,或认可,或具有与大学同等水平的学园的所有高等教育机构。这些教育机构都是在1500至1800年间的某个时间由教会权力机构和(或)世俗权力机构的统治者承认其授予的学位。而那些未获得官方特许状而试图建立的大学则未包括在内(如昂古莱姆,1516年;拉弗莱什,1603年;尚贝里,1679年)。那些虽然建立起来但并未获得授予学位权利的大学也不在此列(达勒姆,1657年)。此外,一些自行授予学位,其授予的学位并未被任何合法权力机关认可的高等教育机构在这里也省略掉了。

这给我们以下的信息:

——城镇的名称(如果名称变化了,是现在的名称)在某些情况下是教育机构的名称;

——那些人们对其大学地位还有争议的机构在这里用括号表示;

——成立日期,就那些在1500年及之后建立的大学来说,也说明了它们后来在教育机构分类中的地位,如建立了一所精英学校、高级文科中学、学园等;

——管理这些大学的宗教派别(如果有的话); 81

——在1500至1800年间它们被取消的日期,或者是大学在18世纪末到约1820年间的大学重建浪潮中成为牺牲品的日期,有些大学在那一时期后又重新开办了;

——文学院和神学院中的宗教信仰和主导的宗教教规(如果有的话);

——“*”表示一直没有完全的大学结构(主要的四个学院:文学、医学、法学和神学)或一批没有涵盖所有这些学科的大学讲座的那些大学。

至于本一览表的来源,可见本章末精选文献。

博洛尼亚(12世纪末)。天主教的。

巴黎(始于13世纪)。1793年被查封。天主教的。外科学自治学院(1698)和药学自治学院(1777)。法兰西皇家学院(不具备授予学位的权力)成立于1529/1530年间,1733年开始隶属于大学,1793年自治(法兰西学院)。大革命所创立的机构有:国家自然历史博物馆(1793);皇家公园(1626/1636);卫生学校(1794),在1795年更名为医学院;师范学校(1794)(an Ⅲ);公共工程中心学校(1793/1794),1795年成为理工学校;现代东方语言学校(1795);民用工程学校(1775)与采矿学校(1783—1790),后者1794/1795年度重组。

牛津(13世纪初)。天主教的,后来成为英国国教会的(信纲,1553)

蒙彼利埃(13世纪初)。松散的大学结构(自治的法科大学和医科大学,文科系和神学系)1723年联合成一个单一的机构,1793年被查封。天主教的(文科系,耶稣会的,1596年;神学系,耶稣会的,1681年)。独立的加尔文神学园(1598—1617),卫生学校(1795)。

剑桥(1209—1225)。天主教的,后来成为英国国教会的(信纲,1553)

萨拉曼卡(1218—1219年前)。1555年将三种语言学院合并,天主教的。

帕多瓦(1222)。天主教的。

那不勒斯(1224)。1458年被查封;1465年简短重建;1507年全面重建,天主教的。

图卢兹(1229)。1793年被查封。天主教的。

萨莱诺(1231)。医学和文科大学,1231年第一份章程,1811年被查封,天主教的*。

奥尔良(约1235)。法科大学;1306年正式获官方承认;1793年被查封。天主教的。自治的医学院(1484),1533年成为医学系,在17世纪(?)重获自治地位。自治的神学院(1561),1568年被查封;加尔文教派的*。

锡耶纳(1246)。天主教的。

安格斯(约1250)。1793年被查封。天主教的。

巴利亚多利德(13世纪末)。天主教的。

里斯本(1290)。1537年迁往科英布拉。天主教的。

莱里达(1300)。1717年迁往塞尔韦拉。天主教的。

阿维尼翁(1303)。1793年被查封。天主教的。

罗马(1303)。乌尔比斯学馆(也称萨皮恩)。天主教的。

科英布拉(1308,见里斯本1290),1308—1338年和1354—1377年间迁自里斯本,1537年最终完成迁移。天主教的。

佩鲁贾(1308)。天主教的。

卡奥尔(1332)。1751年被查封并合并进图卢兹。天主教的。

格勒诺布尔(1339)。1542年重组,1565—1567年间迁往瓦伦斯。天主教的。

比萨(1343)。天主教的。

布拉格(1347)。这所饼酒同领派大学(Carolinum)在1622年成为耶稣会的大学,但于1638年在没有耶稣会的参与下重组;1654年与耶稣会团体合并。胡斯派的,1622年起为天主教的。

佩皮尼昂(1350)。1793年被查封。天主教的。

韦斯卡(1354)。天主教的。

帕维亚(1361)。1541年重组。天主教的。

克拉科(1364)。天主教的。在库姆(海乌姆诺)、波兹南等地设有大学分支机构。

奥兰治(1365)。1562年被查封。天主教的。1583年重建,1793年被查封。天主教的(1583—1703年与一所加尔文学园合在一起*)。

维也纳[奥地利](1365)。天主教的。1551年为耶稣会大学学院*,1623年该学院并入大学。

卢卡(1369)。1552年前后停办至消失。天主教的。

爱尔福特(1379)。1804(1816)年被查封。天主教的,后为路德教派的(1631年,一些讲座设立于1566年),1648年又成为天主教的(路德派神学论者讲座设在大学之外)。

海德堡(1385)。多次迁徙(如,1576—1583的哈尔特山的诺伊施塔特;1689—1700的美因河畔法兰克福和魏恩海姆);在1626—1629及1632—1652年间被关闭。天主教的;1558年为路德派的,1559年为加尔文派的,1629年又成为天主教的(耶稣会),路德教派的 83

(1631),加尔文派的(1652),自1700年起为天主教派的(耶稣会,保留了加尔文派的一些讲座)。

科隆(1388)。1798年被查封(成为一所中心学校)。天主教的(通过三一文科中学处于耶稣会影响之下,1556年合并)。

费拉拉(1391)。1559年重组。天主教的。

布达佩斯(1395)。1400年被查封;1410至约1460年间重建。1777年,瑙吉松博特(特尔纳瓦、图尔瑙)大学迁往布达,1784年又迁往佩斯。天主教的。

维尔茨堡(1402)。1413年后消失。精英学校(1561);大学(1575),天主教的(耶稣会的)。

都灵(1404)。1558年被查封。1566年重建。天主教的。

莱比锡(1409)。天主教的,自1539年起为路德教派的。

艾克斯省(1409)。1793年被查封。天主教的。

圣安德鲁斯(1411)。天主教的,后为长老会的。

帕尔马(1412)。1512年重建。天主教的。

罗斯托克(1419)。大学的一部分作为分支于1760—1789年迁往比措。天主教的,后为路德派的(1531)。

多勒(1422)。1691年迁往贝桑松。天主教的。

鲁汶(1425)。1788—1790年间,除神学系外的所有系都迁往布鲁塞尔。1797年被查封。天主教的。

普瓦捷(1431)。1793年被查封。天主教的。

卡昂(1432)。1793年被查封。天主教的。

波尔多(1441)。1793年被查封。天主教的。

卡塔尼亚(1444)。天主教的。

巴塞罗那(1450)。1714—1717年间迁往塞尔韦拉。天主教的。

格拉斯哥(1451)。1577年恢复。天主教的,后为长老派的。

瓦伦斯[法国](1452)。1793年被查封。天主教的。1565—1567年与格勒诺布尔大学合并。

特里尔(1454)。1798年被查封。天主教的(处于耶稣会影响之下)。

格赖夫斯瓦尔德(1456)。1527—1539年间关闭。天主教的。1539年恢复后成为路德教派的。

布赖斯高的弗莱堡(1457)。1686—1698年间及1713—1715年间短期迁往康斯坦茨。天主教的(自1620年起处于耶稣会影响之下)。

巴塞尔(1459)。天主教的,1532年起为新教的,后转变为加尔文派。

因戈尔施塔特(1459)。1800年迁至兰茨胡特,1826年迁至慕尼黑。天主教的(1556年起为耶稣会的)。

南特(1460)。1793年被查封。天主教的。 84

布尔日(1464)。1793年被查封。天主教的

布拉迪斯拉发(帕塞尼,布莱斯堡)(1465)。大概于1492年起讲课就停止了。1784年,哲学系和法学系由特尔纳瓦迁来。天主教的*。

[威尼斯(1470)。具有大学地位的医学院。天主教的*。]

热那亚(1471)。在1513年仅作为学馆开放。1773年成为公共大学。天主教的。

萨拉戈萨(1474)。大学在1542年重建,1583年开学。天主教的(在耶稣会影响之下)。

哥本哈根(1475)。1537年重组。天主教的,1537年起为路德教派的。

美因茨(1476)。1792年迁往阿莎芬堡,1798年被查封(成为一所中心学校)。天主教的(1563年起处于耶稣会的影响之下)。

图宾根(1476)。天主教的;1534年起为路德教派的。

乌普萨拉(1477)。1515年被查封。天主教的。1595年重建,路德派的。

帕尔马,马约卡岛(1483)。1718年被查封(失去授予学位权),天主教的。

斯古恩萨(1489)。1807年被查封。天主教的。

(老)阿伯丁(1495)。1505年国王学院在大学内建立。天主教

的，后为长老派的。1641 年与竞争对手(新阿伯丁大学)短暂联合。

奥德河畔法兰克福(1498)。1506 年才开放，1811 年被查封并与布雷斯劳大学合并。天主教的，1539 年成为路德派的，1613 年成为加尔文派的(路德派讲座得以保留)。

阿尔卡拉(1499)。学院式大学，1508 年开学。天主教的。

巴伦西亚[西班牙](1500)。天主教的。

维滕堡(1502)。1817 年与哈勒大学合并。天主教的(奥古斯丁教派)，1517 年起为路德派的。

塞维利亚、圣玛利亚和耶稣(1505)。学院式大学，1623 年成为市立学院。天主教的。

塞维利亚、圣托马斯(1516)。学院式大学(多明我派的)，为奥德大学一所关闭的学院；1539 年成为公共大学，1662 年失去在奥德大学外授学位的权力；继续作为凯撒勒雅学院存在。天主教的*。

托莱多(1521)。学院式大学，1807 年被查封。天主教的。

圣地亚哥－德孔波斯特(1526)。1504 为学馆。天主教的。

马伯格(1527)。1541 年获皇家特权。路德派的，1605 年后为加尔文派的。1625 年为路德派的(与吉森合并)，1653 年又成为加尔文派的。

格兰纳达(1531)。1526 年为学院。天主教的*。

85 撒哈干(1534)。修道会大学(本笃会的)，约 1550 年迁往埃拉克。天主教的*。

尼姆(1539)。1530 年为市办学校，1539 年为大学文科学院；1795 年被查封，1798 年作为一所中心学校恢复。天主教的；1561 年起加尔文派占支配地位；1634 年耶稣会介入；1666 年起由耶稣会主宰，1765 年起由学理派支配*。

马切拉塔(1540)。天主教的。

奥尼亚特(1540)。学院式大学；1807 年被查封。天主教的*。

巴埃萨(1542)。1538 年为学院，1807 年被查封。天主教的。

柯尼斯堡(加里宁格勒)(1544)。1561 年获波兰皇家特权。路德派的。

甘迪亚(1547)。1544 年为新信仰学院,1547 年为大学(耶稣会的);1807 年被查封,天主教的*。

兰斯(1548)。1793 年被查封。天主教的(1609 年耶稣会学院并入)。

墨西拿(1548)。1548 年为大学馆(耶稣会的),1591 年重组,1678 年被查封。1778 年为大学地位的学园(只在哲学和神学两科地位较低)。天主教的。

图尔农(1548)。1538 年为学院,1542 年获大学地位;1622 年获教皇和皇家特权,1626 年撤销。天主教的(1561 年起为耶稣会的)。

奥苏纳(1548/1549)。学院式大学,1807 年被查封。天主教的。

埃拉克(约 1550 年)。撒哈干本笃会女隐修院大学迁至埃拉克,1807 年被查封。天主教的。

阿尔马格罗(1550)。女隐修院大学(多明我会的),1807 年被查封。天主教的*。

托尔托萨(1551)。女隐修院大学(多明我会的),1717 年迁至塞尔韦拉,天主教的*。

奥里韦拉(1552)。女隐修院大学(多明我会的),一所宗教会社封闭的大学,1569 年开放,1807 年被查封。天主教的。

迪林根(1553 年)。1549 年为文法学校(自 1563/1564 年起为耶稣会的)。天主教的。

布尔戈斯·德·奥斯马(1555)。学院大学,1770 年被查封。1778 年重建,1807 年又被查封。天主教的。

米兰(1556)。大学地位的学院(耶稣会的)。天主教的*。

布拉格(1556)。宽容学院。1556 年为学园(耶稣会的),1654 年与大学合并。天主教的*。

罗马(1556)。格列高利的。1553 年为学院(耶稣会的),1556 年为大学(耶稣会的),天主教的(1773 年起由一个称作教皇大学的世俗机构管理)*。

耶拿(1557/1558)。1548 年为学术文科中学。路德教派的。

埃武拉(1558/9)。(耶稣会的)。1759 年被查封。天主教的。

[日内瓦(1559)。大学地位的学园。加尔文派的。]

尼斯(1559)。1559 年为法律学校(1640 年被确认),1720 年失去学位授予权,1793 年学校被查封。天主教的*。

杜埃(1559/1560)。1793 年被查封。天主教的。

蒙多维(1560)。1719 年被查封。天主教的。

安科纳(1562)。1739 年被查封。天主教的。

[埃斯特利亚,纳瓦尔(1565)。从未发挥职能。天主教的。]

[布兰斯堡(布拉涅沃)(1568)。1564 年为神学院,1568 年为大学水平的学院(耶稣会的);建立大学的努力未获成功,但在 1642 年获得学位授予权;1781 年为文科中学,天主教的。]

澳洛穆茨 (1570)。1566 年为学院(耶稣会的),1570 年为大学(耶稣会的),1778 年迁往布吕恩(现在的布尔诺),1782 年作为学园重建,天主教的。

蓬塔穆松(1572)。大学(耶稣会的),1768 年迁往南锡。天主教的。

奥维耶多(1574)。1534 年为学院,1574 年为大学(1604 年获得确认)。天主教的。

塔拉戈纳(1574)。神学院大学,1717 年迁往塞尔韦拉。天主教的*。

莱顿(1575)。大学。加尔文派的。

黑尔姆施塔特(1575/1576)。1570 年在甘德希尔姆建立的精英学校,1574 年迁到黑尔姆施塔特;1809 年与哥廷根大学合并。1810 年被查封。路德教派的。

阿维拉(1576)。1504 年为学馆(多明我派的),1576 年为女修道院大学;1787 年失去授学位权;1807 年大学被查封。天主教的*。

巴勒莫(1578)。1560 年为学馆(耶稣会的),1578 年为大学(耶稣会的);1767 年被查封。1779 年重建。天主教的。

维尔纽斯(1578,1579 年获教皇特许状确认)。大学(耶稣会的)。天主教的。

爱丁堡(1582/1583)。1621 年获皇家大学特许状确认。长老派的。

奥尔泰兹(1583)。1566 年为学园,1583 年为大学(1591—1609 年间迁往莱斯卡尔);1620 年被查封。加尔文派的。

费尔莫(1585)。天主教的。

弗拉讷克(1585)。1811 年被查封。加尔文教的。

格拉茨(1585/1586)。1573 年文科中学,1585/1586 年为大学(耶稣会的)。天主教的*。

艾斯克瑞尔(EL)(1587)。小型神学院;1587 年成为一所学院式大学(圣杰雷米的修道士)。天主教的*。

赫罗纳(1587)。大学,1446 年获皇家特许状,1587 年被确认,1717 年迁往塞尔韦拉。天主教的。

都柏林(1592)。大学(三一学院)。圣公会的。

阿伯丁(新)(1593)。马歇尔学院;1641 年短暂地与老阿伯丁大学合并。长老派的。

扎莫希奇(1594)。1784 年被查封。天主教的。

索米尔(1596/1604)。学园(授予文科和神学学位),1685 年被查封。加尔文派的*。 87

蒙托邦(1598)。学园(只授予文科学位),1659 年迁往皮洛朗,1685 年被查封。加尔文派的。

威奇(1599)。1717 年迁往塞尔韦拉。天主教的*。

色当(1599/1602)。1576 年为学院,1599/1602 年为学园;1681 年被查封。加尔文派的。

迪(1601/1604)。学园(授予文科和神学学位),1684 年被查封。加尔文派的*。

艾克斯省(1603)。波旁皇家学院(1621 年起为耶稣会的),1763 年与艾克斯大学合并。天主教的*。

卡利亚里(1606)。1626 年开学,约 1679 年关门。1775 年重组。天主教的。

吉森(1607)。1605 年文科中学,1607 年为大学(1624—1628 年间与马伯格大学合并)。1650 年重建。路德教派的。

格罗宁根(1612/1614)。加尔文派的。

萨塞纳(1614)。女隐修院大学(多明我派的),1717 年迁往塞尔韦拉。天主教的*。

帕德伯恩(1614/1616)。1585 年文科中学(耶稣会的),1614/1616 年大学(耶稣会的);1818 年被查封。天主教的*。

萨萨里(1617)。1562 年为学院(耶稣会的)。天主教的。

莫尔塞姆(1617/1618)。1580 年文科中学(耶稣会的),1617/1618 年为大学(耶稣会的);1701 年迁往斯特拉斯堡。天主教的*。

潘普洛纳(1619)。1619 年为女隐修院大学(多明我会)的,1771 年被查封(失去授学位权)。天主教的*。

林特尔恩(1620)。1610 年文科中学(在斯丹德萨根),1620 年为大学(在林特尔恩);1809 年被查封。路德教派的[1631—1633 年为路德派与天主教(本笃会)的,1647 年起部分为加尔文派的]。

萨尔茨堡(1620/1625)。1617 年文科中学(本笃会的),1619 年为大学地位的学园,1620/1625 年为大学(本笃会的)。天主教的。

斯特拉斯堡(1621)。1538 年为文科中学,1566/1567 年为学园(授文科和神学学位)。1621 年成为全科大学。1793 年被查封。路德教派的。1795 年为卫生学校。

阿尔特多夫(1622/1623)。1577/1578 年为哲学文科中学(学园),1809 年被查封。路德教派的。

明斯特－西费利亚(1622/1629)。1588 年为文科中学(耶稣会的),大学(耶稣会的)建立于 1622/1629 年(1631 年获特权),但并未成为现实。1771 年为大学(1780 年开学)。天主教的。

曼图亚(1625)。耶稣会的,1771/1773 年被查封。天主教的。

奥斯纳布吕克(1629/1632)。1625 年为文科中学,1629/1632 年为大学(耶稣会的),1633 年被查封。天主教的。

多尔帕特(塔尔图)(1632)。1630 年为文科中学,1632 年为大学,1656 年被查封。(1657—1665 年间在雷瓦尔,后来在帕努仍继续上
88 课)。1690 年重建,1699 年迁往帕努;1710 年关闭。天主教的。

卡塞尔(1633)。1599 年为贵族学园,1627 年为精英学校,1633 年为大学学院。1653 年被查封并与马伯格大学合并。加尔文派的。

特尔纳瓦(瑙吉松博特、特尔纳)(1635)。大学(耶稣会的),1777/1784年间迁往布达佩斯,1784年迁往帕塞尼。天主教的。

乌得勒支(1636)。1632年为精英学校。加尔文派的。

奥布(图尔库)(1640)。1630年文科中学。路德派的。

哈尔德韦克(1647/1648)。1599/1600—1600年为精英学校,1811年被查封。加尔文派的。

班伯格(1648)。1586年为神学院和文科中学(耶稣会的);1648年获大学地位,1773年成为完全大学;1803年迁往维尔茨堡。天主教的。

基尔(1652)。1665年开学。路德派的。

杜伊斯堡(1654)。1561/1566年间天主教机构未能建立。1636年为文科中学,1654年为大学,1804年被查封。加尔文派的。

奈梅亨(1655)。1653年为精英学校;1679年被查封。加尔文派的。

卡塞(科希策)(1657)。耶稣会的。天主教的*。

利沃夫(伦贝格)(1661)。大学(耶稣会的),1773年被查封;1784年成为国立大学,1803年被查封。天主教的。

艾普尔杰斯(普莱绍夫)(1665)。讲课经常中止。路德派的*。

隆德(1666/1668)。路德派的。

因斯布鲁克(1668)。1562年文科中学(耶稣会的),1668年为大学(耶稣会的),1673/1677年获授予学位权。天主教的。

乌尔比诺(1671)。1506年为法学院,1564年获授予学位权,1671年成为大学。天主教的。

蒙贝利亚尔(1671)。1598年为学园,1677年关闭。路德派的。

林茨(1674)。1629年文科中学(耶稣会的),1674年获大学地位(仅授予低级学位)。天主教的*。

斯特拉斯堡(1685)。1685年文法学校(耶稣会的)。莫尔塞姆大学(耶稣会的)1701年迁至斯特拉斯堡,1765年两大学合并。天主教的*。

贝桑松(1691)。1564年建立,1567年被撤销。多勒大学于1691年迁至贝桑松,1793年被查封。天主教的。

哈勒(1693/1694)。1531年官方设立的一所天主教大学,但并未成功。1685/1688年为贵族学园,1693/1694年为大学。路德派的。

拉拉古纳(1701)。1744年以女隐修院大学(奥古斯丁派)开学,1747年被查封并被一所大的神学院取代。官方规定于1792/1793年间设立新机构但并未实现。天主教的*。

89 布雷斯劳(弗罗茨瓦夫)(1702)。1659年文科中学(耶稣会的),1702年为大学(耶稣会的)。天主教的。

塞尔韦拉(1714/1717)。由所有加泰罗尼亚的大学联合组成(巴塞罗那、赫罗纳、莱里达、萨塞纳、塔拉戈纳、托尔托萨、威奇),1821年回到巴塞罗那。天主教的(处于耶稣会的影响之下)。

第戎(1722)。1516年的一个机构未能实现。1722年成为大学(只有法学系),1792年被查封。天主教的*。

波城(1722)。1629年的一个耶稣会机构但未能实现。1722年为大学(耶稣会的),1793年被查封。天主教的。

圣彼得堡(1724)。在科学学园内作为一个吕克昂建立,1747年自治。东正教的(没有神学)*。

卡梅里诺(1727)。1808年被查封。天主教的。

罗马(1727)。圣特玛索(安杰利科姆)。1580年为神学院(多明我会的),1727年获大学地位。天主教的*。

富尔达(1732/1734)。1572年文科中学(耶稣会的),1584年与教皇神学院联合;1803年被查封。天主教的(耶稣会和本笃会的,1773年起属本笃会的)。

哥廷根(1733/1737)。1586年文科中学。路德派的。

雷恩(1735)。法学院由南特迁来,1793年被查封。天主教的*。

埃朗根(1742/1743)。1701年为贵族学园,1741年文科中学(与拜罗伊特文科中学合并),1742年为大学;1743年从拜罗伊特迁往埃朗根。路德派的。

阿尔塔穆拉(1748)。1799年被查封。天主教的。

莫斯科(1755)。(在东正教教会的管理下神学教学继续存在)*。

比措(1760)。作为罗斯托克的一个分支建立的大学,1789年与罗斯托克重新联合。路德派的。

卡蒂(1765)。1768 年被查封。天主教的。

南锡(1768)。由蓬塔穆松迁至南锡的大学,1793 年被查封。天主教的。

摩德纳(1772/1773)。1682 年为学馆(圣卡洛的宗教团体)。天主教的。

波恩(1777)。1730 年文科中学(耶稣会的);1777 年为大学,1784 年被给予特权;1798 年关闭(变成一所中心学校)。天主教的。

斯图加特(1781)。1773 年为军事学园,1775 年为大学学院,1781 年为大学,1794 年被查封。路德教的*。

穆尔西亚(1783)。1777 年为神学院,1783 年获大学地位(有学士学位授予权),约 1804 年消失。天主教的*。

90

地图

地图 2－7:1501—1800 年间建立的大学机构

这些机构存在的每一个阶段都在各个地图中独立地表示出来。在每一阶段大学机构的地位若有变化的,地图表示的是其较高的地位

地图 8－11:天主教和新教的大学

土耳其帝国的边界线以疆土最广的时候为准(1683 年前)。

在地图 9 中,接受大学的是那些已合并或原有大学搬迁的地方。

大学城表(按字母顺序)

这些地图上的数字指的是大学城的字母顺序的数字。如果一座大学城座落有一所以上的大学,表示其不同的成立年代。

1. 阿伯丁(老)(1495);阿伯丁(新)(1593)
2. 奥布(图尔库)(1640)
3. 艾克斯省(1409)
4. 阿尔卡拉(1499)

5. 阿尔马格罗(1550)

6. 阿尔塔穆拉(1748)

7. 阿尔特多夫(1622/1623)

8. 安科纳(1562)

9. 安格斯(约 1250)

10. 阿维尼翁(1303)

11. 阿维拉(1576)

12. 巴埃萨(1542)

13. 班伯格(1648)

14. 巴塞罗那(1450)

15. 巴塞尔(1459)

16. 贝桑松(1691)

17. 博洛尼亚(12 世纪末)

18. 波恩(1777)

19. 波尔多(1441)

20. 布尔日(1464)

91 21. 布兰斯堡(布兰涅沃)(1568)

22. 布雷斯劳(弗罗茨瓦夫)(1702)

23. 布达佩斯(1389)

24. 布尔戈斯·德·奥斯马(1555)

25. 比措(1760)

26. 卡昂(1432)

27. 卡利亚里(1606)

28. 卡奥尔(1332)

29. 剑桥(1209—1225)

30. 卡梅里诺(1727)

31. 卡塔尼亚(1444)

32. 塞尔韦拉(1714/1717)

33. 科英布拉(1308)

34. 科隆(1388)

35. 哥本哈根(1475)

36. 卡蒂(1765)

37. 克拉科(1364)

38. 迪(1601/1604)

39. 第戎(1722)

40. 迪林(1553)

41. 多勒(1422)

42. 多尔帕特(塔图)(1632)

43. 杜埃(1559/1560)

44. 都柏林(1592)

45. 杜伊斯堡(1654)

46. 爱丁堡(1582/1583)

47. 艾普尔杰斯(普莱绍夫)(1665)

48. 爱尔福特(1379)

49. 埃朗根(1742/1743)

50. 艾斯克瑞尔(EL)(1587)

51. 埃斯特利亚,纳瓦拉(1565)

52. 埃武拉(1558/1559)

53. 费尔莫(1585)

54. 费拉拉(1391)

55. 弗拉讷克(1585)

56. 奥德河畔法兰克福(1498)

57. 布瑞斯高地区弗莱堡(1457)

58. 富尔达(1732/1734)

59. 甘迪亚(1547)

60. 日内瓦(1559)

61. 热那亚(1471)

62. 赫罗纳(1587)

63. 吉森(1607)

64. 格拉斯哥(1451)

65. 哥廷根(1733/1737)

66. 格兰纳达(1531)

67. 格拉茨(1585/1586)

68. 格赖夫斯瓦尔德(1456)

69. 格勒诺布尔(1339)

70、格罗宁根(1612/1614)

71. 哈勒(1693/1694)

72. 哈尔德韦克(1647/1648)

73. 海德堡(1385)

74. 黑尔姆施塔特(1575/1576)

75. 韦斯卡(1354)

76. 因戈尔施塔特(1459)

77. 因斯布鲁克(1668)

78. 埃拉克(约 1550)

79. 耶拿(1557/1558)

80. 卡塞(科希策)(1657)

81. 卡塞尔(1633)

82. 基尔(1652)

83. 柯尼斯堡(加里宁格勒)(1544)

84. 拉 拉古纳(1701)

85. 莱顿(1575)

86. 莱比锡(1409)

87. 莱里达(莱里达)(1300)

88. 林茨(1674)

89. 里斯本(1290)

90. 鲁汶(1425)

91. 卢卡(1369)

92. 隆德(1666/1668)

93. 利沃夫(伦贝格)(1661)

94. 马切拉塔(1540)

95. 美因茨(1476)
96. 曼图亚(1625)
97. 马伯格(1527)
98. 墨西拿(1548)
99. 米兰(1556)
100. 摩德纳(1772/1773)
101. 莫尔塞姆(1617/1618)
102. 蒙多维(1560)
103. 蒙托邦(1598)
104. 蒙贝利亚尔(1671)
105. 蒙彼利埃(13 世纪初)
106. 莫斯科(1755)
107. 明斯特－西费利亚(1622/1629)
108. 穆尔西亚(1783)
109. 南锡(1768)
110. 南特(1460)
111. 那不勒斯(1224)
112. 尼斯(1559)
113. 奈梅亨(1655)
114. 尼姆(1539)
115. 澳洛穆茨(1570)
116. 奥尼亚特(1540)
117. 奥兰治(1365)
118. 奥里韦拉(1552)
119. 奥尔良(约 1235)
120. 奥尔泰兹(1583)
121. 奥斯纳布吕克(1629/1632)
122. 奥苏纳(1548/1549)
123. 奥维耶多(1574)
124. 牛津(13 世纪初)

125. 帕德伯恩(1614/1616)
126. 帕多瓦(1222)
127. 巴勒莫(1578)
128. 帕尔马,马约卡岛(1483)
129. 潘普洛纳(1619)
130. 巴黎(13 世纪初)
131. 帕尔马(1412)
132. 波城(1722)
133. 帕维亚(1361)
134. 佩皮南(1350)
135. 佩鲁贾(1308)
136. 比萨(1343)
137. 普瓦捷(1431)
138. 蓬塔穆松(1572)
139. 帕塞尼(布拉迪斯拉发,普雷斯堡)(1465)
140. 布拉格(1347);金文泰纳姆(1556)
141. 兰斯(1548)
142. 雷恩(1735)
143. 林特尔恩(1620)
144. 罗马,萨皮恩察(1303);格雷戈里亚纳(1556);安杰利科姆(1727)
145. 罗斯托克(1419)
146. 撒哈干(1534)
147. 萨拉曼卡(1218/1219 年前)
148. 萨莱诺(1231)
149. 萨尔茨堡(1620/1625)
150. 圣地亚哥－德孔波斯特(1526)
151. 萨拉戈萨(1474)
152. 萨萨里(1617)
153. 索米尔(1596/1604)
154. 色当(1599/1602)

155. 塞维利亚,圣玛利亚－德赫苏斯(1505);圣托马斯(1516)
156. 锡耶纳(1246)
157. 斯古恩萨(1489)
158. 萨塞纳(1614)
159. 圣·安德鲁斯(1411)
160. 圣·皮特斯伯格(1724)
161. 斯特拉斯堡(1621);SJ 精英学校(1685)
162. 斯图加特(1781)
163. 塔拉戈纳(1574)
164. 托莱多(1521)
165. 托尔托萨(1551)
166. 图卢兹(1229)
167. 图尔农(1548)
168. 特里尔(1454)
169. 特尔纳瓦(瑙吉松博特,图尔瑙)(1635)
170. 图宾根(1476)
171. 都灵(1404)
172. 乌普萨拉(1477)
173. 乌尔比诺(1671)
174. 乌得勒支(1636)
175. 瓦伦斯(1452)
176. 巴伦西亚(1500)
177. 巴利亚多利德(13 世纪末)
178. 威尼斯(1470)
179. 威奇(1599)
180. 维也纳(1365)
181. 维尔纽斯(1578/1579)
182. 维滕堡(1502)
183. 维尔茨堡(1402)
184. 扎莫希奇(1594)

1. 活跃于1500年的大学

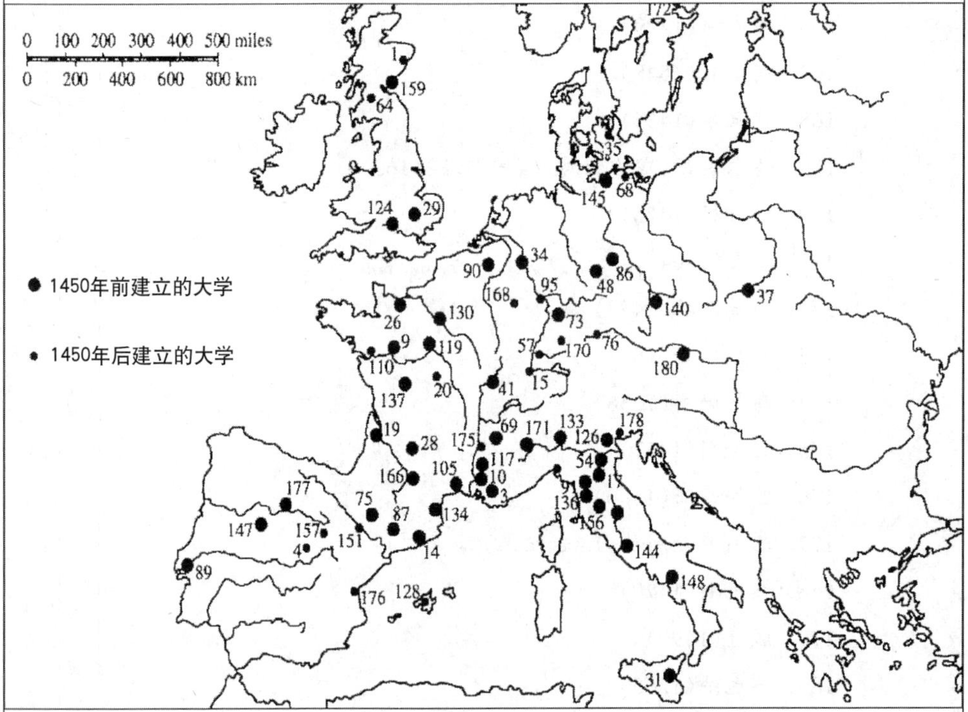

2. 1051—1550年成立的大学

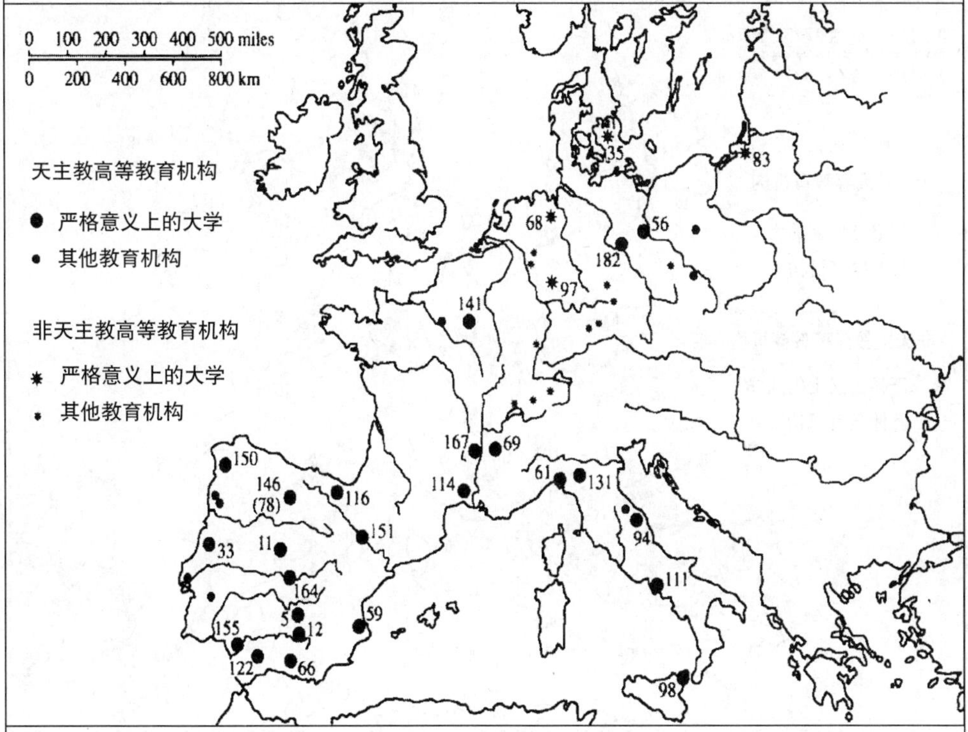

3. 1551—1600年成立的大学

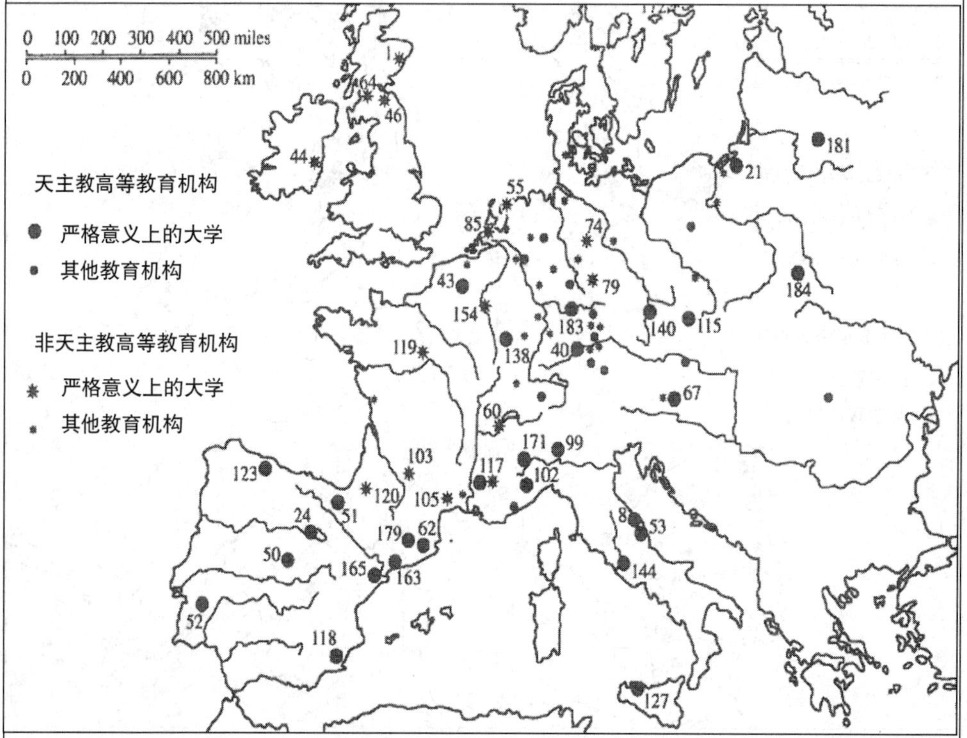

4. 1601—1650年成立的大学

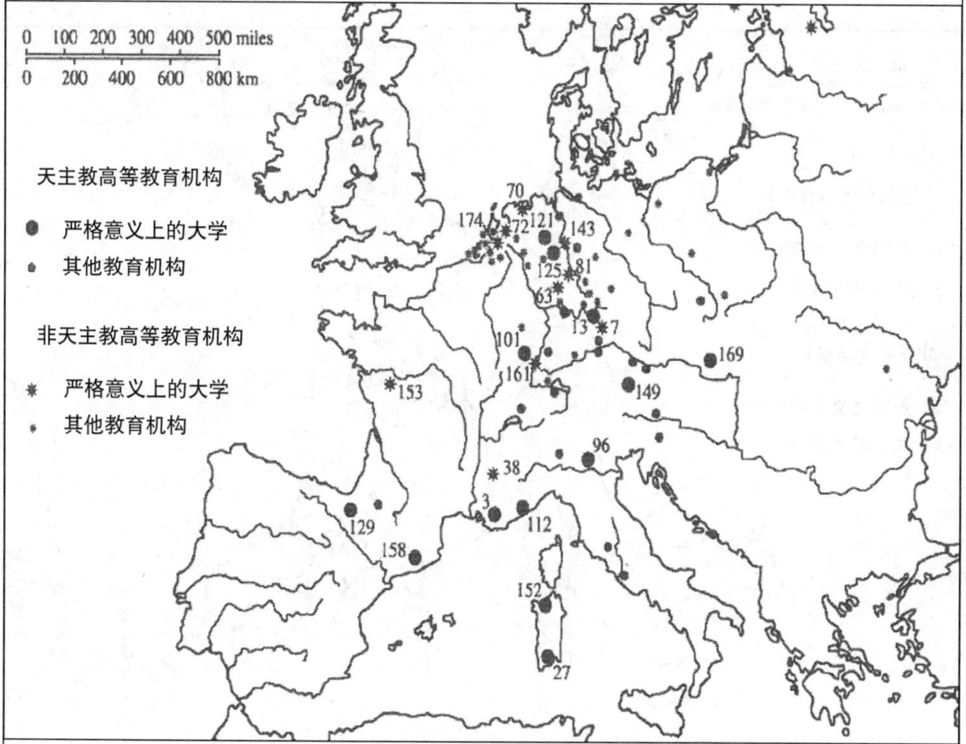

5. 1651—1700年成立的大学

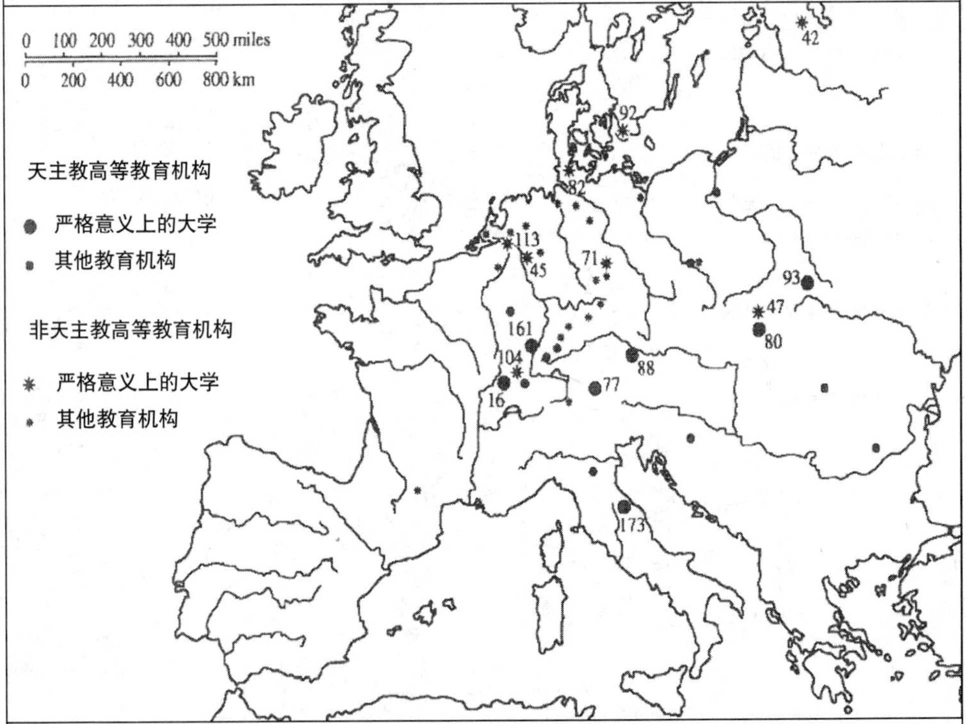

6. 1701—1750年成立的大学

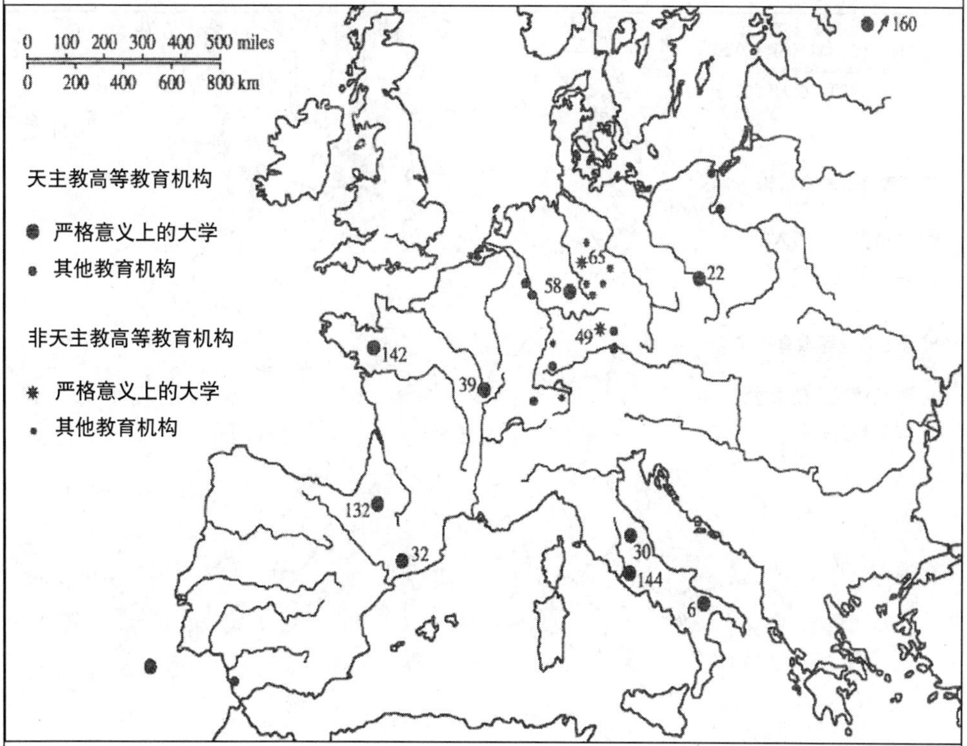

7. 1751—1800年成立的大学

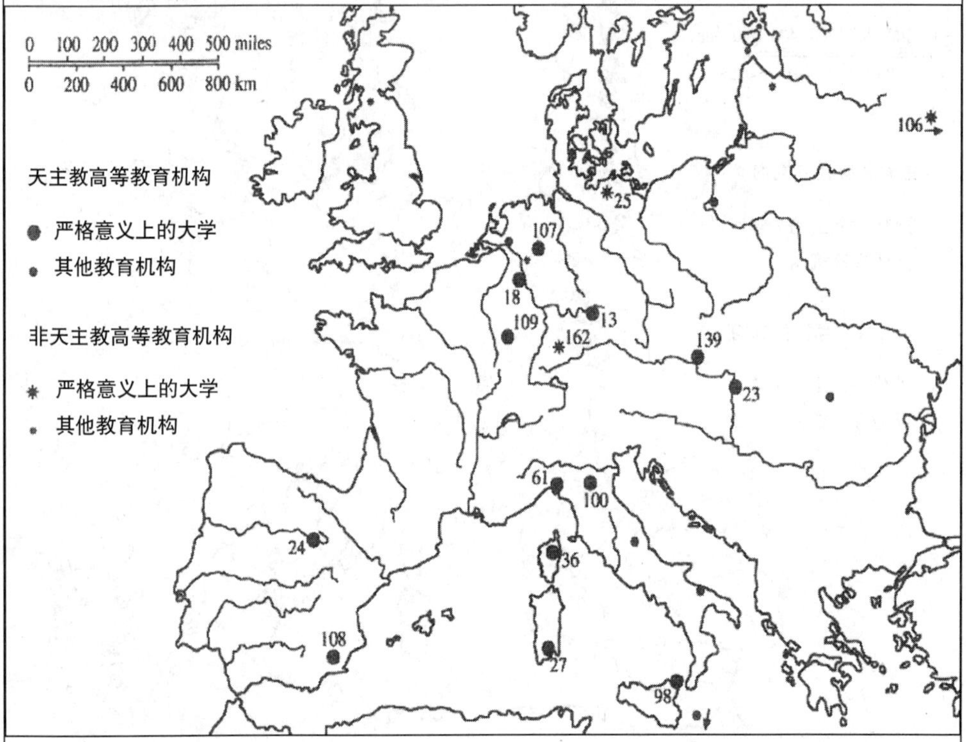

8. 活跃于1790年的严格意义上大学

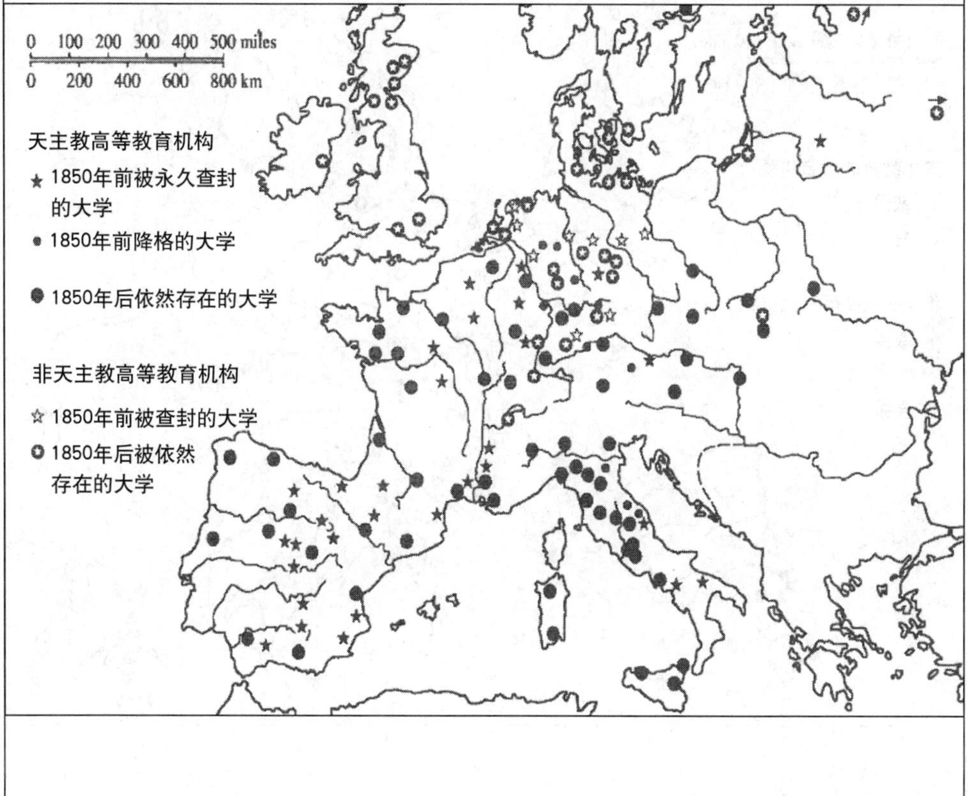

9．1500—1790年取缔、迁移转入或永久并入其他大学的严格意义上的大学

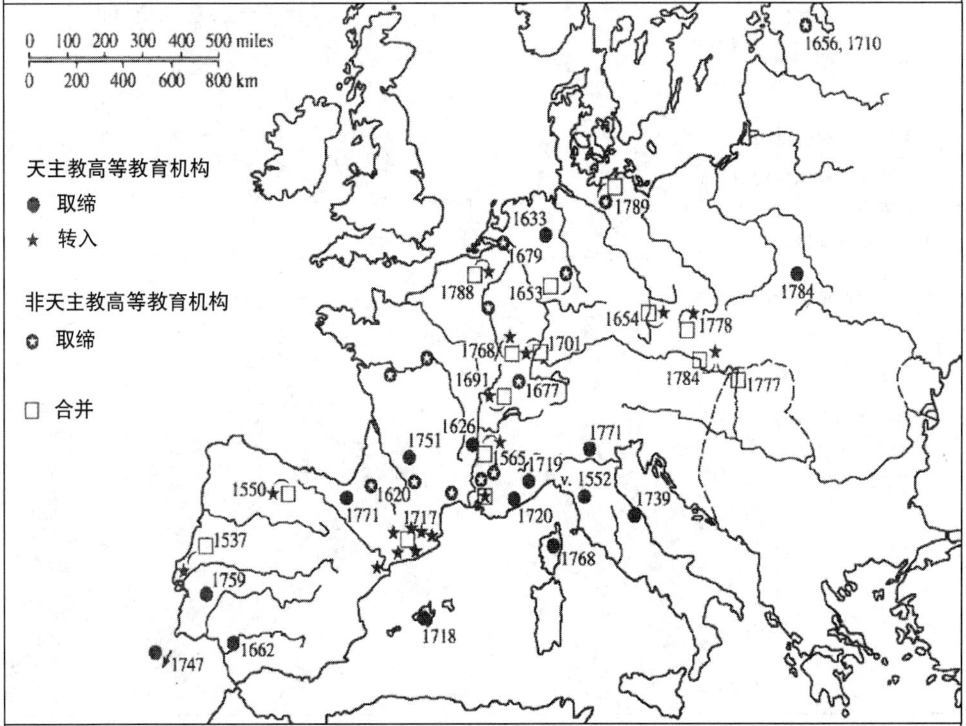

10. 耶酥会大学的攻势

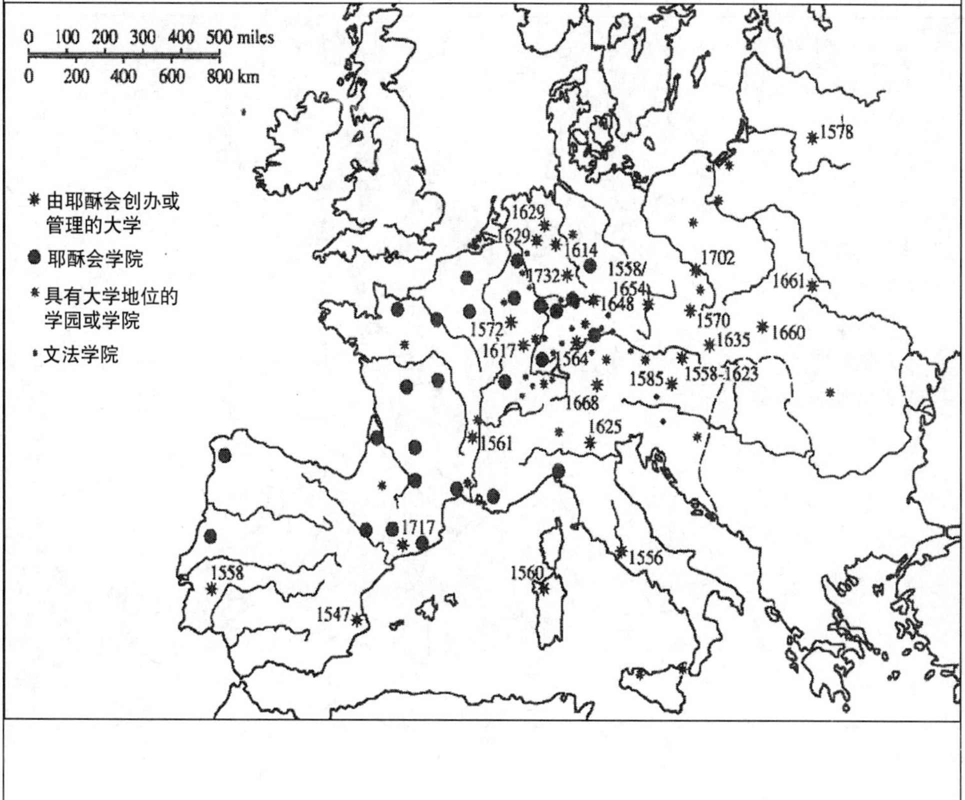
0 100 200 300 400 500 miles
0 200 400 600 800 km
由耶酥会创办或管理的大学
耶酥会学院
具有大学地位的学园或学院
文法学院
1578
1629
1629
1614
1732
1558/1654
1648
1702
1661
1572
1570
1635
1660
1617
1564
1585
1558-1623
1668
1625
1561
1717
1556
1558
1560
1547

11. 18世纪的非天主教大学

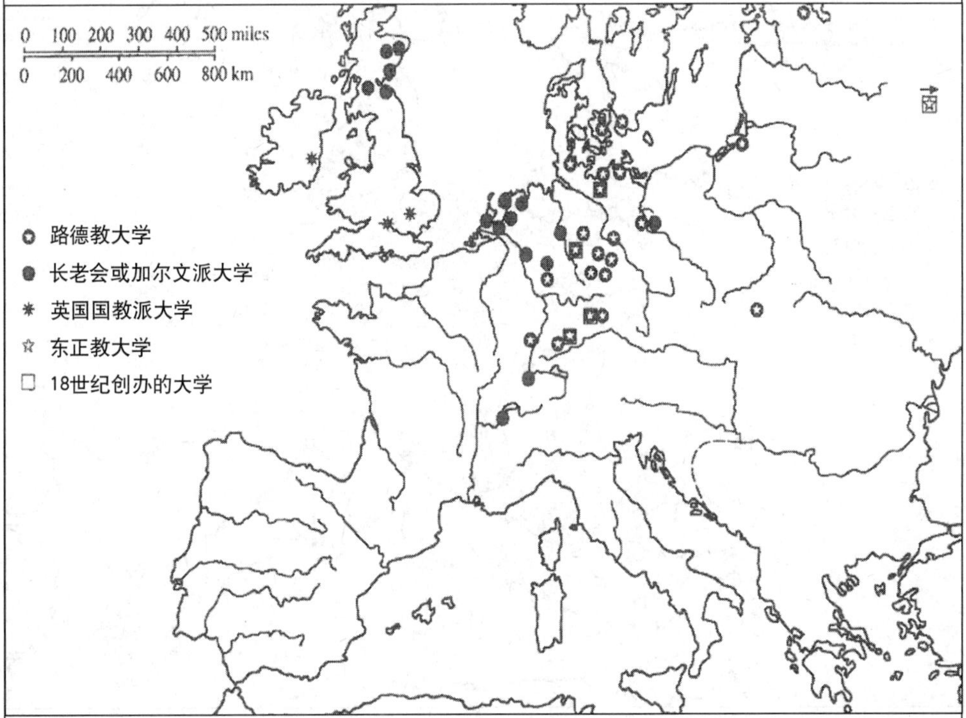

精选文献

文献目录

Bibliographie internationale de l'histoire des universités, vol. Ⅰ: *Espagne-Louvain-Copenhague-Prague*, by R. Gilbert, J. Paquet, S. Ellehój, F. Kavka, J. Havránek, Geneva, 1973, and vol. Ⅱ: *Portugal-Leiden- Pécs-Franeker-Basel*, by A. Moreira de Sà, R. Ekkart, M. Fényes, A. de Kalbermatten, L. Haebarli, Geneva, 1976.

Coing, H. (ed.) *Handbuch der Quellen und Literatur der neueren europäischen Privatrechtsgeschichte*, vol. Ⅱ, Ⅰ, Munich, 1977, 3 - 102.

Craigie, J. *A Bibliography of Scottish Education before 1872*, London, 1970.

Ermann, W. and Horn, E. *Bibliographie der deutschen Universitäten*, 3 vols., Leipzig/Berlin, 1904 - 1905; reprint, 1965.

Fletcher, J. M. (ed.) *The History of European Universities. Work in Progress and Publications*, 5 vols., Birmingham, 1977 - 1981.

Fletcher, J. M. and Deahl, J. 'European Universities 1300 - 1700: the Development of Research 1969 - 1981, and a Summary Bibliography', in J. M. Kittelson and P. J. Transue(eds.), *Rebirth, Reform and Resilience: Universities in Transition 1300 - 1700*, Columbus, Ohio, 1984, 324 - 357.

Fletcher, J. M. and Upton, C. A. 'Publications of University History since 1977: a Continuing Bibliography', *History of Universities*, 7 (1988), 371 - 468 (annual).

Gabriel, A. L. *Summary Bibliography of the History of the Universities of Great Britain and Ireland up to 1800, Covering Publications between 1900 and 1968*, Notre-Dame, Ind., 1974.

García y García, A. 'Bibliografía de historia de las universidades españolas',

Repertorio de historia de la ciencias eclesiásticas en España, 7 (1979), 599 – 627.

Guenée, S. *Bibliographie de l'histoire des universités françaises des origines à la Révolution*, 2 vols., Paris, 1978 – 1981.

Hammerstein, N. 'Jubiläumsschrift und Alltagsarbeit. Tendenzen bildungsgeschichtlicher Literatur', *Historische Zeitschrift*, 236 (1983), 601 – 633.

Hammerstein, N. 'Neue Wege der Universitätsgeschichtsschreibung', *Zeitschrift für Historische Forschung*, 5 (1978), 449 – 463.

Hammerstein, N. 'Nochmals Universitätsgeschichtsschreibung', *Zeitschrift für Historische Forschung*, 7 (1980), 321 – 336.

Petry, L. 'Deutsche Forschungen nach dem Zweiten Weltkrieg zur Geschichte der Universitäten', *Vierteljahrsschrift für Sozial- und Wirtschaftsgeschichte*, 46 (1959), 145 – 203.

De Ridder-Symoens, H. 'Universiteitsgeschiedenis als bron voor sociale geschie-denis', *Tijdschrift voor Sociale Geschiedenis*, 10 (1978), 87 – 115.

De Ridder-Symoens H. and Paquet, J. 'Bibliografisch Overzicht Universiteitsgeschiedenis der Nederlanden', *Batavia Academia*, 2 (1984), 18 – 21. This is a current bibliography which is published every year.

107 Stark, E. and Hassinger, E. (eds.) *Bibliographie zur Universitätsgeschichte. Verzeichnis der im Gebiet der Bundesrepublik Deutschland 1945 – 1971 veröffentlichten Literature*, Munich, 1974.

Steiger, G. and Straube, M. 'Forschungen und Publikationen seit 1945 zur Geschichte der deutschen Universitäten und Hochschulen auf dem Territorium der DDR', *Zeitschrift für Geschichtswissenschaft*, 7 (special issue) (1960), 563 – 599.

Stelling-Michaud, S. 'L' histoire des universitiés au Moyen Age et à la Renaissance au cours des vingt-cinq dernières années', in *Rapports du XI e Congrès international des Sciences historiques*, vol. I, Stockholm, 1960, 97 – 143; revised Italian translation: 'La storia delle università nel medioevo e nel Rinascimento: stato degli studi e prospettive di ricerca', in G. Arnaldi (ed.), *Le origini dell'Università*, Bologna, 1974, 153-217.

Vico Monteoliva, M. 'Bibliografía sobre la historia de las universidades españolas', *Historia de la Educatión*, 3 (1984), 281-290.

Zanella, G. 'Bibliografia per la storia dell'università di Bologna dalle origini al 1945, aggiornata al 1983', *Studi e memorie per la storia dell'Università di Bologna*, new series, 5 (1985).

现代早期大学一览(按年代顺序)

Justus[= Jobst], W. *Tractatus de academiis et scholis in Europa*, Frankfurt-on-Oder, 1554.

Cholinus, M. *Tractatus de academiis orbis Christiani*, Cologne, 1572.

Middendorpius, J. *In VIII libris academiarum celebrium universi terrarum orbis*, Cologne, 1572.

Junius[= du Jon], F. *Tractatus de academia, cum catalogo omnium orbis academiarum*, Heidelberg,1587.

Anon. *Academiarum quae aliquango fuere et hodie sunt in Europa catalogus et enumeratio brevis*, London, 1590.

Burchardus, A. *Speculum catalogicum et chronologicum academiarum orbis Christiani*, Magdeburg, 1615.

Voetius, G. *Sermoen van de Nuttichey dt der Academien ende Scholen*, Utrecht, 1636.

Schwimmer, J. M. *Tractatus de academicis omnium facultatum professoribus, academiis et studiosis*, Jena, 1672.

Parchitius, S. *Catalogus de origine et fundatione academiarum totius Europae*, Frankfurt-on-Oder, 1692.

Thurmannus, C. *Bibliotheca academica*, Halle, 1700.

Ludovici, G. *Historia rectorum, gymnasiorum scholarumque celebriorum*, 5 vols., Leipzig/Coburg, 1708-1725.

Lucae, F. *Europäischer Helicon, auff welchem die Academien oder Hohe*

Schulen von Anfang der Welt bis jetzo aller Nationen, besonders Europae, Frankfurt-on-Main, 1711.

de Launoy, J. *De scholis celebribus*, Hamburg, 1717.

Hagelganss, J. G. *Orbis literatus academicus Germanico-Europaeus*, Frankfurt-on-Main, 1737.

108 Anon. *Academische uitspanningen of beschryving der voornaamste universiteiten, academieën en illustre-schoolen*, Utrecht, 1777.

Anon. *Guía histórica de la universidades, colegios, academias y demás cuerpos literarios de España y América, en que se da noticia de sus fundaciones y estado actual*, Madrid, 1768.

综合性的著作

Brizzi, G. P. and Verger, J. (eds.) *Le università dell'Europa. Dal Rinascimento alle reforme religiose*, Milan, 1991.

Frijhoff, W. 'Universities: 1500 – 1900', in B. R. Clark and G. R. Neave (eds.) *The Encyclopedia of Higher Education*, vol. Ⅱ, Oxford/New York/Seoul/Tokyo, 1992, 1251 – 1259.

D'Irsay, S. *Histoire des universités françaises et étrangères des origines à nos jours*, 2 vols., Paris, 1933 – 1935.

Jílek, L. (ed.) *Historical Compendium of European Universities / Répertoire historique des universités européennes*, Geneva, 1984.

Julia, D., Revel, J. and Chartier, R. (eds.) *Les Universités européennes du XVI e au XVIII e siècle. Histoire sociale des populations étudiantes*, 2 vols., Paris, 1986 – 1989.

Stone, L. (ed.) *The University in Society*, 2 vols., Princeton, N.J., 1974.

Les Universités européennes du XIV e au XVIII e siècle. Aspects et problèmes. Actes du colloque international à l'occasion du VIe centenaire de l'Université Jagellone de Cracovie, Geneva, 1967.

Verger, J. 'Les universités à l' époque moderne', in G. Mialaret and J. Vial (eds.), *Histoire mondiale de l' éducation*, vol. Ⅱ, Paris, 1981, 247 –

272.

关于各具体国家大学的著作

Ajo González de Rapariegos y Sáinz de Zúñiga, C. M. *Historia de las universidades hispánicas. Orígenes y desarrollo desde su aparición a nuestros días*, 11 vols., Madrid, 1957 – 1977.

Boehm, L. and Müller, R. A. (eds.) *Universitäten und Hochschulen in Deutschland, Oesterreich und der Schweiz. Eine Universitätsgeschichte in Einzeldarstellungen*, Düsseldorf, 1983.

Chartier, R., Compère, M. – M. and Julia, D. *L'Education en France du XVI e au XVIII e siècle*, Paris, 1976.

Engelbrecht, H. *Geschichte des österreichischen Bildungswesens*, 3 vols., Vienna, 1981 – 1984.

Frijhoff, W. *La Société néerlandaise et ses gradués, 1575 – 1814. Une recherche sérielle sur le statut des intellectuels à partir des registres universitaires*, Amsterdam/Maarssen, 1981.

Goldmann, K. *Verzeichnis der Hochschulen*, Neustadt an der Aisch, 1967.

Guenée, S. *Les Universités françaises des origines à la Révolution. Notices historiques sur les universités, studia et académies protestantes*, Paris, 1982.

Kagan, R. L. *Students and Society in Early Modern Spain*, Baltimore, Md./London, 1974. 109

Kagan, R. L. 'Le università in Italia 1500 – 1700', *Società e storia*, 7 (1985), 275 – 317; English version: 'Universities in Italy 1500 – 1700', in D. Julia, J. Revel and R. Chartier (eds.), *Les Universités européennes du XVI e au XVIII e siècle. Histoire sociale des populations étudiantes*, vol. I, Paris, 1986, 153 – 186.

Kearney, H. F. *Scholars and Gentlemen: Universities and Society in Pre-Industrial Britain, 1500 – 1700*, London, 1970.

McClelland, C. E. *State, Society and University in Germany 1700 – 1914*,

Cambridge, 1980.

O'Day, R. *Education and Society 1500 – 1800. The Social Foundations of Education in Early Modern Britain*, London/New York, 1982.

Paulsen, F. *Geschichte des gelehrten Unterrichts auf den deutschen Schulen und Universitäten: vom Ausgang des Mittelalters bis zur Gegenwart mit besonderer Rücksicht auf den klassischen Unterricht*, vol. Ⅰ, Leipzig, 1885; 3rd edn, Leipzig/Berlin, 1919.

Peset, M (ed.) *Universidades españolas y americanas. Época colonial*, Valencia, 1987.

Peset, M. and Peset, J. L. *La universidad española (siglos XVIII y XIX). Despotismo ilustrado y revolución liberal*, Madrid, 1974.

Verger, J. (ed.) *Histoire des universités en France*, Toulouse, 1986.

学术团体

Boehm, L. and Raimondi, E. (ed.) *Università, accademie e società scientifiche in Italia e in Germania dal Cinquecento al Settecento*, Bologna, 1981.

Faij, B. 'Learned Societies in Europe and America in the Eighteenth Century', *American Historical Review*, 37 (1931 – 1932), 255 – 266.

Hammermayer, L. 'Akademiebewegung und Wissenschaftsorganisation. Formen, Tendenzen und Wandel in Europa Während der zweiten Hälfte des 18. Jahrhunderts', in E. Amburger, M. Ciésla, L. Sziklay (eds.), *Wissenschaftspolitik in Mittel- und Osteuropa. Wissenschaftliche Gesellschaften, Akademien und Hochschulen im 18. und Beginnenden 19. Jahrhundert*, Berlin, 1976, 1 – 84.

Hammermayer, L. *Die Bayerische Akademie der Wissenschaften*, 2 vols., Munich, 1983.

Hartmann, F. and Vierhaus, R. (eds.) *Der Akademiegedanke im 17. und 18. Jahrhundert*, Bremen/Wolfenbüttel, 1977.

McClellan Ⅲ, J. E. *Science Reorganized: Scientific Societies in the Eigh-*

teenth Century, New York, 1985.

Mijnhardt, W. W. *Tot Heil van 't Menschdom. Culturele Genootschappen in Nederland 1750 – 1815*, Amsterdam, 1987.

Müller, K. 'Zur Entstehung und Wirkung der wissenschaftlichen Akademien und Gelehrtengesellschaften des 17. Jahrhunderts', in H. Rössler and G. Franz (eds.), *Universität und Gelehrtenstand 1400 – 1800*, Limburg an der Lahn, 1970, 127 – 144.

Ornstein, M. *The Rôle of Scientific Societies in the Seventeenth Century*, 110
Chicago, Ⅰ11. 1928.

Roche, D. *Le Siècle des Lumières en province. Académies et académiciens provinciaux 1680 – 1789*, 2 vols., The Hague/Paris, 1978.

Roche, D. 'Sciences et pouvoirs dans la France du ⅩⅧ e siècle (1666 – 1803)', *Annales, Economies, Sociétés, Civilisations*, 29 (1974), 738 – 748.

Voss, J. 'Die Akademien als Organisationsträger der Wissenschaften im 18. Jahrhundert', *Historische Zeitschrift*, 231 (1980), 43 – 74.

Yates, F. A. *The French Academies of the Sixteenth Century*, London, 1947.

Yates, F. A. 'The Italian Academies', in F. A. Yates, *Renaissance and Reform: the Italian Contribution*, London, 1983, 6 – 29.

第二编 结构

第三章　与当局的关系

诺特克尔·哈默施泰因

除天主教会外，欧洲大学是欧洲存在时间最长的机构，它们反映出许多独立于各自国家背景的一般特征和发展过程。大多数大学(包括许多新近建立的大学)都以巴黎大学和博洛尼亚大学作为它们仿效的对象，这绝不是偶然的。在这两所最为古老的大学中发展起来的学习和教学组织形式成为了范本。以它们为榜样，大学作为一个学习中心，人们设想它应该是具有特权的，希望它享有教皇和帝国、皇家或贵族的许可和授权。

考虑到这些大学的中世纪背景，在大学法律史和机构史上，用一个现代化的表述来说，大学与教会和政府都是相联系的。可以理解的是，这种关系会因地点、时间和各个不同的影响因素的不同而不同，在具体情况下，有时会偏向教会，有时会偏向政府。不同地点、时间的大学具有相对地自由度。现在看来，当时大学、教会和政府之间的关系是相当复杂的。在近代早期，这些关系更为复杂，因为教会与政府之间整体关系发生了许多变化。①

即使仅仅考虑大学的众多数量，对于任何一般规律来说，也会有例外。所以，我们先要考察那些对于14和15世纪的所有大学都很重要的那个时
114 期的各种趋势和一般状况，然后还要继续讨论特定国家中的大学的特色，以及那些在最重要和最典型的欧洲团体中出现的具体实例。

在中世纪晚期，越来越多的新大学出现，与早已建立的那些大学并存，而这些新的教育机构看待自己的方式无可避免地也发生了改变。② 与以前一样，这些大学把它们的行为正当性建立在它们是科学的培育者这一角色上，而不再论及整个基督教社会了。因此，至少在地理上有较多有限的范围。如果大学的捐赠人和创立者（教皇或世俗帝王）不将其目标确切地表达出来的话，当大学数量迅速增多，他们吸引学生的领域就会变小，这正是事物本身的性质。同时，大学在这种更受局限的领域中的重要性会得到加强。

早在宗教改革前，就已经有与阿维尼翁教廷相联系的世家，或者更确切地说，是与教会中各种不同教派相联系的世家。在封邑和教会的利益集团中，教皇的万能管辖权已失去了作用。当然，教会仍然为欧洲各国培养有学识的神职人员，以在他们各自的国家中担任重要职务。并且15世纪的各个议会都让欧洲各地的世俗统治者认识到，大学可以多么成功、多么重要，大学可以提供多少社会和管理方面的优势。③这些统治者自己也在寻找更有效的管理方法和更确切的竞争领域。

这些教派和议会还加强了另外一种趋势。与中世纪大学所表达的那种普遍性理想不同，现在一种爱国主义的（民族主义的）独立自主感在增强。当时各个区域内的集体感和"祖国"感都增强了。结果，本来与大学共存的阶层的旧体系就坍塌了。莱比锡大学的建立就表明了当时的这种紧张状况：1409年，布拉格大学的一些成员迫于国王文策尔四世的压力，前

① 参见第2、9章，pp. 371－376.

② 参见第Ⅰ卷，第2章。

③ J. Helmrath, *Das Baseler Konzil 1431－1449. Forschungsstand und Probleme* (Cologne/Vienna, 1987), 132－160.

往迈森王国,成立了莱比锡大学。当然,这是一个相当极端的例子。

近代早期政府的发展

为了巩固国家的统一,力量不断增强的政府不仅要使用新技术,还要发展新技术。政府还得准备好负责那些以前由教会负责的领域。在近代早期的每个世纪里,这一进程都在继续,确切地描述它需要很多笔墨。然而在15世纪,原来认为是永久的东西发生了剧烈的变化。这些变化决定了人们的生活方式,也决定了政府与教会之间的关系,以及大学运转所面临的那些条件。 115

除了直接在宫廷或教会服务(如在教皇教区),在统一的固定政府内,一些必要的知识和技能也被交流、使用着。世俗智慧和知识从它们自己那方面讲,获得了某种价值,而科学也不再被认为是为神学服务或代表神学研究了。在印刷的新时代,由于印刷术加快了交流,同样还出现了保存手写记录和公共生活理性化这种一般趋势。

无论是教会还是政府,其资金需求都在增长,这又是与早期外交方式及新的军事秩序(商人阶级取代了封建骑士军队)的发展相联系的,这些都要求一份“公共资金预算”,以及制定更为清楚的规则。最后,对越来越多的不同的私人从业者及公共机构来说,人们感到知识越来越重要。随着路德的陈述(这是因为其他原因而阐述的):任何行业,包括学术职业都是一种职业而已。这样,这些趋势和动向的会合是必然的了。

人文主义——宗教改革——反宗教改革

在这些不断变化的情况中,人们一直都对教育及大学作为实施教育的场所给予了很高的评价。这一点由“人文主义”又给予了决定性的支持。最后,人文主义“运动”几乎席卷了欧洲每个国家,虽然它在北欧和东南欧的影响不如在欧洲其他地方那么深入,但这足以使各国的人文主义者将自己的工作定义为“欧洲的”了。

毫无疑问,起初人文主义主要关心的是文科,并未想提供一种知识体系,它也确实没有这样做。但是,人文主义把文科中的所有活动(由古代模式构成)都看做是解放个性的,并且把教育和智慧当做是更文明化的道德行为模式的保证。这样,人文主义实际上是支持了追求那些更好的、理论
116
上更自觉的同时又是更实用的存在准则的其他趋势。它决定性地表明了教育的重要性(不仅是为君主),它只尊重那些文明的、受过教育的人。对于任何想从事公共服务的人来说,教育都是必需的:教士和俗人在这场教育性的、致力于智力活动的运动中具有同等的地位。

虽然人文主义在不同的国家、不同的外部情况和出现的不同时间表现出不同的特征,④但是,只要在它存在的地方,人们都以意大利文艺复兴的人文主义这一样本来衡量它。在阿尔卑斯山以北,是一种封建的环境,人们对于政府和教育有着不同的理解,由于这里没有意大利的那种城市政府,人文主义在这里就不得不努力发展一些能够与南部的目标对抗或竞争的生活方式。但是考虑到他们的封建信仰,特别是他们对于教育及其方法和内容的态度,以及他们认为训练和教育是必不可少的,在这些方面,其实南北之间是没有什么区别的。

起初,马丁·路德的宗教改革代表了对这一教育概念的严重倒退,宗教改革将教育导向世俗的、实用的和现世的道德方向。路德本人甚至觉得有责任谴责大学,说大学是教皇的危险的代表,是异教的亚里士多德的信徒们的中心。然而,政治上的动荡、新教育传播中遇到的困难,还有最重要的一点是菲利普·梅兰克顿的建议和支持,所有这些使得路德认识到,学校和大学可以成为新信仰的工具。⑤因此,路德派就强烈建议世俗政府扶植这类机构,并由于其他教派也意识到他们不能落后,这样大学就普遍发展起来了。随着大学的发展,大学形成了独立的、面向未来的、后宗教改革和后文艺复兴的自我形象。

这一过程中出现的"智慧(sapiens)、雄辩(et eloquens)、虔诚(pietas)"的

---

④ H. A. Oberman and T. A. Brady Jr(eds.), *Itinerarium Italicum. The Profile of the Italian Renaissance in the Mirror of its European Transformations*, Studies in Medieval and Reformation Thought, 14 (Leiden, 1975); P. Joachimsen, *Gesammelte Aufsätze*, ed. N. Hammerstein, vol. Ⅰ (Aalen, 1970).

⑤ K. Hartfelder, *Philipp Melanchthon als Praeceptor Germaniae* (Berlin, 1889; reprint Nieuwkoop, 1964). Hammerstein, N. 'Universitäten und Reformation', *Historische Zeitschrift*, 258 (1994), 339 - 357.

构想,是两场智力运动——人文主义运动和宗教改革运动——之间达成的一种折中方案。此后,君主的目标就是有合格的教会人员和世俗人员可以使用。这些人员必须是"正统"的,同时又能胜任政府和教会的繁重工作。

这种信仰统一性的丧失,以及它在16世纪所带来的不可避免的各个教派的出现,决定了几个世纪以来各国之间及欧洲各地区之间的关系,并且还导致了分裂、冲突、国内战争以及欧洲战争。然而,各教派很快就认识 117
到它们必须控制住教育的场所——学校和大学,这一事实非常重要。他们认为,正确的信仰和真正的知识都只能通过正确的教学而获得。于是,教育和实施教育的地方就在各地引起高度重视。结果,在16世纪,在对已存在的教育机构进行积极改革的同时,还建立了更多的新大学。

大体上,我们可以根据三种教派将大学机构划分为三种类型。第一种是维滕堡模式。维滕堡大学的改革是受人文主义和宗教改革运动两者共同激励的,并且是在梅兰克顿的决定性影响下进行的。大约1530年以后,维滕堡大学开始影响其他地方的大学了;约翰·斯图谟构想了斯特拉斯堡模式,即斯图谟教学法。⑥大多数新教大学都是采取以上这种模式的。而不久以后,大多数天主教大学,特别是受到耶稣会影响,也都向这一类型转变。1533年罗马成立的日耳曼和匈牙利学院在这一背景下具有重要意义。此外,受到新教主义威胁的那些国家中的耶稣会大学,特别是神圣罗马帝国中的大学和欧洲德语区的大学都属于此种类型。⑦而一些大学,诸如因戈尔施塔特大学、迪林根大学,甚至维也纳大学,则有着自己独特的类型模式。

对于加尔文主义者来说,日内瓦学园(1599)是极具影响力的,但在日内瓦学园建立之前,早在16世纪20年代,苏黎士、伯尔尼和洛桑就都已建立了实施"高等教育的地方",这部分是受茨温利的影响。日内瓦学园是受斯特拉斯堡和德国北部大学模式的启示,它没有得到帝国、贵族或是教皇的特许,和许多在成立时间晚于它的学园(高等教育学校或文科中学)一

---

⑥ A. Schindling, *Humanistische Hochschule und Freie Reichsstadt. Gymnasium und Akademie in Straßburg 1538 - 1621* (Wiesbaden, 1977).

⑦ A. Steinhuber, *Geschichte des Collegium Germanikum und Hungarikum in Rom*, 2 vols. (Freiburg, 1906); Hengst, *Jesuiten*.

样，有着独特的结构。它并不是按照一般的系科来划分的，尽管它也拥有一个文学院——显然是最大的——还有一个拥有班级、固定课程和规定考试的神学院分部。⑧虽然这里有法学和医学讲座，但这些科目不需成立系，
118 而是以附带教学的形式进行传授。黑博恩、不来梅、施泰因福特、色当、索米尔等这类重要的和具有影响力的教育机构都曾取法这一类型。⑨

一些加尔文教派的大学则是采取另外一种更为传统的模式，这类大学包括海德堡和莱顿大学。海德堡大学是约 1570 至 1610 年间欧洲主要的加尔文教派大学之一。这所大学和其他类似的教育机构都不以神学为主导，也不像日内瓦学园那样受亚里士多德学说所支配，他们从宗教监管下获得了更多的自由。虽然它们也和其他加尔文主义的教育机构一样紧密地与正统性——加尔文主义联系在一起，但是它们还能够保留更多的人文主义遗产。⑩

那些采取学院制的大学则是例外，如英格兰的那些大学。但是，这些大学也同样沿着一般趋势组织它们的教学，并且在促进理智和仁慈的意义上与政府和教会的常规保持一致。⑪欧洲的许多地区经历了宗教改革中的停滞和某些方面的衰退，而大学及大学中的科学研究则随着这一时期论争的终结而复兴了，其结果并非都是由教派决定的。

宗教团体的政治地位赋予大学以新的意义，使得世俗政权和教会势力都企图对大学施加更多的影响。国王、枢密院官员、市政官员——即路德所说的“管理团体”，还包括教会法庭、教会会议、教务评议会、大教堂教士、大学教堂牧师、宗教会社、上层成员、主教或者堂区牧师，所有这些人都认

---

⑧ U. Im Hof, ‘Die reformierten Hohen Schulen und ihre schweizerischen Stadtstaaten’, in E. Maschke and J. Sydow (eds.), *Stadt und Universität im Mittelalter und in der früheren Neuzeit* (Sigmaringen, 1977), 53 – 70.

⑨ N. Hammerstein, ‘Schule, Hochschule und Res Publica Litteraria’, in S. Neumeister and C. Wiedemann (eds.), *Res Publica Litteraria. Die Institutionen der Gelehrsamkeit in der frühen Neuzeit*, Wolfenbütteler Arbeiten zur Barockforschung, 14 (Wiesbaden, 1987), 93 – 110.

⑩ N. Hammerstein, ‘The University of Heidelberg in the Early Modern Period: Aspects of its History as a Contribution to its Sexcentennary’, *History of Universities*, 6 (1986), 105 – 133.

⑪ *History of Oxford Ⅲ*, 151 – 201.

为自己不管怎样都有责任确定学问的正确追求和行为。所以,这些人就努力通过管理机构的规定和法令、通过访问特别指定的委员会对大学进行监督和管理。普遍应用的各种法令,都要求签名承认某一教派,或在注册入学时或毕业时宣誓效忠玛丽女王,这都反映了这种控制和管理。

然而,近代早期政府控制的范围还不完备,其集中化也是松散的,这就使得大学有可能常常避开这些政府条例的控制。在实践中,自由的范围往往大一些,即比19世纪时所享有的自由要多。如果仔细研究这些规定 119
和原则本身的话,就会发现相互间的让步比想象中的更为常见。当政府的要求有时与大学传统的、有特权的、以社团为基础的自由需求之间发生冲突时,大多数情况下都是达成一种可接受的折中方案。当然,有一点是不言自明的:对于正在出现的政府以及对教会及不同的教派来说,不能简单地丢弃那些源自中世纪的古老的特权。在这一方面,尽管存在着政府或教会的监督,但在整个近代早期,大学都保存了一种脆弱的却是有价值的独立性。

可以这样总结:16世纪以来,关于世俗教士优先地位的争论和关于大学宗教倾向的争论几乎遍及各地。在信奉天主教的欧洲地区尤为如此,特别是在法国、德国的天主教地区和西班牙属尼德兰。在这些地方,极成功的耶稣会的作用常常使那些已存在于机构中的事务复杂化,导致当地政府的介入。可以理解,当耶稣会自己开始积极地建立大学或资助大学时,如格拉茨大学、莫尔塞姆大学和帕德伯恩大学,这种紧张状况和争论就不再出现了。⑫

在新教地区,关于真正的信仰及它的代表是什么也存在着类似的争论,这些争论常常同样严酷,并且一直持续到17世纪末。在16和17世纪,由于并不把政治问题和宗教问题分开来看,而是作为"社会存在的一致形式",这就不可避免地导致这样的情况:反对力量企图影响或确定对主要问题不同的答案,以使问题也许互相间并不补充或不同时出现。这些答案

---

⑫ Hengst, *Jesuiten*, *passim*; A. Seifert, 'Studienordnung und Studienfreiheit zwischen Reformation und katholischer Reform', in R. Bäumer (ed.), *Reformatio Ecclesiae*: *Beiträge zu kirchlichen Reformbemühungen von der alten Kirche bis zur Neuzeit*. *Festgabe für Erwin Iserloh* (Paderborn/Munich/Vienna/Zurich, 1980), 661-677.

也许是混乱的或可能导致冲突。即使是在那些把大学和学校看做是政府事务的地方,如在路德教会或英国国教会,也无法保证宗教势力会戒绝干涉,或避免与世俗政府竞争。它们也许会对自己的城镇提出要求,或试图影响有关事务。

最后,君主们仍然依靠宗教方面的显贵来维持他们所认为的真正信
120 仰或正统。在这些显贵中,除了主教、宫廷教士和宗教委员会之外,还包括神学教授。这些教授能够确保在一些情况下,大学本身能够在教会与政府的任何冲突中决定自己的位置。劳德在牛津大学的改革,日内瓦学园及莱顿大学在加尔文主义的特定方面,如"海德堡教义问答"中所扮演的角色,都是例证。

在 16 世纪末和 17 世纪,对正统的路德派教学信条,莱比锡、图宾根、海斯和耶拿都施加了权威性的影响,甚至在那些规模较小、更为地方化的教育机构里,地方乡绅的作用也许不会少于最初在大学中形成的神学教学信条的力量。当勃兰登堡的统治家族转而信奉加尔文主义的时候,奥德河畔法兰克福大学为统治者的决定提供了神学根据。建立于 1692/1694 年的哈勒大学是德国著名的有改革精神的大学之一,在德国的启蒙运动开始时,这所大学首先采取行动,它将矛头对准它认为是过于正统的神学研究模式——由莱比锡或维滕堡大学的勃兰登堡-普鲁士学生所采用的方式。

在天主教影响的地区,这类教育机构就不常见了。尽管已有罗马教皇与君主之间达成的宗教协定,但是天主教会仍继续阐明君主实利主义的教皇权力。结果,那种与大学有关的个别教学的趋势就不那么显著。此外,政府介入的可能性受到严格限制。只有在教会活动的政治领域,特别是在信奉天主教的法国、西班牙及后来的奥地利,思想偏离才有空间。

1564 年,意大利的特伦托市颁布了一份教皇诏书,确定了学术隶属教会的必要性。该诏书规定一定要宣誓效忠正统信仰才能毕业。⑬在耶稣会中,教会获得了采纳和阐明这些要求的权力。此后,天主教大学在所有文科和神学学科中都遵从一种相对统一和清晰的命令,这就是不以任何方式

---

⑬ S. Merkle, *Das Konzil von Trient und die Universitäten* (Würzburg, 1905); A. Seifert, *Weltlicher Staat und Kirchenreform. Die Seminarpolitik Bayerns im 16. Jahrhundert* (Münster/Westfalen, 1978), 95-105.

违背世俗利益或与世俗利益抗争。耶稣会严格的和制度化的教学纲领,为君主们争取在他们的领地和政府中实行统一的、集中化控制的斗争提供了热情的支持。

在18世纪启蒙运动的觉醒中,耶稣会要求在公众生活的许多方面延续的影响导致与世俗势力的冲突。然而,在15世纪以后,政府有兴趣在管辖范围内与公共生活越来越多的领域结合在一起,正是因为这一点,君主与神职人员更多地是在互为补充,而不是相互对立。考虑到对于学术重要性的互相承认,所以没有什么争议的问题或严重的冲突。这样,大学继续作为教会机构或世俗机构而存在,二者之间的平衡随着当时的公共生活而改变。同时,它们的章程都把注意力集中在这样一个事实上,即学问的培养是君主的最"伟大的责任"之一,他们既可以通过建立新的学校,也可以通过对已存在的学校实施改革来履行这一责任。 121

尽管各领地的教派之间存在着无可避免的分隔,但在教育的一些领域中,还是存在着一个超教派的、非争议的范围,这可以称为学科的"前教派"课程,这一点也进一步反映了教会与政府之间的关系不时有所改善。在16和17世纪,贵族阶层的人可以紧跟迁徙的大学,这会使他们进入国外的"非正统的"大学中。这类大学中法学和医学毕业生尤为常见。⑭

这种迁徙,不论它们导向何处,都只是在中欧、北欧和东欧才出现的现象,它们会使受教育者在本国获得更好的职业,甚至(在少数情况下)对于神学家和文科专业的学生也是一样。以此为目标的特定教育机构就建立起来了,如罗马的日耳曼学院、神圣罗马帝国的迪林根大学、东中欧的格拉茨大学和后来的维尔纽斯大学。日内瓦大学和莱顿大学(有段时间还有海德堡大学和黑博恩大学),为加尔文主义者提供同样的服务,斯特拉斯堡大学、莱比锡大学和维滕堡大学则是为路德派教徒服务的。

异国旅游成为近代早期研究中一个并非不重要的阶段特征。大学仍然继续保持伊拉斯谟所称的关系国家利益文化的定位——是基督教的中心,而不是各教派决定的智力社会,它们可以培养一个以同伴关系为基础的社会,在这个社会中,社会阶级特征被同化或完全消失了。乡绅们赞同

---

⑭ 参见第10章。

的东西往往是不一致的、非自觉的,而是受到了私人顾问的影响。这样,尽管存在着教派争论,真正的学术自由也能继续下去。如:在德意志帝国的海德堡、黑尔姆施塔特、耶拿、奥德河畔法兰克福和萨尔茨堡以及一段时期的法国奥尔良、布尔日和蒙彼利埃都保持一种自由状态。在意大利,具有自由主义观点的大学是博洛尼亚大学、锡耶纳大学和帕多瓦大学,巴塞尔大学和莱顿大学也在很长一段时期内拥有这种自由。

专制主义与启蒙运动

随着人们普遍认识到通过武力来重获天主教统一性的希望的破灭,随着君主获得了权力和声望,以及专制政府实践的广泛传播,世俗政权的注意力直接指向它们自己对大学和对学问的责任。同时,大学中更为实用、不那么引起争辩的神学和系统的自然权利法的发展,逐渐使世俗权力机构清楚地认识到了它们的责任范围。

17 世纪下半叶,这种新观点就开始发展。最初,发展是迟疑的,主要在尼德兰和德意志帝国信奉新教的地区流行。在路易十四统治下的法国,也认为政府优于教会。从 17 世纪末开始,启蒙运动的传播使像西班牙、托斯卡纳、尼德兰、苏格兰、德意志帝国和波兰这些把大学看做是学术教育的重要机构的地方,认为大学应属于世俗势力的看法也加强了。

然而,在近代早期,政府从未独享管理大学的权力,甚至在政府迫切要求这样做的时候也未能做到。教会从未完全放弃这种独享权力。在 18 世纪的欧洲,大学仍与教会紧密联系,这时也没有一种教义神学退出大学的科学范围。在天主教的那些国家里,正是在启蒙运动的影响下,尽管它们明显落后于非天主教国家,但是它们也仿效这一形式。

同时,曾一度非常成功并在智力方面居领先地位的耶稣会现在落伍了,这是因为实行了 1599 年耶稣会的《学术研究》里苛刻的规章。1772 年耶稣会解散被看做是朝向现代科学教育可能性的一个解放时刻,在这之前,天主教国家中的宗教改革团体早已开始反对耶稣会了。不管这些人是詹森主义者、马林斯主义者、所谓的穆拉托里圈、神职人员,还是具有世俗职能的教会王储,他们都认为君主应该管理世俗事务。

在整个近代早期，经常表现出希望教授更多的实际材料的愿望，在18世纪下半叶启蒙运动带来的思想变革中，这种愿望进一步加强了。那时与此相联系也有更为普遍的评论。从那时起，人们就致力于为自然科学寻找更多空间，为机械-技术学科寻找更多空间，研究大学所忽视的领域，并致力于介绍那些与神学联系较少的相关知识，所有这些努力就导致了新建的诸如学园之类的非大学机构。[15]现在，人们还表达这样一个观点：大学作为教育机构来说，已经过时了，并且过剩，而应该建立一些目的更明确的、跟上时代的特殊机构，主要进行有用的和必不可少的学科的教学。这里所说的学科包括外科学、药学、兽医学、管理学、产科学、农学和军事学。 123

18世纪，愚昧无知、顽固的态度、与世隔绝的求学方式以及这种社会惯性在许多地方都是大学的敌人，如在法国、英格兰和意大利，在某种程度上伊比利亚半岛也是如此。然而，在那些大学随启蒙运动的到来而获得新动力的地方，特别是在德国、新教地区和后来的天主教地区，在尼德兰、苏格兰，某种程度上在瑞典和波兰，大学还是生机勃勃和受人尊敬的教育机构。大学为政府提供适宜的合格人员，使政府能够进行"启蒙改革"，这样，大学有时会获得繁荣发展，如格拉斯哥和爱丁堡、比萨和莱顿、哥廷根、因戈尔施塔特、莱比锡、维也纳、斯特拉斯堡、克拉科和隆德。

在这些大学中，人们以不同的方式阐述经济学，这种阐释常常与道德哲学联系在一起，这增加了成功的可能，就像新学科语言学一样。与此相反，神学虽然仍然属于大学学科体系且能够革新，但是却处于较低的地位。它仍然为科学提供理论基础，并且从方法论的角度构建了自己的理解。

在俄国，彼得大帝的西方中心政策及其女儿伊丽莎白想将其国家现代化的企图，导致在18世纪建立了莫斯科大学和圣彼得堡学园。莱顿大学、德意志帝国的一些大学和其他一些北部的大学成为俄国效法的对象。 124
所以，支持和创办这些教育机构的是君主，而不是教会。实际上，东正教教会长期对这些教育机构持保留和不信任的态度。

---

[15] 参见第11章，pp. 48 off. J. Voss, 'Die Akademien als Organisationsträger der Wissenschaften im 18. Jahrhundert', *Historische Zeitschrift*, *231* (1980), 43-74; N. Hammerstein, 'The Modern World, Sciences, Medicine and Universities', *History of Universities*, 8 (1989), 151-178.

然而，并非每个地方都把大学看做是有意义的机构。伴随着持续的启蒙运动，在18世纪下半期，政府取缔这些大学并代之以新的机构似乎只不过是个时间问题。在法国大革命期间，这种事情确实发生了，当然，并没有其他地方效法法国的这种做法。然而从那时起，政府即作为与宗教势力相对的世俗政权，开始独享组建这些教育机构的权利了。

法国的大学

法国的大学早在中世纪晚期就享有很高的声望，其中巴黎大学、蒙彼利埃和奥尔良大学是最为古老的。这些都是欧洲的大学，是中世纪学术的主要中心，一般都是自治的机构，主要满足宗教需要。大学内的教士和大学外的教会对这些大学拥有监管功能，但把它们说成是由神职人员管理的教育机构未免过于简单化了。正像巴黎大学的历史特别显示出的，大学本身包括和影响了教会的重要部分，它们共同决定神学教学。⑯

百年战争后，法兰西王国发展得更为统一。君主的权力加强，不仅使世俗权力与国王更紧密地联系在一起，而且使教会(如法国天主教机构)更紧密地融入社会之中。在这一层面，天主教会在法兰西王国中享有某种不寻常的地位，它享有一种双重功能，既是“国王的最大多数基督徒”治下的政府的一部分，也是普救论的、正统的罗马教会的一部分。然而作为“国家教会”，它通过教会中的显要与君主紧密联系，它与教皇权力平等，甚至还高于教皇权力。

教会在这种教派分离和市镇议会出现的时期显现出其缺点，这又使有学问的神职人员愈加有权势，也使世俗政权企图将自己的影响力和权力施加于大学之上。因而，在15世纪，新建了许多教育机构，这些教育机构主要集中在一些地区的中心地带，它们开始为(地方)政府的利益服务。而
125 各议会，特别是巴黎议会、各省议会、皇家法庭及其他机构更多地增加了对高等教育场所的责任。起初，这些大学继续保持着一定程度的独立性，但特别是在16世纪，大学主要在各利益团体所怂恿的诉讼基础上，开始服从

⑯ Verger (ed.), *Universités en France*, 127–128, 223–231.

于新的规则，这涵盖了它们的内外组织。那些位于议会所在地和主教辖区所在地的新的大学中心，现在成了为城市和教会培养服务人员的中心。所以，它们与旧制度有着紧密的联系。

法国的大学从一开始就对人文主义倾向有些犹豫。于是，法国大学，至少是一些重要学科只是很缓慢地开始接受人文主义的影响。提倡新的典雅艺术和生活方式则支持了这一发展：这样，弗朗西斯一世资助了一些教授职位，并听从比代的建议，于 1530 年建立了人文主义的皇家阅读学院，该机构后来成为法兰西学院。许多其他有权势的人也以自己的方式效法这一模式。在这一进程中，法国的文艺复兴文化和采用人文主义的目标和方法意味着大学的进步和鼓励重要的创新，特别是对诸如奥尔良大学、布尔日大学、图尔兹大学、蒙彼利埃大学和巴黎大学等大学里主要的法学院和一些医学院。这种复兴视自己为世俗，目标在于促进公众生活。它并不直接反对僧侣干预世俗事务。

法国的神学具有强烈的经院主义特征，人文主义对它的影响非常小，以致其最终并未被人文主义所改变，这就鼓励了大学中的保守主义。只是随着非正统运动的发展，伴随着宗教战争，神学才受到压力，特别是在巴黎大学。随后，巴黎的神学成为了保守的正统主义的守卫者，它以经院主义为基础，更强调辩论学科和道德学科。实际上，法国的神学以自己的方式促进了生活各领域的教派化，这就导致了许多新教育机构的建立，以及新教学实践的发展，而在这几点中，每一点都与近代早期出现的教育制度有着相当重要的联系。

为进入大学提供入门准备的学院在各地建立，还有一些地方用新思想改革原有的学院。那些早已存在的学院，或那些源自更久远的学院，在宗教改革时期显得非常容易接受改革的影响。现在，随着议会与大学联合起来反对宗教改革，情况就改变了，学院也许被迫与新的反宗教改革联盟联合。现在的学院教学方式结构是从概念上偏离人文主义思想的。1563 126
年特伦托法令颁布之后，地方行政官、地主、牧师和主教从各自的立场要求普遍强化正统观念。在这种政策的实行过程中,新建了许多学校。[17]16世纪下半期,君主和地方官员不论是世俗的还是教会的,他们为了达到自己的目的,不断增强对耶稣会的利用。

这不仅遭到了胡格诺派的反对,也部分遭到一些议会和大学本身的抵制,因为它们害怕失去自己的特权。法国天主教或人文主义的天主教的支持者都对这一状况不满意。然而在法国处于优势地位的耶稣会是很难击败的,这与其他天主教国家的情况是一样的。特别是1603年以后,亨利八世为了表明他对耶稣会的信任,颁布了鲁昂法令,给予耶稣会可靠的教学保证。自16世纪70年代起,耶稣会就可以控制许多(虽然不是全部)大学的神学科目和文科科目。但是,它们不能像在神圣罗马帝国中那样建立自己的大学,除了1571年马丁·路德教区的蓬塔穆松,该地向以前建立的加尔文主义的学校教育宣战。

除了耶稣会之外,其他宗教派别和组织,如奥拉托利会和巴纳比特会,也在地方政府的许可下,进入天主教的前大学教育领域。巴黎大学顽固地拒绝隶属于耶稣会,它因为自己的"正统性"而不受惩罚。

这种教派之间的分歧意味着法国的学校和大学都处于严格的控制之下。即使最初还未触动大学内部的一些法规章程,大学教授和学生也还保留着一定的自我管理的自由,但是后来他们都要进行忠诚宣誓,他们的阅读材料受到审查,而去国外学习(特别是去那些明显为"反对派"的教育机构里学习)则是被禁止的。

亨利二世下决心与新教徒斗争之后,世俗政权就开始重视对大学和学院的监护和管理。依据两个重要的皇家法令——1561年的奥尔良法和1579年的布卢瓦法,全国的教育机构都处于正统信仰的灌输之下。然而,胡格诺派教徒重视教育的重要意义对于这种老的信仰却起了反作用。

在新教乡绅及其议会或统治者的支持下,成功的加尔文主义的"准大学"已经出现了,如在色当(1599)、索米尔(1604)和蒙托邦(1598)。[18]所以,
127

---

[17] Chartier, *Education en France*; M.-M. Compère, *Du collège au lycée (1500 – 1850). Généalogie de l'enseignement secondaire français* (Paris, 1985); R. Mousnier, *Les Institutions de la France sous la monarchie absolue 1598 – 1789*, vol. Ⅱ (Paris, 1980).

[18] Brockliss, *French Higher Education*.

对于天主教的世俗势力和宗教势力来说,他们也应该同样很好地利用教育机构。当内战爆发后,君主与教会不得不协调行动,把阻碍它们成功反击的关于优先地位的争论放在一边。不可避免的是,大学也无法免受这些战争的后果,并由此蒙受损失。

只有当这些教派战争结束之后,随着 1598 年南特赦令的颁布(该法附带提及允许新教徒获得学位),有关政府与教会对于大学管辖权的不同意见才有了调和的可能。然而,前面我们所提到的法国(高级)教士与政府之间的紧密联系及君主对于那些担任教会最重要职位的人的影响力,都成为这种调和的阻碍因素。

宗教战争期间的大学衰落一直未能完全修复。此后,大学继续与天主教政府利益紧密地联系在一起,越来越成为那些希望进入政府和教会任职的人的单纯的预备学校。作为这样一种机构,它们仍然是最重要的,因为从 15 世纪以来,大学毕业成了在高级世俗或教会政权中任职的条件。而且人们认为,确保正确传播关于君主、议会和教会的知识也是大学的责任。然而,除了那些被教会接受的之外,宗教改革的思想是没有什么市场的,在神学领域尤其如此。同时,越来越多的教士开始在神学院中接受教育,这一迹象表明神学的重要性在下降:它不再处于宗教生活的中心了。新颖的并且常常是富于创造性的法庭上、议会中或巴黎的演讲,很少是受大学影响的。

随着公共职业的进程,大学职业也在向前发展,但是仍旧存在着近亲繁殖的传统内在性质,从自己的阶层中选出的教授更加强了这一进程。同样,也缺乏进入大学的动因。除了当地出现有利条件的时候——如在那些大面积的未开拓领域持续提供大量就业机会的时候——学生数量与 16 世纪相比迅速下降。贵族阶层更喜欢他们自己的教育机构,即“贵族的学园”,而不喜欢大学法学院,他们仅仅是由于想获得毕业资格才需要大学。

然而,无论是就政府还是就教会来说,都没有什么理由过多关注 17 世纪的大学。尽管在路易十四和科尔贝尔的统治下,曾努力想引入一种更 128
好的教学责任组织,并且通过 1679 年的章程重新组织了法律学科。在其他方面,设立了关于法国法律的教授职位,其他教授职位则局限在一些具体科目的教学范围之内。依据 1700 年的一份皇家声明,学习的期限同样也被严格地限制了，在1701年重新组织了医学学科，然而这一重组仅仅对蒙彼利埃和巴黎大学才有意义。

这些改革并未产生太大的影响。相反，依据1700年法令所建立起来的不成熟的，但就当时来讲却相当进步的法国法学学科，实际上代表了后来进步的创新精神。相应地，对于如公法或自然法之类的科目，大学从未涉及。结果，在1700年前后非常僵化的法国法律体系，变得像神学一样对改革充满敌意。[19]在许多方面，政府确立的法律规则后来影响了拿破仑时期的立法。

一般说来，进入巴黎大学是获得最好职业的推荐书，而且常常能确保进入国家的上层谋得职位。由于中央集权化，在18世纪，许多法国大学在规模上都很小，有些大学甚至不能包括所有的四个学院，特别是医学院常常是缺失的。有三所拥有法学院的大学，雷恩大学和第戎大学都不具有全国性的影响，仅奥尔良大学具有全国性的影响。

就大学的学生数量及其成就水平来讲，各个大学的情况差别很大。仅有一点全国大学是一致的，那就是它们一概拒绝发布那些关于一些空闲职位及职业竞争思想的详细信息，而这在17和18世纪是由立法机构所要求的。这样，大多数法国大学的这种眼光狭小的、一般来说比较狭窄的大学形式就保留下来了。

在这样的情况下，大学中就没有团体精神。它们保留一种被忽视的高贵地位，这对某些职业是相当重要的，但是缺乏社会声望。它们不再是民族才智自我表现的场所了。

当教会和政府从意图和方式上就建立和发展一种强大的君主政体步调一致，并且君主把教会看做是它本身权威的一个支撑时，法国教会和政府就没有理由在对于国家的那些大学施加影响力方面进行竞争了。现在，它们要求大学尽心完成指派给它们的任务，而在大多数情况下大学是能够
129 完成的。大学在其内部组织和一般组织方面保留有一定的活动自由（在立法机构所规定的框架之内），这样，大学的存在多多少少也令自己满意。大学在思想上不再有什么更伟大的目标，人们也不期望大学有什么目标。因

[19] Verger (ed.), *Universités en France*, 231-239.

此，大学才能在一定程度上自成一体。

伊比利亚半岛上的大学

一些宗教界的显要人物，以及为数相对少些的世俗界要人，偶尔还有各领地的行政官吏，使得在伊比利亚半岛上建立教育机构（常常是获得教皇特许的）成为了可能。这些教育机构主要是仿效博洛尼亚大学的模式，重视教会法和世俗法的研究，它们在中世纪时期整个欧洲大学的发展中发挥了举足轻重的作用。君主在大学的落成和法定体制中的影响是间接多于直接，但是君主成功地确保了大学的地位。

15世纪末期，斐迪南和伊莎贝拉统治下的西班牙王国的联合，后来的哈布斯堡的查理五世（1516—1556）实行的海外扩张和国际政策，这些不仅仅意味着西班牙的大学扩展疆域。另外，在政府和教会服务方面，有许多新任务和新职位向大学毕业生敞开了大门。的确，新政府的统一性还是松散的，但是这个国家从非基督教的统治下解放了出来，并发展为世界帝国，这都拓宽了学术的领域。结果在16世纪前半期，卡斯蒂利亚的三所著名大学阿尔卡拉大学、萨拉曼卡大学和巴利亚多利德大学在人数上都有极大的增长，在制度化的权力方面也都有许多提高，这对智力讨论所产生的长期影响远远超出了西班牙范围。

由于大学常常要对自己负责，并且各地的大学都要对当地权威机构负责，所以查理五世基础广泛的各项政策就不可能专注于这些教育机构。因此，许多大学得以向时代精神开放。神学领域的人文主义思想（即源自于伊拉斯谟及其追随者的思想）不仅使得神学繁荣发展，还促进了哲学和古代研究的繁荣发展，如促使1542年萨拉曼卡大学建立了一个阿拉伯语讲座。不过，法律学科，特别是教会法仍保持着重要的地位。

1480年，在斐迪南和伊莎贝拉的准许下，托莱多省伯爵发布政令，宣布当学生申请政府职位时，君主有权要求他出具学位证书，于是大学就组织教学以适应这一要求。然而，在政府对招收接受过现代模式教育的有技能的工作人员所表现出日益增长的兴趣方面，这并不是唯一的表现形式。因为伊拉斯谟的教学在西班牙受到热烈欢迎，同样毋庸置疑地是，高级学 130

科的正统性也是建立在这种政府服务基础上的。神职人员、王室和政府人员对这一点的认识是一致的。

然而，与其相联系，在16世纪出现了一种想在古老的学院与大学之间建立更紧密联系的企图，以促使学生为其将来成为人文主义者作准备。它们同时既提供必需的组织，也提供必需的知识内容，而自己却不管理教学——这与后来欧洲其他地方的情况一样。[20]在某种意义上，大学学科有一种基督教的世俗偏见。所以，许多西班牙的宗教会社就寻求获得对下一代进行教育的权力，并将培养一般教职人员的场所从大学转移至纯教会机构中去。后来，这种转移使得大学面临着严峻的竞争。

由于与国外世界的异教要发生联系，并且教会还担心基督教徒对于使人不安的非天主教信仰的态度过于宽容，这二者都是促成新政策迅速实行的重要因素。君主与教会再一次协调行动，连菲利普二世(1556—1598)也毫不怀疑天主教的教会政策是针对西班牙的。就教育问题来说，它被认为是政府的一个重要职责，教师应该培养出与君主颁布的天主教西班牙政策相一致的教会和政府的有用雇员。这样，教育的终极目的就由天主教最高统治者所决定了，尽管有时他表现出是与教会进行协商的，实际上他发挥了首要的作用。

对于大学来讲，产生了许多无法避免的后果，即与知识相联系的西班牙已成为欧洲反宗教改革运动的主导世俗势力。伊拉斯谟的开放精神不可避免地让位于更为严格的信仰。被限定、控制和审查的正统信仰，连同与所有不同于传统的危险观点的最大可能的隔离，成为正统理性的概念，也成为教会的教义。1559年，进入国外大学被明令禁止，西班牙的臣民只有符合非常严格的条件才能被准许就学于罗马大学、那不勒斯大学、科英布拉大学或博洛尼亚大学的西班牙学院。菲利普二世时期的西班牙越来越回归天主教传统，虽然这一点有时也许还产生强化影响，但对大学来讲，
131 这些结果带来的更多的是负面影响。大学越来越衰落成为狭隘的墨守成规的教育机构，仅为教会或世俗职业培养人员。一般法学院的数量超过了

[20] R. L. Kagan, 'Universities in Castile 1500 - 1810', in Stone (ed.), *The University in Society*, vol. Ⅱ, 355 - 405; Kagan, *Students and Society*, 109 - 158.

神学院，教会法仍处于中心地位。在这里，没有像在西班牙以外的欧洲地区一样引进新的法学科目。

文学院和神学院逐渐落入宗教会社的控制之中，多明我会以及耶稣会都形成了一种狭隘的观点，它们在某种程度上为了会社的利益阻碍了学院的发展或改变了学院的方向，这些又进一步使大学之间产生了永无休止的竞争。1605年萨拉曼卡大学为多明我会教徒设立了一些颇具影响的讲座席位，但是与其情况类似的耶稣会教徒所提供的鼓励新的教学却不仅仅是狭隘的传统主义者的，从长远来看并没有产生深远的影响。从17世纪下半叶开始，耶稣会在智力发展方面开始停滞不前了。

这样，我们就很容易理解为什么在1650年以后大学入学率大幅下降，并且西班牙的智力生活也不再与其大学的智力生活相一致。还有一个对改革同样敌视和约束的重要因素，那就是重要的世俗和教会职位在大学及其附属机构中的垄断情况。最初的高等学校被看做是家族财产，成为了分配圣俸的机构。当时这些机构所吸纳的大学毕业的学者在获得想要的职位之前，首先做短期的大学教师，特别是在法学院中从事教学。这也导致这些学院的衰落。这种情况下，至多传授一些有关教会法的陈腐法学知识。㉑

尽管时而有些皇家顾问对这一体系提出反对意见，但他们也无法将其废除。各种检查与其他改革努力同样都失败了。尽管卡斯蒂利亚的皇家督导员们的确履行了其职责和行使了其权力，但他们仍然继续对其学院负责，并未仔细考虑基础性的改革。此外，随着在那些由教派们互相竞争而建立起来的各种学校逐渐开始培养“正规教士”和人文技能，教会和君主都认为没有必要坚持对教育进行改进了。具有法律工作知识的官员和神学院学生为数甚众。的确，新的波旁王朝在18世纪上半叶曾做出过改革 132
的努力，意在鼓励法学学生更注重国内法和自然法的概念。但这些努力都失败了，其失败是由于教会和政府两方面的势力在教育体制中的阻碍力量以及大学本身僵化的传统主义所造成的。

㉑ M. Peset, 'Universidades españolas y universidades europeas', *Ius Commune*, 12 (1984), 71–89; M. Peset, 'La monarchie absolue et les universités espagnoles', *CRE – Information*, 72 (1985), 75–104; Kagan, *Students and Society*, 62–73.

这与16世纪末期和17世纪的景象是一致的,即大学的特征表现了怠惰的态度和过多的学生陋习。随着智力方面令人兴奋的事情的缺失,发展起了一种"亚文化",但无论是大学还是世俗机构或教会机构都不能或不愿意管理这种亚文化。同时,关于国家文化事宜如风格、式样和文献等问题的决定是在马德里市做出的,而该市却只有议会而没有大学。

这就很容易理解,1750年后开始在西班牙获得越来越多支持的启蒙运动的提倡者为什么在处理这种状况时遇到了极大的困难了。值得注意的是,只有他们在与君主联盟的时候,才有机会对事物施加影响,在查里三世统治下(1759—1788),他们取得了一些成功。教会改革者和世俗改革者(可以理解地,后者更为重要)首要关注的是发展哲学院,所以哲学院在数量上很快就超过了法学院,这一事实对于改革中那些开明的大胆努力具有关键性的作用。他们成功地打破了高等学校的权威,使教育减少了对教会的依赖。与国家经济和政治方面的转变相一致,阿拉贡的诸多机构逐渐获得了控制。然而总的来说,18世纪所取得的成就只不过是开始向正确的方向发展而已。事实证明,传统主义者的势力过于强大。此外,随着法国大革命而来的一系列战争使所有这些发展都中断了,各种新的推动力只是在19世纪才开始获得成功。

里斯本大学以及后来的科英布拉大学的发展都应归功于葡萄牙王室,尽管它们与欧洲其他地方的大学一样,把自己看做是同样从属于教会的机构。在15世纪,君主的影响力获得了决定性的增长;特别要感谢航海者亨利,促成了许多能够为满足政府的重要航海需要的学科发展。在埃曼纽尔一世统治时期(1495—1521),对于大学的服务提出了进一步的要求,同时人文主义思想进入了葡萄牙,国王作为"保护者"直接监管研究和教授。在埃曼纽尔的后继者约翰三世统治时期(1521—1557),已经把国王有权力决定任命教授讲座看做是相当正常的现象了。

133 1537年,正是在约翰三世统治期间,里斯本大学遭到解散,各种研究活动遂集中于科英布拉大学了。在科英布拉大学,国王成功地(以相当昂贵的费用)招募了一些优秀教授,这些教授能够在所有四个学院中提供高水平的学科教学。很快科英布拉大学就获得了声望,其声名甚至传至葡萄牙以外很远的地方。

葡萄牙的学生通常有去国外学习的习俗，至于学习的地方，他们最经常选择的是巴黎大学和萨拉曼卡大学，以及波尔多的古耶纳学院。为了进一步提升学术成就，当时约翰三世为在巴黎大学圣·巴比学院就学的葡萄牙优秀学生设立了50个奖学金名额。1542年，与当时的思想以及人文主义的思想相一致，这位君主也建立了一个葡萄牙自己的学院，其目的在于促进学生为大学的学习做出更好的准备。

随着反宗教改革运动的发展，与大学的意愿相反，耶稣会出现于科英布拉，并于1555年控制了学院。从那以后，他们明确地决定了课程的内容，有时这种决定与当地的宗教法庭是一致的。许多教授因被认为是极端的"人文主义者"而被关入监狱。此外，耶稣会还额外地从国王那里获得了在文学院教授拉丁文和哲学的独有权利，这就决定性地强化了人们对于严格的反宗教改革运动教育方针的顺从。科英布拉的亚里士多德哲学当时刚好达到其顶峰，曾对欧洲许多地方产生影响，特别是对宗教改革者们颇具影响。事实上，如果没有弗朗西斯科·苏亚雷斯和佩德罗·达·丰塞卡，没有17世纪萨尔茨堡的本笃会的新经院哲学，路德派的亚里士多德哲学是不可理解的。

正是由于国王的兄弟亨利的功劳，该学院在1558—1559年成了一所耶稣会的大学，亨利是红衣主教及埃武拉的大主教。这一教育机构既有文学院也有神学院，此外还教授税法。耶稣会还获得了建立一种提供预备课程学院的权利，主要培养在巴西和印度传教的牧师和传道士。在路易斯·德·莫利纳，埃武拉拥有一名其名声和影响力都远远超出葡萄牙国界的教师。

在始于1580年的葡萄牙和西班牙的短暂统一中，大学、教授以及学生是统一的强硬反对者。在对那些反对西班牙王朝的人进行惩罚之后，科英布拉的旧皇宫卖给了科英布拉大学，该大学的一些特权被保住了，它还有一系列的新章程，其中最后一个章程是1612年章程，该章程1653年获得了葡萄牙国王的批准，一直延续到卡瓦略侯爵时代。然而，在1640年后对西班牙的战争中，各学术机构都是布拉干萨王室的积极支持者。不过，新国王使大学保持在适合它们的水平上，他任命和管理（最有声望的）大学校长、其他大学行政官员和专业官员。重要的宗教界显要是从大学中招聘 134

的，正是这些人负责各殖民地的基督教化和文明化。当君主将教学的内容和组织引向为世俗目的服务，这归于反宗教改革运动的建立一个有勇气的教会的理想，该理想由于耶稣会的支持而保留下来。

在葡萄牙，启蒙运动改革是与约瑟夫一世统治时期首席牧师卡瓦略侯爵（1750—1777）的名字联系在一起的，正是他将开明的专制主义推向极至：他坚持世俗势力应该主导所有的领域，包括教育。埃武拉作为一所提供高等教育的学校于 1759 年被关闭，耶稣会被普遍禁止。科英布拉大学被改革，1772 年颁布了一个皇家章程，详细地规定了大学生活。诸如数学和实验自然科学这些实用学科获得了发展，一些独立的学院教授这些学科。作为一种基础科学的亚里士多德哲学则被排斥在外。

卡瓦略的这些改革具有如下特征：国家列出必读书目、更强调法学以反对不再是占主导地位的神学、教授具有更多的自治权利和责任（在他们的指定任务的框架之内），以及对詹森主义的优待。这些改革使大学恢复了活力，按照天主教的开明思想重新组织了大学。[22]在这个意义上，这些改革为 19 世纪确立自己地位的那些新学科的发展铺平了道路。

不列颠群岛上的大学

都铎王朝时君主与政治国家之间存在着紧密的关系，这就使英格兰在近代早期获得一种统一的意识。亨利八世统治时（1505—1543），宗教改革运动通过国家法令的形式进入英格兰。不久以后，与罗马的分裂则呈现出更为宗教性的特色。然而，这一分裂对于英国国家及其教育体制都产生了深远的影响。1534 年的《至尊法案》宣布，英国国王是“英格兰教会的唯一最高领袖”。随后，很快就建立起了政治司法权与教会司法权之间的紧
135 密联系，而曾在英格兰极具势力的教会，从那时起就臣属于君主了。1532 年，教会已经失去了它曾在整个国家拥有的神职人员的审判权，而在 1538 年，由于隐修院的解散，教会连其财产也失去了。这些变革都伴以对于教育体系的重新认识。

---

[22] M. Brandão and M. Lopes de Almeida, *A Universidade de Coimbra. Esboço da sua história* (Coimbra, 1937).

托马斯·史密斯爵士1538年在《盎格鲁共和国》中写道:"在英格兰王国中,君主是所有事物的生命线、领袖和权威。"而这个国家的两所大学,即牛津大学和剑桥大学,每一所都具有这样一个长期的传统,即它们越来越把自己看做是独立的社团,这一传统在15世纪得到加强。现在,两所大学也被迫接受这一新的情况。然而,就教学内容和教学组织来说,起初并没有什么变化,只是禁止教授《教会法》和某些神学经院主义思想。

在经历了爱德华和玛丽统治时期的一段动荡变化之后,即进入了伊丽莎白一世的稳定时期,君主宣称自己及英国国教会对于这两所大学有绝对的权力。这两所大学与其他一些具有特许状的机构一起,合并后归属英格兰王国,并于1604年各自在议会中获得了两个席位。与《统一法案》及相应的一些信仰教规相一致,两所大学的成员也是英国国教会的忠诚追随者。1581年,一项规定要求牛津大学进行效忠宣誓。无疑剑桥大学也被期望进行类似的宣誓。

在16世纪开始出现的其他一些趋势则更为重要。其中一个最值得纪念的就是在英国法律体系中心,开始给予习惯法及习惯法律师以优先地位,并随之带来了实践法学教育从大学中的迁出。的确,大学仍继续教授罗马法,但是英国"律师" 现在都须通过伦敦律师学院培养。所以,不论在牛津还是在剑桥,都不存在任何大陆意义上的法学院了。

宗教改革之后,英国的文艺复兴才成为一个颇具影响、被广泛接受的运动。文艺复兴带来了许多变化,其中一条就是使大学入学率戏剧化地增长,上大学在当时几乎是"时髦"的事情,在几十年里,大学几乎被学生挤破。在这一背景下,入大学的目的并不是"职业化",而是促进"绅士"的"有礼貌的交谈"的教育,而这一目的的实现无疑是由法学学生的匮乏而促成的。在大学度过的时光允许与对于以后的生活有帮助的事情相联系,但是就重要性来说,这一好处注定要从属于培养好的礼仪和正确的宗教和政治 136
观点的目的。学生的家长也同意这一看法。

独特的英国学院体制很好地适合于这一目的的实现。16世纪,学院逐渐从老社区手中接管了学生宿舍。1570年以后,在这些建筑中,由导师、主要教师实施教学,采取教授既管理又教学的模式。直到18世纪,对教师来说,教学功能一直都不是很显著。当时各个学院中发展起许多不同的传统，这些传统的形成与发展取决于宗教界和世俗界两个方面捐赠者的意愿（包括君主本身的意愿），而鼓励慈善管理和文雅教育这些正统性科目的普通目标则是所有学院都普遍接受的。㉓

随着大学的自我管理机构逐渐牢固，这与都铎王朝的通过教会使国家更统一、更集权化的方针非常一致，而这一方针趋向于寡头统治和集权化。1570年在剑桥大学，一份章程规定只有各学院的领导才能代表和领导大学，整个教学机构丧失了其职责。这一行动的目的是为了反对许多学院的开放态度，即使学院的情况从整体上来看是加强了。在牛津大学，也取得了类似的发展，1636年的劳德章程遵循与剑桥大学一样的模式，大学被委托给"皇家最高权力及大学的惯例"。这种情况一直持续到19世纪。大学师生们的服装仍然是宗教服装，学院研究员是不得结婚的，这与大学外的牧师截然不同。当然，这一规则也有例外的情况，总的来说是由经济决定的：大学学院不太充足的资金使得它们无法向已婚的人（及其家庭）提供足够多的薪水。

在都铎王朝时代，君主与议会以及英国国教会都一致采取行动，根本不考虑来自天主教徒和清教徒的反对。后来的《议会法案》剥夺了天主教徒获取学位的权利，而清教徒则是后来的不信奉国教者，他们热心支持教会进行更深入的改革。对抗的自由并没有激励大学独立地、有想象力地、
137 有远见地进行它们的研究，它们主要满足于传统规定的思想的再现。在伊丽莎白一世时期，学术质量方面超过牛津大学的剑桥大学不像牛津大学那样皇家化和盎格鲁化。

然而，这两所大学越来越多地受到学术改革者们的批评也不是没有原因的。学生数的下降和大学的相对非生产性是17世纪英国出现的诸多斗争的背景中关注的问题。此外，在这一时期，许多职位，包括大学职位，逐渐变成了世袭的。由于家族，特别是教会家族的力量，真正开放的新的职业机会非常之少。最后，虽然所有的政党都认为决定国家的信仰是政府和君主的责任，国内战争也不可避免地对大学发生影响。在1640—1660年间，人们从夸美纽斯和唯实论者的思想角度讨论了大学研究的改进问

㉓ Stone (ed.), *The University in Society*, vol. Ⅰ; *History of Oxford Ⅲ*, *passim*.

题，但这一努力就像1633以后耶稣会企图控制英国学校一样，没有什么成功的机会。

随着斯图亚特王朝的复辟，对于古老原则的阐述更为明确。1662年的《统一法案》使得所有非英国国教徒都不可能进入大学，这也使得许多不信奉英国国教的学园在“政府和教会”的庇护之外建立起来，还有一些向国外发展的，如天主教徒到欧洲大陆就学，不信奉国教的人则更多地去了苏格兰。18世纪时英国大学的智力空虚与它鼓励的迁移有关。就政府－教会的政策来说，除了18世纪建立为数不多的几个自然科学教授讲座，以及偶尔的几次改革努力之外，回应是很有限的。

君主与教会之间紧密的相互作用，以及斯图亚特王朝最后两个国王和威廉·奥兰治统治期间相对宽松的政策，都基本上未允许对英国的大学实施其他的政策。信奉异教仍然以叛国罪论处，“宗教和道德”的教育仍然十分重要，甚至在教堂和教区中，只能听见对于君主和教会的正面评价。当时有许多“开明的”思想家，但是没有开明的君主。结果，英国没有出现在欧洲大陆上进行的在开明的专制政治支持下的改革。由于大学为其毕业生提供的职业机会相当有限，大学已退化成为一种“教士学院”。18世纪，虽然大学仍然继续发挥重要的教育功能，但它们实际上已经与英国当时杰出人物的智力生活隔绝开来了。

尽管苏格兰与大不列颠联合王国合并了，但就教育体系的组织来讲，苏格兰仍然保留其制定得比较完备的课程。由于在中世纪末期教会遇到了一些困难，再加上英法战争的影响，使得神职人员难以在法国学习传统学科，而这一时期的苏格兰教会正热切地建立它自己的教育体制。所以，在15世纪兴建了许多新的机构，这些机构都以培养未来的大教堂教士和提供与此相关的研究科目(包括教会法和世俗法)为目标。然而，即使是在那时，直至18世纪，苏格兰的研究还常常是模仿法国和意大利的研究，其中莱顿成为18世纪苏格兰人最喜爱的大学城。 138

在苏格兰宗教改革运动期间及以后，本来没有特别繁荣发展的大学研究与教会思想和实践之间的紧密关系发生了变化。根据约翰·诺克斯在其《约律首卷》中所概括的观点，随着更多的公民将接受基础教育，这会使“政府和教会中的公务人员”更为密集。诺克斯写道：“必须强迫所有家长培养其子女具有知识和美德。”作为加尔文派的教徒，这些孩子们必须知道他们为什么坚持这种信仰，以及他们坚持信仰的目的是什么。只有这样，“公众才会从他们那里获得安慰”。㉔公共权威机构，一般是城镇议会、教会长老和各学院理事会特别应该对此予以支持和负责。爱丁堡大学建立时，不仅仅是城镇议会和新的教会，苏格兰议会也批准了该大学的章程和法规。在这方面，宗教势力和世俗势力共同合作，以建立和保持一种令人满意的高等教育体制。

苏格兰的大学也和英格兰的大学一样划分成许多学院，而每个学院都对市政委员们负责。学生们在所有被认为重要的学科经常受到一名导师的指导，导师一般还管理这些学生。学科的组织被清楚构建，采取的是苏格兰学院的伟大改革者安德鲁·梅尔维尔从大陆学来的模式。学校则按年龄分组，并定期考试，注重纪律和循序渐进的学习，或者至少是想这么做。㉕即使是一般的实践还无法满足教会的理论需求，但在苏格兰，其意向比英格兰更接近现实。事实上，苏格兰优于英格兰的地方也是有限的。同
139 样，在苏格兰，近代早期大多数人口的教育还是可望而不可及的。当然，苏格兰的学院看起来更为开放，并且人们认为它们是满足整个国家的需求的。

顺便说一下，非苏格兰的学生无须进行任何宗教测验或政治测验，只要在《威斯敏斯特忏悔书》上签字就足够了。只有天主教徒仍被排除在苏格兰的大学之外，就这一问题，政府与教会达成了一致的协议。梅尔维尔在 1574 年后也试图向导师和授课教师引进划分学科的原则，但这种划分明显没有持续多久。直到 18 世纪，凭借着各个“教授”的“综合能力”，导师制一直保留了下来。

这一体制是从教会中得来的，同时又与市政委员会合作，甚至将监督的任务留给了市政委员会。这一形式大致上与大陆上那些建立不完全大学或学园的地方是一致的：不分系部，但是所有的教授讲座一起组成一个

㉔ R. O'Day, *Education and Society 1500 - 1800. The Social Foundations of Education in Early Modern Britain* (London/New York, 1982), 223 - 225.

㉕ D. B. Horn, *A Short History of the University of Edinburgh* (Edinburgh, 1967); J. D. Mackie, *The University of Glasgow 1451 - 1951* (Glasgow, 1954).

学院。在宗教改革运动以后，许多科目如法学和医学要么是根本没有，要么是中止了或只是偶尔包括在课程中。教育主要强调道德教学，特别是文科学科，目标不是“抽象的学问”，而是道德和实际教育，目标直指提升社会的幸福感。结果，那些“日常生活中的实际事务”就得以充分掌握。

从所有的世俗问题和宗教问题的直接相互联系中很容易看出，这些目标和结果并不单纯是世俗的事情。在 17 世纪，苏格兰的各教育机构一直都饱受主教制信奉者和长老制支持者之间的冲突之苦。由于这些学校被认为对普通公众开放，而不仅为上层阶级服务，所以这种冲突的影响就非常深远，如当时其他欧洲国家的大学一样，学生的成绩水平下降，大学几乎停滞不前了。

18 世纪重建运动的目的在于培养教士和教师们拥有更为优雅的举止、更强烈的一致性。学习的内容仍然力求吸引那些有身份的年轻人。大学通过母语教学、取消导师制和引进 18 世纪 20 年代中尚不为人知的法学科目（如公法和民法），以及引进医学教学（由市政议会极力提倡）等做法，开始孕育一种新的精神。各种不信奉英国国教者和启蒙思想家，特别是道 140
德哲学家都一起合作，共同使苏格兰的大学经历了一个大发展和大成功的时期。

在 18 世纪，爱丁堡大学取代了莱顿大学，成为一个进步的、开明的学习场所，吸引了许多外国学生前来就学。格拉斯哥大学也同样享有很高的声望。与牛桥那种狭隘的、某种程度上是地方性的教育机构相反，苏格兰的大学在学院围墙之外提供许多吸引人的机会。苏格兰的大学成为交流经验和知识的商业和制造业的国际中心，这一点更加深了它们与英格兰大学的对立。[26]

神圣罗马帝国的大学

从第一所大学布拉格大学建立开始，德国大学的建立主要靠王室的捐赠（偶尔也有靠市政捐赠建立的情况）。在中世纪后期，德国已经有 14 所

㉖ J. Kerr, *Scottish Education: School and University* (Cambridge, 1910).

大学了。这表明了从15世纪后期起被称做联合体的神圣罗马帝国的特定的政治发展。

与此同时,中世纪晚期发生的一些重大教会事件对大学的发展起着重要作用。这些事件包括教派分裂、各次基督教教会会议以及教皇的“阿维尼翁监禁”,它们都对神圣罗马帝国的发展产生了影响。在实践中,由于神圣罗马帝国的软弱,15世纪帝国内部的许多地方统治集团都纷纷单独与罗马教廷签订宗教协定,这些人中每一个(包括帝国皇帝)又作为最高主宰,实行各自独立的教会政策。

发生的这些事情与帝国当时的一般情况相对应,在当时的帝国中,出现了朝向近代早期政府发展的以各地方为基础的趋势。有较大权力的各地方统治者,特别是选帝侯们感到,为了获得更多的声望和与之相匹敌的地位,他们必须拥有自己的“地方大学”。他们的做法很快就被其他统治者所仿效。特别值得一提的是,某个地区政府的性质是教会的还是世俗的,这一点与建立大学没有什么关系。各地统治者都颁布大学法,取得各种教皇特许状或皇家特许状,并管理大学资金的筹措。[27]

141 然而,正是那些朝臣、王储以及也许是最主要推动力量的有学问的地方议会议员将人文主义的新文化带入大学之中。马丁·路德的出现(也是在他的统治者的特别庇护下)所产生的深远影响,我们在前面已经讲过了。由于这位宗教改革者将他的教学与帝国的几个特定地区联系在一起,就明显支持了那种业已存在的发展各地方公国的趋势。在经历了内部的疑惑之后,对于大学教育的极大尊崇,加上路德对王储和地方行政官关于建立、装备和管理学校和大学的明确告诫,这些都保证了世俗领导者对于教育事务有着长期的管辖权。起初,这一实践仅影响了那些倾向于宗教改革的地区,但是后来天主教地区也很快仿效了。

由菲利普·梅兰克顿和约翰·斯图谟所系统阐述的方法和目标,以及表

---

[27] Paulsen, *Geschichte des gelehrten Unterrichts*; P. Moraw, ‘Aspekte und Dimensionen älterer deutscher Universitätsgeschichte’, in P. Moraw and V. Press (eds.), *Academia Gissensis. Beiträge zur älteren Giessener Universitätsgeschichte* (Marburg, 1982), 1-44; N. Hammerstein, ‘Zur Geschichte und Bedeutung der Universitäten im Heiligen Römischen Reich Deutscher Nation’, *Historische Zeitschrift*, 241 (1985), 287-328.

现为四个系部、院长制等的巴黎大学/博洛尼亚大学模式早已在帝国的一些章程中予以承认和发展了，现在，它们仍是帝国所有教育机构的标准。天主教大学，甚至少数的加尔文主义的大学，也采取这种标准。

虽然在信条方面存在巨大差异，但是君主们在各地都履行了对于宗教改革运动后的人文主义教育义务。在天主教的帝国中，王储和地方议会议员们也同帝国信奉新教地区的王储和地方议会议员们一样，是进行管理和限制的强有力的力量。由于常常面对业已存在的那些大学及这些大学中的教授的抵制，他们常常利用耶稣会来维护他们国家的反宗教改革运动的稳定这一利益。这一进程从巴伐利亚和哈布斯堡地区开始，迅速蔓延到了其他天主教地区，在这些地区，耶稣会几乎已经获得对于神学院和文学院教学的完全控制。然而，在那些其统治者没有完全听从耶稣会要求的地区，独立的神学院不依赖耶稣会而存在也是常见的，但这种特例没有太大意义。

更有意义的是，在帝国中，法学院和医学院能够独立于教会的影响而运作，由此受到了地方贵族或执政官的保护。各地都对培养受过法律教育的雇员很感兴趣，再加上耶稣会对于这类科目的教学不感兴趣，以及这些系部的大多数都与地方需求之间存在紧密联系(通过上诉、审判和裁决法庭)，这就保证了它们的影响和巨大的声望以及作为世俗势力的联盟地位。很明显，这对各城镇和各省的政治领导者是有许多益处的，对于大学来说 142
也是有很多益处的，大学变得实用、积极、活跃和有影响力了。这种情况在帝国的新教地区比天主教地区更为明显，但是，即使是在天主教地区，法学院也享受着相对的独立。㉘

只有在那些仅有不超过两个学院(神学院和文学院)的耶稣会高等学校中，是缺乏大学本身的参与的，而恰是这种参与能够支持国家权限。然而，也会有例外，有时神学院对于君主(教会)的政策会产生影响。这种情况在 16 世纪末和 17 世纪比较常见，甚至在新教地区也是如此。

在启蒙运动的觉醒时期，与法学和重商主义的财政学相比，18 世纪的

㉘ N. Hammerstein, *Jus und Historie. Ein Beitrag zur Geschichte des historischen Denkens an deutschen Universitäten im späten 17. und im 18. Jahrhunderts* (Göttingen, 1972).

神学教育和神学院所得到的尊重下降了，这一基本原则事实上没有变化。大学仍旧是统治者为共同的利益所制定的各种进步政策的有价值的工具，至少在那些地方(这些地方有很多)，他们可以适当地处理这些任务。许多大学都进行了改革，首先学习哈勒模式，后来学习“哈勒模式的产物”——哥廷根大学的模式。经过改革，大学变得更为开明，开始接受一些实际科学和实用科学。这样，就像在帝国的天主教地区一样，政府对大学的影响增强了。由于教会支持改革派的王储，这些地方的王储在所有社会事务中的主导作用都得到怂恿并经法令规定和加强。在那里，特别是哈布斯堡的一些大学中，哥廷根大学是仿效的原型，在此之前，美因茨、维尔茨堡和因戈尔施塔特就早早仿效了这一模式。例如，在玛丽亚·特蕾西娅统治下，范格哈德·斯威滕得以依照开明的专制方针改造维也纳大学。著名的世俗界和宗教界人士支持他这样做，其他一些人则想阻止他，却未能成功。

进程一旦开始，常常可能被耽搁，但是却无法终止它。约瑟夫二世在这一领域的过分努力(要求建立一种完全功利主义的“国家教育”)并没有改变这样一个事实：所有的哈布斯堡的大学都或多或少地更愿意并且更成功地仿效了维也纳大学的模式。因斯布鲁克大学、布瑞斯高的弗赖堡大学和澳洛穆茨大学都是如此，甚至耶稣会的格拉茨大学和布拉格大学也是如此。在伦贝格(利沃夫)建立一所大学的努力也是按照同样的精神，但是这一努力未能成功。[29]

143 当时存在着许多与王侯政权及各地统治者或市镇议会联系紧密的知识型顾问，这也确保了政府对于这些大学的维护、支持和关心。这些教育机构通过教育为发展职业做出了早期贡献。以前毕业的、在许多常常是规模很小的法庭和一些自由城市工作的学生仍旧与他们的学校和教授紧密联系。他们把自己看做是国家的某种文化人。[30]

---

[29] N. Hammerstein, ‘Besonderheiten der österreichischen Universitäts und Wissenschaftsreform zur Zeit Maria Theresias und Josephs Ⅱ’, in R. G. Plaschka and G. Klingenstein (eds.), *Österreich im Europa der Aufklärung. Kontinuität und Zäsur in Europa zur Zeit Maria Theresias und Josephs Ⅱ.*, Vol. Ⅱ (Vienna, 1985), 787－812.

[30] N. Hammerstein, ‘Res Publica Litteraria－oder Asinus in Aula? Anmerkungen zur “bürgerlichen Kultur” und zur “Adelswelt”’, *Res Publica Guelpherbytana－Cloe*, *Beihefte zum Daphnis*, *6* (1987), 35－68.

在几乎整个近代早期,大学在智力探究和科学讨论中的地位都比较重要,这使得它们对于世俗政权和教会来说都极具吸引力。它们常常代表着一位国王的骄傲与喜悦,因而,与他们有关的实际的首创精神常常源于王宫。改革取得了君主及其权力机构的支持。对于学院来说,缺少这些人的兴趣是不利的,正像1700年以后的海德堡、弗赖堡和维滕堡的状况一样。

联合大学

至少在16世纪和17世纪早期,类似的情况已出现在巴塞尔这所成功的大学之中。由于巴塞尔是一所由教会-教皇建立的大学,其所处的地理位置又十分有利,所以它能够通过其位置,甚至更多的是通过人文主义而获得很高的声望,这一声望在宗教改革运动之后也并未失去。依据1532年该市半自治性质的城镇委员会下达的命令,委员会从自己的利益出发,确保了巴塞尔大学传统的自由得以留存,并使颁布的章程不受教派影响。这种情况一直延续到17世纪才有所改变。在17世纪,巴塞尔大学和其他联合大学处在虔诚的城市政府目光短浅的严格护卫之下。地方的重要性被保留下来,但是却失去了全国性的影响。[31]

茨温利派和加尔文派的大学模式在很大程度上成为其他国家大学学习的榜样,这种模式即所谓"准大学",不分系部,而是通过讲座将各学科连
接起来,也没有任何皇帝或教皇批准的特许状。这些教育机构和路德派的 144
大学,甚至耶稣会的大学相比,在组织上更为严格。如在苏黎士大学(1525)、洛桑大学(1537)、伯尔尼大学(1528)或日内瓦大学(1559),由当地政府和教会制定了详细的制度,规范大学生活,使之与教会的准则相一致,但同时也允许保留相对开放的、人文主义的追求。[32]除日内瓦大学外,宗教对于生活的所有方面(包括一般对大学的生活)的渗透不是那么严格和广

---

[31] E. Bonjour, *Die Universität Basel von den Anfängen bis zur Gegenwart 1460 - 1960* (Basle, 1960).

[32] U. Im Hof, 'Die Entstehung der reformierten Hohen Schule. Bern/Zürich/Lausanne/Geneva', in P. Baumgart and N. Hammerstein (eds.), *Beiträge zu Problemen deutscher Universitätsgründungen der frühen Neuzeit*, Wolfenbütteler Forschungen 4 (Nendeln/Liechtenstein, 1978), 243 - 262.

泛。随着启蒙运动的临近,这些学校的重要作用(特别是在欧洲背景下的作用)迅速下降了。在18世纪,它们已退化为一种"教士学院"。当然,它们在政治-历史教育中及在加强联盟的智力同一性方面还起着重要作用。

低地国家的大学

北尼德兰的情况则完全相反,随着莱顿大学(1575)、乌得勒支大学(1632)和格罗宁根大学(1612)的建立,具有全国性重要意义的完全大学出现了。的确,这些大学都没有获得特许状,但是它们都在习惯上的教育机构框架下设立通常的系部和学科,并且它们很快就凭它们自己的实力授予人们乐意接受的学位。当时的各种征兆都是好的,因为这些大学一般拥有许多令人尊敬的教授,如后期人文主义学者、政治家贾纳斯·杜萨就是一位多产的学者;并且尽管存在着严格的教会教规,它们还是对学者持一种容忍的态度,因为他们对小却富足的共和国有用,这个小共和国本身也正在为能否存在而斗争。在这些加尔文派的学校中,也有一种强烈的"国际主义"趋势强加给这些数目居少数的大学。有些大学与当地政权有冲突,但是大多数都与各个社会阶层和城镇委员会建立了和谐的人际关系(这种和谐的关系是通过新教的牧师建立起来的)。这些大学很快就具有了国际声望,吸引了许多外国人来学习、访问。牧师的那些成熟的政策(强调成就的政策)以及大学时常对智力方面做出的贡献,使得这些大学得以在一个相对自由的内部争论的环境中对科学做出贡献。

众所周知,随着尼德兰的独立和启蒙运动的发展传播,学者们的表达方式具有了更多的自由,也可以更为自由地进一步建立各种教育机构了。
145 随着越来越多的市镇委员会委员或各阶层的代表们发展了其他的一些兴趣,他们更多地被认为是商人而不是学者,这样,大学就获得了另一种自由领域。虽然严格地讲,这些大学是由教会控制的,但这些控制者都对世俗利益,对他们自己的生存和对一般社会阶层更感兴趣。[33]于是,尼德兰的大学保持了相对的开放,并不主要为教会目的服务。教会肯定是不愿意将它

---

[33] T. H. Lunsingh Scheurleer and G. H. M. Posthumus Meyjes (eds.), *Leiden University in the Seventeenth Century. An Exchange of Learning* (Leiden, 1975); Frijhoff, *Gradués*.

的学生送进这些大学中的,但是却没有其他教育机构可选择。于是它们就用自己的方法来设法纠正,实行一种考试,未来的牧师在被聘任公职之前要通过这种考试。

鲁汶大学位于尼德兰的南部,是天主教的大学,它与尼德兰北部的大学一样是个例外。这所大学是布拉班特公爵建立的,具有教皇特许状。由于鲁汶大学与三种语言学院的联系,并因为具有伊拉斯谟式人文主义的倾向,它在16世纪成为颇受欢迎的伊拉斯谟式知识和学术的场所。红衣主教布斯雷登的慷慨遗赠也吸引了许多外国学生。[34]当地的城市当局与大学一起,负责大学的直接管理和制订合法规章。

在路德出现以后,查里五世(像后来的菲利普二世一样)遗赠了皇家教授讲座席位,以服务于反宗教改革的目的。由于在16世纪及以后的时期里,鲁汶大学几次直接受到战争的影响,这所大学的吸引力减退了。该大学继续严格要求正统性,这一趋势在1607年阿尔布雷希特大公的各项改革中进一步得到加强。国家与教会,连同城市,共同努力将大学置于正确的轨道。在对鲁汶大学进行的经常的审查中,真正对大学事务拥有决定权的实际上是世俗权利机构。还有一点也值得一提,那就是尽管这所大学处于不断的异教包围之中,也一直保持天主教的教条,但却一直未变成耶稣会的学校。事实上,教会和世俗两方面的权力机构都在尽力避开耶稣会的要求。它们成功地培养了一种以自己的传统为基础的天主教主义和学术。像萨尔茨堡的本笃会(成立于1622年)一样,它们并未促进引起争议的神学教学,但却比耶稣会士更紧密地联系它们的学科及后期人文主义方法。146
这使它们比耶稣会控制的大学更具灵活性。

很长一段时期里,鲁汶大学都被认为是詹森主义的中心,是天主教持异端教义的捍卫者。[35]然而,由于不同的教派和不同的教会教师就真正的信仰问题继续进行争论,鲁汶大学就得以在城镇委员会和布拉班特各阶层组成的议会,甚至在大主教的帮助下,成功地捍卫了自己的地位和特权,虽

---

[34] H. De Vocht, *History of the Foundation and the Rise of the Collegium Trilingue Lovaniense 1517 - 1570*, 4 vols. (Louvain, 1951 - 1955).

[35] E. Lamberts and J. Roegiers (eds.), *Leuven University 1425 - 1985* (Louvain, 1990).

然当时它作为一个知识中心的全国性名望和吸引力都已成为过去，但它仍然能够做到这一点。

另一方面，西班牙属尼德兰的杜埃大学则更多地受到反宗教改革运动的影响，于是耶稣会在那里获得了影响力。耶稣会这样做是与菲利普二世达成协议并得到后者支持的。但是，这位国王按照他的天主教化政策安排耶稣会和大学的成员。因此杜埃大学虽然受耶稣会领导，但实际上它却是一个国家的，或者说是皇家的机构，这种情况一直持续到 1667 年该城并入法国。

波兰的大学

波兰的那些大学（特别是克拉科大学），则是“国家的”教育机构，是由教会和君主建立并支持的。宗教改革之后，这些大学很快就为反宗教改革运动的目的服务。这一点在维尔纽斯大学的例子中表现得十分清楚，该大学是由耶稣会在 1579 年建立的，由于君主与各个阶层之间不稳定的内部关系根本无法使政府为大学提供任何可靠的保护，所以大学也有许多困难。另一方面，获得传统特许状的克拉科大学拒绝成为耶稣会教育体系的一部分，因而就失去了它的独立性。对于这一问题和其他问题的长期辩论使克拉科大学要求在君主、政权、国家权力机构和教会之间达成一种微妙的平衡。结果是责任不明确，更未建立起强有力的领导。政府和教会哪一方都没有管理这所大学，这的确解释了曾经非常辉煌的克拉科大学衰落的原因。在波兰，没有决定性的全国势力能够明确地领导这所大学和其他高等教育机构。[36]

在 18 世纪，国家权力机构对于大学越来越失去兴趣，再加上教士的教育是在教会的指导下进行的，二者共同加剧了上面提到的那种进程。只
147 是在耶稣会解散之后，才考虑到有必要重新组织教育体制。在皇家首创精神的努力下，尝试了一种表现改良主义意图的普通教育计划，并且该计划得到部分实现。然而，这种国家性的、启蒙实践的和科学的尝试的大学模

㊱ L. Hajdukiewicz and M. Kara, *L' Université Jagellone. La tradition, le présent, l'avenir* (Cracow, 1975).

式，不久就由于国家的分裂而中止了。

北欧国家的大学

宗教改革运动之后，北欧的大学，如哥本哈根、乌普萨拉、隆德和奥布大学都效法了德国路德派的模式。哥本哈根大学就是成功地学习了维滕堡大学的模式，后来建立的一些瑞典大学也同样采取德国模式。在丹麦，哥本哈根大学早就是国家大学，受到君主的保护，并为君主的政治利益服务。[37]瑞典的情况则与丹麦相反，五所瑞典大学都是在古斯塔夫二世·阿道夫在位期间及之后才自觉发展起来的，各所大学的发展进程也不是一致的。的确，这几所大学也努力服务于统治者的要求，并努力为国家培养正统的官员和虔敬的教士。但是，由于它们各自所处的地理位置不同，世俗环境也不相同，它们的目标也是不同的。如乌普萨拉大学是最古老的大学，在宗教改革运动时期，它几乎被遗忘了。在16世纪末期，它归于拉谟斯主义的系统中。古斯塔夫二世·阿道夫通过其专制主义的意图和严格的路德主义改变了这种情况。由于受到相应的德国模式的吸引，许多教授和许多德国学生都从神圣罗马帝国来到这所大学。在这一层面，这所大学保持了与德国北部路德派的教学和科学概念相对密切的联系。

多尔帕特大学（1630）也是按照瑞典专制主义的利益进行组织的，而当时的奥布大学则坚持一种严格的亚里士多德主义，并且面向贵族学生。在奥布大学中，有一种反对德国思想和倾向它们自己的领域的趋势，这一趋势可以看做是权宜的。多尔帕特大学，后来还有隆德大学（1668）也同样服务和支持“瑞典政策”，该方针是由皇家党提出来的。就这方面来说，可以把这两所大学看做是支持瑞典霸权要求的政治机构。[38]

对于更古老一些的格赖夫斯瓦尔德大学来说，却并非如此，格赖夫斯

---

[37] S. Ellehoj and L. Grane (eds.), *Københavns Universitet 1479 – 1979*, vols. Ⅴ – ⅩⅢ (Copenhagen, 1979 – 1991).

[38] S. Lindroth, *A History of Uppsala University 1477 – 1977* (Uppsala, 1976); G. Johannsson, *Lunds universitets historia*, 2 vols. (Lund, 1982); Klinge, *Kuningliga Akademien*, vol. Ⅰ; G. V. Pistohlkors, T. U. Raun and P. Kaegbein (eds.), *Die Universitäten Dorpat / Tartu, Riga und Wilna / Vilnius 1579 – 1979* (Cologne, 1987).

瓦尔德大学是从1637年一直到神圣罗马帝国末期存在的一所瑞典高等教育机构。这所大学旨在为波罗地海地区培养教士和律师。格赖夫斯瓦尔德大学有自己非常独特的特点。当时还建立了一所法律学校,该学校熟悉神圣罗马帝国的法律体系,但并不教授神圣罗马帝国的法律,它从整体上说对波罗地海地区至关重要,该学校与乌普萨拉大学和隆德大学及其神学院,实现了德国思想与北欧各国思想之间的联结。然而,这几所学校中体现的优先考虑政府(或直接说贵族)的利益,与所有其他斯堪的纳维亚的大学毫无二致,教会仍旧是最高法则的一部分。

意大利的大学

在由文艺复兴(盛期)和人文主义所促进的发展中,许多意大利的大学都发挥了作用。在意大利城邦增多的背景下——亚平宁的大学数量相当于这类"城邦"的数量——文学院实际上在智力方面不占主导地位,但尽管如此,却特别鼓励文学院与医学院的发展。传统上较强的并且在数量上居多的法学院在16世纪仍紧紧保住它的主导地位。公共服务中职位数量增多,这提供了许多好的职业机会,并进而促进了与主要的城邦原则保持一致的法学院保持了一种强烈的侧重实际的特点。这类学习对于那些非意大利籍的法学学生也具有吸引力。在意大利大学获得的学位仍旧能确保他们在自己的祖国从事好的甚至是极好的职业。[39]

从未被意大利的大学看重的神学则继续扮演着无关紧要的角色。许多大学甚至没有神学课程。为了与意大利政治的世俗倾向一致,也为了满足城市生活的那些紧迫需要,世俗权力机构将教育重心放在与15世纪和16世纪初的社会生活相联系的一些实际科目上。那些著名大学中占比例较高的外国学生以及教授有时代表了所有入学人数的一半,他们都明确支持这一实用的、倾向于实际的态度,这解释了为什么公共权力机构会对大

---

[39] R. L. Kagan, 'Le università in Italia 1500 – 1700', *Società e storia*, 7 (1985), 275 – 317; 英文版: 'Universities in Italy 1500 – 1700', in *Populations étudiantes*, vol. Ⅰ, 153 – 186; L. Simeoni, *Storia dell'Università di Bologna*, vol. Ⅱ: *L'età moderna (1500 – 1888)* (Bologna, 1940); A. Favaro, *L'Università di Padova* (Venice, 1922).

学有很大的兴趣。机构推荐给大学的教育是经过改革的、注重培养礼仪的也就是说组织更明确、简练，这样，大学就能够满足(欧洲的)各国的需要。在法国人到来之前，越来越强烈的城市政府“礼仪”使得米兰、佛罗伦萨、威尼斯的新统治者以及教皇治下的各国新统治者都坚持倾向于实际的学科。 149
这种情况同样也适用于那不勒斯大学，该大学是皇家建立的，从一开始就由政府控制。然而，大学并不需要在这些国家中领导或形成公开的智力争论。而这种在其他地方都进行的争论，虽然不是必需的，却能够起到联系大学成员的作用。

反宗教改革运动之后，意大利的这种相对开放的情况发生了改变。1564 年由庇护四世颁布的新教皇诏书就是力求满足卡尼修斯和波塞维的愿望，防止意大利的大学让外国的新教徒“不负责任地毕业”。诚然，这一政策并未得到完全实施。如 1587 年，威尼斯总督就将对学生的裁判权掌握在他自己的特别法庭之中，这样就使他们免受宗教法庭的迫害。1616 年，威尼斯议会还建立了自己的考试委员会，这一委员会越过了教皇的诏书。在这一层面，帕多瓦大学就得以长期免于向正统性宣誓。欧洲其他地方都没有像这里这么宽松：连犹太学生都可以获准在帕多瓦大学受教育。[40]

但是在其他的意大利的大学中，非天主教徒的自由活动也不是不可能的。在博洛尼亚大学，日耳曼民族享受到了新的、额外的特权，这使得在 16 世纪下半期，来自新教地区，特别是德国地区的学生数量增多。托斯卡纳大学与锡耶纳大学的情况类似，在 16 世纪末和 17 世纪初，有许多非天主教的学生持续涌入托斯卡纳大学。毕业与入学并不是一回事，所以尽管教皇诏书规定不得让新教徒不负责任地毕业，但许多大学一直许可新教徒入学。另一方面，如果说 16 世纪中叶意大利学生的活动自由逐渐受到了限制(在任职时本国毕业的学生被优先考虑)，这也不是由于教派传统所致。国家教育机构仍然是独立发展的，并且得到促进，特别是那些传统上外国学生比例较低的地方尤其如此。这样，就很容易理解这些法令导致 17 世纪出现了明显的大学地方化，以及随之产生的非意大利学生减少的

[40] 参见第 10 章，pp. 426，430.

情况了。

政府权力机构对大学及其教学的兴趣在17世纪普遍减弱。工作市场紧缩，而部分竞争又部分联合的耶稣会教育，连同在许多大学居优势地位
150 的法学教学都不那么吸引人。教授的微薄薪金反映了这种公众兴趣的缺乏，并进一步加剧了这种状况。

为了生存，教授们常常除了从事第二职业外别无选择。为了赚钱，他们开设私人讲座，互相竞争，所以在原来大学的旁边往往出现了第二所大学。此外，由于16世纪以后修道会和学院吸引了更多的学生，大学就愈加衰落了。在17世纪，许多古老的大学都变成了职业学校，而当时在那些职业学校中，正统性比创新更为重要。

上层阶级的人一般进入那些新建立的贵族学园以及皇家学园，如博洛尼亚、那不勒斯和帕尔马的学园。同时，专业人员则转移到他们自己的新专业学院，如维罗纳的自然科学学院(1669)。结果，随着政府权力机关努力满足培养专业技术人员的需要，大学就越来越处于教会的控制之下。

人们围绕着重新使大学更适合政府的需求和世俗的利益也做了一些努力，但都未取得任何实质性的成功。如在奥地利控制的区域中，玛丽亚·特蕾西娅从1753年开始尝试复兴大学，这一努力与哈布斯堡王朝的改革几乎同时进行。在教皇统治下的各国，特别是克莱门特十四世，努力获得优先于政府权力机构的大学管理权。所有这些努力都是不成功的，尽管在18世纪还是有许多优秀的学者在各个大学中工作，其中一些还努力与北欧的模式一致起来，但缺乏政府的支持和贫乏的资金状况使情况变得困难重重。

根据欧洲不同地区的情况，可以得出一些共同要点。

伴随着近代早期社会的发展，以及政府控制的增加、地方意识的增强和越来越依靠成文的程序这些趋势的出现，从15世纪末起，大学的重要性加强了。国王、地方统治者和教会都对大学拥有权威，他们各自在“自己”的大学中直接反映自己的利益。教育的资金问题越来越被看做是社会的事务。那些较古老的大学拥有特许状，实施自我管理，反映了面对政府和教会权威时的活动自由，但这类自我管理行为虽未完全消失，却也减弱了。由于日渐松散的集权化组织和政府对于日常生活的介入，大学仍继续享有

较19世纪时更多自治发展的可能。

151 由于缺乏宗教上的统一性,旧教会和新教会都努力对大学施加直接的影响。教会着手达到这一目标的方式有审查、宗教法庭以及许多其他的“精神”方法。在16和17世纪,政治和宗教是互相联系的,所以这类直接影响与那时的世俗政治势力和宗教势力的意图都不冲突。正在发展的政府需要更多的内在稳定性,而这需要教会的支持,也需要大学的服务。而政府、教会和大学这三者都为同一个目的而奋斗,即保持正统性和促进公共生活。只有在那些政府的利益感相对较弱的地方,尤其是天主教的国家里,教会才能够获得较强的地位,并能够把高等学校视做是教会的教育机构。确实,在16和17世纪,教会的影响常常被减弱,它一定程度上取决于教会权力机构的人与国王或贵族密切联系的程度——经常是类似的联系程度。

在近代早期的所有欧洲国家,都或多或少地存在着一种地方教会主权,这一主权要么由教会控制,要么由世俗势力控制。这种情况不仅存在于具有新教教会的那些国家中,也同样存在于那些拥有旧教教会的国家里。由于这个原因,政府的利益与教会的要求常常会发生冲突,从而产生紧张状态和摩擦,而这些冲突一般都与教育目的,即为宗教性的国家服务关系不大,而更多的是与教育的方式或个人影响有关。

然而,随着近代君主政体形式的进一步发展,很明显,只有在政府允许的情况下,教会的要求才会实现。毕竟,君主对于他们自己的大学具有决定性的和特殊的兴趣,他们在章程中和课程中规定大学的教学范围,他们也决定大学的福利。正是他们给大学下达任务,使大学走向辉煌,也正是他们既支持又促进大学的发展。如果大学衰落了,那是由于他们缺乏兴趣或忽视大学,而在这种情况下,有时(但不是总是)教会的管理就会恢复。

总的说来,可以这样概括:改革带来的复兴及之后的活力总是由国王所保证的。实际上,即使在大学自己开始发起的改革中这也是一个先决条件。君主对于一所教育机构的兴趣保证了教授或大学的观点可以传达到君主或他的顾问那里,从而影响他或他们的态度。

152 然而,非大学权力机构这种强有力的地位并不一定意味着大学及其成员的传统和特许的自由被严格限制或明确减小。在近代早期,传播同一社会阶层组织的责任感以及相互竞争的权力机构提出表面上矛盾的假设一点儿都不奇怪,并且也不是行不通的。这种表面上的冲突在生活的许多方面都存在着。结果,它使政府和社会都无法对大学行使裁判权,从而使大学常常拥有相当广泛的自由。

精选文献

Ajo González de Rapariegos y Sáinz de Zúñiga, C. M. *Historia de las universidades hispánicas. Orígenes y desarrollo desde su aparición a nuestros días*, 11 vols., Madrid, 1957 – 1977.

Blettermann, P. A. *Die Universitätspolitik August des Starken 1694 – 1733*, Mitteldeutsche Forschungen, 102, Cologne/Vienna, 1990.

Brandão, M. and De Almeida, M. L. *A Universidade de Coimbra. Esboço da sua história*, Coimbra, 1937.

Brockliss, L. W. B. *French Higher Education in the Seventeenth and Eighteenth Centuries. A Cultural History*, Oxford, 1987.

Chartier, R., Compère, M.-M. and Julia, D. *L'Education en France du XVIe au XVIIIe siècle*, Paris, 1976.

Claeys-Bouuaert, F. *L'Ancienne Université de Louvain. Etudes et documents*, Louvain, 1956.

Coing, H. (ed.) *Handbuch der Quellen und Literatur der neueren europäischen Privatrechtsgeschichte*, vol. Ⅱ, Munich, 1977, 3 – 102.

Curtis, S. J. *History of Education in Great Britain*, 2nd edn, London, 1950.

Ellehoj, E. and Grane, L. (eds.) *Københavns Universitet 1479 – 1979*, vols. Ⅰ – ⅩⅣ, Copenhagen, 1979 – 1991.

Frijhoff, W. *La Société néerlandaise et ses gradués, 1575 – 1814. Une recherche sérielle sur le statut des intellectuels à partir des registres universitaires*, Amsterdam/Maarssen, 1981.

Hajdukiewicz, L. and Kara, M. *L'Université Jagellone. La tradition, le présent*, *l'avenir*, Cracow, 1975.

Johannsson, G. *Lunds universitets historia*, 2 vols., Lund, 1982.

Kagan, R. L. *Students and Society in Early Modern Spain*, Baltimore, Md./London, 1974.

Kagan, R. L. 'Le università in Italia 1500 – 1700', *Società e storia*, 7 (1985), 275 – 317; English version: 'Universities in Italy 1500 – 1700', in D. Julia, J. Revel and R. Chartier (eds.), *Les Universités européennes du XVIe au XVIII e siècle. Histoire sociale des populations étudiantes*, vol. I, Paris, 1986, 153 – 186.

Klinge, M., Leikola, A., Knapas, R. and Strömberg, J. *Kuningliga Akademien i Åbo 1640 – 1808*, *Helsingfors Universitet*, *1640 – 1990*, vol. I, Helsinki, 1988.

Lindroth, S. *A History of Uppsala University 1477 – 1977*, Uppsala, 1976.

Lunsingh Scheurleer, T. H. and Posthumus Meyjes, G. H. M. (eds.) *Leiden University in the Seventeenth Century. An Exchange of Learning*, Leiden, 1975.

Mackie, J. D. *The University of Glasgow 1451 – 1951*, Glasgow, 1954.

McClelland, C. E. *State*, *Society and University in Germany 1700 – 1914*, Cambridge, 1980. 153

McConica, J. (ed.) *The History of the University of Oxford*, vol. III: *The Collegiate University*, Oxford, 1986.

O'Day, R. *Education and Society 1500 – 1800. The Social Foundations of Education in Early Modern Britain*, London/New York, 1982.

Paulsen, F. *Geschichte des gelehrten Unterrichts auf den deutschen Schulen und Universitäten: vom Ausgang des Mittelalters bis zur Gegenwart mit besonderer Rücksicht auf den klassischen Unterricht*, vol. I, Leipzig, 1885; 3rd edn, Leipzig/Berlin, 1919.

Scheel, O. (ed.) *Das akademische Deutschland*, vol. I, Berlin, 1930.

Stichweh, R. *Der moderne Staat und die europäische Universität. Zur Interaktion von Politik und Erziehungssystem im Prozess ihrer Ausdifferenz-*

ierung (16. – 18. Jahrhundert), Frankfurt-on-Main, 1991.

Sutherland, L. and Mitchell, L. E. (eds.) *The History of the University of Oxford*, vol. Ⅴ: *The Eighteenth Century*, Oxford, 1986.

Verger, J. (ed.) *Histoire des universités en France*, Toulouse, 1986.

第四章 管理与资源

154

希尔德·德·里德－西蒙斯

值得注意的是，关于近代早期大学机构的结构和组织的严肃研究是如此之少，似乎这些研究无关紧要或不激发人的兴趣一样。的确，中世纪后大学的结构或组织都没有出现什么基础性的变革，并且在中世纪时期发生的那些变化也为人所共知。但是，我们不应该忘记，自16世纪初期以后欧洲各大学的统一性受到冲击，并且国家政府或其他政治实体虽然没有激进地改造中世纪大学的模式，却逐渐把新的教育机构移入旧大学之中。①由于对欧洲近代早期管理和资源情况缺乏全面的比较研究，所以关于这一主题只有一些相当零散的文献资料，也只能提供一个初步印象。

事实上，首先，大学的基本结构在1500至1800年间没有什么根本性的变化。在第一卷第四章中谈到的两种大学类型，即“教师型”和“学生型”

① 有关早期近代大学历史的评论参见 W. Frijhoff, ‘Conclusions: vers une autre histoire des collèges universitaires’, in *I Collegi universitari*, 185－196.

继续存在。总的说来,在这几个世纪中,术语未改变,学术规范和标志也仅仅发生了微小的改变。当然,这并不是说这些教育机构未受到在第三章中所描述的那些变革的影响。恰恰相反,例如,意大利北部政治结构的变革和学生群体特征的变化都使学生型大学承受了相当的压力。其次,自17世纪以来,“几乎所有大学的民族化”或更确切地说是“地方化”在很大程度
155 上降低了国家的重要地位。各学院也被赋予了另外一种功能,而这就意味着结构和组织上的变化。各大学,或更确切地说,一些大学努力在已存在的学院结构和课程中为“新知识”和科学变革的经验寻找一席之地。这对大学的基础设施产生了明显的影响:重新分配教授讲座、改装教室,解剖室、实验室、天文台、植物园和图书馆则逐渐成为好大学的必需之物,财政方面的结果也同样意义重大。

一般大学结构

第二章已详细论述了中世纪大学的演变,以及从“古典”模式中发展起来的一些新大学类型,即1.传统的四个学院(或称系部)大学(或者,偶尔也有的是五院大学,即国家法和教会法各自组成一个单独的院);2.教授制大学;3.联合大学;4.学院制大学。这些类型都各不相同。在第一种类型中,以院系划分的一些学科实行集体讲授指导,膳宿也未成为大学的必需。联合大学则是具有在课程和住宿(教师和学生住在一起)等方面享有自治权的学院的联合体,这一组织决定了这类大学的管理方式。学院制大学与联合大学有些类似,它由一个中央组织和一些提供学院教育的基础结构共同组成。②

1500年之后,教师型大学、学生型大学和混合的教师—学生型大学仍然保留着中世纪时的差别。教师型大学中既包括教师也包括学生,而由前者任主导(典型的是巴黎大学和牛津大学)。学生型大学只包括学生,教授们有他们自己的建立在学科基础之上的社团——博士协会(以博洛尼亚大学为典型)。典型的混合型大学则有蒙彼利埃大学和萨拉曼卡大学。

② 关于大学不同模式的阐述参见第2章,pp. 64-70(类型).

16 世纪初,意大利北部和蒙彼利埃大学的大多数大学馆仍然是由各部分学生组织协调组成的集合体。这些组织有些是同乡会的,如博洛尼亚大学、帕多瓦大学和锡耶纳大学;有些则是系部组织,如蒙彼利埃大学。

在后宗教改革运动时期,政府权力机构对于大学的影响显著增加,它们对于学生的控制也加强了。它们尽可能地压制学生组织或使这些组织边缘化。③ 权力机构的代表和博士协会开始作为系部委员会发挥作用。156 因此,从 17 世纪开始,地中海地区的学生型大学的组织与西北欧的大学不再如此明显不同。并且在 16 到 18 世纪期间,隶属于西班牙或奥地利的那些大学都彻底重新组成四院系模式。1541 年西班牙和 1771 年奥地利都给了帕维亚大学以新的、相似的章程,那不勒斯大学也在 1614—1617 年间由西班牙总督进行了彻底的改革。④

根据意大利之外的欧洲地区的通常标准,一所完全大学仍旧要包括四个学院,即一个水平较低的(文学院)和三个水平较高的学院(神学、法学和医学)。然而,还是有些例外的,如,大多数耶稣会大学都是不完全大学,仅包括两个院,即文学院和神学院。不算昙花一现的医学院和新教神学院,中世纪奥尔良大学(1306)、雷恩大学(1722)和第戎大学(1735)都是只教授法学的大学。

大多数传统教育机构都教授全部四种学科,当然这并不意味着一个学院会长时间地一直运转,因为常常有些讲座是空缺的。一直到 17 世纪,医学院经常会遇到这种情况,虽然科学革命的影响和医学知识的进步的确增加了医学学科和医生的特权,医学讲座空缺情况还是时常发生。医学院在大学中地位的影响毫无疑问使许多大学,如法国的普瓦捷大学和布尔日大学,⑤ 将医学排除在其教学计划之外,但这个理由还不够充分。而其他国家的情况(除了意大利)也好不了多少。在意大利北部的一些较大的大学,医学院继续和文学院在一起,组成一个文学和医学部。在该部中,根据西北欧的标准,文学院受到某些限制,而给予了医学院较高的地位。近代早

③ 后文将对此予以解释。

④ *Statuti e ordinamenti della Università di Pavia dall'anno 1361 all'anno 1859* (Pavia, 1925), 155ff., 201ff.; *Storia della Università di Napoli* (Naples, 1924), 255.

⑤ Brockliss, *French Higher Education*, 15–16;亦可参见第 11、13、14 章。

期的更为古典的一些大学则主要由法学院主导。这类大学享有大量的特权,部分是由于这些大学的教授们行使着一些重要的社会职能,部分是由于,一般来说,它们的学生都是属于社会的精英。神学院的情况则较为复
157 杂。在神学院中,中世纪时起主导作用的是托钵僧,而在近代早期,耶稣会会士分享了他们的重要角色。在那些较为传统的大学里,神学院是四院之一。某些神学院与文学院形成了教育学院的一个混合体,还有其他一些神学院构成了一个学院或培养神职人员的高等教育机构,而不是一所真正的大学。

在结构和功能方面变化最大的则是文学院,在各地都是如此。不同级别教育的划分(初等、中等和高等),16 世纪在人文主义教育思想影响下形成的特色,都赋予了文学院以新的功能。既然在文法学校或拉丁学校中教授语法和其他形式的"文科",文学院就得以发展成为完全的哲学和文学院。然而,同时精英学校的出现,特别是法国的称做是专科学院的出现,⑥模糊了学院中这类最高级课程与文学院之间的区别。事实上,在 15 世纪末期和 16 世纪上半期,在 1500 年左右拥有 40 个学院的巴黎大学的许多住宿学院都变成了教授人文主义(和科学)的教育机构。这类教育机构的地位一般是介于中等教育机构、文法学校和附设哲学教学的大学学院之间。1789 年,法国只有 33 所学院是真正属于巴黎大学的(其中有 10 所在巴黎)。⑦鲁汶大学和阿尔卡拉大学的三种语言学院,以及巴黎的法兰西学院都创立于 16 世纪上半期,它们都教授拉丁文、希腊文和希伯来文,有的还教授如数学等科目,这些机构并不是文学院的一个部分,它们存在于大学的边缘,并且不总是与那些已建立的机构保持着特别好的关系。⑧这一进展所带来的结果则是,除了提供哲学方面的高等教育之外,文学院的基本功能是组织期末考试和授予学位。这种情况也存在于法国其他大学城

⑥ 对照第 2 章第 63、68 页及第 7 章第 290－291 页。

⑦ R. R. Palmer, *The Improvement of Humanity: Education and the French Revolution* (Princeton, N.J., 1985), 14.

⑧ P. S. Allen, 'The Trilingual Colleges of the Early Sixteenth Century', in P. S. Allen (ed.), *Erasmus. Lectures and Wayfaring Sketches* (Oxford, 1934), 138－163;可进一步参见 pp. 461, 570.

中，但范围要小一些。⑨

在法国之外，则是南尼德兰的鲁汶和杜埃大学与这一模式最为相似。严格地讲，自15世纪中期以来，鲁汶大学(1425)的文学院是由四个教学单元(或学院)组成，即里利学院、卡斯托学院、范尔肯学院和普拉克学院，1500年后又增加了斯坦德克学院，该文学院是以巴黎的蒙台格学院为样本的。以学院为单位进行一些公共演讲，文学院还组织集中考试，其采取的是竞争性的考试体系。通过在1657年开办了一所文法学校(圣三一学院)，鲁汶大学文学院根据智力水平将学生明确地区分开来。⑩ 158

学院与同乡会

文法学校与大学学院相衔接的做法在英格兰始于14世纪，并一直延续到近代早期。这类模式著名的有：牛津的新学院与温切斯特公学，莫德林学院与莫德林学院附属学校及韦恩弗利特学校(林肯郡)；剑桥的国王学院与伊顿公学，圣约翰学院与塞德伯学校(约克郡)。⑪在英格兰，没有像法国的那种两种类型学校的混合物(即提供中等教育水平的文法教学和大学水平的普通教育)。然而，学院体制在英国的发展却较其他国家更进一步，时间也更长。直到15世纪末，牛津大学与剑桥大学的各个学院还都是些规模不大的教育机构，主要教授研究生。大多数研究生和本科生都住在学生宿舍里或与他人住在一起。在16世纪期间，学生逐渐集中住在学院而不是宿舍。1500年前后，牛津只剩下大约8个学生宿舍，每个宿舍平均有27名学生，而有13所学院，平均每所学院有34人。从伊丽莎白一世统治时期开始，学院获得了为本科生提供住宿和教育的特权，这种情况一直持

---

⑨ Brockliss, *French Higher Education*, 13, 20; M. M. Compère, 'Les collèges de l'Université de Paris au XVI e siècle: structure institutionnelle et functions éducatives', in *I collegi universitari*, 101–118; Chartier, *Education en France*, 252–256.

⑩ *De Universiteit te Leuven 1425–1985*, Fasti Academici, 1 (Leuven, 1986), 61–64.

⑪ J. McConica, 'The Rise of the Undergraduate College', in *History of Oxford III*, 2–3; C. I. Hammer Jr., 'Oxford Town and Oxford University', in *History of Oxford III*, 108–110; N. Orme, *English Schools in the Middle Ages* (London, 1973), 187–188, 198–199, 207–210, 267, 283.

续到19世纪。⑫结果,几乎所有的教学都是在学院中进行的。这正像在欧洲大陆,系部拥有授予学位的特权一样。

由于教育学院主要是培养文科学生(本科生),所以就为高级学院中的学生设立了一些其他设施。当然,中世纪的这种有膳食设施的住读学院为
159 学生提供了便利。正像前面已经说过的那样,在牛桥两地,学生宿舍的数量已急剧紧缩,教学学院更受青睐。然而,各大学,特别是新教国家的那些大学,不情愿或没有能力保证在传统学院模式中为学生提供住宿设施。中世纪的学院生活是与修士生活和教会的收入联系在一起的。所以许多大学只愿意为贫困学生提供物质设施、学生宿舍、普通住房和免费伙食,只有在日耳曼帝国中的几个大学城中,如阿尔塔穆拉 、海德堡、图宾根和卡塞尔,富裕的学生才能住在舒适的学院里。为适应贫困学生的需要,废弃的修道院被改装成宿舍或普通房间。⑬在乌普萨拉大学,这一"住宿地"在1637年关闭了,原因是学生与管理员之间不断发生争吵,学生们指责管理员不诚实,提供的食物和饮料质量太差。用以维持这种住宿地的资金变成了奖学金。⑭在耶拿,学生也有类似的抱怨,但并没有产生如此极端的后果。⑮1575至1648年间在北尼德兰建立的所有大学都采取同样的组织模式:只设进行教育、管理和研究的房子。为数不多的几所为(贫困的)神学学生提供教育的学院则是例外。⑯虽然在1583年成立"汤尼斯学院"的时候,爱丁堡的市政委员会头脑中的模式是中世纪苏格兰的圣安德鲁斯大学、格拉斯哥大学和阿伯丁大学,而这些大学本身也是仿效牛桥的,但是学术权力机构还是未能将爱丁堡大学变成一所具有学院精神的住宿制大学。

---

⑫ W. A. Pantin, *Oxford Life in Oxford Archives* (Oxford, 1972), 10, 19; McConica, 'Rise'(注释11).

⑬ N. Hammerstein, 'Protestant Colleges in the Holy Roman Empire', in *I collegi universitari*, 163-172.

⑭ S. Lindroth, *A History of Uppsala University 1477-1977* (Uppsala, 1976), 46.

⑮ M. Steinmetz (ed.), *Geschichte der Universität Jena 1548/58-1958. Festgabe zum vierhundertjährigen Universitätsjubiläum*, vol. 1 (Jena, 1958), 57, 101.

⑯ P. Karstkarel and R. Terpstra, 'Van Jeruzalem tot het Friese Athene: het kruisherenklooster en de academiegebouwen te Franeker', in G. Th. Jensma, F. R. H. Smit and F. Westra, *Universiteit te Franeker 1585-1811* (Leeuwarden, 1985), 212-213.

学生的住宿问题依靠该城镇中的市民解决。⑰

中世纪的这种学院原型在新教国家中仍继续存在，但它被赋予了一种不同的功能。骑士学院和与之联系的培养贵族学生的教育机构建立于17世纪，而专门学校和技术学校大部分创办于18世纪，专门学校和技术学校一般是在一所教育机构中和一系列建筑群中集住宿、教育和社会化于一体。不同之处在于它们是由世俗机构创办的。⑱

160 虽然天主教国家也有上面所提到的专门培养贵族的教育机构，但在天主教国家中，其趋势是在寄宿学校中容纳尽可能多的学生。当时是个"大动乱"的时代（福柯），把容易受影响的年轻人与"邪恶的"外部世界隔离开来，住在严格的、常常是宗教性质的寄宿学校里。可以这样说，学院的高墙，连同紧锁的、有人把守的大门，代表着大学将学生置于自己的照顾、保护之下，以及将学生塑造成负责任的、守纪律的公民这一意图。学习的地方及奖学金的数目都在增长，并且建立了一些新的、大的学院。在1625年，除了鲁汶已有的四所教学园以外，还活跃着41所寄宿制学院，杜埃大学可以看做是寄宿学校的混合体。杜埃大学除了有25所大学学院和学院之外，还有35座宗教住所（19个为男性而设，16个为女性而设），这些宗教住所也与大学紧密联系。在西班牙的那些大学中，住宿学院的数量也急剧增长。然而，这一变化体现得最为突出的是意大利。在中世纪，意大利各大学很少有学院设施。除了一些为贫困学生准备的学院之外（如萨皮兹学院、锡耶纳学院、佩鲁贾学院），还有一些让来自同一地区的学生居住的教育机构。在这些教育机构中，最为著名的是博洛尼亚大学的西班牙学院。从16世纪开始，寄宿学院网络发展迅速，如在帕多瓦大学，18世纪下半期，14所学院容纳了学生总数的1/3。有的新学院是专为贫困学生设立的，如比萨的萨皮兹学院就是由科西莫大公一世在1543年建立的，进而由

---

⑰ R. M, Pinkerton, 'Of Chambers and Communities: Student Residence at the University of Edinburgh, *1583 - 1983*', in G. Donaldson (ed.), *Four Centuries of Edinburgh University Life 1583 - 1983* (Edinburgh, 1983), 116 - 118.

⑱ Frijhoff, 'Conclusions' (注释 1), 186 - 189;可进一步参见第7章, pp. 317 - 322.

被梅迪契宣判为非法而没收的图斯坎的资产维持。[19]与这些学院同时存在的还有一些为贵族学生创设的特别教育机构，这类教育机构不仅在意大利有，在阿尔卑斯山以北也有，这类教育机构将在第七章详述。最后，我们不能忘记，在大学城中，许多宗教团体还拥有隐修院，其成员在大学学习时就住在隐修院中。

近代早期学生越来越多地在大学住宿这一事实，对于同乡会的重要性
161 和参与两方面都有着显著的影响。即使是在中世纪时代，也有几所学院或宿舍是从特定的地区招募学生，通常是创办者或捐助人所在的地区。在意大利，自16世纪以后，出现了大量这类的同乡会学院。这些学院一般都具有强烈的反宗教改革运动的特性，如博洛尼亚大学的安格鲁—伊利雷克学院或德意志学院(吉曼尼克姆学院)，杜埃大学、鲁汶大学、巴黎大学、萨拉曼卡大学中的为数众多的英格兰和爱尔兰学院，罗马大学也有类似的特质。[20]学生们在这里找到了他们所需要的保护和保障，而这种保护和保障往往是由学生的同乡会提供的。然而，在这一新型的反宗教改革运动学院中，其主要的提倡者是卡洛·博罗梅奥和教皇庇护五世，真正的学生生活是没有空间的，如学者不得参与校长的选举，或不能参与其他的学生典礼和宗教仪式。[21]一般来说，16世纪后，在大学中，国家的权力和所获得的尊重都大大减少了。此外，正像我们已经说过的那样，在意大利，学生型大学已经在精神上(如果不是在结构上的话)发展成了教师型大学，而这使得学生

---

⑲ J. Fletcher, 'The History of Academic Colleges: Problems and Prospects', in *I collegi universitari*, 16–17; M. Roggero, 'I collegi universitari in età moderna', in *L'università in Italia fra età moderna e contemporanea. Aspetti e momenti* (Bologna, 1991), 131; 参见, for the colleges of Pavia, A. Milanesi, *IL Nobile Collegio Caccia (1671–1820)*, Fonti per la storia dell'Università di Pavia, 16 (Milan, 1992), 17–22; and of Pisa C. B. Schmitt, 'The University of Pisa in the Renaissance', *Histroy of Education*, 3.1 (1974), 9.

⑳ Roggero, 'I collegi' (注释 19), 120ff.; H. de Ridder-Symoens, 'The Place of the University of Douai in the Peregrinatio Academica Britannica', in J. M. Fletcher and H. de Ridder-Symoens (eds.), *Proceedings of the Second Biannual Conference of Belgian, British and Dutch Historians of Universities Held in Oxford September 1989*, Studia Historica Gandensia (Ghent, 1994), 21–34; L. W. B. Brockliss, 'The University of Paris and the Maintenance of Catholicism in the British Isles, 1426–1789: a Study in Clerical Recruitment', *Populations étudiantes*, vol. Ⅱ, 577–616.

㉑ Roggero, 'I collegi' (注释 19), 121.

积极参与“政治”或管理就没有空间了。[22]然而，随着同乡会继续在大学中形成一个基本的要素并享有特权，它们在几所教育机构中使高等教育的“地方化”及学院运动继续进行。如博洛尼亚大学的德国同乡会就是在1530年获得查尔斯五世的特许状之后，暂时巩固了地位，授予特许状是教皇在博洛尼亚大学的皇家加冕典礼上进行的。各位教皇在学生的压力之下，都不情愿地批准了这些特许状。[23]这就解释了为什么德意志同乡会、英格兰—苏格兰同乡会以及东欧各国的同乡会活跃的时间最长，并且存续的机会最大。这对于意大利北部和奥尔良的大学同乡会来说更是如此。巴黎 162
大学也是一样，但程度要轻一些。在学生们进行学习游历期间，正是那些拥有强大的同乡会的大学吸引了大多数游学的学生。

这些同乡会的管理组织在近代早期没有发生什么大的变化，[24]然而，它们确实失去了一些自治性。在巴黎大学的四个同乡会（即法兰西同乡会、皮卡第同乡会、诺曼同乡会和盎格鲁—德意志同乡会）都是设在文学院的，在15世纪末，特别是16世纪，这些同乡会的重要性都降低了。这对巴黎母校的国际性特征的衰退产生了影响，就像政治形势（百年战争和大分裂）造成了大学自治权的丧失和改变了文学院的教育体制一样。同乡会逐渐失去其独立性，成为文学院中的一个经过改变的教育体系。1619年，路易八世废止了整个王国的同乡会大会。[25]在奥尔良大学，同乡会也被置于政府的管理之下，1538年，10个同乡会被减少到4个。直到那时，奥尔良的同乡会通过其代理人作为喉舌，仍然在大学的管理中积极地发挥着作用（法国同乡会、皮卡第安同乡会、诺曼同乡会和德意志同乡会），但直到17世纪时都一直比其他大学的同乡会更为积极，然而它们真正的繁荣时期却

㉒ 关于博洛尼亚和帕多瓦的例子参见 M. Wingens, ‘Gli studenti nel XVII e XVIII secolo: privilegi, tradizioni e costumi’, *Studi belgi e olandesi per il IX centenario dell'alma mater bolognese* (Bologna, 1990), 241 - 243.

㉓ P. Colliva, ‘Le “nationes” a Bologna in età umanistica: i privilegi degli studenti germanici (1530 - 1592)’, *Annali dell'Istituto storico-italo-germanico in Trento*, 5 (1979), 63 - 83.

㉔ 参见第Ⅰ卷, pp. 114 - 116, 282 - 284.

㉕ P. Kibre, *The Nations in the Mediaeval Universities*, Mediaeval Academy of America, 49 (Cambridge, Mass., 1948), 109 - 113.

是在宗教战争前的那段时期。[26]在其他一些主导学院为法学院的大学里，如普瓦捷、艾克斯、安格斯和巴伦斯，只有法学学生的同乡会和奥尔良大学的情况一样。然而，这些同乡会从未获得奥尔良大学的同乡会所获得的尊重和自治权，至少在近代早期如此。同样的现象也发生在诸如萨拉曼卡和莱里达这样的西班牙大学里。[27]苏格兰和神圣罗马帝国里许多在 14 和 15 世纪建立的大学也采用巴黎大学的四同乡会模式。有的大学仅限于文学院(圣安德鲁斯、格拉斯哥、阿伯丁、鲁汶)，而其他一些教育机构中，所有的学生都在同乡会里(维也纳、布拉格、莱比锡、法兰克福)。[28]这种情况有时甚至是违背同乡会的意愿的，如在维也纳大学，同乡会在 16 世纪初就已失
163 去其重要性了。虽然强迫学生要具有同乡会会员资格，但学生们已不再加入同乡会了，所以该大学的校长在 1749 年作出规定，学生们在注册入学的时候，不论来源地是哪里，都可以加入任何一个同乡会。[29]在莱比锡大学，情况也是一样，直到 1720 年，都要求学生必须加入四个同乡会之一。[30]同乡会存在时间最长的地方是帕多瓦大学，这是由于这所大学对外国人极具吸引力，特别是那些讲德语国家的学生。这里的同乡会提供许多非学术服务：银行和邮政服务、签证服务等。然而，由于欧洲的战争和宗教冲突，在 16 世纪该大学法学 10 个阿尔卑斯山南的同乡会和 10 个阿尔卑斯山北的同乡会部分人员遇到了一些困难。在 16 世纪中叶前后，山北同乡会的人数增多，这表明该大学的意大利化。在有些大学里，同乡会一直存续到 19 世纪，并继续在大学的管理中发挥着基础性的作用，如选举系主任(鲁汶)或选举校长(阿伯丁、圣安德鲁斯、莱比锡)，任命教师(莱比锡、鲁汶)

---

[26] H. de Ridder-Symoens, ‘La Révocation de l'Edit de Nantes (1685) et la nation germanique de l'Université d'Orléans', in C. M. Ridderikhoff and R. Feenstra (eds.), *Etudes néerlandaises de droit et d'histoire*, special issue of *Bulletin de la Société archéologique et historique de l'Orléanais* NS, vol. IX, 68 (1985), 171 – 177.

[27] Kibre, *Nations* (注释 25), 132 – 158.

[28] Kibre, *Nations* (注释 25), 167 – 183.

[29] G. Kaufmann, *Geschichte der deutschen Universitäten*, vol. Ⅱ (Stuttgart, 1896; reprint Graz, 1958), 64.

[30] Kibre, *Nations* (注释 25), 179.

或确定大学的管理区域(鲁汶)。[31]

同乡会之间以及同乡会内部不同的"民族"之间的冲突是所有国家的特色(苏格兰人反对英格兰人、德国人反对荷兰人或波兰人、波兰人反对列日人等),在16世纪,这种紧张状态的发展导致了"同乡会集团"的形成。由于有些事件有时甚至会以身体搏斗的形式告终,1545年在帕多瓦大学,一群来自法学院和文学院的学生成立了一个持不同政见的德意志社团,叫做茵克莱特社团,该社团有它自己的管理机构、注册方式、章程,以及来自威尼斯和学术机构的正式认可。这一社团一直存续到1801年。1592年,波兰社团也以类似的形式成立了。[32]其他大学中也成立了同类的学生组织。在鲁汶大学,茵克莱特德意志社团的成立时间鲜为人知,其他那些波兰社团或其他"同乡"学生社团的成立日期也不知道。这与帕多瓦大学著名的同名组织不同,鲁汶大学的德意志同乡会未能从学校当局那里获得正 164
式地位。[33]在荷兰共和国中的为数众多的基于地理来源地的学生社团也遭到了同样的命运。这些社团组织或兄弟会,同时出现于荷兰的大学,由于它们的不受约束和嘈杂的特征使它们不容于学术权力机构,其中哥罗宁根大学的那些社团最为槽糕。有时它们解散了,但是随后又在地下存在,并在一段时间之后重新露头。17世纪下半期,它们不为人注意地消失了,具体原因不详。[34]在其他国家和其他大学中,也存在着类似的学生社团,但是由于它们没有留下太多史料,所以很难追溯它们的轨迹。然而,学术评判委员会的一些报告的确为这一主题提供了一些资料。在德国,学生社团声名狼藉,特别是在19世纪。

---

[31] Kibre, *Nations* (注释 25), 181 – 183; S. Schumann, 'Die "nations" an den Universitäten Prag, Leipzig und Wien. Ein Beitrag zur älteren Universitätsgeschichte', Ph. D. (Berlin, 1974), 216 – 217; L. van der Essen, 'Les "nations" estudiantines à l'ancienne Université de Louvain. Documents inédits', *Bulletin de la Commission royale d'histoire de Belgique*, 89 (1925), 240, 245.

[32] G. Mantovani (ed.), *Acta nationis Germanicae iuristarum (1650 – 1709)*, Fonti per la storia dell'Università di Padova, 9 (Padua, 1983) and the review of H. de Ridder-Symoens in *History of Universities*, 6 (1986 – 1987), 152 – 155.

[33] J. Wils, *Les Etudiants des régions comprises dans la nation germanique à l'Université de Louvain*, vol. I (Louvain, 1909), 10ff.

[34] A. C. J. de Vrankrijker, *Vier eeuwen Nederlandsch Studentenleven* (Voorburg, n. d.), 117 – 136.

内部管理

特权与章程

许多大学在结构和组织上的相似性可以从大学的章程上看出来。和中世纪的时候一样,这时也存在着大量的章程。这些教育机构组织从上到下都是以同样的形式建立的。与中世纪的那些章程相比,大量对于近代早期大学章程的研究仍旧等待历史学者来做。

大学是由教师和学生组成的享有特权的机构,而教师与学生们的特权源于大学的创立者或权力机构。大体上中世纪时教育机构所获得的特权都延续到近代早期。这些特权包括特别司法权、自我管理的权利(拟订章程、吸收成员、管理自由和学术自由)、豁免权(免于各种赋税或兵役或为部队设营),以及一些特别的保护措施(对于所在市镇的物品价格进行控制、在食物缺乏的情况下优先获得食物)。[35] 除了这些以外,还具有一些特定
165 的社会和政治权利和特权地位(派代表参与会议或议会、保留宗教薪俸、拥有议会席位)。从16世纪起,获得了一些新的特权:印刷垄断权、合法的存款形式、较温和的审查形式、被允许穿一些有时是贵族专用的服装。但是在实际中,由于权力机关对学术事务的干涉,许多特权都减弱了或在政治危机中受到限制,甚至被侵犯。[36] 权力机关的这种干涉可以以不同的形式表现出来。例如,虽然大学仍保留有拟定自己的章程的权利,但必须经过皇家批准这些章程才获得法律效力,在法国则还要获得国会的批准。[37]后来,权力机构本身越来越多地对章程的制定进行干涉。在有些情况下,这种干涉是以针对某一所教育机构的特定禁止性法律而进行了,有时则将所

㉟ 参见第Ⅰ卷, pp. 113 – 114; P. Kibre, *Scholarly Privileges in the Middle Ages. The Rights, Privileges and Immunities of Scholars and Universities at Bologna-Padua-Paris-Oxford*, Mediaeval Academy of America, 72 (Cambridge, Mass., 1961)对16世纪以后的时期同样适用。

㊱ 参见第3章。

㊲ M. de Villardi de Montlaur, 'Le pouvoir royal et les universités dans la première moitié du XⅧe siècle (1700 – 1762)', *Positions des thèses* (1970), 231 – 232.

有的教育机构纳入权力机构的讨论之中。此类的尽人皆知的例子是那些对于国内大学的一些保护性条例(禁止到国外学习、获得某些职位必须在某所特定的大学毕业)。[38]

中世纪时,特别是从16世纪起,国王和统治者们都拟定了许多章程法规,有为某所特定的教育机构制定的,也有的是将所有的教育机构置于其权力机构之下的。这些立法活动往往是在调查之后进行的。权力机构可以以各种不同的理由来组织调查。当某所大学所在的地区落入新统治者之手,新统治者们就会要求在推行法定的改革之前对情况进行一次调查。他们可能会在收到关于这一教育机构的运作不良的投诉之后开始这类调查。而当一位新统治者上台之时,这些申诉就常常会出现。学术团体的成员,与其他社会团体一样,对于新统治者提出一系列请求,然后,新统治者就会成立一个调查委员会来调查这些不满和抱怨。如巴伐利亚公爵马克西米利安在1598年的就职典礼上,由于有人抱怨因戈尔施塔特大学拖欠工资,即命令就此事进行细致的调查。调查报告导致于1642年拟订了一些新章程,目的是希望将原来运作混乱的大学事务恢复秩序。[39]1607年,
阿尔布雷西特大公和大公夫人伊莎贝拉命令对鲁汶大学的功能发挥不良 166
情况进行一次调查。这一调查的结果是由阿伯特·约翰尼斯·德鲁西伊斯和斯德普汉那斯·范·克雷斯贝克公布的,前者是布拉班特财团(家族)的成员,后者是鲁汶大学前法学教授。这一调查结果导致了在1617年颁布了一项关于高等教育的基础性法令,该法令一直持续到1788年由约瑟夫二世发布新的总章程时才废止。[40]类似地,从15世纪末期起,法国各省议会也都系统地改革了法国的大学,给予了这些大学新的章程。这一进程一直持续到1793年所有的大学关闭为止。[41]在大学改革的大框架之中,18世纪的统治者的立法活动更为系统化,他们的立法是由政府官员,包括当时处

---

[38] 参见 pp. 420－421.

[39] K. von Prantl, *Geschichte der Ludwig-Maximilians-Universität in Ingolstadt, Landshut, München*, vol. I (Munich, 1872; reprint Aalen, 1968), 383ff.

[40] *Leuven* (注释 10), 39－41.

[41] Verger (ed.), *Universités en France*, 154.

于筹建阶段的教育部来设计和实施的。[42]

如果把每所大学的法规活动都列在这里的话,那就是一件无穷尽的大工程了。这是因为大多数大学的章程都保存下来了,有的是以陈旧的印刷形式,有的是现代编辑的。这些章程组成了一个书面的法规。著名的例子是剑桥大学的那些章程,这些章程是由三一学院的院长约翰·惠特吉夫特在1570年起草的。而这些章程对大主教劳德在1636年起草《剑桥章程》及在1637年为都柏林的三一学院起草章程具有许多启发。对都柏林来说,非常急需起草章程,正如自1627年起任该市市长的威廉·贝代尔所说的那样:“章程部分是用拉丁文写的,部分是用英文写的,且毫无条理。”[43]这些规章文件涉及学术管理的方方面面,甚至细致到对穿着也进行了规定,它们一直沿用到19世纪中期。1655年,乌普萨拉大学从查尔斯十世那里得到的特许状就是由阿克塞尔·奥克森谢尔纳和荣誉校长约翰·斯屈特在1626年起草的章程的改进版本。该章程在旧制度死亡后影响了所有的瑞典大学的生活,这是由于它成为所有改革或新建大学的榜样(多尔帕特大学,1632;格赖夫斯瓦尔德大学,1637;奥布大学,1640;隆德大学,1667)。[44]由菲利普二世在1559/1560年建立的杜埃大学的实例则最为有趣,该大学的组织形式、章程以及最初的教授都是来自鲁汶大学。这在当
167 时非常独特:两所高等教育机构(即使它们坐落在同一个国家中)由中央政府认定是完全同样的,直到1667/1668年,官方的立法还是同时适用于这两所大学。该情况一直持续到1749年,当年,由法国模式精简而来的新法兰西大学的新章程获得路易十五的批准。[45]海斯郡的马伯格大学和吉森

㊷ M. Peset Reig, ‘Modelos y estatutos de las universidades españolas y portuguesas (siglos XIII - XVIII)’, in A. Romana (ed.), *Dall'università degli studenti all'università degli studi* (Messina, 1991), 65 - 106.

㊸ L. S. Sutherland, ‘The Laudian Statutes in the Eighteenth Century’, in *History of Oxford V*, 191 - 203; H. C. Porter, *Reformation and Reactions in Tudor Cambridge* (Cambridge, 1958), 163 - 168; J. V. Luce, *Trinity College Dublin: First 400 Years*, Trinity College Dublin Quatercentenary Series, 7 (Dublin, 1992), 15 - 19; 引自 p. 15.

㊹ Lindroth, *Uppsala* (注释14), 40 - 41, 50; M. Klinge, *Eine nordische Universität. Die Universität Helsinki 1640 - 1990* (Helsinki, 1992), 116 - 135.

㊺ G. Cardon, *La Fondation de l'Université de Douai* (Paris, 1892), 213ff,; L. Mahieu, ‘Les statuts de l'Université de Douai, principalement des facultés des arts et de théologie d'après la déclaration royale de 1749’, *Mélanges de sciences religieuses*, 12 (1955), 169 - 186.

大学的规章方面的联系也是类似的。这二者之间的关系是章程大量出现的一个有趣的例子。马伯格大学 1629 年开始使用的章程被吉森大学在 1650 年一成不变地效法，这是因为吉森大学认为自己是路德派马伯格大学的后继者，这些章程一直使用到 1879 年。而同时已变为加尔文派大学的马伯格大学则使用该章程一直到 19 世纪。马伯格章程的出版者注意到了 1629 年和 1650 年的章程设计中有大量的参考莱比锡、耶拿、维滕堡、林特尔恩、罗斯托克，甚至帕多瓦和莱顿大学的章程的地方。[46]

---

[46] 参见第 2 章，pp. 73，89；H. G. Gundel，*Statuta Academiae Marpurgensis deinde Gissensis de anno 1629. Die Statuten der Hessen-Darmstädtischen Landesuniversität Marburg 1629 – 1650/Gießen 1650 – 1879*，Veröffentlichungen der Historischen Kommission für Hessen，44 (Marburg，1982)，9* – 21*；也可参见 H. Gundel，'Die Statuten der Universität Marburg von 1560'，in W. Heynemeyer，T. Klein and H. Seier (eds.)，*Academia Marburgensis. Beiträge zur Geschichte der Philipps-Universität Marburg*，Academia Marburgensis，1 (Marburg，1977)，111 – 147.

大学大会[47]

168 大学代表、大学立法机构和大学管理机构组成了全体大会,16 世纪以后受人文主义的拉丁文影响则一般称做评议会。评议会的组成随大学的不同而有所不同。

在中世纪的时候,每个毕业生都是全体大会的一名成员。从 16 世纪起,文学院出现了削弱越来越多的青年教师和讲师权力的趋势。在法国的大学里,与在德意志帝国和瑞典的那些大学中一样,把全体大会称做"庄严集会",只有常任教授才能参加。在牛桥,所有的住校导师和具有牛津或剑桥学位的博士都是大会或校务评议会(牛津)或理事会(剑桥)的成员。后者由两个结构组成,一是评议会,二是非评议会。然而,在牛津和剑桥这两

---

[47] 本节有关大学大会的内容是在阅读众多关于单个大学的研究及精选文献中涉及的参考著作基础之上完成的。如非特别说明,所举事例均来自于 Pantin, *Oxford Life* (注释 12); J. Twigg, *The University of Cambridge and the English Revolution 1625 – 1688*, The History of the University of Cambridge: Texts and Studies, 1 (Woodbridge, 1990); Porter, *Reformation* (注释 43), 163 – 168; P. B. Boissonnade (ed.), *De l'Université de Poitiers. Passé et Présent (1432 – 1932)* (Poitiers, 1932); G. Cascio Pratelli, *L'università e il principe. Gli studi di Siena e di Pisa tra Rinascimento e Controriforma* (Florence, 1975); M. Fernández Álvarez, L. Robles Carcedo and L. E. Rodríguez – San Pedro Bezares (eds.), *La Universidad de Salamanca*, vol. I: *Historia y proyecciones*; vol. Ⅱ: *Docencia e investigación*, Acta Salmanticensia, Historia de la Universidad, 47 – 48, 2 vols. (Salamanca, 1990); F. Javier Alejo Montes, *La reforma de la Universidad de Salamanca a finales del S. XVI: los estatutos de 1594*, Acta Salmanticensia, Historia de la Universidad, 51 (Salamanca, 1990); Lindroth, *Uppsala* (注释 14); Klinge, *Helsinki* (注释 44); G. Schormann, *Academia Ernestina. Die schaumburgische Universität zu Rinteln an der Weser (1610/1621 – 1810)*, Academia Marburgensis, 4 (Marburg, 1982), 199ff.; G. A. Will, *Geschichte und Beschreibung der nürnbergischen Universität Altdorf*, 2nd edn (Altdorf, 1801; reprint Aalen 1975); Steinmetz, *Jena* (注释 15); Gundel, 'Marburg' (注释 46); K. H. Wolf, Die *Heidelberger Universitätsangehörige im 18. Jahrhundert. Studien zu Herkunft, Werdegang und sozialem Beziehungsgeflecht* (Heidelberg, 1991); H.-W. Thümmel, *Die Tübinger Universitätsverfassung im Zeitalter des Absolutismus* (Tübingen, 1975), 146ff.; L. S. Sutherland, 'The Administration of the University', in *History of Oxford V*, 205 – 225; L. Simeoni, *Storia della Università di Bologna*, vol. Ⅱ: *L'età moderna (1500-1800)* (Bologna, 1947); Prantl, *Ingolstadt* (注释 39), vol. I; E. Wolgast, *Die Universität Heidelberg 1386 – 1986* (Berlin, 1986); F. Canella Secades, *Historia de la Universidad de Oviedo y noticias de los establecimientos de enseñanza de su distrito*, 2nd edn (Oviedo, 1903/1904; 再版 Oviedo, 1985); M. W. Jurriaanse, *The Foundation of Leyden* (Leiden, 1965).

所大学里，从16世纪末开始，评议会能力及其权力都减少了，代之以副校长和机构主任权力的增长。另一方面，在那些有同乡会的大学里，如普瓦捷大学和奥尔良大学，全体大会由系主任、同乡会长和教师代表组成。还存在着一些其他的混合形式，如在萨拉曼卡大学，全体大会是由讲座教授和学生代表共同组成。在学生型的大学里，如博洛尼亚、帕多瓦和卡塔尼亚大学，全体大会仅由学生组成，特别是由同乡会会长组成，教授们则有他们自己的以学院为单位的大会。

大体上，所有的立法、管理和法定的工作都是全体大会的管辖范围。全体大会的成员可以为履行某些特定任务而组成委员会并任命代表。例如，全体大会的成员可以被委任为图书管理员、档案保管员、账单审查员或印刷所监管员。

为了对大学进行日常管理，就产生了一个精简的理事会(评议会)。理事会是一个行政委员会，其组成差别很大。它可以由校长和代表组成，可以由校长和院长组成，可以由校长和每个学院一名或多名教授组成，也可以有其他的组成方式。在牛津大学，这一精简委员会称做全体会议，由所有在职的教师组成，这就意味着包括所有教学人员，而文学院的青年教师则需要另外一到两年的“必需的任职期”才可以成为全体会议的成员。为 169
了限制为数众多的文学院教师的影响(他们常常在行为上表现为桀骜不驯的“小狮子”)，所以某些决定日益由常务副校长和各学院院长来做出。在剑桥大学，这一精简的理事会由常务副校长，神学、法学和文学(或音乐)院的一名代表，以及评议会的两名代表(每个机构各一名)组成。首先始于剑桥，然后是牛津大学，常务副校长和各机构的主任以及大学学监和一些教授开始每周聚会。这些每周开会的委员会成为大学的真正管理机构。另一方面，在萨拉曼卡大学，其评议会则是由学生—校长和8名选出的学生督导组成，这些学生必须年满21岁，还须是来自不同主教教区的神职人员。评议会的基本职责是选举讲座教授、校长、理事会会员、财务主管、评议会会员、仪仗官和图书管理员。真正的管理权是掌握在一个由20名代表组成的委员会(10名讲座教授和10名贵族)手中，即评议会。博洛尼亚大学，在16世纪上半期，偶尔要任命博洛尼亚委员来调停改革派和学生委员会之间的矛盾。在16世纪中叶前后，这一调停委员会成为一个固定机构，称做安全保障委员会，直到1796年，它构成了该大学真正的管理机构。在荷兰的大学中，称做“监督人”的由大学校外人士组成的组织也成为管理机构的一个部分。在莱顿大学(1575)，行政委员会的组成是省长任命的校长，四个学院各选出一人组成四名评估人，以及由荷兰省政府和莱顿市委派的有资格的校外人士。

在后宗教改革时期，人们可能会疑惑：这些委员会的权力到底能延伸多远或者这些委员会权限的范围是如何的？这是因为在当时存在着这样一个事实，“中央”政府正日益直接干涉大量的学术事务：任命学术权威(校长和常务副校长、学院院长、讲座教授)以及教授，起草规章制度，规定教学科目等所有这些传统上属于学术委员会的事务。

学院大会[48]

和大学一样，各学院也同样有它们自己的委员会，由各学院院长任主
170 席。通常院长是从委员会的成员中选出来的。一名秘书和一名司库辅助院长的工作。学院的成员对学院的工作负责，在成员任命或增选上具有相当大的自治权。他们制订章程，决定教学、课程及考试的实际组织和学位授予。然而，根据最高当局对学术直接干预程度，这种自治随之发生变化。当局尤其干预教授的任命，在旧制度末期也越来越多地干预课程的内容，经常作为反对教授们过分保守主义态度的一种反映。[49]

保守主义是学院越来越明显的近亲繁殖和约束性特征所导致的结果。从16世纪起，与评议会的情况一样，也出现了不再吸收所有教职人员进入学院大会，而只是吸纳常任教授的趋势，而这一趋势又对法国的学院结构产生了影响。从那以后，可将大学区分为三种类型。

1. 最传统的大学。教师与学生以同乡会联系在一起，归属于学院大会(如巴黎大学和奥尔良大学的文学院)。

2. 个别指导的大学。每位博士以一种或另外一种方式教学，归属

---

[48] 参见注释47。

[49] 亦参见第5、14章。

于学院(巴黎大学医学院)。

3. 以教授学院组织的大学。只有少数讲座教授是学院成员(16世纪后的蒙彼利埃大学医学院)。17和18世纪,君主特别青睐这种类型,它能确保秩序、纪律和传统。[50]

在近代早期,德国的法学院大会被赋予了一项重要的、超出大学之外的职责。它们履行着法庭的功能,在一些审判案件中为当地和地区法庭提供建议和咨询,它们的建议是有约束力的。在其他国家,为低级法庭提供咨询的任务由高级法庭来完成,如巴黎的议会。神学院则被要求在关于宗教正统性的事务中充当审查者,而医学院则有权任命医生及管理大城市中的医学院的工作。[51]

行政人员[52]

171

在近代早期,校长作为大学领导者的任命和作用没有什么显著改变。在巴黎大学,校长仍然由文学院的四个同乡会中的在任教师选出。而在普瓦捷大学、布尔日大学(直到1552年)和奥尔良大学,校长是由同乡会的会长们选出的。然而,在阿尔卑斯山以北的大多数大陆国家的大学里,校长是由全体大会在常任教授中选出,任期很短(一般是一年或一个学期)。总的说来,这一选举程序只不过是个形式,因为教授们轮流担任校长职务。在那些新建的大学里,校长常常是由统治者直接任命的,这一事实清楚地表明了政府对大学的干涉。

在神圣罗马帝国的所有大学里,科隆大学除外,将大学领导职位定期地授予王族成员或高级贵族出身的学生已成为一个传统。真正的职责是

---

[50] Chartier, *Education en France*, 251 - 252.

[51] R. Stichweh, *Der moderne Staat und die europäische Universität. Zur Interaktion von Politik und Erziehungssystem im Prozess iher Ausdifferenzierung (16. - 18. Jahrhundert)* (Frankfurt-on-Main, 1991), 169 - 170; H. de Ridder-Symoens, 'Intellectual and Political Backgrounds of the Witch-Craze in Europe', In S. Dupont-Bouchat (ed.), *La Sorcellerie aux Pays-Bas-Hekserij in de Nederlanden*, Anciens Pays et Assemblées d'Etat-Standen en Landen, 86 (Kortrijk/Heule, 1987), 44 - 56;关于大学教授的建议性活动亦可参见第5章, p. 218.

[52] 本节关于行政人员的内容是在阅读有关单个大学的众多专著及精选文献涉及的参考著作的基础上完成的。如非特别说明,所举事例均来自于注释47中提及的文献。

由代校长或将任校长的教授来负责。事实上，这与北意大利和西班牙的学生型大学的情况是类似的，在这些大学中，学生同乡会中最杰出的成员被推选为校长。大学希望校长的权力和声望会对大学产生影响，大学校长可以成为它们与最高政治界和社会阶层之间的“中间人”。[53]

虽然在许多西班牙和意大利的大学里，仍然保持着推选学生校长的中世纪传统，但是这一校长职位的选举也进行了某些改动，它成为一种荣誉职位。在一些大学中，甚至取消了学生校长这一职位，学生只保留有选举的权利，校长必须在教授中选举产生。最后，在几所由外国势力控制的意大利大学里，校长职位完全从学生手中剥夺了，这是 1500 年以后建立的那些大学中的一个再平常不过的情况。下面这些例子可以说明上面这些论断。在博洛尼亚大学，从 16 世纪起，只有一名校长是从学生中选出的，而
172 不是传统上 的两名学生校长（一名法学学校校长，一名文科和医学大学校长）。1604 年，令该市市政权力机构和主教权力机构高兴的是，一个校长候选人都没有。这样，学生校长制度就悄悄地消失了，从那以后，学生校长的作用就由学生同乡会的主席轮流行使。其中学科的保护者做了实际的工作。在前面提到过的 1771 年由玛丽亚·特蕾西娅发起的教育改革的框架中，帕多瓦大学的校长的确还是由学生推选的，但实际上他是由四所大学的教授轮流选出的。后中世纪时代的摩德纳大学，成立于 1682 年的圣卡罗大学，从一开始就采取意大利的模式：从教师中选举校长。[54]

市政当局和教授们发现，很难严肃地对待这些学生校长。结果，经过了几个世纪以后，年轻校长的权力就全面地减少了。对于这一演变，西西里岛的卡塔尼亚大学（成立于 1434 年）提供了一个很好的例证。卡塔尼亚大学的名誉校长（主教）定期受请求来调解由校长决定的问题，改革者则对于校长保持警觉的态度。此外，从 1590 年起，任命教师的权力从校长及他的学生顾问手中转移到了两名城市贵族（选帝侯）手里。在 1687 年由西班

---

[53] 关于荣誉校长职务的详细内容参见 B. Jäger, ‘Die Ehrenrektoren der Universität Gießen 1609 – 1723’, in P. Moraw and V. Press (eds.), *Academia Gissensis. Beiträge zur älteren Giessener Universitätsgeschichte* (Marburg, 1982), 221 – 246.

[54] C. G. Mor and P. di Pietro, *Storia dell'Università di Modena*, Storia delle Università Italiane, 2, vol. I (Florence, 1975), 58.

牙王室进行的伟大的大学改革中,直到当时为止由校长及其委员会掌握的学术裁判权被委托给了主教校长。[55]

在中世纪末期的英格兰,校长这一职位的演变也经历了前文所述过程。从15世纪起,不再是选举一位研究员做荣誉校长(与大陆上的学生校长类似的一个职位)了,而是选举一位非住校的显贵,因为他能够在皇家议会维护大学的利益。而大学的真正领导(或校长)则变成了常务副校长,常务副校长起初是由评议会(牛津大学)或理事会(剑桥大学)在研究员中选出,后来则是从各机构的领导中选出,牛津大学1569年起由校长、1586年起由理事会来正式任命常务副校长。[56]

在学院制大学里,情况则稍显复杂。大学与学院之间的关系取决于学院院长在大学中的地位。在阿尔卡拉大学和都柏林大学,解决这一问题所采取的方式是将大学校长与学院院长由同一个人担任。另外的解决办法则 173
是委以学院院长在大学的一个重要职位。在阿伯丁大学,按照院长这个词的字面含义,即把大学金库的三把钥匙中的一把交给院长。[57]

校长/常务副校长的职责非常繁多。作为大学的领导,他对外代表着大学,对内协调管理共同组成大学的那些学术组织,如系院、学院、同乡会,可能还有其他如大学出版社等团体。他是理事会(评议会)或全体大会的主席,是学术法庭的法官,负责教育、学科、管理和财政。在这些功能中,他是所有委员会和所有大会的主席,并且管理大学中的晋升。当校长辞职的时候,须经过一次查账之后,将大印章、账簿和现金交给继任者。校长是大学等级体系中的最高者,他在城镇中或中央政府的等级体系中也享有很高的地位。[58]

在几所大学中,还任命一名副校长作为校长的助手。

此外,校长在履行其职责时,由一个或几个秘书(登记员、抄写员、记账

---

[55] M. Catalano *et al.*, *Storia della Università di Catania dalle origini ai giorni nostri* (Catania, 1934), 47–51, 115–118.

[56] See Twigg, *Cambridge* (注释 47), 4–5; Pantin, *Oxford Life* (注释 12), 22–23.

[57] J. M. Fletcher, 'The College-University: its Development in Aberdeen and Beyond', in J. J. Carter and D. J. Withrington (eds.), *Scottish Universities: Distinctiveness and Diversity* (Edinburgh, 1992), 16–17.

[58] 关于在布拉班特等级体学中鲁汶大学校长的地位问题,参见第253页。

员)、文书、评议会特别委员会委员和仪仗官来协助。这些官员至少是文科硕士毕业,或是法学学士或硕士。对于评议会特别委员会的律师委员来说更是如此要求,律师委员负责所有的法律事宜,以及起草所有的官方文献并使其合法化。在近代早期,连仪仗官常常都是受过大学教育的。从1570年开始起用的马伯格大学的章程清楚地写道:"要选择两名仪仗官,如果可能的话,他们应是文科硕士,至少也应是文科学士。"[59]这些官员既可以是大学的成员,也可以是校外人士。他们的职能与中世纪时几乎是一样的。[60]在学生型大学里,司库、秘书、文书和仪仗官不是由学生来担任,而是由市镇市民来担任的。

信使是中世纪时一个重要的非学术官员,他保持大学与学生家乡之间
174 的联系。在近代早期的大学中,这一职位不那么重要了。[61]当然,这是由于有了更好的联系方式和更安全的付款方式的缘故。虽然在资料中仍继续提及信使,但信使的功能则更多的是城市的公民的一个荣誉职位了。

在牛桥,每年选出的两名学监是主要的管理官员,正如在1636年牛津大学的劳德法规中所提到的,由学监来保证大学的公开辩论的顺利进行。学监组织辩论、考试和公开仪式,并且监督城镇市场。他们还有一项基本职责就是维持学生的秩序和纪律(参见下文,176页)。在牛津大学,学监在大学委员会中具有否决权。直到1628年,牛津大学的学监都是由大学委员会推选的,但1628年之后,又恢复到由各学院推选学监了。[62]

大学管理中另外一个重要的人物是财务(或经济)官员,为方便起见,这里称做财务主管。当然,在近代早期,这一职位更为多样化,这可以从对这一职位的称呼上反映出来:司库、财会总监、金库保管员、财务专员、膳食

---

[59] Gundel, 'Marburg' (注释 46), 144－145.

[60] 参见第Ⅰ卷. I, pp. 126－129,进一步的研究参见 E. Th. Nauck, 'Das Pedellenamt und die Pedelle der Universität Freiburg im Breisgau bis zum Anfang des 19. Jahrhunderts', in C. Bauer *et al.*, *Aufsätze zur Freiburger Wissenschaftsgeschichte* (Freiburg im Breisgau, 1960), 183－219.

[61] 请勿将信使/nuntius 与摩德纳出现的 nuntius 相混淆;这是赋予低级官员的称谓(参见 Mor and di Pietro, *Modena* (注释 54, 59).

[62] Pantin, *Oxford life* (注释 12), 76－84; J. Griffiths (ed.), *Statutes of the University of Oxford Codified in the Year* 1636 *under the Authority of Archbishop Laud*, *Chancellor of the University* (Oxford, 1888),172.

供应员、收银官、总管、消费督察、管理者。司库掌管物资、资金，以及组织大学的物质生活。他们由收款人协助工作。每年要指派大学中的一些成员审查账目。大多数大学和学院都聘有好几个财务主管，有专管地产的、有专管资金的、有专管校内事务的。萨拉曼卡大学有不少于四个财务主管（两名学术人员、一名神职人员和一名市民）。对于18世纪下半期萨拉曼卡大学的经济生活的详细研究有趣地表明，当时的大学资金管理和经济管理是相当复杂的。[63]财务主管在完成某些专门职责时，可以得到特定的官员的协助。如为了收取什一税和地税，除财务主管外，奥布大学还任命了一名学术监督人。财务主管可以是由大学成员任命的学术集体中的一员，或是一位校外人士（在这种情况下他是由大学委派的）。在乌普萨拉大学，175
要求财务主管必须是一名大学毕业生，虽然他不是大学教授，但是由国王任命。

正如我们后面将详细看到的那样，更多的大学开始有专业的图书管理员、档案管理员和印刷商。具有执照的印刷商和书商是大学成员，由于具有这一地位，他们享有学术团体的所有特权。然而，他们不是大学官员，不同于牛桥大学出版社的印刷商。

这也适用于在市镇挂牌开店的药商，他们为大学医学院提供必需的化学制品和药品，或是开一家他们自己的大学药店。[64]17世纪以后，一些较时髦的大学开始为满足观光旅行的学生的需要而聘用语言、舞蹈和音乐教师，击剑和骑术教练，军事工程师和军事战略师等。这些人要么受大学委派，要么是自由职业者。[65]

在旧制度接近结束的时候，随着大型学术庆祝活动的增多，在大学章程中和大学工资表中开始出现了庆祝仪式和公共演说的教师。

虽然我们可以在大学职员中发现管理员、司膳总管和各类维修工人，但他们主要是在学院中和学生宿舍中。本章不多讲学院的官员。学院作为学术组织，可以看做小规模的大学。当然，教职人员是根据需要配备的，

---

[63] F. Méndez Sanz, *La Universidad salmantina de la Ilustración (1750 - 1800): hacienda y reforma*, Acta Salmanticensia, Historia de la Universidad, 50 (Salamanca, 1990).

[64] Wolf, *Heidelberger Universitätsangehörige* (注释 47), 64 - 65.

[65] 参见第10章, p. 432.

大学常常有大量的膳食服务人员和维修人员。

林特尔恩大学是一所贫穷而小型的德国大学，它的工资单可以很好地说明当时大学工作人员的情况。[66]1665年，该大学除了12位教授(工资从150马克到350马克不等)之外，一名秘书(60马克)、一名印刷商(50马克)、两位仪仗官(每名50马克)的工资则是用大学资金以外的钱支付的。在1748—1749年，工资单更长了一些：13名教授(工资介于100马克到547马克之间)，一名学术助理(20马克)，一名法律顾问(50马克)，一名管理人员(81马克)，一名督导员(27马克)，一名物品管理员和一名仪仗官(每人60马克)，一名击剑教练(100马克)，一名舞蹈教师、一名印刷商和一名园丁(每人50马克)，一名装订工人(25马克)，最后还有学生宿舍主任(740马克)。在1761/1762和1781/1782年间，工资单几乎是一样的，只是多了一名掌马官(350马克)和一名法语教师(50马克)。林特尔恩大学支付的工资与耶拿大学的工资差不多，但是仅是哈勒大学工资的一半。

176

司法

对于维持纪律的官员也要给予特别的注意。纪律问题是学生团体中的固有问题。前面已经提到过，对这一问题的敏感性增强了。学术权力机构不仅想把这些“年轻、卤莽、缺乏经验和追求快乐的”学生关在学院和其他学生宿舍中，正如1600年左右新阿伯丁大学法规所表明的，[67]他们还需要在学院高墙之外对这些学生进行指导和管束。所以各大学都任命了一些负有监管学生这一特定职责的人：阿伯丁大学的理事会会员；牛津大学的两名学监，并由各街区长协助；萨拉曼卡大学的法官；海德堡大学的仪仗官；鲁汶大学的辅导员；莱顿大学的市政官副手，叫做督察官。中世纪时期和近代早期学术法庭和纪律官员的职责具有显著不同。直到16世纪中期，校长还是大学中的最高司法官员，他主要负责维持秩序和避免暴力行为，此后，他把更多的注意力放在了道德和处理投诉上。

---

[66] Schormann, *Academia Ernestina* (注释 47), 187–189; Steinmetz, *Jena* (注释 15), 229.

[67] C. A. McLaren, 'Discipline and Decorum: the Law-codes of the Universities of Aberdeen, 1605–1686', in Carter and Withrington (eds.), *Scottish Universities* (注释 57), 132.

学术法庭中积累的资料显示，这些年轻学生是不那么容易管教的。对于近代早期这些司法法庭的情况我们知道的要比中世纪多，这要归功于关于这一时期情况的原始资料较丰富，并且还有几本关于这一主题的专著。[68]

并非所有1500年以后建立的大学都有自己的法庭。例如，荷兰共和国中的乌得勒支（1636）学术团体的成员、德意志帝国中的马伯格大学（1527）、耶拿大学（1558）和维尔茨堡大学（1582）都是由高一级的省法庭和 177
国家法庭来审判。

在所有的大学里，校长都是法庭的领导。然而，在学生型大学里，这一职责落在了荣誉校长、前任校长、副校长、改革者或其他执行校长职责的校外官员身上。法庭的其他成员常常各地不尽相同。在奥布大学，全体大会执行了司法法庭的功能，[69]和牛津大学的情况差不多。在牛津大学，校务评议会是主要的申诉法庭。另一方面，在普瓦捷大学，一直到1768年为止，它的大学法庭（名誉校长的法庭，但通常称做副校长的法庭）都是由校长及各院和各同乡会选出的两名代表共同组成的，名誉校长和特权监督官也可以参加法庭的开庭。1768年之后，法庭仍旧由校长、各院院长、每个同乡会的一个代表、首席检察官和一名秘书长共同组成。[70]弗拉讷克、哥罗宁根和哈尔德韦克大学的法庭就是由校长和几名教授组成的。在莱顿大

---

[68] 关于伊比利亚半岛：A. De Vasconcelos, ‘Génese e evolução histórica do foro académico da universidade portuguesa. Ectinção do mesmo (1290 – 1834)’, in A. De Vasconcelos, *Escritos vários relativos à universidade dioniziana*, vol. I (Coimbra, 1938), 297 – 334; J. González Prieto, *La Universidad de Alcalá en el siglo XVII* (Madrid, 1939；再版，1989)；关于低地国家 C. Vandenghoer, *De rectorale rechtbank van de oude Leuvense Universiteit (1425 – 1797)* (Brussels, 1987); M. F. M. Wingens, ‘Zur Vermeidung der Schande: Organisation und strafrechtliche Tätigkeit der Universitätsgerichte in der Republik der Niederlande (1575 – 1811)’, in H. Mohnhaupt and D. Simon (eds.), *Vorträge zur Justizforschung. Geschichte und Theorie*, vol. I (Frankfurt-on-Main, 1992), 79 – 100; C. M. Ridderikhoff, ‘De Franequer Los-Kop’, in Jensma *et al.*, *Franeker* (注释 16), 119 – 132; for Germany: F. Stein, *Die akademische Gerichtsbarkeit in Deutschland* (Leipzig, 1891); S. Brüdermann, *Göttinger Studenten und akademische Gerichtbarkeit im 18. Jahrhundert*, Göttinger Universitätsschriften, Series A, no. 15 (Göttingen, 1990)；在很多专著中未找到有关大学法庭的资料。

[69] Klinge, *Helsinki* (注释 44), 112 – 113.

[70] Boissonnade, *Poitiers* (注释 47), 29.

学，由于莱顿市对于莱顿大学的建立作出了很大的贡献，想要继续保持其对大学的影响，结果，大学的法庭就由校长、四位助理（从四个学院中选出的）、四名市长和两名高级市政官员组成。鲁汶大学则仅由一名校长和一名助理组成。法律文书、神职人员、地方行政长官、律师、初级律师和仪仗官都协助进行学术审判。我们还不清楚是谁承担在大学监狱里监管学生的职责。有些这类监狱的墙上仍留有学生的字迹（哥本哈根、海德堡、克拉科）。

从理论上讲，大学法庭有权审判大学所有成员的民事案和刑事案。这里所说的所有成员包括学生，教师，他们的妻子、子女和仆人，大学任命的校外官员，以及所有从事书籍印制和买卖的人。但实际效果则要具体到各案例来看。我们注意到，在有些大学里，刑事案件是由民事法庭审理的（弗拉讷克、哥罗宁根、哈尔德韦克），但有时则要先经过校长的同意（帕多瓦）。那些执行并判决的人则可能因时间及大学和世俗或宗教权力机构与城市关系的不同而不同。

最为常见的犯罪行为有宗教过失、不道德行为、常伴有口头或身体暴
178 力行为的醉酒、谋杀、偷盗、破坏他人财物、决斗、非法拥有武器、失职、欠债、赌博、伪造罪等。但是大学法庭也可以对婚姻案例行使职能（阿尔特多夫大学）。[71]在近代早期，公开谴责、罚款、体罚和关押在大学监狱中都可以作为惩罚的方式，但大多数情况下，犯罪者往往是交纳罚金了事。大学的章程上列出各种犯罪的价目表。如果学生或教师犯罪严重，他们就会被驱逐，只能向国家最高法庭提出申诉（英格兰的国王委员会、法国的议会、低地国家的省或中央委员会、意大利的市镇自治委员会）。

很容易理解，市镇与大学之间因司法问题存在着非常紧张的态势。市民们批评大学权力机构对于大学成员过于宽容，批评它忽视了许多案件，特别是那些针对城镇居民的犯罪。非学院人士越来越无法容忍这些学院人士的特殊地位。有些大学找到了解决这一问题的办法。在剑桥大学，所有涉及大学成员的道德案件都由校长法庭审理。但是，当有某位市民指控大学某位成员有较严重的犯罪（如叛逆罪）时，那么陪审团成员只有一半是

---

[71] Will, *Altdorf*（注释 47），53.

大学成员。从整体上说,17 世纪末和 18 世纪,学术法庭的权力很明显被严重削弱了。在牛津大学的校长法庭,当时审理的案件多数都是有关债务的,而在 18 世纪的法国,几乎所有的争端和犯罪行为都是由皇家法官审理的。附带说一下,法国的大学在议会和在保存皇家特权的法院中都有以律师和初级律师的身份出现的永久代表。[72]但是,即使是在学院法庭仍然正常运转的那些国家里,这些特殊法庭的意义和可取之处在旧制度末期受到怀疑,说它们与获得审判和管理的统一性和中央化的努力不一致。按照哥廷根大学教授迈纳斯的说法,[73]这些法庭的基本形式应该保留,这是因为学院法官比地方法官胜任得多,并且对犯罪者行为的类型有着更深入的了解。迈纳斯还说,这一问题的另外一个因素是,它们自己的学术审判权是唯一一种历经 700 年不但未被侵犯反而还扩展了的特权。他说,这就是保 179
留学院法庭的充足原因。这位哥廷根教授却未提及学院权力机构的担心:如果外人得知许多著名家庭的子女在其学生生涯中的不端行为的话,这些家族的声望会受损。学院权力机构和父母们都确信,既然这些"有过失的少年"在安定下来之后将成为社会的有责任感的领导者,就没有必要泄露其年轻时所犯的过失了。

外部管理

从大学建立伊始,它们就处于一个高级的主教权力——荣誉校长的监管之下。[74]在中世纪,荣誉校长常常是教会的教长(巴黎大学、维也纳大学、海德堡大学、科隆大学),或当地的主教(因戈尔施塔特大学),或领班神父

---

[72] 参见 Cambridge Twigg, *Cambridge* (注释 47), xiv; for Oxford Pantin, *Oxford Life* (注释 12), 54 – 67; for France Villardi, 'Pouvoir royal' (注释 37); Boissonnade, *Poitiers* (注释 47), 39.

[73] C. Meiners, *Ueber die Verfassung und Verwaltung deutscher Universitäten*, vol. I (Göttingen, 1801), 103ff.

[74] 关于这一职能, *inter alia*, R. A. Müller, *Geschichte der Universität. Von der mittelalterlichen Universita zur deutschen Hochschule* (Munich, 1990), 23 – 24; Pantin, *Oxford Life* (注释 12), 85 – 90; Lindroth, *Uppsala* (注释 14), 37, 41, 47; Klinge, *Helsinki* (注释 44), 31, 114 – 115; K. Siilivask (ed.), *History of Tartu University 1632 – 1982* (Tallinn, 1985), 25 – 27, 38 – 39; Will, *Altdorf* (注释 47); Boissonnade, *Poitiers* (注释 47), 31 – 42.

(博洛尼亚大学)。在16世纪的新教国家中,这一职责被君主或省长接管。在路德派和天主教的国家中,君主从神职显要(主教、修道院院长等)及世俗显要(市镇政务会委员、前任教授、贵族等)中选择荣誉校长。荣誉校长的职责在许多情况下都是委托一名副校长去完成的。在阿尔特多夫,副校长是纽伦堡市镇委员会的成员;在图宾根和马伯格大学,一个由知名人物,一个由该校毕业的博士担任。[75]当国王古斯塔夫二世·阿道夫在1622年就任乌普萨拉大学的荣誉校长一职时,他委任他的私人顾问兼密友约翰·斯屈特行使职责;他后来在奥布大学和多尔帕特大学也担任了同样的职务。协助荣誉校长的副校长,在乌普萨拉大学一般是瑞典的红衣主教,在奥布大学是奥布的主教,在多尔帕特大学是利沃尼亚的教长。副校长常常参加议会的会议,通过参加这些会议,他们就比其他地方的人更多地影响大学,而这又导致了他与学院学生联合会之间的紧张关系。在英格兰,直到1677年(大主教谢尔登去世的那年),一名神职人员,常常是一名红衣主教和一名俗人一起被任命为副校长,如伊丽莎白一世时的莱斯特伯爵。后来,只有世俗人士才被任命担任这一管理职位。

180 这一职责的执行情况各大学各不相同,并且在很大程度上取决于荣誉校长或副校长的个性。例如在萨拉曼卡大学,当荣誉校长履行着真正的校长职能时,他对该大学的影响就是相当全面的。但是其他一些荣誉校长也非常尽责,通过制定合适的新章程为全面改革奠定了基础。我们只要记住牛津大学的荣誉校长红衣主教劳德和乌普萨拉大学的荣誉校长约翰·斯屈特就行了。还有一些荣誉校长把这一职位更多地看做是一个形式上的职位而已。这种态度在18世纪有所加强,因为这时,教育,特别是高等教育都被看做是国家的事情。结果,更多的专业人士和更多的官员开始管理教育事务。

在法国我们可以清楚地看到这一进展。作为皇家大臣的首脑,荣誉校长是所有大学和学院的管理者,他管理议会对于各大学的审查,批准所有有关教育的特许证,还监管皇家法规在各种情况下的适用性。此外,各地

[75] Will, *Altdorf* (注释 47), 61–64; Gundel, 'Marburg' (注释 46), 133; Thümmel, *Tübinger Universitätsverfassung* (注释 47), 113.

荣誉校长还参加授予学位的典礼，并且与具有特权的监督官进行磋商，确保这些特权得以遵行。18 世纪，大学的经济事务由财政部和国务秘书管理。随着法国的大学日益成为国家大学，各政府机构、行政长官、省长、地方议会议员以及次级的政府官员都在不同层次上管理大学事务。[76]

18 世纪，一些特别的教育部门建立起来，这是与建立国立学校网络以取代耶稣会被驱逐后的那些耶稣会学校这种艰巨任务有关的。在这一领域玛丽亚·特蕾西娅女王特别活跃。在维也纳，她于 1760 年设立了由她监管的一个教育研究机构，该机构负责解决所有不同层次与教育相关的问题。[77]在奥地利控制的地区也采取了类似的方式。例如，在 1771 年，米兰设立了一个最高教育研究管理机构，负责帕维亚大学和该地区所有公立学校的组织和管理。这个委员会由一名负责人、从帕维亚大学的四个学院选 181
出的四位代表、一名秘书、一名官员和一名文书组成。[78]

西班牙在这方面是先驱者，它早在 17 世纪上半期就建立了一个教育委员会和学院委员会(1623)。这一类常设机构由六位前任学院负责人组成，他们受托监管学院事务。然而学院委员会并不特别有效，这是其成员与学院的关系过近所致。[79]

然而，波兰却可以宣称自己是第一个拥有一个真正的教育部的国家。在废止耶稣会之后，1773 年设立了一个全国教育委员会，该委员会的目标之一便是实现高等教育近代化。担任所有国民学校领导的正是克拉科大学的校长，他的职责之一就是监督大学为国立学校培养教师。[80]

视察大学越来越不再是荣誉校长的责任了。正如前面所提到的，特别

---

[76] Villardi, ‘Pouvoir royal’, (注释 37).

[77] J. Stanzel, *Die Schulaufsicht im Reformwerk des Johann Ignaz von Felbiger (1724 – 1788). Schule, Kirche und Staat in Recht und Praxis des aufgeklärten Absolutismus*, Rechts- und Staatswissenschaftliche Veröffentlichungen der Görres-Gesellschaft, NS 18 (Paderborn, 1976), 237 – 238, 379.

[78] *Statuti* (注释 4), 201.

[79] Kagan, *Students and Society*, 78, 146 – 147. 亦可参见第 2 章，注释 53 – 56。

[80] L. Hajdukiewicz, ‘Travaux préparatifs à l’édition du *Corpus Academicum Cracoviense*’, in M. Kulczykowski (ed.), *L’Histoire des universités. Problèmes et méthodes. Ière Session scientifique internationale, Cracovie 13 – 14 mai 1978*, Zeszyty Naukowe Uniwersytetu Jagielloskiego DL XVII. Prace Historyczne, Z. 67 (Warsaw/Cracow, 1980), 87 – 88; L. Hajdukiewicz, ‘Du Moyen Age aux Lumières’, *CRE-Information*, 69 (1985), 126 – 128.

监督人，即主要是高级教士选出的前任教授们所赞成的政府官员开始负责这项任务。在需要的时候，他们在做出详细报告之后，往往会继以实施具体行动。上面提到过，这些报告常常会导致拟定新规定或章程。在英格兰，对牛桥大学的第一次视察是在 1535 年。这次视察对牛桥来说极为重要，它重新界定了政府与学园的关系并引发了重要的学术改革。[81]在西班牙，查尔斯五世在这一领域极其活跃，他的儿子菲利普二世更是有过之而无不及。根据查尔斯五世的命令，萨拉曼卡大学被视察了三次，而在菲利普二世统治时期，则被视察了不少于十一次。这导致了 1594 年和 1625 年的重大章程改革。[82]然而，一般说来，我们可以这样说：从 16 世纪起，对大学所有方面（教学人员、教育、行为、纪律、建筑等）进行定期视察成为皇家干涉大学事务的一个基本形式。

182 特权监管人员的作用，确切地说是罗马教皇的监管人的作用，在近代早期衰退了。当然，这些功能仍然保留着，但仅仅是在天主教国家中保留着，并且和中世纪时一样，是由高级教士、男修道院院长或主教们负责这项任务的，如果主教特权未被奉行，大学成员可以向他们提出申诉。

在法国，传统上不属于皇家特权的主管官的职责在近代早期由具有裁判权的司法官员和司法总管辖区法院来执行了。留给他们的唯一职责就是确保这些大学特权得到奉行。[83]

然而，从各方面看，中世纪时掌膳宿质量和价格的管理员保留下来了。[84]税务官和管理官员（意大利）、膳食员（葡萄牙）、市场职员（牛津）等仍然在城市中活跃着。虽然当时日益出现将这一监管职能给予那些越来越长期深入大学管理的非大学人士，但是这一职责也可由大学人士、市民或管理人员和合作组成的委员会来行使。

---

[81] F. D. Logan, 'The First Royal Visitation of the English Universities 1535', *The English Historical Review*, 106: 421 (1991), 861 – 888; 亦可参见 M. H. Curtis, *Oxford and Cambridge in Transition 1558 – 1642. An Essay on Changing Relations between the English Universities and English Society* (Oxford, 1959), 22 – 25, 32 – 34, 51 – 52, 167 – 168.

[82] Javier Alejo Montes, *La reforma* (注释 47), 24 – 25; M. Peset, 'La monarchie absolue et les universités espagnoles', *CRE-Information*, 72 (1985), 82 – 89.

[83] Villardi, 'Pouvoir royal' (注释 37), 231.

[84] 详见第 I 卷, pp. 131 – 132.

在意大利北部的大学，市民参与大学的管理已经有很长的历史了，他们以改革建议者的身份出现。由于管理团体是由学生组成的，所以这一组织的责任并非无足轻重。任命教授、组织课程、纪律和司法都在他们的权限之内。从16世纪起，他们成为大学的真正管理者，特别是在博洛尼亚大学和帕多瓦大学，从16世纪早期开始就是这样了。在卡塔尼亚，三名改革者中最年长的一位被称做是学校的保护者，在博洛尼亚大学，这一头衔授予了红衣主教使节。1544年，随着任命了一位新的具有公爵爵位的官员，比萨大学就更严格地处于外部监管之下了。[85]

意大利之外的大学，诸如鲁汶、科隆、爱尔福特、罗斯托克、巴塞尔，都是从它们建立伊始就处于强大的城镇影响之下。早在15世纪，市民们就已经密切地参与大学的管理了。这一趋势持续到以后的几个世纪。城镇居民以保护人的身份履行各种管理职能。在阿尔特多夫，正是纽伦堡市（该 183
大学的建立者）的四名市民来履行这些管理职能的。他们参与选举评议会的成员，参与任命校长和教授，定期视察大学，并且正式地参加所有典礼和庆祝活动。[86]荷兰各大学从建立起，就有校外的董事参与其学校管理委员会，这些人是大学的管理和组织中的重要人物、地方政府的对话者、大学的高级监管者。

最后，还需要提及一个在大学活动中起作用的外部官员——大法官或巴拉丁伯爵。在中世纪晚期和近代早期，在德意志帝国及意大利，从卡洛林王朝起，大法官继续在帝王的名义下行使某些司法职权，例如任命文书或授予贵族头衔和学术学位，该职权是大学与教皇和皇帝共享的最后一项特权。一般来说，候选人必须通过一些大学教授为此目的而设立的一个考试。由于受到了明显的指责，教皇庇护五世（1566—1572）虽然有自己的巴拉丁伯爵，称做拉特朗爵士，但他废止了巴拉丁伯爵的提升权力，然而，这

---

[85] Catalano, *Catania* (注释 55), 51 - 52; C. Malagola, *I rettori nell'antico studio e nella moderna Università di Bologna*. *Note storiche e catalogo* (Bologna, 1887), 10 - 11; S. De Bernardin, 'La politica culturale della Repubblica di Venezia e l'Università di Padova nel XVII secolo', *Studi Veneziani*, 16 (1974), 445; Wingens, 'Studenti' (注释 22), 242; Cascio Pratelli, *L'università e il principe* (注释 47), 128 - 131.

[86] Will, *Altdorf* (注释 47), 26 - 27.

一权力由皇帝继续执行。[87]由皇帝、巴拉丁伯爵或后来的特别指定为此项任务的人而设立的博士被称作掌玺博士来执行。不用说,这些掌玺博士——应该更合适地称之为荣誉博士,从整体上并不认为是与其合法授予的博士相同的,后者是以正常的学术方式毕业的。[88]

财政

大学史上的一个不变的因素就是缺乏资金来源,无疑在中世纪和近代早期也是如此。有些大学或学术机构如学院在某些时候是比其他机构状
184 况好一些,但是,毫无疑问的是,许多教育机构都很难像样地运行,而常常生活在温饱线之下。一位慷慨的捐献者也许能让大学短期内松一口气,但是,只要大学不能从某些权力机构或其他部门获得可观的和系统化的资助,生存仍然是困难的。

当然,从15世纪起,各自治市和地区当局日益愿意从市资金或政府资金中直接资助大学,但是作为交换,它们自然要求对大学的更多控制和权力。大学日益依靠当局的资金支持这一事实并未改变其(多数是不可靠的)经济状况——却势得其反。在战争时期,或经济危机和政治危机时期,那些统治者也不断需要钱,他们不会优先考虑这些教育机构的。度过困难时期的唯一方法就是更节俭。在18世纪的大改革中,努力将大学的所有财产合并,将所有收入统一为一个集中的资金,以确保大学的花费。那些开明的君主常常希望,将预算合理化和收入集中化能使大学更有效率而且会有节余。

撰写大学的经济史并不是一件容易的事,考虑到资金和经济来源总是具有可靠依据的,这就让人感到奇怪。因此缺乏资料并不是关于大学经济

---

[87] 关于宗教背景,见第10章, p. 426.

[88] A. von Wretschko, 'Die Verleihung gelehrter Grade durch den Kaiser seit Karl Ⅳ.', in *Festschrift Heinrich Brunner zum 70. Geburtstag dargebracht von Schülern und Verehrern* (Weimar, 1910), 689 - 735; E. Horn, *Die Disputationen und Promotionen an den deutschen Universitäten* (Leipzig, 1893), 103ff.; F. Gall, 'Palatinatsverleihungen an italienische Universitäten und gelehrte Gesellschaften, 1530 - 1653', *Mitteilungen des Österreichischen Staatsarchivs*, 15 (1962), 93 - 113; E. Schmidt, *Die Hofpfalzgrafenwürde an der hessen-darmstädtischen Universität Marburg/Gießen* (Giessen, 1973).

史的整体研究和综合研究如此少的主要原因。值得高兴的是,最近更多的多卷本著作常常有一章是讲述资金和经济状况的。本段文字就是以这些论述为基础的,但是我们显然无法在这里将所有这些著作都提及。[89]

在关于林特尔恩大学(1620)资金的综合性的一章中,格哈德·肖尔曼解释了为何真正掌握大学账簿是如此之难。[90]大学的各项收入很不相同, 185
各地产的契据也不相同,并常常变更,财产会转换,账目册有时保存得不完好,各种资料常常意义太含糊而不易进行计算。此外,我们还得考虑这样一个事实:经济状况与战争的进行、疆域的改变和转入另外一个地区之间都有着密切的关系,这些因素都会对拥有的财产和牧师薪俸产生影响,而这又是教授工资的一个重要来源。像海德堡这样的一所大学,其名称变换了好几次,其地产组成和演变非常复杂。[91]杰拉德·艾尔默对于牛津大学的各项收入的描述同样表明,解释这类账目是多么困难。[92]

各项收入

每所大学和发展完好的学院的财产可以分为两类:一种是它们完全拥

---

[89] Interesting information in Meiners, *Verfassung* (注释 73), 48–99; Villardi, 'Pouvoir royal' (注释 37), 232; G. E. Aylmer, 'The Economics and Finances of the Colleges and University *c*. 1530–1640', in *History of Oxford Ⅲ*, 521–558; Fernández Álvarez, *Salamanca* (注释 47), 399–441; Méndez Sanz, *La Universidad salmantina* (注释 63); J. Michalewicz, 'Les bases économiques de l'Université Jagellonne et leurs aspects sociaux', in M. Kulczykowski (ed.), *L'Histoire des universités. Problèmes et méthodes. Ière Session Scientifique internationale, Cracovie 13–14 mai 1978*, Zeszyty Naukowe Uniwersytetu Jagielloskiego DLXⅦ: Prace Historyczne, Z. 67 (Warsaw/Cracow, 1980), 91–100; W. Bingsohn, 'Zur Wirschaftsgeschichte der Universität Gieβen von der Gründung bis zum Beginn des 18. Jahrhunderts', In P. Moraw and V. Press (eds.), *Academia Gissensis. Beiträge zur älteren Giessener Universitätsgeschichte* (Marburg, 1982), 137–161; F. Claeys Bouuaert, *Contribution à l'histoire économique de l'Université de Louvain*, Bibliothèque de la Revue d'Histoire Ecclésiastique, 32 (Louvain, 1959); E. Schubert, *Matérielle und organisatorische Grundlagen der Würzburger Universitätsentwicklung 1582–1821* (Neustadt an der Aisch, 1973).

[90] Schormann, *Academia Ernestina* (注释 47), 181ff.; see analogue remarks for Jena in Steinmetz, *Jena* (注释 15), 73–76, 123–124 and for the German universities in general McClelland, *State, Society and University*, 88–93.

[91] Wolgast, *Heidelberg* (注释 47), 29ff. and Wolf, *Heideberger Universitätsangehörigen* (注释 47), 70ff.

[92] Aylmer, 'Economics' (注释 89), 550ff.;亦可见 Sutherland, 'Administration' (注释 47), 210–211.

有所有权的财产，这类财产它们可以自由处置；另外一种是它们只有使用收益权的财产。起初，什一税和神职人员的薪俸构成了第二类财产的最大部分，但从17世纪起，各君主逐渐形成一个规则：将他们地产的重要部分都只给使用收益权。通过得到这种形式的资助，大学发现自己的调动自由和安全性降低了。

最初的动产和不动产捐赠构成了一所大学或一所学院财产的基础。不动产可以包括庄园、土地、教区长的圣俸、房屋、商店等。很多捐赠者以现金、租金和其他外部收入的形式进行补充捐献。这些捐赠的目的是用于诸如购买设备和维修房屋和动产之类的事情的。

除此之外，大学的收入还包括学生的注册和毕业费用、罚金、小量的常常为某一特定目的的礼物，如获得书籍、教育资料或家具。

186 最后，许多大学都拥有一些有价值的物品，如珍宝、地毯、装饰品等，这些物品大多都是捐献品。

中世纪末开始，当局给予大学一些特别补贴物作为一种直接和固定的资金支持，这往往是通过给予大学某些税收的部分或全部来进行的（法国的盐税、威尼斯共和国的运输税、官方文献的制造等）。除此之外，罚金、运费、彩票收入等也可能给予大学。通过受俸牧师推荐权而任命一些神职薪俸职位也是大学的一项重要的和长期的收入。18世纪末，克拉科大学就可以支配不少于300个的圣职。[93]

一些具体的例子有助于理解近代早期大学的各项收入情况。当1536年哥本哈根大学作为一所路德派教育机构重新开放时，它的收入如下：被充公的教会财产和神职人员财产的收入、两个地区的主教什一税、两个教区的教堂需上缴的研究税、每年200泰勒的皇家津贴和由大修道院和主教提供的27份贫困学生奖学金。该大学还免交税收和其他费用，并且拥有向其学生和教授出售免税的啤酒和葡萄酒的权利。[94]鲁汶市与鲁汶大学签订的为数众多的以防止向市民走私的协定表明，这一权利会导致过分的行

---

[93] M. Michalewiczowa, 'Le bénéfice en tant qu'élément de la structure d'organisation de l'Université Jagellonne', in M. Kulczykowski (ed.), *L'Histoire*, 101 - 104.

[94] S. E. Stybe, *Copenhagen University. 500 Years of Science and Scholarship* (Copenhagen, 1979), 36 - 37.

为。1640 年,城镇估算大学所逃避的税收达几千荷兰盾。大学获自出售啤酒和葡萄酒的小额收益用来支付教授工资、盖房子和维持图书馆。[95]在其他一些城市,如乌得勒支,市长作为大学的创建者而具有更多权利,1657 年废止了大学的免税权利。作为学生入学数下降的补偿,乌得勒支市给乌得勒支大学校长每年 150 荷兰盾。[96]

古斯塔夫二世·阿道夫国王投资给乌普萨拉大学大量的钱,目的是使这所大学达到其他欧洲大学的水平。这一举措是使伟大的瑞典成为一个现代化的、发达的国家的整个一系列措施的一部分。1620 年,由于皇家的命令,乌普萨拉大学的教授数目增多,无牧师薪俸的教授则会收到一份固定的薪水。20 份皇家奖学金,一年后增加到 30 份,都是由皇家基金以外的钱支付的。政府还提供一名财务主管和一名秘书的工资,提供扩大大学图书馆的资金,以及提供扩大恢复学生住宿场地的资金。1624 年,国王将他自己在乌普兰和西曼兰的世袭地产给了乌普萨拉大学作为"它外部的、不能转让的财产"。这部分财产包括这两个地区的 264 个可自由处置的农场,74 个农场的二分之一的股票和 40 个农场的四分之一的股票,还有一些面粉磨房厂,还有海尔辛兰和西曼兰两地的 8 个堂区的什一税(其收入约每年 14 000 雷克司泰勒)。这些收入足够支付所有的工资和其他现时的花费了,并且每年还能有点剩余。该大学的财务总管负责经营管理这些财产。这一礼物在大学史上是绝无仅有的,它使乌普萨拉大学繁荣了两个多世纪。其他的一些瑞典大学同样完全从君主那里获得资助,但是方式不同。它们享受某些不动产所带来的收益,但却并非这些财产的主人,另外,它们还享有一些税收收入。当然,还有一些注册费、起动费及罚金收入。 187

由于奥布大学和多尔帕特大学的财产都是由君主管理而不是由大学自己管理的,国库管理人对于拖欠款项的事情也就很少能纠正,拖欠事件发生了不止一次,特别是在克里斯蒂娜女王统治时期(1632—1689),教授

---

[95] *Leuven* (注释 10), 67.

[96] W. Frijhoff, 'Hoger onderwijs als inzet van stedelijke naijver in de vroegmoderne tijd', in P. B. M. Blaas and J. van Herwaarden (eds.), *Stedelijke naijver. De betekenis van interstedelijke conflicten in de geschiedenis. Enige beschouwingen en case-studies* (The Hague, 1986), 110 - 111.

们因未能得到自己的工资而非常气愤。[97]

花费

以捐赠形式获得的收入大部分都是留出用于一些特定目的(奖学金、购买某些不动产、建房子、决定工资等)。仅仅是到了旧制度末,各大学,特别是那些由当局管理的大学开始拟定更现代的预算,它们的支出也变得不那么让人曲解了。

188 首先,大学要自己支付的费用有购买、改造和恢复大学建筑物及这些建筑物内部用具的花费。在17和18世纪,对大多数大学来说(从短期来说或从长期来说),它们被迫获取书籍、设备,并为此而提供必要的房屋,这从整体上来说是不可能的。另外,照明和取暖的费用也不能忽视。

近代早期的大学与它们中世纪时的前辈不同,它们将其预算的大部分用在了教授的工资及相对于教授人数较少的官员的工资上。与教授职位联系在一起的神职薪俸仍然是支付神学学者和艺术家工资的一个重要方式。此外,由中央、地方或自治城市各自提供的一些特别收入也会帮助支付工资。主要建立于16世纪的皇家钦定教授职位则使获得这一职位的人有了一定稳定的经济保障。其他个人也有出钱设立教授职位的,如托马斯·利纳克尔(约1460—1524)和亨利·萨维尔(1549—1622)在牛津大学(分别设立了医学、几何学和天文学的教授职位),1622年荣誉校长约翰·斯屈特(政治学和修辞学)和主教安德利斯·卡尔森尼厄斯1754年(辩论神学)在乌普萨拉大学都设立了教授职位。在萨拉曼卡大学,有财产保障的职员和大学评议员之间甚至出现了差别。某项财产的收益分发给前者,而后者则依赖于不那么固定的、更为短期性的支付方式。[98]

第三个重要的支出项目是学生奖学金,该项支出几乎毫无例外地由专为此目的而捐献的基金来支付。没有任何基金供其支配的大学学生宿舍的维护费用,也被纳入同类范畴。

---

[97] Lindroth, *Uppsala* (注释 14), 36 - 40;亦可参见 Klinge, *Helsinki* (注释 44), 24 - 33, 40 - 47, 135 - 144; Siilivask, *Tartu* (注释 74), 27 - 28, 39 - 40.

[98] 参见第5章, pp. 232 - 239; Lindroth, *Uppsala* (注释 14), 37 - 38, 105; Méndez Sanz, *La Universidad salmantina* (注释 63), 15.

变得越来越重要的一项支出项目是学术官员的工资以及支付给校外管理者的费用。被认为是属于公共关系领域的学术庆典、会议、会餐和活动也要花一大笔钱。

在所有的行会或其他组织中,均为组织内的寡妇、孤儿和病人提供特别基金。大学中也同样存在着类似的组织。这种组织在18世纪变得更为制度化。例如,在哈勒,1693年建立福雷德雷西纳学院时,就设立了一个寡妇补助基金。1801年,迈纳斯写道,这一补助金仍由大学药店的租金、大 189
学成员每年的捐款和投资收益来维持。[99]

门德斯·桑斯对于萨拉曼卡大学的研究给我们描述了18世纪大学支出的一幅清晰画面。工资占所有支出的38.5%,日常花费(管理、庆典、会餐)占4.3%—9.1%,维持大学附属教堂敬神活动的花费占2.0%—4.2%,购买资料和维修建筑占1.8%—7.9%,保管什一税和地产管理的费用占1.3%—3.2%,1.5%—2.9%用于神职津贴(付前任牧师什一税的酬劳);学生医院占支出的0.9%—1.2%,0—0.1%用于救济品,还有少量的钱用于杂事(法律诉讼、委员会等)。[100]

一般来说,各学院的经济状况要比大学乐观一些。学院的创建者和后来捐资者给了这些学院很多捐赠。而有效的管理又使得这些学院有可能稳步地增长其基础财产。然而,也有些学院发现自己因政治和经济原因而陷入严重的困难之中。各大学也很容易受到经济情况变化的影响:它们受到不良投资、货币贬值,特别是租金和利润的下降所带来的负面影响。对于财产的不良管理常常又会加剧业已存在困难的经济状况。大多数大学和学院一样,在其整个历史中都不得不与这一状况作斗争。对当局来说,这却提供了一个很好的机会使它们能够干涉、审查及采取措施,这些举措持续地削弱着大学的自治性。

关于这一关系,读一下C.迈纳斯在1801年写的观点很有意思。[101]他说,欧洲各大学的预算由不同的权力机构管理,有些大学选择从它们自己的学术团体中选出经济官员,其他一些学校则愿意将经济事务留给它们自

---

[99] Meiners, *Verfassung* (注释 73), 89-95.

[100] Méndez Sanz, *La Universidad salmantina* (注释 63), 52-69.

[101] Meiners, *Verfassung* (注释 73), 97-99.

己的政府为此目的指定的官员。根据迈纳斯的说法,他本人是哥廷根大学的一名教授,大学资金由向权力机构负责的专业官员负责是一种较好的和较有效的方式。他说在意大利和一些其他国家中(他没有具体说是哪些国家),由于教授的管理不称职和不细致,大学发现它们陷入了严重的经济困
190 难。根据迈纳斯的观点,自我管理 资金并不能确保不失去金钱,正如近来法国的发展情况所显示的那样——法国革命者没收了所有属于教会机构和大学的钱。

学院建筑

像牛津和剑桥、鲁汶和萨拉曼卡这些城镇里的建筑仍给人以这样一个印象:即学院主导大学。对于学院制大学来说,这一点肯定是没有错的,一般说来没有多少建筑是属于大学的。常常是一所学院拥有大量的主要建筑,它包括校长的住所,校长的管理部门、议会、宣传部门和其他庆典活动都在这里举行。罗马大学(萨皮兹学院)、巴黎大学(索邦学院)、克拉科大学(迈阿斯学院)、布拉格大学(卡罗林学院)和罗斯托克大学(迈阿斯学院和米纳斯学院)的情况都是如此。其中,后三所大学乃是教师型学院。这些学院将自己声望带给了整个大学。[102]和大学不同,各学院都已在中世纪时就有了它们自己典型的建筑形式(虽然它们都在 1500 年后全部重建),有些学院,如牛津大学的默顿学院或新学院,以及博洛尼亚大学的斯潘格纳学院仍能很好地反映出它们最初的样子。学生数量的增长,特别是富裕学生、付费学生的增多有助于产生拥有更大、更豪华建筑的需要。在近代早期的牛津和剑桥、在都柏林和北意大利的那些大学城中新建的学院,都是依样画葫芦地模仿其中世纪时先辈的形式。我们到处都可以看到四方院、门廊、大厅、附属教堂、图书馆、大钟和学院院长的住房。1493 年大火之后,在克拉科重建的新的迈阿斯学院的结构,则是学院结构大陆多样化

---

[102] J. Fletcher, 'The History of Academic Colleges: Problems and Prospects', in *I collegi universitari*, 15 – 16; J. Wyrozumski, 'Les collèges et les internats de l'Université Jagellonne aux XVe et XVIe siècles', in *I collegi universitari*, 135 – 137; M. Svatoš and J. Havránek, 'University Colleges at Prague from the Fourteenth to the Eighteenth Centuries', in *I collegi universitari*, 151, 154.

的开端。四方院结构被取消了，屋顶结构和其他建筑成分都与中世纪的模式不同。那些新建的新教学园，如日内瓦学园(1559—1560)、阿尔克特多夫学园(1571—1583)和洛桑学园(1579—1587)都很紧密地仿效克拉科大学迈阿斯学院的建筑模式。它们宣告了一种教育建筑上新的新教建筑风格。[103]在意大利，在大主教卡洛·博罗梅奥和费德里科·博罗梅奥的影响下，191 学院建筑发展了一种新的风格，即设有内部馆厅的雄伟的宫殿。它们包括一个一般的修道院，以及一所大学学院的其他成分，还有一个文艺复兴式或巴罗克风格的宫殿。费了很大的努力将所有的功能统一在一个建筑或一组建筑中。它们反映出了学生的社会组成和生活方式的变化，也反映了国家和教会对自己在高等教育事务中的作用的安排。在17、18世纪建立起的耶稣会学院尤其在城镇中占据着一个重要的地位。一个很好的例证是16世纪的维尔纽斯学园或17世纪布拉格的克莱门特姆学院，它们是城中除哈勒德卡尼城堡之外的最大的建筑。虽然我们无法准确地说出真正的耶稣会建筑风格是什么样的，但是耶稣会的各学院建筑的确存在着某种一致性。新建筑的计划一般必须由罗马的大院长批准。在理论上和风格上它们与上面描述的反宗教改革运动以后建造的其他学院建筑是一致的。[104]

撇开典型的学院风格不谈，中世纪是没有典型的大学建筑类型的。[105]已存在的建筑根据各种需要和财力进行改造，从15世纪起建了许多新建筑[106]。在16世纪的新教各国中，许多新建的大学以及旧大学，由于宗教改

---

[103] K. Estreicher, *Collegium Maius. Stammsitz der Jagellonischen Universität Krakau* (Warsaw, 1974); B. Pradervand-Amiet, 'L'ancienne académie et l'architecture scolaire du XVIe siècle', in *De l'académie à l'Université de Lausanne 1537 – 1987. 450 ans d'histoire* (Lausanne, 1987), 67 – 73.

[104] M. Kiene, 'Die Erneuerung der italienischen Universitätsarchitektur unter Carlo und Federico Borromeo', *Architectura Zeitschrift für Geschichte der Baukunst* (1988), 123 – 168; K. Rückbrod, *Universität und Kollegium. Baugeschichte und Bautypen* (Darmstadt, 1977), *Passim*; R. A. Müller, *The Colleges of the "Societas Jesu" in the German Empire*, *in I collegi universitari*, 178 – 179; Svatoš and Havránek, 'University Colleges' (注释 102), 152 – 153.

[105] M. Kiene, 'Die Grundlagen der europäischen Universitätsbaukunst', *Zeitschrift für Kunstgeschichte*, 46:1 (1983), 63 – 114.

[106] 参见第Ⅰ卷, pp. 136 – 138; Rückbrod, *Universität und Kollegium* (注释 104), 133ff., 187.

革运动,要求废弃不用教会建筑,各城镇向新大学提供建筑物及其周围属地,他们最大限度地改造了这些建筑。不充足的资金来源意味着这些房屋常常是质量欠佳的。还有其他一些问题,具体情形我们可以从1537年约翰·布根哈根写给国王克里斯蒂安三世的一封信中看出,前者是新路德派哥本哈根大学的首任校长。

> 我们将讲课的地点逐渐从大学转移到教堂——风雨迫使我们这样做。两名市长都批评了装玻璃的工人。木匠仍在做长凳子,在我看来,这种做工的方式很奇怪,而且很贵。所以我们还未能着手开始所有的讲课,辩论练习也未开始……所以,如果陛下您希望为这所大学建更多房子的话(这极为必要),必须找到一种新的方式;这里的工人需要有人驱使他们努力干活。[107]

192 不同的大学根据各自的需要和财力水平而获得建筑,这并不是一件容易的事情。各教育机构都坐落在城市城墙之内,它们和各行业一样,都尽可能地聚集在同一条街上或同一地区内。然而,在城市城墙之内扩展的余地并不是很大,[108]并且在大多数情况下,用于这种扩展的财力也同样缺乏。此外,就像上面已经说过的,对于实用性的学院建筑并没有详细的模式。

在近代早期,各学院和中央大学管理机构都希望拥有自己可以支配的单独的和专门构筑的建筑,在这类建筑中,它们可以更好地执行各种职能,更好地进行教育和研究(特别是演讲厅和图书馆)、管理、官方庆典和住宿。特别是在医学教育方面,现在日益感觉到有必要为一些特定目的服务提供房屋和设施,如解剖中心、物理中心、化学中心或实验室、植物园和天文观测台等,但满足这一要求的速度只能是缓慢的。[109]

由于意大利北部的各大学紧紧追随荷兰北部各大学的做法,它们非常强调实践、技术和试验,于是,它们就为此目的设计了特别的基础结构。最早的一批植物园是1544年在帕多瓦大学和比萨大学、1567年在博洛尼亚

---

[107] Stybe, *Copenhagen*(注释94), 35 - 36.

[108] Rückbrod, *Universität und Kollegium*(注释104), 37.

[109] 参见第14章, pp. 609 - 612.

大学建立的,学生在这里研究植物学和药用植物。阿尔卑斯山以北的各大学很快竞相仿效:1580 年在莱比锡建立了一个植物园,1587 年在莱顿大学、1588 年在巴塞尔大学和 1593 年在海德堡大学分别建立了植物园。

帕多瓦大学尽管有着悠久的历史和一些著名的解剖学教授,但该大学直到 1594/1595 年才由希耶罗尼莫斯·法布里希乌斯·埃博·阿夸彭登特(1537—1619)建立了第一个独立的解剖学中心。这些意大利北部大学的校友将他们的教育体制转移到了荷兰共和国。[110]并且在这里还有所发挥。荷兰的解剖学中心,确切的说,是莱顿大学的解剖中心(1597)、代尔夫特的解剖中心(1614)和阿姆斯特丹的解剖中心(1619),不仅仅具有教育功能,它们还是文化中心。一个解剖中心除了有一座科学图书馆外,还包括一座艺术作品的博物馆。外科医生和助产士的教学在该大楼的特别房间里进行。植物园就在附近,是互相激励的学者、"业余爱好者"和艺术家们聚会的地方。各植物园对公众开放。这些中心正是以这样的方式扮演了在其 193
他国家中科学学园和科学社团的角色。[111] 在法国,只有蒙彼利埃大学(欧洲优秀的医学教育中心之一)有自己可支配的适宜医学学生的建筑。1566 年,它获得了自己的解剖中心,这是法国的第一个此类中心,但它仍旧没有独立的石楼,1593 年拥有了自己的植物园。在 17 世纪,甚至在 18 世纪,其他法国教育机构才开始缓慢地仿效,有些甚至无动于衷。巴黎大学甚至从未有过自己的植物园,学生们只能参观皇家花园,直到 1617 年巴黎大学才有解剖中心。[112]对于许多其他法国大学来说,波尔多大学不得不依靠建立于 1712 年的皇家科学院的图书馆和其他科学和教育的设施。[113]

就临床教学来说,医学教授及其学生们转向当地的医院。医学院与城

---

[110] H. de Ridder-Symoens, 'Italian and Dutch Universities in the Sixteenth and Seventeenth Centuries', in C. S. Maffioli and L. C. Palm (eds.), *Italian Scientists in the Low Countries in the XVII th and XVIII th Centuries* (Amsterdam, 1989), 37 – 38.

[111] J. Rupp, 'Theatra Anatomica. Culturele centra in het Nederland van de zeventiende eeuw', in J. Kloek and W. W. Mijnhardt (eds.), *De productie, distributie en consumptie van cultuur* (Amsterdam, 1991), 13 – 36;亦可参见第 11 章。

[112] Brockliss, *French Higher Education*, 397 – 398.

[113] L. Desgraves, 'Bordeaux au XVIII e siècle', in C. Jolly (ed.), *Histoire des bibliothèques françaises*, vol. II: *Les Bibliothèques de l'ancien régime, 1530 – 1789* (Paris, 1988), 477 – 487.

市医院之间达成了协议，大学自己不提供所需要的基本设施。名副其实的第一所大学医院也许是有40个床位的教学医院，它是莱顿大学1798年专为教育的目的建立的。[114]

由于在教学建筑上的这些变化，从16世纪末起，特别是在17、18世纪，大学开始对城市特征产生了影响（萨拉曼卡学校的内院、科英布拉的学校平台、巴黎的拉丁区、维也纳和维尔茨堡的阿尔特大学、牛津的四方院学院和阿什莫林博物馆）。[115]事实上，与学院一样，官方的学院建筑从16世纪末起也同样经历了一个质变的过程。巴罗克风格成为重建或新建大学建筑风格的重要要素。人们努力将所有的功能以一座建筑或一个建筑复合
194 群来体现，包括教室，供考试、宣传、管理和图书馆所用的房间。一个很好的例子就是博洛尼亚大学的阿吉纳斯奥豪华宫殿，原本是新学校的奇异建筑，建于1562—1563年，博洛尼亚大学在该地一直呆到了1803年。这一具有纪念性的建筑包括一个附属教堂和十个作教室和图书馆用的房间。其中有两个较大的、装饰得较好的大厅（一个属于文学院和医学院，另外一个属于法学院的大教室）是用来进行重要讲座、考试、发表公告及其他官方庆典的。在1637年，该建筑中按帕多瓦和比萨模式建造了一个解剖中心。18世纪，他们寻找新的地方来放置自然科学收藏品。而赞博尼的三座建筑就归属于科学学院。[116]18世纪的大学建筑不再考虑大学师生的团体生活了。科学与教育的殿堂或宫殿必须反映国家和教会的权力，并表现出知识转化与职业教育的实际性和实用性特征，这就是为什么人们特别注意技

---

[114] H. Beukers, 'Clinical Teaching in Leiden from its Beginning until the End of the 18th Century', *Clio medica*, 21 (1988), 139 - 152; V. - P. Comiti, 'Le développement de la clinique en Europe au XVIII e siècle', in C. Bruneel and P. Servais (eds.), *La Formation du médecin: des Lumières au laboratoire*, Travaux de la Faculté de Philosophie et Lettres de l'Université Catholique de Louvain, 37 (Louvain-la-Neuve, 1989), 5 - 12.

[115] 详述见 Rückbrod, *Universität und Kollegium* (注释104), 103 - 132 and further 142 - 161；关于大学在城市中的功能见 Frijhoff, 'Hoger onderwijs' (注释96), 92ff.

[116] C. Colitta, *Il Palazzo dell'Archiginnasio e l'Antico Studio Bolognese*, 2nd edn (Bologna, 1980).

术的基础结构的原因。[117]在萨拉曼卡大学，人们努力让已存的建筑结构适合于那些新思想。新建的小型大学必须在已存在的较大的大学和学院之间建立相当广泛的联合。[118]

所有这些变化都未能改变这样一个事实：那就是直到19世纪，许多学校仍不得不应付基础设施不足的情况。科隆大学提供了一个很好的例证。在15世纪末，建了两座综合楼，一座给法学院，另一座供艺术家及少数医学院学生使用。这些建筑同样也是多功能的，有供学生住的房间、教室、一个图书馆及一个庆典用的大厅，在几个世纪中，重建工作都一直在继续。直到18世纪，医学院才有了自己的一个解剖中心（1715）和一个植物园（1728）。[119]在杜伊斯堡，1654年，一个文法学园被改为一所大学，也提供将小型大学放在已有建筑中的好的印象。该大学成立两年之后，将凯瑟琳女 195
修道院和教堂转变为一所大学的行动就开始了。该教堂的一楼改装成一个大厅，连着一个图书馆，楼上建成存放档案资料的房间，监禁室置于楼顶之上。教授们住在修道院里，管理员和园丁们的住所、解剖中心和一个体操馆都设在修道院里。化学实验室设在地下室。修道院的花园则为带玻璃房的植物园提供了场地。该解剖中心和实验室对于邻居们来说是个非常令人讨厌的东西，但直到该大学在1818年关闭时也没找到合适的解决办法。19世纪期间，所有的建筑都被毁坏了。[120]弗拉讷克的基督教兄弟会修道院也被改建成了大学（在大学1584年成立之后），其改建计划大同小异。[121]甚至在17世纪末，像哈勒（1693）这样的一所“改革”大学也没有自己合适的建筑，该大学的大多数讲座和考试都在教授家里进行。要举行公众

---

[117] Rückbrod, *Universität und Kollegium*（注释104），142－161，根据K. Rückbrod, 'Die Leitbilder der Universitäten in der geschichtlichen Entwicklung', *Information. Hg. Zentralarchiv für Hochschulbau*, 8:31 (1975), 15－28；关于18世纪斯堪的纳维亚大学建筑的说明见Klinge, *Helsinki*（注释44），254－289.

[118] J. Álvarez Villar, *The University of Salamanca. Art and Traditions*, Acta Salmanticensia, History of the University, 32 (Salamanca, 1980), 35－125.

[119] G. Binder and G. Müller, *Die Bauten der Universität zu Köln* (Cologne, 1988), 7－13.

[120] G. Born and F. Kopatschek, *Die alte Universität Duisburg* 1655－1818 (Duisburg, 1992), 32.

[121] 参见注释16.

演讲，大学得租用城里的计重所，而且还只能在没有城市庆祝活动或舞台演出的时候才可以租用。1731 年，该大学可以用面包房作为其行使管理职能的地方。1727 年，科斯希威茨教授自己出钱建了一个解剖中心，因为收费，该解剖中心从一个解剖学教授转给另外一个解剖学教授。[122]

17 世纪以后，大学图书馆(并非学院图书馆)才被建成专门功能的独立建筑。不时这些图书馆成为建筑和装饰的珍品，正如我们从现在的一些图书馆中可以看到的，如牛津(博德利图书馆)、都柏林(朗卢姆学院和三一学院)、萨拉曼卡和科英布拉。

图书馆、档案馆和大学出版社

在中世纪，图书馆主要是由各学院建立的，少量是由同乡会建立的，还有更少的一些是由各院系建的。几乎所有的大学图书馆都是开始于近代早期。实际上，从 16 世纪起，几乎所有新建的大学都有一个公共图书馆。
196 1853 年出版的尤利乌斯·佩佐尔特所著的德国图书馆 概要，[123]很清楚地让我们看到神圣罗马帝国中各大学图书馆建立的方式。然而，这份概要显示，只有在 18 世纪，大多数图书馆才有一定的规模和重要性，才有几千本藏书。在宗教改革国家的城镇里，如莱比锡、巴塞尔和马伯格，废弃不用的修道院常常成为大学图书馆的基础。当然，德意志帝国以外的国家中也存在同样的情况，如哥罗宁根、乌得勒支和斯特拉斯堡。1775 年玛丽亚·特蕾西娅女王宣布关闭耶稣会控制的图书馆时，维也纳大学图书馆才开始引起人们的注意。[124]

常见的情况是，建立一所主图书馆的动力来自于君主。君主为这一目的捐钱给一所新大学或一所业已存在的大学。成立于 1379 年的爱尔福特大学在 1510 年有了自己的第一个图书馆。该图书馆直到 1717 年才有了

---

[122] G. Mende (ed.), *450 Jahre Martin Luther Universität Halle-Wittenberg*, vol. Ⅱ: *Halle, 1694 – 1817, Halle-Wittenberg, 1817 – 1945* (Wittenberg/Halle, 1952), 490; W. Schrader, *Geschichte der Friedrichs-Universität zu Halle*, vol, I (Berlin, 1894), 89 – 90.

[123] J. Petzholdt, *Handbuch Deutscher Bibliotheken* (Halle, 1853).

[124] W. Pongratz, 'Geschichte der Universitätsbibliothek', in *Studien zur Geschichte der Universität Wien*, vol. I (Graz/Cologne, 1965), 22ff.

一些名气,因为1717年爱尔福特省长菲利普·威廉·布内贝格公爵将他自己的图书馆(当时最富有的私人图书馆之一)连同一笔3000盾的资金一同捐给了爱尔福特大学。这笔钱意味着可以请一名图书馆管理员并使图书馆的藏书更为完善。[125]哥本哈根的公共图书馆也是直到1605年才发展为一家真正的科学图书馆,因为该年丹麦国王将自己的图书馆捐给了哥本哈根大学;在瑞典,乌普萨拉大学图书馆的建立始于国王古斯塔夫二世·阿道夫在17世纪20年代的一大笔捐赠。[126]除极少数个别情况外,法国大学图书馆和学院图书馆在法国革命之前都是无足轻重的。捐献者对于建立或支持私人图书馆和宗教社团的图书馆更感兴趣,而对那些小的、不繁盛的、常常只有几十本书的大学图书馆不感兴趣。1789年,当时存在的22所大学中只有四所(卡昂、杜埃、斯特拉斯堡和巴黎)拥有一个中央大学图书馆。在大多数情况下,一所学院、同乡会或院系的图书馆被当做一般图书馆来使用。[127]

然而,一直到了18世纪,几乎所有的大学图书馆仍旧是规模小、不被重视。由托马斯·博德利于1602年建立的牛津大学的公共图书馆则是一个例外。牛津大学图书馆丰富的藏书和成百上千份手稿吸引了全欧洲的 197
读者。[128]学院和系部图书馆或宗教界(特别是耶稣会)的图书馆相比较而言则富裕得多,这一点与图书资料的获得方式有着紧密关系。在中世纪,各图书馆几乎都毫无例外地由捐赠和罚金收益维持,这一情况一直持续到了18世纪。前面提到的佩佐尔特对于这一情况提供了大量的例证。

实际上,在"新知识"的影响下,人们对书籍的需求增长了,但常常缺乏获得书籍的手段。只有那些富裕的学院,如牛津大学、剑桥大学、鲁汶大学和巴黎大学的学院,能够有钱自己较系统地获得图书。现存的大量的牛桥或巴黎大学的学院图书馆的账目让我们对于图书的获得和选择政策有一

[125] Petzholdt, *Handbuch*, (注释123), 116–117.

[126] J. Vallinkoski, *The History of the University Library at Turku*, vol. I: *1640–1722* (Helsinki, 1948), 46; Lindroth, *Uppsala* (注释14), 51–52, 60–64.

[127] J. Artier, 'Les bibliothèques des universités et de leurs collèges', in Jolly (ed.), *Bibliothèques françaises* (注释113), 45–46.

[128] J. Philip, *The Bodleian Library in the Seventeenth and Eighteenth Centuries*, The Lyell Lectures (Oxford, 1980–1981), 35–36.

个有趣的了解。[129]然而，大学机构证明其是有创新能力的，或是，它们常常实施一种过去常用的制度，即“义务”捐赠。1566 年由奥伯特斯·吉范纽斯创办的奥尔良大学德国同乡会图书馆最开始只有一批藏书，之后每位成员离开时都必须捐给同乡会一本书。[130]为了支持建立于 1693 年的哈勒大学的新图书馆，法学院的章程在 1694 年规定，每位博士都得捐献一本价值为 1 弗罗林（或 3 泰勒）的书给大学图书馆。[131]甚至在此之前，许多德国大学就已形成了每位教授将自己出版的书捐一册给图书馆的传统。[132]

另外一个获得经费的方法是对图书馆使用者收费。牛津大学在 1780 年开始实施收费的决定对于牛津大学图书馆图书的购买产生了直接的正面影响。在该图书馆刚成立的最初几年中，它几乎没有任何经济困难。由
198 于该图书馆的建立者托马斯·博德利（1545—1613）的丰厚捐赠，图书馆最初不依赖大学补助金。由于受 17 世纪中期国内战争的影响和许多未偿还的债务的影响，“公共图书馆”不能再适合当时的情况了。作为暂时的解决办法，大学自己提供救助，但是在 18 世纪初，经济情况恶化非常严重，以至于在 1701 年，牛津大学图书馆馆长托马斯·海德辞职了，因为他无法再获得图书。他的困难之一就是到 1695 年，1662 年制定的出版许可法案失效，以及随后发生的伦敦书籍印刷出版经销同业工会与博德利图书馆于 1610 年达成协议的解除，通过该协议，博德利图书馆可以免费获得该会注册的书籍的一册。在 1709 年实行了版权法后情况有些好转，虽然据估计，

---

[129] N. R. Ker, ‘The Provision of Books’, in *History of Oxford Ⅲ*, 441 – 477; R. Taton (ed.), *Enseignement et diffusion des sciences en France au XⅧ e siècle*, Histoire de la Pensée, 9 (Paris, 1964;1986 年重印), 159 – 162.

[130] C. L. Heesakkers, ‘Le procurateur Obertus Giphanius (5 novembre 1566 – 4 janvier 1567)’, in R. Feenstra and C. M. Ridderikhoff (eds.), *Etudes néerlandaises de droit et d'histoire présentées à l'Université d'Orléans pour le* 750*e anniversaire des enseignements juridiques*, special issue of *Bulletin de la Société archéologique et historique de l'Orléanais*, NS, vol. IX, 68 (1985), 133 – 135.

[131] J. Dietze (ed.), *275 Jahre Universitäts- und Landesbibliothek in Halle* (*Saale*). *Entwicklung und Leistung einer Bibliothek* (Halle, 1971), 20.

[132] In Basle 1591, Jena 1592, Tübingen 1604, Vienna 1608, see Vallinkoski, *Turku* (注释 126), 45;Steinmetz, *Jena* (注释 15), 50.

在18世纪，英国的出版物中只有约10%是登记和上缴的。[133]

在法国，为了皇家图书馆的利益，法定上交图书制度于弗朗西斯一世(1537)时期建立起来。这一制度很快被其他各省仿效。1662年英格兰的出版许可法案不仅使皇家图书馆获得了每一种新出版的图书，也使牛津和剑桥的大学图书馆获得了这一好处。

1709年的版权法案把必须上缴书的册数增加到了9册。苏格兰大学的图书馆也在该法案的范围之内了。在其他一些国家中，也强制性要求将出版的书放到大学图书馆。普鲁士各省也通过了这方面的一些法令，为柏林皇家图书馆以及法兰克福、哥尼斯堡和哈勒几所大学的大学图书馆提供书籍。当局认为，大学出版社作为大学团体中的一员，有责任向大学图书馆捐赠其出版的每一册书。但实际上，这些捐赠并不经常发生。[134]类似地，书商兼出版商也被认为必须将其出版的每种书捐赠一册给大学。[135]由于在旧制度时期的大多数图书馆都未执行一个制度化的获得图书的政策，而是依赖于捐赠，这二者共同导致了大学图书馆的藏书相当杂乱。只是在文艺复兴早期，关于“理想的图书馆”的更为体系化的思想才有所发展，图书馆学也发展起来了。为此作出贡献的人诸如汉诺威和沃尔芬比特尔的图书馆馆长戈特弗里德·威廉·莱布尼茨(1646—1716)和维也纳宫廷图书馆馆长彼得·兰贝克(1628—1680)。他们都呼吁图书收集要成体系，而要达到这 199
一目的必须要有资金；藏书一定要有目录，要使读者更舒适；还有一些具体措施如增加开放时间、改善照明、供暖和家具。[136]在整个18世纪期间，许多大学图书馆都将这一理念部分地或全部地实施了。与法兰克福大学同时存在的于1506年创建的法兰克福大学图书馆，在约翰·克里斯拖夫·贝克

---

[133] I. G. Philip, 'Libraries and the University Press', in *History of Oxford V*, 725, 742.

[134] 关于登记和存放情况参见 R. C. B. Partridge, *The History of the Legal Deposit of Books throughout the British Empire* (London, 1938).

[135] For Heidelberg: Wolf, *Heidelberger Universitätsangehörigen* (注释47), 53-60; for Jena: Steinmetz, *Jena* (注释15), 49; for Prague: Petzholdt, *Handbuch* (注释123), 307; for Halle: Dietze (ed.), *Halle* (注释131), 22.

[136] D. Schmidmaier, *Die Entstehung der bürgerlichen Bibliothekswissenschaft* (Freiburg im Breisgau, 1974), 72-77; for France: C. Jolly, 'Bâtiments, mobilier, décors', in Jolly (ed.), *Bibliothèques françaises* (注释113), 360-371.

曼(1641—1717)鼓舞人心的领导下进行了整修。而在整修前,把该大学图书馆称做图书收藏处比称做图书馆更为合适。[137]爱尔福特、弗莱堡和罗斯托克的图书馆都只是在18世纪中期才获得了一定的地位,而创建于1627年的鲁汶主图书馆则只是在18世纪才真正显示其重要性。科尔内耶·弗朗索瓦·德·内利斯(1736—1798)在欧洲的每次重大拍卖会上都要系统地购书。直到那时,学院图书馆都有满足师生需求的责任。[138]哥廷根大学图书馆(1733年与大学同时建立)在18世纪时可算得上是一个模范图书馆了,这要归功于汉诺威选帝侯领地当局资金上和道义上的支持,该大学图书馆可以支配大量的资金用于购买图书、编目录、聘请足够的工作人员,于是,也就能够提供充足的开放时间。歌德特别赞扬了这一为读者提供的优良服务。[139]

图书馆的质量还在很大程度上取决于馆长。图书馆馆长一般由一名教授或一名院士,有的时候甚至由一名研究生以第二职业的方式担任。所以,担任该职务的人的献身精神和热情决定了管理水平。很明显,在莱顿大学,人们对这一点深有理解。成立于1575年的该大学在历经三次组织一所公共图书馆的努力均告失败之后,1585年任命贾纳斯·杜萨(1545—1604)为当时还处于萌芽时期的图书馆的馆长,贾纳斯·杜萨是名精干的学者,是大学董事会的主席,也是托马斯·博德利的熟人。位于一个教堂旧址的图书馆直到1595年才开始正常运转。由于有了一些重要的捐赠,以及那些具有很高科学声望的图书馆管理员的系统化的添置图书政策,莱顿大学
200 图书馆发展成为主要的科学图书馆之一。[140]弗拉纳克图书馆1626至1644年间的历史同样表明,只有有影响的人对于大学图书馆有着个人兴趣时,大学图书馆才能成功发展。董事约翰尼斯·赛克马(1572—1636)任命一些称职的、爱书的人从事图书馆管理工作,并且执行一种自觉的添置

---

[137] D. Schmidmaier, 'Gedanken zu einer Bibliotheksgeschichte der Universität Frankfurt (Oder)', in Die *Oder-Universität Frankfurt. Beiträge zu ihrer Geschichte* (Weimar, 1983).

[138] *Leuven* (注释 10), 65-67.

[139] Dietze (ed.), *Halle* (注释 131), 32.

[140] E. Hulsoff Pol, 'The Library', in T. H. Lunsingh Scheurleer and G. H. M. Posthumus Meyjes (eds.), *Leiden University in the Seventeenth Century. An Exchange of Learning* (Leiden, 1975), 394-459.

图书政策，购置图书的资金部分来自预付图书版税、捐献以及当局偶尔发放的补助金。[141]总之，可以这样说，只有在17世纪下半期和18世纪中期，一些较大的图书馆才开始聘用较专业的图书管理者并且适当地支付他们工资。[142]在都柏林大学三一学院，直到20世纪中叶才任命一位全职的专业图书馆馆长。[143]图书馆馆长由馆员协助工作，馆员是进行手工操作的工人。[144]

购买这么多图书逐渐就引发了场地的问题，16世纪下半期找到的一个解决方法是不再把书籍水平摆放、串在斜面的桌子上了，而是用许多水平书架把书竖着放。在第一阶段，在斜面桌子上放两个或两个以上的书架（货摊式）。此类的著名大学例子有牛津大学（汉弗莱公爵图书馆、博德利图书馆、默顿学院和基督圣体学院），都柏林大学（朗卢姆学院，三一学院）。然而，同时在欧洲大陆上，16世纪时，它们已变成了墙式：在一个大厅里，靠墙放着一些高书架（1567年艾斯克瑞尔图书馆和梵蒂冈图书馆，英国最古老的例子是汉弗莱公爵图书馆和牛津博德利图书馆）。很快，高度的问题就通过建造一个与堆放书柜的墙一半高的门廊来解决。当这些书柜横着放的时候，三面都可以走近书架。这一形式在17世纪末和18世纪的大法兰西图书馆（非大学图书馆）中经常使用。克里斯托夫·雷恩将书柜上方的墙上开一些高窗户，从而改善了图书馆的照明情况（剑桥大学三一学院，灵感来自于都柏林大学三一学院的朗卢姆）。在17世纪期间，将图书链串在一起的习惯消失了，但有些地方仍继续使用绳串直到进入18世纪。[145]由于书籍的丢失是个无法解决的问题（与我们现在一样），[146]大多数书都是不 201

[141] M. H. H. Engels, ‘De Franeker academiebibliotheek 1626 - 1644’, in Jensma, *Franeker* (注释 16), 161 - 176.

[142] 例子见：Sutherland, ‘Administration’ (注释 47), 207; J. C. T. Oates, *Cambridge University Library. A History: from the Beginnings to the Copyright Act of Queen Anne* (Cambridge, 1986), 119, 295; M. Caillet, ‘Les bibliothécaires’, in Jolly (ed.), *Bibliothèques françaises* (注释 113), 372 - 390 and Artier, ‘Les bibliothèques des universités’ (注释 113), 46 - 47.

[143] P. Fox (ed.), *Treasures of the Library, Trinity College Dublin* (Dublin, 1986), 5.

[144] Dietze (ed.), *Halle* (注释 131), 23 - 26; Vallinkoski, *Turku* (注释 126), 45.

[145] N. Pevsner, *A History of Building Types* (London, 1976), 91 - 110; Jolly, ‘Bâtiments’ (注释 136), 360 - 371.

[146] 显著的例子见 Philip, ‘Libraries’ (注释 133), 749 - 751.

外借的。唯一例外是那些讲课要用的书可以外借。根据地点和时间,学院图书馆和大学图书馆的图书管理员会允许教授们带几册书回自己的住处,但这并不是一个常规的程序。顺便说一句,大多数这类图书馆都是每周对高级学院的研究生和教师开放几个小时。有些学院图书馆有为本科生准备的专门的参考图书馆。

起初,许多大学的主图书馆都是位于中心建筑之中,例如鲁汶大学的图书馆在礼堂里、哈勒大学的在计重所、杜伊斯堡大学的在评议会大楼、普瓦捷大学或奥尔良大学的在大校舍内,或像阿尔特多夫大学和维尔茨堡大学那样在一所学院中。其他的一些大学则利用废弃的建筑,如莱顿、哥本哈根和奥布大学的图书馆都是在一所教堂里,维也纳大学的在一个修道院医院里,塔图大学的在一个学院印刷部中。[147]后来这些大学才非常缓慢地开始建造(常常是宏伟的)大楼,如都柏林,牛津、科英布拉、萨拉曼卡和克拉科等大学。

学院和大学的档案则保存在柜子里,放置在学院或大学的某座建筑中,保密体系非常复杂,要么是放在图书馆中锁好的箱子里,要么是放在一间特别用作保存档案的屋子里。当出现由于路过城市的军队而引起的危险时,马上尽力想办法把这些档案材料转移到安全的地方。在法国大革命时期,许多大学被取缔了,它们的档案材料遗失了,但后来大多数都在各个地方重新找到了,最主要的是在当地的公共记录部找到的。这样,虽然大多数法国大学的档案资料目前都保存在部门档案馆,许多意大利大学档案都保存在地区政府档案馆或城市档案馆,但鲁汶大学的档案却是在布鲁塞尔的公共历史中心,杜伊斯堡大学的档案材料则存放在波恩的大学图书馆里。

有些大学任命专职的档案管理员。牛津大学约从1636年起实行的《劳德章程》提到了新设立的"档案保管者"的职责:他必须能够为保护大学
202 特权而传送必要的文献。他的工资从"保护特权"的一项税款中支出。[148]

此外,图书馆也常常充当博物馆,保存着地图、钱币、地球仪、天文设

---

[147] Boissonnade, *Poitiers* (注释 47), 24–25; Vallinkoski, *Turku* (注释 126), 44–45, 119; Born, *Duisburg* (注释 120), 42.

[148] Sutherland, 'Administration' (注释 47), 208.

备、艺术作品、绘画作品、动植物标本等。简言之,图书馆更像个珍品博物馆。[149]

从各大学成立之初起,每个经营书籍的人都是大学的一名成员。随着印刷术的发展,印刷商在大学城镇中定居下来。最初印刷商、出版商与母校之间的关系不总是很友好,后来则更糟。印刷商可以获得学院印刷事务(章程、计划书、论文等)的垄断权。为大学工作的装订工同样获得了大学成员的地位,负责在课程教学中分发教学手册的书商也获得了这一地位。在18世纪的海德堡大学,作为大学成员的、知道名字的就有22名装订工人、4名(或5名)大学印刷商和9名书商。拥有大学成员地位的印刷商必须优先做所有大学的印刷事务,并且做大学的业务时还要以固定的价格,并遵守当地关于印刷的法律。[150]

在印刷术发展的早期,由人文主义的印刷商资助、由学者们支持进行了各种实验。其中最为著名的也许要数巴黎的菲谢·纪尧姆的印刷所(1470—1473)和剑桥大学的约翰·西贝奇的印刷所(1521—1522/1523)。它们引进了意大利人文主义者的(卡洛林小草书体的)字体。在意大利北部那些有很多人参与印刷业的大学里(帕多瓦,帕维亚、比萨、锡耶纳),都具有很高的科学水准。15世纪70年代成立的那些印刷所生存很难,它们在16世纪的前几十年大多消失了。只有在博洛尼亚,情况看上去稍好一些。15世纪末和16世纪初,神圣罗马帝国里的人文主义的印刷所(莱比锡、罗斯托克、维滕堡)或在伊比利亚半岛上的印刷所(阿尔卡拉)同样都是短命的。这些"学院"出版社之所以不成功,原因很简单,显然是它们的组织商业化不足,并且过分依赖科学出版商的介入和同事们的信誉。起初,只有那些在大商业中心(威尼斯、安特卫普、巴黎和巴塞尔)里安顿下来的,并因此能够控制分配途径和手段的那些印刷商才能在大学之外兴旺发展。鲁汶是个相当例外的例子,它的出版商有在1473年开始从事鲁汶的印刷业的约翰·威斯特法利亚(卒于约1502年)及他的后继者阿尔斯特的蒂埃里·马滕斯(1446/1447—1534),鲁特格尔·雷希斯(约1497—1545)和斯特 203

[149] 诸多事例见 Vallinkoski, *Turku* (注释 126), 127 - 128 and Hulsoff Pol, 'The Library' (注释 140), 414 - 417.

[150] Wolf, *Heidelberger Universitätsangehörige* (注释 47), 53 - 60.

拉斯堡的约翰·斯图谟(1507—1589)。[151]虽然这几个印刷商(他们本身也是学者)也都进入了大学的花名册并为大学印刷,但并不能说他们是学院印刷商。鲁汶大学从一开始起就既不为他们提供住处也不提供资金条件;然而,他们与三种语言学院的关系却非常密切。[152]很多大学印刷所发现它们也处于类似的情况,虽然有些印刷商成功地设法从大学获得多一些权利,如在17世纪80年代,爱丁堡学院的印刷商安德森夫人设法将她的印刷所设在与图书馆相同的层面,即在第一层楼上。而阅读室中的读者能否集中精力则是另外一回事了。[153]由于新成立的林特尔恩大学(1620)在1621年希望吸引一名享有特权的印刷商,该大学为来自于吉森的印刷商彼得·卢西乌斯(1590—1656)提供以下合同:除了每年付给他50雷克斯泰勒的年薪以外,他还可以免费使用大学建筑里的一个工作间和一个住处,但是,这些房间要由他自己花钱来整修。1656年卢西乌斯去世以后,他妻子继任学院印刷商,再后来是他的儿子和孙子担任。[154]年轻的莱顿大学从1575年创办起就任命了一名学院印刷商,在克里斯托弗·普朗坦(约1520—1589)和他的女婿弗朗西斯克斯·拉斐伦吉斯(1539—1597)的指导下,以官员普朗坦(1583—1619)为名的这一印刷出版机构获得了国际知名的声望。它无疑有助于提高莱顿大学的吸引力。[155]埃尔塞维尔家族的几位成员在1587年定居莱顿做书商之前是在安特卫普的普朗坦印刷社工作的,他们接手了拉斐伦吉斯的大学印刷活动。印刷商兼书商伊萨克·埃尔塞维尔(1596—1651)与莱顿大学在1620年签订的合同能很好地让我们了解学院印刷机构的功能。然而,很明显,这无法与在牛津和剑桥的真正的大学印刷所的功能方式相比较(见下文,204页)。莱顿的印刷社本身并不是大学的一个
204 部分。埃尔塞维尔一直是一个独立的印刷商,他要对大学履行一定的合同

[151] 第I卷, pp. 128, 465; E. P. Goldschmidt, *The First Cambridge University Press in its European Setting* (Cambridge, 1955), *passim*.

[152] H. de Vocht, *History of the Foundation and the Rise of the Collegium Trilingue Lovaniense, 1517 - 1550*, vol. I (Louvain, 1951), 87 - 88 and *passim*.

[153] J. Bevan, 'Seventeenth-Century Students and their Books', in G. Donaldson (ed.), *Four Centuries of Edinburgh University Life 1583 - 1983* (Edinburgh 1983), 17 - 18.

[154] Schormann, *Academia Ernestina* (注释 27), 136 - 140.

[155] E. van Gulik, 'Drukkers en Geleerden. De Leidse Officina Plantiniana (1583—1619)', in *Leiden University* (注释 140), 367 - 389.

责任,并因而获得一些特权、50 荷兰盾的年薪,以及使用大学建筑中的一处地方。作为大学的合同印刷商,埃尔塞维尔必须总是留出一个半印刷机来印学院当局和教授的小文章,较大的作品则可以商议后决定。印刷商必须确保有能够进行高质量工作的优秀校对员为他工作。莱顿印刷社印刷的每本书都要送给莱顿图书馆一本。印刷商兼书商必须承担风险自己出钱购买(主要是)法兰克福大学教授们愿意付印的所有的书,并以一般的书店价格将其出售。此外,他还得尊重荷兰政府颁布的法令法规。[156]每个国家的印刷商都被要求遵守关于书籍的生产和销售的官方法令。事实上,由于宗教改革运动及随之而来的反宗教改革运动的影响,各当局开始控制出版社并限制它们的自由。但大学城常常是具有特权的。正是这样,1586 年的星法院颁布的法令规定出版社仅限于伦敦、牛津和剑桥,后二者每地只允许有一个出版商。而在牛津和剑桥两城中,就在几年前,由大学支持的出版社已恢复了一些积极性(剑桥在 1583 年,牛津在 1584 年)。与欧洲大陆的情况一样,印刷与出版业仍是一个私人的事业。直到 1632 年(由 1636 年的劳德章程进一步确认),一所大学出版社可以在牛津营业,由牛津的管理机构(校务评议会)管理和资助。该出版社由学监任命的一名副校长和两名代表管理,但是直到 19 世纪,管理和运作都存在着问题。在剑桥,直到 1698 年,大学官员才建立了一个出版联合会以保证大学出版社的组织和管理。这两个大学出版社都拥有从 1534 年国王印刷商所规定的印刷那些书籍(包括《圣经》)的垄断权,仅仅是由于这个权利,才使它们能够维持下来。[157]

不管怎样 ,很明显,在近代早期,书籍的生产、销售、保存和评议都成为大学的一个基本组成部分。

---

[156] A. Willems, *Les Elzevier. Histoire et annales typographiques* (Brussels/Paris/The Hague, 1880, reprint 1965), xlv–l;亦参见 D. W. Davies, *The World of the Elseviers 1580–1712* (The Hague, 1954).

[157] H. G. Carter, *A History of the Oxford University Press*, vol. I: *To the Year 1780* (Oxford, 1975); D. McKitterick, *A History of Cambridge University Press*, vol. I: *Printing and the Book Trade in Cambridge 1534–1698* (Cambridge, 1992).

学院标志物

和中世纪的大学一样,[158] 近代早期所有新建的大学也都有它们自己的标志物,这些标 志物牢不可破地与该教育机构本身联系在一起,并且具有象征意义。这些标志物意在说明,该教育机构具有的悠久历史。那时的许多人都认为(现在仍然是这样),大学越古老,就越能受到尊敬和保持自治性。虽然可以说,近代早期的各学院标志物存在着许多相似的地方,但是我们注意到,还是有许多相异的地方。这种相异性不仅是由于选择这些标志物的时间不同而造成的,还由于它们代表着不同的象征意义。例如,在维也纳大学,注册簿是属于标志物的一个部分,在巴塞尔大学,我们发现邮袋成为标志物,在克拉科大学,指环则是标志物的一部分。[159] 德意志和意大利的许多大学都把指环作为教师的象征之一。

除了母校作为一个整体有一个大印章外,每所大学、系部和学院也都有自己的印章。这些印章不仅用来签盖正式文献,而且它们还是学院自治的一个象征。在 1654 年杜伊斯堡大学的开办典礼上,就把该大学的大印章放在一个垫子上游行展示。这个椭圆型的印章具有所有传统的特征:上面刻有大学创建者勃兰登堡的选帝侯腓特烈·威廉和皇帝马克西米利安二世的传奇和画像,二者都穿着大学服装,由所有象征他们的权力的标志围绕着。这个印章意在清楚地解释杜伊斯堡是由最高权力人——皇帝所认可的一个机构。[160]大学印章常刻有圣母的画像,她是许多大学的庇护人,许多系部印章则常常刻有它们的庇护圣徒的画像。[161]

类似地,节杖象征着教育机构具有合法的独立性及具有拥有自己的学院法庭的权力。[162]

---

[158] 参见第 I 卷, pp. 139 – 142 关于中世纪的情形,这种情形一直持续到其后的时期。

[159] F. Gall, *Die Insignien der Universität Wien*, Studien zur Geschichte der Universität Wien, 4 (Graz/Cologne, 1965), 11 – 12,脚注中的综合性文献。

[160] Born, *Duisburg* (注释 120), 28.

[161] Müller, *Geschichte* (注释 74), 22.

[162] G. W. Vorbrodt and I. Vorbrodt, *Die akademischen Szepter und Stäbe in Europa*, Corpus sceptrorum, I (2 vols., Heidelberg, 1971 – 1978).

大学、同乡会和学院对它们的盾牌同样引以为荣，丝毫不亚于那些君主、城市、贵族、皇家显要们对自己的名称的自豪。同样他们在旗子上也绘制徽章。早在康斯坦茨会议(1414—1418)时，大学代表团就开始用绘有各自大学的徽章的旗子来表明自己的身份。其他一些组织，如同乡会，也有自己的旗子，它们在游行和庆典的时候打着自己的旗子。[163] 206

在16世纪，布拉格大学的校长，也许还有系主任们形成了戴标志公职项链的习惯。这一习惯是如何开始的并不清楚。戴有勋章的项链原本是贵族的封建传统。此外，高级官员同样也获得戴项链的特权，作为他们高贵地位的一个象征。[164]然而，据加尔所述，弗莱堡大学校长是在玛丽亚·特蕾西娅统治期间第一个戴职位项链的校长。在维也纳，校长和院长戴职位项链始于18世纪末之后，当时不再使用官员袍服了。[165]

在维也纳，文艺复兴时期，校长职位的重要性日益增强，这可以通过在巴洛克时期对校长的称呼表现出来(殿下、首席长官、前辈、大学总长)，也可以从他们的官员袍服上表现出来，特别是那些专门为他们设计的西班牙式服装(黑长袍、带有缀金的披肩、镶白鼬皮的领子和下摆、白花边饰带、西班牙帽子)。各系部主任还将他们的服装改装得更为奢华。作为他们身份的象征，校长的肖像都是穿全套学院服装的，[166]事实上这已成为系主任和学院院长们效法的一般传统了。每所拥有自己世袭财产的从文艺复兴时期就存在的大学都有一个自己的肖像陈列室。

从文艺复兴时起，出现了穿更为实用、简单和舒适衣服的趋势，以适应工作条件和新的社会思想。学院服装也受到这一趋势的影响。最为重要的普遍特征是在长袍服前面开了各种不同的袖子作为"装饰"(口袋袖、喇叭袖和翼状袖的长袍，带飘带的披风长袍，宽领口的、附加袖的长袍)和各种新型的帽子(学院帽、方呢帽和大学方帽)。[167]在几个国家里，学院服装世

---

[163] Gall, *Insignien* (注释 159), 71ff., 91ff.

[164] *Die Karlsuniversität Prag. Geschichte und Gegenwart* (Prague, 1989), 13.

[165] Gall, *Insignien* (注释 159), 74－76.

[166] Gall, *Insignien* (注释 159), 14－15, 40－42.

[167] General survey in W. N. Hargreaves-Mawdsley, *A History of Academic Dress in Europe until the End of the Eighteenth Century* (Oxford, 1963), *passim* and glossary with drawings 190－195.亦参见第5章, pp. 248－249及第8章, pp. 348－349.

俗化了，朝着当时流行的时尚作了改进（受西班牙的影响），变得更为丰富多彩和奢华。教授和学生越来越倾向于穿便服。起初，在那些宗教在大学生活中起支配作用的国家中，如英格兰、西班牙、葡萄牙、德国南部和奥地
207 利，学院当局曾努力限制穿着方面的过分行为，但是只是在上面提到的几个国家里才取得了成功，在这些国家里，学院服装仍然保持着它较为传统的形式。在其他国家里，学院当局只能听凭学院服装的世俗化，只有在学术庆典仪式时才要求穿学院服装，但在近代早期，世俗服装的穿着也有一些规定和限制。然而，在许多德国城镇中，大学人士，或是一般说来每个获得大学学位的人，都不受关于穿着的法律的约束。[168]

1784 年学院服装的问题在神圣罗马帝国得到了解决，当时皇帝约瑟夫二世颁布了一条禁令，不许穿特殊的官员袍服。他这样做的原因是，这些袍服可以追溯到黑暗时代，当时教皇们仍垄断设立大学的权力。此外，大学服装也浪费金钱。大学校长和系主任们只能戴一条带徽章的项链作为他们地位的象征。布拉格大学的仪仗官们现在的服装起源于文艺复兴时期，他们不受约瑟夫二世禁令的束缚，这是由于他们的服装被看做是工作服装，所以不在禁令的范围之内。[169]

新成立的那些大学必须自我表明，并树立一个能被外部世界接受的自我形象。在这件事上，民事礼制发挥了重要的作用。为了强调新建教育机构的可信性，礼制都取自那些“古老的”、已被外部世界承认为传统的教育机构。学年开学、周年庆典及纪念捐献者和保护圣徒、宣传活动、某些选举活动等都是属于礼制的场合。场面一般很大，有队列、学院演讲（常常由公共演说家用文学形式进行）和宴会。大学的这种豪华排场和体面不仅是给外部世界看的，也是给大学团体里的人看的。随着大学在多年来从半宗教性质的机构转变为具有更多贵族气派的机构，导致外部游行活动被广泛采用。事实上，为了被严肃对待，外部游行是必要的。结果当都柏林的三一

---

[168] L. C. Eisenbart, *Kleiderordnungen deutscher Städte zwischen 1350 und 1750. Ein Beitrag zur Kulturgeschichte des deutschen Bürgertums*, Göttinger Bausteine zur Geschichtswissenschaft, 32 (Göttingen, 1962), 60 - 63.

[169] Gall, *Insignien* (注释 159), 50 - 51, 54; *Karlsuniversität Prag* (注释 164), 15 - 17.

学院建立时，效法了剑桥大学的“毕业典礼”，即授予学位的仪式。一场组织得很好的仪式包括所有该学院成员身穿高贵的服装的游行，佩戴各种象征物，最后是一个宴会晚餐，造就了三一学院的神话。完整的程序和礼仪在大学章程里有详细叙述。[170]

精选文献

Álvarez Villar, J. *La Universidad de Salamanca*, vol. Ⅲ: *Arte y tradiciones*, Acta Salmanticensia, Historia de la Universidad, 49, Salamanca, 1990. English version: *The University of Salamanca. Art and Traditions*, Acta Salmanticensia, History of the University, 32, Salamanca, 1980.

Barber, G. and Fabian, B. *Buch und Buchhandel in Europa im achtzehnten Jahrhundert – The Book and the Book Trade in Eighteenth-Century Europe*, Wolfenbütteler Schriften zur Geschichte des Buchwesens, 4, Hamburg, 1983.

Buxton, L. H. D. and Gibson, S. *Oxford University Ceremonies*, Oxford, 1935.

Fabian, B. (ed.) *Handbuch der historischen Buchbestände in Deutschland*, 19 vols., Hildesheim, 1992.

Fernández Álvarez, M., Robles Carcedo, L. and Rodríguez-San Pedro Bezares, L. E. (eds.), *La Universidad de Salamanca*, vol. I: *Historia y proyecciones*, vol. Ⅱ: *Docencia e investigación*, Acta Salmanticensia, Historia de la Universidad, 47 – 48, 2 vols., Salamanca, 1990.

Frijhoff, W. 'Universities: 1500 – 1900', in B. R. Clark and G. R. Neave (eds.), *The Encyclopedia of Higher Education*, Oxford/New York / Seoul/Tokyo, 1992, vol. Ⅱ, 1251 – 1259.

---

[170] H. Robinson-Hammerstein, 'Commencement Ceremonies and the Public Profile of a University: Trinity College, Dublin, the First One Hundred Years', in A. Romano (ed.), *Università in Europa. Le istituzioni universitarie dal Medio Evo ai nostri giorni: strutture organizzazione, funzionamento*, Atti del Convegno Internazionale di Studi, Milazzo 28 settembre – 2 ottobre 1993 (Messina, 1995), 239 – 255.

Hargreaves-Mawdsley, W. M. *A History of Academic Dress in Europe until the End of the Eighteenth Century*, Oxford, 1963.

Jolly, C. (ed.) *Histoire des bibliothèques françaises*, vol. II: *Les bibliothèques de l'ancien régime, 1530 – 1789*, Paris, 1988.

Kibre, P. *The Nations in the Mediaeval Universities*, Mediaeval Academy of America, 49, Cambridge, Mass., 1948.

Kiene, M. 'Die Grundlagen der europäischen Universitätsbaukunst', *Zeitschrift für Kunstgeschichte*, 46.I (1983), 63 – 114.

Kluge, A. *Die Universitäts-Selbstverwaltung*, Frankfurt-on-Main, 1958, reprint New York, 1977.

Kulczykowski, M. (ed.) *Les Grandes Réformes des universités européennes du XVI e au XXe siècles. III ème Session scientifique internationale, Cracovie, 15 – 17 mai 1980*, Zeszyty Naukowe Uniwersytetu Jagiellonskiego DCCLXI. Prace Historyczne, Z. 79, Warsaw/Cracow, 1985.

Maffei, D. and De Ridder-Symoens, H. (eds.) *I collegi universitari in Europa tra il XIV e il XVIII secolo. Atti del Convegno di Studi della Commissione Internazionale per la Storia delle Università, Siena – Bologna 16 – 19 maggio 1988*, Milan, 1990.

Meiners, C. *Ueber die Verfassung und Verwaltung deutscher Universitäten*, 2 vols., Göttingen, 1801; reprint Aalen, 1970.

209 Peset Reig, M. 'Modelos y estatutos de las universidades españolas y portuguesas (siglos XIII – XVIII)', in A. Romana (ed.), *Dall'università degli studenti all'università degli studi*, Messina, 1991, 65 – 106.

Peset, M. and Peset, J. L. *La universidad española (siglos XVIII y XIX). Despotismo ilustrado y revolución liberal*, Madrid, 1974.

Rückbrod, K. *Universität und Kollegium. Baugeschichte und Bautypen*, Darmstadt, 1977.

Schmidmaier, D. *Die Entsehung der bürgerlichen Bibliothekswissenschaft*, Freiburg im Breisgau, 1974.

Schumann, S. 'Die "nationes" an den Universitäten Prag, Leipzig und Wien.

Ein Beitrag zur älteren Universitätsgeschichte', Ph.D. dissertation, Berlin, 1974.

Steczowicz-Sajderowa, Z. 'Etudes comparatives de la base économique de certaines universités européennes', in M. Kulczykowski (ed.), *L'Histoire des universités. Problèmes et mèthodes. Ière Session scientifique internationale, Cracovie 13 - 14 mai 1978*, Zeszyty Naukowe Uniwersytetu Jagiellońskiego DLXVII. Prace Historyczne, Z. 67, Warsaw/Cracow, 1980, 105-109.

Stegbauer, H. '200 Jahre "Algemeine Schulordnung" Maria Theresias', *Erziehung und Unterricht*, 126 (1976), 135-142.

Stein, F. *Die akademische Gerichtsbarkeit in Deutschland*, Leipzig, 1891.

Vorbrodt, G. W. and Vorbrodt, I. *Die akademischen Szepter und Stäbe in Europa*, Corpus sceptrorum, I, 2vols., Heidelberg, 1971-1978.

Willoweit, D. 'Die Universitäten', in K. G. A. Jeserich, H. Pohl and G.-C. von Unruh (eds.), *Deutsche Verwaltungsgeschichte, Vol. I: Vom Spätmittelalter bis zum Ende des Reiches*, Stuttgart, 1983, 369-383.

Wingens, M. F. M. 'Zur Vermeidung der Schande: Organisation und strafrechtliche Tätigkeit der Universitätsgerichte in der Republik der Niederlande (1575-1811)', in H. Mohnhaupt and D. Simon (eds.), *Vorträge zur Justizforschung. Geschichte und Theorie*, Frankfurt-on-Main, 1992, vol. I, 79-100.

Wingens, M. F. M. 'Gli studenti nel XVII e XVIII secolo: privilegi, tradizioni e costumi', *Studi belgi e olandesi per il IX centenario dell'alma mater bolognese*, Bologna, 1990, 241-255.

210

第五章 教 师

彼得·范德梅尔斯

在撰写关于近代早期欧洲大学教师的章节时，我们要面对一些重要的实际的和方法论上的难题。“教师”这一术语意味着同质性，但这一群体中的个人显然是非常不同的。而且，教授这一术语的历史演变也很复杂。我们知道拉丁语“professor”用来指所有博士学位的获得者，例如，常见的STP(Sanctae Theologiae Professor)意思是神学博士。①同样可以肯定拉丁词“lector”或“praelector”在很长一段时间内也是后来演变为教授的通用的和官方的术语。尽管学者们在研究大学的社会历史方面取得了丰硕的成果，但他们忽略了大学中的教授们，忽略了教学群体的社会历史。

① G.D.Duncan, ‘Public Lectures and Professorial Chairs’, *History of Oxford Ⅲ*, 335.

教师种类和教学体制

尽管近代早期大学教师与其中世纪的同行在很多方面还有相似之处，但新的教学形式和新的教师类别从15世纪末开始才逐渐赢得重要地位。经济的、政治的、宗教的变革，以及教学功能含义的变化，导致教授职位的改变和多样化。牛津大学和剑桥大学的变化过程非常显著，它们可以说是提供了一个极好的例证。②在中世纪没有一个地方教师和教授之间存有明显的界限。例如，一个学生成了一个学院的学士，他就要开讲座。每一个想成为硕士或博士的人都需要在其争取的过程中开设讲座，这被认为是必要的实习。这样通过源源不断的见习生或新毕业的学生(任课教师)，讲座的课程至少在原则上有了保证。这种制度具有明显的优点：它保持了常新的讲座者队伍，而且不会对大学提出任何财政上的要求。 211

另一方面，它极大地延长了学生义务住校的时间，限制了高水平讲座者的加入。

16世纪这种必要的实习制度得到了修正和补充。我们发现在16世纪50年代末，牛津大学的教师"授权作讲座"：早期要求所有获得学位的学生必须作讲座的要求已或多或少被取消了。例如，虽然牛津大学神学院的许多讲座依然由那些攻读博士学位的学士们开设，但文学院却采取了措施以保证选取9个教师开设文科课程的讲座。

同一时期为讲座者设立一定数量的永久职位和捐赠职位的观念也出现了[讲师(lectores)或教授(professores)，这两个名称一直交替使用到17世纪]。1497—1502年，亨利七世的母亲玛格丽特夫人在剑桥和牛津建立并捐助了神学讲座，这是首个建立成功的例子。对于剑桥来说，曾在1506—1519年担任高等民事法庭大法官的罗伯特·里德爵士，其遗嘱中有为哲学、逻辑、修辞学讲座者提供薪水的条款。亨利八世通过设立皇家神

② 参见 W. A. Pantin, 'The Conception of the Universities in England in the Period of the Renaissance', in *Universités européennes*, 101-113.亦可参见 J. M. Fletcher, 'The Faculty of Arts', in *History of Oxford Ⅲ*, 185-188 and M. H. Curtis, *Oxford and Cambridge in Transition 1558-1642. An Essay on Changing Relations between the English Universities and English Society* (Oxford, 1959), 101-110.

学、法学、医学、希伯来语和希腊语教授职位为这股潮流提供了皇家的支持。托马斯·利纳克尔注意到，由于实习制度的衰落以及从来没有人在牛津建立过“真正的或永久的讲座”，牛津大学缺乏医学的教学，他决定根据自己在帕多瓦的经验对此状况加以补救。莫顿学院院长亨利·萨维尔爵士也以同样的方式于 1619 年在牛津大学设立了几何学和天文学两个讲座职位。这样出现了设立公开的、永久性的捐赠讲师职位和讲师的趋势，这在意大利是始于 14 世纪，在欧洲其他国家是 15 世纪。

212 伴随着这一过程，在学院这方出现了试图自己提供教学的努力——这种需要要比现代本科教育的引入更显著（例如在莫德林）。莫德林学院法（1479）就规定学院应该提供讲师和讲座，而学院的院士必须参加。从 16 世纪开始，牛津和剑桥每建一所新学院都有提供学院讲座的规定，而且绝大多数老学院也有这方面的安排。到了伊丽莎白执政时期，似乎所有的学院都有足够讲师来承担整个教学工作。

在莫德林学院，他们的讲座面向基督圣体学院及基督教堂学院，寻求永久讲师的过程和由学院提供教学的趋势相互交融并最终得到统一。学院为讲师和教授提供讲座席位，他们的讲座面向整个大学开放。

最后，除了这些学院和大学的讲座，还有一种牛津和剑桥独有的盛行几个世纪的教学：由导师进行的个别化教学。我们对 16 世纪这些导师的工作和他们采用的教学方法知之不多。但他们 17 世纪的后继者们对自身所为有所记录。一个名叫理查德·霍尔兹沃思的剑桥大学圣约翰学院院士拟订了详细的教学说明来指导他的学生。从这些可以看出学院的教学使大学讲师们几乎无用武之地。霍尔兹沃思为其学生规定的学习内容要比大学那些公共学院提供的更丰富、更全面、更彻底。③

因此在 1450—1550 年期间，牛津大学和剑桥大学已经建立了完备的由学生宿舍和学院提供教学的制度以及导师制。导师制在 1550—1650 年期间变得更加重要。人们须记住的是，大学的公开教学至少直到 17 世纪中叶还存在着，而且只是到了 18 世纪，大学的教学才萎缩，学院和导师几近主宰的地步。

③ Curtis, *Oxford and Cambridge*, (注释 2), 102 - 111.

正如前文所言,教学制度的变化以及随之而来的不同种类教师重要性的变化在英格兰的大学中表现得最为显著。但是在欧洲大陆的许多大学中学院教学(或给予教育学知识和技能的指导)日益赢得重要的地位(巴黎、鲁汶、萨拉曼卡等)。在近代早期,大陆国家的大学也目睹了与学生情况有显著差别的教授职位的发展。然而若认为界定大陆大学的教师们更容易,那就大错特错了。即使在同一所大学内,教授、博士或讲师都各有不同的特权、薪水、义务、工作或责任。

一般情况下,几乎每一所大学都有一个由有权势的"固定"教授组成的小核心,在其周围聚集着一个由各种教师构成的比较重要的群体,这些教师(博士、硕士、领有开业证书的人、学位应考者、学士)或帮助前者承担一定的职责,或通过提供专门的或辅导性的教学来谋生。鲁汶大学是一个极好的说明:与很多其他大学一样,在鲁汶,董事会教授和授课教授之间有着明显的界限。后者只能教学,而前者(通常是博士)不仅教书,而且还在学院委员会发挥作用:他们制订教学计划、代表学院、考察学生、主持辩论,以及在他们中间分配酬金。简而言之,董事会教授是报酬高、权利大的教授,他们令人羡慕的职位是授课教授所追求的。第二个区别体现在普通教授和特殊教授之间。与后者形成对比的是,普通教授在预定的时间里上课(上午),他们教授最重要的科目,学生必须去听课。最后,第三个群体的教授是由国王或他的代表付酬和任命的:神学院、法学院和医学院的指导教授或皇家教授。这是查里五世模仿他在西班牙一些大学创建的席位而引进的。④

对鲁汶大学而言,这种教授地位的差异并不特殊。德国大学的法学院在博士学院和非博士学院之间(相当于鲁汶大学董事会教授和授课教授之间的区别),通过答辩毕业于学院的与从其他地方获得学位的人之间,有酬讲课和无酬讲课的人(通常是年龄比较大的需要提供讲稿和授课以获得高级学位的学生)之间,阅读指导和非阅读指导教师之间,最后在普通教授、

④ E. Lamberts and J. Roegiers (eds.), *Leuven University1425 - 1985* (Louvain, 1990), 46 - 48.

214 特殊教授和私人教师之间，都存在差别。⑤私人教师是既没有薪水又没有提供讲座义务的人，他们通过做私人教师来谋生。经过几年后他们最终有望获得有薪水的讲座职位。在巴黎大学，有权势的董事会博士 的工作由有学衔的博士和（学位较低）名誉博士来辅助。

在西班牙和意大利的大学，拥有首席教授身份的最重要的教授在上午授课，而拥有次级教授身份的年轻讲师在下午授课。前者享有典礼上的优先权，拥有进入大学委员会的权利，有机会参与所有的考试和学位授予仪式——一项可获得源于学生学费的大笔收入的特权——而且很重要的是，他们平常的薪金平均要比那些讲师高出两到三倍。

要全面了解这些情况，我们必须提及和大学有关的荣誉博士。他们是宗教界、政界、文学界和科学界的成员，尽管他们在一定程度上在大学生活中发挥着积极的作用，但他们通常被认为“他们身份的光环作用比实际发挥的效用要大得多”⑥，这个头衔实际上更多地授予国家中领袖式的人物，而非是对学术水平的确认。

乍一看来，相当混乱的教授地位的差异似乎既是形式上的，又没有什么意义。然而，正如我们将要看到的，在研究薪金、社会地位和教师的职业生涯时，教授的等级很重要。认识到这个群体的多样性，读者就会理解对近代早期的大学教师进行概括的描述该有多么困难。正如我们所知，“教授”显然是根本不存在的。

作为一种职业的教学

> 与那些只知道为自己、为这个世界工作或对学生一无所施的学究，品行不佳或认为不值得把精力花费在为学生提供讲座上的天才，不加任何联系将所有事情混合在一起并且无任何适当教学方法的充

---

⑤ K. H. Burmeister, *Das Studium der Rechte im Zeitalter des Humanismus im deutschen Rechtsbereich*, (Stuttgart, 1974), 139 - 160.

⑥ M. A. Lemasne-Desjobert, *La Faculté de droit de Paris aux XVII e et XVIII e siècles* (Paris, 1966), 31 - 32, 有关 17 世纪巴黎大学法学院。

满了狂想的学者相比，一个知识渊博、拥有与人交往天分的、守秩序的、正直的人更适合做教授。(L.H.雅戈比，1798)⑦

在教学与学术这个问题上，18 世纪德国一些理论家在讨论中很极端地认为大学和它们的教授没有任何推进学术进步的义务。另一些人持比较中庸的看法，认为作为学者，教授的职责必须严格地从属于其作为教师的职责。由于对如何只应该强调教学缺乏共识，这就为详细探讨作为学者的教授的广泛职责开辟了蹊径。例如，18 世纪德国的克里斯托弗·马丁·威兰就主张发表论文和著作是教授的职责之一："出版著作和论文本质上是学者的活动，对教授而言再合适不过了，因为通过出版物他可以有机会扬名于国外，而且由此提高了大学的声望。"⑧但实际上对大学教师在科学和文学领域出版成果的要求程度各大学和各学院间存在着极大的差异。

215

不可否认，17 及 18 世纪荷兰大学的教授们在推进科学和法学发展方面做出了重要的贡献(在这个国家，至少从事一些科学研究活动是不可缺少的身份的象征)，很小的杜埃大学神学教授们的著作也对反宗教改革产生了深远的影响，人文主义者和科学家如于斯特斯·利普西乌斯、约瑟夫·斯卡利杰、安德列亚斯·韦萨琉斯、伦伯特·多东斯等和许多其他人出版了重要的著作，17 和 18 世纪科学期刊的成功也有很多教授的功劳，并且他们还与学术界保持着密切的联系。约翰·戴维·米夏埃利斯在 1768 年指出"绝大多数伟大的学者都在大学工作，其他的学者有些也以大学教授的身份实际上在大学教书"。⑨

⑦ 由 R.S.Turner 援引，参见，'University Reformers and Professorial Scholarship in Germany 1760 – 1806', in Stone (ed.), *The University in Society*, vol. Ⅱ, 516 – 517.

⑧ W. Stieda, *Erfurter Universitätsreformpläne im 18. Jahrhundert* (Erfurt, 1934), 176 – 177. quoted by Turner, 'University Reformers' (注释 7), 519.

⑨ Quoted by N. Hammerstein, 'Universitäten und gelehrte Institutionen von der Aufklärung zum Neuhumanismus und Idealismus', in G. Mann and F. Dumont (eds.), *Samuel Thomas Soemmerring und die Gelehrten der Goethe-Zeit*, Soemmerring-Forschungen, 1 (Stuttgart/New York 1985), 311; N. Hammerstein, 'Zur Geschichte und Bedeutung der Universitäten im Heiligen Römischen Reich Deutscher Nation', *Historische Zeitschrift*, 241 (1985), 327 – 328.

这些例子证实了这种观点,即大学教师的作用是为了增进对其特定学科的理解,而非只是传播现存的知识。“正是由于这个原因神学教授才如此深深地被同时代的学说争论所吸引,律师才试图去揭示成文法的合理性,医学教授们则经常推动医学科学的发展”。[10]

但是普遍的意见可能是18世纪提倡教授出版著作,克里斯托弗·迈纳
216 斯指出“绝大多数大学从前都倾向于将口头演讲的特殊才能看得比一个作家的天赋和名声更值得推崇”。[11]在斯帝汶·特纳关于18世纪德国大学的研究中,他考察了成果的出版对在大学谋求发展的重要意义。[12]在著名的哥廷根大学,刚入行的哲学院教师平均出版著作的数量是5本,到提升为正教授时出版著作的数量达到10本。而且,这些出版物质量不一,包括布道全集、百科全书摘要、论辩及文学著作。最终哥廷根大学的情形要比那些小型的如罗斯托克、姆布瑞斯高的弗莱堡要好得多。这只是在我们讨论的这一时期的最后几十年中态度才开始发生转变的。

简而言之,例如在18世纪的德国,如果人们着眼于全体教授,就会发现良好的教学和大学的价值观念(诸如大学里的声望)显然与学术同等重要。在一些学院更明确的是,吸引大多数学生的不一定是文字作品为其赢得后代尊敬的学者,而拥有良好教学声誉的教授一定能够吸引大多数学生。不同的教学方法——普通授课法和特殊授课法、讲授教学法、论辩教学法、私人授课法——以及教授所教的科目或不教的科目将在第14章进行探讨。本章的问题局限在教授们——在学院内及正统常规限制内——是否有讲授他们喜欢的科目和题目的自由,是否有选择适当教学方法的自由。

法定的大学席位安置的效力差异很大。就法国一些大学而言,对于要拿学位的学生来说,几乎没有什么措施来保证他们在3或4年强制在校期间能够成功地学习整个课程。“一个教授可能教授一门完整的课程,也可能只讲某一特定方面,但不管在哪种情况下,偶尔会有特定的大纲规定在

---

[10] Brockliss, *French Higher Education*, 45 – 46.

[11] C. Meiners, *Über die Verfassung und Verwaltung der Deutschen Universitäten*, vol. Ⅱ (Göttingen, 1801), 55, quoted by Turner, ‘University Reformers’ (注释 7), 519 – 520.

[12] Turner, ‘University Reformers’ (注释 7), 515 – 528.

一定的时间内需要涉及的内容。讲师通常是按照自己的步调并且追求自己的兴趣”。⑬对学生的期望是在学校期间学习一定数量的由讲师提供的课程。另一方面,也有很多例子要求教授讲授某种特定的科目,或在一段 217
确定的时间内宣读自己的整个讲稿。例如,牛津大学萨维尔教授职位(几何和天文)的创立者亨利·萨维尔要求他的教授不仅应该教授欧几里德,还要教授阿波罗尼奥斯的锥线论以及阿基米德的数学原理。而威廉·卡姆登——与大学官员的愿望相左——坚持让他的教授讲授民法史。值得一提的是其他的职位(如牛津和剑桥的皇家物理学教授职位)界定不清并且要求也松懈,结果是教学是否有效在很大程度上依赖于个别在职者的喜好。

有些大学和学院规章也试图指定教学中应使用的方法。就基督教堂学院(牛津大学)的公开讲座而言,他们规定讲师在每周开始要有指定的主题,每周末要对学生进行考察。周日和某些节日每个教授要在其讲座室待一个小时,处理学生提出的任何问题。⑭因此不仅教授的科目和教学方法要服从各种规章,教师勤奋也归于此。正如我们随后将要看到的,教师缺席是 17 世纪大多数大学的一个难题。结果,大学和政府当局采取各种措施来保证教师履行职责。如果他们没有正当的理由而缺席,教授可能被罚款,甚至被除名。

除了教学,教授们对大学和学生还承担有其他方面的职责。对大学来说,教授们在大学或学院委员会以及各种委员会拥有席位,担任校长、系主任、院长、图书管理员等。然而在近代的早些时候,有一种限制教学人员管理之责的倾向。例如,1697 年,符腾堡公爵提议图宾根大学委托君主视察委员会和一些公务员来管理大学的财产。结果教授有更多的时间用在教学上。⑮

对于学生来说,教师视其职责不仅是向学生灌输必要的知识,而且
217 还要在学生不学习的时候监督他们的行为。在有些大学,教授需要督

⑬ Brockliss, *French Higher Education*, 45.

⑭ Duncan, 'Public Lectures' (注释 1), 340 – 341.

⑮ H.-U. Schwarz, 'Von den "Fleischtöpfen" der Professoren. Bemerkungen zur Wirtschaftsgeschichte der Universität Tübingen', in H. Decker-Hauff, G. Fichtner and K. Schreiner (eds.), *Beiträge zur Geschichte der Universität Tübingen, 1477 – 1977*, (Tübingen, 1977), 96.

管学生的品行、他们的生活方式、业余时间的活动、宗教情感等。

但教授所要做的远不止履行教学职责和或多或少地出版作品。即使不考虑他们从事私人教学和实践的时间(见下面,原书第237页),他们的工作也远不止这些。一般而言,所有的大学和大学中的大部分教师都是向政府和教会当局提供咨询的智囊:在各种会议上,在对付外国势力的时候,在草拟天主教徒禁书书目的过程中,在管理出版物和书籍销售方面,在宣传自己和检查布道时,神学学者和律师是王子、主教、领主等的顾问,他们还是这些人精神上和医学上的顾问。他们在特伦托议会上露面,撰写无数有关宗教、教育或政治的论辩和建议,他们以忠实与正统的法律保护者的身份出现。更特别的是,法学教授和法学教员成为王子、市政当局、私人、涉及各种事情的咨询法庭的咨询对象。这些活动在有些教授职位中是固有的,因为许多教师首先是领取牧师薪俸的人,是一种神职。当然,当时的人也意识到这些事情占去了教授们大量的时间,而这些时间本应用在研究上或教室里。因此,海德堡大学的奥托·海因里希(1502—1559)曾指出教授们"不应当承担大臣们和法官们的职责并被其所累"。[16]但选帝侯卡尔·路德维希在1652年的海德堡大学规章中指出,法学院的特殊教授不仅应该教学,而且还要提供"人际交往、责任感,言行一致和判断力"的教育,虽然这样明确的职责是异常的。他的意思是"一个由训练有素的经验丰富的法学家组成的学院永久存在,随手可得,我们选帝侯在大学里可以拥有他们,并且可以在任何时候由我们支配"。[17]然而,大学教师的这种社会功能在近代早期历史进程中越来越重要。这种现象也说明了这一时期,例如在德国,大学特别是法学院为什么赢得了如此重要的地位。

219

教师的委任

在描述教授职位的一般特点之前,我们必须问自己这样的问题,即候

⑯ N. Hammerstein, 'Universitäten—Territorialstaaten—Gelehrte Räte', in R. Schnur (ed.), *Die Rolle der Juristen bei der Entstehung des modernen Staates* (Berlin, 1986), 712.

⑰ G. Dickel, *Die Heidelberger Juristische Fakultät. Stufen und Wandlungen ihrer Entwicklung* (s.l.,s.d.), 187-188.

选者需要满足什么样的条件以及任命一个新教授时的决定因素是什么。

博士的晋升通常只是一个形式主义的但却是非常奢华和隆重的典礼，象征着这个新产生的博士被教师圈子所接纳。然而在许多大学博士学位并不是指派职位的必要条件。这对于文学院的教师而言更是毫无疑问的。他们中的大多数都是领有专业开业证书的人或硕士，他们在本学院教书，也在更高一级学院，特别是神学院学习。同样在其他的学院，许多教师也没有博士学位。例如在西班牙，大学的教职要求至少有学士学位，尽管大多数学校有附加的规定要求新任教师是半年到一年内毕业的领有专业开业证书的人或博士。[18]在荷兰南部，只要求有专业开业证书。在鲁汶，1501—1797 年间医学院、法学院和神学院共任命了 339 位教授，只有 104 位(30.7%)教授在任命前就获得了博士学位；103 位(30.4%)教师在他们首次任职后得到晋升，特别是当他们有机会在法学院获得一席之地的时候；132 位(39.9%)教师从未费力去获取过博士学位。[19]同样，1679 年到 1793 年间南部法国大学任命的法国法的 59 名教授中有 21 名也没有博士学位。[20]另一方面，因戈尔施塔特法学院的 87 名教授中有 77 名是博士，科隆(1460—1559)83%的法学教授是博士，蒂宾根大学从 1601 年起要求每一位普通教授要有博士学位(特殊教授有专业开业证书即可)。[21]

如果博士学位不是决定性的，那么负责任命的权威人士采用什么标准呢？这是一个相当难回答的问题。

一般情况下，我们可以区分三种不同的任命制度：第一种是由一个学 220
院委员会来判别一名申请者的优点并决定其任命；第二种是教授任命的决定权不在学院，而掌握在大学全体成员的手中；第三种是把任命权交与地

[18] Kagan, *Students and Society*, 165.

[19] J. Roegiers, 'Professorencarrières aan de oude universiteit Leuven(1425 – 1797)', in G. Asaert *et al*. (eds.), *Liber amicorum Dr. J. Scheerder. Tijdingen uit Leuven over de Spaanse Nederlanden, de Leuvense Universiteit en Historiografie*(Louvain, 1987), 235 – 236.

[20] C. Chêne, *L'Enseignement du droit français en pays de droit écrit* (*1679 – 1793*), Travaux d'histoire éthico-politique, 39(Geneva, 1982), 109.

[21] H. Wolff, *Geschichte der Ingolstädter Juristenfakultät* (Berlin, 1973), 102; H.-W. Thümmel, *Die Tübinger Universitätsverfassung im Zeitalter des Absolutismus* (Tübingen, 1975), 190; H. Keussen (ed.), *Die Matrikel der Universität Köln*, vol. Ⅰ(Bonn, 1928), 70* – 86*.

方、省或国家一级的政府。这三种任命方式——由全体教师、由学生和由政府当局任命——看来是混合在一起使用的:例如在牛津大学,六位皇家教授是由国王任命的;一小部分教授是由大学议会选出的(神学的玛格丽特女王席位是由所有在大学获得神学学位的人选举,诗歌教授职位由学院在册的所有硕士选举)。但是绝大多数教授是由比较小的委员会选出的,这些委员会通常包括某些学院的院长以及一些重要的官员。各个学院内的教学是由一些院士来承担的,他们或由院长挑选或通过选举产生。[22]

在法国,[23]任命权几乎一直属于学院委员会。根据大学条例,空缺职位要登广告,申请者要参加一系列严格的称之为会考的公开考试。其后学院委员会(教师团委员会)讨论候选者们的优点并按多数人的意见决定其是否被录用。例如,1742 年,图卢兹大学法学院教授职位的申请者们需要做一个长达 12 小时的有关教会法规和民法的主题演讲,还要主持两个关于法律争议的公开辩论,每次长达 8 小时。但也有证据表明,在 17 世纪早期,这种"会考"被"提名"的过程所取代,由此委员会向国王推荐一个可能的人选并获得他同意的特许证书。而且国王有时也插手并直接任命教授,如发生在 17 世纪中叶巴黎法学教授的两个例子:弗朗索瓦·弗洛朗和皮埃尔·阿莱。但是在法国,这种做法从没有波及到其他学院,而且正常情况下只有在设立新教授职位时才运用提名这种方式。

声望高的学院的有些教授职位极具吸引力。五六个申请者是常有的事,但 1617 年有 12 个人对皮埃尔·多特曼任蒙彼利埃大学医学教授一职展开争夺。对于任期很短的任命,各学院从未组织过"会考",特别是巴黎
221 大学和安格斯大学的医学院,那里的教授只任职一两年。教授由学院委员会内部任命。然而有时候任命部分地或完全地脱离学院委员会的控制:法国法教授(1679 年在所有法国大学法学院设立)在地方民众的建议下由国王直接任命,图卢兹大学的教授由各学院代表组成的代表大会任命,巴黎大学的神学教授不是完全由委员会选择,而是由一两个大学学院的神学家来决定。

---

[22] A. Engel, 'Emerging Concepts of the Academic Profession at Oxford 1800 - 1854', in Stone(ed.), *The University in Society*, vol. Ⅰ,305 - 306.

[23] Brockliss, *French Higher Education*,39ff.

在西班牙举行类似的称之为“竞聘会”的公开考试。这里的大学条例规定大学要向其他大学公布职位空缺并邀请合格的学者来申请,申请者要提前就一段得到认可的经文准备一份评论。经判定最有能力的申请者获选,但是这里不是由学院委员会而是由包括学生在内的整个学术圈子来决定。这些选拔有很多缺陷:哪些学生可以为一个特定学院的职位进行投票?谁是学生,谁不是?等等问题。而且学院院长们采用一系列策略以确保他们自己的成员能够成功入选。如圣·克鲁兹学院每一个成员每年要交纳 100 瑞勒司用来收买学生的选票。在选拔有可能被取消的时候,宗教的要求是从遥远的女修道院引入教士来担任选举者,人们提到萨拉曼卡的教授们利用这些选举者,或称他们缺席,或说已死。而且选拔并不只是由选举决定,贿赂、贪污、暴力、恐怖各自扮演着重要的角色。尽管大学的官员和皇家委员会试图制止这些做法,但一位 17 世纪目睹了萨拉曼卡学生选拔混乱状况的人士写道:“没有一百万条不可饶恕的大罪就没有终身的席位。”[24]当我们了解到 1700 年左右在巴利亚多利德法学院不少于 30 人申请一个空缺职位,竞聘会变得腐败就很好理解了。卡蒂和其他地方关于这些过分腐败的抱怨以及常常是暴力性的学生选拔使得菲利普四世于 1623 年指令皇家委员会负责大学教学人员的选拔。从 1641 年以后,这种改变成了永久性的。

在近代早期,不仅卡斯蒂利亚而且几乎欧洲所有大学都不得不接受政府越来越多的干预对学校人员任命。这在新成立的大学更为明显,如在德意志帝国,尽管有些德国大学(在大多数情况下最差的那些)依然坚持自 222
治,但到了 1760 年,由官方决定学术职位的任命和晋升在公国内的许多大学中已变得合法了。即使有些机构和个别学院在整个世纪保留了自己遴选成员的权利,但领主们还是逐渐将这种古老的法人特权占为己有。[25]但在德国和其他地方,早在 18 世纪以前,政府就已考评申请者的素质,尽管在很多时候他们要征询学院委员会的意见。例如,在鲁汶任命教授的是镇议会;在帕维亚是米兰参议会;在因戈尔施塔特和蒂宾根是公爵;在海德堡

---

[24] Kagan, *Students and Society*, 167.

[25] Turner, 'University Reformers' (注释 7), 511ff.

是选帝侯；在萨拉戈萨，学生、教师和市政当局在选拔中都有发言权；在爱丁堡，镇当局对教授的任命具有很大的控制权。在帕多瓦，威尼斯参议院于1517年开始成立了一个由三名地方官员组成的特别小组，他们的任务就是接管大学的管理，他们的权利包括任命新教员，决定课程的重要事宜。与此同时在那不勒斯，西班牙总督日益控制了大学的管理。在牛津和剑桥，国王也利用权势和影响来左右学院院长的任命，以确保只考虑那些合意的人选。而且通过设立“皇家席位”，通过国王捐赠和任命，正如在牛津、剑桥、巴黎和鲁汶出现的那样，官方加强了他们的地位。

显然大学和教授会向任命官方提名申请人的法定权利在很多情况下是受到忽视的。西班牙国王的例子就是一个很好的说明，他在1799年指令《卡斯蒂利亚建议》在萨拉曼卡寻求一种没有大学插手的任命教授的途径。甚至有时领主顾问们的建议也受到忽视。例如，1586年，巴伐利亚公爵委派卡斯帕·赫尔做因戈尔施塔特大学法学院的教授，而他的顾问们认为这个候选人“甚至分不清巴尔托鲁（1314—1357，意大利法学家，布拉格大学民法教授——译者注）和巴尔杜斯（1327—1400，意大利法学家——译者注），他的教授是最靠不住的事情，他不会不出错地拼读字词，而且他还和他的学生们一起逛酒店喝酒。”㉖但另一方面，官方专制的例子在每一所大学并不是司空见惯的。大多数情况下，官方要征询有关大学和学院的意
223 见，而且领主的顾问们通常本身就是大学的教授或至少在大学学习过，因此他们非常熟悉情况，也能够做出合适的决定。

教授职位的一般特点

简而言之，决定教授职位特点的影响因素有日益增强的世俗化、政府控制、宗教控制、家庭和社会的影响、社团主义和地方主义。然而也有一些例外。

近代早期欧洲大陆大学一个主要的特点无疑是教授职位的世俗化（在英格兰，大学教员还必须是教士）。例如，在巴黎大学，医学院教师于1452

㉖ Wolff, *Ingolstädter Juristenfakultät*（注释21），104.

年实现了世俗化，法学院和文学院是在 16 世纪。1553 年，教皇尤里乌斯二世提到海德堡大学教会法法律课程时指出，如果没有其他合适的人选，非教士也可被任命为教授。这种世俗化意味着教会对大学失去了很多控制，特别是失去了对教授职位的控制。我们将看到，这对教授的社会地位和经济地位产生了重要的影响，现在的这些教授是为人夫且为人父的。

这种普遍的世俗化倾向并不意味着教士们完全被排除在大学教职之外。正如本书第三章所言，16 和 17 世纪，耶稣会日显其重要性。尽管他们遭到来自学院和大学的反对，耶稣会还是成功地占据了欧洲很多天主教大学中哲学和神学的重要教授席位，而且有的甚至还控制了整个学院或大学。除了耶稣会，在中世纪大学拥有重要地位的托钵僧会社，在意大利（如博洛尼亚）、西班牙和法国依然占据着重要的席位。在图卢兹，四个托钵僧团体分别负责维持神学公开席位，在 17 世纪中期的法国，同样也有其他的教派担任世俗的教席。尤其是多明我教派的修道士在许多神学院都是著名的教授。他们一般还在艾克斯省、波尔多、卡昂、阿维尼翁等地从事教学。1655 年，当后来的大学设立公开教席的时候，特许状要求优先考虑多明我派的教士，哲学席位（1666）和神学道德席位（1719）设立时也有同样的规定。就法国而言，只有巴黎和安格斯大学的公开席位从未由正规的神职 224
人员担任过。[27]最后重要的是，我们不应该忘记德国新教神学院在 16 和 17 世纪发挥着非常重要的作用。这些学院的许多教授都是宗教法庭的成员。

在讨论教师职责和任聘时，我们已经强调了政府在大学生活中发挥的日益重要的作用。因此很明显，教师不管是作为群体还是个体，都失去了很多（中世纪）自由。教授会再没有同样多的自由来决定自己的事情。政府的专员被派到大学中来核实教授的正统性和他们工作的勤奋程度；校长们由国王任命，如威廉·塞西尔（剑桥，1559—1598）和威廉·劳德（牛津，1630—1645），他们负责对大学中高级及初级人员的学术和宗教生活进行日常管理；所教授的科目由政府指定；教授的出版物要上交给政府的审核

[27] Brockliss, *French Higher Education*, 34 – 35.

机构;[28]教授成为公职人员,他们的教学执照及自由、豁免权和个人荣誉由政府来保证和限制。[29]在有些情况下,这种干预是非常强的:在维也纳大学(这所大学"追随改革"的维尔茨堡、因戈尔施塔特及美因茨大学,在18世纪后半叶成为德国天主教大学的楷模之一),范格哈德·斯威滕受君主邀请为医学院改革提供建议。这些干预包括通过政府派驻代表对学院进行严格控制、对教学的细枝末节进行规范,有的甚至到了规定教授使用哪本教科书的程度。[30]

在俄罗斯,国家控制具有不同的特点。国家对圣彼得堡大学的控制极为专制。这可部分归咎于它靠近沙皇的住处冬宫。教授们所受到的限制源于官僚的体制和那些当权者使科学成为他们奴仆的努力。圣彼得堡大学的学者们"不得不耗费大量的时间和精力为宫廷节日准备焰火或为沙皇
225 的家庭成员和他们的亲信撰写颂扬之词"。[31]有些教授为沙皇的家人讲课,教叶卡捷琳娜二世俄语,给她的孙儿们上课。由于交通和通讯的障碍,建于1755年,离首都有600公里之遥的莫斯科大学则较少受到皇帝的干预。

简而言之,随着大学成为政府官员和贵族们控制学校教育的工具,绝大多数大学都失去了它们拥有的那些自治权利。尽管如此,还有重要的两点在这儿需要说明。第一,虽然政府和官僚控制可能是真实的,但这并不意味着当地的教授会停止对于诸如教授任命事宜发挥影响力。这些当地的教授会或一些有支配权的个人各自努力保持对教授任命的影响力,主要原因是政府往往对此缺乏控制。例如,整个18世纪,普鲁士对其大学的官僚控制就极为松散,除了短期的专制干预外,它对管理大学或利用权力干预教师任聘没有任何兴趣。在整个18世纪,填补大学教职空缺的现象从

---

[28] 例如18世纪的意大利,见M. Roggero,'Professori e studenti nelle università tra crisi e riforme', *Storia d'Italia. Annali*, 4(Turin, 1981), 1070ff.

[29] L. Boehm, 'Libertas Scholastica und Negotium Scholare. Entstehung und Sozialprestige des Akademischen Standes im Mittelalter', in *Universität und Gelehrtenstand*, 44ff.

[30] McClelland, *State, Society and University*, 72.

[31] B. I. Krasnobagev, *Russkaya kultura vtocoy pohoviny XVIII -nachala XVIII veka* (Moscow, 1983), 104.

未消失过。[32]尽管偶尔政府也会不顾大学的意愿强加给大学有争议的教授，但在总体上，当地的教授会还是能够制定教师任聘的学术标准。第二，不能认定政府控制就意味着大学质量没有保障。值得一提的是许多18世纪的大学改革者和批评者并不谴责这种干预。相反！推崇日耳曼式开明专制的哥廷根大学教授克里斯托弗·迈纳斯(在哥廷根大学，政府当局一方面对教授任命控制极严，另一方面保证教学的绝对自由)赞许地写道：

> 伟大的闵希豪生几乎没有授予我们大学提名、任命和推荐的权力，他也没有授予我们自由选择的权力，因为他从以往的经验中了解到，尽管大学的教师们通常知道哪些人最适合这些空缺的职位，但他们极少或从不会提议他们所知道的最能干的人选。[33]

克里斯托弗·马丁·威兰写到爱尔福特大学时说："如果在那些盛行与习俗相背的方式任聘教授的学院里王子拥有权力，那么不管是对于大学，还是对于防止那些已经产生的弊端都是极为有益的。"[34] 226

最后，值得一提的是大学教师的经济状况有所改善，这得归功于政府的资金援助。例如，1620年，乌普萨拉大学得到瑞典国王古斯塔夫二世的大批捐款，这意味着大学经济的复苏。

在那个时代，教授任聘的另一个因素是宗教信仰。显然，16世纪之前都是由官方管理师生的宗教事宜。例如，国教会控制下的牛津和剑桥要求所有成员，包括学生、院士、院长、辅导教师和公开讲座的教授都必须认同《至尊法案》，承认国王是英格兰教会最高权威，并认同教会的三十九条信纲。这就是说，从16世纪开始公开宣称天主教的信仰以及1662年后公开承认为非英国国教徒的人被排除在这些大学之外。

欧洲大陆也存在相类似的情行。路德派和加尔文派的大多数大学都

---

[32] C. Bornhak, *Geschichte der preussischen Universitätsverwaltung bis 1810* (Berlin, 1900), 99－100; G. von Selle, *Geschichte der Albertus-Universität zu Königsberg in Preussen* (Würzburg, 1956), 158－161. 两部著作均由 Turner 援引，参见'University Reformers'(注释7), 511.

[33] Turner, 'University Reformers'(注释7), 512.

[34] Turner, 'University Reformers'(注释7), 512.

要求教师宣誓效忠国王和宗教，而1564年的特伦托会议规定天主教大学中的所有成员必须作信仰宣誓。一些大学甚至采取了更特殊的措施，哥本哈根从1604年开始禁止聘任任何曾在耶稣会学院学习过的人。

值得强调的是，在规范正统方面各地有很大不同。荷兰共和国大多数大学在对待学生的宗教信仰方面要比其他地方宽容得多，但几乎所有的地方都要求教师属于归正教会。事实上，在莱顿大学建立的头十年期间，并不是所有的教师都对归正教表现出了同样的热情。例如，法律教授托马斯·佐西乌斯公开承认他的天主教信仰，并于1593年接受了正宗天主教大学维尔茨堡的教授职位。但自从他离开莱顿后，这所大学对应聘者的宗教信仰调查得更为彻底了。结果，1732年路德派的戈特利布·海内克丘斯由于其宗教信仰而未被聘用。[35]

227 教授宗教信仰的正统性不仅是教师得以任用的决定因素，也是教师被解雇的主要原因。历史上几乎每一个大学都能找到教师因为宗教信仰而被开除的例子。

在德国的启蒙时期，尤其在哈勒和哥廷根，情况开始发生变化。哥廷根是18世纪路德教会中一所主要的大学，格拉赫·阿道夫·冯·闵希豪生曾尽力避免自17世纪末以来风行于新教教派之间的激烈争论。大学条例中禁止公开指责教师的“异教”观点。尽管神学家本该是优秀的路德教徒，闵希豪生还是力图通过任用在宗教信仰上持中立态度的教授以保证和平共事。从这点上人们可以看到学术自由的起源，这使得哥廷根成了无与伦比的以思想、写作和出版自由而闻名的地方。[36]

通过考查1681—1793年间59位法国法教授的聘用原因，克里斯蒂安·谢纳总结出，只有15%的教授以律师身份得以任用，42%的因为服务于国王而得以任用，34%凭借与名人的关系而被任用；在59名申请者中，有36%的人在被任聘之前曾是声名狼藉的法官。[37]

事实上，改革者们在教师评估上主要看候选者被社会和团体的接受程度，而常常忽视其学术成就。在旧制度时期，这种情况发生在所有应聘者

㉟ Frijhoff, *Gradués*, 56.

㊱ McClelland, *State*, *Society and University*, 39-40.

㊲ Chêne, *L'Enseignement du droit français*(注释20),30-41.

身上,大学教师当然也不例外。在这方面,教授女儿的支持是一个非常重要的因素。萨尔茨曼在《卡尔·冯·卡尔茨伯格》中所描绘的一幕很有意义:一个年轻的大学教师抱怨说,凭资历他完全有资格获得一个空缺的教职,但所有负责此事的教授对他都很冷淡。“实际上,”一个同事说,“看来你并不知道如何在格吕纳得到一个职位……我们有很多漂亮的教授的女儿,娶一个!会怎么样呢?事情会变得好起来。”㊳事实上,17 和 18 世纪欧洲的大多数大学都存在近亲繁殖的现象。真正的学术王朝是在以下几个大学得到发展的:一是哥本哈根,在巴托林家族的支持下,其儿子或女婿们一直掌握大学的领导权;二是吉森,神学家门策,马伯格大学和吉森大学教授(1596—1624)的子孙们支配了整个大学,使其在 1650 至 1700 年间形成了 228
一个典型的家族大学;三是图宾根,维尔坦伯格家族(15—16 世纪)、布尔克哈德—巴尔代利家族(16—17 世纪)和格梅林家族(18—19 世纪)的成员们先后在大学担任教授和管理者;四是日内瓦,图雷蒂尼家族的 7 名成员占据教授职位达 170 年之久;1666 年,巴塞尔大学中几乎所有的教授相互间都有某种关系;在爱丁堡医学院,1790 到 1800 年之间有六个教授职位易手,其中有五个传给了前任教授的儿子,等等。许多同时代的人谴责大学评议会的帮派精神。家族的利益凌驾于大学的普遍利益之上:“教授职位的世代相传在一个家族中是一个值得荣耀的传统。”㊴

因此,18 世纪早期,普鲁士的腓特烈·威廉一世责骂他的大学学监就不足为奇了。“我们不想对你们隐瞒我们的决定,将来当教授职位空缺时,你们要推荐给我们的须是那些已经在其他大学取得名誉和声望的人,并且愿意促进我们大学的繁荣和发展;你们要忽视那些血缘关系、婚姻和类似的问题。”㊵在巴黎大学的法学院,一个 1712 年的声明要求相隔一两代的亲戚不能被同一所法学院接纳为博士。㊶

在 18 世纪的意大利和卡斯蒂利亚,人们做了类似的和成功的尝试去

㊳ Turner, 'University Reformers' (注释 7), 513.

㊴ U. J. Wandel, '"...in allen Stücken prudenter und reifflich eingerichtet". Tübinger Reformversuche im 18. Jahrhundert', in Decker-Hauff *et al*. (eds.), *Beiträge zur Geschichte Tübingen*(注释 15), 127.

㊵ Turner, 'University Reformers' (注释 7), 513.

㊶ Lemasne-Desjobert, *La Faculté de droit de Paris*(注释 6), 19.

重新评价大学(例如,维克托·阿马迪厄斯二世在都灵,奥地利政府在帕维亚)。在卡斯蒂利亚,菲利普五世试图消除皇家审议会任命大学教授职位时表现出的裙带关系。值得记住的是,在1641年,由于学生选举过于腐败,这个审议会从大学的手中接管了任命教授的权利。但实际上,这个审议会滥用它的新权力,使得在委任大学教席上已经存有偏见的任免方法和裙带关系更加扩大化。这时教师由马德里委派,其选聘的原因常常与他们的教学能力无关,而且甚至可以保证他们通过资历的积累晋升到最高职位。绵绵不断的共同利益将审议会与阿尔卡拉、萨拉曼卡和巴利亚多利德
229 的学院院长们前所未有地紧密联系在一起。同时,一个学生如果其家庭与大学毕业生、宫廷的高官显贵或有势力的贵族都没什么关系的话,他会发现自己被排斥在教授职位之外。

我们应该意识到这样的事实,近亲繁殖和任人唯亲的做法虽然是普遍的和广泛的,但并不是对所有大学都产生了同样的影响。一些个别学院(像在1730—1780年间的爱丁堡医学院)或16和17世纪的主要大学,如强调共和的莱顿和帕多瓦大学,以及18世纪哥廷根和哈勒这些年轻的大学都没有受到太大的影响。这些大学都因认真选拔教授而闻名,他们注重学者们的声望,他们的学科成就和教学技能,虽然在这些情况下几乎每一次选聘都是众多讨论、游说和推荐的结果。

虽然一个大学的基础设施对吸引外国学生和游客来说是重要的,但是一个大学的成功在更大程度上是依靠它的管理者是否有能力雇佣和留住优秀的教师,这些教师反过来会吸引大量的学生(通过选择富人和贵族),以使有价值的科研得以进行,并使教师乐于留下。然而,缩小生源的社会基础的一个后果是地理区域的缩小。的确,近亲繁殖和裙带关系,以及欧洲国际性的政治和宗教集团都对中世纪大学教学国际性的消失负有责任。这种国际性(或者,在一定情况下,是地方性)的消失不是绝对的。在因戈尔施塔特法学院,有四分之一的教师(1472—1625)是外国人[42]。在帕维亚大学(1499—1699)的法学院,我们可以数出39名“外国人”,有69位教师出生在公国,117位教授来自帕维亚城。16世纪,有相当多的大学至少做

---

[42] Wolff, *Ingolstädter Juristenfakultät*(注释21),98-99.

过吸引外国教授的努力。然而,规章规定当地公民在重要的教授职位任用方面享有优先权,或者是法令要求大学教师发誓不接受外国职位,这些都导致了外国教师数量的减少。例如,虽然在意大利从中世纪晚期这些职位就开始排斥各种类型的"外国人"、意大利人或其他人,但是日益增长的竞争逐渐地但又无情地导致了人们被迫接受关于这些尊贵职位的新的更严格的任聘要求。例如,1624 年,那不勒斯的西班牙总督——阿尔巴公爵宣布那不勒斯人在大学的教授职位任聘中享有优先权。在帕多瓦、佩鲁贾和 230
比萨,教授职位受到类似的限制。甚至博洛尼亚,一所具有为外国学者保留四个杰出教授席位传统悠久的大学,也变得"地方化"了:到了 17 世纪中期,博洛尼亚人垄断了大学的所有教学职位。[43]1664 年,教皇在博洛尼亚的使节把大学入学人数的下降归咎于大学缺少外国教师和博洛尼亚的教授不称职。[44]类似的事情也发生在普鲁士,在那里一些法令禁止著名的教授离开他们在普鲁士的职位而去接受德国其他地方更有利的邀请。"1744 年,哈勒的施毛斯教授得以接受哥廷根的邀请,他只能告诉当局他在哈勒购买了另一套住房,把家用物品装上马车,然后迅速地驶过边境。"[45]所以 1768 年柯尼斯堡大学校长科尔夫的抱怨就不奇怪了:"本地人不出去,外面的人进不来,因此这里的一切都那么懈怠和自我陶醉。"[46]

这些抱怨真实地反映出近代早期教授职位的变化。16 世纪,教授们认为自己是学问王国的成员,是可以忽视国家边界的国际社会的成员。但在那个世纪末情况开始改变,使国家学者成为 18 世纪的典型。

招募新人地域范围的缩小反映在教授学术旅行的逐渐减少上。如果我们看一下教师被任命前学习的地点,很清楚,除了一些名声不佳的例外,在 17 和 18 世纪未来的教授们在越来越少的外国大学中学习。当然也有例外。有些个别人游历了半个欧洲,并在接受教授任命前在几个大学中学习过。而且很明显,一些新大学,如隆德的卡罗来纳学院(1666 年 8 月成

---

[43] R.L. Kagan, 'Universities in Italy 1500—1700', in *Populations étudiantes*, vol. I, 169.

[44] Kagan, 'Universities in Italy'(注释 43),171.

[45] Turner, 'University Reformers' (注释 7), 509.

[46] Turner, 'University Reformers' (注释 7), 508.

立)，至少在它成立后的 10 年中，可以依靠在国外大学学习过的教授们。

17 世纪瑞士的巴塞尔(在 16 世纪享有国际盛誉)、日内瓦和伯尔尼大学，教授会与市政府联系紧密，几乎没有外国教师，甚至没有从市行政区以
231 外来的教师。17 世纪，在鲁汶一个当地学生被任聘的机会是其同伴的两倍，在 18 世纪几乎是四倍。

然而也有采取措施阻止这种趋势的例子。要建立一所成功的大学，要有能力为所有学院吸引到能干的教授和一些著名的人物。因此，在年轻的大学中，如马伯格大学，政府竭力保障教授们的薪水比更有声望的、年久的大学具有竞争力。此政策在莱顿非常明显，第一任董事会主席贾纳斯·杜萨利用在我们这个世纪非常熟悉的方法使大学不断发展，即通过提供高薪水、低教学任务吸引杰出的外国学者来大学任教(在开始的 15 年中，任聘的神学教授中有 3 个法国人、2 个德国人和 3 个荷兰南部人)。

同样的事情也发生在哥廷根，闵希豪生在那儿利用选帝侯的政治影响获取那些获准不再为其他统治者服务的教授。他偿付搬迁费用，安排教授们的住房，并在哥廷根提供几乎无法拒绝的职位。他亲自监督教授的聘用。除了莱顿和哥廷根，类似恢复教授国际化的意图在帕多瓦(17 世纪)、都灵(1720—1730)和其他大学仅仅是个象征。1588 年海德堡大学的法令中，选帝侯强调，在选聘方面海德堡的学生与其他学生相比不享受优先权，“以避免破坏学问的研究或有损其声誉”。不幸的是，这种状况在 18 世纪彻底变了样，选帝侯们强迫大学从它的圈子中任命候选人。

18 世纪俄国的状况十分不同。1724 年圣彼得堡学院建立后的十年中，它遇到的困难非常严峻。只有少数学生懂拉丁文并能听懂讲座的内容，也无法找到可以胜任的教师。因此，俄罗斯政府从欧洲大学中寻找教师。许多年轻教师如莱昂哈德·欧拉、约瑟夫·尼古拉斯·德里尔、戈特利布·西格弗里德·拜尔、约翰·西蒙·贝肯斯坦、乔治·沃尔夫冈·克拉夫特、约翰·乔戈·格梅林、约西亚斯·韦布雷赫特及其他人响应这个建议并签订了合同。[47]在他们的帮助下，一所文法学校和一所大学很快在涅瓦河畔建立起

[47] E.S. Kulyabko, *M. V. Lomonosov i uchebnaya deyatelnost Peterburgskoy Academii nauk* (Moscow/Leningrad, 1962), 39.

来。合作结出了果实。在评价欧洲学者对圣彼得堡大学和科学院建立之初所给予的帮助时，苏联科学院主席 S. I. 瓦维洛夫指出，在文化史中"几乎找不到其他如此迅速而有效地促进科学发展的例子"。[48]建校 20 年后，圣彼得堡大学拥有了一批称职的教授。在那儿工作的俄罗斯教授在圣彼得堡受到了训练，他们又到国外的大学去提高自身的素质——斯特拉斯堡、巴黎或莱顿。在他们之中有一位杰出的俄罗斯学者——圣彼得堡大学的校长——米哈伊尔·瓦西列维奇·罗蒙诺索夫。罗蒙诺索夫的一些出色的学生成了莫斯科大学的首批教授。

就招聘外国或著名教授而言，人们需要记住这样的事实，即这几乎一直就是钱的问题。正如我们在下面将要看到的，这些外国教授的薪水要比其他人高。小型的大学根本无法负担如此高的薪酬。但缺钱并不是大学难以聘到好学者的唯一原因。重视教学的传统与强调科学探寻和实验的新的学术理念产生了冲突。与此相对比的是，那些建在博洛尼亚、佛罗伦萨、那不勒斯、帕尔马和其他城市的法律学园通常把探究和实验置于教学之前，因此，相对于那些没什么机会做别的只有教学的大学而言，一些著名的学者更愿意呆在这样的学园中。[49]

大学教师是高薪的职业吗

西班牙的科特在 1627 年曾记载道：

> 如今，大学里值得注意的是对学问缺乏奖励、对时间的消耗和学生数量不足，而且教师们的薪金与工资比以前低了很多，这种情况导致一些明智的、认真的学者不再留在大学里，而是去寻找其他更适合的谋生出路。[50]

---

[48] S. I. Vavilov, 'Academia nauk SSSR i razvitiye otechestvennoy nauki', *Vestnik Academii nauk SSSR*, 2(1949), 41.

[49] Kagan, 'Universities in Italy'(注释 43), 174 – 175.

[50] Kagan, *Students and Society*, 174.

233 在他的学术讲演中,乌得勒支大学教授赖茨(1767)表达了这样的希望,即那份工资应满足一个人生活的尊严和能够购买一些必需的科学参考书。[51]1599年,鲁汶的教授们抱怨说工资太低了,根本雇不起佣人。[52]波尔多大学法兰西法的教职报酬低到"很难找到一个教师乐意从事或满足于自己的工作"。[53]罗斯托克大学的教授们对政府要求他们开设公开讲座的命令报之以满腹牢骚,称他们工资太低,实际上又很少发放。[54]1699年,在帕维亚作为为数极少的外国教援中的一位,朱安·安格鲁·德·安帕特奎抱怨说他已经六年多没有发薪水了,而1711年的一份大学状况报告表明,教援的工资低到"很多人不能以此来生活的地步"。[55]在欧洲的每一个地方,教授们都在抱怨他们的工资。

从这些激烈的言辞来判断,这种教学的回报远不能令人满意。大学真的是这种教学低酬的情况吗?这取决于很多因素,其中有大学及其所在城市及国家的经济状况,学院或职位的重要性、教师的知名度、年龄、教学经验和学生数量等。

就大学的体系和经济状况而言,有些古老的大学,如牛津大学、巴黎大学、萨拉曼卡大学,都拥有自己继承的校产、资源和来自于利息的收入;另一类大学中,教授享有领取牧师俸禄的资格;在第三类大学里,教师不得不依靠本科生或研究生的学费;其余的就只能指望城市或政府的工资了。而且,很多大学除了工资、学费、酬谢礼物和其他形式的金钱收入以外,还给予教授们以实物和特权。海德堡大学的学者亚努斯·格吕特鲁斯是唯一一个愿意接受弗拉讷克大学聘任的教师,条件仅仅是每年给他一车酒和住在有花园的房子里。柴和食品都由租种大学土地的农民供应,或者发给教师们营业执照准许他们把地下室的啤酒、葡萄酒向公众销售,这些都是常见的非货币的薪酬例子。最后还有更重要的一点是,在有些大学中大多数教

---

[51] J.Roelevink, *Gedicteerd verleden. Het onderwijs in de algemene geschiedenis aan de universiteit te Utrecht, 1735 – 1839* (Amsterdam/Maarssen,1986),48 – 49.

[52] F.Claeys-Bouuaert, *L'Ancienne Université de Louvain. Etudes et documents* (Louvain,1956),82.

[53] Chêne, *L'Enseignement du droit français* (注释 20),106.

[54] McClelland, *State, Society and University*, 89.

[55] Kagan,'Universities in Italy'(注释 43),171.

师享有税收上一些利益或者有其他的特权。例如在帕维亚大学,不许强迫教授家中收住士兵,而且在米兰他们的财产是免税的。这种纳税豁免是大多数教师收入的一个主要来源。

尽管随着世俗化的深入,教授津贴没有了,教授工资有所增加,但无论如何,直到18世纪,大学教授们的生活依然主要依靠其俸禄和学生学费而不是工资。甚至在教士俸禄制度消亡后,政府更多地干预大学的经济生活 234
时(还包括行政和政治生活),那些古老的大学依旧主要依靠各种名目的捐赠生存。实际上,德国的哥廷根大学是德国第一所完全没有捐款,全部依靠政府财政预算和学生学费而维持的大学。

指望学生的学费生存当然是危险的,当这种收入的来源减少时,很多教师发现他们处于一个非常窘迫的经济状况之中。成功的教师如马丁·路德和梅兰克顿在维滕堡(1520)大学讲课时有400—600的听众;或者像阿西亚特斯,据说他在博洛尼亚时(1539)有600名学生,他们当然过着富裕的生活。但是他们在海德堡大学的同事们就没那么幸运了,1525年,那里的老师比学生还多。到了1720年,在德国各个大学中大约有4400名学生。但是从中叶起,学生人数急剧下降,1790年,降至3400人,到1800年,更跌至2900人。[56]因此,教师们,尤其是文学院和哲学院里那些很大程度上依靠学生学费来补贴少得可怜的政府工资的教师们,陷入了困境。总的来看,这种制度意味着资金不断减少,但还要用它去吸引能干的教师。简言之,对于在大学教书的某些人来说,就像歌德描述的那样:是一种绝望的存在。

另一方面,这种课程薪酬制鼓励教师们专注于他们的工作。在亚当·斯密的《国富论》一书中,他认为增加教师的工资是不妥当的,那样“会使他们不那么专注于对学生的教学,或者是不再依赖由于勤勉工作而获得的报酬”。[57]在爱丁堡,1800年有5位医学教授根本没有任何工资,在学术市场中对这种课程薪酬制的深层思考确实导致教师们去迫使城镇议会改善其

---

[56] Turner, ‘University Reformers’ (注释 7), 497 - 498.

[57] Hammerstein, ‘Universitäten und gelehrte Institutionen’(注释 9),317.

教学条件。[58]

由于学生的数量影响教师收入,在17—18世纪,当中等学校开始取代文学院的预科功能而发挥作用时,较低层次学院的教师们不论从声望和收入上都急剧下降。1721年,普鲁士奥德河畔法兰克福大学哲学院的教师
235 们的工资每年约是100—175泰勒,神学、法律、医学院的教师每年的工资则是338—557泰勒、200—500泰勒和100—300泰勒。而且,高级学院的教师除了教书,还可以通过开业来补贴他们的收入,但哲学院的教师除了中等学校教学以外没有其他补助的渠道。[59]因此,教师所在的学院在很大程度上影响到他们的收入。如果说教师所在的大学、学院的经济条件决定他们收入的话,那他们所教授的课程实质上也影响其经济状况。我们回到爱丁堡的例子上,就会发现从事医学、化学、解剖学的教师通过他们熟练的教学实践活动从学费中获得了可观的收入,而且这种收入还有望增加。而从事那些非热门专业,如植物学、药物学的教师得到的很少。这种课程学费制造成的报酬差异激发了那些有抱负的教师们调职到他们认为更赚钱的岗位上去。[60]但是即使在那些实行教师工资制的大学,不同的教授席位和教授地位也使得收入依然存在极大差异。在英格兰的大学,大量的教学任务是由各个学院的高级教师来完成的,他们不是从大学而是从所在的学院获得固定的津贴。英格兰大学新设立的教授职位可以说明这一点:整个18世纪上半叶,剑桥大学的化学教授职位无论是谁都是没有固定津贴的。为了资助在职者,大学把教师从学生那儿收取的听课费合法化。结果,当在职的教授们想得到钱或需要钱时他们就会开课了。在林那卡,医学的讲师席位(设于1524年)每年的报酬为6—12镑。到了17世纪晚期,通货膨胀使得这个数目贬值,以致于选帝侯们把学院里的讲师席位当做李子一样分配掉。另一个极端是牛津大学萨维尔教授席位的教授们(几何学和天文学,设于1619年)每年得到160镑;剑桥大学卢卡辛教授席位(数学,设于1663年)和普拉姆教授席位(天文学和实验哲学,建于1704年)每年的薪

[58] J.B. Morrell, 'Medicine and Science in the Eighteenth Century', in G. Donaldson (ed.), *Four Centuries of Edinburgh University Life 1583 - 1983* (Edinburgh, 1983), 41.

[59] Turner, 'University Reformers'(注释 7), 499.

[60] Morrell, 'Medicine and Science'(注释 58), 41 - 42.

俸为 100 镑。因此毫无疑问，在 17—18 世纪上述四个教授职位吸引了一系列杰出的人物。

最后，当然还有其他的因素也影响着教师的工资，如教师的声望、教学技艺和经验。一般情况下，外国教师的工资要高于本土教师，在帕维亚大学(15 世纪)，30%—50% 的教师收入不超过 50 菲尔瑞尼(相当于一名熟练劳动者的工资水平)。同时，约有 5% 的教师工资在 600—2000 菲尔瑞尼之间。[61]这种工资的显著差异在 17 世纪表现得更甚。虽然大多数的意大利大学要应付财政危机，但是当局还是愿意招揽 1—2 位著名的高薪教师，与此同时其他教师的工资只能勉强维持温饱。在 17 世纪的罗马，有些教师的报酬是 700 思库尼，而有些人得到 40—60 思库尼就心满意足了。 236

所有这些因素使得我们很难对教师工资进行总的概括，但是我们可以有所保留地说，在那些比较大的大学里，普通教师的收入也是不错的。布尔迈斯特对 15—16 世纪德国法学院的研究表明，法学院的教授工资的上限在整个 16 世纪从 100 弗罗林(约 1520)上升到 200 弗罗林(约 1540)，又再上升到 300 弗罗林(约 1560)。有些教授，像维滕堡的法学教授(1565 年获得了 350 弗罗林)获得更高的工资。“正如有时所断言的那样，这些决不是解决温饱的工资。”[62]这种情况不仅仅是出现在德国的法学院。我们知道 17 世纪在路德派的乌普萨拉大学和隆德大学的教师也得到相当不错的报酬。这种情况在荷兰的大学也是如此，绝大多数的普通教师待遇都很好；萨拉曼卡、阿尔卡拉和巴利亚多利德的教师们也是过着舒适生活的人(16 世纪他们的平均工资是 500 达克特，相当于一名熟练工人的 5 倍)。如上面所指出的，这种情况也见于英格兰的大学教授的工资、个别大学和一些个别的教授职位。在 18 世纪，法国法学院的教授平均工资达到 2000—3000 里弗，而在第戎和巴黎则达到 6000—8000 里弗(在法国革命前夕，一般认为收入 400 里弗就可以基本保证一个人和他的家庭起码的生活)；但是也有例外，在蒙彼利埃和巴黎，神学和医学教授的工资很少超过

---

[61] Roggero, ‘Professori e studenti’(注释 28), 1042.

[62] Burmeister, *Das Studium der Rechte*(注释 5), 165.

1000里弗，但他们作为受俸牧师、开业医师或通过提供咨询（报酬很高）可以轻易地使收入翻倍。[63]我们必须考虑到这样的事实，即很多教师通过做律师、牧师、学院院长、大学或学院委员会成员、图书管理员、私人教师等来获得额外收入。例如，一名鲁汶大学神学院的高级教师在学院委员会的任
237 职可以获得比他做教师多两到五倍的收入；作为杜埃大学的圣经教授，艾迪雷恩·戴尔古在1717—1740年间通过做神学院的院长和圣经布道者使他的收入增长了一倍多；又比如约翰·比尔马克（卒于1801年）在芬兰的奥布大学做了38年的教授，在他死前指导的学生论文不少于229篇。[64]据此我们可以推断出许多教师的经济状况还是比较稳定的。

另一方面，由于不能提供很好的薪酬或根本不能及时发放工资，17世纪和18世纪的很多大学（尤其是省立大学）很难吸引到一流的教师。法国地方行政官若利·德·弗勒里在对18世纪法国教授工资的调查中发现，有些人的工资"绝对不能满足他们的生活所需"，他还说"这些人谦逊的态度以致于把自己置于贫困的境地，他们的教师职业也无法得到应有的尊重"。[65]

正如本节已经介绍过的那样（原书第232页），每个国家几乎都能听到相同的抱怨声。而且需要说明的是，在近代早期，随着教授职位的不断世俗化，很多教师结婚有了家庭。这样，即使他们的工资足够满足他们自己的开销，也不意味着可以满足整个家庭。

凡是在薪酬很低的大学，教授们只拿出相当少的时间从事教学活动，他们通过接受校内外的其他职位来增加收入，这种现象在16、17世纪尤为突出。1778年在爱尔福特，低级学院里约有半数的教师在当地的学校里有第二职业，还有三分之一的教师在专业学院里同时拥有着第二个职位。[66]有些报告表明，课程通常被委托给那些二流的教员去完成，这些人常常不做演讲，很少能完成指定的内容。同时，很多教师习惯上给那些付费的学生提供私人的指导，经常是把最主要的内容用于私人辅导。私人辅导

---

[63] Brockliss, *French Higher Education*, 44.

[64] Klinge, *Kuningliga Akademien*, 100, 165－167.

[65] Lemasne-Desjobert, *La Faculté de droit de Paris* (注释 6), 28.

[66] Turner, 'University Reformers' (注释 7), 507.

课程与大学提供的课程直接竞争,虽然大学试图禁止这种做法,但学生却放弃大学的课程而热衷于此种私人教师。[67]一些教师提供这种私人的教学可以保证他们有相当可观的收入。哥廷根大学的米夏埃利斯曾提到说不只是医学、神学和法学的教师们普遍这样做了,而且如果大学发放的工资低到他们预想的范围内,他们都会去那么做。阿西亚特斯甚至声称每年做执业律师可以给他带来600菲尔瑞尼的收益。为了能够执业,很多教师忽略了他们的教学任务。例如,1681年,两位在帕尔马的医学教师因为校外的工作太忙,以致于他们根本无暇在课堂上露面。[68]还有第三类教师,他们把教坛看成是通向政坛的跳板,不断寻求新的工作(见下面,原书第242页)。 238

如果我们考虑到这些教学工作外的兼职,就不会再对16、17世纪几乎所有大学教师旷课的情况感到惊异了。1648年在萨拉曼卡,有人抱怨说:"能持续任职一年的文学院院长是非常罕见的,有的甚至任职不到一个月,还有甚至只有两天。"[69]在因戈尔施塔特大学(1586)更离谱,"很多学生说他们非常想见到一两个老师本人"。[70]

简而言之,一些教师的工资不高导致他们没有把足够的精力放在教学上。而阻止这种忽视教学现象的唯一办法就是增加工资。从16世纪开始,几所大学的官员和一些开明之士就试图让有关当局对此负责。像17世纪莱顿大学那样,教授没有经济问题之忧,能够不断发展并享有良好的科学声誉绝不是巧合。而18世纪意大利教授职位的资格与工资增长或至少正常发放有直接关系,这同样不是巧合。在维克托·阿马迪厄斯二世领导下的都灵大学和帕维亚大学也是如此。帕维亚大学的教授们在18世纪最后25年中可以获得2000里尔(同期,国家高级执政官为10 000,中级执政官为3000),[71]其他国家也有类似现象。在柯尼斯堡,政府禁止教授们承担教学以外的工作,其用意是让教师把全部精力集中到教学上去。遗憾的

---

[67] Kagan, 'Universities in Italy'(注释 43),172-173.

[68] Kagan, 'Universities in Italy'(注释 43),172.

[69] 引自 Kagan, *Students and Society*, 156-157.

[70] Burmeister, *Das Studium der Rechte* (注释 5),177.

[71] Roggero, 'Professori e studenti'(注释 28),1072.

是，这里的政府没有采取合理的下一步——增加教授们的工资。不过维也纳不是这样，那里的改革家像特劳特森大主教对此问题体会很深，即没有
239 高工资和名头衔，大学吸引不到智者。而且，教授们还被授予议政官（一个受社会尊敬的官方头衔，但这并不意味着他们就真正成为议员了）。通过这种途径教授们最终获得尊重。[72]但这不是对所有教师而言的。比如很明显的是，那些耶稣会和天主教会的教师不能申请这样的荣誉职位，因此天主教和新教间的区别是显而易见的。而且，只有那些法学院的教师，而非来自哲学院的同事，才能享受这一特权。

职业生涯及其流动性

大体上我们可以说在近代社会早期，教学有一种向专业化发展的趋势。直到16世纪末，乃至17世纪，由单独一个教师来教授如希伯来语、医学、神学和法学等科目的情况完全不是罕见的。然而，不同科学领域的发展迫使教授或学者们集中在某门特定的学科或专业上，尽管也有许多例外。显然这种现象在规模最大的大学里最为突出，它们的教授职位数量多，种类也多。在为数众多的小规模大学里，1—2名教授原则上要负责整个学院的所有课程；但在比较大的大学里也存在这种状况，甚至在18世纪一些教师在不同的学院里授课。例如，闵希豪生说“不应该有垄断”。正如我们下面所要看到的，大学教师的专业化同样被经济、制度等因素所阻碍。

然而，这种专业化的趋势并不意味着不能在大学里巩固其职业或者不能不改变职位。正如我们所提到的，大学里有各种各样的教席和教授身份，它们的声望不同，薪金也各异。从大学、教授所占据的教席及教师付酬的方式上看（即使理论上有可能被替换，有牧师俸禄的老师几乎是终身制的），教师任聘或是终身制，或者有固定的期限。

在16、17和18世纪，人们对教授终身制的批评越来越多。在实行高
240 级教授终身制的西班牙，一封给科特（1528）的请愿书上写道：

[72] N. Hammerstein, ‘Zui Geschichte der Deutschen Universität im Zeitalter der Aufklärung’, in *Universität und Gelehrtenstand*, 145 - 181.

我们请求陛下像意大利和其他的地方一样，萨拉曼卡和巴利亚多利德的研究教席实行任期制而不是终身制。因为一旦实行终身制，就会出现许多问题和麻烦，尤其对于那些一旦得到了教授职位，不再关心研究和帮助学生的人来说，就更容易出现问题。但是，如果职位是临时的，就会有许多竞争的益处，因为那些低一级的教师会努力争取重新成为高级教授，以便提高他们的薪水，拥有更多的学生。[73]

虽然在许多新建的西班牙大学里，即使高级教授都有一个固定的任职期限；但是，实际上直到 1771 年，所有终身制的教授职位才转变为短期制。在其他国家，例如德国，教授的任期很少是终身的，更多的情况是 1—5 年的任期。一些大学，如海德堡大学，甚至禁止教授终身制。[74]因此看起来很自然的是，在因戈尔施塔特大学里(1472—1625)，只有 29％的法律教授任职超过了 10 年，17％的任职不到 1 年，22％的任职1—3年，13％的任职 3—6 年，20％的任职 6—10 年。[75]

在许多大学，教师首先不得不接受文学院的职位，工作几年之后，他们会争取在高一级的学院获得一个职位。只是在 18 世纪，文学院的教授职位才被看做是十分重要的教授之职。其他的教师作为特殊教授或私人教授开始他们的教学生涯，以后不断地在职位等级中向上攀爬，以期尽快成为普通教授，争取好一点儿的报酬。一旦成为某一学院的普通教授，他还需要尽量占据报酬较高的职位或声望最高的职位。了解了这些，就很容易理解在级别较低的院系和临时职位中人员流动率是最高的，这种做法在西班牙甚至成为一种制度(称做升迁制)，它在每一个院系创造了一个从最低职位到最高职位的学术梯子。为了避免消耗时间的竞争和在职位变动中的职位空缺，教师们只能是随着他们上一级的教师空出位置而晋升。当这种做法在 1716 年成为一种正式的法律后，出现了这样一种情况，即教师的晋级取决于资历而不是工作成绩。一位批评者表达了这样的观点，“要想在萨拉曼卡成为教授，没必要搞研究，只要活的年限比其他教师长就行。 241

[73] Kagan, *Students and Society*, 164.

[74] Burmeister, *Das Studium der Rechte* (注释 5), 162.

[75] Wolff, *Ingolstädter Juristenfakultät*(注释 21), 97 - 98.

年龄而不是工作成绩带来资历和名誉”。尽管这不是惯例，有时在其他大学也会出现同样的情况。例如，如果某一个资历很老的（高级）教师离开了帕维亚大学，米兰的校务委员有时不会让人去填补这个职位空缺，而是从教师阶梯的最低级中任命一位初级教授，这样所有的教师都提升了一级。这就意味着一些教师一年中有两三次职位变动，结果使他们不能专注于自己的特定领域。但是，在其他一些情况下，教师也会因为不断寻求更高的报酬而不断变换职位。大学的改革者加利亚尼在他的《联系》(1735)一书中提到那不勒斯大学一个教授的例子，为了增加他的收入，他曾经成功地教过神学、哲学、教会法，最后是民法。

不同国家、不同大学的教师对待工作有不同的态度。当然，他们获得报酬的方式最终决定了他们的工作态度。通常情况下，大学教师对他们的职业有两种不同的看法。

第一类人把教书看成是一项真正的事业。正如前文所述，持有这种观点的大学教师或者在同一所大学里教学以谋求晋级，或者往来于各大学之间。例如，在弗拉讷克大学，177 位教授中（1585—1811）仅有 21 位离开了他们的教职，从事了另一种工作（12.3%）；另外有 43 位教授转到另一所大学从事教学。这就是说，大约有 80% 的弗拉讷克教师把教学作为他们一生的事业，并且有 66% 的人一直待在这所小型大学里。[76]在鲁汶大学，总数约 954 位教授中（1501—1750）约有 191 人（20%）离开了鲁汶（尤其是文学院和较低级的法学教授）：[77]他们或去了其他的大学，或被任命为主教、议员或者法官等一些职位。由于文学院的教授有获得重要任职提名的特别待遇，所以许多鲁汶大学的文学院教授都获得了牧师的俸禄，随后离开了学校。但是，即使鲁汶有五分之一的教授们离开了教学岗位，还有 80% 的人留下了。总之，相当一部分大学教师把教学作为一种终身的事业。这些人一旦在大学里获得教学职位，他们就会一直呆在大学里直到死或者转到另一所大学里任教。荷兰和有些地方的情况和上文描述的相同，就是在法国（只是就普通教授而言）也是同样的情况：17 世纪中叶，让·德－阿维赞

---

[76] F. Smit, 'Over honderdzevenenzeventig Franeker professoren', in G. Jensma, F. Smit and F. Westra (eds.), *Universiteit te Franeker 1585 - 1811* (Leeuwarden, 1985), 105 - 107.

[77] Roegiers, 'Professorencarrières' (注释 19), 238.

在奥尔良教了33年的法学；18世纪后半期，爱尔兰人约翰·普伦基特在巴黎的纳瓦尔学院教了37年的神学；一个叫让·沙特兰的蒙彼利埃医学教授1669年开始教学生涯，一直持续了将近半个世纪。[78]

最后必须指出，不仅教授存在级别之分，就是大学之间也是有等级的。大学里的教师总是努力在更著名的大学里找到职位。

然而，在欧洲的其他地方，直到18世纪末期教授职业还不是一个发展充分的职业，而只被看做人们职业生涯中的一个阶梯。17世纪西班牙的情况可以解释这一点。正如我们已经提到的，大学教师旷工是当时西班牙大学面临的主要问题之一。除去疾病因素之外，造成这一问题的主要原因是个人的事务干扰了教学责任的完成。对于许多教授来说(尤其是法律教授)，当需要协商处理公职事务时(有时需要去马德里)，冲突就产生了。热衷于担任政府公共职务的学院的教师们很乐意放弃他们的教学工作。大学教授对教学工作的冷淡源于这样一种认识，即大学的教职并不是自己人生职业的终结，而是进一步担任政府公共职务的一个通行证。萨拉曼卡大学在给菲利普五世的一封信中做了这样的解释："学院的教师们把他们的教授职位看做是一个荣誉称号并将它作为通往公职的一个台阶，因而他们忽略了教学工作。现在可以这样说，在6个法学教授中只有一个……教学；在剩下的教师中，一些人由于缺乏能力不能够胜任工作，一些人以各种借口为由不给学生授课。"[79]简言之，在西班牙，大学的教职只被认为是寻求公职的途径，而不是本质上值得特殊重视的职业。那种把教学作为永久职业的观念已经被人遗忘了。至于西班牙大学的文学院和神学院，由于其中的教师逐渐由对世俗职业不感兴趣的牧师担任，教师不安于教学的现象就比法学院少一些。到17世纪，法学教师不离开大学去担任圣职或官职的人极为罕见，如此快的职业变动使得许多教职在一年之中通常易手1—2次。大学教授的离职源于收入的减少、大学租金的降低和学生数量的减少，学生减少反过来导致了教授学费收入的降低。针对西班牙大学的这一状况，卡根总结道："总之，大学已经流失了很多教师。到政府改革大学教

---

[78] Brockliss, *French Higher Education*, 46.

[79] Kagan, *Students and Society*, 156 - 157.

243 师任聘政策并且教师们形成对学生的责任感的时候,大学的课堂已变得空空荡荡,讲座也没人去听了。”⑩

在19世纪30年代的英国,人们在感叹教授职位缺乏严肃性的同时,依然可以听到对几个世纪前引进的教师制度的抱怨。威廉·汉密尔顿在《爱丁堡评论》中指出:

> 通常情况下,那些承担(辅导)之责并长期履行其责的院士都希望从事圣职,但是他们的期望受到了学院生活的限制,在得到提升之前,他们甘愿用对职业的兴趣来减轻对烦闷生活的厌倦,通过报酬改善收入来获得满足。因此,人们就不把教学当做一个重要的、任务艰巨的、责任心强的和永久性的职业,而只是当做一件随意的事情、顺便的事情、一种过渡状态和从事其他职业的敲门砖。⑪

对于大多数大学教师而言,确实不存在职业结构,因为他们在从事10—15年的教学和研究工作之后,就会去教堂从事专职牧师工作。

将这些抱怨和我们所提到的有关大学教师的薪金和额外工作联系起来,我们就不得不得出这样的结论:在近代早期,大学教学只对那些把教学看做一个专门职业的学者们来说是一种全职的职业(这里是指19世纪)。“由于教授职位还没有成为一项事业,所以教授并没有因为任何专门的学术和教学知识而变得与众不同,事实上正是这些专门知识使教授不再仅仅是一个简单的教书匠。”⑫

在任何时候,大学和社会的其他从业者之间以及不同的大学之间都有紧密的相互联系。从大学教师的聘任方法上看,也可以得出这一结论。1648年之后哈尔德韦克大学招聘了71位教授,在那些可知以往职业的人当中,22位曾在其他的大学或学校任教,11人以前是律师,12人当过拉丁学校的校长,还有15人以前是医生。所以,教授的任命机制不仅是“垂直”的,也就是初级教授不断晋升的机制,而且还是“水平”的,这是指直接从个

⑩ Kagan, *Students and Society*, 175.

⑪ Engel, 'Emerging Concepts' (注释 22), 314-315.

⑫ Turner, 'University Reformers' (注释 7), 507.

244

体从业者或者有过教学经验的人中任命。例如，在法国南部的大学（1681—1793）里，有61％的法律教授是通过这种形式选聘的。[83]

因此，一位杰出的医生、律师和教师都有可能受到大学的聘用。他们中的一些人在从事教学时会继续保留原来赚钱或拥有尊严的职位，但是其他一些人会致力于他们的教学和学术工作。在大多数情况下，招募这些社会上的开业者可以激励学院或大学的工作。另一方面，许多大学为流失最著名的教师而遗憾，这部分教师更乐于离开学校去从事其他的工作（尤其是在16世纪末和17世纪初）。例如，德国大学的法学院流失了博尼法斯·阿默巴赫（巴塞尔大学）、约希姆·明辛格尔（弗莱堡大学）、克劳蒂乌斯·坎修恩古拉（维也纳大学）、维吉里·茨维姆斯（因戈尔施塔特大学）、约翰·阿佩尔（维滕堡大学），这些教授不仅能够吸引学生，而且能够提高教学水准。然而，不仅仅是流失了大量的好的法律教师，一些著名的神学家也离开了大学成了主教。[84]

教授是一个独特的、高贵的社会阶层吗

正如在本章引文中提到的那样，我们缺乏把教授群体作为一个社会群体加以考察的研究。我们获得的资料也使得我们很难明确地回答教授群体是否是一个与众不同的、高贵的社会群体。有人甚至要问能否将教授群体作为一个单独的社会经济和职业群体来考察。我们确实承认在很多时候大学教师没有也不能把教学工作当做是全职工作。因此，我们下面讨论的只是其中一部分能够通过教学谋生的人。

如果我们考察一下中世纪末大学里的教授职位，可以清楚的看到学生和教师之间的差距越来越大。由于教授的薪水和福利不断增加，教授对学生学费的依赖性越来越小。在英国，拥有民主章程的任课教师团体在很大程度上被实行独裁的各院院长所改变或替代。中世纪形成的教师和学生共同的团体被削弱，最终形成两个差异显著的群体：教的群体和被教的群

[83] Chêne, *L'Enseignement du droit français*（注释20），59.

[84] Burmeister, *Das Studium der Rechte*（注释5），171ff.

体。[85] 前者总是在尽力保护他们的特权、收入和权力。对教授的选拔不考
245 虑候选人的社会、经济和家庭地位，而更多的是受到教授团体和经济利益的左右。英国人对教授选拔制的不满集中在选拔中的受贿问题上。从辅导教师中选拔出来的人，并不是因为他们有才干，而是根据学 校创办者的变幻无常的愿望和偶发的情况来确定的。1511 年奥尔良大学教授职位的一位候选人抱怨说：这个学校的董事会博士在过去的 100 年中从不愿接受一位新博士：选聘之前总是有诉讼。[86]正是因为巴黎议会丝毫无法使人确信教授们的公正性，因此它于 1532 年决定每一位教授候选人都必须面对巴黎议会的代表在巴黎大学的楼前举行一个公开的复选。耶拿大学的教师对此也同样关注：1751 年，政府要求这个学校的教授提出一些改革的建议，但在旧的规章下他们提不出任何建议。实际上，教授们的“改革”建议倾向于通过各种手段限制教授们对收入和特权的竞争，这些手段包括：强调信仰正统，禁止图林根的臣民到其他地方学习，以及减少低级别教授的数量，这些教授从自己的课堂上吸引付费的学生。[87]举一个例子：鲁汶大学法学院和医学院的教师一直试图减少博士晋升的数量，而且把学生的学费在他们之间分配。18 世纪的改革者们不得不对付教授们的这种强烈的小集团意识，这种意识不但从内部产生不了改革，相反更容易使来自外部的改革遭受挫折或破坏。

而且，在大学团体的社会秩序中，不仅有教授和学生之间的区分，而且在这两个群体内部又分成不同的小群体。人们根据教授的资历和他所在学院的尊贵程度来评价教授的地位。[88]虽然在启蒙运动、大学世俗化，以及科学、哲学发展的影响下，法学院、医学院和文学院的地位在近代化的初期
246 得到了提升，但公认的关于院系重要性的顺序是：神学院、法学院、医学院，文学院位于最后一位。[89] 这在 18 世纪的法学院表现的非常明显，例如在

---

[85] 见第 8 章。

[86] C. M. Ridderikhoff, *Jean Pyrrhus d'Anglebermes. Rechtswetenschap en humanisme aan de Universiteit van Orléans in het begin van de 16de eeuw* (Leiden, 1981), 104.

[87] McClelland, *State, Society and University*, 71 – 72.

[88] Brockliss, *French Higher Education*, 53.

[89] 见第 8 章。

当时的哈勒大学,法学院成为最重要的院系。[90]

对那些除神学院之外的其他学院的重新评估表现在这些学院的教授不断增长的薪水上。在这些院系,教授的资历以前更多的反映在教师承担的职责的不同(初级教授讲入门性的和不重要的课程),当然也反映在薪水的高低上。教授的等级差别反映在行进的行列中、各种各样的仪式上,以及他们的穿着上。它甚至决定了他们发言和投票的次序。和中世纪一样,要授予博士帽子、外套、书、戒指和绶带作为博士的象征。象征崇高威望和高级牧师的戒指代表博士们被尊贵的思想界所接纳。[91]并且,大学的条例规定了学袍的样式。例如在因戈尔施塔特,三个高级学院的博士就像马戏团小丑似的,要戴红色的帽子,文学院的硕士要戴棕色的帽子,他们和低级的教士及修士享有同等的地位。[92]在很多时候都会出现某一教授能否穿某种衣服的问题。如在法国,巴黎议会颁布一条法令去解决董事会博士和有学衔的博士之间的关于长袍颜色的争论。[93]

当教师团体逐渐失去其真正的权力,教授们越来越成为公职人员的时候,这种昭显教授和团体尊严的方式就越来越强。"……大学所关心的一个主要问题是在盛大的仪式中,特别是在葬礼中,如何安排教授们的位置。"[94] 在各种典礼中的礼仪、各个学院和个别教授的位置、教授致辞时的头衔,这些似乎成了许多人关心的主要问题。我们在许多大学的档案中都会发现关于这一问题的无休止的讨论。

另一个反映教授们自我意识不断增长的现象是"教授画廊"。从 16 世纪开始,在许多大学里,如巴黎、锡耶纳、博洛尼亚、那不勒斯和图宾根,每 247
一代教授都有画像。这些画像廊,受到文艺复兴名人肖像画的启发而兴建,成了那些校友辉煌历史以及许多伟大人物在那里任教的见证。学术界

---

[90] N. Hammerstein, 'Die deutschen Universitäten im Zeitalter der Aufklärung', *Zeitschrift für historische Forschung*, 10(1983),76.

[91] Boehm, 'Libertas Scholastica' (注释 29),48. 亦可参见 pp.205and 361.

[92] R.A.Müller, *Universität und Adel. Eine soziostrukturelle Studie zur Geschichte der bayerischen Landesuniversität Ingolstadt 1472 – 1648* (Berlin,1974),126 – 127.

[93] Lemasne-Desjobert, *La Faculté de droit de Paris* (注释 6),27.

[94] J.Le Goff, La conception française de l'universités à l'époque de la Renaissance', in *Universités européennes*, 96 页。

和社会人士对大学教师去世的普遍关注(悼词数量的不断增多证实了这一关注)是教授自我意识增长的另一个证据。

通常情况下,教授的社会地位是不太明确的。让我们先来考察一下教授们的社会出身。尽管这方面没有令人满意的统计资料,通常情况下,我们可以断定大学教授很少来自社会的最上层,大多数的大学教师出身于中下层阶级:他们是知识分子阶层如教士、拉丁语学校教师、教授们的后裔(例如荷兰和法国)或者是专业阶层中小的农场主的后裔(例如英国和波兰)。

在18世纪,彼得堡大学和莫斯科大学的教授大多出身低微,他们的父母或是农民,或是农村的牧师,或是军人。那时候俄国贵族并不看重学问和把教授职位看做是适当的职业。[95]

当然,我们也发现了有些大学教授属于贵族:法国南部的大学里(1681—1793),59位法兰西法教授中有24位是贵族,尽管贵族阶级内部也存在许多差别。[96]在许多国家,教授群体与城镇的行政长官和行政事务有紧密的联系(例如一些德国和意大利的大学),在西班牙,他们和律师联系紧密。随着大学里教授选举中的近亲繁殖和团体主义越来越明显,教来越多的前任教授的儿子或女婿在大学里获得了教职。

社会地位在很大程度上是由财富的多少来决定的。我们在进行归纳时就特别费劲,也要冒一定的风险。例如在波兰,作为资产阶级和农民的后代,大学教师拥有的金钱少,相应的社会地位也低。但是,尽管17世纪和18世纪大学教师的薪水距离他们满意的水平很远,而且需要辅助性的收入来补充(见原书第236页),许多教授还是属于富裕阶层的。在弗拉讷克(1749)列出的税收单里所估定的所有教授的收入均超过了1000弗罗林。
248 这就把他们归入了收入最高的阶层。我们也知道 在18世纪下半叶,比如爱丁堡的医学教授们,通过授课、搞赚钱的私人业务及撰写教科书已变得非常有钱。他们当中有些人甚至富得让人嫉妒:约瑟夫·布莱克遗留下20 000英镑;威廉·卡伦在爱丁堡买了一套乡村别墅做退隐之所;亚历山大·

[95] G. K .Skryabin (ed.), *Ustavy Academii nauk SSSR* (Moscow,1974),74.

[96] Chêne, *L'Enseignement du droit français*,(注释 20),64.

门罗二世在爱丁堡买了271英亩土地搞园艺，又在贝里克郡买了1200英亩土地做农场。[97]即使在教授们的实际财政地位下降的地方，他们依然可继续享用社会的和财政的特权，而这些使其成为有别于其他拥有特权的社会集团。这在普鲁士尤其明显，例如那里的教授传统上拥有的奢华特权，他们在某些贸易和生产方面的垄断权在1740年后才开始消失。然而他们的审查权和在州议会中的权利，以及对有利可图的教会职位的控制仍然有效。即使在哈勒较新的学院里，教授还可享受到这些权利，还有使用市内专门教堂、拥有自己的啤酒和葡萄酒窖的权利。大概是由于这些共有特权的缘故，这个集团成员往往十分相像，他们自成一体、向内发展，有着固定的成员。[98]教授的家人们靠展示体面的外表来确认他们的社会地位，因此都争着比高贵。比如当时符腾堡的路德维西公爵让雕刻家克里斯托夫·耶林为他雕刻了一座宏伟的墓碑，图宾根的舍克家族于是也要这位雕刻家雕刻一座在价钱和气势上都不逊色的墓碑；一位法国当代学者考证说18世纪巴黎最富有的法学教授可以"乘坐华丽的马车，并且能够让他们的妻子拥有其他有身份的人无法了解的优雅的风度"。[99]

那时教授的社会责任确实很重要，而且为此的花费也很大。教授及其家人通过穿着打扮炫示对教授职业地位和身份的肯定及比赛奢华的生活。在德国的服饰制度中，医生、教授和他们的家人有权通过穿戴特别的服饰和珠宝将自己与其他社会阶层区别开来。在这方面值得一提的是，自17世纪末以后，几乎所有大陆的大学学术服都变了，变得高雅了、大众化了，牧师式的袍子不见了。一位荷兰学者证实，莱顿大学的教授却穿戴朴素，但这是由于有这样的准则：越朴素的就越高贵。[100]着装的区别在当时的社 249
会是非常重要的，它表现出极端的阶层意识。而且我们也可据此了解教授在整个社会阶层中所处的位置。1661年德国的服饰制度将社会分为7个不同的等级：第一等是议员和贵族身份持有者，第二等由受封的平民和博士及有执照的律师和医生组成，在第三等中我们可以见到市政官、书记员、

---

[97] Morrell, 'Medicine and Science' (注释 58), 42.

[98] Turner, 'University Reformers' (注释 7), 508.

[99] Lemasne-Desjobert, *La Faculté de droit de Paris* (注释 6), 21.

[100] Roelevink, *Gedicteerd Verleden* (注释 51), 48.

公务员和被封为贵族的商人，第四等由工匠和商人组成，从第五等到第七等我们可以找到地位更低的社会团体。另一个相似的法令甚至给予因戈尔施塔特大学的教授、他们的妻儿可以像贵族一样佩戴绶带、戒指和其他诸如此类的珠宝。[101]在同一所大学里，法学院的博士们不但可以得到帽子、指环、书，还可得到剑带（一种标志着尊贵和骑士阶层身份的腰带）。[102]就后者我们谈谈教授或博士与贵族间的关系问题。是否一个博士身份就使人立显尊贵？是否博士的尊贵就要高于与生俱来的那种尊贵？直到18世纪人们依然围绕上述问题争论不休。[103]这种受封是有历史渊源的，如君士坦丁堡的教师们工作20年后就会荣获“荣誉牧师”称号，15世纪的注释学家将其解释为教师或成绩优秀的学生。另外中世纪的注释者继承了知识贵族的标准概念。在此重复那场辩论有些过于离题，但有一点是非常明确的，那时德国、荷兰、意大利、法国的许多大学教授越来越将自己视为贵族。在16世纪，尤其是17世纪，鲁汶的法学和医学教授将“先生、贵族、人杰”等头衔据为己有，他们还挪用了为贵族保留的武器。拥有武器使所有人的抗议也阻止不了这种霸占行为。再者，有些大学，如克拉科大学，教授工作20年后的确被封为贵族，博士一般也拥有贵族的很多特权。我们已经讨
250 论了着装的特权。在沃尔姆斯宗教改革时期（1498），我们发现另一个教授职业尊贵的例证。根据《因特艾利亚条例》，凡是开业的或从事教学工作的法律、医学博士及贵族在接受调查时都不能被拷打。在同一份文件中有这样的词句：“不能要求王子、伯爵、博士、主教、修道院院长、修女以及病人在法庭上作证，法官要亲自登门倾听所需证词。”[104]

尽管存在着“属于学术团体”这样的诸多言辞，教授也有一定的阶层精神和自我意识，但显然在很多情况下，对其他团体和专业圈子的认同感却

---

[101] Müller, *Universität und Adel* (注释 92), 126.

[102] Müller, *Universität und Adel* (注释 92), 41 - 42.

[103] 对于教授的贵族地位可见：A. Visconti, 'De nobilitate doctorum legentium in studiis generalibus', in *Studi di storia e diritto in onore di Enrico Besta, per il XL anno del suo insegnamento*, vol. Ⅲ (Milan, 1939), 221 - 241, and H. Lange, 'Vom Adel des Doctor', in K. Luig and P. Liebs (eds.), *Das Profil des Juristen in europäischer Tradition* (Ebelsbach, 1980), 279 - 294.

[104] Lange, 'Vom Adel des Doctor' (注释 103), 291.

占据主流。仅以英国、西班牙的大学教授和神职人员为例,他们更多地依附所在学院或所在阶层,而没有把大学当做一个共同体。教授归属于贵族或某些地方执政者或其他类似人物的现象也可做同样解释。在所有大学里,教师团体都苦于缺乏团结和一致。

当然,社会地位不仅仅取决于财富和特权。受人尊重程度和普遍的职业社会认知方式也同样重要。以下几个例子说明那个时代人们对待大学教师职业的态度从崇拜、热衷到粗鲁的抱怨、鄙视都有。正如我们曾经指出的,对教师的抱怨,如腐败、唯利是图、冷漠、旷工、对教学缺乏兴趣等,几乎是普遍性的。1638 年萨拉曼卡市的一位教授写道:"过去是有教师没有演讲厅,现在是有演讲厅却见不到教师。"[105]而且 18 世纪期间这种抱怨日益强烈,一些人认为教授们应付不了他们的教学工作。一个主张取消大学的德国人写道:"这里(指大学)教育者和学生之间不会发生什么关系。学生们认为他们已经成人,不能再受纪律约束。为什么不可以呢,他们已是成人,都可佩带短剑了……谁来教育他们呢,绝对不该是教授们,谁会需要他们的教育呢,他们没有学过教育的理论。"[106]

不仅做教师的教授,即便连做学者的教授也成为批评和嘲笑的对象。对学者最刻薄的讥讽来自于伊拉斯谟写的《愚人颂》。[107]

然而在荷兰,教授的职业让许多人羡慕。1767 年韦恩写信给乌得勒 251
支大学的一名教授说:"如果我是一名历史学教授,我就成了克罗伊斯国王了。"他又写道:"如果学院目前情况良好,那没什么会比做教授更轻松更有意思的了。"但教授们自己不赞成这种观点。据他们讲,他们的职业根本不值得羡慕。韦恩和戈恩斯教授在其信中将教授最初几年工作同锉刀坊以及监狱中的强迫劳动进行了比较。[108]比他早两个世纪的梅兰克顿曾抱怨说:"我们忍受着最傲慢的鄙视,不仅包括牧师(办事员)、商人、藐视教育的人,还有皇室的成员。"[109]在阅读 1680 年法国宣言时我们可从中看出即使

---

[105] Kagan, *Students and Society*, 171.

[106] J. H. Campe,由 Turner 援引,参见,'University Reformers'(注释 7), 502.

[107] Erasmus, *In Praise of Folly*(London, 1971), 144 - 163.

[108] Roelevink, *Gedicteerd Verleden* (注释 51), 48 及 112.

[109] Paulsen, *Geschichte des gelehrten Unterrichts*, 275.

学生也没有表现出他们对教授应有的尊重：

> 以国王的名义……当陛下得知他们有些人拜访法学院……修习课程……既不尊重授课的教授们，也不理解教授在教授他们时付出的努力和关爱……陛下已下令要求他们谦虚，要向教授表示得体的尊重。[110]

1811年荷兰大学的两名法国巡视官在他们的报告中这样写道："教授的地位非常受尊重，在联盟面前人们认为它位列一等文职人员行列。"[111]但这种尊重在近代早期肯定不是普遍性的，许多人仍认为它属于二流。从维吉里的朋友得知他被任命为因戈尔施塔特(1537)教授后所作反应可看出这一点。维吉里以前是瑞奇斯卡姆翟雷克特的估税员。他的朋友大多不理解而且不赞成他的决定。他们这样责怪他："维吉里，您从一个可以做决断的执政官，变成一个骗人的教师……"[112]大概从18世纪时起瑞士流传这样一句话："最聪明的儿子继承父亲的生意，稍差的做牧师，最蠢的只能当大学教授。"[113]

252 总的来讲，我们一方面可以确切的说教授的职业并不能得到特别多的尊重，但另一方面教授也确实有重要的特权。他们在管理国家和教堂上履行着重要的职能，有些人写出了令人钦佩的著作，不一而足。许多宗教和法律事务要听取他们的意见。法庭和王室经常向法学教授咨询，通过这种咨询，教授也获得了很多权力。神学家成了正统学说的卫道士，医学教授被指定为御医。结果，他们在这些事情上获得的利益和权势是相当可观的。人们羡慕教授职业的这一面，从而将有名有权的教授放在最高的社会阶层中。

---

[110] Lemasne-Desjobert, *La Faculté de droit de Paris* (注释 6), 36.

[111] Frijhoff, *Gradués*, 279.

[112] F. Postma, *Viglius van Aytta als humanist en diplomaat 1507 – 1549* (Zutphen, 1983), 67.

[113] U. Im Hof, 'Die reformierten Hohen Schulen und ihre schweizerischen Stadtstaaten', in E. Maschke and J. Sydow (eds.), *Stadt und Universität im Mittelalter und in der früheren Neuzeit* (Sigmaringen, 1977), 63.

正如以上所述,相同的“教授”是不存在的,各种不同类型的教师各有不同的关注点、职责、社会背景和薪水。然而在 1500—1800 年间,教授成员仍有很多相同之处:他们是以团体化、日趋地方化、缺少职业化为标志的一个团体。教授从学术王国的成员变成了国家的学者,独立的教师变成公职人员,收取学费的教师变成了领取薪水的教师等。

纵贯整个时期,尤其是在 18 世纪,提高教授职位的严肃性、减少弊端、改革大学的尝试持续不断。提高固定工资、给予教授更多的社会尊重应该说是非常必要的。有些改革尝试产生了如下后果:17 世纪的荷兰大学或 18 世纪的法国大学,如哈勒和哥廷根,表明确实可能吸引并形成严肃、多产、受关注的教授职业——一个人们视其有着特殊、特定需要并可持续终生的事业。

1631 年荷兰布拉班特个人纳税表

这份税单特别从当时布拉班特公国人们的角度概括了平均收入水平以及鲁汶大学教授们的收入水平。

100 弗罗林	红衣主教、大主教、主教
	奈维里斯女修道院院长
	驻外大使
	王子、侯爵、伯爵
	国务院参事
	枢密院院长
	财务部大臣
	布拉班特首席法官
	骑兵、炮兵队长
	邮政大臣
60—75 弗罗林	法官
	男爵、子爵

253

	枢密院参事
	总司库
	审计署署长
	营地指挥
	国务院官员
	财务院官员
	破产案总管理人
	布拉班特政府财务官
50 弗罗林	法院官员
	奈维勒斯女修道院主管
	城镇、自由地的领主
	布拉班特议院的议员
	审计署的议员
	司法官和主要的破产案管理人
	大学校长
	慈善事业督导官
30—40 弗罗林	市长、市镇养老金官员
	大学名誉校长和管理人
	高级神职人员
	造币厂主管
	慈善事业督导员
	司法官
18—25 弗罗林	教区牧师
	男爵出身的地主
	农村地主
	审计署的审计师和注册师
	破产案管理员
	股票交易所的商人
	医生、秘书、主要城镇牧师
	大学教授

	造币厂管事
	较小地区的司法官
	较小大学、学院的系主任
	骑士或有其他司法权的领主
	布拉班特议院的律师
	主要城镇的副官员、长老议员、财务官
	司法小官
12—15 弗罗林	丝绸、服装、绣帷商人
	知名画家 254
	小型学院教堂教士和城市教区教士
	大学讲师
	小镇司法官
	没有任何职业活动的地主
6—10 弗罗林	小教会的教士
	低等绅士或如此生活的人
	大城市的低等文职官员
	大城市的医生
	有或没有店铺的成功商人和手艺人
	较小城市的文职官员
	大城镇的律师
	农村教区的教士
	小记录官和破产管理人
3—5 弗罗林	有两套犁的农夫
	农村酿酒的人
	中等商人和手艺人
	农村地主
	牧师
	管家、绅士、单身绅士
	主要镇的律师和公证人
	客栈老板

	农村记录官
2 弗罗林	仆人、送信人、向导
	农村巡官
	一套犁的农夫
	农村的手艺人和店铺老板
1 弗罗林	男女仆人
	小工匠
	雇工
	日工
0 弗罗林	赤贫的人和乞丐

255

精选文献

Brockliss, L. W. B. *French Higher Education in the Seventeenth and Eighteenth Centuries. A Cultural History*, Oxford, 1987.

Burmeister, K. H. *Das Studium der Rechte im Zeitalter des Humanismus im deutschen Rechtsbereich*, Stuttgart, 1974.

Busch, A. *Die Geschichte des Privatdozenten*, Stuttgart, 1959.

Chêne, C. *L'Enseignement du droit français en pays de droit écrit (1679 – 1793)*, Travaux d'histoire éthico-politique, 39, Geneva, 1982.

Curtis, M. H. *Oxford and Cambridge in Transition 1558 – 1642. An Essay on Changing Relations between the English Universities and English Society*, Oxford, 1959.

Dauvillier, J. 'La notion de chaire professorale dans les universités depuis le Moyen Age jusqu'à nos jours', *Annales de la faculté de droit de Toulouse*, 7(1959), 283 – 312.

Eisenbart, L. C. *Kleiderordnungen deutscher Städte zwischen 1350 und 1750*, Göttingen, 1962.

Le Goff, J. and Köpeczi, B. (eds.) *Intellectuels français, intellectuels hon-*

grois, *XIIIe-XXe siècles*, Budapest/Paris, 1985.

Hammerstein, N. *Aufklärung und katholisches Reich. Untersuchungen zur Universitätsreform und Politik katholischer Territorien des Heiligen Römischen Reichs deutscher Nation im 18. Jahrhundert*, Historische Forschungen, 12, Berlin, 1977.

Hargreaves-Mawdsley, W. M. *A History of Academic Dress in Europe until the End of the Eighteenth Century*, Oxford, 1963.

Julia, D. 'La naissance du corps professoral', *Actes de la recherche en sciences sociales*, 39(1981), 71 – 86.

Kearney, H. F. *Scholars and Gentlemen: Universities and Society in PreIndustrial Britain, 1500 – 1700*, London, 1970.

Klinge, M. Leikola, A. Knapas, R. and Strömberg, J. *Kuningliga Akademien i Åbo 1640 – 1808*, Helsingfors Universitet historia, 1640 – 1990, vol. I, Helsinki, 1988.

Klingenstein, G., Lutz H. and Stourzh, G. (eds.) *Bildung, Politik und Gesellschaft. Studien zur Geschichte des europäischen Bildungswesens vom 16. bis zum 20. Jahrhundert*, Wiener Beiträge zur Geschichte der Neuzeit, 5, Vienna, 1978.

McClelland, C. E. *State, Society and University in Germany 1700 – 1914*, Cambridge, 1980.

Müller, R. A. *Universität und Adel. Eine soziostrukturelle Studie zur Geschichte der bayerischen Landesuniversität Ingolstadt 1472 – 1648*, Berlin, 1974.

Roggero, M. 'Professori e studenti nelle università tra crisi e riforme', in *Storia d'Italia. Annali*, 4, Turin, 1981, 1037 – 1081.

Rössler, H. and Franz, G. (eds.) *Universität und Gelehrtenstand 1400 – 1800*, Limburg an der Lahn, 1970.

Zorzolli, M. C. 'La carrera del professor de derecho en Pavia durante la etapa española (XVI - XVIII)', *Historia de la Educación*, 5(1986), 107 – 129.

256

第六章　大学模式的传播

约翰·罗伯茨，阿格达·玛丽亚·罗德里格斯·克鲁斯，
尤尔根·赫布斯特

序言

最初计划编写此卷时，我们曾设想把欧洲大学在新大陆的影响这一专题分别编入两个不同的章节，一章为南美，另一章为北美。基于此，克鲁兹和赫伯斯特两位教授分别准备、提交了他们的初稿。随后，编委会征得两位作者的同意，决定将两份稿件的内容同另外一些材料共同构成一章。在这一章里，将勾勒出第一批移植到海外的欧洲大学典范的主要特征，而不再像最初设想的那样详细介绍早期的美洲学院和大学的历史。编委会成员之一的罗伯特博士凭借这些稿件及派瑞尔教授的另一份稿件为此项工作提供了帮助。

257

新大陆的环境

大学教育不仅代表了智力生活和高等文化，而且从最广义上讲，也表明了一个社会的智慧。不管人们承认与否，大学教育都充分表达了人们的渴望与期盼，显露了施加于大学的限制与束缚。在欧洲人到达并定居新大陆之前，那里根本就没有大学。但到了18世纪末，北美、中美和南美都有了很多大学及其他高等教育机构。这些大学不是被凭空发明创造出来的，而是从欧洲大学的传统和血脉中移植而来。

这种现象曾有过先例。早期很多欧洲国家的大学就是仿照博洛尼亚和巴黎大学建立的，16世纪以前，这两所大学为绝大多数大学的创建者和发起者提供了样式、模型和典范。毫不奇怪，在16、17、18世纪，当定居在中、南美洲的西班牙人和在北美的英法人决定他们的社会需要有教养的人时，他们转向欧洲寻求帮助。如果美洲人想要建立大学，他们须从欧洲的模式着手。随着时间的流逝，其他的模式在北美开始有所发展，但在西班牙帝国，整个殖民时期的大学都是以宗主国模式为标准的。

关于早期美洲殖民者心理世界的描述大多语焉不详。他们一直在寻求，但在美洲土著（很长时间在人数上占有优势）或土著文化中找不到他们所希望的可用于高等教育的东西（他们所发现的实际的、日常所用的是另一回事）。另外，不管在南方还是北方，他们只是偶尔设想过给当地的土著提供教育，但决不会在大学程度上。在殖民早期，人们曾尝试在美洲英语地区提供这样的教育机会：1619年，弗吉尼亚公司筹集了资金，准备设立学院来教育印第安儿童，人们为了把这笔钱派上用场也采取了一些措施，但由于撤销了这家公司办学特许状，资助人及整个计划全成了泡影。因此，在北美洲一直都没有为那些需要关注的印第安人提供教育，这种状况一直持续到18世纪一所传教士学校的建立。但是几年后，这所学校就变成了达特茅斯学院，它后来却是以一所白人学院扬名。间接地为土著人提供一些福利是另外一回事。至少在西班牙殖民地内，对提供传教士就给予了很大的关注。但是直到20世纪，真正让印第安人进大学及学院才不是件稀罕事了。

为了更好地理解美洲新大陆大学的成型过程,我们必须考虑不同的殖民心理、看问题的不同视角及对于殖民地的需求的不同理解。像前文提到的那样,不管是南方还是北方殖民地的居民都有明显的区别。这不仅仅是
258
基因和语言的问题。还有很重要的是它们成为殖民地的时间 也不同:在里奥格兰德河以南建立的第一批大学要比在其北岸建立的任何一种大学水平的教育机构早一个世纪。在16世纪,绝大多数欧洲人都共享天主教文化。1538年,当新大陆第一所大学创办的时候,基督世界的统一被新教改革弄得四分五裂,但在西班牙殖民地区的高等教育却没有反映出这一点。建立西班牙帝国的那些人的精神世界还是中世纪的,而随后在北美建立英国殖民地的人却属于一个不同的历史时期,有人把它称为近代早期。这种说法含义很广泛。从理论上说,至少在美洲西班牙殖民地的大学是追求文化绝对控制制度的一个部分,其标志是,不久之后,大学就由天主教的宗教裁判所来监管。同样在北美,第一批大学也深受宗教的影响,但在一个宗教多元化的社会里,情况是完全不同的。

殖民地传统还有其他差异。西班牙帝国是由个体建立起来的,但获得了政府坚定的支持,因为政府从一开始就企图控制并领导一个帝国。相比之下,英国的新大陆殖民地却是由不同的种族几乎偶然地组合起来的。这种结构是不同的动机和企图的产物,这可以从政府的多种形式中很清晰地反映出来。非常显著的是,所有的殖民聚居区都缺乏宗主国的严格控制,有时候宗主国也没有这方面的愿望。在英属殖民地早期出现的一些习俗和做法,反映出英国人在早期欧洲人的海外扩张过程中所做出的独特贡献:包括把由男女老少、社会和宗教领袖组成的整个社区移植到新大陆。这种做法加深了他们同当地人的隔离甚至孤立的程度,而这种隔阂在西班牙或葡萄牙的殖民地中从未如此明显。

最后,殖民者到达的地方不同所造成的差异。两地气候间的差异,比如同处在北部的马萨诸塞和卡罗莱纳的区别就足以说明这个问题;奴役黑人奴隶而使美国在内战中分为南北两部分也展现出了这种地区差异。如果考虑到南美、中美及加勒比海群岛的诸多差异,就更不能简要地得出结论了。虽然如此,还是可以做一个总体的相关观察。西班牙人最先入驻的地区同北美比起来人口要多。土著们有专门的,有时甚至可以说是先进的

农业养活自己，并且能够产生经济上的剩余产品。正是靠着这些财富，他们才能够建立宏伟的纪念碑，支撑结构复杂的统治集团及管理系统。他们中的一些已经有了简单的文字。在北美，英国人发现的要少得多，而且他们所发现的也没什么可以给人以深刻的印象。土著不仅人数少，而且也比西班牙人遇见的土著落后得多。尽管在英国人定居的一些地区已有较完好的农业，但他们所遇到的很多土著仍过着狩猎—采集的生活。无论是从令人鼓舞或令人恐惧的意义上讲，他们都没碰见任何像西班牙征服者在墨西哥或秘鲁遇到的那样具有文化挑战性的事物。

可借鉴的范例

正是在这种历史背景下，殖民者不得不考虑提供高等教育并且考虑可用的范例。中美、南美的殖民者向他们的政府及教会当局求助，他们依次考虑最为了解的大学，首先就是萨拉曼卡大学，它是西班牙大学中最古老、最有名的，在欧洲范围内都享有盛誉。①与之相比，尽管安卡拉大学提供了另外一条与欧洲的传统相联系的纽带，但它的影响是轻微的，是形式上而非实质的。至于巴利亚多利德大学，它除了参与创建第一所西班牙殖民大学外，根本没有参与其他大学的创建。选择哪种形式是非常重要的。萨拉曼卡大学将权利分散并让学生正式参与到大学的管理中，而阿尔卡拉大学是集权式的，学生没有任何机会参与实质性管理。最终，不管这些大学是否适应了美洲的具体情况，大多数大学在法定构成上基本上是萨拉曼卡式的。它们中大约三分之二的学校都是按照萨拉曼卡的模式制订各项章程，这些大学章程也经过了教皇的确认，在各个国王发出的诏书中，经常提及它们要效仿萨拉曼卡。萨拉曼卡的毕业生也往往长期在美洲工作，他们成为新大学的创立者、督导员、改革者、官员、学院院长、大学校长或教授。(不久以后，那些曾经返回西班牙学习的美洲西班牙人又重返美洲成为萨

① 关于萨拉曼卡大学卓越成就的有趣的描述，最早可以很便利地见于 J. Tate Lanning's lectures on *Academic Culture in the Spanish Colonies*, delivered in 1939 (但于 1971 年在纽约和伦敦重印) and in A. M. Rodríguez Cruz, *Salmantica docet. La proyección de la Universidad de Salamanca en Hispanoamérica*, vol. I (Salamanca, 1977).

拉曼卡校友中的一员，他们中有些人非常杰出。）

260 但这种形式上的安排只是整个事情的一方面。首先，这些新建的大学在多数情况下都只是希望成为萨拉曼卡的缩影。它们很难找到合适的教师、生源，教席也有限，甚至过了一个多世纪后，它们有一些才拥有了完整大学的所有院系。早期模式在形式上和法律上的持续影响，意味着主要的西班牙美洲大学最后都有了神学、教会法和民法、医学和低一级的文学院等四个传统院系。但那些被称做小大学的一般只限于与神学和教会法有关的神学院，很少有文学院。其次，大学在实际中的运作方式（特别是如果——大多数是这样——它们起源自修道院或神学院）受到的来自掌管它们的教会的影响可能和来自正式法规的影响一样多②。

北美高等教育借鉴的那些模式则形形色色。如果讲英语的北美人愿意，他们可以效仿被称为住宿制学院联合的牛津和剑桥，也可以仿照苏格兰大学和（18世纪）英格兰非国教徒的学园。北美说法语的人可以把索邦大学、耶稣会学院及神学院作为他们的榜样。但是完全模仿牛津和剑桥对北美的英国殖民者而言不是一个现实的选择，同样索邦大学对于他们的邻居而言也并非明智的选择。因为即使他们想建设那样大规模的学校，也没有哪个团体可以筹集到能够建造如此复杂和昂贵的学校的费用。因此，北美的法国人倾向于模仿耶稣会学院和神学院，而讲英语的北美人则直接把能找到的模式混合在一起。从牛津剑桥学院式的模式出发，有些殖民地为学生提供住宿并对学生采取准家庭式监护，从那些为他们提供很多人才的苏格兰大学那里采纳了多种多样的课程模式，而且随着时间的推移，新建的大学、学院渐渐显露出类似于非国教徒学园的管理形式。另外，17世纪英国殖民者不愿接受国家政府的指令，殖民政府在建立大学的过程中从未像西班牙帝国那样严密。

261 西班牙人创办的殖民大学在建立是否合法的模式上依然沿袭着宗教改革前的传统。他们总是寻求并且通常会得到教皇或皇室的授权（有时是教皇或皇室主动的结果）。皇家建立的学校一直恳求罗马教皇的认可，而

② 事例可见，A. M. Rodríguez Cruz, *El oficio de rector en la Universidad de Salamanca y en las universidades hispanoamericanos* (Salamanca, 1979), *passim*.

有宗教背景的大学通常也同样寻求皇室的肯定。其他那些一开始是独立的僧侣学校、神学院的大学也要寻求教会和政府的确认。这种认可远远超出了形式上的意义。在早期西班牙殖民地,皇室官员或主教对于制度上还非常原始的社会的干涉不仅具有决定作用,而且皇家西印度群岛议会至少想监督新建大学的所作所为,并且有时为了实现这个目的,而采取必要行动。在利马大学成立之初的一年内,它进行了数次强制性检查来检验教学的学术程度(很明显,这已经是为人关注的一件事,尽管事实上到那时为止,还没有实施任何教学)。③

与西班牙的殖民大学不同,在北美讲英语的各种各样的大学往往是只得到地方当局首肯就建立起来了,它们可以不依赖罗马教皇,也没有向英王室求援的传统。它们往往使被大不列颠各教派所熟知的管理模式适应自己的需要,并且寻求当地社区的赞助与支持。至少在形式上,他们很少依赖当地政府或国教会(当地的教区另当别论),它们将基金会的权力交给学院的院长及监督办学的董事会。这些人中虽有牧师和高官显贵,但通常由当地有名望的教友组成。这样就阻止了像牛津、剑桥那样学院自治模式的出现,并且在很长时间内不赞成建立教授团体。在相当贫穷而且殖民地经济发展缓慢的北美地区,教职员只能从牧师、高年级的学生或刚刚毕业正准备实习的医学、法学毕业生中招募(对于他们的教学来说首先是没有任何规定)。

在财政问题上,外界权威与管理的关系具有重要意义。当教会为大学提供不需要固定津贴的教师时,西班牙王室几乎是未花分毫就获得了一系列美洲大学。王室总是很吝啬的。利马大学成立之初,只有文法和文学教 262
授能够得到薪水。④在其他一些院校里,有一些捐助的职位,但为数不多。北美高等教育也无法享有资助人提供的大部分捐赠,一些欧洲大学当然也不可能得到充分支持。尽管那里土地辽阔,学院也分得了一些,但总体来说,土地的收益很差。不管是斯图亚特,还是汉诺威王朝的统治者,都没有

---

③ J. Lafaye, 'Literature and Intellectual Life in Colonial Spanish America', *The Cambridge History of Latin America*, vol. Ⅱ: *Colonial America* (Cambridge, 1984), 675－676.

④ L. Díaz-Trehchuelo López-Spinola, *La vida universitaria en Indias. Siglos XVI y XVII* (Córdoba, 1982), 8.

兴趣捐赠教授席位(尽管在英格兰他们这样做过),也没有富有的商人关注高教机构并进行捐赠。因此,北美的大学和学院尽管根植于欧洲的传统,但创办者所设想的这些模式的大部分潜能并没有实现。然而,尽管这些大学相对贫困,并且缺少帝国、皇室、教会及商业的资助,但学校的数量还是有所增加并变得兴旺起来:近代美国有 13 所大学可以追溯到 19 世纪以前,而英格兰只有两所。

殖民地大学的建立

现在,我们可以尝试在这个总体框架内为第一批大学及学院的创办作一个总结。就西班牙殖民地而言,很难对它作出系统精确的描述,因为学术方面的记录很不完全,而且还有很多令人困惑的地方,如授权(皇室或教皇)、正式建立及实际办学的情况。⑤然而,其发祥地却是很清楚的。西班牙的多明我教派的僧侣于 1509 年登上了伊斯帕尼亚奥拉岛。在几年内,他们就拥有了比语法学校更高级的学校(最早是由圣方济修会的修道士在 1502 年为当地儿童创办的),还有一个捐助的神学教席。随后人们为当时存在的学校寻求教皇的认可和鼓励,要求提供牧师和受过教育的人去开展工作,否则这些工作会落到从宗主国西班牙暂时移居过来淘金的人手中。
263 1538 年,在新发现的西半球上,根据教皇的敕令,教皇最高使徒在位于圣多明哥的多明我教派修道院中创办了第一所大学,这就意味着大学获得了完全的实际的地位。⑥这所修道院的院长就是大学的校长,他的最初目的就是为传教工作提供受过正规培训的牧师。这所大学被授予了其本土的阿尔卡拉和萨拉曼卡大学所具有的特权,从一开始就拥有全部 4 个学院。

---

⑤ 有关 19 世纪之前在海外(包括在北美)创办的西班牙大学的基本资料可见下书附录,L. Jílek (ed.), *Historical Compendium of European Universities/Répertoire historique des universités européennes* (Geneva, 1984), 325-339.所有记录参见 A. M. Rodríguez Cruz, *Historia de las universidades hispanoamericanas: período hispánico*, 2 vols. (Bogotá, 1973), and Díaz-Trehchuelo, *Vida universitaria* (注释 4).

⑥ E. Rodríguez Demorizi, *Cronología de la Real y Pontificia Universidad de Santo Domingo, 1538-1970* (Santo Domingo, 1970), 7-19.

但什么时候、如何真正运行起来还不清楚。⑦ 在其后几年里,政府和教会差不多都是携手在美洲殖民地创办高等教育机构。1550 年,曾经计划在危地马拉设立大学以培训传教牧师,但没有取得任何结果。第二年,在利马和墨西哥城由皇室创办了大学,这可以视为一个重大进展。⑧ 这些大学很快获得了教皇的认可,并分别于 1571 年和 1595 年被正式授予与萨拉曼卡大学一样的特权。这三所大学标志着一个持续了两个半世纪的发展过程的开始,在这期间,西班牙人在美洲建立了 20 多所大学,其中最晚的一所是于 1812 年由加的斯议会在尼加拉瓜建立的莱昂大学。⑨

墨西哥大学在成立当年就开设了讲座课程,而利马大学是在 20 年后,但这两所大学都成了后来在美洲西班牙殖民地建立的大学、学院、高等教育机构的中心和典范。⑩ 它们的教师在课程、授予学位的标准、学生录取方面有发言权。习惯上,它们不久就同圣多明哥一起被称为"大大学",而其他的为"小大学"⑪。但是很快就表明这三所最早的大学无法满足美洲巨大的教育需求:尽管圣多明哥的发起者曾经乐观地设想不仅从本地还要从"所有的地区"招收学生,但学校对于那些潜在的学生而言实在是太遥远了。⑫ 1550 年,利马的市政会与多明我教徒一起向国王请愿,要求在远离 264
西班牙的该城市建立一所大学,当时地理因素已是一个很充分的论据。主教、高等法院和一些重要市镇里的宗教团体向教皇和国王请求大学的特许权,以便使分布广泛的移民能更容易接受到大学程度的教育。

西班牙属西印度群岛上的大学有一个重要的特征,即大多数都是托钵僧发起的(尤其是多明我教派),后来又有耶稣会的加入。第一批耶稣会员

---

⑦ Díaz-Trehchuelo, *Vida universitaria* (注释 4), 5-6. 其后,由于人口减少,导致了 17 世纪医学院的消失。

⑧ Rodríguez Demorizi, *Cronología* (注释 6), 35; Rodríguez Cruz, *Universidades hispanoamericanas* (注释 5), 151. 亦可参见 Díaz-Trehchuelo, *Vida universitaria* (注释 4) 8, 有关利马总督的决定性角色。

⑨ J. Tate Lanning (*Academic Culture* (注释 1)) 在书中第 33 页指出西班牙在美洲'创办'了 10 所规模较大的和 15 所规模较小的大学,但书中第 23 页又说他们在殖民地时期'拥有'23 所大学。很显然,分类是很重要的。

⑩ 泛泛而言,与西班牙在利马和墨西哥创办的大学相比,留存下来的关于西班牙在美洲的大学的文献既不完整,也不丰富(鲜有研究)。

⑪ Díaz-Trehchuelo, *Vida universitaria* (注释 4), 5.

⑫ Rodríguez Demorizi, *Cronología* (注释 6), 16.

在1569年到达利马，并且很快在那里建了一所学院。修道僧经常向罗马教皇申请，要求允许已有的修道院和神学院授予学术学位。圣多明哥是几所大学中第一个由修道院和神学院转化而来，而其他的大学脱胎于奥古斯丁教派的学院或特伦托神学院。高级神职人员常常与地方官员一起合作，全力支持这种做法，同时，国王竭力建立他的监管系统并控制它们。就某方面而言，学院直接受控于教皇。例如，他们得向教皇申请许可才能设立神学及教会法教席。各个教派常常争夺对大学教育的地方控制权。在基多同时存在三所大学，分属于奥古斯丁、耶稣会和多明我会，这三个教派时常公开争吵，就像他们在智利、圣多明哥、圣菲波哥达和危地马拉时常做的那样。他们在教学传统上也存在不同。多明我会和耶稣会都教授托马斯主义哲学，但后者对此特别推崇。在几年的时间里，墨西哥大学也成了奥古斯丁派批评的目标，说它的逻辑和辩证法偏离了它所应该做的事，即恢复信仰。

16世纪，在圣多明哥不久建立起了第二所大学，即圣地亚哥德拉伯茨大学，这所大学于1558年获得王室特许状，原来是一个主管教区学院，一个教徒在考虑到它即将获得大学的地位时，将自己的财产留给了它。位于厄瓜多尔基多的圣弗根西奥“大学”创立于1586年，并且获得了罗马教皇许可，可以授予博士学位，申请人的地位看来很值得怀疑。起源于奥古斯丁派宗教学院，它就是下一世纪小型大学智慧荒芜的“有力证据”（一位权
265 威如是说）。[13]17世纪的新大学 包括萨里奥的纽斯绰森诺拉大学，建于智利圣地亚哥多明我教派的一个女修道院，1685年教皇的通告使其获得授予哲学和神学博士学位的权力。还有建于1622年，位于洛斯卡克斯的拉普拉塔（或者是丘基萨卡）的受耶稣会监管的第一所主要（主修）大学。同年，图库曼（在现在的阿根廷）科尔多瓦耶稣会学院得到王室认可，虽然直到1761年它才获得主要（主修）大学的地位。建于1623年波哥大的一所学院到1704年才成了真正的大学。位于基多的另一所耶稣会学院得到类似的认可（可能是皇家授予它颁发学位的特许证书），这所学校后来变成了圣格雷戈里乌曼格诺大学。1624年在尤卡坦也出现了一所由耶稣会创办

[13] Tate Lanning, *Academic Culture*（注释1），29.

的大学。

耶稣会的活跃是非常明显的。其他那些起源于女修道院或神学院的大学包括多明我教派于1681年在基多创办的圣托马斯大学，1681年获得教皇授权，可以颁发学位，1683年获得皇家特许状。位于库斯科的圣安东尼奥大学，由皇家授权于1691年在多明我派神学院的基础上建立，一开始就拥有颁发学位的权力，次年获得教皇的认可。位于新格兰纳达王国圣菲波哥大的圣尼古拉斯大学创建于1694年，属于圣奥古斯丁教派。虽然它拥有颁发学位的特权，但它是一所免受王室或政府监控的私立学院，对于惯例而言这是个例外。位于危地马拉的圣卡罗斯在多明我女修道院的基础上于1676年成为皇家大学，它于1681年获得教皇的批准，并注定要拥有辉煌的历史。位于秘鲁阿亚库乔的哈曼格的圣克里斯陶伯大学由主教于1677年建立，在几年内就获得了王室和教皇的认可。位于特伦托的神学院，一直处于当地主教的有效控制之下，但形式上它与利马大学一样享有同样的特权。

18世纪美洲西班牙殖民地的三个最重要的大学是哈瓦那(1721)、加拉加斯(1725)和位于智利圣地亚哥的圣菲利普(1747)。这些都是最重要的大学，后两所实际上提供医学课程。布宜诺斯艾利斯大学作为拉普拉塔的总督大学名义上建于1778年，但在西班牙人统治下没能运转。其他18世纪建立的高等教育机构，与早期建立的一样，都是获得了授予学位特权的神学院和学院，最终成了小的大学。建于1744年新格兰纳达的波帕扬大学就是这种机构，其前身便是一所学院兼神学院。短命的巴拿马的圣弗朗西斯科·泽维尔大学(1749)也是此种情况。巴拉圭的亚松森大学是另一所建于1733年的小的大学，教皇授予其在多明我派特权的基础上颁发学 266 位的权力，它于1779年获得王室特许状。最后一个令人称奇的是，直到18世纪，确切地说是在1747年，圣多明哥这所殖民地最老的大学才正式获得"皇家"的头衔，尽管在很早以前就已经被默认了。

在这很不充分的叙述中有着一个很清晰的正规的模式。王室和教皇的认可通常在很大程度上(尽管不总是这样)是对一般教士或当地的主教采取的自发行动的一种反应。至于这些大学后来的成就，不太容易进行总结。显然情况是多种多样的。由于所提及的一些大学的历史细节不确定，这就更强化了人们的模糊印象，人们无法获知在一个许多机构只有有限的授予学位权力的教育世界中，这些大学的真正地位是怎样的。在1538—1827年间美洲西班牙殖民地建立的“大学”中，需要明确的是，有些只是或多或少名义上存在着。其他的则是昙花一现，尽管巨大的变化使得那些不确定的大学的历史更加模糊不清。例如尤卡坦大学，1767年关闭，只是在独立后的1824年才又重新开办。拉普拉塔大学，形式上创办于1552年，直到17世纪才真正运行。最重要的是，西班牙国王对耶稣会的驱逐导致了高等教育发展的中断。在那些最重要的大学中，巴拿马和波哥大的泽维尔大学被关闭，科尔多瓦学院于1767年转让给了圣方济会。但同样可以肯定的是未受到干扰的那些正式机构对教育现实来说并不能说明太多问题。

我们在这里可以很方便地加一些其他的伊比利亚人在南美的主要区域巴西扩张的情况。与西班牙帝国的萨拉曼卡大学不同，科英布拉没有激发人们的任何尝试。土著的巴西人口居住极为分散，而且也很原始。在耶稣会被驱逐之前，殖民地的教育主要掌握在他们手中。从1547年耶稣会到达巴西起，他们就试图通过将印地安人组织到传道区的方式教育他们，有些机构后来成了能够颁发学士和硕士学位的学院。但这些在很长时间内是巴西唯一的文化活动中心，而且只局限于培养教士和法官的专业教育。官方的政策阻碍了这方面的努力，在殖民地时期巴西没有一所大学，18世纪建立科学和文学学会的努力也未成功过。希望接受高等教育的学生们只好回到葡萄牙，在科英布拉大学这样的学生为数很多。直到1922年通过将一些机构合并，巴西才建立了第一所大学——里约热内卢大学。

267 我们前面不止一次提到过北美英国殖民地大学的历史与西班牙帝国的不同，而且在产生的形式上也更加多样。它的历史可以从1636年马萨诸塞议会(管理已获授权的殖民地和公司的机构)拨款400镑建立学院算起。三年后这所学院命名为哈佛学院以纪念它的一个捐助者——约翰·哈佛——一位富有的牧师，他捐赠的东西价值是原来拨款的两倍。1642年指定了一个“监管人”委员会作为管理机构，1650年哈佛获得最高法院的特许状。由此哈佛成了北美殖民地第一个能授予学位的高等教育机构。

随后弗吉尼亚又建立了威廉·玛丽学院，此学院于1693年获得皇家特许状，次年后作为文法学校开始招生。耶鲁学院作为康涅狄格学院式的学校建于1701年，于1745年获得殖民地的特许状，与哈佛一样，它也是以捐赠者的名字命名。新泽西学院(如今的普林斯顿大学)于1746年获得总督特许状。纽约的国王学院，现在的哥伦比亚大学，在商讨了8年之后于1754年开课。费城学院(1755年合并)于1791年成为宾夕法尼亚大学。罗德岛学院，现在的布朗大学，作为浸礼教派的机构于1764年获得特许状。王后学院于1766年获得特许状，现在是新泽西的拉特格斯州立大学。达特茅斯学院是殖民地时期最后一个获得特许状的，时间是1769年。在加拿大没有高于神学院(魁北克)层次的高等教育机构，但有一些文法学校，甚至在18世纪末还是如此。

殖民地高等教育的功能

不管是南美还是北美，也不论是天主教还是基督教，首批美洲大学的创立者都有着强烈的宗教信仰。这对他们建校的目的产生了根本的影响。从美洲最早的征服者来看，西班牙国王就试图使印地安人皈依天主教，而且一直坚持把教授印地安人西班牙语作为改变其信仰的途径之一。在圣多明哥建立学校的一个论据就是它可以通过培养教士来传布福音。另外一些大学要满足当地的需要，即要教授传教士需要掌握的当地语言。而且这些大学形式上对印地安人开放，在18世纪以前对入学者没有正式的限制，西班牙与印地安人的混血儿、黑人、黑白混血儿、白人与半白人混血儿皆可入学。事实上，很多年以后印地安人才真正被接纳入学，而且成为学生的可谓是凤毛麟角。更确切地说，高等教育是为克里奥尔人准备的。印地安人的教育事实上仅局限于“神学院”，就像1536年圣方济会在圣克鲁兹·特拉特罗寇为印地安人部落重要家庭的男孩开办的学校一样，在这样的学校里学生学习教义问答和西班牙语，但这种在文化同化上的努力从没有超越中学的水平。⑭不过教会和政府力求在限制印地安人的前提下，保证西 268

⑭ Lafaye, ‘Literature’(注释3), 673-674.

半球西班牙属地的大学教学与欧洲的一样好。国王也一直坚持这样的原则,即在西印度群岛大学接受过教育的当地人可以获得公职。1698 年 11 月 24 日的一项皇家法令规定,在那些王国出生的人应与在卡斯蒂利亚出生的人一样享有同样的荣誉与特权,"正如一直是无可争议的惯例一样,因为他们在过去已经获得所有的官职和尊严"。⑮实际上实施远没有政策想象的成功。这些历史片段表明情况就是这样。

在北美殖民地有两种相似的力量决定了诞生于此的高等教育机构的功能,一是回到欧洲本源的传统,二是要适应新环境新要求的需要。文法学校和学院移植到了西印度群岛和北美大陆的殖民地。正如早先的苏格兰边境一样,这些移植的学校在这些地方繁荣起来。⑯在一个经常充满敌意的环境中艰难生存,这些学校也确实获得了力量。而且这在加拿大的法属区以及最南部的英属区情况也确实如此。两者都从欧洲招募学者和教师,他们带着拉丁文法课本和基本的科学仪器加入到那些已经打开了门路的早期移民、商人、传教士和冒险家的行列中来。

英国殖民地和西班牙的另一个不同是在确定早期北美文法中学和学院的目的方面,官方的影响是极为微小的。不管特许状是伦敦还是凡尔塞颁发,也不管学校由英国人还是由法国省政府或私人开办,同样不管一所
269 机构是属于公理会、国教会还是耶稣会,最重要的还是发端于地方。从最普遍的意义上说,所有新学校都试图做同样的事:通过传播欧洲的知识,尤其是宗教知识,使文明的生活方式得以保持。

这意味着最重要的任务是培养教士。因此在清教徒刚刚定居在马萨诸塞湾的时候,他们就告之英格兰的同胞们,在盖好了房子、教堂,解决了生计问题,建立了政府之后,他们就决心"促进学问的发展并使其得以繁荣;当我们现在的牧师撒手尘寰的时候,我们担心教会中会有目不识丁的

⑮ J. Tate Lanning (ed.), *Reales cédulas de la Real y Pontificia Universidad de México de 1551 a 1816* (Mexico, 1946), no. 80.

⑯ 与此相关的是,作为省属社会,在与都市权力之间保持的密切而又暧昧的文化关系方面,苏格兰和美洲有相似之处。参见 J. Clive and B. Bailyn, 'England's Cultural Provinces: Scotland and America', *William and Mary Quarterly*, 3rd ser., 9 (1954), 200 - 213.

教士”。⑰他们康涅狄格的邻居步其后尘，建立了一所学院级的学校，后来成为耶鲁学院，其目的是培养年轻人“供职于教会和政府”，这显然是英国说法的回音。⑱至于英国国王，对于所有正式授予了特许状的位于弗吉尼亚和纽约的国教会学院，他的代表、殖民地的管理者们都只限于对个人和社区在这方面的努力进行支持。英国的官员们认为宗主国政府对学院的支持会强化殖民地英国人对王室的忠诚。也许是有了一些苗头，当他们看到(或教士们建议)学院的建立对国教会的统治地位构成了威胁而且有目的这样做时，他们便阻止了这些努力。⑲

早在17世纪，在北美法语区的魁北克，耶稣会就开办了神学院和拉丁文法学校，他们首先为那些未来的教士服务，其次为那些寻求世俗职业的人提供教育。⑳他们虽也考虑到将文明移植到蛮荒之地，但主要强调的还是宗教的传承。后来在英国人的统治下，他们的学校自然就成了维护罗马天主教信仰及在讲英语的新教环境下保存法语的中心。但它们没能发展成大学。1776年后，那些效忠于国王，对美国独立运动深恶痛绝的英国国教派的教士们计划去加拿大，并请求教会在新斯科舍和新不伦瑞克建立学 270
院。但是，在弗雷德里克顿(1787)和温莎(1789)两地开办的文法学校完全合并成学院的19世纪，这些设想才得以实现。

在不讲西班牙语的西印度群岛，不管是种植园主还是王室当局根本不重视教育。在英属的一些岛屿上有一些私人机构，这些学校的设施只能是当地有什么就装备些什么。1710年科德林顿留给巴巴多斯的遗产意味着培养神学家和医生，但是，像1735年的哈里逊学院一样提供的不过是语法

---

⑰ 引自 S. E. Morison, *The Founding of Harvard College* (Cambridge, Mass., 1935), 432.

⑱ 参见 in F. B. Dexter (ed.), *Documentary History of Yale University* (New Haven, Conn., 1916), 21.

⑲ 例如，在革命前后20年中的新罕布什尔、乔治亚和卡罗莱纳。参见 J. Herbst, *From Crisis to Crisis: American College Government 1636－1819* (Cambridge, Mass., 1982), *passim*, and esp. 131－133.

⑳ L. Campeau, ‘La première mission des Jésuites en Nouvelle-France, 1611－1613, et les commencements du Collège de Québec, 1626－1670’, *Cahier d'histoire des Jésuites*, 1 (1972), 94－96; E. Chartier, ‘The Classical Colleges of Quebec’, *Proceedings of the National Conference of Canadian Universities and Colleges*, 12(1923), 25.

学校的教育。大多数白人儿童被送往英国或美洲大陆的学院。在法属岛上,法国政府不信任克里奥尔人,害怕他们的自治运动。学校极少,并且为数不多的白人儿童被送往法国私立寄宿学校,[21]当地没有建立学院。

在教职员工的配备、教学方法和课程等方面,最初的美洲大学和学院毫无疑问既要囿于引进的传统,又要受到当地环境的限制。美洲西班牙属地的主要大学中五学院模式可以说是这方面最好的说明。但是可获得的资源常低于设想所需,更别说热情了,只有在修道会所在的一些"小型"机构才能为实现有限的教授神学和教会法的目的提供保障。利马大学从建立到16世纪70年代实际运行,期间有一段很长的间隔期,很显然资金短缺是造成这种间断延长的因素之一。在主要大学中,当第一批毕业生中的许多人还没有获得学位时,他们已经在这些学校中从事教学了。合格教授很难找到,同样也很难付给他们薪金。不管是什么原因,智利的圣菲利普大学在成立9年后才任命第一批教授(1756)。[22] 规模较大的综合性大学大部分依赖于王室资助,他们极少的收入中的大部分来源于国库。规模小的大学,教授职位少,特权少,授予学位的权力很有限,但它们依然通过要
271 求扩大特权来争取获得大学的地位,而它们根本不清楚(至少是不易确定的)是否能有未来的资源支撑它们。

美洲西班牙大学的真正管理权通常是掌握在校长手中,而校长职位由传教士和教徒轮流担任。在大多数大学,学生都有权参与大学管理(比如在萨拉曼卡,校长就是学生),但是范围非常有限。与其他大学相比,主要大学更多遵循宗主国的模式,其中有些大学由学生选举教授,这种做法一直延续到18世纪,最终由于腐败和无序而被取消。

教学建立在如下基础之上:对当时学习的规定书目内容进行练习、阅读和解释,回答学生疑问,根据老师选的题目演讲,学生展示所学,死记硬

㉑ J. H. Parry and P. M. Sherlock, *A Short History of the West Indies* (London, 1960), 246; P. Pluchon (ed.), *Histoire des Antilles et de la Guyane* (Toulouse, 1982), 261,222; W. Frijhoff and D. Julia, 'Les grands pensionnats de l'ancien régime à la restauration: la permanence d'une structure éducative', *Annales historiques de la Révolution française*, 53 (1981), 180–184.

㉒ J. J. Brunner, *Educación superior en América Latina: cambios y desafíos* (Santiago, Chile, 1990), 17–18.受赠最好的西班牙殖民地大学已成为危地马拉大学。

背。文学院的教学重点是语法(在这方面,如古典和文学研究方面,耶稣会会士被视为佼佼者)。在医学院,解剖课成为正常教学的一部分(从危地马拉大学法规中判断),如果没有其他不充分的证据抵消它的话,这可以被认为是智力得到尊重的标志。㉓出勤一般靠经常性的测试来保障;学习成绩的评估借助于考试和其他的学术练习,这些与萨拉曼卡采用的方法极为相似,这些练习都为获得学士学位、职业资格证书、硕士和博士学位做准备。这些安排在传统的高级学院和低级的文学院中都有。学生校内外的行为受到规章制度的规范。要求学生们居住在体面的房子里,并禁止学生购买物品时赊账,也不允许把武器带入校舍。学生的服装也有规定,得体而朴素,不能有金饰物、刺绣或抢眼的颜色。并不奇怪,这些规定的作用远未发挥出来。随着时间的推移,学术和纪律方面的安排受到日益增长的不正之风的影响,科尔多瓦大学(图库曼)的一个寄宿制学院就是专门为了使部分学生免受当地新生的不良影响而开设的。㉔

西班牙殖民者驱逐耶稣教会形成了殖民地教育上的真空,其结果之一就是激起了政府对大学关注的热潮,这种关注有时用强调世俗教育的方式 272
表现出来。但它导致了课程现代化和更广泛地将西班牙语作为教学语言。18 世纪的最后 25 年中,查里三世的教士们推行的改革席卷萨拉曼卡,尤其是 1771 年的课程改革在殖民地的大学得以全部重演。㉕

不管是在清教徒的新英格兰,还是在国教徒的弗吉尼亚,英国的殖民者都反对独立的学术团体。然而,与西班牙的做法形成鲜明对照的是,甚至在殖民地时期结束前,北美最终还是赞成新机构的多样性和独立性。尽管弗吉尼亚人对威廉玛丽学院的教授们存有疑虑(他们中的大部分以前曾经是牛津大学的指导教师),1729 年董事会还是将学院的财产转给了学

㉓ J. Tate Lanning, *The Eighteenth-Century Enlightenment in the University of San Carlos de Guatemala* (New York, 1956), 268 – 272.

㉔ E. Martínez Paz, 'La Vida en el Colegio Real de Nuestra Señora de Monserrat', *Collećion de la Imprenta Jesuítica del Colegio de Monsarrat* (Córdoba, 1940), xvi – xviii.

㉕ 参见 A.M. Rodríguez Cruz, 'Las reformas de Carlos Ⅲ en la Universidad de Salamanca y su influencia en las universidades hispanoamericanas', in *Educación e illustración en Espana. Ⅲ Coloquio de Historia de la Educación* (Barcelona, 1984), 285 – 296; H. Cuenca, *La universidad colonial* (Caracas, 1967), 66 – 67. 参照 Ural Pérez 教授的草稿。

院。当时新英格兰的人们清楚地认识到哈佛和耶鲁的教师没有能力管理学院。哈佛的创立者将其置于监管者的监督之下,这是一个由地方官员和牧师组成的外部委员会,类似于从瑞士的日内瓦到苏格兰的爱丁堡都有的加尔文教派监督教会、中学和大学的各种监督委员会。他们的康涅狄格的邻居们把他们的学校办成了财产托管会,随后将牧师教员合并成了一个独立的委员会。威廉玛丽学院的特许状赋予它像剑桥、牛津大学一样的民事法人地位,并允许在弗吉尼亚州立法机构中设立其教师代表。并不是教派专制减缓了独立委员会作为学院管理中心到来的步伐,而是学院植根于当地社区的现实愿望;在纽约的国王学院成立初期,当教派的激情突破了极限的时候,城市的环境和世俗的利益一度挽救了学院。[26]人们认为远方的国王及当地的官员不是充满敌意就是像 18 世纪后期对待威廉玛丽学院那样,过于支持与宗主国的联系。

如果殖民者在大学管理中愿意较多依赖自身资源的话,传统对课程还是具有强大的影响。尽管美洲的殖民地学院倾向于采纳长老会的学院管
273 理模式,但古老的英格兰大学的课程模式对其产生了极大影响。讲座、课文解说、演讲、辩论等教学方法明显是欧洲作风的继续。因为在新英格兰早期有为数不少的投考剑桥的学生,所以剑桥影响可能尤为强烈。至于 17 世纪欧洲的其他影响,人们同意哈佛历史学家的观点:我们从剑桥得到的越多,结果是越贫乏。然而,苏格兰大学和长老会学园(在更有限的程度上,那些英格兰非国教徒开办的学园)的影响同样重要。通过后来的苏格兰人、苏格兰—爱尔兰的教士以及在英国接受过非国教学园教育的人,这种影响被进一步强化。威廉玛丽学院的创建者和首任校长詹姆斯·布莱尔把集中了的大学和学院的特征引入学校,作为一种学术组织的形式,这种做法证明在远离大都市中心和财政资源相对丰富的地区来说是非常合适的;这表明了布莱尔在爱丁堡本科学习经历的影响。在费城学院,第一任院长威廉·史密斯将一位教师教授所有科目改为专门教授某一科目,这是他在 18 世纪 50 年代在阿伯丁大学见到过的做法。

---

[26] 参见 D. C. Humphrey, *From King's College to Columbia, 1746 - 1800* (New York, 1976).

18世纪中叶，道德和宗教传统日益多样化，宗教热情的爆发导致了“大觉醒”的出现，这使得一度在早期北美高校中盛行的教派对学院生活的严格控制很难继续维系下去了。在那些严格的教派学院中，其他基督教派的学生和教师获得了道德和信仰的自由。哈佛、威廉玛丽学院以及耶鲁，所有这些教派创办的学校都要进行调整。但这并不易做到。尽管克拉普校长为耶鲁做了很多工作，服务时间很长(1740—1766)，同时还有市政当局撑腰，但就因为他在维护公理会在学院中的正统地位方面无所作为，人们便要求他辞职。到处存在的歧视被宽容所冲淡。例如在费城，学院对所有新教徒开放，并且国教会和长老会分享管理权。在罗德岛，浸礼会控制着学院，但招收犹太学生。然而宗教依旧在大学生活以及学校身份方面占据中心位置。在纽约，在国教会的国王学院自由招收其他教派学生的地方，它的支持者们通过激烈的斗争成功地阻止了与一个公立学院竞争对手的合并，那个学院允许任何教派参与学校管理。随着教派间的壁垒成为学院管理的标准模式，不满意的迹象开始出现。在新泽西，荷兰归正教会的支 274
持者们憎恶长老会对位于普林斯顿地方学院的控制，他们恳请地方官员建立自己的大学，并获得成功。王后学院作为新泽西的第二个学院，它的出现标志着一个时代的结束，那时，特许状中明令禁止在宗教立场上歧视学生。王后学院的特许状中特别指出学院的特殊使命是为荷兰归正教会培养年轻人，同时也责令学院促进所有新教教派的进步。由此在殖民地时期学院内形成了对宗教差异的宽容，但整个世俗化的学院管理还要等到独立战争之后。

建立大学和学院的一个新时期出现在随后的几十年中。与殖民地时期相比，独立伴随着更加的多样化以及创建更多的私立机构。这一时期虽可一瞥而过，但它在欧洲再一次产生巨大影响之前(洪堡重视研究的启发)，它使得美国大学的历史更加完美。18世纪的后20年中，出现了一种新型的学院，新罕布什尔的达特茅斯学院、马萨诸塞州的威廉姆斯学院和宾夕法尼亚的迪金森学院。这类小型的学院远离沿海富裕的商业和社交城市中心，依赖个人或团体的捐款，生源来自农村和内陆较贫困地区。从此，大学教育不再是有钱阶层后代的特权，一种新型的社会多样化由此衍生。

随着组织机构的变化,课程也在继续变化。课程依然是根植于传统土壤之中的拉丁文,其目的是为文科的学习做准备。北美第一批拉丁语法学校是由魁北克的耶稣会以及马萨诸塞湾的清教徒几乎同时开办的。魁北克的学校开办于1635年,到1663年,除了一般的拉丁语法教学外,该学校还提供人文学科、修辞学、哲学、数学和神学课程。它的一些毕业生成为魁北克神学院教士的候选人。马萨诸塞州的拉丁文法学校为学生进入哈佛学院提供预备教育。一旦进入大学,学生们将继续学习拉丁语法,此外还有逻辑、希腊语、希伯来语、修辞、自然史和神学。一年后,通常伦理和政治取代逻辑学,随后又有自然哲学、算术、几何学和天文学。最后一年开设道
275 德哲学和形而上学,通常由学院院长授课,它们是学生接受教育的顶点。到18世纪下半叶,现代学科如地理、历史、法语开始出现。但在费城和纽约这样的商业中心,多有重视实用的倾向,更多强调应用技能,如测量、航海、商业、农业、法律及管理。在有些地方,更强调科学学科的学习,如数学、化学、植物学、矿物学等。㉗

18世纪,三段论式的辩论在殖民地学院中逐渐消失,取而代之的是法庭式辩论,它是一种非正式的课外活动。当归纳、经验、实验成为质疑的主要组成部分时,严格的经院式的三段论解释模式开始显出局限性。随时间推移,辩论中的自由度由于政治的关系而逐渐增加。㉘到1750年,学生文学社团出现。它们是练习辩论和演说的场所,吸引了未来的教士、政治家和律师。他们关注当时的关于政治或文学问题的小册子和文章,而且有些社团建立了比学校图书馆更大的图书馆,在引进纯文学研究方面这些尤其重要。直到18世纪在教学中及在三段式辩论中使用的拉丁语丧失了它作为交流媒介的地位,在正规辩论中被取代。如同中南美大学使用西班牙语一样,英语在这些学院中广为使用,英文教科书早在17世纪就在美洲出现了。

㉗ 更简明的概述参见 F. Rudolph, *Curriculum: a History of the American Undergraduate Course of Study since 1636* (San Francisco, Calif., 1977). 亦可参见 J. W. Kraus, 'The Development of a Curriculum in the Early American Colleges', *History of Education Quarterly*, 1 (1961), 64–76.

㉘ D. Potter, *Debating in the Colonial Chartered Colleges: an Historical Survey, 1642 to 1900* (New York, 1944).

申请进北美学院学习的申请人通常由校长面试,他要考察投考者的拉丁语、希腊语和算术能力。这些面试作为年轻人进入学院时的一种介绍远比将面试作为一种严格的选拔手段更重要。学院需要学生,大多数情况下,会给小到11、12岁的学生在语法预备班开设补习性的课程。大多数学生的入学年龄在15到17岁之间,他们或是已在新英格兰的拉丁语法学校、各种脱胎于苏格兰或英格兰非国教徒的学园,或是通过家庭教师、当地牧师等接受了教育。㉙只是在独立战争后,在内地新建的学院中的学生入学年龄才有了大的提高。 276

起初,殖民地学院发展的最大障碍是贫穷。约翰·哈佛的慷慨是罕见的,几乎没有什么人以愿意捐赠来资助教授职位或支付其他教育经费。倒是可以向学校提供土地,但是(就像哈佛的历史学家指出的那样)新英格兰的土地很便宜、很充裕,而且难以变成收入。㉚除去学生的学费,早期学院所得到的资金有多方面的来源:通常来源于法定的拨款、补助和指定的国家税收,在哈佛学院来源于摆渡查尔斯河所得的款项,在为威廉玛丽学院筹款时,甚至有一部分钱来源于与以往海盗的交易(归还海盗财产,但须付一笔费用)。因此,能够招收到的付费学生的数量对学校的生存极为重要。学院院长努力吸引学校附近及州内的潜在的学生,为那些不能住在家里的学生提供住宿以节省他们的开支。学费及食宿的费用同入学人数的对比表明,耶鲁、新泽西学院和罗德岛学院在这方面的努力是很成功的。㉛尽管这种情况在18世纪确实有所改变,但对于学院和大学来讲,私人抵押品、遗产和彩票所得利益成为其普遍的收入来源。一般地,这些资金来自于城市和学院的临近地区,但资金的筹集还来自更远的地区、其他殖民地、西印度群岛,甚至来源于英国和欧洲大陆,在筹集资金的过程中,常常要诉诸宗教感情,要强调支持受过教育的牧师们进行文明开化和传教的需要以及改变印第安人信仰的需要。然而,到独立战争时期,捐赠越来越少。随着由

㉙ B. MacAnear, 'College Founding in the American Colonies, 1745－1775', *Mississippi Valley Historical Review*, 42 (1955), 24－44.

㉚ Morison, *Harvard College* (注释 17), 322.

㉛ B. MacAnear, 'The Selection of an Alma Mater by Pre-Revolutionary Students', *Pennsylvania Magazine of History and Biography*, 73 (1949), 429－440.

私人及基金会创立的学院迅速蔓延，导致学校以新的方式更加依赖地方和教派的支持。㉜

除了贫穷，影响发展的另外一个障碍是缺乏合格教师。除了哈佛学院
277 的校长，其他所有殖民地学院的校长都是教会的牧师，他们经常 把自己在当地教会中的工作同在学校中的教学和管理工作结合在一起，而且常常把学校的工作视为他们职业责任的一部分。即使仅有几年，在学院工作也是牧师的职责。哈佛的马瑟校长就不大愿意担任此职。当要求他从波士顿的住地和教堂搬到他早已是其教员的学院时，他回答说："我应该仅仅为了给四五十个孩子讲课而放弃向 1500 个灵魂讲道吗？"结果他拒绝了，但最终还是于 1686 年就职，不过 1701 年就放弃了，那是因为当时他政治上的对手们使他无法在波士顿像他所希望的那样履行其牧师职责。㉝

校长要负责行政和教学，也要负责学院教堂或小礼拜堂中的祈祷和礼拜。他通常教授道德哲学，并指导住校的研究生和辅导教师的神学方面的专业训练。耶鲁的克拉普校长还在教师团体的要求下担任神学教授，校长通常面试申请人，对本科生进行管理、提供咨询和进行纪律约束，主持毕业典礼和授予学位。他们是学院的资金筹集者，通常他们是仅有的管理者，他们被看做是殖民地重要的公众人物。威廉玛丽学院的布莱尔当过一届弗吉尼亚州的州长，而新泽西学院的校长约翰·威瑟斯宠是《独立宣言》的签署者之一，也是美洲大陆会议的代表（尽管威瑟斯宠的实际情况可能表明公共事业的需要同一个学校领导的职责并不总是很容易取得一致）。抱着对学校和学生负有普遍责任的态度，有些校长还要挤出时间编写课本和学术论文。㉞

在我们所找到的特许状中仅有两份提到了教师或教授群体，而且只有

㉜ 参见 B. MacAnear, 'The Raising of Funds by the Colonial Colleges', *Mississippi Valley Historical Review*, 38 (1952), 591 - 612.

㉝ 引自 J. Quincy, *History of Harvard University*, vol. I (Boston, 1860), 499 - 500. The article on Increase Mather in D. Malone (ed.), *Dictionary of American Biography*, vol. XII (New York, 1933),是一篇关于有趣职业的很有帮助的文章。

㉞ 参见 R.G. Durnin, 'The Role of the Presidents in the American Colleges of the Colonial Period', *History of Education Quarterly*, 1 (1961), 23 - 31.关于殖民地学院教授的详细传记参见 W. D. Carrell, 'Biographical List of American College Professors to 1880', *History of Education Quarterly*, 8 (1968), 358 - 374.

到18世纪下半叶,北美才出现专职的学术职业。威廉玛丽学院的特许状中规定哲学和神学院中各有两名教授,费城学院的特许状则将学术人员规定为校长、副校长、各学院院长和教授。需要指出的是,这两所学院在一定程度上有赖于国教会成员的支持,而且也希望能从英国的大学吸引教师。在威廉斯堡的所有早期的教师都来自牛津大学。在同弗吉尼亚大学视察员的争论中,他们作为英国国教的牧师,自然地向伦敦的基督教会和政府官员寻求援助。另一方面,费城学院的教授可能在当地更知名。他们受到该市领导人、学院董事会的尊重,同样作为经验丰富的教师受到人们的尊敬。因此,他们很容易被一视同仁,并被给予专业人员的身份。他们不需要来自英格兰教会或政府的支持。至于其他殖民地学院,在财政允许的时候任命了第一批教授。神学和数学专业通常被放在优先的位置。大多数早期的教授是作为牧师在美洲的学院中接受教育,而许多后来聘请的新学科(不仅是医学和法学,还有自然科学及现代语言)教授都是在国外接受的培训。

据估计,在1750到1800年之间,在学院工作的全部教授不超过210位。在早些年,只有10位在职。在这种情况下,早期学院的院长通常承担着学院的全部责任,并且依赖于向那些重返学院继续为牧师生涯做准备的学生收取更高的学费。对这些年轻人的聘任多半是临时的。18世纪,在哈佛学院辅导教师的平均指导期为9年(虽然一个哈佛导师的在职时间是55年),在耶鲁学院是3年。在被聘任之前,这些年轻人有时在获得研究员身份毕业后就继续留在学院里,也有的担任男管家或图书管理员的职务。那些离校的在他们返回学校以谋求发展之前,一直努力与学校保持联系。这些辅导教师把自己看成是学徒或临时工,目的是为在教会、法律、医学和科学方面的职业生涯做准备。他们的教学被称为“代课”,每一位辅导教师负责一个班,在这个班里他要教除校长所教课程之外的所有科目。只是到18世纪下半叶这种授课方式才被取消,辅导教师和教授一样可以专攻某个学科。然而甚至在18世纪末,学院的教学才刚刚开始提供除神学以外的各种专业课程。很多教授是从一些其他的职业中开始其专业生涯的,他们通常是在教会、医学或法学等领域,并且有些人通过做自由撰稿人、在中学教书或出版著作来谋生。学院为这些人提供了使其专业能在舒

适的和受人尊敬的环境中实践的机会。所以一旦这些人进入学院,他们会
279 对其学术事业保持非凡的忠诚。只有不足一半的殖民地就学院的教授在开始教学之后转向其他工作。[35]

也许有些奇怪,北美首先提供专业教育(不同于在学院和文学院所接受的自由教育)的是耶稣会开办的魁北克大神学院,时间是 1667 年,此校由魁北克主管教区的第一任主教创办。但是牧师的培训(最早专业形成的例子)在早期的英国殖民地就被看做是理所当然的事情,学院院长和教授们使住校的研究生及辅导教师通过非正式的方式获得这种训练。尽管如此,直到 1785 年,第一所独立于学院的神学院才由荷兰归正教会在纽约开办。除此以外,北美的学院不追求专业教育,而且在很长一段时间里也不试图提供法学和医学的教学。对这些职业的培训只靠学徒方式。如果殖民地人想得到医学学位,他们通常横渡大西洋去欧洲的大学,虽然大陆的大学也吸引着他们,但爱丁堡大学是首选。直到 1765 年,第一所医学院才在费城学院建立。1767 年国王学院设置了医学教授职位,很快威廉玛丽学院和哈佛学院开始仿效。正规的法律教育最终是以 1784 年开办于利奇菲尔德(康涅狄格)的一所私立法律学校为开端的。很快在威廉玛丽学院、宾夕法尼亚大学和国王学院先后设立了法学教授职位。我们可以从有记录可查的毕业生职业的变化中看到其影响。在 17 世纪,大约有 60%的美国学院毕业生从事牧师工作,而到了 18 世纪,这一比例缩小到不足 40%,到 18 世纪下半叶,更降到 29%。医生和律师职业在数量上有所增加,同时到 18 世纪 70 年代,律师的数量超过了其他两种职业。这些情况折射出一个更加复杂和富裕的社会。这些变化表明,日益增加的专业之间的区别是为了适应需要和机会,而不是牧师地位的下降。我们也应该永远记住,在早期殖民地时期,在那个缺少专业合格人才的社会里,那些仅仅被称之

---

[35] W. D. Carrell, 'American College Professors: 1750 - 1800', *History of Education Quarterly*, 8 (1968), 289 - 305; K. McDaniel Moore, 'The War with the Tutors: Student-Faculty Conflict at Harvard and Yale, 1745 - 1771', *History of Education Quarterly*, 18 (1978), 115 - 127.

为"牧师"的人也要承担实际生活中的法律上的和医疗方面的一些工作。㊱

280 与许多著名的殖民地富商、地主及政治家一道，费城和波士顿的教授具有比教学更重要的文化影响作用。他们根据欧洲模式（特别是伦敦皇家学会），帮助建立了北美最早的学习团体和学会，尽管初次尝试夭折了。直到18世纪60年代，在费城建立的以"促进有用知识"为目的的美国哲学学会才长久地建立起来。美国艺术与科学学会于1780年在波士顿成立。奇怪的是，纽约没有这样的举动。也许是城市的商业趣味、国教会对国王学院的垄断以及重视实际而非喜爱哲学讨论的倾向使得纽约未能建立学术团体。㊲

可以简要指出的是，19世纪早期北美大陆的进一步发展对未来具有重要意义。在加拿大两个讲英语的学院与其他学院合并了，但是讲法语的魁北克神学院尽管一直很兴旺，但直到世纪中期才获得特许状成为大学。虽然19世纪上半叶里奥格兰德河以南出现的教育上的大倒退看起来很不适当，甚至是可悲的（按照旧制度的模式建立学校），但是，在北美殖民地时期奠定的基础已经充分证明，它不但足以维持现有机构的发展，还将为19世纪提供充分的扩展空间。

美洲的欧洲大学模式所取得的成就

我们很难排除这样的判断，即在殖民时代末期，前英国殖民地大学比美洲西班牙大学更具有智力和学术创造力。同时，必须承认西班牙殖民地大学已经有效地达到对其的要求。它们对独立后中南美洲未来的影响是极为深远的。这是因为它们没有背离这个制度的主要目的——培养殖民地社会所要求和允许的精英、教士和教徒。它们代表着权力、教会和王室，281

㊱ 参见 B. B. Burritt, 'Professional Distribution of College and University Graduates', *US Bureau of Education Bulletin 1912*, 19 (1912), 144 中的图表 69，与 P. D. Hall 提供的数据进行比较，P. D. Hall, *The Organisation of American Culture* (New York, 1982), 310.

㊲ 参见 J. C. Greene, 'Science, Learning, and Utility: Patterns of Organization in the Early American Republic', in A. Oleson and S. C. Brown (eds.), *The Pursuit of Knowledge in the Early American Republic: American Scientific and Learned Societies from Colonial Times to the Civil War* (Baltimore, Md., 1976), 1-20; B. Hindle, 'The Underside of the Learned Society in New York, 1854-1954', in *The Pursuit of Knowledge* (注释 37), 84-116.

当权者们按其意志来建立，直到独立后它们才能够把自己同那些当权者们分开。[38]典型的西班牙殖民地大学可以描述为"坚守教会和国家的目的，以为社会提供寡头统治者为主要任务的正统机构。"[39]在里奥格兰德河以南，大学适量地培养数量很少的牧师、律师和行政人员以满足社会再生产所需，在履行其职责的过程中，也满足克里奥尔人的渴望。如果成就的代价是要为思想的正确牺牲智慧的创造(他们并不总是相容的)，那么我们只能说大多数欧洲大学处于旧秩序之下。

一个重要的结果是留给未来的思想遗产，即大学是公共生活的中心，这使得独立后的大学更容易政治化，不论好坏，其目标几乎总是确定为公众的和集体的，而不是私人的和个体的。这是一种意义不明确的遗产——但并非毫无益处。相反，北美从殖民地时代继承下来的机构的结构和目标多样，而且表现出足够的宽容。与西班牙的大学相比，这些机构可能对其所处社会的总体教育水平的提升贡献更大，并在一定程度上也体现了一种新的社会多样性。当有些内陆新学院也开始做出自己贡献的时候，这种多样性要比仅仅增加入学人数更有意义。

到 18 世纪末，从欧洲引进新大陆的各种大学模式在其适应新环境的过程中以及时间的磨砺下不可避免地经历了一些改变。美洲环境的最显著特点之一是其范围广大，只要有这一点，由他们的环境必然鼓励扩张，在陆路交通困难的时代，美洲在地理位置上的偏远和分散决定了许多大学在西班牙印度群岛的分布。第二个促其改变的因素——我们可以称之为"历史"——可能在北美殖民地有更显著的影响，在宗教改革后的殖民地相对更开放的社会背景下，北美更喜欢多样性和制度上的实验。教会和国家专
282 制主义的争论，甚至耶稣会瓦解 的动荡都没有起到什么促进作用。最后，也许所能显示的最有趣的结论是，正是在美洲殖民地欧洲大学模式第一次令人信服地显示了其潜力和适应力，而且在接下来的两个世纪中，在其他地区和全球的其他地方也反复地表明了这一点。

---

[38] Brunner, *Educación superior* (注释 22), 15.

[39] J. Maier and R. W. Weatherhead (eds.), *The Latin American University* (Albuquerque, N. M., 1979), 4.

精选文献

Brunner, J. J. *Educación superior en América Latina: cambios y desafíos*, Santiago, Chile, 1990.

Cremin, L. A. *American Education: the Colonial Experience, 1607 – 1783*, New York, 1970.

Cuenca, H. *La universidad colonial*, Caracas, 1967.

Díaz-Trehchuelo López-Spinola, L. *La vida universitaria en las Indias. Siglos XVI y XVII*, Córdoba, 1982.

Harris, R. S. *History of Higher Education in Canada 1663 – 1960*, Toronto, 1976.

Herbst, J. *From Crisis to Crisis: American College Government 1636 – 1819*, Cambridge, Mass., 1982.

Herbst, J. '*Translatio studii*: The Transfer of Learning from the Old World to the New', *History of Higher Education Annual*, 12(1992), 85 – 99.

Hofstadter, R. and Smith, W. (eds.) *American Higher Education: a Documentary History*, Chicago, 1961.

Maier, J. and Weatherhead, R. W. (eds.) *The Latin American University*, Albuquerque, N. M., 1979.

Oleson, A. and Brown, S. C. (eds.) *The Pursuit of Knowledge in the Early American Republic: American Scientific and Learned Societies from Colonial Times to the Civil War*, Baltimore, Md., 1976.

Potter, D. *Debating in the Colonial Chartered Colleges: an Historial Survey, 1642 to 1900*, New York, 1944.

Robson, D. W. *Educating Republicans: the College in the Era of the American Revolution, 1750 – 1800*, Westport, Conn., 1985.

Rodríguez Cruz, A. M. *Historia de las universidades hispanoamericanas: período hispánico*, 2 vols., Bogotá, 1973.

Rodríguez Cruz, A. M. *Salmantica docet*, *La proyección de la Universidad de*

Salamanca en Hispanoamérica, vol. I, Salamanca, 1977.

Rudolph, F. *The American College and University: a History*, New York, 1962.

Rudolph, F. *Curriculum: a History of the American Undergraduate Course of Study since 1636*, San Francisco, Calif., 1977.

Sloan, D. *The Scottish Englishtenment and the American College Ideal*, New York, 1971.

Tate Lanning, J. *Academic Culture in the Spanish Colonies*, New York/London, 1971.

第三编 学生

285

第七章 入 学

玛丽亚·罗萨·迪西莫内

大学新生的录取

在16世纪早期,大学注册的原则来自于中世纪传统,并且整个欧洲大体一致。它们通常是通用的标准,在学院法规里几乎或根本没有它们的位置,这些原则直至18世纪末期也没有什么变化,在这一时期不同版本的大学条例中,它们不断被总结或逐字逐句地重复。

大学的招生在一年的任何时候都会进行,包括星期日和其他节日。对学生注册时间有明确规定的地方,如维也纳大学,这些日子被排除在外。①最基本的手续是交纳一笔费用,发誓遵守学院当局的决定并在学生名单上注册。

① F. Gall, *Die Matrikel der Universität Wien*, vol. I (Graz/Cologne, 1956), xv-xvi.

所交纳费用的多寡根据学生社会地位和年龄的不同而有差异，贵族通常要比其他人多付一些，25岁以下的有资格减少，最贫穷的则完全免费，这些人有时候根本就没打算毕业。②

交纳学费是获准入学的一个重要部分，然而宣誓后入学过程才算完
286 成。宣誓是学生获准进入大学最关键的时刻，没有它，其他的行为是毫无价值的，而且注册也会无效。任何一个立志成为学生的人都必须严肃遵守大学的权利、特权、条例和惯例，促进并保持它的和平、宁静和和睦，在合法和诚实的事情上服从校长。这三个誓言，与当时学校的组织结构特点紧密相联，并且随着时间的流逝，这三者之间相互协调，反映了宗教斗争的加剧及对考察学生信仰的关注。因此，从1545年开始，鲁汶大学要求注册的学生发誓憎恶路德派及其他所有异教的教义，发誓忠于罗马教廷。③只有那些14岁以下的人才可以不必发誓遵从罗马天主教教义和教会法规，④但这要取决于校长的判断力，有时他并不被注册中所记录的内容所左右，而是靠他自己对候选人身体和心理能力的评价。海德堡的地方君主曾试图解决这个问题，1546年颁布法令以进行干预，要求只有达到青春期的人注册才要进行宣誓，但他的规定在很大程度上被忽略。⑤

在注册时记录学生的名字几乎没有什么意义，因为对于大学成员进行注册既不精确又不是决定性的，而是确认收费和宣誓。注册本身对于获准入学来说是不够的，如果遵从要求进行宣誓，缺少它不会导致申请无效，而且可以用其他的方式来证明，如使用证人。

从原则上说，注册由校长本人负责。在实际中通常由办事员或校长助理来代理，这些人经常不记录学生的名字或者是由于他们做不到那么快或

② 例如比较 P.F.X. De Ram (ed.), *Codex veterum statutorum Academiae Lovaniensis* (Brussels, 1861), ch. XXIII, I, 30 and H. Hermelink, *Register zu den Matrikeln der Universität Tübingen 1477 – 1600* (Stuttgart, 1931), xi.

③ De Ram (ed.), *Codex veterum statutorum* (注释 2), 31n.

④ 关于中世纪法学家对未成年人宣誓所规定的条例，参见 E. Cortese, *La norma giuridica. Spunti storici nel diritto comune classico*, vol. I (Milan, 1962), lff.

⑤ G. Toepke (ed.), *Die Matrikel der Universität Heidelberg von 1386 bis 1662*, vol. I (Heidelberg, 1884), xlviiiff.

足够准确。[6]这就是为什么保存下来的这个时期的登记簿显得混乱、无序及不完整的原因之一，这使得当今的研究者无法准确评价学生的数量、他们的社会根源以及他们在不同大学间流动的情况。更进一步说，登记簿记录的可能不仅是那些注册学习者的名字，而且还包括以下这些人的名字：佣人、公职人员、访客、学生家庭成员，以及个别利用注册以享受大学成员才拥有的特权的人。有时侯，这种类型的注册者比例非常高，而许多真正的学生却不在册，这或是因为学校管理者的疏忽和错误，或是因为这些人的意愿，尤其在宗教冲突激烈的时候，他们中有很多人不愿意注册，或用假姓名注册。因此我们所获得的资料是很不可靠的，要想从中梳理出可靠的内容，就需要对注册登记簿所提供的复杂而多样的信息进行深入的必要的评估。 287

直到18世纪末，对于任何一个想进入大学的人来说，宣誓都是最重要的活动。当局对节日里注册入学持猜疑态度，因为在这些日子里宣誓是被禁止的。然而根据作家所写以及实际情况，可以看出人们逐渐重新评价注册目的，而且宣誓的重要性也有所降低。另一方面，1611年，格赖夫斯瓦尔德大学法学院讲师马提亚·斯特法妮宣称，学生就如士兵，只有宣完誓才成为学生。[7]几十年以后，西班牙法学家阿方索·埃斯科瓦尔坚持认为宣誓的作用并非真正确立校长对学生的管辖权，而仅仅是确认这种权力。他认为，由于校长的权力来自大学本身，正如封建法律中所规定的，诸侯纵然从未发过适当的誓言，他也要效忠于封建君主，所以学生永远是校长的“下属”。[8]按照他的观点，宣誓不再被看成是入学完成的时刻，因为在这之前校长就已享有管理学生的权力。根据埃斯科瓦尔的观点，学生的称号通过将名字登记在册实际上课就获得了，学生应享有的特权也依赖于这些标

---

⑥ Toepke(ed.), *Matrikel Heidelberg* (注释 5), xxxff.; Hermelink, *Register Tübingen* (注释 2), xi.

⑦ M. Stephani, *Tractatus de jurisdictione qualemque habeant omnes iudices tam saeculares, quam ecclesiastici in imperio romano*, book Ⅲ, part Ⅱ: *De Academiis* (Frankfurt, 1611), ch. v, paragraph 16ff.

⑧ A. Escobar e Loaisa, *De pontificia et regia iurisdictione in studiis generalibus et de iudicibus et foro studiosorum* (Madrid, 1643), ch. Ⅶ, 56ff.

准。⑨同样埃武拉大学的神学讲师贝尼托·佩雷拉(1535—1610)也主张学生应局限在既登记在册又经常上课的那些人,那些注了册但自己在校外学习或上课但没有注册的都应该排除在外。⑩就这两位伊比利亚的作者而言,大学的教学功能应根据其社团功能来评估,要真正通过强调学生实际参与学术生活的重要性和降低宣誓这种正式行为的重要性来实现。从这一点上看,他们所说的肯定了萨拉曼卡和埃武拉出现的明显的倾向,即减少在欧洲普遍遵守的惯常标准的重要性。这些标准规定,一个注过册的人,即使是缺席不上课,也可以享受长达5年的学生特权。在萨拉曼卡,实际上缺席的人必须每年通过信件或信差重新注册,其目的是为了弄清他们是否重返学校,⑪然而在埃武拉则没有这种选择权,而是要求学生坚持上课。⑫

实际上,注册的重要性越来越强。部分原因是越来越需要对学生的宗教信仰进行控制,由于大学很想防止可疑因素的渗透,因此逐渐采纳更加严格的、明确的标准来管理注册学生。在一定程度上,注册也受到各国向早期现代集权和专制形式发展的影响。从中世纪起,宣誓便成为行会成员所要求的手续之一。尽管大学维护宣誓,认为它表达了它们的独立性,但它的本意(在增加了具有宗教特点的其他因素后)也许是抵制政府对特定的中世纪式的态度所采取的不利的专制政策。1782年皇家的法令迫使鲁汶大学废除所有宣誓,只保留具有严格宗教特点的部分,这一法令激起了强烈的反对。一旦政治形式允许,大学便会立即恢复旧的体制。⑬

无论校长在宣誓或注册中的作用是什么,习惯上他在学生的录取方面有最终发言权(有时候得到学院教务委员会的帮助)。然而,大学法典往往不提及应该达到的标准,或很含糊且很概括。年龄并非障碍,申请者可以很小或很大,但是办事人员倾向于反对未成年人或年老的人入学,因为年

⑨ Escobar, *De pontificia* (注释 8), ch. XXXII, 347ff.

⑩ B. Pereyra, *Academia seu respublica literaria utiliter et nobiliter fundata* (Ulyssipone, 1662), book IX, 528.

⑪ Escobar, *De pontificia* (注释 8), ch. XXXII, 350 - 351.

⑫ Pereyra, *Academia seu respublica*, (注释 10), book III, 136.

⑬ De Ram (ed.), *Codex veterum statutorum* (注释 2), 33n.

289 轻和成熟是最适合学习的条件。[14]社会的、经济的条件原则上也不会对入学产生影响。对于教育程度,大学法典通常对此规定得十分含糊,只要求拥有足够的拉丁语知识能够听懂讲课并准确地表达自我就可以了。

必备的智力条件

实际上学生的智力背景和接受过的训练都存在很大差异。有些人已经在学校上过硕士或私人辅导教师的课,而另一些人则从未接受过训练,因此在大学中不得不学习最基础的知识。实际上,这一时期的大学常常有不同层次的教学,从初级到高级,它欢迎所有年龄阶段的学生,各种知识水平的学生。因此,在这样的情况下,文学院作为其他学院的预备学院就不奇怪了。尽管文学院的声望明显低一级,但它负责为学生提供下一阶段学习(通常参加学习的人数最多)所必需的普通文化基础知识。然而,早在16世纪,某些大学就已经意识到这种由如此多样的学生组成的培养系统的弊端和不足,而且进行了多次努力以纠正这种局势。例如,1556年,耶拿大学的教师们建议招生应局限于那些通过了所在学校最后考试的人,他们希望通过这种方式来提高学生整体的水平,使其更具有一致性。[15]这一计划遭到当地统治者的反对,当局害怕这会造成某些学生转到那些没有这一规定的地方去,而那些以教学为生、为学生进入大学提供帮助的硕士和已毕业的学生就会破产。但是教师为了使教授"三艺"的那些学校提供一种考虑到大学需要的教学形式,他们还是试图影响这些学校的教学大纲,而且他们还把按照维滕堡的模式制定的教学计划置于自己的控制之下,此计划实施一种基础的人文教育。直至18世纪末期,进入大学也没有学术资格的要求,且在中等教育和大学之间没有真正的联系。然而,从16世纪起,一个有组织的、分等级的系统开始出现,在拿破仑时期,这种制度更系统化,且具有更确定的形式。

290 在16世纪大学不断膨胀的主要因素当中,需要指出的一个事实是,越

⑭ Pereyra, *Academia seu respublica* (注释 10), book Ⅸ, 530.

⑮ M. Steinmetz (ed.), *Geschichte der Universität Jena 1548 – 1958. Festgabe zum vierhundertjährigen Universitätsjubiläum*, vol. I (Jena, 1958), 58.

来越多的家庭感到有必要在他们的儿子接受更高层次的学习之前有更充分的准备。同时人们也日益感到需要通过某种宗教信仰的教育在思想上控制年轻人。“学院”(college)这一单纯的字眼包含了各种不同的组织,它们与大学之间的联系因地域不同而呈现出不同。然而,广义上讲,在某些国家,学院是中等学校的雏形,在初等和高等教育中起着中介的作用。有些则起源于大学的制度,或者和它们保持紧密的联系。在法国,大部分学院(国立中学)是在文学院附近形成的,而且尽管它们建立的目的是为了给那些听学术讲座的人提供庇护之所,并且给他们提供补充的教育机构,它们还是扩大了它们的范围,经常招收那些刚刚踏上学习之旅的非常小的男孩入学。因此,随着时间的流逝,这些机构失去了它们原来的作用,而主要被赋予了颁发文凭的功能。⑯

这种转变始于巴黎,在那儿,尤其在人文主义的影响下,语法的学习渐渐发展成完整的结构——纯文学的形式。学院(国立中学)专门引进人文学科,文学院把它限定在传统形式中。学院也引入了班级的制度,这源于“共同生活兄弟会”。这种模式以“巴黎模式”闻名,被介绍到法国其他大学或欧洲的大学中(如鲁汶)。⑰

英国学院建立的方式同法国差不多,但它们与传授初等教育的文法学校有明显区别。因此,英国的学院欢迎那些致力于高等教育的更为成熟的学生。在某些情况下,语法学校由某个大学学院的捐助者建立。例如,温切斯特学院就由牛津大学新学院的创建者建立(1379)。从 14 世纪起,学院中出现了本科生,他们与资格较老的成员共同生活,这对教学安排提出了问题。学院提供了完备的学院讲座制度,以此来补充公共讲座的不足。
291 本科生的考试由学院教师负责。然而,毕业则由高一级的大学的委员会负责。剑桥也步其后尘。与欧洲大陆国家的学院不同的是,英国的学院赢得了决定自己命运的自由。大陆学院与大学的院系及管理联系紧密,而且由

⑯ D. Julia, ‘La constitution du réseau des collèges en France du XⅥe au XⅧe siècle’, in J. Karafiáith and G. Granasztói (eds.), *Objet et méthodes de l'histoire de la culture. Actes du colloque franco-hongrois de Tihany 10 – 14 octobre 1977* (Budapest, 1982), 73 – 94.

⑰ 进一步论述参见第 8 章,第 329 页,注释 7。

它们来操纵。⑱

在西班牙,学院增长的步伐与大学保持一致。在萨拉曼卡,1500 年仅仅有两所学院,到世纪末增加到 28 所(不包括各教派为本教派建立的机构)。在巴利亚多利德,同一时期建立了 6 所学院,在阿尔卡拉则是 8 所。在西班牙大学中,学院内不进行有组织的教学。除了学生宿舍之外,学院最初的目的是为那些希望到大学听课的贫穷的本科生提供住宿。有 6 所有别于其他学院的学院(4 所在萨拉曼卡、1 所在巴利亚多利德、1 所在阿尔卡拉),它们富有而且拥有特殊的毕业授予学位特权。因此,进入这些学院的学生不是小小年纪的初学者,而是成熟的学者。他们的选拔建立在竞争的基础上,而且他们要有学士学位,来自于不同的地区。其他的标准是贫穷和血统(非犹太或非摩尔人血统)。这些学院的目的是培养学术和社会精英。⑲

在这些学院之外,与大学世界紧密相连的类似于上述机构但与大学没有直接联系的教育机构也建立起来了。这在德国和荷兰共和国很普遍。在它们的许多公国和城市中,无法承担建立真正大学的任务,只好建立所谓的精英学校来代替。这些机构不仅仅提供初级和中等教育,而且常常给予学生学习神学、法学、哲学和医学课程的机会,因此,尽管它们从未获得授予学位的权利,但的确与大学非常相像。⑳ 有很多升级成为了真正的大学,它们大多不是由国王而是由市民出钱维持的,最有名的要数由约翰·斯 292
图谟在斯特拉夫斯堡开办的学校。学校以一种很合理的方式来安排宗教教育和科学教育,这种方式以划分班级和年级为特征。这所学校开办后,在校生已达 336 人,而且学生数量以极快的速度增长。到 16 世纪 40 年代,在校生已达 600 人。1566 年,学院获得了授予哲学学士和硕士学位的

⑱ M.H. Curtis, *Oxford and Cambridge in Transition 1558 - 1642. An Essay on Changing Relations between the English Universities and English Society* (Oxford, 1959), 77ff.; J. McConica, 'Scholars and Commoners in Renaissance Oxford', in Stone (ed.), *The University in Society*, vol. I, 151.

⑲ M.A. Febrero Lorenzo, *La pedagogía de los colegios mayores a través de su legislación en el siglo de oro* (Madrid, 1960); Kagan, *Students and Society*, 65 - 73, 109 - 158.

⑳ 参见第 2 章第 68 页。

权力。㉑

在天主教国家，教育机构的主要组织者是耶稣会会员。16世纪下半叶，出现了大量的耶稣会学院，由于他们的教学严谨、方法现代、对罗马教廷忠诚，以使取得了极大成功。一些耶稣会学院常升级为大学，有时耶稣会也受托管理一些已有的机构。㉒尽管他们反对校际间的竞争，但是大学却无力阻止文学院和神学院的学生流入耶稣会学院。到16世纪末，耶稣会学院已拥有相当规模的在校生。16世纪末，罗马学院拥有来自各个国家的2000名学者，㉓慕尼黑学院拥有在校生665人，1554年升级为大学的迪林根学院有750人的在校生规模，㉔埃武拉学院以拥有1000名学生而自豪，㉕塞维利亚在1563年拥有500名学生，而1590年学生数量增加到1000人，加利西亚的蒙特雷学院的学生数从1560年的400到1588年的1200人。㉖而位于杜埃的安辰学院在1600年有400名语法专业的学生，600名文学专业的学生和100名神学专业的学生。㉗

耶稣会学校的影响有时有助于大学加强入学学术资格的管理规定。
293 这在某些耶稣会控制的其他学院的城市里确实如此，在这些城市中，教育计划从初级到毕业，各个必要阶段的顺序规定得非常明确。科英布拉就是一个特例，其学士学位和资格证书由文学院（1555年由耶稣会授权）授予，

㉑ F. Collard, 'La pédagogie de Sturm', in *Mélanges d'histoire offerts à Charles Moeller*, Recueil de Travaux de l'Université catholique de Louvain 41, vol. Ⅱ (Louvain/Paris, 1914), 149ff.; A. Schindling, *Humanistische Hochschule und Freie Reichsstadt. Gymnasium und Akademie in Straßburg 1538－1621* (Wiesbaden, 1977).

㉒ G. Codina Mir, *Aux sources de la pédagogie des Jésuites. Le 'modus Parisiensis'*, Bibliotheca Instituti Historici S. I., 28 (Rome, 1968), 218ff.

㉓ D. Grasso 'I quattrocento anni di vita dell' Università Gregoriana', *La civiltà cattolica*, 104, vol. IV (1953), 418. 关于罗马学院，参见 R. G. Villoslada, *Storia del Collegio Romano dal suo inizio 1551, alla soppressione della Compagnia di Gesù 1773* (Rome, 1954).

㉔ Paulsen, *Geschichte des gelehrten Unterrichts*, vol. Ⅰ, 402－403.

㉕ Ajo González, *Universidades hispánicas*, vol. Ⅱ, 121.

㉖ Kagan, *Students and Society*, 55.

㉗ L. Salembier, *L'Etudiant de l'ancienne Université de Douai* (Lille, 1911), 368; G. Cardon, *La Fondation de l'Université de Douai* (Paris, 1892), 478－479.

这是注册学院的必备条件。㉘

学术的限制

如果所受学校教育不是成为学生的不可缺少的前提条件的话,那么宗教信仰便是问题的关键。一方面,许多基督教大学强迫学生改信新教;另一方面,教皇庇护四世于 1564 年发布"至圣"训令,此训令规定只向信仰天主教的人授予学位。㉙后一种举措引起一些意大利大学采取抵制措施,他们害怕流失外国学生,而在注册学生中这部分的比例一直很高。在其他一些地方,罗马教皇的训令不仅适用于大学学位的授予,而且也应用于注册的实际操作中。㉚

然而,在 16 世纪,基督教和天主教两个阵营并没有明显的界限划分。在讲德语的国家里,对大学的选择只在极为有限的程度上受个人宗教信条的影响,这对于小的、不妥协的团体来说是唯一的障碍。哈布斯堡皇室采纳的对新教学校的限制政策,既没有导致新教大学学生人数的减少,也没有给天主教大学带来学生人数的增多。㉛而且在意大利,统治者、学术权威和市政当局的行为既温和又老练,这削弱了罗马教皇训令实施的严厉性。这样,在佩鲁贾,1579—1600 年间有 402 名学生以德国国籍入学,㉜在博洛尼亚,只在 1553—1554 年间西班牙学院发生了针对 9 名学生的异端学说 294

㉘ *Estatutos da Universidade de Coimbra* (*1559*), S. Leite 写的引言(Coimbra, 1963), 227 - 228;相关内容也可参见 M. Brandão and M. Lopes de Almeida, *A Universidade de Coimbra. Esboço da sua história* (Coimbra, 1937), part 2, 35.

㉙ 此训令的原文参见 *Bullarum diplomatum et privilegiorum Sanctorum Romanorum Pontificum*, Ⅶ (Turin, 1862), 323ff.

㉚ De Ram (ed.), *Codex veterum statutorum* (注释 2), 32n.

㉛ A. Kohler, ' Bildung und Konfession. Zum Studium der Studenten aus den habsburgischen Ländern and Hochschulen im Reich (1560 - 1620)', in G. Klingenstein, H. Lutz and G. Stourzh (eds.), *Bildung, Politik und Gesellschaft. Studien zur Geschichte des europäischen Bildungswesens vom 16. bis zum 20. Jahrhundert*, Wiener Beiträge zur Geschichte der Neuzeit, 5 (Vienna, 1978), 64ff.

㉜ F. Weigle (ed.), *Die Matrikel der deutschen Nation in Perugia* (*1579 - 1727*) (Tübingen, 1956).

审判。[33]德国学生一直很多,到16世纪末,其数量不断增长。同样地,在博洛尼亚,罗马教皇圣谕的影响力被许多特权所抵销,特别是德国国籍学生保有的特权,诸如授予代理人特殊的头衔和法律权利、每年准许一名德国学生免费获得学位、免交各种费用、有携带武器的权利等。在帕多瓦,这里的大学常常被看做是宽容和自由的天堂,1550—1559年间,各学院共有6000名德国学生。因为他们的基督教信仰意味着他们常会与天主教宗教法庭发生冲突,1587年,总督授予他们一项特殊的豁免权,使他们不在宗教法庭权力管理的范围之内。[34]为了弥补罗马教皇"至圣"训令实施而造成的博士人数减少,威尼斯政府于1616年创建了一所医学院,此学院不受天主教信仰限制而授予文学和医学学位,为与此相称,1635年又成立了一个小学院,授予法学学位。[35]在16世纪,尽管有罗马教皇的规定,即使在托斯卡纳也拥有相当数量的德国学生。例如,在锡耶纳,1573年到1600年几年间德国在校生人数超过了3000人。[36]

对于那些属于不同基督教派的人来说,如果宗教信仰的限制不是不可逾越的障碍的话,那么宗教标准对于犹太人来说是非常苛刻的,他们不能获得学位。从法律角度看,这种限制是他们被普遍排除在公职之外的一个直接后果,而不准犹太人担任公职可以从公元384年罗马皇帝狄奥多西一世和瓦伦提尼安统治时期颁布的法律中找到依据。中世纪的法学家把博士称号看做是可以继承的特权、尊严和法律权利,但这些又是与非基督教

㉝ L. Simeoni, *Storia dell'Università di Bologna*, vol. Ⅱ: *L'età moderna* (*1500 – 1888*) (Bologna, 1940), 10.

㉞ B. Brugi, 'Gli studenti tedeschi e la S. Inquisizione a Padova nella seconda metà del secolo ⅩⅥ', in *Atti del R. Instituto Veneto di scienze, lettere ed arti*, vol. Ⅴ, ser. Ⅶ (1893 – 1894), 1015 – 1033.

㉟ Brugi 'Gli studenti tedeschi' (注释34), 1032;关于此论证,参见A. Stella, 'Tentativi controriformistici nell'Università di Padova e il rettorato di Andrea Gotinski', in *Relazioni tra Padova e la Polonia. Studi in onore dell'Università di Cracovia nel Ⅵ centenario della sua fondazione*, edited by the Comitato per la storia dell'Università di Padova(Padua, 1964), 75ff.最近的一项研究显示威尼斯式学院的医生不同于帕多瓦式的,这早在1316年就存在了,可参见R. Palmer, *The 'Studio' of Venice and its Graduates in the Sixteenth Century* (Padua/Trieste, 1983).

㊱ F. Weigle (ed.), *Die Matrikel der deutschen Nation in Siena* (*1573 – 1738*), 2 vols. (Tübingen, 1962).

成员的身份相矛盾的。于是在16世纪,教皇保罗四世和教皇庇护五世禁止犹太人开业作基督教徒的医生。㊲尽管有这种规定和这些教义,在17世纪,许多犹太人在罗马教皇的特许下获得了学位,他们中许多人在锡耶纳、佩鲁贾、帕维亚甚至帕多瓦这些大学中很受欢迎。在帕多瓦大学,1517年至1619年期间有不同国籍的80名犹太人先后毕业,而这个数量在1619—1721年间增加到149名。㊳无论他们来自哪个国家,他们都永远被归入罗马帝国。入学注册的费用是其他学生的3倍,尽管存在这种类型的歧视,帕多瓦在很长一段时间内成为吸引欧洲犹太人的中心。㊴

17世纪期间,荷兰大学效仿意大利大学,开始授予犹太人学位。到1700年,德国许多大学虽然不允许犹太人获得博士学位,但已经许可其接触这些课程。实际上,传统的限制到18世纪才真正土崩瓦解。因此在奥德河畔法兰克福大学,19世纪前10年中犹太人毕业生大约有130名;在杜伊斯堡,1708—1807年有21名犹太人毕业。㊵在哈布斯堡的大学中,这样的发展起初较缓慢。例如,在布拉格,犹太人从前建立了一个被誉为真正的大学(虽然多次禁止使用这个词)的高等教育中心,但城市大学直至18世纪末都未对犹太人开放。这种局面得以缓解的标志出现在1774年,那时人们认识到犹太人只在自己的社区内行医,因此允许他们参加医学院的考试。1781和1782年颁布的法令最终解除了对入学和毕业的最后限制。㊶

性别方面的限制需要更长的时间来克服。一般情况下,革除这些限制的阻力较大,所以在这方面真正取得进展是在19世纪期间。当公立学校

㊲ C. Roth, 'Le università del medioevo e gli ebrei', *La rassegna mensile di Israel*, Ⅵ/9-10 (1932), 431ff.; G. Kisch, *Die Universitäten und die Juden: eine historische Betrachtung zur Fünfhundertjahrfeier der Universität Basel*, Philosophie und Geschichte, 77 (Tübingen, 1961), 15-16.

㊳ E. Veronese Ceseracciu, 'Ebrei laureati a Padova nel Cinquecento', *Quaderni per la storia dell'Università di Padova*, 13(1980), 151-168.

㊴ B. Brugi, *Gli scolari dello Studio di Padova nel Cinquecento*, 2nd edn (Verona, 1905), 48-49.

㊵ G. Kisch, *Die Prager Universität und die Juden 1348-1848. Mit Beiträgen zur Geschichte des Medizinstudiums* (Mährisch/Ostrau, 1935), 25ff.

㊶ Kisch, *Die Prager Universität* (注释 40), 48ff.

接收女生时，佩雷拉宣称自己会全力反对这个自古就有的先例。他担心学生中会产生混乱的行为。另外，他不赞成年轻人在只有女性的初等和高等学校接受教育，认为她们的学习可能使其不能专心于家庭的责任。[42]佩雷拉同时认为，女性从事教学的观念是完全不能接受的。这与拒绝女性毕业的法学的观点相同(也与剥夺犹太人权利的观点相同)。他强调，学习一门无法得到适当结局的课程是没有任何意义的。然而，这一时期也出现了一些观念上变化的零星迹象。一般说来，当女性的名字出现在大学的花名册上时，我们可以肯定她们不是学生，而是佣人、寡妇等，她们注册的目的只是为享受学生的权利。然而，17世纪期间出现了两次重大的事件。例如：在乌得勒支大学，一个非常勤奋的年轻女子安娜·玛丽亚·范·舒尔曼获准进入大学课堂，但前提是她只能隐藏在帘子后面听课。[43]1678年，帕多瓦的埃莱娜·卢克雷齐娅·科尔娜萝·皮斯科皮亚在申请神学学位未果之后，获得了哲学博士学位，她是欧洲第一位获得大学学位的女性。[44]这个在整个欧洲引起轰动的事件，部分归因于埃莱娜的家族所具有巨大影响力，她的家族属于古老而显赫的威尼斯贵族，但这件事在其他女性中所唤起的希望却令人失望。帕多瓦的一位教授的女儿卡拉·加夫列拉·帕坦提出申请博士学位，立即遭到了学校当局的反对，那些人明显担心这种现象会蔓延。[45]与此相距50年后，第二位女性才获得了博士称号。这位女性名叫劳拉·芭茜，1732年毕业于博洛尼亚哲学专业，她赢得了曾为加埃塔娜·阿涅西提供数学教职的教皇本尼狄克十四世的支持，[46]她也因此获得了同一所

---

[42] Pereyra, *Academia seu respublica*, (注释 10), book Ⅸ, 530 – 531.

[43] U. Birch, *Anna van Schurman Artist, Scholar, Saint* (London, 1909), 53ff.; A. M. H. Douma, *Anna Maria van Schurman en de Studie der Vrouw* (Paris/Amsterdam, 1924), 13ff.

[44] F. L. Maschietto, *Elena Lucrezia Cornaro Piscopia (1646 – 1684) prima donna laureata nel mondo* (Padua, 1978); M. Tonzig, 'Elena Lucrezia Cornaro Piscopia (1646 – 1684) prima donna laureata', *Quaderni per la storia dell'Università di Padova*, 6(1973), 183 – 192.

[45] Maschietto, *Elena Lucrezia Cornaro* (注释 44), 133ff.

[46] 关于劳拉·芭茜，参见 C. Villani, *Stelle femminili. Dizionario bio-bibliografico* (Naples/Rome/Milan, 1915), 70ff.；关于加埃塔娜·阿涅西提，参见 C. Villani, *Stelle femminili. Dizionario bio-bibliografico* (Naples/Rome/Milan, 1915), 9ff.; M. Gliozzi and G. F. Orlandelli, 'Agnesi Maria Gaetana', in *Dizionario biografico degli Italiani*, vol. I (Rome, 1960), 41ff.

297 大学的讲师职位。在德国,在设立了哲学博士后(维滕堡 1733 年,格赖夫斯瓦尔德 1750 年),女性获得专业学院的第一个学位是 1754 哈勒颁发的医学博士,获此学位的女性为多萝西娅·埃茨勒本,其父为奎德林堡的一位医生及活跃的提倡男女平等权的作家。[47]1777 年,玛丽亚·佩莱格里娜·阿莫蕾蒂毕业于帕维亚,主修法学。1785 年在阿尔卡拉大学拉·塞尔达获得了哲学和文学博士学位。[48]尽管这些是零散的例子,但 18 世纪的学校机构对女性入学教育的限制比以前减弱了。同时,女性的受教育问题成为许多欧洲作家谈论的日益严肃的话题。同时,17 世纪为宗教信仰和忏悔的目的建立起的女子学校网络在整个欧洲大陆开始蔓延。

学生入学倾向

以往对欧洲各国大学的社会和文化作用评价一般以教师和教材的情况为依据。然而,今天的历史学家已经转到对入学人数的定量调查研究上来了。就像为了使作为机构的大学的历史趋于完美一样,这个话题一定会成为学术界与更广阔的现代欧洲的社会和政治现实的一个重要纽带。这要对诸如课堂之间的关系或整个大陆的不同文化潮流传播的渠道等这样一般性问题给予清楚的说明。事实上,学生群体的规模和结构不仅与特定机构的生活环境相关,诸如个别教师享有的在文化方面的声望、入学和毕业的费用、最终考试的难易程度、纪律的严格性等,而且还与更具有普遍性的事情相关,如战争、政府的法律和法规、它们之间的政治关系、流行的风尚或不同阶级之间的权利之争等。从这个角度看,如果考虑到欧洲一些国家所经历的重大转变,从中世纪世界观出发的普遍主义到接受日益现代和集权的特性,16 世纪到 18 世纪末这一段时期是特别值得探寻的。

过去,一些有关的专题研究大部分是由统计学家来做的,他们习惯上 298
只注重研究注册在登记册上的资料数据,而不去关注与这些数据有关的情

---

[47] L. Bucheim, 'Erxleben Dorothea Christiane', in *Neue Deutsche Biographie*, vol. IV (Berlin, 1959), 637–638.

[48] Tonzig, 'Elena Piscopia' (注释 44), 183ff.

况，事实证明这些情况有时会对研究结果有明显影响。㊾用许多遭受毁损的或本身存在问题的注册材料来做研究，意味着要估计任何一个指定大学的在校生的数量是一项既复杂又困难的工作。另外，有关这方面的研究过分强调某些国家，这种研究对象的不平衡又使这种困难复杂化了。在某些时候，我们拥有了供我们使用的丰富而清楚的文献，但对许多学院至今都还无法进行透彻的研究。每个人都应知道，欧洲大学的发展在每一个国家都不相同，即便是在同一国家里，在一些具体的问题上出现重大的差异也是司空见惯的。了解到这一点，还想去全面勾画出欧洲学生数量上的变化是草率和冒险的。然而，尽管有许多不可否认的个体差异，甚至还有例外和复杂的情况，但确定一些欧洲大学中看来具有相同之处，而且可以用其进行总体评估的发展领域还是可能的。

总体上来讲，16 世纪似乎是欧洲大学充满生机和发展的阶段，基督教的分裂和宗教的纷争都未能压制人文主义文化所激起的遍地热情。这样，在经历了充满了混乱和纷争的第一阶段之后，精神领域的冲突导致了新大学的纷纷建立，有新教教派的，有天主教教派的，这就需要锻造意识形态的武器，而这也就意味着不遗余力地创建现代的、高效的教育机构。另一方面，不同的国家转变成集权的、专制的政体需要建立新的官僚制度，它的形成要依赖于大学。因此，就意味着许多致力于公共事务的市民要进入大学，这个数量是前所未有的。这些情况综合在一起意味着，尽管各国学生
299 增长的幅度不同，在一些国家当中招收的学生数量也无规律，但 16 世纪，任何地方的学生数量都是很多的。

注意到牛津大学和剑桥大学的这种情况，劳伦斯·斯通提出了一个命题，即 16 世纪末到 17 世纪初发生了教育革命。㊿这一论断在国际间引起了共鸣。自从斯通所提出的主要证据——大学在校生曲线也在其他地方发现之后，共鸣者就更多了。根据对已经出版的类似研究或正在进行的其

㊾ W. Frijhoff, 'Grandeur des nombres et misères des réalités: la courbe de Franz Eulenburg et le débat sur le nombre d'intellectuels en Allemagne, 1576 – 1815', in *Populations étudiantes*, vol. I, 23 – 27.

㊿ L. Stone, 'The Educational Revolution in England 1560 – 1640', *Past and Present*, 28 (1964), 41 – 80; L. Stone, 'Literacy and Education in England', *Past and Present*, 42 (1969), 69 – 139; L. Stone, *The Crisis of the Aristocracy 1558 – 1641* (Oxford, 1965).

他国家的研究所进行暂时性的评价(卡斯蒂利亚、科英布拉、帝国、鲁汶、联合省),[51]罗杰·沙尔捷和雅克·雷韦尔得出论断,认为英国的发展模式具有典型性。除了葡萄牙,所有反映几个世纪的高校发展状况的图表都有相似之处:在16、17世纪之交呈上升趋势,而在随后的一个多世纪中有一个明显的回落。只是曲线的顶点不同,卡斯蒂利亚的顶峰时期大约在1590年前后,德意志帝国在1610年,英格兰为1630—1640年间,而联合省在1640—1650年间,鲁汶是在1660年[52],在所有这些国家里,社会文化机制发挥了重要作用,它使得正在崛起的资产阶级的教育需求与教会、政府对合格文职人才的需求结合在一起。此外,在联合省、德意志帝国的某些地区以及瑞士(日内瓦),加尔文教徒发挥了类似英国清教徒的作用。然而正如新教徒在教育上付出了很多一样,我们不能低估同一时期天主教改革所做出的教育努力。正如我们现在所知道的,他们主要致力于培养教士、教育信徒。

我们还可以加上类似的曲线:例如,位于克拉科的波兰国立大学,它的在校生的曲线在1640年达到顶峰(这一曲线趋势没有西欧的明显)[53]。因此,我们看到从英国到波兰的广大区域内,各国都呈现着同样的教育趋势。
但南欧的情况有所不同。如果这里的资料非常不同,特别是就意大利而言, 300
则我们所得到的结果就的确很集中。它们展现的是一个发展迥异的模式。当然,我们也不能否认,在整个罗马,欧洲学生的注册人数在16世纪末增长了。理查德·卡根的全球性的研究已经充分证明了这一点,西班牙学生的增长主要归咎于学习民法和教会法学生的增多。一个对萨拉曼卡进行的更为详细的研究表明,1600年之后持续的增长是错觉,原因是学生同时

---

[51] R. Chartier and J. Revel, 'Université et société dans l'Europe moderne: position des problèmes', *Revue d'histoire moderne et contemporaine*, 25 (1978), 353 - 374.

[52] 关于杜埃大学的入学考试我们一无所知,乃至西属荷兰地区的其他大学也是如此(该地区于1667 - 1668年被法国占领),Chartier和Revel将西属荷兰作为整体来讲是不正确的。

[53] I. Kaniewska, 'La conjoncture étudiante de l'Université de Cracovie aux XVII e et XVIII e siècles', in *Populations étudiantes*, vol. I, 135 - 152.

在不同的院系注册[54]——这是一个需要耐心和不厌其烦地将每一个教学研究环节重新组织才能够解决的问题——但做不到这一点，然而这并不意味着卡根的结论是无效的。由于像意大利、葡萄牙这样的国家高等教育起步早，这使得地中海地区国家高等教育的增长不是那么明显。[55]就法国而言，由于16世纪的数据太零碎，以至于我们无法对这个国家的整体情况做个评判。一旦减去在此求学的外国学生，我们能够找到的某些院系的罕见资料并不能表明16世纪法国大学中出现了注册人数的显著增长，因此它们也确认不了大学教育革命的普遍的观点。总体上看，整个17世纪似乎每个地方进展都比较缓慢。然而18世纪不是慢慢恢复，而是展现出医学专业学生的巨大增长，这是大学为满足社会需要所做的努力。[56]

如果说16世纪是一个大学增长的时期，那么17世纪则向我们展示出了另外一幅不同的画面。到处可见的停滞与衰落实质上是复杂的意识形态、社会因素和政治因素的产物。三十年战争、英国资产阶革命和法国投石党运动、新教徒和天主教信仰之间的堡垒以及贵族阶级势力的增强，所
301 有这些都对学术生活产生了深刻的影响，在这些影响当中最显著和普遍的后果是几乎所有地方都出现了注册学生人数的下降。[57]

尽管地点和时间不同，17世纪的大学社会比不上16世纪的繁荣。注册人数的普遍下降不仅是由于战争和宗教的巨大的变化所致，而且还由于获得公职的机会有所减少。因为在那时，这些职位大部分成了世袭的权利，或由极少数的社会集团所控制。由于大学毕业后就业机会减少，大学的文化水准出现倒退，其教学不是依赖于科研及传递新方法和新知识，而

---

[54] L. E. Rodríguez-Sampedro Bezares, 'La matrícula en la Universidad de Salamanca 1598 – 1625', *Historia de la educación*, *5*(1986), 71 – 106; L. E. Rodríguez-Sampedro Bezares, *La Universidad salmantina del Barroco, período 1598 – 1625*, vol. Ⅲ (Salamanca, 1986), 72 – 73, 178; J.-M. Pelorson, *Les 'Letrados', juristes castillans sous Philippe Ⅲ. Recherches sur leur place dans la société, la culture et l'état* (Poitiers, s.d. [1980]), 101.

[55] R.L. Kagan, 'Le università in Italia 1500 – 1700', *Società e storia*, 7 (1985), 275 – 317;英语版本:'Universities in Italy 1500 – 1700', in *Populations étudiantes*, vol. Ⅰ, 154 – 186.

[56] D. Julia and J. Revel, 'Les étudiants et leurs études dans la France moderne', in *Populations étudiantes*, vol. Ⅱ, 25 – 486.

[57] 具体数据参见第302 – 311页。

是重复那些过时的形式。

18世纪大学的情形更为多样和复杂，更不容易将它作为一个整体来把握。尤其是在前半个世纪，许多国家的学生注册人数持续低迷，甚至还继续下降，但在有些地方有一定程度的改善，因此在18世纪下半叶，有些地方出现了根本性的恢复。但到目前为止，处于同一状况下的不同大学却开始受到不同的影响。

总的说来，我们能够注意到北欧大学和罗马天主教欧洲大学学生数量的发展趋势的明显不同。这种差别的原因在于18世纪罗马天主教国家大学衰落恢复得较早，但我们可以声明日耳曼欧洲和英国是例外。这是因为，在18世纪下半叶，我们可以看到苏格兰的爱丁堡(英国的雅典)和格拉斯哥、[58]斯堪的纳维亚半岛都有相似的增长趋势。那时也正是沙俄的大学建立的时候。

因此，即便是欧洲大学在校生情况从总体上看呈现出根本的一致性，就同时代的人而言，16世纪后期、17世纪和18世纪早期在校生人数的巨大增长开始成为人们关注的目标，也成了遭受众多严厉批评的靶子。早在17世纪，霍布斯、夸美纽斯和泽肯多夫就已指出大学过度拥挤造成的社会和文化的不利，而且在18世纪，尤其是在日耳曼地区，这一问题成为强调 302
的重点。尤斯图斯·莫泽、约翰·戴维·米夏埃利斯和约瑟夫·冯·索南费尔斯还特地呼吁要控制大学入学的人数，从而使毕业生数量和现有的职位保持一致，借此来避免知识分子的失业而引起的诸多问题。[59]（关于“被疏离的知识分子”论稿，见第九章）

学生的数量

让我们更仔细地考察几个国家。

劳伦斯·斯通采取了所有必要的关键的预防措施，勾画出了大致从

---

[58] 相关背景，参见 N. T. Phillipson, ‘Culture and Society in the 18th-Century Province: the Case of Edinburgh and the Scottish Enlightenment’, in Stone (ed.), *The University in Society*, vol. Ⅱ, 407 - 448.

[59] 关于索南费尔对他所处时代的大学的批评，参见 M.R. Di Simone, *Aspetti della cultura giuridica austriaca nel Settecento* (Rome, 1984), 160. 参见注释145。

1500到1910年这几个世纪中英格兰两所大学(牛津和剑桥)入学人数的曲线图。[60]16世纪的前几十年当中学生数量有所增加,只有在1530到1550年间有急剧的下降。造成在校生人数下降的原因主要是宗教的。当时,牛津大学和剑桥大学的主要功能是培养基督教会的精英,大多数的学生学习教会法。1535年,当亨利八世废除了这个科目的教学,取消了相关的学位后,大学的课堂很快就空了。与此同时,解散修士会,没收他们的财产,也导致了修习其他学科学生人数的急剧下降。然而,在1550年后的三十年间,学生人数恢复得很快,在随后的几十年中,即从1580到1640年间,每年进入牛津和剑桥的学生平均达450人。真正的危机始于1670年,并一直持续到19世纪初。1680—1689年间,每年进入牛津和剑桥的人数分别是321人和294人;1690—1699年间,人数进一步下降到303和238;到18世纪,这种危机更加加剧了。在这一时期,情况较好的时候每年进入牛津的人数低于300人(所记录的最低年份是1750—1759年间,每年只有182名入学),18世纪30年代后,剑桥大学每年的入学人数都低于200人。这样,尽管英国采取了一系列积极措施为各社会阶层提供教育,英国的初
303 等和中等教育机构一直持续发展,但大学却没能从它们早期的颓废状况中恢复过来。[61]

对欧洲大陆大学所做的同样的研究也得到相似的结果。

德国的修正了的数据是弗朗茨·奥伊伦堡计算的,他没有把远游的学生所积累的总人数考虑进去,这些学生的数量在近代早期要比晚期多很多。这使得德国的在校生达到顶峰的时间几乎晚了一个世纪,大约在1700年,但这影响不了曲线图的外观。同样的,18世纪的标志便是在校生

---

[60] Kearney, *Scholars and Gentlemen*, 15ff.; L. Stone, 'The Size and Composition of the Oxford Student Body', in Stone (ed.), *The University in Society*, vol. I, 3–110,尤其是图表1A及图表1B, 91–92; Stone, 'Educational Revolution'(注释50).

[61] J. Pons, *L'Education en Angleterre entre 1750 et 1800. Aperçu sur l'influence pédagogique de J. J. Rousseau en Angleterre* (Paris, 1919), 12ff.; M. L. Clarke, *Classical Education in Britain 1500–1900* (Cambridge, 1959), 46ff.

的总数缓慢并稳步地下降。[62]

根据这些新的统计数据，在16世纪初期，德国共有在校大学生4200名，与14世纪通常在校生数量大约是1200名相比，这是一个很可观的数字。巨大的增长受到16世纪20年代的社会及宗教纷争的阻碍。1526年到1530年间，学生总数降至650人，许多学校发现他们所接纳的学生降至以前的三分之一。[63]然而，这不是一个典型的调整阶段。如果大量的学生弃大学而不入，最根本的原因是有相当大比例的在校学生是教士。对于那些不得不离开修道院、放弃圣俸、不知自己的未来在何方的教士们来说，那真是一个令人迷失方向的历史时期。然而，随着一些新教大学的建立（例如马伯格、柯尼斯堡和耶拿）以及政治生活的恢复正常，在校生的人数又开始增长，这种增长一直持续到17世纪早期。[64]

在天主教国家里，宗教信仰影响着学生入学。学生人数在16世纪早期有增长，只是在后来急剧下降，其原因既有宗教斗争，也有来自新建教育机构的具有竞争力的吸引，尤其是来自耶稣会开办的学校的吸引，虽然这些机构通常都和大学紧密相连。例如，维也纳大学（大约在15世纪中期，约有800名学生，在16世纪初期，在校生人数达到1000人之多，因此成为所有讲日耳曼语国家的大学中最显著的）在16世纪后期在校人数下降极快，到1580年时人数只有200人。[65] 304

德国注册学生数量增加一直持续到1620年。可是三十年战争突然扭转了这一趋势，虽然不是每所大学都受到同样的影响。那些没有受到战争影响的——其中有柯尼斯堡大学和耶拿大学——实际上发展显著。但是大多数大学受到战争的重创。例如，黑尔姆施塔特大学在战争冲突中实际

---

[62] W. Frijhoff, 'Surplus ou déficit? Hypothèses sur le nombre réel des étudiants en Allemagne à l'époque moderne (1576 – 1815)', *Francia*, 7 (1979), 173 – 218；修订版：Frijhoff, 'Grandeur'（注释 49）；修订：F. Eulenburg, *Die Frequenz der deutschen Universitäten von ihrer Gründung bis zur Gegenwart*, Abhandlungen der philologischhistorischen Klasse der königl. sächsischen Gesellschaft der Wissenschaften, XXIV, 2 (Leipzig, 1904).

[63] Eulenburg, *Die Frequenz*（注释 62）, 51 – 52.

[64] Eulenburg, *Die Frequenz*（注释 62）, 75 – 76.

[65] O. Redlich, 'Die geistliche Stellung und Bedeutung der Universität Wien', in O. Redlich, *Ausgewählte Schriften* (Zurich/Leipzig/Vienna, 1928), 103ff.; F. Gall, *Alma Mater Rudolphina 1365 – 1965. Die Wiener Universität und ihre Studenten* (Vienna, 1965), 165ff.

上被摧毁了，斯特拉斯堡大学在被法国征服后全面衰落。[66]坦白地说，天主教大学受到的影响较小，因为它们在组织上与耶稣会学院联系在一起，这些学院不断地将它们的学生输送到大学的院系。因此，迪林根大学学生数量在整个世纪中相当稳定，[67]因戈尔施塔特大学在1641到1648年间学生超过1000人。毫无疑问，这比20年前招收的一半还少，但是和同时期德国平均水平相比数量还是相当可观的。[68]

18世纪初，德国拥有的28所大学敞开大门招收了大约9000名学生，每所大学平均290名(应当注意的是，低于三十年战争前计算的平均400人的数量)。在这个世纪之后的时间里，这种情况不仅没有改善，反而走向全面恶化，以至到18世纪60年代平均每所大学注册学生数降至220人左右。不过，在一些大学(罗斯托克、格赖夫斯瓦尔德、杜伊斯堡和帕德伯恩)难以为继的时候(每所大学不到100人)，其他一些大学(维滕堡、莱比锡和哈勒)却有500多名学生。1733年创立的哥廷根大学，1750年注册的学生有625名，1790年为800名。[69]

在哈布斯堡领土内的一些大学也成功地度过了这次危机，学生的数量甚至增加了，原因部分要归功于政府实施的明智的改革政策。例如，维也
305 纳大学18世纪总共有150 000名学生，对比前一个世纪的63 000人，增长很显著。[70]17世纪末创立的因斯布鲁克大学，哲学院注册的学生数从1700—1701年间的138人上升到1734—1735年间的303人。[71]

在16世纪上半叶的低地国家，尤其在布拉班特人文主义影响下，鲁汶大学吸引了相当数量的初学者或称新生(达到每年800名新生)。但是16世纪后半叶大灾难降临了，来自杜埃大学的竞争(1562年创立)、经济危机和宗教、政治动乱导致了学生数量的显著下降。16世纪80年代，学生数

---

[66] Eulenburg, *Die Frequenz* (注释 62), 75ff.

[67] Eulenburg, *Die Frequenz* (注释 62), 96.

[68] R. A. Müller, *Universität und Adel. Eine soziostrukturelle Studie zur Geschichte der bayerischen Landesuniversität Ingolstadt 1472 - 1648* (Berlin, 1974), 60ff.

[69] McClelland, *State, Society and University*, 28.

[70] Gall, *Alma Mater Rudolphina* (注释 65), 165.

[71] F. Huter, *Die Matrikel der Universität Innsbruck*, vol. I: *Matricula philosophica*, 2 parts(Innsbruck, 1952 - 1954), part 2, xxxiiff. and table 1, xli.

量下降到鲁汶大学不得不临时关门的地步。随着 1585 年后天主教低地国家的复苏,可以看到注册人数稳步上升,一直持续到 1645—1660 年间(一度达到每年新注册 800 名的最高纪录)。在显著的增长之后是急剧的下降和停滞,直到 1797 年这所大学关闭前每年注册数不到 500。[72]

相反地,北部低地国家的大学对荷兰人和外国人都很有吸引力。荷兰毕业生图表曲线接近教育革命的模型,但是这里的最高点是在 1665 到 1690 年这一时期(每年平均 107 名毕业生)。而且,即使到联合省修读学位的外国人的比例被打了折扣(1675 到 1725 年平均为 30%),也可以看到从共和国建立到 17 世纪 70、80 年代毕业生曲线的显著增长。[73]

这些特例毫无疑问大部分要归功于那一时期宽松的宗教氛围和荷兰的文化生活水平,这使荷兰高教机构对本国和其他国家的学生都很有吸引力。[74]

斯堪的那维亚人在这些其他国籍的人中非常突出。例如,17 世纪 30 年代,有 100 多瑞典人(在荷兰)注册入学。同期在瑞典自己的大学中,新生注册人数也有显著增长(阿普萨拉、多尔帕特、奥布和隆德),从 1610—1614 年间的 288 人增加到 1640—1644 年间的 1596 人,最高记录直到约 306
1700 人,但是 1690—1695 年间新生有 2129 人。[75]

克拉科遵循着同样的模式。在 16 世纪后半期和 17 世纪上半期,学生注册平均数(在间隔 50 年的基础上计算)保持在 248.8,在 1620—1640 年间达到最高值。大多数学者认为学生的大量流入是因为贵族阶层在反对耶稣会的斗争中感到与大学休戚相关。但是,1650 年后,注册生数稳定下降,一直持续到 18 世纪后半期,平均值为 176.3。[76]

---

[72] E. Lamberts and J. Roegiers (eds.), *Leuven University 1425 – 1985* (Louvain, 1990), 48 – 49.

[73] Frijhoff, *Gradués*, 97ff. and 379ff.;入学与毕业之间的关系参见第 9 章,pp. 377 – 387.

[74] Frijhoff, *Gradués*, 97ff.

[75] Kaniewska, 'La conjoncture étudiante' (注释 53), 135 – 152.

[76] L. Pinborg, 'Danish Students 1450 – 1535 and the University of Copenhagen', *Cahiers de l'Institut du Moyen Age grec et latin*, *37* (Copenhagen, 1981), 96; L. Niléhn, *Peregrinatio academica. Det Svenska Samhället och de utrikes studieresorna under 1600 – talet* (Lund, 1983), 138 and 165.

伊比利亚半岛在16世纪后半期是一个扩张的时期，因为这期间建立了众多新大学(1474—1620年间建立了28所)，增强了已有大学的实力。实际上阿尔卡拉每年招收2000人，[77]1537年创立的科英布拉大学，到1540年已经拥有注册学生537名，到1578年增加到2882名。[78]到这个世纪末，萨拉曼卡每年招收学生近7000人，阿尔卡拉在3000—4000人之间，圣地亚哥每年招收学生数量超过3000人，巴利亚多利德大约在2000人左右。1592—1602年间爆发的瘟疫(天灾)阻止了学生数量的增长，但是到1620年情况又恢复到以前的样子。[79]17世纪的经济危机和盛行于大学之中的暴力及偏执风气引起了学生注册人数的急剧下降。根据一些学者的研究，1650年萨拉曼卡大学的学生注册数下降到不足3000人，同年阿尔卡拉下降到大约2000人。在这个世纪末，注册学生数继续下降。[80]但是还
307 有其他的大学学生数量没有突然下降，例如，科英布拉大学学生注册数有所增长，在1679—1684年间达到平均每年1877人(虽然就整个世纪来说增长速度非常不均衡)。学生最多的专业是教会法，接着是民法学、医学和神学。从1573年到1772年，一直保持这样。据计算，这段时期教会法专业的学生占总数的74.77%，而民法专业的占13.29%、医学的占6.87%、神学的占5.07%。[81]在18世纪的西班牙(现在的波旁)，规模较大的大学学生数持续下降，萨拉曼卡学生数量徘徊在2000左右，阿尔卡拉学生数量最高仅到1000人，巴利亚多利德人数更少。可是规模较小的大学，情况却有些不同。格兰纳达在18世纪50年代只有大约50名学生，但是在那个世

---

[77] V. De la Fuente, *Historia de las universidades, colegios y demás establecimientos de enseñanza en España*, 4 vols, vol. Ⅲ. (Madrid, 1884 - 1889), 194ff.; M. Peset and J. L. Peset, *La Universidad Española (siglos XVIII y XIX). Despotismo ilustrado y revolución liberal* (Madrid, 1974), 51.

[78] A. De Vasconcelos, 'Estatística das matriculas efectuadas na Universidade de Coimbra durante dois séculos (1573 - 1772)', in A. De Vasconcelos, *Escritos vários relativos à universidade dioniziana*, vol. I(Coimbra, 1938), 111ff.,特别是118页。

[79] R.L. Kagan, 'Universities in Castile 1500 - 1700', *Past and Present*, 40 (1970), 44 - 71; revised version in Stone (ed.), *The University in Society*, vol. Ⅱ, 355 - 405; Kagan, *Students and Society*, 197 - 198.

[80] De la Fuente, *Historia de las universidades* (注释77), vol. Ⅲ, 198 - 199; Peset and Peset, *La universidad española* (注释77), 51.

[81] De Vasconcelos, 'Estatística das matriculas' (注释78), 118ff.

纪末超过了600名学生。[82]葡萄牙的科英布拉大学一直是一个特例，正如17世纪没有表现出下滑的迹象一样，18世纪带来的是最后一次学生人数的巨大扩张，在1764—1769年间达到最巅峰，有人估计平均每年甚至超过4000人，大多数学生最后毕业于教会法专业。[83]

就意大利来说，情况看上去地区差别很大。这一时期意大利大学注册登记存在的差距使得无法获得详尽而精确的数字，但是一些大致的估计表明，16世纪对于一些大学来说是一个显著的扩张期，而对于另外一些来说则是一个明显的衰落期。因此，那不勒斯大学经过15世纪的停滞后，发展相当快，注册学生有数千人。帕多瓦大学学生注册数稳定上升，直到超过1000人。[84]16世纪末，博洛尼亚大学和比萨大学学生注册数徘徊在600—700人之间。[85]费拉拉大学在1543—1555年间每年新生数约为513人。[86]即使在帕维亚大学，注册生数也只有约500人。但是其他大学，如佩鲁贾 308
大学和锡耶纳大学（这些大学在15世纪曾有显著增长）入学人数日益减少。[87]意大利大学学生数量变化的历史在某种程度上和当时半岛上被分成的各个国家的特殊事件（和一般环境）有关，尤其是意大利政府的大学政策不是总能将外国学生数量维持在传统的较高水平上。意大利也深深地受到欧洲其他地区事件的影响。因此，17世纪大学学生注册数像其他地区一样出现了下降。帕多瓦大学学生名册上经常不到1000人，[88] 博洛尼亚

---

[82] M. Peset and M. F. Mancebo, 'La población universitaria de España en el siglo XVIII', in M. Peset and M.F. Mancebo, *El científico español ante su historia. La cienca en España entre 1750 - 1850. I Congreso de la Sociedad Española de Historia de las Ciencias* (Madrid, 1980), 301 - 318;法语版'La poppulation des universités espagnoles au XVIIIe siècle', in *Populations étudiantes*, vol. I, 187 - 204.

[83] De Vasconcelos, 'Estatística das matriculas'（注释78），119 and 121.

[84] Kagan, 'Università'（注释55）.

[85] Kagan, 'Università'（注释55），284 - 285;关于比萨大学，参见E. Mango Tomei, *Gli studenti dell'Università di Pisa sotto il regime granducale* (Pisa, 1976), 119 - 120.

[86] C. Pinghini, 'La popolazione studentesca dell'Università di Ferrara dalle origini ai nostri tempi', *Metron*, 7 (1927), 120 - 139.

[87] Kagan, 'Università'（注释55），285 - 286.

[88] M. Saibante, C. Vivarini and S. Voghera, 'Gli studenti dell'Università di Padova dalla fine del' 500 ai nostri giorni (studio statistico)', *Metron*, 4 (1924 - 1925), 163 - 223，特别是177。

减少到平均400人,[89]费拉拉登记名册上还不到100人,[90]锡耶纳大学还达不到此数。[91]18世纪学生注册数通常更低了。帕多瓦大学常降到300人以下,[92]费拉拉大学和比萨大学常常不到100人,[93]博洛尼亚大学徘徊在200人左右。[94]这个世纪早期的罗马大学实际上一片荒凉。即使在教皇本尼狄克十四世改革后(1748),学生数也一直低于300人,[95]帕维亚这个时期大多数时间估计平均值为150人。[96]摩德纳大学1785年达到的最高纪录是315人。[97]尽管也有诸如费拉拉和帕维亚的例子,18世纪末的改革导致了某种程度的复苏,但都灵大学是前半世纪普遍衰落情况下的仅有的一个例外。它在18世纪20年代的改组标志着一个转折,从上一世纪的极度衰落
309 状态中振奋起来,1721年学生注册数达到901人,1730年增长到2000人。[98]

和意大利的情况一样,法国的一系列数据尤其是注册登记簿太不完整,我们很难得出一个关于整个王国大学发展情况的判断。大学很多,大学网络复杂而且决不是同质的。从16到17世纪期间,大量的大学机构被重新分类,这使任何关于大学情况的研究严重复杂化,特别是某些时候由于王室立法,尤其在17、18世纪之间,改变了大学发展的规律(游戏的规

---

[89] Simeoni, *Università di Bologna* (注释 33),88－89.

[90] Pinghini, 'La popolazione' (注释 86), 132.

[91] Kagan, 'Università' (注释 55), 296.

[92] Saibante, 'Gli studenti' (注释 88), 177－178.

[93] Pinghini, 'La popolazione' (注释 86), 132; N. Carranza, *Monsignor Gaspare Cerati provveditore all'Università di Pisa nel Settecento delle riforme* (Pisa, 1974), 366－367.

[94] Simeoni, *Università di Bologna* (注释 33),101－102.

[95] M. R. Di Simone, *La 'Sapienza' romana nel Settecento. Organizzazione universitaria e insegnamento del diritto*(Rome, 1980), 295.

[96] B. Peroni, 'La riforma dell'Università di Pavia nel Settecento', in *Contributi alla storia dell'Università di Pavia* (Pavia, 1925),120.

[97] G. C. Mor and P. di Pietro, *Storia dell'Università di Modena*, vol. Ⅱ (Florence, 1975), 535－536 和表格, 543.

[98] G. Quazza, *Le riforme in Piemonte nella prima metà del Settecento*, vol. Ⅱ (Modena, 1957), 396, 420; D. Balani, D. Carpanetto and F. Turletti, 'La popolazione studentesca dell'Università di Torino nel Settecento', *Bollettino storico-bibliografico subalpino*, 76 (1978), 9ff.

则)。[99]以至于我们只有16世纪巴黎大学的充足数据。

1520到1550年间,每年有1500到1750名年轻人在巴黎大学文学院注册学习。学者们据此推断出学生总数大概有10 000或11 000人。但是宗教战争后,学生数量在约20年间减少一半,而且一直持续下降到这个世纪末,当时学生人数大约只有这个世纪前些年数量的五分之一。[100]

16世纪后半期,巴黎大学文学院学生数量惊人下降的原因很大程度上是由于三艺教学转向了大学以外的完全独立的学院。因此,大学成了真正的高等教育机构,文学硕士学位成为神学学习的必备条件,后来也成了进入其他学院的前提。因此,在17世纪中期,巴黎大学文学硕士学位数量同样惊人地增长,1680年达到250多个,超出了15世纪的水平,而那时已经很高了。但是从那以后,这些学位具有了完全不同的意义。一直到16世纪关于文学教育大体上可以得出这样一个结论,两个世纪后文学硕士学位只是进入更高学院的必备条件。[101]

实际上,在这个世纪后半期,17世纪80年代,神学院和法学院学生注 310
册数量增长都很快。事实是,尽管宗教团体开办学院导致的竞争对文学院的入学产生了深刻的影响,但其他院系发展的根本原因是它们需要为反改革的力量制造意识形态的武器,为扩大国家机器培养公务员。[102]

法国18世纪的情况比17世纪好些,1700年,巴黎法学院的重组使学生数量迅速上升,在17世纪80年代超过600人,在校生比前十年记录的3倍还多。[103]18世纪,这个学院继续保持高水平的招生数量,达到(在校生)800名,而文学院在这个世纪后半期徘徊在约100人的水平。两个数据都极大地超出了前面时期的记录。布尔日和奥尔良大学经受着入学人数和文化水平的下降。如果说首都法学院的发展潜在地影响了它们的发展,大多数其他大学则看到了法学院学生注册人数的实际增长。总体上看,法学

---

[99] Julia and Revel,'Les étudiants'(注释 56),27–32.

[100] L. W. B. Brockliss,'Patterns of Attendance at the University of Paris, 1400–1800', *The Historical Journal*, 21(1978), 503–516,特别是 511–512;修订版用同一标题 *Populations étudiantes*, vol. Ⅱ, 487–526.

[101] 参见第9章第359–360、365、381页。

[102] Brockliss,'Patterns of Attendance'(注释 100),512ff.

[103] Brockliss,'Patterns of Attendance'(注释 100),514ff.

院在这个世纪初超过每年2000人,在18世纪70年代约有3000人。[104]

显然,所有这些数据只有和总的人口数量比较时才有意义,而且我们必须承认,大多数时候,在开辟了一个革命纪元的大规模人口普查前,我们对这些知之甚少。然而,获得大体的人口数量,问几个一般性的问题还是可以的(见表7.1)。比如,我们可以问,18世纪南欧观察到的学生数量的增长在很大程度上是否不只是人口出生率增长的结果?意大利、法国和伊比利亚半岛的国家在那个世纪人口都有20%—30%的增长。英国和德国也一样。现在,学生数和毕业率可以计算,因此可以看出它们和人口数量的比率在各种情况下都在下降。那些一系列比率不能计算的国家(法国、西班牙),18世纪末得出的比率和其他西欧国家非常相似。卡斯蒂利亚和葡萄牙,教会法专业过分重要,

311 **表7.1* 欧洲国家或地区大学生(a)和毕业生(b)占同年龄组的近似百分率**[105]

国家/地区	近似年份									
	1575	1600	1625	1650	1675	1700	1725	1750	1775	1800
英格兰(a)	2.7		2.4			1.5				
牛津(a)	1.2	0.9	1.1		1.0	0.6		0.3	0.2	
牛津(b)	0.3?	0.4	0.6		0.4	0.3		0.2		0.1
德意志帝国(a)	1.2	1.3	1.4	2.8		2.2		1.7	1.3	0.9
荷兰共和国(a)				1.8				1.5		1.2
荷兰共和国(b)		0.2	0.4	0.5	0.7	0.7	0.6	0.7	0.6	0.6
上艾瑟尔省(a)					3.6		1.5	1.2	1.1	1.0
上艾瑟尔省(b)					1.3		0.8	0.7	0.8	0.9
波兰(a)	0.3		0.3				0.2		0.2	
波兰(b)	<0.1									
科英布拉(a)		1.4		1.8		2.4		3.3	3.4	1.2
卡斯蒂利亚(a)		2.4						2.2		
西班牙(a)									1.2	
法国(a)									1.2	
芬兰(a)										0.9

*制表:威廉·弗里霍夫

[104] R. L. Kagan, 'Law Students and Legal Careers in Eighteenth-Century France', *Past and Present*, 68 (1975), 62-63; Julia and Revel, 'Les étudiants' (注释56), *passim*.

[105] 有关毕业率的详细表格参见第9章,378页。

这使得这种规律发生了改变,在18世纪的葡萄牙仅此专业的学生就占了注册数的五分之四。但是应当注意的是,当这个系科一消失,葡萄牙和欧洲的一般情况就一致了。每个地方的高校学生占他们同龄人口的1%或大约1%,他们中三分之二的人得到了学位,这意味着学习和学位是紧密联系的,但也不总是这样。实际上这些数据有不同的轨迹:当注册生数曲线在17世纪前半期继上升之后下降时,得到的数据表明学位数曲线却在上升。[106]

学生的社会出身

学生注册人数的变化反映出16至18世纪可认识到的欧洲大学的真实功能,探询注册学生的社会出身可以使我们更准确地了解那一时期高等 312
教育机构究竟在做些什么(功能)。早在15世纪,中世纪大学的功能就已经在某些重要方面发生了改变。古老的学习探究吸引了来自不同社会背景的学生,在欧洲北部,贫困学生在数量上占优势,而在欧洲南部,富家子弟和贵族极多。基督教关于教育应该免费的原则帮助建立了财政资助机构,从而减少了贫困学生的花费,这些贫困学生往往不纳税,而且由适当的基金会提供食宿。由于大学的环境推崇朴素节俭的生活方式,因而这种大环境使得那些不富裕的人很容易成为大学的组成部分,并且他们可以通过学习将自己提升到博士的高度。然而,在15世纪贫困学生逐渐发现他们受到排挤,特别是在法学院和医学院,他们越来越多地,似乎很合理地注册学习那些短期的而且是声望不高的课程。获得博士学位所需费用大幅上涨。与此同时,学术生活变得更加贵族化,越来越多的人追求奢华,追求舒

[106] 该表格由W. Frijhoff在以下资料的基础上整理而成:Stone,'The Size and Composition'(注释60),95,103;Frijhoff,'Surplus ou déficit'(注释62),212;Frijhoff,*Gradués*,209;W. Frijhoff,'Université et marché de l'emploi dans la République des Provinces-Unies',in *Populations étudiantes*,vol. I,220;Chartier and Revel,'Université et société'(注释51). Frijhoff从A. De Vasconceles得出的自己的计算结果,*Escritos vários*(注释78),vol. I,120-124[Coimbra];Kaniewska,'La conjoncture étudiante'(注释53),vol. I,127;Pelorson,*Les 'Letrados'*(注释54),101;Rodríguez,*La Universidad salmantina*(注释54),vol. Ⅲ,72-73,178;Peset,'La población'(注释82),190;Klinge,*Kuningliga Akademien*. 由C. McEvedy和R. Jones得出的人口数字,*Atlas of World Population History*(Harmondsworth,1978).

适的生活方式，推崇贵族式的礼仪，追求精致的服装款式和先前并不为人所知的礼节。学院里的位置现在常被富人所占据，他们自己有佣人和私人教师，在大学里，贵族们受到特别的礼遇。[107]

这种向更贵族化机构转变的最初表现在16世纪向更深层次发展。[108]在1500年以前，英国贵族几乎不上大学，因为他们的教育建立在音乐，舞蹈，使谈吐举止赏心悦目、优雅得体的艺术之上，而这些不需要学术性学科的知识。但是，早在亨利八世统治时期，许多有贵族头衔的人开始到大学注册，到了伊丽莎白时期，社会精英中的大部分是大学毕业生。1563年，议会中只有67人上过大学，然而到了1584年，数量增加了一倍，1593年，议会中的大学毕业生达到了161名。到了16世纪后半期，牛津和剑桥大
313 学中每有五个来自平民家庭的学生，就有三个绅士的子弟，到了17世纪初，学校中出身平民与出身贵族的学生比例是5∶6。[109]

我们可以从两点来说明大量贵族涌入高等学校的原因：一是新的人文主义文化观和智慧观的影响（特别是托马斯·埃利奥特的《统治者》和巴尔达萨雷·卡斯蒂利奥内的《侍臣论》的英译本发挥了促进作用）；二是贵族们日益感觉到的一种需要，即要通过更坚实的、更专门化的训练来武装自己，使自身适应高级政府官员的需要。然而，在牛津和剑桥不断增长的注册学生中，那些被描述成“平民子弟”的学生的数量也是非常显著的。这些学生来自境况普通的家庭，比如非技术工人、技工、农民，他们进入大学是希望自己能成为牧师或文法学校的教师。当时，文法学校正以空前的速度扩展。平民学生常受益于奖学金，或者得到主教、富有者的经济支持，提供资助的富有者有时会雇佣这些平民学生为他们服务。这些“穷学生”常常成为富有同学公寓的佣人。16世纪末期，这个社会群体达到注册学生人数的50%，但在随后的几年里，这个数量有了明显下降。截止1601年，其所占百分比降至42%。[110]

---

[107] 参见第Ⅰ卷第7章，第202–211页。

[108] 关于大学贵族化的论述参见第9章，第368–370页。

[109] J. H. Hexter, 'The Education of the Aristocracy in the Renaissance', *Journal of Modern History*, 22 (1950), 1–20; Curtis, *Oxford and Cambridge in Transition* (注释18), 59ff.; Stone, 'The Educational Revolution' (注释50), 41–80.

[110] Stone, 'The Size and Composition' (注释60), 18ff. 和表2, 93.

在宗教改革前的德国，教士们在大学里享有很高的声誉，这种情况在一定程度上是因为大学的环境使得许多修道院的特征得以重现。在某些情况下，甚至是与天主教决裂之后，很多修道院的传统仍被保留下来（比如，校长必须独身）。在天主教大学，来自于教会的注册者不再保持较高比例（比如在迪林根，16 和 17 世纪他们占总人数的 11%），但有时候也有增长（如在弗莱堡，1530—1540 年间 20% 到 40% 的学生是神职人员）。但是在新教大学里，神职人员消失了，大批后来的牧师充斥了神学院。[111]在神圣罗马帝国，学生的社会身份与前面有史可查的英国情况相似。1500 年之前，作为贵族的一员而到大学注册是相当罕见的事情，如果他想从事神职才会这么做，然而，纵观整个世纪，贵族介入学院生活逐渐增多，纵然这种 314
增长在所有的大学里不是同样明显。因而，当斯特拉斯堡成为大量来自洛林和法国的贵族追求的目标时，莱比锡和爱尔福特的学生中资产阶级仍然占主要地位；迪林根大学中 14% 的学生是贵族；在德国南部最大的大学——因戈尔施塔特，贵族学生的比例从世纪初的 4.5% 上升至世纪末的 17.5%，与此相伴的是来自于教会各个级别教士的比例从 25.8% 下降到 8.4%。[112]在德国，贵族们也试图从整体上在学生群体中赢得更多的特权地位，他们一方面通过正式的认可来巩固他们作为一个阶层的至上地位，这种地位已经受到野心勃勃的资产阶级的威胁；另一方面，它也通过给予大学更高层次的社会形象为大学增添光彩。非常特别的是，贵族成员们对考试和学术资格嗤之以鼻。事实上，只有极小部分贵族愿意屈尊身份毕业，因为他们生来就享有的身份地位使任何其他的头衔都变得多余。[113]

在哈布斯堡的各个公国里，贵族和资产阶级相互竞争。资产阶级不断地把神职人员从公共职位中驱逐出去，他们要么使古老的家族无法继续从事以往的事业，要么使贵族们担任的职位变得无足轻重。而贵族们反过来则通过接受大学里适当的训练，特别是在法学方面的训练来试图巩固自己的地位。即使是侍奉封建诸侯的男侍都被认为是学习如何进入更高社会圈子的好方法，现在采取的做法是把这种尊严和礼貌教育更多地同文学、

---

[111] Eulenburg, *Die Frequenz*（注释 62）, 65ff.

[112] Müller, *Universität und Adel*（注释 68）,60ff.

[113] Müller, *Universität und Adel*（注释 68）,159ff.

语言学教育联系在一起，正如我们从1537年斐迪南一世发布的政令中了解到的，政令要求封建诸侯为他们的男侍设立各种科目的课程。[114]然而，维也纳大学的学生群体继续保持着原来的资产阶级特征，因为贵族们更愿意到国外或者德国其他地方学习。波希米亚人和摩拉维亚人对阿尔特多夫有特别的偏爱，奥地利人喜欢迪林根和因戈尔施塔特，匈牙利人选择因戈尔施塔特和海德堡。[115]

315 尽管贵族的在校人数在增加，但神圣罗马帝国的大部分学生还是公务员和商人的子弟。也有一小部分是被免除了费用的穷人，促使他们进入大学的仅仅是通过获得食宿和奖学金使其得以生存。在莱比锡，16世纪中期，这种学生占总人数的9%；[116]在维也纳，他们的数量可能相当大，因为从政府下发的法令中可以准确得知，法令禁止他们乞讨。[117]

在西班牙，上层贵族们不屑于让他们的孩子到大学里注册，而是更愿意请私人教师在家里进行教育，拉丁语、现代语、军事的和骑士的技艺都在教育之列，这使得他们可以追求绅士的理想，而绅士意味着有教养且博学，但是，最重要的是对军事的精通。为了说服西班牙贵族家族放弃这种传统，菲利普二世于1583年设立了一所宫廷学校。学校设置各种与军事相关的技术科目，如建筑学、炮兵学、水力学，但这个举措并不像所希望的那样成功。[118]然而16世纪大学中地位较低的贵族显著增长，他们偏好法学，这为步入公共管理领域或法律相关职业打开了一条通路。当穷人发现大学城里高昂的生活费用是一个无法克服的障碍时，他们不得不勉强去学习次要的学科，中产阶级代表者来自城市的一批人。一般而言，大部分学生来自于北部和中部的富有地区。只有一小部分学生获得了学术头衔。实际上，据计算，在16世纪末只有不到三分之一的人最终毕业，其他的人经

---

[114] G. Heiss, 'Bildungsverhalten des niederösterreichischen Adels im gesellschaftlichen Wandel: zum Bildungsgang im 16. und 17. Jahrhundert', in G. Klingenstein and H. Lutz (eds.), *Spezialforschung und 'Gesamtgeschichte'. Beispiele und Methodenfragen zur Geschichte der frühen Neuzeit*, Wiener Beiträge zur Geschichte der Neuzeit, 8 (Vienna, 1981), 139ff.，特别是141ff.

[115] Kohler, 'Bildung und Konfession'（注释31），64ff.

[116] Eulenburg, *Die Frequenz*（注释62），70.

[117] Gall, *Alma Mater Rudolphina*（注释65），121.

[118] Kagan, *Students and Society*, 80ff., 226ff.

常由于经济拮据而过早中断学业。[119]

学院的惊人扩展也对大学中注册者的构成产生了影响。中世纪建立起来的机构是为非常贫困的学生提供庇护并使他们能在大学期间养活自己,但从 16 世纪起,这种机构增多了,而且改变了原来的作用。他们的社会福利功能逐渐被销蚀掉了,因此,那些富裕的男生(他们要偿付食宿的费用)也就逐渐获得了优先权。比如在耶稣会学院里,尽管这些机构是免费 316
的并因此吸引了贫困子弟,但其中更多的学生来自于中等和上等阶层,这些家庭在孩子上学期间能够由家中长时间供养他们,或者能够支付寄食寄宿的费用。一般来讲,从 16 世纪开始,越来越多的学院似乎倾向于抑制家庭不富裕的人入学。一方面,为穷人保留大多数位置的中世纪制度被大多数人付钱完成学业的方式所取代;另一方面,在许多情况下,对于任何想获得基础教育而不必支付高昂的大学生活费用的人来说,越来越多的文法学校相对于大学都是一个正确的选择。

这样的发展贯穿了整个 17 世纪。学者们注意到,一般来讲,那些档案记录表明不富裕的学生和贵族学生的人数在下降,而富裕家庭子弟及资产阶级的注册人数在相应地增长。就像所指出的那样,如果自中世纪后穷人的学习机会有了某种程度的减少,那么,这种趋势在 17 世纪因为多种原因更进一步得到了加强。学术生活的费用不断增长和普遍的经济危机是两个重要因素,但是,除此之外,还有一个因素就是奖学金越来越难于获得,原因是富有者往往垄断了这些奖学金。

在英格兰,16 世纪末自费学生(牛津,剑桥,或者二者都包括)的百分比是 55%,1637—1639 年间,降至 37%,而且在此后的一百年里一直在下降,直至 1810 年跌至 1%的低谷。[120]实际上,在就业市场已经饱和的情况下,教士子弟和富家子弟间的竞争意味着贫困者失掉了寻求资金以偿付大学费用的信心,大学里形成的奢华文雅的生活氛围对他们很不合适。在德国,甚至连学术服饰也越来越以贵族服饰为模式。教授和学生们甚至到了穿贵族或骑士服装的地步,这与整个 16 世纪都保持的中世纪传统——教

[119] Kagan, *Students and Society*, 246.

[120] Stone, 'The Size and Composition'(注释 60), 37ff. and table 2, 93.

师和学生的装束要与教士一样——形成了鲜明的对比。[121] 实际的情形是完美的知识分子的理想在逐渐被完美绅士的理想(一个从法兰西文化中借来的概念)所取代,随后这种理想开始对欧洲的精英施加深远的影响。在这个时期,接受严格训练、勤恳学习、致力献身于知识的模式不断受到挑
317 战,代之的是尘世之人的形象——一个综合了健谈者、舞蹈家、骑师的才能,在政治、法律方面受到肤浅的人文主义训练的人。然而当大学生活越来越向贵族化观念靠近时,贵族自身却极少进入不再体现文雅教育新要求的大学了。

在英格兰,16 世纪 30 年代至 1661 年间,贵族(公、侯、伯、子、男爵)、准男爵和骑士子弟的年度注册量从 45% 左右降至 16%。[122]在德国,17 世纪初出现了贵族入学的高峰时期后,我们发现在"三十年战争"期间其注册人数急剧下降,即使绝不能忽视贵族的入学率(因戈尔施塔特大学达到了 17.5%,海德堡大学为 14.8%,阿尔特多夫大学为 10.5%,迪林根大学为 9.5%,[123]),也没能恢复到早期的水平。

在"三十年战争"期间,德国贵族试图重新恢复在社会中的领导地位,这个地位已经受到了新兴资产阶级的威胁。同样,在教育领域,他们试图重新构筑与其他阶层间的鸿沟,成为在专有机构中特定模式的传递者。古老的传统——贵族之家的子弟在私人教师指导下在家中学习之风又重新兴起,同时,大量的特别致力于为贵族们服务的上流学校也建立起来。在这些学校中,除了有培养政府高级官员所需要的科目(现代语、政治、财政科学、法律、历史和纹章学),也教授骑士技艺(如剑术、舞蹈、马术)。早在 1589 年,在图宾根建立了一个专为贵族服务的高级学院,1599 年,一个相似的机构——毛里塔纳学院在德国东部的卡塞尔建立。但是,这些机构在德国真正开始增多是在"三十年战争"之后。[124] 法国也出现了类似的情况。1638 年,路易十三授予由"奥拉托利会"创建的朱利学院以皇家学院的称

[121] Paulsen, *Geschichte des gelehrten Unterrichts*, 494ff. 参见第 4 章,第 206 – 207 页。

[122] Stone, 'The Size and Composition'(注释 60),78.

[123] R. A. Müller, 'Aristokratisierung des Studiums? Bemerkungen zur Adelsfrequenz an süddeutschen Universitäten im 17. Jahrhundert', *Geschichte und Gesellschaft*, 10 (1984), 31 – 46.

[124] Conrads, *Ritterakademien*,关于卡塞尔还有更多特别的介绍在 115 – 131 页。

号，准许它在财政上免税，拥有形式上和司法上的特权。他的意图是为贵族子弟建立一所专门的学校。学院是寄宿性的，与其他学院相比，课程要 318
容易些，而且分量较轻。校长经常在学校里，可以很好地管理学生的生活。其他地方也仿效这种做法。[125]1629 年，西班牙的菲利普四世和奥利瓦雷斯公爵帮助建立了一所帝国学院或称圣埃西卓皇家学院的教育机构。这所学院侧重于培养那些极少在大学接受教育的贵族的长子。[126]他们的学习计划丰富多样，从军事科学到经济、政治、数学、历史，但是学院并不像人们期望的那样成功，注册的人非常少，以至于卡斯蒂利亚议会主张要中止学校的基金。这次尝试失败的原因部分在于西班牙贵族具有轻视教育机构的传统，但是我们也应该知道学校是在耶稣会的控制之下，这些耶稣会会士不大胜任教授学生们军事知识，而且他们也是大学一方猛烈抨击的对象。与此同时，学院院长成为合乎个性的领袖人物，随着较低阶层的人越来越被排除在外，它们古代创立者提出的规章开始被搁置起来。贫穷的标准受到彻底的漠视。在 17 世纪时，学生们往往大多是大学讲师、王室侍臣或有权有钱人家的子孙。他们毕业后一般留在大学里教书或在官僚机构、宗教法庭、教会里担任较高的职位。一个真正的通过大学教育产生的社会阶层形成了，他们把大学在管理、教席和奖学金方面的关键职位集中在自己手中，结果这些人在学术的严肃性及学术生活中道德标准的日益下降的过程中起了重要的作用。在其他方面的发展中，我们也可以注意到，奖学金从 141 个增加到 170 个，并改变了最初的分配，这些都是出于考虑到这一势力集团的利益，因此神学和医学奖学金被大幅度删减，而民法和教会法的奖学金增加。1646 年，各学院成立了一个永久性的联合组织，但这也没能恢复人们对古代法规的重视。[127]

在意大利，17 世纪开办的贵族学院大部分由耶稣会教士控制，他们努
力吸引更多的学生，其中包括许多外国贵族，特别是德意志贵族。帕尔马 319

---

[125] R. Taton (ed.), *Enseignement et diffusion des sciences en France au XVIIIe siècle*, Histoire de la Pensée, 9 (Paris, 1964; reprint Paris, 1986), 15ff., 67ff., 261ff.

[126] Kagan, *Students and Society*, 38 – 39, 234.

[127] Kagan, *Students and Society*, 109 – 158; J. L. Abellan, *Historia crítica del pensamiento español*, vol. Ⅲ: *Del Barocco a la Illustración* (*siglos XVII y XVIII*) (Madrid, 1981), 581ff.

的贵族学院建于1601年,它的课程包括许多骑士教育的内容。在这一世纪的后半期招收的学生40%为欧洲贵族。[128] 在博洛尼亚和锡耶纳的大学有相当多的贵族,而在摩德纳则相对少一些。[129]在意大利大学的德国学生的社会结构也发生了一些变化,随着世纪的脚步,小贵族和资产阶级逐渐减少消失,大贵族的数量增多。这种现象可以解释为:年轻的贵族们接受教育的目的不再是接受完整的高等教育,而是通过在大学的短暂停留扩展他们在家乡获得的知识。因此1600年锡耶纳大贵族数量是11,其他阶层为149,而在1700年这个比例是88:22。[130]

然而,耶稣会学校的学生社会构成在整个欧洲是不一样的。如果说在意大利是大贵族支持耶稣会学院,而在西班牙(如果除了破产的圣埃西卓学院),大部分学生则是政府官员和商人的子孙。[131]在法国,耶稣会把持的学院迅速扩张,学生总数超过5000人,但当时的情况很复杂。一两个学院(克莱蒙,拉弗莱什)大部分学生来自于上流阶层,但总体上看,耶稣会学校中贵族学生只占4%—6%,80%的学生来自中层或更低的第三等级。[132] 在这一世纪的前期,社会各阶层占的比率比较均衡。而从1654到1661年,由于经济巨变,工人和劳动者阶层注册的人数大幅度减少,虽然在这一世
320 纪末有所回升。与耶稣会学校同时并存的还有法国的寄宿学校。奥拉托利会是成立于1611年的一个罗马天主教教派,他们献身于教育小资产阶

[128] G. P. Brizzi, 'Educare il principe, formare le élites: i Gesuiti e Ranuccio I Farnese', in G. P. Brizzi, A. D'Alessandro and A. Del Fante (eds.), *Università, principe, Gesuiti. La politica farnesiana dell'istruzione a Parma e Piacenza (1545 - 1622)* (Rome, 1980), 133 - 211. 参见第10章,第432 - 433页。

[129] G.P. Brizzi, *La formazione della classe dirigente nel Sei-Settecento. I: 'Seminaria nobilium' nell'Italia centro-settentrionale* (Bologna, 1976), 30ff.

[130] Weigle (ed.), *Matrikel Siena* (注释36),11.

[131] Kagan, *Students and Society*, 97.

[132] F. De Dainville, 'Collèges et fréquentation scholaire au XVII e siècle', *Population*, 12 (1957), 467 - 494. 也可参见E. Schalk, *From Valor to Pedigree. Ideas of Nobility in France in the Sixteenth and Seventeenth Centuries* (Princeton, N. J., 1986), ch. 8 and G. Huppert, *Bourgeois et gentilshommes. La rèussite sociale en France au XVIe siècle* (Paris, 1983), ch. 6, 都是关于教育的。

级和工匠、农民的精英人才，他们的学校建在没有耶稣会学校的中小城市。[133]除了一些特例，总的看来，在欧洲大学里注册的贵族减少，与此同时他们在学院里就读的人数增多。这种现象的结果是，虽然大学曾一度成为各阶层相互联系、相互接触的场所，但在17世纪学生各自遵循自身社会出身的趋势又有所增长。

在18世纪，排除不富裕的阶层依然是学院生活的特色，而且这一趋势更加明显，实际上就学生的社会构成成分而言，启蒙时期的大学还不如文艺复兴时期开放。学校更多的是面向资产阶级和上流社会的子弟，穷人很少有机会到学校学习。相关的研究表明，英国和法国的奖学金几乎全都是给予那些大学教师、高级公务员、富有及有影响力的人的亲戚或子孙。[134]1729年在皮德蒙特区——萨沃依建立了省立学院，使得穷孩子可以通过入学考试进入大学，他们不用交纳学费，可以参加哲学、文学和神学等方面的特殊讲座，通过这种学习可以成为低级学校的教师。最初这一学院的这种名额为100人，在这一世纪的中期达到174人。对于意大利这个小城邦的中下层社会子弟来说，这是进入高等教育领域的重要通道。[135]这种举措应该被看成是皇家总的政策的一部分，即提高中下阶层地位以反对力量仍很强大的封建势力。这是对国家仍然努力维护专制主义的一种反应。然而从大多数情况看，新产生的欧洲教育机构又恢复到招收贵族，因此这些教育机构延续了17世纪的传统。哈勒的教育学讲座在世纪之初进行了改
革，它除了为那些来自孤儿院的孩子提供拉丁文法学校的基础外，主要关 321
注为贵族们建立寄宿学校组织，这些贵族大部分进入法学院学习。他们的教学原则建立在世俗和宗教的理想之上。[136]在德意志许多其他类似学院也受到教育科学的启发，尽管这些学院里贵族的比例持续下降。例如，在维

---

[133] P. Costabel, 'L'oratoire de France et ses collèges', in Taton (ed.), *Enseignement*（注释125）；125 Chartier, *Education en France*, 175*ff*.

[134] H. Chisick, 'Bourses d'étude et mobilité sociale en France à la veille de la Révolution. Bourses et boursiers du Collège Louis-le-Grand (1762－1789)', *Annales. Economies, Sociétés, Civilisations*, 30 (1975), 1562ff.; Stone, 'The Size and Composition'（注释60），40ff.

[135] Quazza, *Le riforme in Piemonte*（注释98），vol. Ⅱ, 407; Balani, 'La popolazione studentesca'（注释98），36.

[136] Paulsen, *Geschichte des gelehrten Unterrichts*, 567ff.

尔茨堡、图宾根、斯特拉斯堡和耶拿，这一比例始终徘徊在5%左右。在莱比锡大学、海德堡大学和哈勒大学，这一比例为7%。研究表明，只有在哥廷根大学这一比例超过了13%。[137]实际上，由于哥廷根大学的文化声望以及在传统和现代之间确立明智的平衡，它成了唯一一所对德国贵族阶层有强烈的持久吸引力的大学，上流社会几乎以把孩子送进这所大学当做一种时尚。

在哈布斯堡版图内，骑士教育的发展缓慢。尽管到17世纪，布吕恩（布尔诺）和因斯布鲁克学院已经明显面向贵族教育，在18世纪初也采取了一些类似的举措，但直到1746年，随着维也纳的塞利西纳姆学院（它也是在耶稣会控制下）和骑士学院的建立，这种教育才有了广泛的前景和切实的物质基础。到1750年，塞利西纳姆学院已经招收了135名学生，这些学生大部分来自意大利的公国。[138]

波兰面向贵族的教育机构也经历了相当大的发展，许多学校由牧师发起建立，如建在吕内维尔、华沙的贵族学校，它们仿效罗马的纳兹雷尼学院、华沙的斯蒂尼学院和许多由耶稣会会士在全国的主要城市为贵族开办的寄宿学校。1765年，这些学校都被合并进了斯坦尼斯拉斯·奥古斯特国王为贵族们建立的一所军事院校。它带有明显的世俗性，并且允许低级的、没落的贵族子弟入学。这所学校的60个名额由国家基金支持，20个名额交费上学。随着时间的流逝，这所学校明显的军事性教育被中和了一
322 些，因此它变得更像是一个普通的上流学校，拥有军事工程和法律专业。[139]

西班牙贵族教育的问题一直没有解决，这成了一个棘手的问题，直到1714年，波旁王朝仍然提出建立一个特殊学校的计划，这一学校的课程包括骑士技艺、音乐、舞蹈。1725年，菲利普五世复兴了古老的帝国学院，重

---

[137] McClelland, *State, Society and University*, 46ff.

[138] E. Guglia, *Das Theresianum in Wien. Vergangenheit und Gegenwart* (Vienna, 1912), 16ff., 63-64.

[139] S. Litak, 'Wandlungen im polnischen Schulwesen im 18. Jahrhundert', in F. Engel-Janosi, G. Klingenstein and H. Lutz (eds.), *Formen der europäischen Aufklärung. Untersuchungen zur Situation von Christentum, Bildung und Wissenschaft im 18. Jahrhundert*, Wiener Beiträge zur Geschichte der Neuzeit, 3 (Vienna, 1976), 96ff.

新命名为皇家贵族学院,这一举措和先前一样不成功。因为总体说来,上流家庭的孩子仍在家里接受教育,即使耶稣会会士在卡拉塔尤、巴塞罗那、巴伦西亚为贵族建立了其他寄宿学校也是如此。[140] 另一方面,大学里宗教学生,尤其是属于某个教派的神职人员的数量增长很快。当大多数欧洲大学经历着高等教育的世俗化时,最初具有世俗化特点的西班牙的大学,却经历着一个向反方向发展的过程,这一过程一直持续到18世纪中叶。这种发展达到顶峰时,阿尔卡拉和巴利亚多利德大学的神职人员占据全体学生的40%。[141]在葡萄牙,对于建立一个皇家贵族学院的计划,一些作家发表了他们对这一问题的看法,提出应该改变贵族子弟在家里接受教育的古老传统。[142]

在丹麦,有关当局对贵族的教育问题也很感兴趣,目的是找到一个解决他们国家官员教育的办法。在这方面也采取了一些举措,但是并没有真正成功,因为有关当局既没有投入什么时间精力,更没有投入保证他们建立的机构正常运转的财力(为年青贵族在赫鲁夫萨姆建立的学院和为贵族和一般人建立的萨若学院都成立于1600年,在哥本哈根为贵族建立的学院成立于1690年)。[143]

大学也用其他的方法来提高贵族的教育。如在都灵,最高统治者很成功地把贵族聚集到大学中。1721年,在901名学生中贵族的数量是120,在这一世纪的下半叶各院系的贵族学生数量都有所上升。[144] 323

到18世纪末,贵族教育的问题开始在那些受启蒙思想影响特别强烈的地方以各种方式得到解决。在奥地利,行政管理改革家约瑟夫·冯·索南费尔斯公开宣布,他对保留贵族学院持反对态度。他认为,不能根据学生所处的社会阶层而教授不同的知识。在许多场合里他都劝告那些贵族努

---

[140] 参见注释126。

[141] Kagan, *Students and Society*, 186 – 190.

[142] T. Braga, *História da Universidade de Coimbra nas suas relaçoes com a instrucção publica portuguesa*, 4 vols, vol. Ⅲ. (Lisbon, 1892 – 1902), 349ff.; Brandão and Lopes de Almeida, *A Universidade de Coimbra* (注释28), part 2, 68ff.

[143] S. Bagge, 'Nordic Students at Foreign Universities until 1660', *Scandinavian Journal of History*, 9(1984), 27; L. Jespersen, 'Rekrutteringen til rigsrådet', in K. J. V. Jespersen (ed.), *Rigsråd, adel og administration 1570 – 1648* (Odense, 1980), 51ff.

[144] Balani, 'La popolazione studentesca' (注释98), 45 and 52ff.

力地投入学习,从而使他们在与生俱来的职位上表现得更令人尊敬。索南费尔斯指出,应该用使贵族融入到社会并与其他阶层一致的教育来代替那些提升贵族特有的习俗和生活方式的教育。他强调,对贵族们来说,和帝国的其他阶层一起在大学里学习非常重要。这样可以促进社会团结,加强人们对公共利益的共同责任意识。[145] 约瑟夫二世实施的措施和索南费尔斯的方法不谋而合。1783 年,他废除了维也纳的两个学院(这两个学院在 1778 年合并为一个),用它们的基金来资助公立学校的学生。他把贵族家庭的教师纳入一个严格的控制系统,强迫他们参加和其他教师一样的考试。[146]在西班牙,虽然吸引上流社会的学生进入大学的举措不是很成功,但是对学院院长排他主义的批评更为激烈。这样在这一世纪下半叶进行了各种各样尝试性改革后,这些学校在 1798 年最终被取缔。[147]

当时有两种发展趋势:一是需要对形成贵族阶层进行监督,另一种日益增长的趋势是把贵族教育引入公共教育机构。这两种发展趋势都是和中央集权国家模式的发展相联系的,中央集权的政府需要遏制独立的离心
324 力量,并且要收回在新的政治环境下贵族潜在的力量。在这一方面,大学被看做是促进社会各阶层融合,使每个城邦的文化更一致的重要途径,大学不应反映某个阶级的特殊利益,但是它可以奠定公民忠诚于国家的思想基础。

从 16 世纪到 18 世纪,欧洲大学经历了一个漫长的发展过程之后,它的结构和作用都逐渐发生了变化。从团体的独立的实体发展成为培养统治阶层的公共教育机构。一方面,面对中世纪完全同一的文化,人们要求大学传播一种根据各个国家需要和意识形态的不同而有所不同的文化。另一方面,它们的目的是使社会各阶层形成一个新的、民族性的国家可以

---

[145] J. von Sonnenfels, 'Das Bild des Adels. Zum Anfange des Studiums in der k. k. adelichen Savoyschen Akademie', in J. von Sonnenfels, *Gesammelte Schriften*, vol. Ⅷ (Vienna, 1786), 147ff.; J. von Sonnenfels, 'Über den Beweggrund der Verwendung. Vor dem jungen Adel der Savoyschen Akademie im Jahre 1768', in J. von Sonnenfels, *Gesammelte Schriften*, vol. Ⅷ (Vienna, 1786), 177ff.另可参见注释 59。

[146] P.B.Bernard, *Joseph Ⅱ* (New York, 1968), 103.

[147] J.E. García Melero (ed.), *Discurso crítico – político sobre el estado de literatura de España y medios de mejorar las universidades y estudios del reino* (Madrid, 1974).

倚重的实体。古代中世纪教育机构的普遍主义功能消失了，但是一些国家大学人数的不断增多，对扩大招生形式的普遍要求，以及作家和改革家对这些问题表现出来的兴趣，所有这些都表明欧洲大学正从它曾在近代早期经历过的深刻的文化和组织危机中走出来。

精选文献

Ajo González de Rapariegos y Sáinz de Zúñiga, C. M. *Historia de las universidades hispánicas. Orígenes y desarrollo desde su aparición a nuestros días*, 11 vols., Madrid, 1957 – 1977.

Bowen, J. *A History of Western Education*, vol. Ⅲ: *The Modern West—Europe and the New World*, London, 1981.

Braga, T. *História de Universidade de Coimbra nas suas relaçoes com a instrucção publica portuguesa*, 4 vols., Lisbon 1892 – 1902.

Chartier, R., Compère, M. – M. and Julia, D. *L'Education en France du XVIe au XVIII e siècle*, Paris, 1976.

Compère, M-M. *Du collège au lycée (1500 – 1850). Généalogie de l'enseignement secondaire français*, Paris, 1985.

Di Simone, M. R. 'Per una storia delle università europee: consistenza e composizione del corpo studentesco dal Cinquecento al Settecento', *Clio*, 12 – 13 (1986), 349 – 388.

Eulenburg, F. *Die Frequenz der deutschen Universitäten von ihrer Gründung bis zur Gegenwart*, Abhandlungen der philologisch – historischen Klasse der königl. sächsischen Gesellschaft der Wissenschaften, XXIV, 2 (Leipzig, 1904).

Frijhoff, W. 'Surplus ou déficit? Hypothèses sur le nombre réel des étudiants en Allemagne à l'époque moderne (1576 – 1815)', *Francia*, 7 (1979), 173 – 218; a revised version: 'Grandeur des nombres et misères des réalités: la courbe de Franz Eulenburg et le débat sur le nombre d'intellectuels en Allemagne, 1576 – 1815', in *Populations étudiantes*, vol. I, 23 – 63. 325

Frijhoff, W. *La Société néerlandaise et ses gradués, 1575 – 1814. Une recherche sérielle sur le statut des intellectuels à partir des registres universitaires*, Amsterdam/Maarssen, 1981.

Huppert, G. *Bourgeois et gentilshommes. La réussite sociale en France au XVIe siècle*, Paris, 1983.

Julia, D., Revel, J. and Chartier, R. (eds.) *Les Universités européennes du XVIe au XVIII e siècle. Histoire sociale des populations étudiantes*, 2 vols., Paris, 1986 – 1989.

Kagan, R. L. *Students and Society in Early Modern Spain*, Baltimore, Md./London, 1974.

Kearney, H. F. *Scholars and Gentlemen: Universities and Society in Pre-Industrial Britain, 1500 – 1700*, London, 1970.

Maffei, D. and De Ridder-Symoens, H. (eds.) *I collegi universitari in Europa tra il XIV e il XVIII secolo. Atti del Convegno di Studi della Commissione Internazionale per la Storia delle Università, Siena – Bologna 16 – 19 maggio 1988*, Milan, 1990.

McClelland, C. E. *State, Society and University in Germany 1700 – 1914*, Cambridge, 1980.

O'Day, R. *Education and Society 1500 – 1800. The Social Foundations of Education in Early Modern Britain*, London/New York, 1982.

Overfield, J. 'Nobles and Paupers at German Universities to 1600', *Societas*, 4(1978), 175 – 210.

Paulsen, F. *Geschichte des gelehrten Unterrichts auf den deutschen Schulen und Universitäten: vom Ausgang des Mittelalters bis zur Gegenwart mit besonderer Rücksicht auf den klassischen Unterricht*, vol. I, Leipzig, 1885; 3rd edn, Leipzig/Berlin, 1919.

Peset, M. and Peset, J. L. *La universidad española (siglos XVIII y XIX). Despotismo ilustrado y revolución liberal*, Madrid, 1974.

Schalk, E. *From Valor to Pedigree. Ideas of Nobility in France in the Sixteenth and Seventeenth Centuries*, Princeton, N.J., 1986.

Stone, L. (ed.) *The University in Society*, 2 vols., Princeton, N.J., 1974.

326

第八章 学生的教育与生活

赖纳·A.穆勒

处于改革和革命间的欧洲大学生的生活是难以概括的。国家的特点和地方的差异难以了解，有关的著作和资料不是含糊不清、过于浅显，就是参差不齐的。① 只能将注意的焦点放在主要问题上，概括出最重要的方面。我们应当努力揭示出近代早期学术生活中通常的和典型的东西，而并非那些少数例外和特殊的方面。

专业化和世俗化

在近代早期，政府当局逐渐增强对学院的规章制度、所授科目，以及学习研究计划等方面的干涉。② 大学受到越来越强烈的管理、调查和控制。

① 参见第Ⅰ卷第7章、第3卷第9章及精选文献。

② 参见第3章。

这种来自政府的干涉，在德国、西班牙、北欧和东欧要比在意大利、英国和法国更为有力。它通过一种行政上的经济形式和国家的新观念而得以实现，在这种新观念中，大学主要被视做培养政府机关文职人员和牧师的"工厂"，这些人的培养受国家功利主义规范的支配。因此，大学的社会性质只得改变，屈服于掌管资金的政府的要求，并放弃它的社会豁免权。

政府对原先几乎是自给自足的大学所实施的干涉和管理，不可避免地带有社会利益和条件的影响，这种影响是持久的。第一个非常重要的变化是大学的世俗化。由于文职人员阶层的发展，大学里引进了非教派人士 327
做教授，他们的报酬不再依赖学生的学费，而是从捐赠基金中获得固定薪金。如此，原本大学中教师和学生之间的社会依存关系发生了本质的变化，教授和学生之间成为上级和下属的关系。以前师生间的关系和联系十分密切，现在他们之间的距离却加大了，表现得较为正式，并且具有更多等级。由于教授本身并不一定从事实际的教学工作，所以即便是英国导师制度也没能真正地改变这一事态。

诚然，中世纪时大学师生之间的关系并不很和谐，但两者均将自己视做大学的组成部分，享受着大学的特权和地位。大学生活的旧模式发生了变化，举个普通的例子来说，在学校的基金和会堂中越来越多地充斥了社会的份额，这使教授与学生之间的距离日益加大。（尽管意大利大学的同乡会在进入近代早期时仍保持着中世纪学生大学的某些原则）教授逐渐开始或多或少地成为大学唯一的代表，学生的共同管理被缩减到最低限度。

尽管牧师的领域仍然得到继续的肯定，但是教师层次的重大变换在一定程度上导致了大学世俗化的趋势。先前那些占优势的神学教师开始与法律教师竞争，法律教师对国家而言变得更为重要。大约在 1550 年之前，牧师的训练和神学仍然在近代早期大学里面扮演一个主要角色。此后，那些提供专业训练的教师——法律教师逐渐在大学里占有明显的优势。而那些不能提供专业训练的文科教师，由于当时大学预科性质的文法学校的存在而逐渐地改变方向。这种情况并没有在英格兰发生，因为国家利益和精英教育目标能够通过非专业的文科教育得以最好地实现。

在西班牙、德国、意大利和法国，法学逐渐成为中坚科学。它对贵族和资产阶级的吸引力，在行政和法律公务员训练中的功能，以及它对公众利益的重要性，都反映在法学注册人数之多寡上，这就使大学的社会构成发生了永久性的变化。那些世俗的和文雅的学生取代了哲学或神学学生的牧师风格和行为，在大学里占支配地位。

世俗化的另一个也是十分重要的特征是社会经济形势迫使学生们在
328 学术训练中接受新职业的训练。③学习时间的长短和学习的标准日益由职业的要求决定。学科资格变得与社会越来越有关。尽管各学科的学习仍然遵循理论原则，但实际需要影响了学科的课程（尤其是法律和医学）。学术界越来越多的竞争使考试对于进入某个职业或某项事业变得更为重要。因此，近代的学生经历了比少有拘泥的中世纪学生更多的限制。学生只能更加高效地学习。毕业和考试制度变得更加紧张，学习年限一般较短。中世纪时10—15年的学习年限缩减到5—8年（具体情况要依各大学而定）。④ 由于各种原因，特别是学生所在国家强加给学生的种种限制、严禁出国学习的禁令、经济的压力以及宗教上的反对派，欧洲学生的生活较中世纪少有国际性。游学⑤，尤其是贵族子弟的游学在近代早期仍然存在。这些贵族子弟在游学时通常有贫穷子弟和助手做随行人员。像巴黎大学、莱顿大学、鲁汶大学、萨拉曼卡大学、博洛尼亚大学、帕多瓦大学、海德堡大学、维也纳大学和克拉科大学仍保持着以往的吸引力，但即便是它们的学生比中世纪晚期也具有更少的国际性。博洛尼亚大学的法学、帕多瓦大学的医学、萨拉曼卡大学的神学和巴黎大学的哲学等一些重要系科享誉盛名，吸引德国的学生到博洛尼亚大学或莱顿大学、一些波兰学生到维也纳大学、英国学生到巴黎大学或图卢兹大学求学，但是学生主体则通过招募变得日益本国化甚至本地化。此外，相当多的欧洲大学相继减少国际交换。这不仅因为出现专门研究国家课程的专家，也因为语言障碍已经变得

③ 参见第Ⅰ卷第7章、第8章和第9章；也可参见 H. - W. Prahl, *Sozialgeschichte des Hochschulwesens* (Munich, 1978) 98ff. and 142ff.; R. Graf von Westphalen, *Akademisches Privileg und demokratischer Staat. Ein Beitrag zur Geschichte der bildungspolitischen Problematik des Laufbahnwesens in Deutschland* (Stuttgart, 1979); L. Boehm, 'Libertas Scholastica und Negotium Scholare. Entstehung und Sozialprestige des akademischen Standes im Mittelalter', in *Universität und Gelehrtenstand*, 15 - 61.

④ 参见第9章第359-362页。

⑤ 参见第10章关于学生流动性。

非常大。当时,拉丁文在所有大学或所有学院都不再是唯一的教学语言,本民族语言在法学院中成为占统治地位的教学语言。

大学生活逐渐丧失了其在社会中特有的状态。其他社会团体、资产阶级和贵族同化了大学,否则大学将在很大程度上或者会倾向于资产阶级人文主义,或者倾向于贵族化的巴洛克风格的生活方式。⑥简而言之,大学闭关自守式的封闭领域向社会标准敞开,并且不得不提供一个新的且不同的存在价值。 329

两种学习系统:巴黎大学模式和博洛尼亚大学模式

欧洲学生文化的基本模式主要依赖其所处的各个国家或大学区通常采取的学习形式。在所谓的巴黎大学模式⑦和博洛尼亚大学模式⑧之间存在基本的区别,前者或多或少地采用封闭式寄宿或学院体系,后者则采用相对自由的出勤并可在私人处膳宿。通常,在英国、法国和西班牙的大学中占主导地位的是封闭式教育系统,在意大利、德国和欧洲北部和东部大学中学生的学习形式相对自由。这两种学习形式以不同的方式影响了学生文化以及每天的学校生活。然而,这两种形式并不能完全展示出所有欧洲大学,在两种学习类型内部,都混合着其他类型的因素,层层相叠。

在那些号称有学院系统的国家,尽管对贵族学生和法学专业学生有所例外,但都或多或少地鼓励其母校巴黎大学的传统,学院生活是必须的。

---

⑥ P. O. Kristeller, *Humanismus und Renaissance*, ed. E. Kessler, 2 vols. (Munich, 1974 - 1976); A. von Martin, *Soziologie der Renaissance* (Stuttgart, 1932).

⑦ 关于 *modus Parisiensis*,参见 M.-M. Compère, 'Les collèges de l'Université de Paris au XVIe siècle: structure institutionnelle et fonctions éducatives', in *I collegi universitari*, 110; G. Codina Mir, *Aux sources de la pédagogie des Jésuites. Le 'modus Parisiensis'*, Bibliotheca Instituti Historici S.I., 28 (Rome, 1968), 并没有探讨旧巴黎的学习组织结构,但是提及耶稣会对 *ratio studiorum of* 1599 的修改。

⑧ 关于 *modus Bononiensis*, 参见 S. D'Irsay, *Histoire des universités françaises et étrangères des origines à nos jours*, vol. I (Paris, 1933), 75ff.; W. Steffen, *Die studentische Autonomie im mittelalterlichen Bologna* (Berne, 1981), 127ff.

330 在英格兰,大部分学生在其学生生涯全部住在学院;⑨在法国只有少部分学生,主要是一些文学院或神学院的学生住校;⑩在西班牙,16世纪时就为贫穷学生创建了学院公寓,但是到17和18世纪它们已成为富人和贵族的活动领域。⑪

在意大利、波兰、俄国、斯堪的纳维亚和德国的大学,则不要求必须在像学院一样的机构内共同生活和学习。虽然常常在巡视员或导师的监督之下,但这些国家的学生,至少那些高级学院的学生可以住在大学城中的私人住所,可以单独地去听演讲。这些国家的学院系统或多或少地受教师控制。在布拉格大学、克拉科大学、帕维亚大学和基辅神学院⑫等校内,有一些为贫穷的文科和神学学生成立的小的学院,类似于德国大学里的神学院和膳食部。⑬

在天主教盛行的欧洲,耶稣会信徒⑭在学院和神学院系统中将两种学习形式结合起来,这两个系统是为文法学校的学生和文理科及神学学生建立的。在西班牙、法国、意大利、东欧和德国南部,数以百计的耶稣会学院有自己的膳食和教学设施,但是由于《1599年学习条例》以及他们自行实

---

⑨ L. Stone, 'The Educational Revolution in England 1560 – 1640', *Past and Present*, 28 (1964), 41 – 80; Kearney, *Scholars and Gentlemen*; R. O'Day, *Education and Society 1500 – 1800. The Social Foundations of Education in Early Modern Britain* (London, 1982).

⑩ Compère, 'Les collèges de Paris' (注释7); J. De Viguerie, 'Les collèges en France', in G. Mialeret and J. Vial (eds.), *Histoire mondiale de l'éducation*, vol. Ⅱ (Paris, 1981), 301 – 315.

⑪ Kagan, *Students and Society*, 66, 92 – 109, 130 – 155; M. A. Febrero Lorenzo, *La pedagogía de los colegios mayores a través de su legislación en el siglo de oro* (Madrid, 1960); J. García Mercadal, *Estudiantes, sofistas y pícaros* (Madrid, 1934); A. M. Carabias Torres, *Colegios mayores: centros de poder*, Historia de la Universidad, Acta Salmanticensia, 46, 3 vols. (Salamanca, 1986). 也可参见第7章。

⑫ J. Wyrozumski, 'Les collèges et les internats de l'Université Jagellonne aux XVe et XVIe siècles', in *I collegi universitari*, 131 – 142; M. Svatoš and J. Havránek, 'University Colleges at Prague from the Fourteenth to the Eighteenth Centuries', in *I collegi universitari*, 143 – 154; Z. I. Khizhnyak, *Kievo-Mogylyanskaya Academiya* (Kiev, 1988), 175.

⑬ R. C. Schwinges, 'Sozialgeschichtliche Aspekte spätmittelalterlicher Studentenbursen in Deutschland', in J. Fried (ed.), *Schulen und Studium im sozialen Wandel des hohen und späten Mittelalters* (Sigmaringen, 1986), 527 – 564,有额外的文献说明。

⑭ Hengst, *Jesuiten*; F. Charmot, *La pedagogía de los Jesuitas, sus principios y su actualidad* (Madrid, 1952).

施的学习计划，他们只对学习哲学和神学的学生感兴趣。⑮直到进入18世纪，中世纪修道院的传统痕迹仍在耶稣会学院中延续，耶稣会学院对它的学校教学方法及其封闭的教育理想仍然紧追不舍。

因此，我们能够说大学在近代早期欧洲处于两个不同的社会范围里发展。在学院中，学生每日所需，例如膳宿和课程表，成为学校的主要部分。在自由的系统中，学生得为自己寻求食宿处所，并依靠自己来完成学业。这些学习和生活方式的不同也反映了学院的日常生活以及近代早期学生的思想状况。

尽管存在这些变化和差异，国家也有所不同，但在欧洲大学以及它们 331
的学习体系之间有许多类似的地方。不仅学术社会以拉丁语为通用语言，并以学术等级来表示，还给予大学以种种特权和法规，以演讲、背诵和辩论的形式来进行学术活动，这些都作为国际性的常规在欧洲保留下来。这些大学惯例从中世纪持续到近代，被作为规则保留下来，各国都大同小异。直到现代，教学、考试和毕业都保留了它们在中世纪时的基本形式。

欧洲大学系统的这个整合特征在很大程度上也包括学生每日的生活。在所有国家中，学生具有不同的社会等级、特殊的地位和传统。尽管存在众多同化的现象，国家也有标准化的期望，然而，无论学生是属于学院式的还是"自由的"，学生的日常文化在许多方面都保持自治和独立。年轻大学生典型的团体行为、他们所表现出来的精神面貌的差异性以及他们的生活方式都表明，他们总是不太容易与他们所处的社会相适应。⑯

学术特权

依照各国惯例，学生在大学注册后，老师、学院或国家给予学生从学术特权受益的有关权利，这些权利从中世纪起传承下来，包括学习和毕业的权利、特殊的学术权限、免除赋税和徭役的权利。简而言之，学生成为享有

---

⑮ G. M. Pachtler (ed.), *Ratio studiorum et institutiones scholasticae Societatis Jesu*, Monumenta Germaniae Paedagogica, 2, 5, 9, 16, 4 vols. (Berlin, 1887–1894).

⑯ R. C. Schwinges, *Deutsche Universitätsbesucher im 14. und 15. Jahrhundert. Studien zur Sozialgeschichte des alten Reiches* (Stuttgart, 1986), 2ff.; Prahl, *Sozialgeschichte* (注释3).

特权的学术团体的成员。[17]

作为大学成员，学者和教授都受制于特别的权限。这个特别权限在不同的大学有所差异，这些差异除了表现在由院长、校长或教授会决定的学术权限外，还表现在大学与社区或教堂（法官、主教等）间的混合权限。只有极少数大学、学院及其相关成员受到普通公共法庭的控制。然而，这种
332 控制却越来越频繁。社区和国家努力逐渐缩小大学免役的特权，但是被大学录取的学生在近代仍然在一定的权限内享有很大的特权。与大学其他成员一样，大学里的药剂师和图书馆员也享有特权。[18]

自中世纪起保存下来的免税特权和大学生免除兵役的特权也同样特别重要。这些学术上的自由时常引起大学与无特权团体的冲突，使学术阶层提升到其他市民阶层之上，或多或少地置于与贵族和牧师同等的层次，都享有类似特权。尤其是大学或学院的免税权和免除各种劳役权使得食物的提供简单化，并使学习的成本更低。这些特权常常影响大学的选择。购进食物时免税、自由免税地购买啤酒和酒、大学药剂师或书商的自由贸易特权等学院特权成为城镇里生意人和旅馆主人的肉中刺，但是却说明了教授和学生在国家和社会中的特殊角色。

更多的特权与大学毕业相关。[19] 不但专业资格、社会声望和诸如一个文职人员或牧师的职业等的获得要依靠学士学位或博士头衔等大学毕业文凭，而且学院人员也被整合到社会精英之列，享受其在公共行为、队伍、

---

[17] P. Kibre, *Scholarly Privileges in the Middle Ages. The Rights, Privileges and Immunities of Scholars and Universities at Bologna-Padua-Paris-Oxford*, Mediaeval Academy of America, 72 (Cambridge, Mass., 1961); A. Kluge, *Die Universitäts-Selbstverwaltung. Ihre Geschichte und gegenwartige Rechtsform* (Frankfurt-on-Main, 1958); 也可参见 H.-G. Herrlitz, *Studium als Standesprivileg. Die Entstehung des Maturitätsproblems im 18. Jahrhundert* (Frankfurt-on-Main, 1973). 也可参见第 4 章第 164 – 167 页。

[18] F. Stein, *Die akademische Gerichtsbarkeit in Deutschland* (Leipzig, 1891); H. Maack, *Grundlagen des studentischen Disziplinarrechts* (Freiburg, 1956); 可进一步参见第 4 章注释 68 所提及的文献。

[19] W. Bleek, *Von der Kameralausbildung zum Juristenprivileg. Studium, Prüfung und Ausbildung der höheren Beamten des allgemeinen Verwaltungsdienstes in Deutschland im 18. und 19. Jahrhundert* (Berlin, 1972); E. Horn, *Die Disputationen und Promotionen an den deutschen Universitäten* (Leipzig, 1893); Klinge, *Kuningliga Akademien*, vol. I, 382 – 416, 432 – 485. 有关毕业，参见第 9 章。

欢宴等方面的优先特权，在这方面，学院人员与贵族一样享有同样的优先特权，与普通的市民有很大不同。在服装[20]和佩戴的武器[21]方面也有更多的特权。学生和教授在封建的社会阶层中都有一种被提升的身份。

与大学机构及其成员显著的特权相对应，学院和大学拥有自己的管 333
理条例，用来管理课程、保证学科的教学秩序、制定学习和考试的时间、决定毕业生质量、整顿教学事务等，所有诸如此类的事情全部与大学成员有关。这种自由的状况很少遭到异议，但在16—18世纪期间，却由于受到政府的限制而缩减，因此，到19世纪大学成员的地位降至与普通市民一样的水平。然而，尽管学术特权在衰败，大学成员们仍继续决定着大学的一般生活以及学生的日常文化。

学院系统

在中世纪晚期发展起来的法国和英国学院是欧洲大学中最为典型的。[22] 他们在基金会、董事会、有共同利益的团体（兄弟会、行会）等基础上发展起来，或是由僧侣机构转化而来。这种共同生活和学习的形式在大学里发展成为学生可以在不同时期生活和工作的制度。在这种制度下，学生可在一段时期免费入学，亦可在工作一段时间后返回学校交费学习。有了土地、房屋和收入，学院可以为学生提供食宿并可成为他们的成员或享受奖学金的学生的“家”。这些学院模仿中世纪的寄宿舍，那些支付酬金的学生可以住在大学附近。

学院通常由牧师创建，但有时也由贵族创建，它们大体上是自治机构，有其自身的管理条例和特权。学院通常由一个主要的综合性学生住宿部

---

⑳ J. Dauvillier, 'Origine et histoire des costumes universitaires français', *Annales de la faculté de droit de Toulouse*, 6 (1958), 3 - 41; W. M. Hargreaves-Mawdsley, *A History of Academic Dress in Europe until the End of the Eighteenth Century* (Oxford, 1963); L. C. Eisenbart, *Kleiderordnungen deutscher Städte zwischen 1350 und 1750* (Göttingen, 1962).

㉑ 有关武器佩戴及决斗，参见 F. Hielscher, 'Zweikampf und Mensur', *Einst und Jetzt*, 11 (1966), 171 - 199.

㉒ 综合性介绍参见：J. Verger, ' Collegi e università tra medio evo ed età moderna', in *I collegi universitari*, 1 - 12 and J. M. Fletcher, 'The History of Academic Colleges. Problems and Prospects', in *I collegi universitari*, 13 - 22. 也可参见第4章和第7章。

(单间或普通宿舍)、一个食堂、一个小礼拜堂和一座图书馆构成。这些学院模仿僧侣学校的惯例,管理非常严格,为学生提供相对好的生活和学习条件。学院内部结构按等级原则,但是在英国学院内则显得更为民主,因为院士的数量可以通过推选新委员来增加。主要人员(学监、教师、校长等)由选举或任命产生,权利被广泛地分享。在法国,这些自我管理的权利
334 保留了较少的广泛性,教堂或其他外界的权力对学院具有更多的监控权利。

14 世纪是学院创建的主要时期,巴黎在这一时期共创建 37 所学院、牛津创建 5 所、剑桥创建 7 所、图卢兹创建 8 所、意大利创建 11 所,西班牙创建 2 所。在德意志帝国,很少有学院的控制权再继续保留在教师手中。在 15 世纪里诞生的新学院要比 14 世纪少,但在法国、英国、意大利、波兰和德意志帝国仍然分别有 36 所、9 所、8 所、3 所、27 所新学院诞生。结构的变化与其数量的扩充同时快速地进行。更好的经济条件(增加的捐赠和收入、更大规模的建筑物和更多的学生)使学院能够发展它们自己的教学设备。青年学生除了在资深学者(导师)指导下接受必修的课程和训练外,学院现在也开设了自己的讲座。尤其是文学院,学院的讲座逐渐代替了大学的讲座,因此常常由学院来举行考试。到 16 世纪,在很多国家创建更多学院的要求趋于缓和,但天主教国家中的耶稣会人士则积极地继续创建学院。在 17 世纪的西班牙、法国和德国,分别维持着约 100 所学院寄宿舍。㉓

巴黎的索邦学院、哈考特学院和那瓦学院,牛津的默顿学院、基督圣体学院、新学院,剑桥的彼得豪斯和圣约翰学院以及博洛尼亚的西班牙学院等在中世纪晚期和近代设定了制度上的标准。在 15、16 世纪,更多著名的新学院建立起来,成为后来学院仿照的模型。它们有剑桥的国王学院、王后学院和三一学院,牛津的众灵学院、莫德林及基督教堂学院,巴黎的耶稣

㉓ Codina Mir, *Aux sources de la pédagogie* (注释 7); A. P. Farell, *The Jesuit Code of Liberal Education. Development and Scope of the Ratio Studiorum* (Milwaukee, 1938); 也可参见注释 14、15。

会司库学院和克莱蒙学院等。[24]

学院制度的理想以及基于寄宿舍的学院体系的原则在欧洲得到进一步的发展，然而，它们的发展是不均衡的。在德国、意大利、东欧和荷兰，[25]几乎没有什么重要的发展，那里的神学院及寄宿舍作为捐赠机构只是为了满足部分文科和神学学生的需要，因为大多数学生都有私人住所。然而，在英国、法国和西班牙，学院支配了大学生活，但是甚至在这些国家，学院制度的发展也不一致。英国学院形成了它自己像大学一样的中心；法国的学院则成为像学校或大学预科一样的机构；西班牙的学院主要是学生住宅，没有自己的教学设备。耶稣会学院表现为一种混合的形式，集文法学校和哲学或神学研究二者的特点，既有严格的寄宿制，也有自由开放的制度。 335

在中世纪晚期，英国大学的发展进入学院聚集期，也就是单个学院只是大学整体的很小的一部分。学院的建筑物通常包括教师和学生宿舍、个人书房和一个可供暖的大礼堂，实行集体供餐。学院一般有一个教堂或一个小礼拜堂，在某些特殊的日子里，学院成员为创办者的灵魂祈祷。当然，还附带有厨房和洗衣店等家政服务机构。

学院的日常生活被严格地控制着。在近代早期，学院的管理规章是严格的，与中世纪的制度几乎没什么不同。学院采用拉丁文授课，要求学生课堂上专心，甚至在进餐时都不放弃学习研究；不同的学院有不同的穿戴标准；严格限制缺席，教学时间由时钟控制。课程本来是为了概括和增强大学讲座的，但在中世纪晚期以及16世纪却有所改变，它逐渐由大学转移至学院。此时，学生们在学院中进行小团体式的学习，大学则仍负责学生的考试和毕业。在16世纪下半叶，一种特定的情况在英国出现——导师制。每位学生被指定一名导师，负责指导其学业和生活。这种一对一的关系是英国学院和大学体制中特有的，在其他国家则很少见。导师早已通过

---

[24] L. Liard, *L'Université de Paris* (Paris, 1909); J. Verger, ' Les universités à l'époque moderne', in Mialeret and Vial (eds.), *Histoire mondiale* (注释10), 247-272.

[25] 在此不可能列出所有单独学院，可参见精选文献的有关部分：Di Fazio（意大利）、Carabias Torres 和 Martín Hernández(西班牙)、Hammerstein 和 Müller(德国)、Compère(法国)、Little(剑桥)。

考试，他帮助青年学生解决学术上及其他方面的问题，让学生为申请学士学位作好准备。他得确保他的学生去听讲座，让学生重复讲座的内容，给学生布置书面作业，和学生一起锻炼身体。作为学术导师，他也要为学生的道德和经济方面负责。因此，教育和学习的质量就直接依赖于导师的能力。不是所有的教师都是导师。

336 英国大学有些慈善的特征，它们为贫穷学生提供一个学习的机会，但大多数学院学生必须支付相当数量的费用。个人书房的家具有一张简单的床、一张书桌、一把椅子，还有一个可以放衣服和少量书的柜子。这些房间不能取暖，蜡烛也很少。厕所及其他的卫生设备也不是最好的。餐饮质量依各学院的标准有所不同。但无论如何，面包和饮料(啤酒或葡萄酒)可以随意获取，每个学院每日供两餐。

一些学院有他们附属的所谓学生宿舍，有一些管理制度，为大学生提供食宿。这些宿舍的每个房间配备一张床和一个柜子，其他的任何物件须交租金。

在英国学院，即使宗教的标准在注册时不是非常重要，但宗教的虔诚仍然存在。学院中的学生来自整个社会的各个层面。学院的专业主要集中在神学、哲学和语言学。伦敦的律师学院里进行法学的教学，它也具有学院的特征。

在16、17世纪，英国大学和学院专注于神职人员的训练，因此，这些机构的僧侣特征与其教学目标完全相符合。然而，在17和18世纪，非神职人员的教育，尤其是贵族教育获得扩展。

法国学院较英国学院更多地受控于大学或教堂。校长通常通过任命产生，由校外人士定期视察学院的管理和训练(英国学院也如此)。中世纪时建立的学院主要为了贫穷的奖学金受领者——通常是哲学或神学学生，但在近代早期这些学院的特征有很大改变，它们不仅为所谓的资产阶级提供食宿和训练，也为更多支付膳宿费用者提供食宿和训练。

在15、16世纪，法国学院具有越来越大的吸引力，至近代初始，它几乎容纳了所有哲学和神学学生。在16世纪中期，政府甚至禁止私人膳宿部的存在。那些居住在私人处所的所谓严格的管理者被迫寻求一所学院接纳他们，因为政府认为只有这样才能保证最佳的教育和训练。政府当局对消除救济院和津贴十分感兴趣，因为这些在很大程度上不在他们的控制之下。

在16、17世纪的法国学院，贫穷的学生群体与富有而"免费的"学生一起，构成大学制度的两个不同的方面：一方面，奖学金持有者接受传统的 337 寄宿学校教育；而另一方面，比较富有的资产阶级和贵族学生则另有独立自由的住所。只有法学和医学专业的学生被允许拥有私人住所。

随着在数量和物质上的扩充，法国学院日益承担起教学的任务。尤其是哲学和神学讲座，当然也有其他学科的讲座，但都不由大学本身进行。因此，大学在考试、论文和学术典礼等方面的权力有所降低。医学和法学学院的学习课程也对外专业学生开放。大学院和小学院有所区别，前者所教授的哲学和神学水平较高，后者则类似于学校的水平。

处于宗教改革和大革命期间的法国大学与英国大学类似，由各种不同的学院组成，教师和学生在学院里共同生活和工作。然而，法国学院往往教些中小学水平的基础知识，而大学本身应该教专业知识，因此，法国学院常由此而受到批评。当时人们纷纷指责法国大学教师的教学质量低，认为法国大学只是出卖文凭的地方，等等。

法国修道院的寄宿制教育几乎没有摆脱当时的教育模式：纪律严格、权威式教学、每日连续的学习以及公共生活等等。他们通过禁止缺席、着装管理等手段使学生远离社会环境，以达到最高的教育效率。这些教育信条一直保持到18世纪以后。启蒙运动时期在各种教育理想的冲击下，法国学院由于其伪牧师的特征遭受到猛烈批评，最后在法国大革命期间被解散。

大多数西班牙学生在1500—1650年间住在大学所在城市的私人处所，也有一小部分学生住在学院的学生宿舍，几乎每个大学城里都有一些这样的地方。[26]萨拉曼卡有28个、阿尔卡拉约有15个这样的机构，这两个地方成为这种机构的主要中心。博洛尼亚大学的西班牙学院（建立于 338 1367年）就模仿了这样的做法。在众多耶稣会学院中，有一所就是这样

㉖ 参见注释11及 A. Galino and J. Ruiz Berrio, 'L'éducation en Espagne et en Amérique latine', in Mialeret and Vial (eds.), *Histoire mondiale* (注释10), 123ff.

的：在16世纪末以前，学院的学生宿舍留给研究生和学士，比较年轻的学生住在学院的少年公寓。

学生宿舍从来没有行使像英国学院那样的功能，虽然内部结构自治、选举校长、增选新成员等在某些重要方面是很相似的。像法国学院那样：学生宿舍既不提供大学教学，也不提供大学预科知识。尽管没有它们自己的讲座，但是它们的住所实施半自治化，有严格的纪律和学习制度。他们的教学实践仅由背诵和练习组成，没有系统的和个别的教学。学院学生在大学听讲座、参加考试，并在母校获得他们的学术成绩。[27]

西班牙学院的学生按照严格的规章制度生活，这些规章制度由学院的负责人制定。他们每天按照规章制度忙碌于课程之间。高强度的宗教训练和紧张的学习节奏是学院时期的特色。入学时要求血统纯正（不能是犹太血统、不能出身于伊斯兰教）、严格遵守天主教教义、家庭有名望受人尊重。贫穷也是西班牙学院接纳学生的一个传统标准，但从17世纪起，贫穷标准在学院接纳学生时被完全忽略。最初，学院通常在教堂里接收创办人的财产，为那些贫穷而优秀的学生提供慈善性的帮助，创办人通常要求申请人具有特定的宗教背景。有些学院则只接收出身于社会上较高等级的学生。贵族逐渐取得了对学院学生宿舍的控制权，这些西班牙绅士将学院的培养目标定在文职人员的职业培训上。奖学金被分给了贵族，用以确保奖学金获得者的生活和学习。在15、16世纪，地方上的选举原则已很普通，但这种原则在学院内却被裙带派系间的倾轧所替代，那些规定谁可以进入学院的家族成员往往反对奠基人所表达的愿望。因此，在18世纪西班牙学院制有所退步，变得封建化，使贫穷者难以进入。于是，西班牙学院的慈善特征消失，免费膳宿让位于高额的收费。

即使是后来贵族成为最重要的受益人，西班牙学院学生宿舍每天的生活大体上也是贫困而不舒适的，学院只提供生活必需的食物、衣服和睡
339 觉的地方。入学年龄通常在22岁左右，学习年限平均为7至9年。在西班牙学院制度中有一个意义重大的变化：学院制度社会的、慈善的和修道院式的特征让位于贵族专有的形式，这就导致了学生精神面貌（行为、穿着

[27] Kagan, *Students and Society*, 65. 该书与以下内容亦相关。

等)及大学规格等方面的变化。

约至1700年,学院中“免费”学生的比率有了非常显著的变化,至少半数的学生住在学院里,这在很大程度上缘于耶稣会的大量活动,因为18世纪西班牙的学生数量下降,而学院学生数量保持不变,故在18世纪末学院学生占所有学生总数的比重上升至约三分之二。

除了众多耶稣会学院为学生提供的哲学和神学训练外,也不包括与耶稣会学院相关的学校和寄宿舍,其他欧洲国家没有一个有西班牙这样的学院制度。即使是在校董监督下可使学生获得膳宿的基金,在宗教改革之后也都在新教和天主教地区被废弃。这种基金过去曾以多种形式存在于德国、奥地利、波希米亚、波兰和荷兰等国。能够与学院体制在各方面相当的机构只有为获得奖学金的学生准备的神学院及住所,这些学生通常都学习哲学或神学,而文学院那样的寄宿学校主要接纳文法学校学生。[28]法学和医学专业的高年级学生通常来自比较富有的阶层,倾向于更舒服的私人住所。这就解释了为什么在意大利学院里的学生也是如此少。另外的原因就是本来为贫穷学生提供食宿而建立的意大利学院在17世纪有所改变,成为服务于富有的资产阶级和少量贵族的寄宿学校。在博洛尼亚,学院发展也很成功,在1500年以前有8所学院建立,在16、17世纪,又有13所学院创建。[29]

学院一日

1585年海德堡萨皮兹学院典型的一天通常这样度过:早晨5点开始读《旧约全书》并唱赞美诗,然后按海德堡教义问答进行祈祷,在这些宗教训练之后复习上一天学过的内容。6点大学准时开课,上课时学生离开 340
宿舍。上四小时的课之后吃午餐,由向上帝祈祷开始,就餐时伴随着圣经的阅读,并由一个同学或一个教师加以解释,不用说午餐最终在祈祷中结

㉘ 例如,在鲁汶大学的四所文学院:E. De Maesschalck, ‘Foundation and Evolution of Colleges at Louvain in the Late Middle Ages’, in *I collegi universitari*, 155－161.

㉙ G. P. Brizzi, ‘I collegi per borsisti e lo studio bolognese. Caratteri ed evoluzione di un’ istituzione educativo-assistenziale fra XIII e XVIII secolo’, *Studi e memorie per la storia dell’Università di Bologna*, NS 4 (1984), 9－51.

束。

晚餐约在下午 5 点进行,与午餐的程序相似。两餐之间有短时的消遣娱乐,其他下午的时间都用来复习和记忆上午讲课的内容。晚上 8 点所有学生再次在宿舍汇集,唱宗教歌曲、读圣经、祈祷之后睡觉,晚上大都这样度过。宿舍大约在晚上 9 点熄灯。[30]

16、17 世纪英国学院的工作日与此几乎没有什么不同。我们能够通过剑桥大学基督圣体学院一名学生的笔记设想英国学院的一天:

> 每天有三节课:早晨 6 点开始学习亚里士多德的哲学、亚里士多德的《工具论》和《串线法》;中午 12 点是有关希腊的课,包括荷马、狄摩西尼、赫西奥德、伊索克拉底等人作品的释义和文法;下午 3 点,用"图利的部分作品"上修辞课。在这些常规的学习内容外有一些补充的内容,即每周三早晨在走廊里讲解圣经,以及每周五学生轮流颂经,下午也有许多常规的训练。[31]

听课和训练的数量仅仅体现了学习和研究的强度,在导师的管理和指导下听课和训练的效果会更好。这种日常的安排和严格的秩序只有在师生聚餐时才会中断。

17 世纪巴黎的学院以及当时的图卢兹、奥尔良或布尔日的学院,每天的日程安排如下:在工作日早晨 6 点起床,在 7 点 45 分吃早饭前是首段工作时间,即晨读。早饭后从 8 点 15 分至 10 点 15 分上课,然后聚会。聚会后学生复习他们刚听过的内容,并要用心地记住一些段落。午饭时伴有
341 虔诚的教义阅读,饭后稍休息一会儿。下午的课,夏天从 2 点 30 分至 4 点 30 分,冬天从 3 点 30 分至 5 点。下午的课以吃古特(一种巴黎点心,译者注)结束,接着进行更深入的复习。学生晚上 8 点吃饭,并以集体祈祷结束,然后 9 点上床睡觉。星期三下午自由活动。星期六进行评估,如果必要,惩罚也在星期六进行。[32]

---

[30] 依据 Paulsen, *Geschichte des gelehrten Unterrichts*.

[31] 依据 O'Day, *Education and Society*, 112-113.

[32] 依据 K. A. Schmidt, *Geschichte der Erziehung*, vol. IV (Stuttgart, 1902), 1.

这里所描述的日常生活显示,寄宿舍或学院学生每天过着类似于僧侣的生活,他们不仅要关心学习和吃饭,还要参加宗教活动。18 世纪一位曾经在德国耶稣会学院生活过的耶稣会学生在其记录中提到过严格的训练准则、精密单一的生活秩序和僧侣的教学方法,他的记述作了必要的修正,同样对西班牙和意大利的学院适用。

> 规定每天早晨 5 点起床准备功课,7 点集合,被领着去餐厅,所有其他的组也都一起来到那里。学校里的大小行政官员坐着指导双方辩论。铃声响时做祈祷,之后吃早饭。早饭有奶汤或另一种称做蜜阿法的汤,我一直不知道这种汤是用什么做的。……白面包充足。进餐时禁止说话。

早饭后在校园里稍事休息,学生们取回课本和作业到体育馆或会堂,上课至 10 点。"10 点到 10 点 30 分休息,11 点到 12 点是音乐、绘画或一门现代语(法语、意大利语和英语)的个别教学时间。12 点吃午饭。伙食很好,在一些喜庆的节日伙食更好。"每两个学生领半升酒,年龄小的文法学生只能喝水。午餐伴随讲经进行,饭后休息到 2 点,下午的课 4 点结束。到这时大家都饿了,吃一些白面包、水果、巧克力或其他诸如此类的东西,这些东西法国人特别喜欢吃,而且买来后很方便分发。休息到 5 点,再学习到 7 点,然后吃晚餐。接着在各自学习的会堂里进行常规的晚间祈祷和 342
自省。9 点时学生们安静地回宿舍睡觉。[33]

尽管这种生活范式在一些耶稣会学院易于实行,并且与住在私人处所的贵族生活很不一样,但是大学本身的教学计划构成了一种严格的体制。许多针对缺席、懒惰、无知以及其他所有在日常生活中表现"自由"的学生的训令超出人们的预料,且至今在意大利、波兰以及德国依然存在。

在 18 世纪开始的 30 多年间,一名耶稣会牧师为那些不住在宿舍或学院的学生制定了基本规范。

㉝ 引自 G. Weicker, *Das Schulwesen der Jesuiten nach den Ordensgesetzen* (Halle, 1863), 120 - 121.

青年学生日常规范[34]

> 早晨5点起床，在寒冷季节不超过5点30分。迅速而优雅地穿戴梳洗，接着做早间祈祷，向上帝表达这一整天的良好意图。然后学习到集合的时候。一旦听到集合的声音，就要马上带着学习用品，也就是课本和书写工具，去体育馆，在那里要默背功课。要以最大限度的虔诚参加神圣的聚会，然后尽力地学习。课后如果可能，在路过教堂时要进去做短时的敬拜。回到家还是坐下学习，尤其要精读在学校做的作文，修改其中的错误。然后吃午饭。之后放松一会儿或是处理一些杂事……出于健康考虑建议饭后一小时内不要学习，但也不要进行紧张剧烈的体力活动。剩下的时间还是默默地学习。学校铃声一响，立即又带上学习用品去体育馆积极参加所有活动。放学后再去教堂一下，然后回家专心学习到晚饭时间，尤其要完成书面作业，可以在刚回来的时候或学习中间休息约一刻钟。房东在下午6点以后开饭。晚饭后休息约一小时，接着最好是浏览两三遍次日需要记忆的功课。
> 343 然后做祈祷，在晚上8点30分至9点间上床睡觉。

除上述基本规范外，还有对青年学生更多的指导和建议。通常工作日会从早晨5点到晚上9点。开始时主要是听讲课、写作和抄写，然后才是各自阅读经典、抄写摘录和记忆短语。单元学习时间不能超过两小时，中间应该做短时休息，学生应在所有时间说拉丁语，只有在休息放松时才能说本地话。原则上他们在寄宿处或家里睡觉。

理论上讲，除星期日下午自由活动和公休假日外，学院或寄宿舍里的学生们几乎没有任何闲暇时间。严密而有规律的日程、持续的管理、严格的纪律、住所的惯例和学院的体例在很大程度上压缩了学生的所有自由。

---

[34] G. Mertz, *Die Pädagogik der Jesuiten nach den Quellen von der ältesten bis in die neueste Zeit* (Heidelberg, 1898).

抵触和抗议、酗酒、吵闹和打架都会被开除。[35]近代早期闲暇的可能性要依据不同的社会地位有所限制和区分。学生们很少有机会散步、进入公共场所和做各种游戏。他们囿于戒律，在学监和督导的监视下不断地学习。密集的考试制度、课本作业的控制、无数的测试对学生形成了巨大的压力。学生们被迫不断地"苦干"，以迎合父母对他们的期望，即接受学术训练并使父母的花费有所值。对完不成学习任务的惩罚、考试和努力学习、听课管理、学监和教授的监督，都是近代早期学院生活的特色。

教学形式和教学实践

不同国家大学的结构也不一样。无论是否具有学院体制，欧洲各国大学的上课形式都是通用的。[36]正如集体学习及学者导师团体是学校教育时期的产物，大学的教学方法也是逻辑的学术和科学方法的结果，即命题和 344
反命题的运用。这种学院教学的实践发展成为大学教学的主要形式：讲演和辩论。

讲演是由教师或教授大声朗读某一本书，并以个人观点逐段地加以评注、解释和评议。从中世纪晚期开始，上下午的讲演有所区别。上午是最重要的和必学的内容，如亚里士多德的《公众正义全集》。下午则读一些不太重要的书。前者主要由一般的教授来讲演，后者由那些没有自己讲座的特职教授讲演。

讲演时，教师坐在讲坛上，学生则坐在长椅上，前面是否有桌子要看其社会地位。教师逐段地念，甚至在印刷术使学生更容易获得书本之后，教师还习惯大段地解释给学生听。尽管遭到某些批评，但直到 18 世纪口述的方法在讲演中仍很普遍。教师宣读讲义和学生记笔记，仍是大学的一个惯例。讲演的时间是 90 分钟或是 45 分钟，源于修道院三小时一拍的生活节奏，这 180 分钟平分成四份，每份是一节课的时间。

---

[35] 在精选文献中提及的 Bauer, Gladen, Klose, Krause, Reicke 和 Schultze 的著作中有范例。

[36] 在 Paulsen 的 *Geschichte des gelerhten Unterrichts* 中有所体现；也可参见 K. Rückbrod, *Universität und Kollegium. Baugeschichte und Bautypen* (Darmstadt, 1977).

从中世纪晚期尤其是从16世纪开始,讲演课设置严密了,个人阅读的时间仍保留,如果一个教授在规定的时间内讲不完他的材料,要么受惩罚,要么退还一部分报酬。这个对普通的和特别的两种讲演都适用。对前者,也即学院公共课或必修课,规定同一科目不能有相互竞争的讲演。

这些讲演由指定的教授主持,他们有自己的科目和讲座,硕士和学士可以对其作非评论性的补充讲演,这通常在私下进行。这样的情况经常发生:有固定薪水的教授,常常逃避其本职的教学任务,而宁愿上那些更为有利可图的私课。但是基本上大学安排的课优先于其他课。普通讲演课经常在晨祷和第三次祈祷间进行,即6点至9点间。在17、18世纪,也可上到12点。而那些特别讲演则不能在第五次祈祷前进行,也就是下午3点
345 或4点以前。然而,有些大学却允许在午饭祈祷后上课。大学的讲演体系可以从公告板上的印刷品或有关讲演的详细说明获得。

其他教学形式和讲演相联系,例如复述和简述,这些通常不在大学而是在学院或者在校长和督学的办公室里进行。一般而言,复述、记忆是封闭式学院的典型要素,这个要素是在大学中发展起来的,通常是硕士或学士承担。在英国学院里则通常由导师负责上这种课。

第二种典型的大学教学形式是辩论,它反映出学生就正反两面进行的辩证性的谈论。针对某一问题,在正方和反方之间展开讨论,最后导出一个综合性的结论。这种辩论可以在学年中特定的时间进行,尤其是在圣日或赞助人的节日会有一场大型的自由辩论活动。辩论是修辞和逻辑的一种锻炼,也证明了学生在某一科目方面的能力,因此辩论一直是大学的一个基本训练项目。不参加一定数量辩论的学生很少能毕业。㊲

直至17世纪中期,讲演与辩论通常用拉丁文进行。18世纪末前拉丁文一直作为大学语言,被视做真学问的表现。然而,在17世纪中期,使用本民族语言的倾向产生。至18世纪末,在大学中使用本民族语言已普遍盛行。

㊲ Horn, *Disputationen und Promotionen*(注释19).

膳宿

学生“每日文化”与青年学生是住在私人处所还是住在提供膳宿的学院或寄宿舍有关。

一般来说，除了上层资产阶级和贵族，近代学院和私人会馆的学生住处设备都很简单，只配备一张床、一个箱柜（箱子/衣橱）、一张桌子和一把椅子。学生可以在这里存放他的生活必需品、少量的书和被褥。学生的住处一般不会舒适，并且学院和私人处所的房间都具有同样的功能和相似的家具。有时供应蜡烛用来照明，但通常一天的生活在日落后就结束了，只 346
有小旅馆会需要照明。住处通常无供暖，学院和大的私人会馆的普通房间和学习就餐的大厅在供暖方面也有所限制。

虽然学院的伙食是“免费的”，花样不多，但是由于学院资金较为充足（捐款和学费），他们在校舍上的花费又比较节俭，所以学院供应的膳食比那些租来的房子和小旅馆里的要好。在私人旅馆或合租的学生住所中，学生不得不与房东、教授或旅店主人商议伙食的质量，并不得不接受给他的供应。也许学生的伙食与一个普通的市民相比并没有太多不同，或者仅有些微小的差别，通常有几道菜和葡萄酒。另一方面，大学城中有一种传统，每过一段时间由收税委员会检查租金、住房供给和食物的情况，在一定的限度内规定最高价格。租金和住所必须彼此合理。租金必须提前一年或半年支付，有时经协商也可缩短这一时间。租金过高以及缺乏木制品、被褥、饮料等情况每天都会发生，这些都是引发冲突的源泉，为此社区、国家和大学必须加以干涉。有关租金和食物的约定、质量的说明或账单的审核属于近代早期大学日常事务的范围。对个别国家和整个时期的学费、书价和生活费进行比较研究应当是有价值的，但这个工作却难以实现。

在东欧国家以及意大利和德国，大多数学生住在市民、旅店主人或教师的私宅（有时作为教师助理安排得比较好）或群居在一起（尤其是贵族学生）。在西班牙也如此，有些没有在学院学生宿舍找到住处的学生只能到别处寻找更合适的地方。在贵族占据这些住所后，所谓的“学生”只能在贫民区寻找住处。于是可被称做最下层阶级的穷学生们，只能住在像小说中描写的流浪汉生活的环境下。法律和医学专业的学生，通常出身于贵族或至少是富裕家庭，他们住在更为奢侈豪华的处所。国家对学生的膳宿保证必要的管理和质量。

近代早期学生的膳宿主要取决于他的社会地位和父母给予的钱财，除非他有助学金或在学院里有住处。关于饮食习惯也包含一些少量的国家特点。有一个16世纪嘲讽性的学生悲歌，表现出当时的伙食状况。这首悲歌是这样的：

> 347 我们吃了美食……中午和晚上共两餐，都是七道菜。第一道永远是稀粥，第二道仍然是汤，第三道每日必有的是蔬菜，第四道经常有的是瘦肉，第五道很少有的是烤肉，第六道从来没有的是乳酪，第七道有时会有的是水果。[38]

另外还有水、葡萄酒或啤酒，以及必有的面包。比较奢侈的食品如咖啡、茶、白兰地甚至巧克力则不提供，学生们可以根据自己的经济情况酌情消费。

为了在一定程度上减少对社会的压力，在许多大学有免费餐桌，贫困学生可以在那里免费吃饭。在基辅神学院，贫困的低年级学生每天会得到一些罗宋汤(甜菜根汤)和麦片粥。一些贫民住在两个会馆中的一个。他们不能获得赠予，只能靠乞讨、做工，甚至是偷袭市场和商店为生。[39]

然而社会压力也可以体现在另外一个方面，那就是学生信贷。几乎所有国家都有对房东、旅店主和其他店主的严厉指示和规则，不能向学生提供长期的赊欠。因为陷入债务的危险无所不在，并且由于学生的住址经常变化而几乎不可能对学生进行债务控告。也有些税务规章用来限制学生在寄宿、食物、洗涤或衣物等方面的借贷数量。通常禁止学生为奢侈品，如烟草、茶、咖啡或其他的花哨商品而借贷，也不许为台球、租用马匹或雪橇等借贷。1796年普鲁士信贷法律规定：

---

[38] 引自：H.-W. Prahl and I. Schmidt-Harzbach, *Die Universität-eine Kulturund Sozialgeschichte* (Munich, 1981), 38.

[39] Khizhnyak, *Kievo-Mogylyanskaya Academiya* (注释12), 175ff.

用于食物和洗衣店的钱、支付假发制造费用以及理发的钱,赊欠不得超过一个月;租用房间、床及服务的费用赊欠不能超过三个月;买药和看医生的费用不得超过半年;交给学院的学费最晚不得迟于本学期末。[40]

然而,学生债务在英格兰、意大利、萨拉曼卡和巴黎仍旧是一个很严重的问题。

与生活在具有学院体制的国家的学生相比,自由生活在大学城的居民社区里的学生或多或少地适应了既定的环境。他们的生活方式是市民 348
化的生活方式。他们比住在旅店中的同学有了较多的学术自由,但是也有较多的问题需要解决。这种独立和常规性社会生活的混合状况,既反映在学生的饮食起居状况上,也映衬在他们的穿着和行为举止上。

16世纪的学生通常穿着牧师—学者服,然而在17和18世纪贵族服饰成主流。[41]至少对自由的学生是如此。这些服饰从式样到颜色各大学不同,就是不同年纪和不同的系也有变化。16世纪学生的无边帽和袍子式的服饰和他的阶层相应并且起源于中世纪的牧师服。黑色是大学生服饰的主要颜色,尤其是神学和哲学学生,而法学和医学的学生则穿着比较鲜亮的衣物显现他们的学科。与自由的学生不同,学院学生直到17和18世纪仍保留着他们的牧师袍。当自由的学生可以紧跟流行服饰时,学院学生则必须遵照学院法令继续穿着那些通常暗色的牧师—学者服,各个学院有各自的袍子和无边帽。不同学院的服饰可以被区别开来,如果无法从颜色区别至少从徽章或其他的特点加以区别,例如,在西班牙就是根据学院的不同采用某种特定的颜色做饰带,加上神父的法衣、披肩和无边帽,组成学生的服装。这些衣饰符合既不奢华也不昂贵的原则。其他国家有时也有

---

[40] J. W. F. Koch, *Die Preussischen Universitäten: eine Sammlung von Verordnungen* (Berlin, 1839 - 1840).

[41] Prahl, *Die Universität* (注释38), 60ff.; F. Schulze and P. Ssymank, *Das deutsche Studententum von den ältesten Zeiten bis zur Gegenwart* (Leipzig, 1910), 95ff.; M. Bauer, *Sittengeschichte des deutschen Studententums* (Dresden, 1928), 36ff.

他们自己的特色。

即使大学服在大学和学院领域里面是不可或缺的，学生能够在一个以服饰表明其阶层的社会里证明他的社会地位，但在闲暇时间里学生仍然遵从资产阶级或贵族的衣饰。真正自由的学生，尤其是那些学习法律的学生，在学院的教学和演讲期间穿着时髦的衣服。时髦的打扮譬如绅士或骑士服饰取代了牧师制服。西班牙的贵族服饰在全欧洲流行：松松垮垮的裤子、一件贴身的紧身上衣带宽松的袖子、环状领、一把轻巧而细长的剑和一顶无边帽构成了服饰的主体。尖头鞋和后面插有羽毛的帽子（有两个和三个角的）使这套鲜亮的服饰更为完备。18世纪长尾服盛行，裤子变长，长袜比较鲜亮，尖尖的领带取代了宽边环状领。胡须不再流行，而头发却留得更多，假发和辫子开始出现。

349 总体上可以说，从近代早期学生服饰记载可见年轻大学生所期盼的社会状况，并最佳地对应了其中精英分子的想法。大学生期望在校外获得关注，即引起人们注意到其在学院中的成员资格。大学和学院的服饰状况及其管理一次又一次打击过于好表现的时装，并禁止佩戴武器，发布着装条例，但是来自社会各个阶层的学生仍以流行服式为首选。

学生典礼

除了诸如感谢圣徒捐助日等学校常规典礼外，在学术论文和答辩期间，学生也得以大学成员的身份出现，这种特定的学生习俗早在中世纪就发展起来。在一些大学这是入学的部分程序，并因而成为公认的做法。这种陈规已被那些新近注册的学生视做粗劣的仪式而将其废除。但它是一种具有一定民族属性的现象，反映了16、17和18世纪早期整个欧洲学生生活的历史文化特征。这种进入某国家、学院或大学的学生加盟仪式常常被搞不庄重且夸张。[42]

---

[42] 关于陈规和惩戒，参见 W. Fabricius, *Die akademische Deposition* (Frankfurt, 1895); Schulze and Ssymank, *Deutsche Studententum* (注释41), 85ff.; Bauer, *Sittengeschichte* (注释41), 75ff.; P. Krause, *O alte Burschenherrlichkeit, die Studenten und ihr Brauchtum* (Graz, 1979), 22ff., 32ff.

这种学生脱角典礼象征新生摒弃了学童的稚嫩,并且赢得了进入大学后必要的尊重。新生被视做"野生动物",需要通过不同的工具除去他的"角",经由某仪式后,他变成一个经过重新塑造的人。这一过程通常由一个被称做"废黜者"的硕士或教授来指导完成,包括一个幽默,有时粗俗的考试。由此,这样不庄重的举动却以一个正式的仪式终结,并在正式宣告后举行盛宴。

有一份17世纪的瑞典论文记录了一个脱角典礼的过程,如下所示。[43]

> 被称为"废黜先生"的典礼主持人让那些希望被承认的年轻学生穿着各种材质和颜色的衣服。学生们的脸被抹得黑黑的,长长的耳朵 350
> 和角粘附在帽子上,帽沿翻下来,嘴角放置长长的猪牙,他们必须将其像管子一样含在嘴里,还得忍受被戳引起的痛苦。另有一件长长的斗篷吊挂在肩上。这样,这些学生装扮得比被宗教裁判所置于火刑柱下的人更骇人且可笑。废黜先生让他们出了房间并在后面像赶牛或驴一样把他们赶进一个大厅,那儿有个观众正等着他们。他让他们站成一个圈儿,他则站在中央做怪脸,表演哑剧,笑话他们显现出来的奇怪表情,然后向他们致词,内容涵盖了从嘲讽性到严肃性的话题。他谈到年轻人的过失及失败,并向他们展示在学习中提高自我、被惩罚以及使自己更加完美是多么的必要。为此他问他们各种不同的问题,这些问题他们必须回答。但是他们嘴中的猪牙使他们无法清楚地说话,所以他们像猪一样哼哼,为此废黜先生称呼他们为猪猡,用拐杖轻轻击打他们的肩膀,并说上他们几句。他说这些猪牙象征放纵,青年人过度放纵地吃喝使得他们的理解力减弱。然后他从一个麻布口袋里拽出一个木制夹具,用它环压在他们的脖子上并长时间地摇晃,直到猪牙跌落到地。他说,如果他们准备勤勉地学习,他们要像丢弃猪牙一样摒弃放纵和贪欲。然后他扯下他们的长耳朵,并使他们明白如果他们不愿像蠢驴一样,他们必须勤勉地读书。进而他取下了代表野蛮粗鲁的角并选个平面。每个新生必须先俯卧,再仰卧,然后是双侧卧。

[43] 引自:Prahl, *Die Universität* (注释38), 60.

在每个位置他都让他们整个身体躺平，并说：文学和艺术会使他们的思想更完美。

惩罚在废黜的情况下发展，几乎成了一种永久的废黜形式。它起源于法国大学，并开始在全欧洲传播。在这一粗鲁的行为框架下，年长学生施虐于腰带上有羽毛标志的年轻学生。有关这样的行为传统和习惯已根深蒂固，年轻学生遭受年长学生的奴役和束缚，蒙受来自年长学生的各种竭尽所能的羞辱。体罚、强行灌醉以及其他各种折磨构成了痛苦折磨的一部分，这种情况直到18世纪才在大学校园里绝迹。

也有其他的学生习俗，例如城镇中各类学生队伍、考试典礼或授学位仪式，但是他们远不如废黜和惩罚仪式那样重要。例如在西班牙，无论是庆祝教区牧师的选举，还是为自由或行刑的庆祝仪式中，斗牛都是表演节
351 目之一。法国和意大利的大学和英国学院或法国学院一样，依照政府特别的规则举行他们的庆祝仪式。全国性的节日经常发展成为“民族意识”及显著的“民族主义”，在那里学生在国外展示他们民族的优势。

在天主教国家的学院内有学生剧场，㊹其重要性不如庆典活动或典礼。克里斯托夫·斯蒂莫尔的戏剧《学生》(1545)广为人知，但当时在某种程度上更为暴烈粗俗的学生行为都可以被耶稣会和学校剧院的道德教化所抵销，因此这种教化可更多地被归为教育手段。

假日及休闲时间

学年的划分国与国不同，大学与大学也不同，甚至各院系也不同，然而无论怎样都存在一些相似之处。㊺所有的学术机构都依据其开课时间和假期来决定确切的计划。在近代早期的欧洲，通常从九十月份到次年的六七月份为教学时间，除七八月份一个长假——暑假外，在圣诞节和复活节时

㊹ F. S. Boas, *University Drama in the Tudor Age* (Oxford, 1914); J. M. Valentin, *Le Théatre des Jésuites dans les pays de langue allemande*, 3 vols. (Berne, 1978).

㊺ H. Boiraud, *Contribution à l'étude historique des congés et des vacances scolaires en France, du Moyen Age à 1914* (Paris, 1971).

还有8至14天的假期。学年可划分为两学期、三学期或四学期(牛津大学),在此期间学生按计划学习某些书本的全部或部分内容。

除上述假期外,还有许多为消遣提供时间的自由假期。除星期日必须去教堂参加礼拜外,还有许多没课的宗教节日。在有些大学,这样自由的日子几乎有100天之多,但官方倾向于将数量众多的假日削减一些。每所大学或学院都有自己的日程安排,其中确定了具体的教学时间和休息时间。

在近代早期,大学对学生进行严格的准则管制,除了自由活动日或下午,学生的消遣几乎没有什么自由度。这里我们得再次把自由学生同学院或住寄宿舍的学生区别开来,自由学生更有可能把他们的自由支配时间组织起来。在城市里散步或组队到郊外游玩是学习间隙、星期日和假期里常规的消遣方式。富家子弟或贵族子弟可能会参加诸如击剑、骑马、游泳、跳 352
舞甚至打猎[46]等运动项目。绝大部分家境贫寒的学生只能参加一些适度的活动,过度都被禁止。

正如学业要服从道德和伦理规范的支配一样,大学或社区的法规条例管理着学生的课余时间。针对争吵打架、夜不归宿和团伙行为、酗酒、冒险游戏、掷骰子、投机、玩纸牌和打台球等活动都有严格的批评和处罚章程。带音乐的假面游行、火炬游行、滑雪橇和坐马车、玩烟火、参加不成体统的演出或舞会——所有这些甚至更多其他活动都被禁止。另外,公共法律和大学法规都不允许诸如在公共场馆或私宅内狂欢以及学生间的斗殴等行为。偶尔也会见到配备刀或剑的全副武装的学生,由于那段时期人们荣誉感很强,动辄以刀刃相见,所以常常导致伤亡,官方和大学试图对此加以防范和限制。通常是存在于全国性不同团体间的相互攻击和争论,甚至为居住权进行的辩论,导致了决斗,在西班牙则变成大学或团体内部成员间的学生战争。此外,学生联合会的态度也经常会与当地居民产生冲突。

---

[46] R. A. Müller, *Universität und Adel. Eine soziostrukturelle Studie zur Geschichte der bayerischen Landesuniversität Ingolstadt 1472 – 1648* (Berlin, 1974); Conrads, *Ritterakademien*; J. H. Hexter, 'The Education of the Aristocracy in the Renaissance', *Journal of Modern History*, 22 (1950), 1–20, reprinted in J. H. Hexter, *Reappraisals in History* (London, 1961), 45–70; Kearney, *Scholars and Gentlemen*.

饮酒、赌博和恋爱:这三个古老的话题是有关大学每日生活的同期作品中经常提及的,对酒神和维纳斯的特别崇敬引起官方极大的关注。几乎所有条例都规定对与名誉不好的女人有染或常游荡在公共场所的行为进行惩罚,这样的惩罚从关押到劝退直至被大学开除。然而,这些事件不能仅因为他们都在文献和文件中被提及就该过高地估计。可以确信的是,近代早期学生若做了有悖他们所在的阶层的事,就会受到来自学院内高傲自大的资产阶级的倾轧。尽管如此,学院生活,包括学习时间和课余时间,积极面要多于消极面。

353

精选文献

Barycz, H. *Uniwrsytet Jagiellónski w zyciu narodu polskiego*, Wroclaw, 1964.

Bauer, M. *Sittengeschichte des deutschen Studententums*, Dresden, 1928.

Boiraud, H. *Contribution à l'étude historique des congés et des vacances scolaires en France, du Moyen Age à 1914*, Paris, 1971.

Brockliss, L. W. B. *French Higher Education in the Seventeenth and Eighteenth Centuries. A Cultural History*, Oxford, 1987.

Cabanès, D. 'La vie des étudiants', in *Moeurs intimes du passé*, Paris, 1949.

Carabias Torres, A. M. *Colegios mayores: centros de poder*, Historia de la Universidad, Acta Salmanticensia, 46, 3 vols., Salamanca, 1986.

Chartier, R., Compère, M.-M. and Julia, D. *L'Education en France du XVI e au XVIII e* siècle, Paris, 1976.

Compère, M.-M. *Du collège au lycée (1500 – 1850). Généalogie de l'enseignement secondaire français*, Paris, 1985.

Coutin, A. *Huit siècles de violence au Quartier Latin*, Paris, 1969.

Dauvillier, J. 'Origine et histoire des costumes universitaires français', *Annales de la faculté de droit de Toulouse*, 6 (1958), 3 – 41.

Di Fazio, C. *Collegi universitari italiani*, Rome, 1975.

Febrero Lorenzo, M. A. *La pedagogía de los colegios mayores a través de su legislación en el siglo de oro*, Madrid, 1960.

Fletcher, J. M. 'The History of Academic Colleges. Problems and Prospects', in D. Maffei and H. de Ridder-Symoens (eds.), *I collegi universitari in Europa tra il XIV e il XVIII secolo. Atti del Convegno di Studi della Commissione Internazionale per la Storia delle Università, Siena-Bologna 16 – 19 maggio 1988*, Milan, 1990, 13 – 22.

García Mercadal, J. *Estudiantes, sofistas y pícaros*, Madrid, 1934.

Garin, E. *L'Education de l'homme moderne 1400 – 1600*, Paris, 1968.

Gladen, P. *Gaudeamus igitur. Die studentischen Verbindungen einst und jetzt*, Munich, 1986.

Guenée, S. *Les Universités françaises des origines à la Révolution. Notices historiques sur les universités, studia et académies protestantes*, Paris, 1982.

Hargreaves-Mawdsley, W. M. A *History of Academic Dress in Europe until the End of the Eighteenth Century*, Oxford, 1963.

Harraca, E. *Des conditions de résidence à Paris de l'étudiant autrefois et aujourd'hui*, Paris, 1925.

Kagan, R. L. *Students and Society in Early Modern Spain*, Baltimore, Md. /London, 1974.

Klose, W. *Freiheit schreibt auf eure Fahnen*, Oldenburg, 1967.

Krause, P. *O alte Burschenherrlichkeit, Die Studenten und ihr Brauchtum*, Graz, 1979.

Kulczykowski, M. (ed.) *Les étudiants-Liens sociaux, culture, moeurs du Moyen-Age jusqu'au XIXe siècle. Vème session scientifique internationale, Cracovie 28 – 30 mai 1987*, Zeszyty Naukowe Uniwersytetu Jagiellonskiego CML, Prace Historyczne, Z. 93, Warsaw/Cracow, 1991.

Lepszy, K. (ed.) A *History of the Jagellonian University in the Years 1364 – 1764*, Cracow, 1964.

Little, B. *The Colleges of Cambridge 1286 – 1973*, London, 1973. 354

Maffei, D. and De Ridder-Symoens, H. (eds.) *I collegi universitari in Europa tra il XVI e il XVIII secolo. Atti del Convegno di Studi della Commissione Internazionale per la Storia delle Università, Siena-Bologna 16 – 19 maggio 1988*, Milan, 1990.

Prahl, H.-W. *Sozialgeschichte des Hochschulwesens*, Munich, 1978.

Prahl, H.-W. and Schmidt-Harzbach, I. *Die Universität-Eine Kultur-und Sozialgeschichte*, Munich, 1981.

Reicke, E. *Magister und Scholaren*, Leipzig, 1901.

Schmidt, K. A. *Geschichte der Erziehung*, 5 vols., Stuttgart, 1884 – 1902.

Schulze, F. and Ssymank, P. *Das deutsche Studententum von den ältesten Zeiten bis zur Gegenwart*, Leipzig, 1910.

Stone, L. 'The Educational Revolution in England 1560 – 1640', *Past and Present*, 28 (1964), 41 – 80.

Verger, J. 'Collegi e università tra medio evo ed età moderna', in D. Maffei and H. De Ridder-Symoens (eds.), *I collegi universitari in Europa tra il XVI e il XVIII secolo. Atti del Convegno di Studi della Commissione Internazionale per la Storia delle Università, Siena-Bologna 16 – 19 maggio 1988*, Milan, 1990, 1 – 12.

Vrankrijker, A. C. de *Vier eeuwen Nederlands studentenleven*, Voorburg, n.d.

Waxin, M. *Le Statut de l'étudiant étranger dans son développement historique*, Paris, 1939.

第九章　毕业与职业

威廉·弗里霍夫

学位:象征与现实

为不把大学的角色仅仅局限于一个制造学位的机器,我们必须意识到,社会赋予大学的首要任务是尽可能地培养年轻人在智力、文化和科学方面的素质,以备他们将来生活之需。大学在一个既定社会里所处的位置,更确切的说,它的地位,至少部分地决定于它培养这种素质的能力,同时还取决于它能否教会年轻人使用工具,以及年轻人在大学里所接受的普通文化。所谓的工具,即那些年轻人在以后的职业生活中所要用到的工具(同时也包括他们个人生活中所用到的工具,在法国大革命之前,这两者的联系极为紧密)。

大学的影响极其巨大,因为学生在大学学习生活的结束标志其训练的结束。它甚至标志着青年时期的结束，因为在罗马法中成人期是从25岁开始的，这个年龄也适用于旧制度下的欧洲，而且许多公共机构或其他行业职位也把年龄期限定在25岁左右。①离开大学就等于进入职业生活，如果学生的宗教身份允许的话，随即就是结婚。学生在学习终结或者大旅行
356 结束之时获得学位，这种情况意味双重流动的结束，即年轻单身汉的地域流动和成年前的智力流动。一旦年轻人获得了学位，他们就会安定下来，开始开拓自己的事业或组成家庭。因此，不论是盛大典礼的庆祝，还是谨慎周到的承认，对于学生来说，授予最终学位是使他们从年轻的被训练者转变为成人的庄重仪式（值得注意的是，在那个时代，知识极为渊博出众的女性才有可能获得大学的荣誉学位）。② 这就是为何在萨拉曼卡一名新医生只有在杀死一头公牛并用它的血在城墙上写下自己的名字才算完全获得自己的职位。在此开始进入学术世界与开始加入成人世界是紧紧联系在一起的。

然而，在整个欧洲也有其他不算正式和昂贵的表现方式存在：在毕业之日，喝一场酒作为欢送仪式，就像是年轻单身汉们在婚礼前夕和同伴们一起进行的单身聚会一样。奢华的博士后宴会有时会消耗不小一笔财产，有时候大学的权威机构会努力禁止这种奢华的做法，或至少对其加以管理和限制，然而往往徒劳无功。这个宴会也相当于为一个即将离开去开创新生活的成熟者举行的典礼。因此，最终学位正式宣告学生训练阶段的结束，之后他会发现他与学生的自由世界隔绝，再也不能指望沉浸于一种疯狂的逃避中。从那时起，即使他属于博士群，并因而仍是大学的一员，但他的责任却在其他地方，即全部在社会上。尽管他可以通过去其他大学学习或接受训练将学生生活延期几年，但从此他也不得不正视其必须进入的职业生活。

学生离开大学的途径可视为三种：行动上的离开（文凭、考试、避难，也

---

① 例如：J.-M. Pelorson, *Les 'Letrados', juristes castillans sous Philippe Ⅲ. Recherches sur leur place dans la société, la culture et l'état* (Poitiers, s.d. [1980]), 37, 60; D. Julia and J. Revel, 'Les étudiants et leurs études dans la France moderne', in *Populations étudiantes*, vol. Ⅱ, 116 – 119.

② 参见第7章第296 – 297页。

可能是除这三种方式以外的草率离开)，资格的获得，以及最后依据以往学生的职位和职业的相互影响来评价的大学的社会文化角色。我们必须谨慎地避免将一种观点过分简单化。在法国大革命前的大学里，文凭不会自动地保障真正资格的获得，它标志着学习的结束而不象征着任何特定才能。它是我们所称做的习得动作社会学的一部分：学习课程，获得科学学习和良好行为举止的重要启示的大旅行，取得学位，然后结婚，所有这些都是成功生涯的必须步骤。文凭并非知识，它认可的是一个学习阶段，以及达到一定社会地位或开始职业生活的社会和文化态度。这可以被看做真正学者生涯的不幸。由于战乱，不来梅官员的儿子约翰尼斯·弗里德里克斯·赫罗诺维厄斯(1611—1671)在故乡没有前途，因而背井离乡去了联合省，从他留给我们的信中可以得知，尽管他已成为国际知名的年轻文学家，但他仍感到有必要从安格斯获得一个完全正式的法律博士学位，以提高自己的社会地位。然而实际上，他并没有得到学位，并且在事业上遭遇了灾难。此外，他在作为一名教师获得第一个职位前就结了婚。③此处存在双重不一致性，其一是在学科间(研究文学与法学学位)，其二是知名学者的学问与纯粹正式社交活动中无意义的俗约。准确地讲，这一时期取得的基本成就就是公众对这些不一致性的承认。从那时起，人们通过密切学问和文凭的关系以及附加考试来努力纠正这种状况。考试可以是马尔萨斯人口论式的考试，比如那些用于严格限制在公共机关要求持有大学教育文凭人数的竞争性考试，或者纯粹是天才教育的考试，如那些只用于保证特殊职业应征者资格充分才能的考试。 357

同样，我们必须注意不能将大学学位或者是获得的资格直接等同于学生以后的职业。我们单凭学生大学课程的知识不足以预测他将来的职业前途。在法国大革命前，欧洲没有任何一个国家拥有我们所说的完全开放的智力就业市场，雇主也没有真正为学位所困扰。血统、才能和经验非常重要，三者的结合是好职位的保障。雅尼纳·法亚尔曾努力就才能、出身和财产在毕业生(那些没有住学生宿舍的学生)职位任用中各自的作用向

③　P. Dibon and F. Waquet, *Johannes Fredericus Gronovius, pélerin de la République des Lettres: recherches sur le voyage savant au XVIIe siècle* (Geneva, 1984).

358 卡斯蒂利亚议会作出评估,他估计,学业成绩、博士学位(稀有)以及教学经验仅仅占到第三位。④尽管在实践中大学学位被要求,但只有学位本身还非常不够。事实上,在有关公共机关就业市场上的成功受很多因素支配,比如应征者的血统、家庭地位、在受保护者或庇护体系中的位置、与掌权人物的关系、教养、社会乃至金融资本关系等。第二个不一致性会导致第二个尖锐的问题,即知识分子的盈余,这个问题至少自17世纪起就使官方苦恼。因为大学资格水平与可获得的就业岗位之间的不一致性成为怨恨的根源,并继而成为社会秩序紊乱的潜在源泉。正因为受挫知识分子有即时的笔杆,他们在大众面前能够强有力的宣泄他们的不满,所以这一问题甚至变得更加难以应付。我们可以从格鲁伯街作家身上清楚地看到这一点,那些生活在法国大革命末期的新闻工作者们被指控利用自己的文章引发了革命。这一点在那些没有开业的医生身上也有体现,例如,让-保罗·马拉(1743—1793),他是阿图瓦伯爵的侍卫医生,对贵族充满仇恨,他认为这些人的专横取代了文学界基本的人人平等,使他不能得到他应得的东西。⑤

就形式而言,大学学位制度自中世纪以来没有任何改变。然而,几个世纪以来,每个国家甚至每一个大学都草拟了一些规则,就学习期限、考试性质、学位间时间的间隔、花费和其他必需,以及授予方式等方面进行管理。因此实际上是不可能将这些极其多样化的实践都给予报导。然而,伴随着这些实践,在现代各个时期欧洲大学的本土化得以增加。接下来的叙述仅仅着眼于概括出一个整体的印象,而不是要完成无遗漏式的描述,实际上那也是不可能的。

学位总是分为三种:学士、硕士和博士。理论上讲,三种或四种高级学院(医学、民法和教会法、神学)仅仅接收完成文科学习并获得硕士学位
359 的学生,在硕士学位之前是更低的文科学位。然而,自16世纪始,欧洲所

---

④ J. Fayard, *Les Membres du Conseil de Castille à l'époque moderne* (*1621 - 1746*) (Geneva/Paris, 1979).

⑤ R. Darnton, 'The High Enlightenment and the Low-Life of Literature in Prerevolutionary France', *Past and Present*, 51(1971), 81-115, 在这篇文章中他开展了一系列在此领域的研究。

有地方的普通教育都通过人文学院获得独立。[6] 有时这些学院还同大学保持着有机的联系。鲁汶、科隆和某些法国大学，以及遵循斯图谟神学院模式的德国大学、耶稣会学院或其他包括有文学院的学院等，均属此例。[7] 在其他地方，文学院与大学的分离更为严格，文学院能够更加自由地发展，成为真正的高级学院，分别教授哲学、语言学、数学以及高层次的科学。有时文学院实际上被学院合并，大学仅授予学位，而在此之前的准备则在其他地方进行(实际上，在这种情况下仅有硕士学位)。有时，文科教学发展成科学的课程，颁发更高学位。尽管旧有的文科硕士依然与这种更高学位相衔接，但它逐渐被称之为哲学博士学位(据被认可的划分，哲学博士在博雅文科硕士之后)。[8]

显然，这两种情况下的文学院是截然不同的，它们毫无共同点可言。就学生的流动或学生的数量以及学位状况来说，试图把两者进行比较是毫无意义的。比如第一种类型的大量的文学院，鲁汶和科隆，实际上只不过是很好的中学(人文学院)，它们遍布于几个文化机构，依托于莱顿大学的教师，学生数量少，进行少量文科科目教学的准备教育。然而，是否由于高级学院的系科需要更牢固的普通文化基础而进入高级学院的学生智力水平低，才导致这些系科专业化程度的增长；或者是由于教堂和政府的大量需求，所有欧洲国家在现代的整个时期都努力地在文学院恢复和重建预备教育角色。这正是再三采取将强迫学习一段时间文科或将文科硕士学位作为升入高级学院条件的措施的效果。然而，这些措施以及由此引来的抱怨反复出现，表明这些措施的效率并不高。

所有国家的法律都规定学位获得与学习期限挂钩。我们甚至可以进
一步说，学习期限对于学位而言是比所获资格等级更为重要的先决条 360
件。[9]自学习期限由注册的年数、学期数以及后来的课程数确定，并成为进

---

⑥ 参见第7章第290－291页，第8章第333页至本章结束。

⑦ 参见 The *ratio studiorum* of the Jesuit order, as analysed in Hengst, Jesuiten, 59－71.

⑧ Frijhoff, *Gradués*, 42－43.

⑨ 关于西班牙，参见 Pelorson, Letrados (注释1), 106; L. E. Rodríguez-San Pedro Bezares, *La Universidad salmantina del Barroco, período 1598－1625*, vol. Ⅱ (Salamanca, 1986), 727－735.法国：J. Verger, 'Les universités à l'époque moderne', in G. Mialaret and J. Vial (eds.), *Histoire mondiale de l'éducation*, vol. Ⅱ (Paris, 1981), 251.

入公共机构的决定性条件后，这种趋势更是得到加强。正如法国，在那里要得到教会的圣职必须要五年时间。然而在要求固定学习期限方面也有例外。在18世纪，法国至少有三分之一的毕业生因为年龄超过了24岁而获得学习期限的减免，他们获准在取得学位时不必提供学习期限的证明，但这并不表明他们根本没有学习。⑩法国在学习期限上这种减免成为这些毕业生的真正的灾难。在牛津大学，文科硕士学位以法令形式规定，可以授予那些表明自己已经学习一定时间的贵族和普通绅士。学习期限通常会很长，而且不同学院有不同要求，神学的学习期限一般要求更长。在16世纪初的图宾根，学生在获得文科硕士学位之后，必须再花10年才能取得神学学位，6至8年取得法学学位，5年取得医学学位。牛津大学的《劳德章程》(1636)规定文科硕士学位的学习期限为7年，然后再学3年可获得医学或法学博士学位，而神学博士学位则需7年。在法国，1679年改革后法学硕士学位需3年，神学学位需5年。在理论上讲医学硕士学位开始是5至6年，1696年之后需4年，最终1707年之后是至少3年，但这种逐步(无疑是可行的)的改革是伴随着对出勤的严格考核而进行的。⑪

可以看出，近代学生们在逐步缩短他们的学习年限。这种年限的减少也导致当局有时采纳一些更常用而非现实的方法，将学习时间缩减到最少。因此，西班牙于1770年将学士学位的年限固定为4年，这显然是在适
361 当训练与学生迫切毕业之间的一种妥协。同时，法国的法学学生年龄从17到18世纪逐渐变小，学生们似乎都趋向于仅仅读够最低年限。按常规，学士学制为8个学期，硕士为12个学期(4年)，这也正是大部分学生实际就读的时间。⑫不过从长远看，学制也的确在缩短。在1546—1565年间，布雷斯劳的学生在大学学习5—6年，而1626—1645年间则只需在大

---

⑩ Julia and Revel, 'Les étudiants et leurs études' (注释1).

⑪ Julia and Revel, 'Les étudiants et leurs études' (注释1), *passim*; P. Huard, 'L'enseignement médico-chirurgical', in R. Taton (ed.), *Enseignement et diffusion des sciences en France au XVIIIe siècle*, Histoire de la Pensée, 9 (Paris, 1964; reprint Paris, 1986), 177-179; Chartier, *Education en France*, 261-263.

⑫ Julia and Revel, 'Les étudiants et leurs études' (注释1), 151-158. Against R. L. Kagan, 'Law Students and Legal Careers in Eighteenth-Century France', *Past and Present*, 68 (1975), 38-72.

学里呆4年。⑬17世纪的哈布斯堡王朝和德意志，大学学习年限与布雷斯劳相似，4年或稍少一点儿。⑭联合省也表现出类似的趋势，那里对学制的管理比较宽松，获得文凭的平均年龄从17世纪的24岁降到18世纪后半期的21—22岁。⑮

学位颁发之前，通常都有检验学位申请者才能的测试，它可能是考试、公开辩论、论文答辩，或一场乃至几场公共演讲。就论文答辩而言，可为一篇论文中的见解进行辩护，或是为提交申请学位的论文进行辩护（不要将这篇论文与练习性的论文相混淆，那些论文是在课程学习过程中进行的，不能视为考试）。公共讲演在牛津大学被称做墙壁演讲，因为学位申请者通常对着空屋子演讲。颁发学位时要举行极其古典的传统仪式。例如博士学位颁发典礼通常包括开幕词、训词、学位申请人的颂词、博士宣誓（1564年，教皇庇护四世在某一答辩之前发表训令——《在神圣中》，其间表达了他的忏悔宣誓，此后博士宣誓包括忏悔宣誓的做法尤为经常），典礼上还有一些象征性的仪式（书被打开再合上，铃声作为与文艺的结合，赠给学位申请人以手套、帽子，有时还有马刺或其他象征贵族身份的物品，将它们放到博士席上），最后由权威机构向他们颁发盖有印章的学位证书。⑯隆重的公共典礼从游行和宗教活动开始。此外，学位证书通常在特别的似圆 362

---

⑬ G. Kliesch, *Der Einfluss der Universität Frankfurt (Oder) auf die schlesische Bildungsge-schichte dargestellt an den Breslauer Immatrikulierten von 1506 - 1648* (Würzburg, 1961), 36 - 37.

⑭ A. Kohler, 'Bildung and Konfession. Zum Studium der Studenten aus den habsburgischen Ländern an Hochschulen im Reich (1560 - 1620)', in G. Klingenstein, H. Lutz and G. Stourzh (eds.), *Bildung, Politik und Gesellschaft. Studien zur Geschichte des europäischen Bildungswesens vom 16. bis zum 20. Jahrbundert*, Wiener Beiträge zur Geschichte der Neuzeit, 5 (Vienna, 1978), 102; W. Frijhoff, 'Surplus ou déficit? Hypothèses sur le nombre réel des étudiants en Allemagne à l' époque moderne (1576 - 1815)', *Francia*, 7(1979), 186 - 189.

⑮ Frijhoff, *Gradués*, 163 - 167.

⑯ 例如，参见处在18世纪的牛津：L. Sutherland, 'The Curriculum', in *History of Oxford V*, 469 - 491；在卡昂：W. Frijhoff, 'Le médecin selon Jacques Cahaignes (1548 - 1617). Autour de deux soutenances en médecine à Caen au début du XVIIe siècle', *Lias*, 10 (1983), 193 - 215；在萨拉曼卡：Rodríguez-San Pedro Bezares, *La Universidad salmantina* (注释9), vol. II, 700 - 820；在巴塞尔：E. Bonjour, *Die Universität Basel von den Anfängen bis zur Gegenwart 1460 - 1960* (Basle, 1960), 278 - 282；在格拉斯哥：D. Murray, *Memories of the Old College of Glasgow* (Glasgow, 1927), 306 - 309.

形剧场的建筑物前的教堂授予，那些圆形剧场似的建筑物就像牛津大学的歇尔顿尼安剧场(1669)一样。在有的大学，学位证书颁发典礼可能是单独进行的(这种情况下就没有盛典，只是私下里发放)，或一年一次，或甚至每隔两三年一次，给一批学生同时颁发。博士宴会在任何地方都是必有的，费用由税款支付。

学位颁发实践多样化的结果是大学、公众和教会权威机构对外国学位证书的不信任，他们怀疑这些学位证书的价值。有时他们甚至怀疑国立大学的考试。在联合省，尽管首批大学特意为训练牧师而创建，但是新教从未真正信任过他们。从16世纪末开始，他们仅仅承认那些通过由教会会议和古典权威代表主持的神学考试的神学学生做牧师候选人。此外，大学训练直到17世纪末才被正式要求。起初，正如英格兰清教徒所预言的那样，在职训练已经充足。实践中，这种情况导致了神学学位在实质上的消失，神学学位只为一些雄心勃勃的学者所保留，或是作为新近任职教授的荣誉。⑰

宗教的分裂和诸侯们控制他们未来合作者训练水平的要求强化了他们对外国学位文凭的限制，因为他们希望他们的合作者有专门的能力。这是欧洲日益增长的区域化的一部分，看似是同公共行政部门的集权化程度成比例的(参见第十章)。然而，如果不伴随着对职业实践施以有效的制裁，这种限制作用会变得微乎其微。因此，1591年荷兰议会颁布的对天主
363 教大学的警告只是一纸空文，然而南荷兰的君主们的限制却得到尊重，因为违反规定会对学生的事业产生不利影响。但总体而言，这些制裁预示：职业实践同文凭相联系，尽管文凭有时被提出异议。在17世纪之前，要求具有大学学位的行业或职业非常稀少。通常，能够提供证据表明自己在大学学习过一段时间就已足够，一名教授或系主任签字的证书亦可证明。

花费与收益

通常，学位是很昂贵的，它至少要花费相当于几个月的工资，更多时候

---

⑰ Frijhoff, *Gradués*, 45 - 47.

要花费一年或者一年以上的工资收入。在英国需要几十英镑，在德国需要100泰勒，在荷兰则需要差不多200弗罗林。但是，根据系科、大学，尤其是学位类型的不同，花费也极不相同。博士学位当然比硕士学位要贵，而硕士学位贵于学士学位。最重要的是，学位费用是一种限制市场竞争的手段。法国大学医学博士学位就是马尔萨斯学说运用的一个明显的例子。从18世纪开始，几乎在所有地方，这个博士学位都要花费几百图尔斯镑（相当于一个工人一年的工资）。但是到了18世纪中期，这一总数在巴黎已增长到5614镑，这是一笔可观的财富。更进一步讲，像安格斯或兰斯这样的大学存在两种贵贱不同的博士学位。一种比较昂贵（安格斯要2000镑，兰斯称之为“最普通的”，需要3500镑），想获取这种博士学位的学生可以在大学城内实习，也可以作为在读的博士生在大学里授课；另一种博士学位（兰斯称之为“不普及的”）比前者便宜七倍，它是为那些愿意走出去到大学城外实习的人而设计的。另外，还有一种专为外国人设计的既便宜又容易的博士学位。[18]

这种花销最多时相当于一个熟练工人十年的工资，的确是很贵。但是我们也应该考虑到它的实际价值。事实上，在两个学位授予制度之间必须有所区别。第一个学位制度继承于中世纪，学位要求连续地获得，低一级的学位是进修高学位的前提条件。在1789年法国大革命前的社会政治制度下，这一制度在所有中央集权制国家（法国、西班牙、英国等）实施。更广泛地说，在所有的欧洲南部地区都得以实施。国家法令经常重提这一制 364
度的重要性，毫无疑问这是因为它似乎能够在知识控制方面确保一定的规律性。但是，学位多样性也允许其功能的多样化。在这一制度，硕士学位作为获得一门专业课程最终认可的组成部分，它可以使毕业生有资格在几乎任何地方作为一名医生或律师开业。在卡斯蒂利亚，甚至是学士学位获得者都足以胜任律师业的工作。[19]一般来说，博士学位可以紧随硕士学位之后获得，而不需要任何特别的间隔，结果它经常在授予硕士学位当天或第二天授予。博士学位不呈现认知认可的特征，但通过一套象征性的训练

---

[18] Julia and Revel, ‘Les étudiants et leurs études’ (注释 1), 279－281.

[19] Pelorson, *Letrados* (注释 1), 17.

保证毕业生获准进入学者队伍。这是一种真正的开始仪式，博士学位获得者正式成为那些决定和维护大学科学水平的集体中的一员。加入这一团体(被冠以博士头衔)，这位新博士就被赋予一份责任，这种优秀群体的成员资格对科学、科学的发展以及科学的教学都负有责任，而这一切都会在博士典礼上有所庆贺。学位层次和功能的多样化在很大程度上解释了它们相对比率的不同。16 世纪，在克拉科只有四分之一的文科学士能继续攻读硕士学位。[20]17 世纪初，在萨拉曼卡，当一名学士有足够资格成为一名律师或医生时，也只有 2% 的学士们能继续攻读硕士学位，0.7% 的学士能继续攻读博士学位。[21]

第二个学位制度是在现代化的进程中从第一个制度中逐渐发展而来的，尤其是在德国境内。我们可以从莱顿的情况很清楚地看到这一点。1589 年莱顿颁布的条例仍然放弃了学士、硕士和博士的学位次序，但实际上学士学位在 16 世纪末就消失了。半个世纪之后，硕士学位只为外国人保留。学士学位被一种称为“候选人”的称呼所取代，它可以通过一次考试获得。博士学位依然保留着。然而，有的贵族想要突出自己的高贵，并且表示不需要以博士学位替代贵族身份，他们也会满足于一个普通的硕士学位。自此以后，在联合省(和在德意志帝国)申请博士学位比在其他国家申
365 请其他学位制度更加普遍。事实上，尽管研究生只有一个硕士学位，但博士的头衔已经很快变成了“研究生”的同义词，更易让人产生混淆的是，法律专业的研究生不论是硕士或博士，都使用“硕士”这一称号。[22]这种单学位制度实际上存在于北欧的许多国家。它可以解释学位在一个国家的稀有，比如瑞典，文科硕士(哲学硕士)就是一种一般的非专业头衔。高级学位只能由未来的教授和学者去努力获取。瑞典的法院和教会认可那些通

---

[20] L. Hajdukiewicz, ‘Travaux préparatifs à l'édition du “Corpus Academicum Cracoviense”’, in M. Kulczykowski (ed.), *L'Histoire des universités. Problèmes et méthodes. Ière Session scientifique internationale, Cracovie 13 – 14 mai 1978*, Zeszyty Naukowe Uniwersytetu Jagiellonskiego DLXVII. Prace Historyczne, Z. 67 (Warsaw/Cracow, 1980), 81.

[21] Rodríguez-San Pedro Bezares, *La Universidad salmantina* (注释 9), vol. III, 520 – 522.

[22] Frijhoff, *Gradués*, 43 – 45. 关于德国，参见 H.-W. Prahl, *Sozialgeschichte des Hochschulwesens* (Munich, 1978), 131.

过了它们自己的最终考试的人。[23]在其他的学位制度下，因为内涵的改变也产生同样的混淆。塞万提斯和克维多抓住一切机会嘲讽地指责那些只有学士学位却冒充硕士或自称为博士的卡斯蒂利亚人。[24]事实上，在这两种情况下，正是博士称号的社会声望决定了人们对它的使用。

作为一种最初的进入或开始仪式，并保证最终进入学者社会，博士学位由于其花费而昂贵。不同国家会稍有变化，但是告别宴会或荣誉典礼以及赠送给新贵族的礼物等的数量都是有严格的管理规定，下述内容都在预期中：餐会、酒宴、作为礼物的手套、兔皮、糖果、水果等。[25]无论什么时候计算这项开支，这些辅助花销都很大。如果谁想取消这项开支，悲哀就会降临在他身上。在卡斯蒂利亚，博士学位的花销已经达几百达克特。[26]1611 年 5 月 30 日，察哈里亚斯·赫尔曼牧师在奥德河畔法兰克福花费了总额高达 622 泰勒和 23 格罗特（至少相当于他预期年工资的 4 倍）来获得他的神学博士学位。这一小笔财富包括他从布雷斯劳以来的旅行花销，事实上，只有 12%（73 泰勒和 32 格罗特）用于付给大学，其他的花在了餐席宴会上。这些“额外花销”主要用于筹备典礼，标明新博士身份。[27]

博士学位的高昂花销使得一些候选人安心于硕士学位，而硕士学位在国内通常具有与博士学位类似的效用。因此，在法国，根据 1707 年 3 月 366
颁布的皇室法令，医学硕士学位是从医的唯一要求，但是产生博士学位的公共典礼可以在授予硕士学位之后立即进行。在花销之外还有一点不同，就是要举行一次非常庄严的大考试（约 5 个小时），通过了才可以得到博士头衔，并进而成为教授。[28]财富、博士学位的高花销都是职业的选择依据。另外，由于各大学学位花销存在显著不同，这也在一定程度上解释了学习

㉓ 参见 S. Lindroth, *Uppsala Universitet 1477 – 1977* (Stockholm, *1976*); in English *A History of Uppsala University 1477 – 1977* (Uppsala, 1977); Klinge, *Kuningliga Akademien*.

㉔ Pelorson, *Letrados*（注释 1），108 – 111.

㉕ 参见 1619 年萨拉曼卡大学法学或医学博士学位典礼上所列出的令人难以忘记的礼物清单，载于 Rodríguez-San Pedro Bezares, *La Universidad salmantina*（注释 9），vol. Ⅲ，910 – 912.

㉖ Pelorson, *Letrados*（注释 1），200 – 203.

㉗ Kliesch, *Der Einfluss*（注释 13），29 – 30.

㉘ Julia and Revel, ‘Les étudiants et leurs études’（注释 1），246 – 249.

型大学网与毕业型大学网之间的差异。

尽管如此,学位花销还是可以和预期的收益达到均衡的。这种均衡可以是精神上的,也可以是物质上的,有时是二者兼具。重点研究表明一个大学毕业生在他的专业领域可以期望比非大学毕业生挣得更多。㉙在1789年法国大革命前的社会政治制度下,社会依据荣誉和尊严来建构,大学学位是获得社会权利和特权的基本源泉。拥有了最高的学位,博士就可以预期获得最高声望。

授予博士的显赫地位可以从改革家对它的雄心勃勃的态度上略知一二。在中世纪,教堂是社会价值的裁定者,神学家持续地控制当时关于上帝、造物和社会的基本辩证。㉚神学博士学位允许其博士对自己的权威发出非难,并且在中世纪后期的宗教改革运动中神学博士学位已经获得了其正式的圣职授任。在康斯坦茨(1414—1418)和巴塞尔(1431—1443)的会议上,神学博士和主教拥有同样的选举权。马丁·路德个人就非常自豪于他1512年获得的神学博士学位,这赋予了他自己的神学权威。博士学位既不必问等级,也无须向教会权威尽义务,它赋予博士们挺立于这两种势力之间的权威。路德从1517年提出著名论点到演讲再到争论等一系列的
367 改革活动,都深深得益于采纳或模仿了学问交流的形式——在这个社会领域里,博士就是国王(领导者)。但是,路德却没有认可博士们的傲慢自大。因为他们利用自己的职位来断言尚未被科学研究证实的物质。他尤其厌恶法学博士,并且明确地告诉他的儿子:"如果你成为法科学生,我就吊死你。"㉛但是与此同时,随着王子典范(马基雅维利,1513年;伊拉斯谟,1515

㉙ W. Frijhoff, 'Université et marché de l'emploi dans la République des Provinces-Unies', in *Populations étudiantes*, vol. I,226 – 229.

㉚ G. H. M. Posthumus Meyjes, 'Het gezag van de theologische doctor in de Kerk der Middeleeuwen: Gratianus, Augustinus, Triumphus, Ockham en Gerson', *Nederlands Archief voor Kerkgeschiedenis*, 63 (1983), 105 – 108; H. A. Oberman, 'University and Society on the Threshold of Modern Times: the German Connection', in J. M. Kittelson and P. J. Transue (eds.), *Rebirth, Reform and Resilience: Universities in Transition 1300 – 1700* (Columbus, Ohio, 1984), 29 – 31.

㉛ M. Luther, *Tischreden* (WA 1913, 26): 'Wen du solst ein jurist werden, so wolt ich dich an ein galgen hengen.'参见 H. Thieme, 'Le rôle des *doctores legum* dans la société de l'Allemagne du XVIe siècle', *Recueil de mémoires et de travaux publiés par la Société d'histoire du droit et des institutions des anciens pays de droit écrit*, vol. Ⅵ (Montpellier, 1967),45 – 49.

年;格瓦拉,1529年等)或议员典范(德国的劳特贝克或奥尔登多夫、西班牙的卡斯蒂利亚或博瓦迪利亚)㉜等一系列的启蒙思想被提出之后,他也提倡为法官提供较好的法律训练,并坚持认为从事行政管理、法律工作的政府官员以及选取的公务员都应该具有与他们的职位相一致的教育水平。㉝

但是,分裂了改革者的正是基督教徒内部严厉的规则。马太福音(23:8)("你不是拉比吗")起到决定性的作用。宗教改革的激进派拒绝一切有关《圣经》解释的高级权威,并声称那些都是他们自己的意见。起初路德表示支持1523年维滕堡取消神学博士学位。把福音书的自由反映在学术自由上是不对的吗?神学院主任卡尔施塔特于是放弃了他的头衔和博士长袍,退休到奥拉明德,换上农夫的工作服,成了一名真正的新世俗人。随后巴塞尔也效尤。卡皮顿和布塞尔也介入了,但是到1533年,维滕堡的博士学位还是被重新建起,然后在巴塞尔也得到重建。㉞这场争论使我们得以洞察博士学位的巨大价值,一种象征性的价值但却具有真正的社会文化作用。教会没有搞错,神学博士学位确实是教会复兴的象征,这种复兴倾向于以一种更具智慧的、更具认知的和更有教育意义的理念来取代以往宗教 368
牧师所扮演的拘泥于形式的角色。正如加尔文教信徒称呼的那样,宗教的执行者便叫做《圣经》的牧师。对于加尔文教来说,博士未必是牧师,但牧

㉜ G. Lauterbeck, *Regentenbuch* (Leipzig, 1557); J. Oldendorp, *Politischer Unterricht für die Ratsherrn in Städten und Kommunen* (1634); 对于西班牙: J. Castilla y Aguayo, *El perfecto regidor* (Salamanca, 1586); J. Castillo de Bobadilla, *Política para corregidores y señores de vasallos* (Madrid, 1597).

㉝ B. Singer, *Die Fürstenspiegel in Deutschland im Zeitalter des Humanismus und der Reformation* (Munich, 1981); N. Hammerstein, '"Großer fürtrefflicher Leute Kinder." Fürstenerziehung zwischen Humanismus und Reformation', in A. Buck (ed.), *Renaissance-Reformation. Gegensätze und Gemeinsamkeiten*, Wolfenbütteler Abhandlungen zur Renaissance-Forschung, 5 (Wiesbaden, 1984), 265–286.

㉞ E. Kähler, 'Karlstadts Protest gegen die theologische Wissenschaft', in L. Stern (ed.), *450 Jahre Martin Luther Universität*, vol. I (Wittenberg/Halle, 1952), 299–309; H. Barge, *Andreas Bodenstein von Karlstadt*, vol. Ⅱ (Leipzig, 1905), 15; on Luther's position: Y. Congar, *Vraie et fausse réforme dans l'église* (Paris, 1969), 455–465.

师都应当是博士。[35]再者，对主教头衔的革除导致了博士在教堂中神学职责的增加。在伟大的宗教改革运动中，天主教会认识到改革领导者所受智力训练的重要性，结合到自己的教会，特伦托会议也着重强调了这一点。它确保了教会的尊严和主教的地位，尤其是为神学或教会法（第 12 章，第 24 节）的硕士及博士保留了尊严和地位。在路德教会境内，神学博士的高贵地位长久以来都反映在大学中，那里神学教授的地位在其他学科教授之上。但是特伦托会议的规定已经作为法律高于神学的胜利的先导，也导致学习研究向更加实用的方向发展。

法学博士被认为是高贵的，至少从中世纪晚期开始就是如此。[36]这完全是个人的、不具传承性的高贵身份。地中海地区的国家（西班牙、意大利）似乎是这一观念的发源地。意大利法学家争相赞美自己的高贵地位，认为自己比那些出身显赫的人更加高贵（劳伦佐·坎蒂尼），著名佩鲁贾法学家巴尔托鲁斯·德·萨克费拉托（1314—1357 年）声称，高贵的身份与有博士学位的人结合在一起，即使在他停止了教学活动之后，他仍有高贵的身份。当然，这种超前的精英论调在中世纪意大利有着特殊的背景，即旧贵族与城市新兴资产阶级之间的斗争。然而同样存在的状况是，信奉教皇绝对论的学生们在游学过程中将这种观念带了回来。16 世纪大学的贵族化给这一观念以新的刺激，使用"学问的高贵"表达的含义更为宽广，而不再像以前总是只有"博士学位"一个特定的内涵。就这样，它可以被用来支持曾受过更好教育的城市贵族的权力，在意大利半独立的城市、德意志帝国以及低地国家更是如此。这种新的观念也成为伟大的社会重组的重要武器，几乎欧洲各地的新兴贵族都需要它。因而在 1595 年，德国人约翰·
369 劳特巴赫在赞美学问与武器联盟的卓越之前，赞美了学问，认为它优于武

---

[35] W. F. Dankbaar, 'L'office des docteurs chez Calvin', *Revue d'histoire et de philosophie religieuses*, 44 (1964), 364 - 385.

[36] H. Lange, 'Vom Adel des Doctor', in K. Luig and P. Liebs (eds.), *Das Profil des Juristen in europäischer Tradition* (Ebelsbach, 1980), 279 - 294; I. Baumgärtner, 'De privilegiis doctorum. Über Gelehrtenstand und Doktorwürde im späten Mittelalter', *Historisches Jahrbuch*, 106 (1986), 298 - 332.

器。[37]于是，我们处于武器与学问的争执当中，即一种现代版的牧师与骑士之间的语言论争。这场争论中最著名的当数《唐吉诃德》(1606—1615)，这是米格尔·德·萨韦德拉·塞万提斯的小说，这部小说戏剧性地概括了当时社会中所有阶层表现出的傲慢。[38]

在撰写了一批有关博士特权的重要论文的同时，埃弗拉德·布龙乔斯特(1554—1627)还写了一本小手册。此人是瑞士巴塞尔的一名法学博士，荷兰莱顿大学的教授。这本小册子提供了对当时激进形势的纵览。[39]在职二十年后，法学博士成为贵族，他们有权力被赋予伯爵头衔，这就使他们有时候可以忽视大学，而有权根据皇权来自己授予博士学位。[40] 这种高贵的地位使他们在杜埃和萨拉曼卡的收入颇丰。作为贵族，他们有权佩带武器，并渴望由学生供养(一种封建领地关系的陈规的余留?)，他们被免除徭役和赋税，不必因为欠债而坐牢，也不会受刑。他们的子女有权免费接受教育，他们的妻子穿着奢华的盛装。因而在如大陆上的法兰克福那样的非大学城，着装规则(1731)是这样的：法学和医学博士以及贵族被列在首位，在富裕的商人之上。[41]这些特权通常也为大学博士们所固有，大学教授或甚至于大学中的一般成员也可享有。这是许多大学名单中出现博士的原因之一。作为大学的一员，他们也能够因此而获得特权，尤其是赋税和兵

---

[37] J. Lauterbach, *Tractatus novus de armis et litteris* (Wittenberg, 1595). 西班牙的与其同观念的人：F. Nuñez de Velasco, *Diálogo de contención entre la milicia y la ciencia* (Valladolid, 1614).

[38] J. A. Maravall, *El humanismo de las armas en Don Quijote* (Madrid, 1948); J.-M. Pelorson, 'Le discours des armes et des lettres et l'épisode de Barataria', *Les Langues néolatines*, 212 (1975), 40 - 58.

[39] E. Bronchorstius, *Tractatus brevis, perspicuus et succinctus de privilegiis studiosorum, tum professorum et doctorum* (Leiden, 1621; new edn Franeker, 1695).

[40] 参见第 4 章注释 88。

[41] 参见 C. Huerkamp, 'Die preussisch-deutsche Ärzteschaft als Teil des Bildungsbürgertums: Wandel in Lage und Selbstverständnis vom ausgehenden 18. Jahrhundert bis zum Kaiserreich', in W. Conze and J. Kocka (eds.), *Bildungsbürgertum im 19. Jahrhundert*, vol. I: *Bildungssystem und Professionalisierung in internationalen Vergleichen* (Stuttgart, 1985), 380 - 381.

370 役的豁免权。大学在16世纪贵族化的根源之一就在这里。[42]然而,这一特权却被延伸,只要是博士们能够享有特权的地方,贵族们也可以享有。优先权之争时常充斥着整个欧洲,因为具有博士学位,就可以脱离普通资产阶级的层次而将自己提升到第二阶层的水平——在有次序的社会中一种重要的象征性的进步。于是就不难理解,为何那些智力劳动型的职业通常被描述为介于贵族与普通人之间的“中等职业”。

学位作为从业资格

在有关自知之明的短篇中,伟大博学的格拉尔杜斯·约翰内斯·福西厄斯(1577—1649)批评了他所处时代的大学,表明在法国一名法学学生可以在五天内成为一名法官。在奥尔良,第一天被提升的法学候选人在第二天就应当获得他的从业执照,他必须在第三天从奥尔良旅行至巴黎,依靠可怜的一点儿经验第四天他能够被律师行业认可(被认定可以免于考虑实践时间的长短),然后在第五天就任法官职务。[43]这位学者的批评在许多方面都是非常有意义的:它指出了大学在功用上一分为二的两个方面,即以一定资格水平为目标的科学家们的完美理想,以及大多数人纯粹的机械实践。它同时揭示出,学位的晋升,更像是一种开始就职的行政行为,而不是一种认可学习身份的考试。最后它还指出,学习能够与学位的获得完全分离出来。(有关学习大学和学位晋升路线,参见第十章第432-434页)

在中世纪,学位根据公认的大学认可系统来授予,作为一段时期学习的正规结束。在现代,学位制度变得越来越多样化,它的意义也有所改变。在18世纪末期的大变革之前,除了寄宿学院的导师制度,事实上在课程进行中,没有依靠连续和必须的考试来提升的制度(学生认可制度)。在授予
371 学位之前只有唯一的年终考试。然而,更多的是仪式的而非严格审查的,

---

[42] H. de Ridder-Symoens, ‘L’aristocratisation des universités au XVIe siècle’, in M. Kulczykowski (ed.), *Les Grandes Réformes des universités européennes du XVIe au XXe siècle. IIIème Session scientifique internationale, Cracovie, 15-17 mai 1980*, Zeszyty Naukowe Uniwersytetu Jagiellonskiego DCCLXI. Prace Historyczne, Z. 79 (Warsaw/Cracow, 1985), 37-47.

[43] G. J. Vossius, ‘De cognitione sui libellus’, § XVII in T. Crenius (ed.), *Consilia et methodi aureae studiorum optime instituendorum* (Rotterdam, 1692), 675-677.

他们没有真正建立考试制度，很少通过考试来展示候选资格的真正水准。辩论的题目和学位论文常常是传统的、可预知的而且很容易准备，他们不能包括全部的训练。例如在英格兰，直到18世纪末期，客观的评价学校教育价值的考试才在剑桥大学出现，从而导致在牛津和剑桥产生了天才教育型的“新考试章程”，并在1801年被采用。[44]

结果是雇主们，即教会和政府，缓慢而坚决地制定出新颖的考试制度。因为在学生离开大学时没有对学生资格水平的严格评价，所以雇主们对申请出任公职的候选人组织选拔考试。考试不仅可以用来拒绝特别愚蠢的候选人，同时也能测试出一定数量的持有诸如实用知识等出任公职所必需的首要条件的候选人，此外考试还可用来任意调整获得认可的候选人的数量。尽管在现代人们很清楚能力或功绩在很大程度上与文化传统相交织，但事实上这些职前考试一面推动知识界精英体制的转换，一面又为候选人的学位成就提供证明。

为授予公职，教会设立考试或提出其他附加条件，他们是首先采取这种做法的一员。天主教神学院的创建被认为是对大学不信任的举措。甚至在像法国这样的国家，为了和学院以及宗教社团相竞争，神学院赞成神学院的学生住简陋的寄宿公寓或大厅，这些神学院的学生在大学里学习，但以后注定要做教士。到了17世纪末期，神学院开始教授神学，于是开始直接与大学相竞争。[45]路德教牧师候选人的考试也出现相同的趋势，这些 372
候选人得坐在一位主教、教会议会议员（在萨克森）、教会法庭成员（在海德堡），或一名大学教授面前，或许和其他加尔文教徒一起坐在宗教会议或一

㊹ 参见 S. Rothblatt, ‘The Student Sub-culture and the Examination System in Early 19th-Century Oxbridge’, in Stone (ed.), *The University in Society*, vol. I, 247－303.

㊺ H. Tüchle, ‘Das Seminardekret des Tridentiner Konzils und die Formen seiner geschichtlichen Verwirklichung’, *Theologische Quartalschrift*, 144 (1964), 12－30; D. Julia, ‘L'éducation des ecclésiastiques en France aux ⅩⅦ e et ⅩⅧ e siècles’, in *Problèmes d'histoire de l'éducation. Actes des séminaires organisés par l'Ecole française de Rome et l'Università di Roma-La Sapienza (janvier-mai 1985)* (Rome, 1988), 141－205; 关于德国：A. Seifert, *Weltlicher Staat und Kirchenreform. Die Seminarpolitik Bayerns im 16. Jahrhundert* (Münster/Westfalen, 1978). 关于波兰：A. Petrani, *Nauka prawa kanonicznego w Polsce ⅩⅧ i XIX wieku* (Lublin, 1961); S. Litak, ‘Das Schulwesen der Katholiken in Polen. Entwicklung und Verfall’, in Klingenstein *et al*. (eds.), *Bildung, Politik und Gesellschaft* (注释14), 124－137.

流权威面前。[46]甚至在英格兰，学生们被迫同意《至尊法案》和《英国国教声明》，并且大学和国教完全保持一致。从16世纪下半叶开始，英格兰牧师职位候选人的能力由基督教权威来考核。培养学生的重担很快交给了大学，大学接受了它，因此对其的控制在授予学位前就可进行。[47]在细节上作必要的修正之后，斯堪的纳维亚国家采用了这一制度。直至17世纪中期，国家把牧师的培养和考核交给了大学，教会和国家紧密共存是很多路德教区的特征。

教会很快被国家所注意。这就出现了三种情况：国家相信大学、国家不相信大学，以及国家试图在大学和社会需要之间建立一种合作关系。1498年，法国国王强行规定大法官裁判所和司法总管辖区法院的司法长官必须具有民法硕士或博士学位。毫无疑问，大学考试是不够的，因为1546年的《摩林斯敕令》规定了对出任议会法庭的法官们进行资格考试的条件。整整一个世纪之后，在路易十四时代，科尔贝尔对法律学习进行了彻底的改革，使之更符合专业需求。[48]应该指出的是，在法国，国家信任大学，并努力唤起大学的诚意，以此来获得更好的教育，但与此同时，国家对高等教育也进行严密的控制。这种体制只是在法国大革命期间才被摧毁。革命后新的规定更加接近专业需要。但是甚至在大革命之前，国家和大学
373 为了提高教师的资格，开始走上根据才能选拔的道路。1766年他们创立了一种教师竞争考试的制度，当时为哲学、纯文学和文法等领域的博士们

---

[46] B. Vogler, *Le Clergé protestant rhénan au siècle de la Réforme (1555 – 1619)* (Paris, 1976); G. Franz (ed.), *Beamtentum und Pfarrerstand 1400 – 1800* (Limburg an der Lahn, 1972); C. Homrichhausen, 'Evangelische Pfarrer in Deutschland', in Conze and Kocka (eds.), *Bildungsbürgertum* (注释41), vol. I, 248 – 278; C. A. Tukker, 'The Recruitment and Training of Protestant Ministers in the Netherlands in the Sixteenth Century', in D. Baker (ed.), *Miscellanea historiae ecclesiasticae*, vol. Ⅲ (Louvain, 1970), 198 – 215.

[47] R. O'Day, *Education and Society 1500 – 1800. The Social Foundations of Education in Early Modern Britain* (London, 1982), 132 – 150.

[48] D. Julia, 'Frontières étatiques, clivages confessionnels et cloisonnements intellectuels dans l'Europe des XVIe-XVIIe siècles', in J. P. Genet and B. Vincent (eds.), *Etat et Eglise dans la genèse de l'Etat moderne. Colloque organisé par le Centre national de la recherche scientifique et la Casa de Velázquez, Madrid, 30 novembre et 1er décembre 1984* (Madrid, 1986), 78 – 82.

预留了60个巴黎文科教师的位置，给那些最应当获得这些位置的博士们。[49]尽管"对话"这个词有些夸张，但一般说来，18世纪西班牙查里三世(1759—1788)和查里四世(1788—1808)时期的改革也可以归结为信任大学和在平等地位上获得二者合作的要求。克服颓废状态，在不触动已确定的社会结构下改革不时发生的陋习，尽可能地保持大学独立的功能，这就是西班牙波旁王室改革政策的状态。[50]

第二种情况是国家在某种程度上不信任大学，并且在大学考试之外设立自己的考试。这种情况主要发生在北欧，并且引出这样一个问题——这和罗马人过时的洞察力有多大关系？在15到17世纪，这些地区通过民事审判的实践来学习法律。在德国小的区域性"家庭"大学，政府控制是直接通过个人进行的，但是在较大的国家情况就不一样了。比如，1620年瑞典为法庭的旁听者设立实用的受训名额，国王查里十一世在1678年设立副公共检察官就职考试。[51]在18世纪，丹麦(1736)和瑞典(1750)在公共服务机构引进任职前的考试。

但是普鲁士很特别，政府通过一贯坚定的努力使所有知识分子国有化、专业化，且并没有忽视在新的公共服务机构规范基础上进行改革。[52]此

---

[49] D. Julia, 'La naissance du corps professoral', *Actes de la recherche en sciences sociales*, 39 (1981), 71 - 86.

[50] 参见第3章注释11。

[51] K. Å. Modéer, 'Die Rolle der Juristen in Schweden im 17. Jahrhundert. Eine rechtshistorische Skizze', in G. Rystad (ed.), *Europe and Scandinavia. Aspects of the Process of Integration in the Seventeenth Century* (Lund, 1983), 119 - 134.

[52] H. Rosenberg, *Bureaucracy, Aristocracy and Autocracy. The Prussian Experience 1660 - 1815* (Cambridge, Mass., 1958); W. Bleek, *Von der Kameralausbildung zum Juristenprivileg. Studium, Prüfung und Ausbildung der höheren Beamten des allgemeinen Verwaltungsdienstes in Deutschland im 18. und 19. Jahrhundert* (Berlin, 1972); H.-E. Müller, *Bureaucracy, Education, Monopoly. Civil Service Reforms in Prussia and England* (Berkeley, Calif., 1984); P. Lundgreen, 'Zur Konstituierung des "Bildungsbürgertums": Berufs- und Bildungsauslese der Akademiker in Preussen', in Conze and Kocka (eds.), *Bildungsbürgertum* (注释41), 79 - 108; R. Graf von Westphalen, *Akademisches Privileg und demokratischer Staat. Ein Beitrag zur Geschichte der bildungspolitischen Problematik des Laufbahnwesens in Deutschland* (Stuttgart, 1979); H. Hattenhauer, *Geschichte des Beamtentums* (Cologne, 1980), 96 - 102. 普鲁士并不是德国第一个采取这种议案的地方；关于巴伐利亚参见 Prahl, *Sozialgeschichte* (注释22), 136 - 142. 关于奥地利 B. Schimetschek, *Der österreichische Beamte. Geschichte und Tradition* (Munich, 1984).

374 外，约翰·戈特利布·海内克丘斯等学者把普鲁士的做法合法化。在意大利，这个角色是由洛多维科·安东尼奥·穆拉托里(1749)扮演的，在法国则是路易斯·勒内·卡拉代克·德·拉·夏洛泰(1763)。第一种职业考试是关于进入国家服务机构的律师考试，于1693年腓特烈一世时开始，并于1737年普及，在1755年最终形成制度。规定要求有三个阶段的考试和中等实践训练课程。除了控制律师，普鲁士政府在哈根部长1770年改革期间，旨在给予公共官员(这些人从1743年以后必须参加职位考试)更好的培训，为他们提供财政上的支持。管理学的第一批讲座1727年开办于哈勒和奥德河畔法兰克福大学，通常在哲学院进行教授(奥地利和瑞士是在法学院)，但是到了18世纪末，在一些地区成立了独立的管理学学院或讲座(吉森，1777年；斯图加特，1781年；美因茨，1782年)。尽管如此，大学教育对公共官员并不是必须的，因此证明教育水平的职位考试是有效的。准确地说，缺少国家职业考试是造成1800年体制危机的原因之一。最后，自由职业者、律师(1709)、医生(1718)和路德教牧师一起被迫先后采用类似的国家考试。[53]此外，1723年，律师和医生被要求在王国一所大学中拿到他们的学位。普鲁士政府很快懂得控制大学入学程度的益处，即可以控制退学潮流。1708年通过录取入学的垄断尝试干涉这一领域，而1788年拉丁学校则被指定通过常规要求来控制大学学科倾向。[54]普鲁士在解决问题时针对有分歧的情况进行，这种趋势为后来的发展带来了希望。按照洪堡的思想，大学作为学者教授的堡垒，可以通过最终考试来拒绝对教育的认可，同
375 样，政府也可采用结构合理而严密的专业考试制度来选拔合乎他们认可要求的人员。

18世纪天主教专制政府主要的改革中就有很多属于第三种情况的例子：国家的权威渗透到大学的最核心处，并根据需要进行改造。当然，在这想到的第一件事是自彼得大帝时期以来，俄国沙皇逐步建构的与职业密

---

[53] H. Hermann, 'Die "Freien Berufe". Herkunft, Wandlung und heutiger Inhalt des Begriffs', dissertation, Frankfurt-on-Main, 1971, 52–53; Prahl, *Sozialgeschichte*（注释22），171–172.

[54] 参见 H.-G. Herrlitz, *Studium als Standesprivileg. Die Entstehung des Maturität-sproblems im 18. Jahrhundert* (Frankfurt-on-Main, 1973).

切相关的教学机构网络。[55]人们也不会忘记万·格特弗里德·斯威滕领导伟大的奥地利改革。[56]但最引人注目的例子是维克托·阿马迪厄斯二世(1675—1730)在皮德蒙特区的改革,主要是因为改革的早熟和君王的意识,他通过教育的统一来实现国家的统一。这次改革抓住了垄断教学和职业许可这两个头等类型的团体:培养医生和律师的专业学院和统治神学及文科的宗教团体。在1719年压制了前者之后,又于1729年收服了后者,当时萨沃伊公爵设法建立一个新的体制,来建立大学课程、学术学位和职业选择之间的恰当联系。专业人员和大学之间新的合作关系是在政府控制下进行的,目的是在职业选择上达到更好的平衡,同时也为了精英的流动。此外,现在新的职业(工程学、建筑、外科、测量)可以在大学中进行培训。[57]

这样政府或专业团体从有学问的教师团体手中获取职业训练的条件,并进而成为他们的特权。通过这个双重过程(政府控制、专业化),学位逐渐没有了以前的社团意义。从此,它从外在权威设定的专业先决条件中获得价值。然而,在那些任职考试已经完全替代大学考试的地方,例如普鲁士,已逐渐采用新的方式,它不是职业资格考试,而是学术资格考试。于是,作为独立科学研究能力的证明,人们自由地重新定义学位。这是19世 376
纪的一个重要发展,它联系到对大学概念和模式(洪堡和他的教育概念)的重新定义。但是这种开端的标志已在近代出现。从此,为了名誉,博士学位有所增加,它能够使受益者的学术水平得到明确的尊敬,这种改变或许很难证明,但在对于答辩或毕业论文的概念中,它的原则似乎已被普遍接受。

起初,教师提供一个题目或文章作为接受博学教育的练习,在19世纪

---

[55] J. C. McClelland, *Autocrats and Academics. Education, Culture and Society in Tsarist Russia* (Chicago, Ill./London, 1979).

[56] E. Wangermann, *Aufklärung und staatsbürgerliche Erziehung. Gottfried van Swieten als Reformator des österreichischen Unterrichtwesens 1781 – 1791* (Munich, 1978).

[57] M. Roggero, *Il sapere e la virtù. Stato, università e professioni nel Piemonte tra Settecento ed Ottocento* (Turin, 1987); M. Roggero, 'La politica scolastica nei ducati padani nel secolo dei Lumi. Realtà locali e problemi generali', in G. P. Brizzi (ed.), *Il catechismo e la grammatica*, vol. Ⅱ (Bologna, 1986), 165 – 194.

突变成真正独创的综合性研究论文之前,这些论文逐渐成为候选人学识的证明。[58] 作为一种必然结果,产生了一种根源于大学的职业:“论文写作者”,即代笔人,他们为那些没有才华,或懒惰,或过于匆忙的候选人服务。[59]对于没有学术抱负的学生,他们越来越满足于在没有听众的辩论中简单地为几篇论文的观点进行辩护。

这带给我们有关自由职业者的问题,恰恰因为他们独立的性质,从而逃避了控制。这里有一个混合的解决方法:律师和医生经过同行的考试后方可允许开业。这种考试通常局限于大学里获得学位时的适当要求,他们需要获得律师职业或医学院的承认。

当学位成为一个职位的必要条件时,没有太多才华或不幸运的学生就会试图作弊。替考和作弊这两种形式有所区别。很容易想像,在没有摄影技术的社会,身份识别比今天要困难得多,作弊是多么频繁的事。然而,还是有一些很有效的方法来阻止这种欺骗现象。首先,很多大学规模都较小,学生的学区也有限。一般说来,从接受中等教育时起,同学间就互相认识,大学当局经常怀疑外来者。其次,出生证明、学生证、护照以及体格证明都要齐全。最重要的是,在荣誉仍是价值观核心的社会里,欺骗要冒被发现的危险,一旦欺骗被发现,这个学生就要被驱逐出他想要进入的生活
377 圈子。最后,一个人如果有钱去游学,很可能不用下多少功夫学习就可以在大学里买到学位。因此,尽管我们相信,与开始相比假文凭更为普遍,但很有可能是因为那些不富裕的学生实在需要一个学位来挣钱糊口,如将来当医生或律师。假文凭的例子各国都有。然而,我们这里剖析这一现象并不是为了摧毁这种学位和考试机制。

此外,医学院校经常让新生追随一种持续的研究生教学制度,在米兰

---

[58] 关于大学练习及毕业论文写作者的争论性问题,参见 G. Schubart-Fikentscher, *Untersuchungen zur Autorschaft von Dissertationen im Zeitalter der Aufklärung* (Berlin, 1970); Brockliss 的 *French Higher Education* 中的有些部分在论文收集基础上建议对法国大学低水平教学的传统形象作出修正。

[59] 例如,参见 L. Dulieu, ‘Un faiseur de thèse: le docteur Hugues Gourraigne’, *Languedoc médical*, 5 (1963), 3-16.

或其他意大利北部的大城市就是这样，他们不培养和考核候选人本身。[60]那么可以理解，近代欧洲大学的学位研究是一门精深的课题，应当考虑到各国的具体情况。

数量

从总体情况看，大学注册名录要比毕业生卷宗得到更好的保管。因为人们总是更多地研究大学注册名录(录取学生数量参见第七章第 297 页)。这是否表明大学都更注重校内而忽视校外，更趋向于自我理解？大学要全面评估自己的发展必须同时考虑学生注册和学位颁发两件事情。毕业生并非都为人所知，注册学生以及所有已被录取仍要继续攻读学位者的姓名也不完全清楚。无论如何，我们应放弃考察单个学校机构而从地区或国家的范围上来研究。这样做有若干个理由：大学极少仅从某个既定的城市和地区招生，即便大学这样做了，在本国或国外的其他地方也能寻求到学位。这样一来，简单的叠加就不科学了：学校应重建学生档案，或至少应依据地区和社会标准重新分组。把注册学生人数和毕业生人数先比较一下，就会发现它们的数量关系在全欧洲都不一致，并且是变化的。首先，欧洲不同地 378
区甚至相同地区的大学都有着巨大的差异。北欧和中欧不像南欧及欧洲边缘地区那样注重学位。1550 至 1620 年间，只有 5% 的海德堡大学学生获取学位。16 世纪，奥德河畔法兰克福大学有 17 847 名学生，仅有 566 人毕业(即 3.2%)；[61]即使在 1750 至 1800 年间，也只有 16% 的因戈尔施塔特大学生得到当地大学授予的学位，主要是哲学和法学学位。然而在剑桥、阿尔卡拉和圣地亚哥，获得学位的学生比例到 16 世纪末上升至 50%。[62]这种差异与学院的选择无关。在瑞典辖区奥布和多尔帕特内的路德教会大学，哲学和神学占据统治地位，但毕业率却极低。17 世纪的奥布只有 6%

[60] E. Brambilla, 'Il "sistema letterario" di Milano: professioni nobili e professioni borghesi dall età spagnola alle riforme teresiane', in A. De Maddalena, E. Rotteli and G. Barbaresi (eds.), *Economia, istituzioni, cultura in Lombardia nell'età di Maria Teresa*, vol. Ⅲ (Bologna, 1982), 79 - 160.

[61] Kliesch, *Der Einfluss* (注释 13), 44 - 45.

[62] 参见 Kagan, *Students and Society*, 178; Pelorson, *Letrados* (注释 1), 104.

的文学学生拿到硕士学位。耶稣会学院也以神学和哲学为盛,但有大量的文学硕士。诚然,在两种情况下学位是不同的,尽管有相同的名称,天主教国家的文学硕士是初级阶段,而新教地区文学硕士是高层次的哲学学位。除了由不同地区而引起的学位级别的差异外,学位的功能也不相同。

其次,不同时期的注册与学位的关系也是变化的(表 9.1)[63]。

尽管毕业生与注册生的比例暂时会下降,但总趋势是上升的,因此注册生人数与毕业生人数越来越趋向一致,至少在学位要求一定的就读时间情况下总是这样。换句话说,从一个世纪到下一世纪,中途辍学的学生数在持续减少。让我们以经过很好研究的荷兰为例。15 世纪奥尔良的布拉班特大学里有 17% 的学生获得法学学位,而 16 世纪这一数字上升至 28%。[64]在 17 世纪中期的上艾瑟尔省,每四名学生中有一名拥有学位;

379 **表 9.1　学生获得学位的百分比**

人　口	1600	1650	1700	1750	1800
大学					
巴黎(文学硕士)	19.4	67.3			
牛津(文学学士)	35.0	39.0	48.0	54.0	58.0
弗拉讷克	6.0	22.6	40.5	56.8	70.8
奥布			6.3	10.5	15.9
多尔帕特		5.7	5.8		
城镇/地区					
聚特芬镇	8.4	19.4	32.8	51.4	48.2
北布拉班特		35.2	40.4	47.2	
上艾瑟尔省		27.4	35.5	46.9	90.4

[63] 资料来源:L. W. B. Brockliss, 'Patterns of Attendance at the University of Paris, 1400 – 1800', in *Populations étudiantes*, vol. Ⅱ, 490,表 1; Frijhoff, *Gradués*, 224; Frijhoff, 'Université et marché' (注释 29), 220; L. Stone, 'The Size and Composition of the Oxford Student Body', in Stone (ed.), *The University in Society*, vol. I, 95; Klinge, *Kuningliga Akademien*, 463 – 465; A. Tering, *Album academicum der Universität Dorpat (Tartu) 1632 – 1710* (Tallinn, 1984), 83; J. A. H. Bots and W. Frijhoff, 'De studentenpopulatie van de Franeker academie: een kwantitatief onderzoek (1585 – 1811)', in G. Th. Jensma, F. R. H. Smit and F. Westra (eds.), *Universiteit te Franeker 1585 – 1811* (Leeuwarden, 1985), 68.

[64] H. de Ridder-Symoens, 'Brabanders aan de rechtsuniversiteit van Orléans (1444 – 1546). Een socio-professionele studie', *Bijdragen tot de geschiedenis*, 61 (1978), 210.

一个世纪之后，则每两名学生中就有一名学生拥有学位。如果再算上那些完成学业但没有学位的牧师，注册生与毕业生的数量会更趋向一致。两份学生档案抽样调查证实了这些事实：17 世纪中期毕业率从 20%（聚特芬镇）至 35%（北布拉班特）不等（存在这个差异是因为在这一天主教地区有相当多的鲁汶大学文科毕业生），18 世纪中期，这两个地区毕业率均为 45%—50%。

另外，毕业率还会因学科而异。18 世纪的巴塞尔，30% 的法学学生、50% 的文科学生和 65% 的医学学生拥有学位。[65]学位获得率与就业前景有明显的联系。对医生而言学位是必须的，但对于从事法律或行政管理的人来说学位并不如医生那样重要。从各学院毕业生的分布可看出大学功能在缓慢而确切地改变着。1477—1534 年间，图宾根有 5800 人注册，其中的 2891 人，即约占半数获得学位。在这些学位中，90% 是文科、5% 是法学、3% 是神学、2% 是医学。[66]但是 1569 年海德堡的文科学位获取率却明显衰落，毕业生中 39% 是文科、40% 是神学、17% 是法学、4% 是医学。医学所占比重仍然很小，法学却开始在欧洲各地迅猛发展。[67]在 1600—1700 年间，如同黄金世纪的荷兰一样，西班牙的莱佐德斯学院情况也是如此，法学毕业生成十倍地增长。我们可以看到荷兰的这个趋势是详尽的，因为法 380
学毕业生与医学毕业生的数量关系（平均 3.5∶1）并非是不变的。在 17 世纪中期和 18 世纪末，医学毕业生数量明显增长。一项详尽的分析表明，医学的膨胀首先同荷兰区域医学发展有关，其次同内部各省为弥补过去不足而加速发展有关。[68]

尽管我们的知识还很不完善，但发展趋势似乎非常明显：先是文科占统治地位（15 世纪），之后神学急剧膨胀（16 世纪），进而法学迅猛增长（16—17 世纪），最后是医学的发展（18 世纪）。从中世纪直至 16 世纪初是

---

[65] Bonjour, *Die Universität Basel*（注释 16），278 - 279.

[66] W. Kuhn, *Die Studenten der Universität Tübingen zwischen 1477 und 1534. Ihr Studium und ihre spätere Lebensstellung*（Göppingen, 1971），32.

[67] Kliesch, *Der Einfluss*（注释 13），47.

[68] Frijhoff, *Gradués*, 134 - 137.

文科的黄金时期。然而在人文学院的增加和以培养牧师为最终目的的两次改革的双重影响下，神学迅速发展。虽然神学起初与哲学联系很紧，后来才脱离哲学完全独立，但它的确是16世纪重要的学科。在文学院学习，即便没有学位，也足够可以在教会谋个低级职位，或是从事大多数的教学工作。这就是为什么文科一直存在，而与此同时神学学位数量少的原因。这些少量的神学学位为那些教授神学的知识渊博的宗教学者、教授和教堂的权贵们（牧师、主教、督导等）拥有。[69]因此，我们可以证实，随着神学的发展，文科毕业生的工作机会发生了某种变革。布拉格的学生为我们很好地证明了这一点。从那时起文科毕业生不再单纯地从事教学，而且还在教堂工作或从事公共服务。还有一点不能忘记的是，文科学位也吸引着那些为学习文科、为更好地生活、为做更明智选择的人们，他们并非为谋生而攻读文科学位。[70] 在其他地方，如英格兰，文科学位发展成为高级学习做准备的本科课程。

神学部分地取代了文科。然而要弄清大学神学学习与整个欧洲天主
381 教和新教牧师就职之间的确切关系却并非易事。有很多例子可以说明这一点。法国的天主教会里，牧师们更多地信赖于职业系统本身而不是训练课程。[71]另一方面，如果牧师在大学里不能占主导地位，他们时常学习自己

---

[69] 关于早期大学毕业的标准，参见 H. de Ridder-Symoens, 'Internationalismus versus Nationalismus an Universitäten um 1500 nach zumeist südniederländischen Quellen', in F. Seibt and W. Eberhardt (eds.), *Europa 1500. Integrationsprozesse im Widerstreit: Staaten, Regionen, Personenverbände, Christenheit* (Stuttgart, 1986), 410.

[70] F. Šmahel, 'L'Université de Prague de 1433 à 1622: recrutement géographique, carrières et mobilité sociale des étudiants gradués', in *Populations étudiantes*, vol. I, 79 – 84. *Mercator sapiens* 是1632年1月9日卡斯帕·巴勒乌斯在阿姆斯特丹精英学校就职典礼上的著名开场演讲的标题。

[71] 参见 D. Julia, 'Système bénéficial et carrières ecclésiastiques dans la France d'ancien régime', in *Historiens et sociologues aujourd'hui. Journées d'études annuelles de la Société française de sociologie, Université de Lille I, 14 – 15 juin 1984* (Paris, 1986), 79 – 107.

的课程。[72]大学在训练牧师方面只起到次要作用，所以最好以文学硕士学位的数量来衡量学院和神学院的重要性。不过，对于有些天主教会的牧师，接受神学或宗教法律的训练并获得学位是至关重要的。那些希望跻身教会上层或渴求教会俸禄的牧师需要大学学位。[73]然而一般说来，牧师就业情况同天主教神学院的学位状况并非总十分协调。尽管如此，事实上职业岗位数量的减少与学校出勤率下降是吻合的。至少在法国如此，因为在18世纪末西班牙的神学学生数量大大增加。[74]

在信奉英国国教、路德教和加尔文教的国家，国家对大学教育与教会圣职培养的共存合作产生了直接而快速的影响。但是在17世纪两者的相互渗透和融合似乎已成事实。牧师的单一性、博学牧师的榜样作用以及奖学金制度对此产生了积极影响。向牧师子女发放的奖学金被视为牧师薪水的补充。诚然，向没有财产的学生开放就业机会引发了人们认为这样可 382
能会造成就业市场上知识分子的过剩的讨论。整个18世纪，各地新教牧师团体都抵制那种不严格的为神职作准备的神学学习。事实上，天主教徒中博学的牧师模式正渐渐地被另一种模式所取代：公共服务牧师（兼管教堂礼拜和政府事务）。正是这种转变，使牧师们在关于剩余知识分子的争论的大背景下，对在职的公务员产生一种实质的威胁。安东尼·拉·沃帕指出，基于虔信主义大环境和关于才能和人的价值的新观点，并对新教普鲁士的贫困生们如何面对这场争论提出了新的职业理念，新的职业理念以世

---

[72] 有关开始阶段，参见 J. H. Overfield, 'University Studies and the Clergy in Pre-Reformation Germany', in Kittelson and Transue (eds.), *Rebirth, Reform and Resilience* (注释 30), 254－292; P. Polman, 'De wetenschappelijke opleiding van den Noord-Nederlandschen clerus secularis in de XVIe eeuw', *Ons Geestelijk Erf*, 8 (1934), 398－417. 有关在巴黎和图卢兹的爱尔兰牧师的课程的更为详尽的研究，参见 L. W. B. Brockliss and P. Ferté, 'Irish Clerics in France in the Seventeenth and Eighteenth Centuries: a Statistical Study', 皇家爱尔兰学院的做法，参见 vol.87, C. no.9 (Dublin, 1987), 527－572.

[73] 参见 P. Loupès, *Chapitres et chanoines de Guyenne aux XVII e et XVIII e siècles* (Paris, 1985); Julia and Revel, 'Les étudiants et leurs études' (注释 1), 191－241.

[74] T. Tackett, 'L'histoire sociale du clergé diocésain dans la France du XVIII e siècle', *Revue d'histoire moderne et contemporaine*, 26 (1979), 198－234; T. Tackett, *Priest and Parish in Eighteenth-Century France* (Princeton, N.J., 1976). 关于西班牙，参见 M. Peset and M. F. Mancebo, 'La population des universités espagnoles au XVIII e siècle', in *Populations étudiantes*, vol. I, 197.

俗化为立足点,强调职业本身。从那时起,两种独立而具学识的职业(教授、牧师)对自己的领域(哲学、神学)重新界定,作为对此的回应,人们建构了两种新的职业观点,为 19 世纪的职业化开辟了道路:提高大学教授的文化水平和寻求具有更广泛文化氛围的环境来培养牧师,这两种观点都建立在新人文主义构建的基础上。[75]鉴于 17 世纪大学注册生的普遍增长,在某些学期神学院学生的比例有所下降,但在绝对数量上并没有减少。

例如,在丹麦,16 世纪神学院学生占学生总数的 40%,17 世纪跌至 25%。而学法律的学生大量增加,其中很大一部分来自平民。不久,瑞典也出现同样的趋势。[76]尽管在出发点上各国相异,但从 16 世纪开始出现的法学热和平民学生潮(这暗示着平民法学家开始担任为贵族法学家所鄙视的
383 低级职位)在大多数欧洲国家一直持续到 17 世纪。[77] 蒙田在他的文章中极富讽刺意味地把这种新的法学家等级制度称为王国的第四种身份。西班牙和法国最先呈现这种趋势,这显然不仅由于这些中央集权的国家建立了官僚政治,还因为教会法作为神学和民法之间桥梁作用的重要性。如果说 18 世纪人们对法律的兴趣有一点淡泊的话,这就要归因于新的政府职能分工:决策部门在吸收新成员时往往要求从法学学生中选拔具有较高教育水平的人(一般总是选择高层社会的学生),而从属或非决策部门则从人文学院(比如财政学)或大学外吸纳新成员。这就是为什么不提贵族法学家群体的高自我繁衍率,而我们却对 18 世纪法律学生圈贵族化有清晰印象的原因。[78]在这一时期,大学毕业生自始至终都与政治领域有密切的关

---

[75] A. J. La Vopa, *Grace, Talent and Merit. Poor Students, Clerical Careers, and Professional Ideology in Eighteenth-Century Germany* (Cambridge, 1988).

[76] S. Bagge, 'Nordic Students at Foreign Universities until 1660', *Scandinavian Journal of History*, 9(1984), 1–29; G. Rystad, 'The King, the Nobility and the Growth of Bureaucracy in 17th-Century Sweden', in Rystad (ed.), *Europe and Scandinavia* (注释 51), 59–70; L. Niléhn, 'Swedish Society and Swedish Students Abroad in the 17th Century', in Rystad (ed.), *Europe and Scandinavia* (注释 51), 97–117.

[77] 这种"民主化"的例子,参见 B. Guenée, *Tribunaux et gens de justice dans le bailliage de Senlis à la fin du Moyen Age (vers 1380 – vers 1550)* (Paris, 1963); E. Friedberg, *Die Leipziger Juristenfakultät. Ihre Doktoren und ihr Heim* (Leipzig, 1909).

[78] 参见 Kagan, 'Law Students and Legal Careers' (注释 12); N. T. Phillipson, 'The Social Structure of the Faculty of Advocates in Scotland 1661 – 1840', in A. Harding (ed.), *Law-making and Law-makers in British History* (London, 1980), 146–156.

系,这正是引起学校独特招生现象的原因,反过来又是其造出的结果。这种交错关系正是学位的内在价值同社会价值相混淆的根源。学位仅是政治赛场上撑门面的装饰品。在德国,某些法学院还作为提供正式法律条文的团体而服务社会,这使得大学成为直接的参政者。[79]但总的说来,法学院及其成员的言论通常都会被视做权威。这就难怪在宗教战争期间、法国17世纪40年代投石党运动以及法国大革命等政治动乱时期,法学家总会冲到前线。[80]

在法学家中,律师因为最早就具有团体精神而很快脱颖而出。律师数量迅速增长,这与人们诉讼观念提高、社会中法律活动增多(代替了旧形式下双方的相互妥协)密不可分,[81]还与人们日益对法律产生广泛的兴趣, 384
并把它作为社会组织的新向导有关。更进一步讲,它反映了社会向书写文化迁移的过程。事实上,律师的增加在那些大学尚未教授法律的国家持续了更长时间,比如英格兰和爱尔兰就是如此,法律知识由律师学院教授,在那里为律师职业培养适用普通法的律师。在罗马法一度胜过习惯法的国家也是如此,比如德意志帝国(在我们这个时代之初罗马法曾被视为绝对权威)和其他一些国家。律师职业受到重视的曲线运动是清晰的:西班牙的巴利亚多利德在16世纪的最后25年达到顶峰,英格兰、联合省、南布拉班特(荷兰南部)在17世纪中后期达到顶峰,苏格兰则于1700年前后达到

---

⑲ 例如:H. Liermann, 'Die Altdorfer Juristen. Ein Beitrag zur Geschichte des Juristenstandes', in F. Elsener and W. H. Ruoff (eds.), *Festschrift Karl Siegfried Bader* (Zurich, 1965), 267–280.

⑳ 参见 R. Schnur, *Die französischen Juristen im konfessionellen Bürgerkrieg des 16. Jahrhunderts. Ein Beitrag zur Entstehungsgeschichte des modernen Staates* (Berlin, 1962); A. Lloyd Moote, *The Revolt of the Judges: the Parlement of Paris and the Fronde, 1643–1652* (Princeton, N.J., 1971); B. Stone, *The French Parlements and the Crisis of the Old Regime* (Chapel Hill/London, 1986); M. P. Fitzsimmons, *The Parisian Order of Barristers and the French Revolution* (Cambridge, Mass., 1987).

㉑ J. Bossy (ed.), *Disputes and Settlements. Law and Human Relations in the West* (Cambridge, 1983).

顶峰。[82]无论是在西班牙、联合省还是我们所能知道的德国等地方，在经历这次高峰以后，能够被准许进入律师职业的人数开始迅速减少，速度要超过法学学生或毕业生减少的速度。这当然是由于工作出路的问题，因为法律职位已经不能再增多。依据申诉到法庭的案件数量来看，法律活动大大减少了。[83]实际上，法律作为解决社会问题全能手段的鼎盛时期已经结束。一种新型的更为职业化的法学家制度逐渐形成。我们可以从18世纪末期（如在苏格兰）在律师认证过程中缓慢的民主化进程以及大量对律师职业标准等的批判作品中看出这一演变的前奏。

18世纪的主要事件就是医学的兴盛。我们不能忘记医学专业化的进程（后面还要讨论这一问题），医学的繁荣与实验科学的兴盛是分不开
385 的。另外，这也表明中产阶级作为新的社会阶层进入大学并通过大学进入自由职业领域。[84] 16和17世纪是精密科学的全盛时期，在意大利和荷兰由大学毕业的医生数量显著增长。[85]在荷兰这种兴盛使医生密集。1675年前后，联合省共和国每2900名居民有一个大学毕业的医生为其服务，在城镇则是每1500—2000名居民就有一名大学毕业的医生为其服务。在欧洲其他地区这一密度有所不同，地中海沿岸城市的医生密度最高。经历一

---

[82] W. Prest, *The Rise of the Barristers. A Social History of the English Bar 1590 - 1640* (Oxford, 1986); Phillipson, 'The Social Structure'（注释78）; Frijhoff, *Gradués*, 246 - 264; and the contributions in W. Prest, *Lawyers in Early Modern Europe and America* (London, 1981); F. Ranieri, 'Vom Stand zum Beruf. Die Professionalisierung des Juristenstandes als Forschungsaufgabe der europäischen Rechtsgeschichte der Neuzeit', *Ius Commune*, 13 (1985), 83 - 105;英语的缩略译本，见：'From Status to Profession: the Professionalization of Lawyers as a Research Field in Modern European Legal History', *Journal of Legal History*, 10.2 (1989), 180 - 190.

[83] 关于欧洲演变的综合性观点，见 F. Ranieri, 'Die Tätigkeit des Reichskammergerichts und seine Inanspruchnahme während des 16. Jahrhunderts', in B. Diestelkamp (ed.), *Forschungen aus Akten des Reichskammergerichts* (Cologne/Vienna, 1984), 41 - 73.

[84] 这种情况在德国犹太人身上表现显著，参见 M. Richarz, *Der Eintritt der Juden in die akademischen Berufe. Jüdische Studenten und Akademiker in Deutschland 1678 - 1848* (Tübingen, 1974). 关于犹太人，另可参见第7章第294 - 296页和第430页。

[85] 参见希尔德·德·里德 - 西蒙斯对博洛尼亚大学医学毕业生数量的统计，'Italian and Dutch Universities in the Sixteenth and Seventeenth Centuries', in C. S. Maffioli and L. C. Palm (eds.), *Italian Scientists in the Low Countries in the XVII th and XVIII th Centuries* (Amsterdam, 1989), 54; Frijhoff, *Gradués*, 230 - 246.

个短暂的衰落后，1800年，医生的密度又回升到原有水平。但此后，我们将外科医生人数也计入其中，于是获得一幅更为全面的专业医学画面。在荷兰，每700—800名居民中就有一个外科或内科医生（整个巴达维亚共和国这一比率是1∶1100），所以我们有充分的理由抱怨当时医生数量严重地超饱和。[86]这些比率与法国南部和过多补充的其他地区的比例相当。但与过低比例的中部地区相比并不协调：在法国北部每2700名居民中才有一个医生。[87]总的来说，除了有医学院培训医生的伦敦、巴黎和其他大城市外，医生同居民的比率在某个地区也可能从一个极端走到另一个极端。[88]所以，医生同居民的比率大小与这些地区的城市化程度密切相关。将1730年萨沃伊1∶1700的医生居民比率和1750年皮德蒙特区1∶4300的医生居民比率，以及荷兰的医生居民比率相比，足以看出这种差异。[89]再如，我们可以比较布列塔尼与安茹的医生居民比率，1786年布列塔尼每5000名居民中拥有一位医生（包括内科和外科医生），安茹（布满了小城镇和自治市镇）则每1350名居民就拥有一位医生。[90] 16世纪，西班牙不足5000 386
居民的城镇一个大学毕业的医生也没有，乡村更是如此。在较大的城镇里医生居民比率与德国城镇几十年以后达到的比率相近：1∶2000—2500。[91]然而在18世纪下半期，大学医学飞速发展，皮德蒙特区医生和法律人员的比率很快达到1∶4。[92]爱丁堡、格拉斯哥、蒙彼利埃和斯特拉斯堡、爱尔福特

---

[86] W. Frijhoff, 'Medische beroepen en verzorgingspatroon in de Franse tijd: een dwarsdoorsnede', *Tijdschrift voor de geschiedenis der geneeskunde, natuurwetenschappen, wiskunde en techniek*, 8 (1985), 92–122.

[87] J.-P. Goubert, 'La médicalisation de la société française à la fin de l'ancien régime', *Francia*, 8 (1980), 245–256.

[88] 参见例子 G. Clark, *A History of the Royal College of Physicians of London*, 2 vols. (Oxford, 1964–1966).

[89] Roggero, *Il sapere e la virtú*（注释57），112.

[90] F. Lebrun, *Les Hommes et la mort en Anjou aux 17e et 18e siècles* (Paris/The Hague, 1971), 217–235.

[91] Rodríguez-San Pedro Bezares, *La Universidad salmantina*（注释9），vol. Ⅲ, 56–62.

[92] D. Balani, D. Carpanetto and F. Turletti, 'La popolazione studentesca dell'Università di Torino nel Settecento', *Bollettino storico-bibliografico subalpino*, 76 (1978), 9–183；参见 Roggero, *Il sapere e la virtú*（注释57），119.

和吉森医学得到惊人的发展。[93]因此,这一时期医学发展成为一门新的主导学科,并且为19世纪科学的繁荣开辟了道路。

社会功能

直至20世纪60年代,对社会科学的认识达到理性的高度时,关于大学的一些假设才得以形成。这些假设或是关于大学状况与社会需求之间的关系,或是关于高等教育在社会上不断变化的角色和功能,很久以前有些注册学生曲线图就反映了大学功能演变的概貌。[94]这些假说中至少有三种同时应用到了大部分欧洲国家。17世纪上半叶的教育革命(见第七章)后,出现了一种社会问题,这个问题归因于大学毕业生过剩(被疏远的知识分子)、大学贵族化,以及大学及其学生就业所面临的专业化进程,该进程引起各个国家极大的关注和积极的行动。20世纪60、70年代进行的历史研究中,出现使用定量研究方法的倾向。这一倾向无疑使教育改革假设受到了热烈欢迎。然而现在,高等教育专业化的假设取代定量研究方法已经
387 有若干年了。17世纪大学生数量的增长(见第七章)能与国家对高素质公务员的需求增长相联系吗?"大学贵族化"的命题正是从这里引出的。这个问题包含了许多复合性因素,这些因素共同确认了一点:与过去相比,贵族在大学里占据了更大的领域。这些复合性因素主要包括三点:第一,官僚主义机构不断膨胀,需要有学识的议员;第二,意大利人文主义教育理念的影响,贵族们渴望获得知识;第三,贵族们必须面对争夺权力的竞争,这种竞争来自更富有、更有文化、素质更高的资产阶级的"威胁",这些资产阶

---

[93] E. T. Nauk, 'Die Zahl der Medizinstudenten deutscher Hochschulen im 14. - 18. Jahrhundert', *Archiv für die Geschichte der Medizin und der Naturwissenschaften*, 38 (1954), 175 - 186; Julia and Revel, 'Les étudiants et leurs études' (注释1), 277,482 - 483.

[94] 入学考试参见第7章297页至本章结束,另可参见 L. Stone, 'The Educational Revolution in England 1560 - 1640', *Past and Present*, 28 (1964), 41 - 80; 参见 L. Stone, 'Literacy and Education in England', *Past and Present*, 42 (1969), 69 - 139; L. Stone, *The Crisis of the Aristocracy 1558 - 1641* (Oxford, 1965).

级不惜耗时费财,从那些缺钱的领导人手中买得贵族头衔。[95]16 世纪后半期,大学似乎吸引了大量为在政府谋职而学习知识的贵族。[96]并且这项求学运动一直持续到 16 世纪末和 17 世纪初。同时我们也可以看到:在整个 17 世纪的 7 所德国大学中,每 10 名学生中就可能有 1 名贵族学生。[97]由于大多数贵族对大学共同的组合式的生活方式产生了显著的影响,因而使得其所在大学受到人们关注。贵族们带来了新的内容:单独入学、携带武器耀武扬威、特权和徽章上的区分,至于对课程偏科或傲慢地拒绝学位的获得,就更不用提了。这些新内容势必加剧社会的分化。

然而,我们不应夸大为追求高级职位的贵族对职业市场的真正影响。军人贵族接受另一种模式的教育,即贵族学院或骑士学院、武士学院的教育,他们与就业市场无关。[98]游历学者也很快从武士游历中寻求到他们相应的位置。[99]如果这种至高无上的威严的皇室议会和国家法庭在近代由贵 388
族议员占据席位,那么他们也只占总席位的一小部分,而且只代表少数学生。这种情况除了英国大学再次出现外,其他大学都不存在这种情况。比贵族大学更为重要的事情似乎是在 17、18 世纪文职工作与贵族身份之间的联系更为紧密。并非贵族刻意去追求职务,而是职务创造了贵族身份。

---

[95] 关于这一问题,参见 J. H. Hexter, 'The Education of the Aristocracy in the Renaissance', *Journal of Modern History*, 22 (1950), 1 – 20, reprinted in J. H. Hexter, *Reappraisals in History* (London, 1961), 45 – 70; H. de Ridder-Symoens, 'Adel en universiteiten in de zestiende eeuw. Humanistisch ideaal of bittere noodzaak?', *Tijdschrift voor geschiedenis*, 93 (1980), 410 – 432; De Ridder-Symoens, 'L'aristocratisation des universités' (注释 42); W. Kühlmann, *Gelehrtenrepublik und Fürstenstaat* (Tübingen, 1982).

[96] 如以上所列参考文献,另可参见 J. Simon, 'The Social Origins of Cambridge Students 1603 – 1640', *Past and Present*, 26 (1963), 58 – 67; Kearney, *Scholars and Gentlemen*.

[97] R. A. Müller, *Universität und Adel. Eine soziostrukturelle Studie zur Geschichte der bayerischen Landesuniversität Ingolstadt 1472 – 1648* (Berlin, 1974); R. A. Müller, 'Aristokratisierung des Studiums? Bemerkungen zur Adelsfrequenz an süddeutschen universitäten im 17. Jahrhundert', *Geschichte und Gesellschaft*, 10 (1984), 31 – 46.

[98] J. R. Hale, 'The Military Education of the Officer Class in Early Modern Europe', in C. H. Clough (ed.), *Cultural Aspects of the Italian Renaissance* (New York, 1976), 440 – 461; Conrads, *Ritterakademien*.

[99] H. de Ridder-Symoens, 'Die Kavalierstour im 16. und 17. Jahrhundert', in P. J. Brenner, *Der Reisebericht. Die Entwicklung einer Gattung in der deutschen Literatur* (Frankfurt-on-Main, 1989), 197 – 223.

在某种程度上，这些职务都是行政管理部门或司法部门里的高级职位（如法国国会议员、德国的法院或议会官员）。这种通过仕途成为贵族的变化趋势不断增长，反过来又影响着大学的招生。[100]

然而，任何一个简单的概括似乎都太过草率，各个国家都有其自身的资格要求。从一项对15、16世纪布拉班特议会议员的详细分析可以看出，在1531年规定了议员们必须具有法学学位，但实际上即使当时议员中有半数都是贵族，也只认可已经存在的公职身份。然而来自公共服务机构的议员数量不断增长的事实也是不容忽视的。因此并非贵族或资产阶级身份在起作用，也并非大学因素在起作用，而是处于精通行政管理或法律实践的成员资格在起作用，换言之，即家庭背景在发挥着作用。那么，贵族的愤怒是可以理解的，他们在某些事情上反应并不慢。[101]同样的情况也在德国发生。如果说16世纪以来学法律的人垄断了政府部门未免夸大其词。君主的需要远比大学的供应要大，正因为如此，贵族们才得以在议会中保持强势，能成功地反对任何自动由政府授予贵族身份的行为。然而，在许
389 多领域，非贵族的大学毕业的议员们构成一个社会阶层，该阶层仅允许一小部分相关家庭参与，从而在贵族和平民之间形成一个中间阶层。[102]

有人指出，英国大学扩大社会招生、学生人数增长可归因于两个方面。

---

[100] 有关批判性的全面的概要，参见 J. V. Vives, 'Estructura administrativa estatal en los siglos XVI y XVII', in J. V. Vives, *Coyuntura económica y reformismo burgués* (Barcelona, 1969), 99－141. 两个例子参见 F. Bluche, *Les Magistrats du Parlement de Paris au XVIIIe siècle* (Paris, 1960); B. Wunder, 'Die Sozialstruktur der Geheimratskollegien in den süddeutschen protestantischen Fürstentümern (1660－1720)', *Vierteljahrsschrift für Sozial- und Wirtschaftsgeschichte*, 58 (1971), 145－220.

[101] H. de Ridder-Symoens, 'Milieu social, études universitaires et carrière des conseillers au Conseil de Brabant (1430－1600)', in G. Asaert, *et al*. (eds.), *Recht en instellingen in de Oude Nederlanden tijdens de Middeleeuwen en de Nieuwe Tijd. Liber amicorum Jan Buntinx* (Louvain, 1981), 257－301; 参见 H. de Ridder-Symoens, 'Possibilités de carrière et de mobilité sociale des intellectuels universitaires au Moyen Age', in N. Bulst and J. P. Genet (eds.), *Medieval Lives and the Historian. Studies in Medieval Prosopography. Proceedings of the First Interdisciplinary Conference on Medieval Prosopography held at Bielefeld, 3－5 December 1982* (Kalamazoo, Mich., 1986), 343－357.

[102] N. Hammerstein, 'Universitäten－Territorialstaaten－Gelehrte Räte', in R. Schnur (ed.), *Die Rolle der Juristen bei der Entstehung des modernen Staaten* (Berlin, 1986), 718－732.

首先是为了满足增加大学所培养的牧师数量增长的需求；其次是由于奖学金数量也在不断提高。这种社会低层出身的顾客似乎越来越以自我充实提高的过程为特征。来自豪门世家的世袭牧师很多，因而在18世纪约有四分之一强的学生（一半是非贵族）出身于牧师家庭，而1580年这样的学生仅有3%。[103]与上述学生截然不同的还有另一种学生，他们具有更高的社会出身，他们满足于接受非专业性的更世俗、更广泛的文化知识教育。这些精英成员并不获取学位，毕业后回自己本省，在那里无论如何他们的前途都是有保障的。[104]从数量上看，这两类学生数量相当。根据这一假说，英国大学比欧洲其他大学发展得晚，因为在那些大学里神学在16世纪繁荣起来并成为主要课程，而从16世纪末开始，法律开始代替神学的地位，成为占主导地位的学科，即使在贵族中也是如此。[105]在英国，法律确实是律师学院中教授的主课，并且在当时确实吸引了大批学生。

联合省共和国则是另一种情况，在这个由小的州组成的联邦里，没有中央集权和官僚机构，在那里无论新生还是毕业生，在不到一个世纪的时间里人数扩充为原来的四倍，而人口只增加了不到一倍。对政府为何鼓励人们上大学或者拿学位的行为，似乎无法解释。在长时间建立的城市文化的推动下，以人文主义精神为鼓舞，人们纷纷把儿童送往学校。这是一场来自社会内部的运动，它的动力源泉既有文化性（读与写的普及），又有社会性（自由职业发展成学术型职业，这种学术性头衔的声望可以与贵族头
衔媲美），但政治性不强。贵族学生并不多，远远少于商人和律师的后代。 390
然而不管怎样，在英国，大学最主要的任务还是为培养受过高等教育的新教牧师服务的，从而可以在国内建立起一种训练基地，通过这里的培训，教会就能源源不断地为加尔文教派吸收神职人员。[106]像英国一样，在17世纪

---

[103] Stone, 'The Size and Composition'（注释63），93.

[104] V. Morgan, 'Approaches to the History of the English Universities in the Sixteenth and Seventeenth Centuries', in Klingenstein *et al*. (eds.), *Bildung, Politik und Gesellschaft*（注释14），138－164.

[105] 参见 W. Frijhoff, 'Universiteit en religie, staat en natie in de zestiende eeuw: een comparatieve benadering', in W. P. Blockmans and H. Van Nuffel (eds.), *Etat et religion aux XVe et XVIe siècles* (Brussels, 1986), 121－141.

[106] Frijhoff, *Gradués*, 246－279.

上半期，这种有学问的神职人员成为宗教争端的导线及宗教分裂的起点。在两种国家，宗教都在政治斗争中起关键作用。1640—1649 年英国资产阶级革命在莫里斯亲王反对奥尔登巴内费尔特的派系斗争中发现了它的副本，1619 年这场斗争受到多德雷赫特教会会议的强烈抗议和谴责。

西班牙的情况恰恰相反。毋庸置疑，西班牙的情况支持了国家对公职人员需求不断增多的假设。[107]在那里国家和教会都需要经过严格培训并具有文化知识的公职人员。大学的扩充与这种双重需求存在密切联系。1493 年 7 月 6 日颁布的天主教教皇律令特别规定：凡能证明自己已经学习民法或教会法十年的行政部门或司法部门的工作人员都可以保留原有职位。这项规定实施起来并不那么严格，但自此以后，要在政府部门工作必须经过一定水平的法律学习；另外，尽管在欧洲唯利是图的官员随处可见，但在西班牙则很少，然而恰恰由于这一规定竟助长了功利主义的形成，刺激了职业流动性，也加强了皇室对公共服务机构职务的控制。[108]实际上，在主教区、教士团体、法院、地方政府以及皇家议会（诸如卡斯蒂利亚的国家会议、调查委员会、印度地方会议、财政部会议等）中存在数千个职务，它们构成特权阶级的顶峰，因此我们不能忘记它有一个较为广泛的基础。[109]在 18 世纪的前 25 年里，据统计学生总数达到一个最大值——5 万人（不包括殖民地在内，每 200 个居民中就有一个学生），其中 10 000—20 000 人
391 是法学学士，1000—2000 人有律师执业资格或法学博士学位。[110] 有些学生毕业后没有职业，而那些执业律师和法学博士在萨拉曼卡、巴利亚多利德和阿尔卡拉的 6 所大学高级学院学习了有关课程后，分享了统治阶级中的

---

[107] Kagan, *Students and Society*; R. L. Kagan, 'Universities in Castile 1500 - 1810', in Stone (ed.), *The University in Society*, vol. Ⅱ, 355 - 405.

[108] 参见 K. W. Swart, *The Sale of Offices in the Seventeenth Century* (The Hague, 1949).

[109] Kagan, *Students and Society*, 109 - 158; L. Sala Balust, *Reales reformas de los antiguos colegios de Salamanca anteriores a las del reinado de Carlos Ⅲ (1623 - 1770)* (Valladolid, 1956); J. A. Maravall, *Los hombres de saber o letrados y la formación de su conciencia estamental* (Madrid, 1967); Pelorson, Letrados (注释 1) ; Rodríguez-San Pedro Bezares, *La Universidad salmantina* (注释 9), vol. Ⅲ, 30 - 44.

[110] Pelorson, *Letrados* (注释 1), 117 - 118.

高层职位(不要忘记博洛尼亚的西班牙学院也有同样的特权)。[111]高级学院是为学士们保留的,在这里普通学生吸收了那些获得奖学金的贵族学生的生活方式。他们不事学术,建立自己强大的客户和交友网络,垄断社会上有影响的职业,在西班牙17世纪以来伟大的近现代政府的基础上形成人员的组织。与这些曾经是贵族学生如今又成为精英的人们相比,那些从事职位较低工作的人们则是大量的牧师、律师和公职人员,还有那些没有找到工作的学士和没有大学毕业的低级雇员、公证员、法院职员、检察官、秘书等。在为获取人文科学学位的三年学习过程中,平均有一半学生离开大学,而另一半学生则留下来学习4—5年的法律课程。[112]那些没有坚持取得大学学士学位的学生并不意味着通常意义上的失败,他们所追求的在政府部门取得职务的标准显然是较低的。教学与(以追求贵族化为标准的)公共服务机构密切交织在一起,这种体制对大学的各个层面(学生、毕业生以及正在等待行政部门工作的教授)产生了影响,使大学受到一定程度的腐化。除了法学和神学,卡斯蒂利亚(西班牙)对科学丧失了兴趣。在这一大学演变过程中,卡根目睹了大学在18世纪的迅速衰落,主要原因之一就是当时所提供的职位越来越少。不过17世纪后半期以来学生数量的下降另有原因。近代国家的基础一经奠定,它就要任用一些毕业的法学专家帮助建立其主要机构,那么这些法学专家或权威就会需要更多的执行人员,而不是精通法律知识的学究。他们需要的是下属职员、文案秘书、收税人、招待员和警察等。17世纪末军事技术的发展造成对技师、工程师的需求,而这根本涉及不到大学。殖民地管理也同样如此。在西班牙,经历了最初的 392
热情之后,殖民地管理就很少受到尊重。荷属的印度地区由商业雇员管理,而英国的殖民地管理则是赤贫者的避难所。

此外,以有学问的公职人员或博学绅士为代表,他们在经历了大学贵族化运动的浪潮洗礼之后,开始遭到批判。那种理想化的正直类型的人,

---

[111] A. M. Carabias Torres, *Colegios mayores: centros de poder*, Historia de la Universidad, Acta Salmanticensia, 46, 3 vols. (Salamanca, 1986); D. De Lario, 'Mecenazgo de los colegios mayores en la formación de la burocracia española (siglos XIV – XVIII)', in M. Peset (ed.), *Universidades españolas y americanas. Época colonial* (Valencia, 1987), 277 – 309.

[112] Kagan, *Students and Society*, 178, figs. 4 – 5.

既继承了意大利文艺复兴时期人类普遍存在的形式上的东西，又被赋予了自身所处时代的具有真实内容的文化，他们逐渐被一种时髦型的人所取代。后一种是法庭风气的产物，因为外表和时髦在那里被视做是最高的价值标准。无论以欧洲资产阶级社会地位的不断更新为标志的贵族化进程如何，在行政级别（德国），贵族等级（意大利、低地国家），或法国贵族礼服等方面都发生了变化。然而，这些在欧洲随处可见的变化使上层社会指挥阶层的精英内部出现新的分化。这些精英们（包括与他们一起工作的同事）在其生活方式、文化以及所盛行的价值观等方面都与另一种类型的精英有很大不同，后者一般包括企业主、商人、工程师、科学家。如果这两类精英无论在个人方面还是由于他们客户的互相混和或是由于他们的关系网等方面因素仍然有很近的联系，那么他们会试图在文化上走自己的路，以寻求不同的教育生涯。前者会继续学习拉丁语并接受大学教育，而后者即企业精英们则选择新式语言，并且接受职业训练。

从这种意义上讲，我们有理由充分相信，18 世纪的大学进行了第二次贵族化运动。英国的大学表现得特别明显，从 18 世纪以后，那里的一半多学生都出身贵族家庭。[113]但我们已经看到，这些精英内部的分化，从一开始就成为高等教育体制中存在的部分内容。这在那些贵族大学一度兴盛的专制主义国家中体现得更为明显。[114]我们甚至可以看到，像罗马德语学院转变成贵族教士学院一样，职业学校转变为牧师学校。[115] 最后，我们还可看到，在很多德国、荷兰地区，学校贵族化引起学生人数缩减。当所有的一
393 切都完成之后，像这种贵族们把自己委托给国家并接受国家安排的教育课程的情况，难道不是国家对贵族实行明确教化的一种迹象吗？

最后还有一种因素控制着 18 世纪大学的发展，那就是意大利的玛丽娜·罗杰罗提出的“地方化”，以及西班牙佩塞特和曼塞博所谓的“区域化”。

---

[113] Stone, ‘The Size and Composition’（注释 63）, 93.

[114] 参见 G. P. Brizzi, *La formazione della classe dirigente nel Sei-Settecento. I ‘Seminaria nobilium’ nell’Italia centro-settentrionale* (Bologna, 1976); G. P. Brizzi, ‘I Gesuiti e i seminari per la formazione della classe dirigente’, in G. P. Brizzi and A. M. Matteucci (eds.), *Dall’isola alla città. I Gesuiti a Bologna* (Bologna, 1988), 145–155.

[115] P. Schmidt, *Das Collegium Germanicum in Rom und die Germaniker. Zur Funktion eines römischen Ausländerseminars (1552–1914)* (Tübingen, 1984).

这种提法在欧洲其他地方也存在。对于有国际声誉较大规模的大学来讲，所能触及的领域已经缩小，而且有与内地合并的趋势。也就是说，在那些领域里，大学能控制学位的发放或者说它们自然地或正式地担当起“精英生产者”的角色。大学之所以能不断发展，是由于其所在地区经济发达；如果不是这个因素，则是由于当地领导人自觉实施了有关的大学政策。如果这些大学仍能吸引远方的青年学生，那么这些学生在数量上与一两个世纪以前的学术游历所处的黄金时期招收的学生相比还是少得多。然而，一项成功的国家政策与大学改革相结合，并且适应被管辖地区的需求之后，有时就会给学术带来一次提高，保证精英们的新老交替，刺激新职业的繁荣，正如我们从 18 世纪末的帕维亚大学和都灵大学看到的那样。[116]

被疏远的知识分子

在法国大革命爆发前的大部分时间里，一直存在一个很严重的问题，即知识分子相对于社会需求的过剩。大学不是只培养依赖劳动阶级的寄生虫吧？对升入大学的学生数量庞大这件事的反省，使该时代的观察者们感到很迷惑。大学生的数量需要通过更多基于毕业生人数的确切资料来修正。然而，要使这些有关毕业生人数的确切资料覆盖整个地区是不可能的。我们也可以好好地思考一下，是否可以把学生入学曲线和根据离校学生估计出的就业前景二者联系起来，对于所考虑的全部时期是否有任何意义，或者是对于所有国家来讲在某个或相同时期内有何意义。近代关于大学的所有争论都会涉及到知识分子过剩这一问题，我们必须尝试理解这种情况。

25 年前，M.H.柯蒂斯在他的一篇被后人奉为经典之作的文章中提到，职位应聘者(以离开大学的毕业生人数估量)数量与所提供的职位数量之间不均衡，这种不相称所造成的社会影响则是 17 世纪所面临的问题。

---

[116] 参见 M. Roggero, ‘Professori e studenti nelle università tra crisi e riforme’, in *Storia d'Italia. Annali*, 4 (Turin, 1981),1037 – 1081,特别是 1077 – 1081.

394 同时，这两个数字之间的伸缩余地必然也很小。[117]柯蒂斯得出这样一个结论：在英国内战期间，那些不能找到预期工作并到处散布分歧意见的被疏远的知识分子们，在数量上有明显增长。此外，达恩顿的著作指出，一些类似于记者或小文人作家们的社会抱负受到很大挫折，因为在一个半世纪以后的革命时代，他们成了代罪羔羊。[118]无论这个假设有多么吸引人，它也掩盖了相当一部分需要事前证实的情况。这些有关"受挫的知识分子"的理论，意味着在学校研究、就业规划以及职位之间建立起一种有效联系，这有点儿像现今所讲的教育事业与就业市场之间的关系。的确如此，布尔迪厄在这里适当引证了莱布尼茨提出的自然法概念。据此，布尔迪厄指出，学生们在大学学习期间所养成的习惯促使他们将自己的抱负去适应社会部门形式上的轨道，而此后又期待着从他的大学学位中获取其他人已从中取得的一般价值。[119]换言之，即当职位缺乏时，而应征者却发现很难相应地降低自己的要求，因而就会受到打击。

但是，我们能够真正地讨论法国大革命之前有关知识分子就业市场的情况吗？[120]那时根本就没有现代意义上的知识分子就业市场，甚至连一个微小的组织都没有。与需求相关联的就业市场所呈现的饱和状态或是有效的公开性，这种现象往往可能在事情发生后很长时间才被关注，对于接受教育过程还是调整职业过程来讲，时间都太长了。恰恰由于这一原因，在18世纪出现第一份刊登全国范围内求职广告的职业期刊。联合省的《会堂学刊》就是个例子，1692年它由文法学校的教师皮特·拉布斯(1660—1702)创建，当时它是一个学术杂志，后来在17世纪转变成一种职业评论性的杂志。一定学术职业的自由特性包含着一种不确定的附加因素。法学专家和医生可以通过自己的专业实践谋生，但他们却不一定必须

---

[117] M. H. Curtis, 'The Alienated Intellectuals of Early Stuart England', *Past and Present*, 23 (1962), 25 – 49.

[118] Darnton, 'The High Enlightenment and the Low-Life' (注释5); R. Darnton, *Bohème littéraire et Révolution. Le monde des livres au XVIII e siècle* (Paris, 1983).

[119] P. Bourdieu, *Homo academicus* (Paris, 1984), 188 – 189.

[120] 参见 J. Ben-David and A. Zloczower, 'The Idea of the University and the Academic Market-place', *Archives européennes de sociologie*, 2 (1961), 303 – 314.

如此。相反,独立职业的自由性被视做大资产阶级价值的一种。[121]很多例子可以证明,有财产的自由职业者更喜欢以自己的方式谋生。他们为了或多或少的受人尊敬的职责,或是为了令人怀疑的利益的委托而致力于城邦服务,只是偶然才施展一下他们的专业。此外,当个人仍然遭受各种灾难的打击,以及当家庭计划不优先于个人计划并且只是明确瞄准并保持一个位置而不是提高它时,我们不能太草率地把抱负看做是社会地位的攀升吗?[122]很显然,成功实现社会地位的攀升通常要经过两代甚至几代人的努力:零售商的儿子在奖学金资助下可以成为一位牧师或顶多成为一名医生。只有在他进入文化圈之后,他的孩子才能渴望得到更好的东西。[123]

"知识分子过剩"的命题也经常出现在近代作家的作品中,所以我们在谈论"古老又古老的故事"时也不会出错,这已成为事实。从1614年三级会议到黎塞留的《政治遗嘱》,在法国人们一直抱怨文科毕业生数量过多,而他们总不想负担租税,还要剥夺农民和手工艺人所需要的土地。这是一个重商主义者所青睐的主题,它将在下个世纪成为经济学家研究的主题。自从马特奥·阿莱曼(1559—1602)所写的以流浪汉及其冒险为题材的小说《阿尔福拉克的卡兹玛》出版以来,在西班牙就产生了关于过剩的知识分子的讨论。1655年,芒努斯·德·拉·加尔迪在瑞典发出警告:在行政机构中知识分子过多。在这个问题成为德国和奥地利的经济学家(索南费尔斯、莫泽、米夏埃利斯和许多其他的经济学者们)关注的热点之前,18世纪的报纸上早已充斥了有关这一话题的惊叹之词。这一新阶层的公职人员实际上已经通过控制就业市场来承担调整资产阶级社会地位的任务。因此,该阶层还想控制生产阶层,也就是那些手工艺人和农民中无法预计的学习者的扩充,并与政府针对由文化职业的自发繁衍采取的控制措施相联

---

[121] 参见 D. Roche, 'L'intellectuel au travail', *Annales. Economies, Sociétés, Civilisations*, 37(1982), 465-480, reprinted in D. Roche, *Les Républicains des Lettres. Gens de culture et Lumières au XVIII e siècle* (Paris, 1988), 225-241.

[122] 这一主题参见 J. W. Oerlemans, 'Historische sociale mobiliteit', *Theoretische geschiedenis*, 8 (1981), 161-186; J. W. Oerlemans, *Sociale ongelijkheid als cultuurhistorisch thema* (Groningen, 1986).

[123] 参见 Frijhoff, *Gradués*, 194-201; J. A. H. Bots, I. Matthey and M. Meyer, *Noordbrabantse studenten, 1550-1750* (Tilburg, 1979), 94-97.

396 系。[124]仅以他们的论文为例，在1768年任何一个人都可以读到荷兰的报纸《哲学》上的这段话："看，那些所有强壮的家伙们变成侏儒，所有快乐的挑夫们变成穷困潦倒的乡村牧师、挨饿的律师、倒霉的医生、发牢骚的家庭教师和萎靡的教师！"[125]卫生学家和社会学的马尔萨斯主义者的论文在这里相互支持，并且恳请大学改革其职能，但不是适应那些全部的粗俗的要求。虽然论文显然认识到社会下层阶级对接受大学教育的要求，但作为一个有组织的模式，却反映了少数富人的思想。

那么这似乎成为问题的核心。对于能够说明应征一种职务、职业或类似职务的求职者存在暂时性过剩的有关资料并不匮乏，但恰恰在论文发表的时候，这种资料却很少了。[126]尤其是在18世纪，尽管像索南费尔斯一样的经济学家努力给这些数字提供统计学上的合理解释，在恶毒的论说出现的国家里，学生的数量仍持续下降。换言之，对一个潜在社会问题的感知实际上是社会整体洞察力的一个功能，就像社会需要受过良好教育的知识分子，但在数量上必须限制他们。因此，面对求职失败而产生愤恨的有些机械的解释，一种新观点被提出来，即在社会缺乏足够就业机会的事实上少放些精力，而应更多地关注同时代的知识分子和社会之间的联系，以及那些由于智力性职业市场的饱和（现实的或虚构的）而无法获得期望的

---

[124] 参见 Herrlitz, *Studium als Standesprivileg*（注释 54）; R. A. Müller, 'Sozialstatus und Studienchance in Bayern im Zeitalter des Absolutismus', *Historisches Jahrbuch*, 95 (1975), 120－141; G. Klingenstein, 'Akademikerüberschuss als soziales Problem im aufgeklärten Absolutismus. Bemerkungen über eine Rede Joseph von Sonnenfels aus dem Jahre 1771', in Klingenstein *et al.* (*eds.*), *Bildung*, *Politik und Gesellschaft*（注释 14）, 165－204; F. Quarthal, 'Öffentliche Armut, Akademikerschwemme und Massenarbeitslosigkeit im Zeitalter des Barock', in V. Press, E. Reinhard and H. Schwarzmaier (eds.), *Barock am Oberrhein* (Karlsruhe, 1985), 153－188; J. Van Horn Melton, *Absolutism and the Eighteenth-Century Origins of Compulsory Schooling in Prussia and Austria* (Cambridge, 1988), 107－144.

[125] *De Philosooph*, no. 110 (Amsterdam, 1768).

[126] 此处不是讨论大学出席率特点中周期性运动这一有趣论题的恰当的地方，这一论题应当与对受过教育者过剩这一现象的理解相关联。参见 R. C. Schwinges, 'Immatrikulationsfrequenz und Einzugsbereich der Universität Giessen 1650－1800. Zur Grundlegung einer Sozialgeschichte Giessener Studenten', in P. Moraw and V. Press (eds.), *Academia Gissensis. Beiträge zur älteren Giessener Universitätsgeschichte* (Marburg, 1982), 247－295; H. Titze, 'Überfüllungskrisen in akademischen Karrieren: eine Zyklustheorie', *Zeitschrift für Pädagogik*, 27(1981), 187－224.

职业的人们的职业再转变策略。17 世纪过多的知识分子成为了教堂的牧师，而在 18 世纪，过多的牧师又转变到教师行业。[127]

职业与职业化

在近代，大学的社会与文化角色无疑是个十分复杂的问题。实际上，它涉及到两个截然不同的问题，每个都需要进行具体明确的分析。首先，笼统地说，问题涉及到大学作为教育和培训机构的功能。这一点我们更喜欢结合学生在他所处时代的大学可获得的智力、社会和文化条件来考虑。其次，更确切地说，这一问题涉及 16—18 世纪大学与大学毕业后学生的职业、专业、事业以及他们在社会中的智力投资等各方面作为一个整体之间的关系。

大学毕业生可选择的职业是非常多的。越贴近一般社会生活的学科在择业时就有越大的选择空间。例如，文科在中世纪受到青睐，宗教和语言学在 16 世纪被偏爱，法学在 17 世纪地位显赫，医学在 18 世纪最受重视(因为它开辟了精密科学发展的先河)。毋庸置疑，所有这些都与这些学科在不断发展的科学分类系统中的一般地位密切相关。

大学中各学科交替占据优势的情形清晰地展现了文化价值的导向。这些学科可以帮助学生在一种更为宽广的文化整体视野下以新的方式看待事物。因而这一成功与其说是对某一特殊学科兴趣的证明，不如说是一种典型的趋势：每一门学科都是对知识的理想的介绍以及对世界的驾驭。求知欲强的学生则很可能挑选最时髦的学科学习，而不是为以后所从事的职业作确切的打算。

尽管如此，大学教育总是与职业方面密切相关。尤其是导致少数几个职业总是留给有大学学位或至少可以提供有考试结业的大学学历证明的人。在这些职业当中，需要广博知识而又有较大自由度的职业占据特殊地位。这些“贵族”职业依据国家的情况享有某些特定权利(结社的自由、等

[127] Frijhoff, ‘Surplus ou déficit?’ (注释 14); R. Chartier, ‘Espace social et imaginaire social: les intellectuels frustrés au XVIIe siècle’, *Annales. Economies, Sociétés, Civilisations*, 37 (1982), 389 - 400.

级职位、特权和豁免权),这些职业也因为其智力特性而有别于手工业。类似于旧时中世纪时期文科和手工艺学科的不同。[128] 另外,这些自由职业者们既没有薪水,也不隶属于任何一个社团。恰恰相反,他们在职业中显示出一种服务精神,这种精神从营利的精神中产生。[129]自由职业者对自由时间的价值十分敏感。在近代,律师和医生到处都成为自由职业公认的代表,而自由职业显然还可以包括更多(如公证人、咨询员、家庭教师),另有一些像建筑师、工程师、测量员、艺术家和雕刻家等新职业也在一定程度上加入这一行列,至少是形成一个显示出技术创新趋向的分支职业。[130]

从教育的视角来看,这些自由职业的特点就在于它们有着双重的就任程序(取得学位/获得认可)。这一职业就任程序需要由大学之外的一群有特殊知识的专业人士认可。这种就任程序使法律和医学由原来的偶然性转变为确定性的、有保障的职业。[131]在一定程度上,由于决定资格的专业人员与大学学科有关联,自由职业就与大学保持了密切的联系。法国大革命前,自由职业仅与大学或者高级文学院有联系。从16世纪起,法官许可进入法庭的先决条件是在"著名"大学(即在法学研究方面有声誉的大学)获得一个法学学位。到17世纪,大城市中开始组建一些医科学院,并取得颁发医学界认可的文凭的垄断权。18世纪,首次将建筑师与艺术家的培养纳入特有的教育课程中。

---

[128] 参见第Ⅰ卷第1章"主题"。

[129] Hermann, 'Die "Freien Berufe"' (注释 53), 31 – 56. 关于专业,参见 T. Parsons, 'Professions', in *International Encyclopedia of Social Sciences*, vol. Ⅻ (New York, 1968), 536 – 547; C. M. Cipolla, 'The Professions: the Long View', *Journal of European History*, 2 (1973), 37 – 52; P. Macry, 'I professionisti. Note su tipologie e funzioni', *Quaderni storici*, 48 (1981), 922 – 943.

[130] 参见 W. Prest (ed.), *The Professions in Early Modern England* (Beckenham, 1987).

[131] P. Bourdieu, 'Les rites d'institution', in P. Bourdieu, *Ce que parler veut dire. L'économie des échanges linguistiques* (Paris, 1982), 121 – 134.

“职业”的思想是与“职业化”的概念相联系的。[132]这一术语被研究古代体制的大学历史学家们广泛使用。有一些人用它来表明大学对其所教授科目中职业和实用领域的日渐重视,如牧师神学、法律实践、临床教学、教学法等。另一些人则使用这一概念来说明围绕特定职业而出现的学科日益分化的现象。最终在法国大革命期间专门的职业学校得以创办,如医学学校、法律学校、高等专科学校。这类学校最主要的特征是为划分精细的职业做培训,同时又不忽视理论方面的教学,这一点使它们与纯粹的实用技能培训课程有所不同。最后,根据“职业化”的第三种概念,即当代社会学公认的一个概念:大学教育是促使一种“职业”转变成为一种独立“专业”的一系列因素中的一部分,这个独立专业的成员隶属于一个行会,它们自己控制着准许进入本行业的前提条件(包括培训的水平),在职业伦理标准和从业道德方面都有相应的规范。通常,这一转变的过程被社会学家们纳入19和20世纪社会发展的进程之中。[133]然而,一些历史学家追溯职业化进程的源头至近代,或是中世纪。正因如此,也由于这一术语在使用上过于混乱,我们将它的范围和特征界定清晰就显得十分重要。

职业与专业在职业活动范围中占有同样的位置。它们之间的区别在于学科的目的性不同,主要涉及二者的地位以及它们与培训课程的关系。[134]例如,在法国大革命之前,律师和医生的职业特征首先表现为它们的

---

[132] 关于专业化,特别要参见 R. Bucher and A. Strauss, ‘Professions in Process’, *American Journal of Sociology*, 66 (1961), 325 – 334; C. Turner and M. N. Hodge, ‘Occupations and Professions’, in J. A. Jackson (ed.), *Professions and Professionalization* (Cambridge, 1970), 19 – 50; D. Rüschemeyer, ‘Professionalisierung. Theoretische Probleme für die vergleichende Geschichtsforschung’, *Geschichte und Gesellschaft*, 6 (1980), 311 – 325; C. E. McClelland, ‘Zur Professionalisierung der akademischen Berufe in Deutschland’, in Conze and Kocka (eds.), *Bildungsbürgertum* (注释 41), vol. I, 233 – 247.

[133] 参见 H. Perkins, *The Rise of Professional Society. England since 1880* (London, 1989).

[134] 医学专业的演变,参见经典研究:E. Freidson, *Profession of Medicine. A Study of the Sociology of Applied Knowledge* (New York, 1972); N. and J. Parry, *The Rise of the Medical Profession. A Study of Collective Social Mobility* (London, 1976); P. U. Unschuld, ‘Professionalisierung im Bereich der Medizin. Entwurf zu einer historisch-anthropologischen Studie’, *Saeculum*, 25 (1974), 251 – 276; I. Waddington, ‘Medicine, the Market and Professional Autonomy: Some Aspects of the Professionalization of Medicine’, in Conze and Kocka (eds.), *Bildungsbürgertum* (注释 41), vol. I, 388 – 416.

非手工劳动和独立性，这两个方面都被社会意识所肯定和推崇，因为当时社会意识包含特权等级社会、免费服务（例如城镇医生有责任为穷人义诊）
400 的概念以及贵族化的价值观（致力于研究、博雅文化或艺术的闲暇）。这些职业在19世纪被定义为旧式职业，并为新兴的职业所取代。新兴的职业有三个典型特征：首先，这类职业具有很高的独立性：自诞生之日起，它们在职业轮廓、职业活动、能力范围以及特定的伦理学等方面就有所限定；其次，它趋向于淘汰其他竞争者或将他们组织在一个以它为首的职业等级制度下；最后，它控制了这一行业相关的教育计划，并在可能的情况下发展壮大自己。

然而，从旧制度的视角看，新式职业与旧式职业的不同并不在于这三个特点，而在于人们对社会产业的全球意识的变更。在这种意识的变更中，工艺技术仅是一成不变地处于从属地位，而这些职业因为自己的工作而变得神圣化。换句话说，这种新式职业的形成依靠任人唯贤的原则和对于在薪水最高的医疗职业领域内工作的渴望。法国大革命以前，自由职业者在和谐的同事关系中认识到他们的社会地位。18世纪以后，新兴的律师、医生也面临同样的情况。他们不断地进行有偿的法律或医疗活动，继续研究自己的领域或专长。医生的公众形象恰好显示出这一对比。法国大革命以前的医生几乎是全才，他们对哲学比对医学更感兴趣。从实践的观点看，他们不是天才，而且他们的生意主要来源于病人，这些情况正如莫里哀在1673年的一篇长篇讽刺文章中描绘的那样。然而，当代的（20世纪）医生则大不相同，他们接受严格的医疗培训，他们所学专业化程度越高，在职业等级中的地位也就越高。技艺最娴熟的外科医生（专业化程度最高的）身价最高。最后，在诊疗中下诊断开处方的只能是医生而不是病人。

然而，即便在这个世纪中社会已发生质变，认为职业化完全是19世纪的一种现象未免过于极端。仅从教育方面考虑，它的源头也应追溯到更为久远的年代。但是为了避免混乱，最好依照德国史学家的划分，将围绕职

业概念的法国大革命前的职业化与19世纪的专业化区分开。[135]的确，在法 401
国大革命前，教师行业作为职业化的中心尚未得到充分研究。由于法国和德国文法学校以及葡萄牙初等学校教师职业的存在，已经表明教学在18世纪时就已从传教的功能中分离了出来（或者说是围绕一系列完全不同的辅助活动的形成），教师们在成为领取薪金的一族之前已经有了独立的趋势。教学功能不再只是一个指向职业（常常是神职）或一个有学识的职业的媒介阶段，而成为一种真正意义上的职业，其代表组织的社会团体为世人所认可。这个社会团体有着它的凝聚力。一方面，由于拥有共同的知识和技能，“教育领域”、学术文化，都被视为这一群体自己的活动领域。另一方面，由于共同的伦理准则和文化传递的原则使得教育的使命被这一团体视为己任。如此，教学这一行业自身必定要有专门的训练计划，这一计划伴随着考试、选拔进行，这一领域的准则便很快在这一过程中出现。1766年，巴黎文学院教师任职都要通过竞争性的考试。从1788年起，法国师范的道路就像德国的一样，获得这一领域职业的先决条件是通过文科中学最后的考试。[136]

然而，在19世纪以前，最能清楚地体现职业化进程的例子是医疗行业。在法国大革命之前的学科中，医学是最明确地为一种专门的职业活动做准备的学科。研究与实践二者之间关系的密切程度在继承古制并经历了几个世纪后直至现在仍可看到。不论内科医生本身是否具有博士学位，都被冠以博士头衔。相反地，例如在法国，只有医学毕业被叫做“博士”。此外，在旧制度行将结束的时候，人们注意到：属于这一职业体系的外科医生，也自称为“博士”，从而获取了拥有大学学位的内科医生所享有的某些特权。这里对“博士”的使用反映了一种社会文化的演变。图比·盖尔范德
指出，对法国而言，不是19世纪科学的发展使近代医生涌现，而是从18世 402

---

[135] 参见 H. Hartmann, ‘Arbeit, Beruf, Profession’, *Soziale Welt*, 19 (1968), 197-212; W. Conze, ‘Beruf’, *Geschichtliche Grundbegriffe*, vol. I (Stuttgart, 1972), 490-507.

[136] 关于大学教授，参见第五章，关于早期中等教育专业，参见 D. Julia, ‘La naissance’（注释49）; A. Nóvoa, *Le Temps des professeurs. Analyse socio-historique de la profession enseignante au Portugal (XVIII e-XX e siècles)*, 2 vols. (Lisbon, 1987); J. G. Prinz von Hohenzollern and M. Liedtke (eds.), *Schreiber, Magister, Lehrer. Zur Geschichte und Funktion eines Berufsstandes* (Bad Heilbrunn, 1989).

纪开始的一系列社会的、制度的、教育的因素催生了这一职业的出现。[137]外科医生社会地位的迅速变化是伴随着启蒙运动时代对手工业重新估价而发生的，它导致了医学实验和临床方法的胜利。从 18 世纪末开始，法国的内科医生携同他们周边国家的同事，大批地追随巴黎皇家外科学院的示范者，并成百上千次地到蒂恩公馆（在皮埃尔·迪索带领下）或查瑞特（在路易·德布瓦带领下）参加外科学院附属医院的临床教学。[138]这样一来内外科医生逐渐接近，直到 1794 年大革命二者合为一体，成为一种单一的新的医学职业。[139]这样，理论医学和实践医学也合为一体，一个人可以在单一医学机构——医学院中接受培训。然而不是仅有法国经历了这一变化趋势。在德国皇家外科学院创立之前，柏林查瑞特大学（1710）也出现类似的变化趋势。布尔哈夫时期的莱顿大学学生传播新的教学方法，并在各地组织医疗活动。这些学生都是很有影响力的改革者，如哥廷根大学的阿尔布雷希特·冯·哈勒（1708—1777）、奥地利维也纳大学的范格哈德·斯威滕（1700—1772）。[140]从 1749 年开始，因为天主教徒被禁止在莱顿讲学，布尔哈夫的得意门生范斯威滕在奥地利致力于医学教学的改革，它通过一系列考试，把教学同整个医学行业的的新组织联结起来，这个新组织中包括内科医生、

---

[137] T. Gelfand, 'A "Monarchical Profession", in the Old Regime: Surgeons, Ordinary Practitioners, and Medical Professionalization in Eighteenth-Century France', in G. L. Geison (ed.), *Professions and the French State, 1700 – 1900* (Philadelphia, Pa., 1984), 149 – 180. 临床学教学，参见 M. Foucault, *Naissance de la clinique* (Paris, 1963; 2nd edn Paris, 1972); 英文译文：A. M. Sheridan Smith, *The Birth of the Clinic; an Archeology of Medical Perception* (New York, 1975).

[138] W. Frijhoff, 'Le recrutement étranger de l'Académie Royale de Chirurgie de Paris (1752 – 1791): la place des Allemands', in M. Parisse (ed.), *Les Échanges universitaires franco-allemands du Moyen Age au XXe siècle. Actes du colloque de Göttingen-Mission historique française en Allemagne 3 – 5 novembre 1988* (Paris, 1991), 73 – 106; W. Frijhoff, 'L'école de chirurgie de Paris et les Pays-Bas: analyse d'un recrutement, 1757 – 1791', *Lias*, 17 (1990), 185 – 239.

[139] L. W. B. Brockliss, 'L' enseignement médical et la Révolution. Essai de réévaluation', *Histoire de l'éducation*, 42 (1989), 79 – 110. 英国发展，参见 I. Loudon, *Medical Care and the General Practitioner 1750 – 1850* (Oxford, 1986).

[140] H. Schneppen, *Niederländische Universitäten und deutsches Geistesleben von der Gründung der Universität Leiden bis ins späte 18. Jahrhundert* (Münster in Westfalen, 1960), 105 – 116.

外科医生和药剂师。[141]

到近18世纪中叶,爱丁堡大学,随后是格拉斯哥大学,传承了莱顿大学改革的火炬。1729年皇家医学院与大学共同建立临床医院(1794年只有格拉斯哥大学这样做)——皇家疗养院。它是发展新型医学尤其是培养一批新型内科医生的重要场所,这些新型内科医生学会将自身的实践与包括化学、药理学、植物学等更为理论性的培训结合起来。再者,授予的文凭数量证明了一个不可靠的标准。在1800年左右,爱丁堡大学有660名医科学生(占其全部学生的52%),然而学校每年平均只授予30个博士学位,其中每五名学生中只有一名医学专业的学生。[142]格拉斯哥大学的情况也是如此。然而到19世纪末,格拉斯哥大学授予的医学学位与其他学科学位的总和一样多。如同巴黎大学一样,这种比例失调的原因在于苏格兰外科医生们的先驱作用,他们将医学研究融入到自我培训中去。这样,医学教学仍然产生医学博士的"旧职业",但同时也产生一个新的职业习惯,这是19世纪新职业形成的基础之一。[143]

我们可以进一步追溯到更远的过去。中世纪医学院的创立在某种程度上专横地限制了医学实践,它们只授予有限数量的学位(给那些经学院证明已具备医学知识的人),这些学位的授予就构成了内科医生工作职业化的开端。在14至16世纪,为城镇或王室服务的普通或特权医生制度(如首席医生、特许开业医生等)在西欧得以普及,这是内科医生职业化发

403

---

[141] E. Lesky and A. Wandruszka (eds.), *Gerard van Swieten und seine Zeit* (Vienna, 1973).

[142] R. H. Campbell and A. S. Skinner (eds.), *The Origins and Nature of the Scottish Enlightenment* (Edinburgh, 1982); R. G. W. Anderson and A. D. C. Simpson (eds.), *The Early Years of the Edinburgh Medical Schools* (Edinburgh, 1976); J. B. Morrell, 'Medicine and Science in the Eighteenth Century', in G. Donaldson, *Four Centuries of Edinburgh University Life 1583–1983* (Edinburgh, 1983), 38–52.

[143] V. L. and B. Bullough, 'Intellectual Achievers: a Study of Eighteenth-Century Scotland', *American Journal of Sociology*, 76 (1971), 1048–1063; V. L. and B. Bullough, 'The Causes of the Scottish Medical Renaissance of the Eighteenth Century', *Bulletin of the History of Medicine*, 45 (1971), 13–28; V. L. Bullough, *The Development of Medicine as a Profession. The Contributions of the Medieval University to Modern Medicine* (New York, 1966).

展的第二步。它使这一职业与宗教分离，标志着这一职业的世俗化。[144]很
404 快这些医生受到王室、城镇和社区的捐助，自此以权威来控制他们的同行或对手的医疗等级制度出现。[145]在近代，这种职业化进程的两个方面仍在发展。首先，一般而言，医学博士学位在16、17世纪突出地显示在医学能力上，但更多的是理论上的能力，在临床方面有所忽视。内科医生与外科医生完全对立，他们发展自己的道德规范和世界观。这一点可以从托马斯·布朗的《中世纪宗教》(1642)中看到。[146]中世纪时，欧洲地中海沿岸(西班牙、法国南部－蒙彼利埃－意大利)的内科医生似乎比北欧多，内、外科医生差别也更大，发展趋势似乎也有所不同。到16世纪时内科与外科逐渐靠拢，他们学习一些共同的大学课程(解剖学、临床医学)。尽管如此，内科毕业生仍有更好的威信，这种威信到处得以利用。

具有领导权的机构是医学院，它们是为维护职业利益而建立的。在意大利、德国或荷兰等半独立的城市，这些联合会是带有贵族气派的真正权威。[147]它们的权限一般是地区性的，有时可以扩展到整个国家，例如伦敦的皇家内科医生学院(1518年建立)就是如此，更不消说卡斯蒂利亚的医学院。[148]然而，1800年伦敦学院不愿意承认住在伦敦以外的内科医生，故179名内科医生中有153人住在伦敦。[149]因此，通过学位认可或更少见的真正的考试，医学博士们不仅控制了开业内科医生的数量，还控制他们的执业资格。毕业的博士们要在提高护理水平和职业能力的基础上，扩大自己对各个医学专业的控制和监督作用，包括外科医生(利用解剖学考试以及为

---

[144] 参见第Ⅰ卷第372页以及：P. Delaunay, *La Médecine et l'église. Contribution à l'histoire de l'exercice médical par les clercs* (Paris, 1948).

[145] A. W. Russell (ed.), *The Town and State Physician in Europe from the Middle Ages to the Enlightenment* (Wolfenbüttel, 1981). 以及：C. M. Cipolla, *Public Health and the Medical Profession in the Renaissance* (Cambridge, 1976).

[146] 参见 R. S. Gottfried, *Doctors and Medicine in Medieval England, 1340 – 1530* (Princeton, N.J., 1987).

[147] 意大利，参见 E. Brambilla, 'Le professioni scientifico-tecniche a Milano e la riforma dei collegi privilegiati (sec. XVII – 1770)', in G. Barbarisi (ed.), *Ideologia e scienza nell'opere di Paolo Frisi 1728 – 1784* (Milan, 1987), 347 – 445.

[148] J. T. Lanning, *The Royal Protomedicato. The Regulation of the Medical Profession in the Spanish Empire* (Durham, 1985).

[149] Clark, *Royal College of Physicians* (注释88), vol. Ⅱ, 738.

解剖学教学创建教学场地)、助产士和药剂师。正是通过这种途径,医学界的等级制度最终在17、18世纪确立。例如在法国,整个医学职业都按1696年和1707年的皇家法规进行了改革。[150]但内外科融合的步伐早已在悄然进行。尽管对于这个问题我们尚知之甚少,但可以设想,人们认为在公众团体(慈善机构、军队、海军、殖民地等)中服务的有薪水的内外科医生的水平比那些社会上的医生要专业得多,这对加快医学职业化的发展起到关键作用。法国亦不例外,皇家海军学院(1689)的组建推进了国内的医学改革。[151]但另一重要因素是市场经济的发展,它使病人更愿意购买速效药,而不愿听医生们那些精深的理论和他们所主张的繁琐乏味的饮食。在这种压力下,复合型医生(接受过外科培训的内科医生、有学位的外科医生)和混合教学增加了,而外科学位的设立被延迟(早在1599年莱顿大学就有这样的要求)。与此同时,内外科医生通过"联姻"以及他们对公共卫生和健康达成共识的方式日趋融合。这在卫生学专家的作品和地方医学志等处均有表述。[152]产科医生是一种新职业(一种男性职业,与助产妇相比它本身有一定的等级地位),它似乎与内科和外科医生在从业资格上获得平等,这就引起一个关键问题,即它属于外科还是内科的问题。[153]于是在1746年的阿姆斯特丹,围绕着谁能组织妇产科医生的考试问题,展开了一场激烈

---

[150] Julia and Revel, 'Les étudiants et leurs études' (注释1), 246–249.

[151] P. Pluchon (ed.), *Histoire des médecins et pharmaciens de marine et des colonies* (Toulouse, 1985), 69–87; A. M. Kerkhoff, *Over de geneeskundige verzorging in het Staatse leger* (Nijmegen, 1976).

[152] 例如:T. D. Murphy, 'The French Medical Profession's Perception of its Social Function between 1776 and 1830', *Medical History*, 23 (1979), 259–278; H. F. J. M. van den Eerenbeemt, 'Arts en sociaal besef in Nederland in historisch perspectief', *Sociale wetenschappen*, 12 (1969), 231–280; J. Brugelmann, *Der Blick des Arztes auf die Krankheit im Alltag, 1779–1850. Medizinische Topographien als Quelle für die Sozialgeschichte das Gesundheitswesens* (Cologne, 1982). 在荷兰的发展的综合性考察,参见W. Frijhoff, '"Non satis dignitatis..." Over de maatschappelijke status van geneeskundigen tijdens de Republiek', *Tijdschrift voor geschiedenis*, 96 (1983), 379–406.

[153] J. Gélis, 'Regard sur l'Europe médicale des Lumières: la collaboration internationale des accoucheurs et la formation des sages-femmes au XVIIIe siècle', in A. E. Imhof (ed.), *Mensch und Gesundheit in der Geschichte* (Husum, 1980), 279–300. 其他新专业也将很快产生类似的问题,参见J. Goldstein, *Console and Classify. The French Psychiatric Profession in the Nineteenth Century* (Cambridge, 1988).

的内外科医生的权力之争。

所以,这些发展的因素成为这两种职业融合的前奏,这种融合在 19 世
406 纪几乎随处可见。[154] 同时,这些发展的因素也表明,在某些方面"旧的医学职业"和"新的医学职业"有根本的差异。首先,"旧的医学职业"是一个社会的而非实用的概念。[155]它不寻求专业的合法性,而是依靠与社会价值观相联系的已确立的等级制度。[156] 因此毫不奇怪,旧的医学职业覆盖的医疗需求范围非常不全面,一个完全相似的领域得以发展,即公共医疗,还有凭经验的、民间的或假冒的专家医生(如疝气外科医生、牙医、手术师等)流动问诊。[157]拉姆齐十分准确地将这个旧医学的特征描述为"杂乱的医学网",这与 19 世纪即将诞生的界定明确清晰的等级性职业恰好相反。[158]

职业与社会流动性

毫无疑问,人们对大学体系了解最少的方面就是学生们离开大学后的情况。当然,关于某些特殊职业类型(议员、公务员、医师、牧师,等等)的地区性或全国性的研究确实大量存在,但实际上没有任何研究跟踪调查整个学生群体的职业前景,学生群体中不仅包括毕业生,还包括那些在获得毕业文凭之前离校的学生。只有这样一个整体的画面,才能使我们了解在大学学习对学生职业和大学的专业设置产生怎样的影响。对由这一任务引起的种种问题我们不应视而不见。在各种情况下,档案资料都是不充足或不完备的,它们自然会给毕业生或那些进入公共行政部门的学生以及服务

[154] 见后面的第Ⅲ卷第 13 章。

[155] T. Gelfand, 'Public Medicine and Medical Careers in France during the Reign of Louis XV', in Russell (ed.), *The Town and State Physician* (注释 145), 117.

[156] B. Elkeles, 'Medicus und Medikaster. Zum Konflikt zwischen akademischer und "empirischer" Medizin im 17. und frühen 18. Jahrhundert', *Medizinhistorisches Journal*, 22 (1987), 197 - 211.

[157] F. Lebrun, *Se soigner autrefois: médecins, saints et sorciers aux XVII e et XVIII e siècles* (Paris, 1983); W. F. Bynum and R. Porter (eds.), *Medical Fringe and Medical Orthodoxy* (London, 1987); R. Porter, 'The Patient's View. Doing Medical History from Below', *Theory and Society*, 14 (1985), 175 - 198.

[158] M. Ramsey, *Professional and Popular Medicine in France 1770 - 1830* (Cambridge, 1988).

于某些公众团体的"成功"学生留有重要的位置。结果很轻易夸张了大学同
教会或国家行政的联系。对于那些我们不能推想其职业的学生,在某种程
度上是问题的要素,这个问题要素允许我们估定大学体系中的冲突,其发挥
作用的程度与由大学的规章制度、职业标准或政府机关等设计出的理想有
关。这些学生中有移居殖民地者,有重返商业、手工业或农业者,有各种各 407
样地位低下身份不明者,他们数量众多,常常超过学生总数的一半,这就使
得仅基于职业可以认定的那部分学生的研究结果事实上没有价值。

有时碰巧一位大学校长或大学秘书记录下某一群学生的命运,但是空缺的资料仍很多。尽管如此,一份珍贵的原始资料确实可使我们形成对这一整群学生后来职业生涯的粗略印象。这里有联合省两个地区性学生联合会的名册,它们是莱顿大学的海尔德兰和上艾瑟尔两个省的学生名册(我只取用上艾瑟尔省的学生名册),[159]以及弗拉讷克的福瑞森大学吕戈登学院以前的那些学生名册。[160]

建立于大学同乡会模式上的这些组织在17世纪的四分之三时间里受到当局的镇压。这些联合会的存在对提供地区性的且数量减少的学生情况有所帮助,他们学生的职业情况能够轻易地被这些组织的秘书们掌握。在这里,未知比例是低的。而且有一次他们给出学生死亡率的确切数据,这个死亡率比通常想象的要高得多(通常有6%—8%的学生死亡原因不明):1656年和1666年的鼠疫肆虐,导致很多学生丧生,但打架滋事和意外事故也是重要原因。在多尔帕特,学生的正常死亡率低于3%,但是在鼠疫盛行的年份,学生死亡率可以上升至10%。[161]然而在18世纪,这两种因素对死亡率的影响更小。鼠疫消失,学生们也平静下来。学生的职业情况得以知晓,从表9.2中能够立即看出:学生中几乎有一半的人从事了法律或是行政管理职业,三分之一的人从事教学或在教堂里任职,只有二十

[159] O. Schutte (ed.), *De wapenboeken der Gelders-Overijsselse studentenverenigingen* (Zutphen, 1975), 33 – 85; 参见 W. Frijhoff, 'Deventer en zijn gemiste universiteit. Het Athenaeum in de sociaal-culturele geschiedenis van Overijssel', *Overijsselse historische bijdragen*, 97 (1982), 68 – 69.

[160] J. Visser (ed.), *Album Collegii studiosorum ex Gymnasio Leovardiensi (1626 – 1668*)(Franeker, 1985). 由于文献保存不好,最后几年,即1664 – 1668年被忽略。

[161] Tering, *Album academicum Dorpat* (注释63), 117.

分之一的学生做了医生(在巴塞尔是五分之一)。莱顿(与巴塞尔一样)显然比弗拉纳克或奥德河畔法兰克福更能吸引具有较高的社会抱负的人。对那些选择不需渊博知识的职业的人来说,具有高贵身份的职业和军队是他们的首选,他们占学生总数的六分之一。少数学生回到商业、工厂或农场,即使算上那些就业情况不明的学生,其比例也不高于四分之一。总而言之,

408 **表 9.2　一些学生群体的职业:16—17 世纪(在所有明确职业中的百分比)**

社会职业群体	学生(和大学)来源(百分比)			
	上艾瑟尔省 (莱顿) 1617—1659	吕戈登市 (弗拉纳克) 1626—1663	布雷斯劳 (法兰克福) 1506—1648	(巴塞尔) 1601—1603
贵族、领主	12.9	3.8	4.5	19.6
军官	4.5	10.9	2.7	1.8
城市官员	15.5	1.8	—	2.4
公务员	20.7	16.8	8.5	7.1
律师	20.0	24.2	18.1	22.6
医生	5.2	4.1	6.2	19.6
牧师	15.5	31.9	41.5	14.2
教师	5.8	4.1	15.0	9.5
手工业者、商人	—	1.8	3.5	1.2
农业者	—	0.6	—	—
总比率之和	100.0	100.0	100.0	100.0
学生总人数	155	339	260	168
死亡学生	14	33	?	3
身份不明学生(%年龄)	61(26.4)	43(10.4)	339(56.6)	103(38.0)
合计	230	415	599	271

资料来源:上艾瑟尔省和吕戈登市的数据是根据最初的记载推算出的;布雷斯劳:G. Klieschy, *Der Einfluss der Universität Frankfurt (Oder) auf die schlesische Bildungsgeschichte dargestellt an den Breslaue Immatrikulierten von 1506 - 1648* (Würzburg, 1961), 47;巴塞尔:H. G. Wackernagel (ed.) *Die Matrikel der Universität Basel, 1460 - 1800*, vol. Ⅲ (Basle, 1962), 1 - 26.

从这个简明的概观中可以看出，大学作为一个机构，和神学院一样，充分完成了为教会和政府输送人才的任务。在17世纪，法律占有明显的优势地位，而神学在布雷斯劳仍然盛行。自由职业在每个地方都是重要的，但却不可能占据优势地位。那些倾向于自由职业的毕业生在这里只为我们提供了一份非常不完善的图画：律师和医生都是大学毕业生，从政者和政府官员中有一半以上的人是大学毕业生，而其他职业的情况则一点也不清楚。

如果说查明学生毕业后的职业状况比弄清他们的社会职业出身（见第七章）更难的话，那么要将大量人口与社会起源以及职业前景联系起来则更是难上加难，但这是研究社会流动性唯一可靠的办法。曾经有项调查研究是针对1550至1750年间在布拉班特登记的5947学生中不到20%的人进行的，尽管如此，这仍然是基于一种大范围的研究。[162]剑桥大学通过抽样 409
做了尝试，这个样本来自于J.A.维恩以前建立的一个学生名单，但每次非常普通的结果都使史学家们失望。[163]他们最多可以记录一些毫无新意的结论：出身于教士或自由职业者家庭的学生明显比出身于地主家庭的学生的学习成绩要好。事实上，这两类群体的人在大学中追求的并非是同一件事情，一类群体的学生需要职业培训，另一类群体的学生则寻求博雅的文化。

鉴于非常不完全的研究情况，我们应当设法进行一些调查，这些调查与其说是为欧洲的职业流动状况描绘一个全景图，不如说是为了指明职业流动的发展趋向或问题以及对研究线索提出建议。奥布大学的有关社会职业出身和后来的职业发展资料是充足的，它是芬兰（后来在瑞典人统治下）本土上唯一的大学。有些芬兰人也进入其他一些在瑞典或波罗的海国家的大学。[164]从总体上，大学帮助了那些低等或上等中产阶级出身的学生进入教会或政府部门工作。对于贵族和高级牧师而言，大学首先完成了这一阶层及其文化的复制。然而，在政府部门内也有一种明显的职业流动的

---

[162] 参见本人有关总量的估算：*Annales. Economies, Sociétés, Civilisations*, 36 (1981), 243-246, ; Bots, *Noordbrabantse studenten*（注释123）.

[163] H. Jenkins and D. Caradog Jones, 'Social Class of Cambridge University Alumni of the 18th and 19th Centuries', *The British Journal of Sociology*, I (1950), 93-116.

[164] J. Strömberg, 'Studenterna', in Klinge, *Kuningliga Akademien*, 291-354.

倾向。在17世纪,大学造就了大量低级牧师和教师,同时也附带地提高了军官的文化水准。但是到了18世纪初则出现明显变化,教会的吸引力部分地转移到了政府。后来便出现一种职业抱负的世俗化,这对国家是有益的。在18世纪初还可看到,贵族尤其是城市新兴贵族的比率在增加。人们的职业相应地从牧师职业向世俗职业转移。此外,牧师的过剩在近18世纪教育学讨论中也占据一席之地。

经过一段相当长的时间(1740—1839),这个时间超出了本卷所包括的历史时期,马修在格拉斯哥大学对学生进行比较研究。[165]他的研究结果与前人的研究结果并不存在本质上的差异。然而此时工业和贸易界提供了几乎近一半的学生,农业出身的学生占20%。直至18世纪末,教会依然消化着大学教育的基本成果,因为40%—50%的学生进入教会,只有12%

410 的人进入生产领域,没有人从事农业。公共管理部门似乎对大学生并不感兴趣(4%的人进入这些部门)。马修在这并无惊人之处的结论中指出,教会为产业阶级提供了从事文化性职业的机会,需要渊博学识的职业多由大学产生,各行业中大学毕业生的比率分别为:医学69%、神职5%、法律44%。

地方性的细致的调查研究证实并完善了这些结论。教会(路德教的)吸纳了1521—1814年间在尼尔廷根(符腾堡)小城出生的339名学生中的55%,另外17%的学生进入教育领域。但是,只有不到三分之一的人出身牧师家庭,未来的教师中有近一半出身教师家庭。律师行业的情况也是如此。只有医生在圈内进行自我更新。实际上,小镇里为数不多的世俗官员被教堂的职位所征用,此外还需从商人、中等技术阶级以及农民中招募新牧师。在164名有着产业阶级父母的学生中,仅有一个学生回到那里成了

---

[165] W. M. Matthew, 'The Origins and Occupations of Glasgow Students, 1740 - 1839', *Past and Present*, 33 (1966), 74 - 94.

一名药剂师。[166]在这里,我们强烈建议通过大学实现社会的流动。

像这种被乡村包围的小镇作为他们受托区的例子,使我们有必要通过大学职业可能性的情形修正已建立的常占支配地位的景象。事实上,这种流动分两个阶段运转。首先,低中级商人、中等手工艺人以及乡村中的精英将其子女培养成牧师或教师。从此,这些前进中的学者离开他们成长的环境,离开了乡村。他们在更大的城镇定居,这些地方则是宗教、政治、法律活动的中心,在这里他们可以进入社会流动的下一个阶段,在大学的水准上进入自由职业领域或政府部门。在乡村成长起来的知识分子不能被乡村全部吸纳。然而在城镇,知识分子数量充足,形成属于他们的社会人文环境。知识分子的生活方式和习惯也随之形成。这种生活方式和习惯将他们引入新的职业领域或统治阶层内部。对于居民超过20 000人的法 411
国城镇,按5%—15%的比例,可以确定独立从业者的人数。[167]在荷兰,规模相似的城镇(多得雷赫物、莱顿、代尔夫特、哈勒姆、鹿特丹),不包括无产阶级,1674年、1715年和1742年的人头税登记中自由职业占据10%—20%的比例,这个比例在18世纪增长了50%。[168]

然而,一个人不应该被知识分子环境的那种市镇特性所迷惑,教士或牧师经常是一个小镇或乡村里唯一的知识分子,然而他们的效率却是非常高的。将所有的统计结果汇总一处,牧师的数量似乎是最大的。因此在东弗里斯兰(德国),牧师、律师和医生的比例是11∶6∶1。但在这种基本上是

---

[166] A. Rach, ‘Nürtinger Studenten auf deutschen Hochschulen, 1410 - 1648. Ein Beitrag zur Matrikelforschung unter bildungshistorischen und sozialhistorischen Aspekten’, *Informationen zur erziehungs-und bildungshistorischen Forschung*, 9 (1978), 117 - 152. 类似的研究还有:G. Jaritz, ‘Kleinstadt und Universitätsstudium’, *Mitteilungen des Kremser Stadtarchivs*, 17/18 (1978), 105 - 161; M. Mahr, *Bildungs- und Sozialstrukturder Reichsstadt Schweinfurt* (Würzburg, 1978); W. Frijhoff, ‘Le rôle des études universitaires dans une société locale: la ville de Zutphen en Gueldre du Moyen Age au début du XIXe siècle. Premier bilan d'une recherche’, in M. Kulczykowski (ed.), *Les Étudiants-liens sociaux, culture, moeurs du Moyen-Age jusqu'au XIXe siècle. Vème Session scientifique internationale, Cracovie 28-30 mai 1987*, Zeszyty Naukowe Uniwersytetu Jagiellonskiego CML, Prace Historyczne, Z. 93 (Warsaw/Cracow, 1991), 87 - 114.

[167] Roche, *Le siècle des Lumières*, vol. I, 77 - 96; vol. Ⅱ, 348 - 374; D. Roche, ‘L'intellectuel au travail’ (注释 121).

[168] 由以下材料计算得出:W. F. H. Oldewelt, ‘De beroepsstructuur van de bevolking der Hollandsche stemhebbende steden volgens de kohieren van de familiegelden van 1674, 1715 en 1742’, *Economisch-historisch jaarboek*, 24 (1950), 90 - 101.

农村的地区，牧师们居住在乡村，律师和医生则居住在镇上。[169]在更大规模的统计上，可以得出类似的结论。我们可以计算出每年平均有1280名英国学生被牛津大学、剑桥大学以及律师学院录取，其中430名学生将从事神职工作、160个学生将从事法律工作、30名学生将从医，剩下的660名学生并不立即凭借他们的学位找工作，很多时候他们甚至根本拿不到学位。[170]拥有半数良田的大量牧师们即使与城镇保持着密切的联系，但他们注定要过一种乡村生活。换言之，城镇理所当然地成为学习和职业专业化的倡导者，而且确实带来了社会流动或小幅度的社会攀升，但这与大学教育的单一目标相距甚远。

然而，大学毕业生在市镇行政部门的地位还值得进一步考察。在旧体制下，大学毕业生进入统治集团的行列需要两方面的调查研究，一方面是法学或行政管理方面的资格条件，另一方面是学位的威望。这样的调查研究主要在西北欧的城镇辖区进行。这里应当强调两者之间有一个明确的区分，即一方面通过选举产生的政治精英（如镇长、市政官员、镇议员等），他们通常并不是行政专业人士；另一方面是长期从事公共服务的行政公务员（如
412 理事、社会福利官员、秘书等），它们在吸收新成员时往往有一个资格标准，即使这一职位是家族世袭或依靠庇护而获得的也不例外。再者，在职位遴选中，即使没有获得学位，哪怕只是有在大学学习的经历，也能增加胜出的可能。

人口密集的都市地区引导这种发展。让我们以尼德兰北部和南部为例。1430—1580年间，鲁汶和安特卫普分别有31%和38%的市议员曾在大学就读。18世纪，安特卫普的这一数字提高至72%。在这两个例子中，不可能区分出哪些学生仅有大学学习经历，而哪些达到毕业水平。但是在聚特芬（海尔德兰）的一个例子中则是可能的。1500—1590年间选举出的市议员中有29%的人曾上过大学（大部分在科隆大学），其中的三分之二（总数的20%）获得了学位。17世纪，聚特芬有64%的市议员接受过一种课程的学习。到18世纪，这一数字则多达80%。但是1795年革命自治政府的这一数字只达到48%。在17世纪，议会中大学毕业生的比例依然

---

[169] J. C. Stracke, *5 Jahrhunderte Arzt und Heilkunst in Ostfriesland* (*s. l.*, 1960), 29.

[170] Stone, 'Educational Revolution'（注释94）, 41-80.

很低，仅有33%。但到18世纪则上升至63%(尽管贵族议员们在头脑中仍轻视学位)。17世纪大学学习博雅文化，18世纪则是法学学位的繁荣时期。日益增长的资格需求伴随着对声望的寻求，以及对法学毕业生的半贵族世界成员标志的社会地位的追求。[171]然而，在像鲁汶这样的城镇，行会在议会中仍占有重要地位，律师参议员的数量仍然很低，到18世纪末达到20%。司库的情况同样如此，他们常常从下层商人或工匠中招募而来。

这些比率适用于联合省的所有大中型城镇。1675年左右，在阿姆斯特丹、鹿特丹、豪达或济里克泽，超过半数的市议员是大学毕业生。到18世纪，毕业生的比率已上升至三分之二。另一稳定的特征是16世纪的大学毕业生通常为文科毕业生，有时也有医学毕业生，而少有法学毕业生。自17世纪初开始，法学学位变得重要，这是由于法国和意大利年轻贵族的 413
学术旅行，这种旅行通常以一个法学学位而告终。尽管如此，不同的城镇由于规模不同，情况仍然有明显差异。在大革命前夕，居民不足5000的荷兰城镇中有到四分之一强的议员是大学毕业生。与此相反，在拥有25 000多居民的城镇却有81%的议员是大学毕业生。另一个倒退的趋势发生在16世纪，当时议会中商人占统治地位，拥有法学学位的议员在议会中通常只是一个小人物。两个世纪以后，议会成员则是清一色的大学毕业生。

德国和波罗的海诸国的城镇情况相似。[172]但越往东这一倾向发生的时

---

[171] 安特卫普和卢维恩，参见 H. de Ridder-Symoens，'De universitaire vorming van de Brabantse stadsmagistraten en stadsfunktionarissen'，*Varia Historica Brabantica*，Ⅵ-Ⅶ (1978)，22-126；L. van Buyten，'Universitaire vorming van Brabantse stedelijke mandatarissen en functionarissen, 17de - 18de eeuw，Antwerpen-Leuven-Diest'，*Varia Historica Brabantica*，Ⅵ - Ⅶ (1978)，135-144. 荷兰共和国，参见 Frijhoff，*Gradués*，187-208；W. Frijhoff，'Opleiding en wetenschappelijke belangstelling van het Nederlandse regentenpatriciaat tijdens de Republiek: uitgangspunten，kenmerken，ontwikkelingen'，*Bulletin Werkgroep Elites*，8 (Leiden，1987)，6-20.

[172] O. Brunner，'Souveränitätsproblem und Sozialstruktur in den deutschen Reichsstädten der frühen Neuzeit'，*Vierteljahrsschrift für Sozial- und Wirtschaftsgeschichte*，50 (1963)，329-360；K. Wriedt，'Stadtrat-Bürgertum-Universität am Beispiel norddeutscher Hansestädte'，in B. Moeller，H. Patze and K. Stackmann (eds.)，*Studien zum städtischen Bildungswesen des späten Mittelalters und der frühen Neuzeit* (Göttingen，1983)，499 - 523；E. François，'Städtische Eliten in Deutschland zwischen 1650 und 1800. Einige Beispiele，Thesen und Fragen'，in H. Schilling and H. Diederiks (eds.)，*Bürgerliche Eliten in den Niederlanden und in Nordwestdeutschland* (Cologne/Vienna，1985)，65-83.

间越推迟：半个世纪以后它才在德国北部实现，波罗的海诸国则更晚。因而在17世纪，作为大学城的多尔帕特（塔尔图）、帕努和雷瓦尔（塔林）自称有20%的议员在大学学习过。只有里加，这个西方国家重要的商业伙伴，追随着德国的模式，国会中有50%的参议员曾在大学就读，但他们这些人中却很少有人毕业。[173]地区差异在一定程度上归于议员们对其自身作用的认知。尼德兰和德意志帝国的自由城镇的议员们相信自己应当被授予统治权并能像王室议员一样行使权利。16世纪在那些城市贵族的商业因素古老而影响巨大的地方，新大学毕业议员感到很大的压力。科隆就是个明显例子。在16世纪的最后25年，这个大学城的人民议会中仍鲜有大学毕业生的身影。他们要进入人民议会非常困难，17至18世纪他们在人民议会中占据的比例稳定在10%—12%。这一低比例印证了往昔城市政府对大学的不信任，类似的情况晚些时候在莱顿也有。然而，这种情况必然会
414 或多或少有所改变，即此后律师的经历对从事政府管理来说成为不可或缺的要素。[174]

对于常任行政官员或法官情况就很不相同。从15世纪开始，所有鲁汶和安特卫普的政府公职人员和法官都拥有法学学位，书记员与秘书也在相当程度上步了这场运动的后尘。[175]1775年，在联合省居民超过5000的城镇中，80%的市政官、政府公职人员或秘书，以及所有自治法庭的公诉人和法官，都是大学毕业生，自治法庭中非贵族出身的议员也是如此。在这里应该强调的是，统治集团的社会功能之一就是造就了大学的传统和法律环境。[176]事实上这场运动可分为三个阶段。第一阶段，城镇议会吸纳了具有很强法律应用能力（能称职提供法律服务的）并受过高层次教育的有薪族。[177]第二阶段，从17世纪开始，这些专业人员逐渐以议员和市政官的身

---

[173] Tering, *Album academicum Dorpat*（注释63），111，表25.

[174] W. Herborn, ‘Der graduierte Ratsherr. Zur Entwicklung einer neuen Elite im Kölner Rat der frühen Neuzeit’, in Schilling and Diederiks (eds.), *Bürgerliche Eliten*（注释172），337－400.

[175] De Ridder-Symoens, ‘Possibilités de carrière’（注释101）.

[176] Frijhoff, *Gradués*, 201－205.

[177] 德国的术语源于 Wriedt 的用法。H. Schilling, ‘Vergleichende Betrachtungen zur Geschichte der bürgerlichen Eliten in Nordwestdeutschland und in den Niederlanden’, in Schilling and Diederiks (eds.), *Bürgerliche Eliten*（注释172），9－17.

份被市议会所接受,从此便依靠法律的强大力量,增强他们自身作为决策者的政治竞争力。第三阶段,凭借文化环境,他们确切的法律应用能力在统治阶级的整体文体中被淡化,于是形成新的高素质的工薪阶层。专业化程度很低而正处于升迁中的官僚主义者,即现代意义上的"公仆",在18世纪登上历史舞台。[178]这些公仆是因为他们的能力而非在大学中学习的课程而当选。从此,大学学位失去其资格特征。开始成为才干和正规化的象征,而非证明。它保证其成员出身于知识分子环境而并非具有某种专门知识。

从本章主要学习促使大学及其功能迅速转变的一系列过程,这些过程长期以来一直都在进行并且相互作用。大学成员的世俗化以及工作的可能性,社会再生产体系向更重视资格而非社会地位的精英体制运动的开始,国家和职业团体在职业培训课程确定方面日益增强的影响,学习范围的国家化,等等,所有这些都是相当大规模的进程,它们日益使不同国家乃至同一国家中大学在外观、角色和价值取向等方面多样化。我们还能说在19世纪只有一种欧洲大学吗? 415

精选文献

Bengeser, G. *Doktorpromotion in Deutschland. Begriff, Geschichte, gegenwärtige Gestalt*, Bonn, 1964.

Conze, W. and Kocka, J (eds.) *Bildungsbürgertum im 19. Jahrhundert*, vol. Ⅰ: *Bildungssystem und Professionalisierung in internationalen Vergleichen*, Stuttgart, 1985.

Frijhoff, W. *La Société néerlandaise et ses gradués, 1575 – 1814. Une recherche sérielle sur le statut des intellectuels à partir des registres universitaires*, Amsterdam/Maarssen, 1981.

Frijhoff, W. 'La univerisdad como espacio de mediación cultural', *His-*

[178] 例如:B. Wunder, *Privilegierung und Disziplinierung. Die Entstehung des Berufsbeamtentums in Bayern und Württemberg* (*1780 – 1825*) (Munich/Vienna, 1978).

toria de la Educación, 5 (1986), 41–60.

Hattenhauer, H. *Geschichte des Beamtentums*, Cologne, 1980.

Horn, E. *Die Disputationen und Promotionen an den deutschen Universitäten*, Leipzig, 1893.

Julia, D., Revel, J. and Chartier, R. (eds.) *Les Universités européennes du XVI e au XVIII e siècle. Histoire sociale des populations étudiantes*, 2 vols., Paris, 1986–1989.

Kagan, R. L. *Students and Society in Early Modern Spain*, Baltimore, Md./London, 1974.

O'Day, R. *Education and Society 1500 – 1800. The Social Foundations of Education in Early Modern Britain*, London/New York, 1982.

Pelorson, J.-M. *Les 'Letrados', juristes castillans sous Philipe III. Recherches sur leur place dans la société, la culture et l'Etat*, Poitiers, s.d. [1980].

Prahl, H.-W. 'Gesellschaftliche Funktionen von akademischen Abschlussprüfungen und Graden (Sozialhistorische und ideologiekritische Untersuchungen zur akademischen Initiationskultur)', dissertation, Kiel, 1975.

Ranieri, F. 'Vom Stand zum Beruf. Die Professionalisierung des Juristenstandes als Forschungsaufgabe der europäischen Rechtsgeschichte der Neuzeit', *Ius Commune*, 13 (1985), 83–105.

Stone, L. (ed.) *The University in Society*, 2 vols., Princeton, N.J., 1974.

Verger, J. 'Les universités à l'époque moderne', in G. Mialaret and J. Vial (eds.), *Histoire mondiale de l'éducation*, vol. II, Paris, 1981, 247–272.

第十章 流 动

希尔德·德·里德－西蒙斯

人文主义与文艺复兴

人们惊异地发现：我们都是如此人为地自我封闭、目光短浅。或者，我可以将这种认识称为人类缘于商业发展和频繁走向国外而产生的一种判断力的启蒙。最终，我将这一世界画面纳入我精心完成的书中：如此多奇异的想法、众多的流派、各式的评价、形形色色的观点、迥异的法律和空想的制度。所有这些教会我们如何正确地判断自己，并指导我们承认人类的非理想性和天生的弱点,这并非一件易事。①

蒙田并非是第一位称赞到国外游历的教育价值的人文主义者。接触其他的国家和意识形态可以使青年人的判断力更加敏锐,文化视野更为开阔,并教会青年人如何运用外国语。②德国学者保罗·亨岑纳在其游记(1596—1600)中特别提到:德国学生被吸引到杰出的法国奥尔良大学,不仅因为它的教学,而且还因为纯正的奥尔良法语,"奥尔良法语是如此的纯正,以致于'奥尔良法语'在现在就是通常所说的'高雅的言辞'的意思"。③在莱比锡大学,学生们听到并学会说纯正优雅的德语;在16世纪意大利的一些大学里,有许多西班牙学者,学生们可以同时学习意大利语和西班牙
417 语。大学的学习于是有了一个双重的目标:人文主义教育和职业教育。

文艺复兴时期的教师将在国外学习视做年轻精英接受人文主义教育的巅峰。在文艺复兴时期,一些学生被诸如阿西亚特斯和居雅斯等教师的名声深深地吸引,他们跟随着老师从一个大学游历到另一个大学。但是,这并不是后来17世纪学生所期望的游历欧洲大陆的大旅行。

16世纪产生大量的旅行指南。命名为《旅行的艺术》《旅行的方法》的书籍出现在欧洲各国。它们在形式和用途上不同于中世纪时期类似的版本:有的提供了旅行必需的实用信息,但大多数主要是有关大旅行的文化和智力益处。④

在15世纪末,欧洲大学的学生数量,尤其是外国学生的数量有所增加。16世纪后半叶和17世纪上半叶,欧洲大学的学生和教师地域流动性无论在绝对数量还是比例上都达到顶峰。在新人文主义教学思想的鼓励

---

① 转引自英译本:*Essayes written in French by Michael Lord of Montaigne... done into English, according to the last French edition by John Florio* (London, 1613), 74-75. 参见 the original in P. Villey (ed.), *Les Essais de Michel de Montaigne* (Paris, 1965), 157-158.

② E. Garin, *L'Education de l'homme moderne 1400-1600* (Paris, 1968), 190-194.

③ A. Babeau, *Les Voyageurs en France depuis la Renaissance jusqu'à la Révolution* (Paris, 1885; reprint Geneva, 1970), 70.

④ 介绍到这一领域并附有详尽参考书目的有:J. Stagl, 'Die Apodemik oder "Reisekunst" als Methodik der Sozialforschung vom Humanismus bis zur Aufklärung', in M. Rassem and J. Stagl (eds.), *Statistik und Staatsbeschreibung in der Neuzeit vornehmlich im 16-18. Jahrhundert* (Paderborn/Munich/Vienna/Zurich, 1980), 131-204.

下,这一时期学生向国外流动的盛况空前,从而帮助贵族在快速变化的社会中应付新出现的文化和智力上的需求,大学也适应这些新的需求,但大学的适应却是缓慢的。大学和大学生比以往更加贵族化。

人文主义在一些大学中获得一席之地。文艺复兴时期,学生们真诚而狂热地寻求知识和文化的源泉。意大利之旅是要想成为人文主义者的任何人所必需的。⑤年轻的英国人、德国人、荷兰人、斯堪的纳维亚人、西班牙人和葡萄牙人造访大量位于博洛尼亚和帕多瓦、帕维亚、锡耶纳和比萨以及少量位于费拉拉和佩鲁贾的意大利大学,对这些文化源泉进行智力上的朝圣之旅。大学有广泛的课程体系,还有按古老的课程实施的健全的法学和医学训练。第一代到意大利学习的学生将希腊研究介绍到阿尔卑斯山脉北部各国。在这个世纪稍后时期,医学研究流行起来,成为17世纪到意大利旅行的主要目的。 418

这个时期阿尔卑斯山南麓的学生认真地在意大利进行长期的学习,意大利学生中较高的非意大利毕业生比例就是证明。例如,在15世纪末,锡耶纳和帕维亚的大学毕业生中50%是阿尔卑斯山南麓的学生。在16世纪上半叶,约有28%的比萨和佛罗伦萨的大学毕业生以及23%的费拉

⑤ 另可参见 H. A. Obermann and T. A. Brady Jr (eds.), *Itinerarium Italicum. The Profile of the Italian Renaissance in the Mirror of its European Transformations*, Studies in Medieval and Reformation Thought, 14 (Leiden, 1975).

拉的大学毕业生也是阿尔卑斯山南麓的学生。⑥与此相似，在意大利北部的所有大学中，意大利学生的数量很大，但意大利学生在毕业生中的比例较之在所有学生中的比例却要小一些。

大学的选择似乎不是轻松的事情。在锡耶纳和费拉拉的大学里，德国学生最多，占四分之三，然后是伊比利亚人和荷兰人。在比萨和佛罗伦萨的大学里，外国学生中以西班牙和葡萄牙学生居多(40%)，其次是德国学生(23%)以及来自法国南部和西南部的学生(14%)。帕维亚大学学生绝大多数来自德国或与德意志帝国相邻的萨沃伊和佛朗什－孔泰。那时博洛尼亚大学也有各国的学生，但是，正如其他所有的意大利大学一样，其毕业生中很少有来自北欧和东欧的学生。我们可以确切地说，16世纪的前几十年是大学生游历的黄金时代。知识分子和人文主义者被著名的教授或其他有名望的人吸引着，从东到西、从北至南地遍游欧洲各国，从一个学习中心转移到另一个学习中心。甚至迄今仍无很大名望的大学也吸引了成百上千的外国学生，例如鲁汶大学(那里的三种语言学院和著名学者伊
419 拉斯谟吸引了各地的学生和年长者)、瓦伦斯大学和布尔日大学，居雅斯的名望吸引了很多学生来到这里。意大利的大学觉得有必要调整他们奖学金的新标准，尤其是在法学方面，因为罗马法在他们的国家已被接受，但是，在整个欧洲，尤其是神圣罗马帝国陷入混乱的重大危机之前，他们没有

---

⑥ 计算基于：G. Minnucci, *Le lauree dello studio senese alla fine del secolo XV*, Quaderni di 'Studi Senesi', 51 (Milan, 1981); G. Minnucci, *Le lauree dello studio senese all'inizio del secolo XVI (1501 – 1506)*, Quaderni di 'Studi Senesi', 55 (Milan, 1984); G. Minnucci, *Le lauree dello studio senese all'inizio del secolo XVI. II (1507 – 1514)*, Quaderni di 'Studi Senesi', 58 (Milan, 1985). 图表参见本人有关 Minnucci 的研究：*Tijdschrift voor Rechtsgeschiedenis*, 54 (1986), 205; A. Verde, 'Dottorati a Firenze e a Pisa 1505 – 1528', in R. Creytens, P. Kunzle and T. Kaeppeli (eds.), *Xenia medii aevi historiam illustrantia oblata Thomae Kaeppeli O. P.* (Rome, 1978), 607 – 785; G. Pardi, *Lo studio di Ferrara nei secoli XV e XVI* (Ferrara, 1903), 208; P. Vaccari, *Storia della Università di Pavia*, 2nd edn (Pavia, 1957), 74 – 75; E. Picot, 'Les étudiants de langue française à l'università de Pavie du XIVe au XVI siècle', *Bulletin historique et philologique du Comité des travaux historiques et scientifiques* (1917), 71 – 83; A. Sottili, 'Tunc floruit Alamannorum natio: Doktorate deutscher Studenten in Pavia in der zweiten Hälfte des 15. Jhs', in W. Reinhard (ed.), *Humanismus im Bildungswesen des 15. und 16. Jahrhunderts* (Weinheim, 1984), 25 – 44; A. Sottili, 'Le contestate elizioni rettorali di Paul van Baenst e Johannes van Dalberg all'Università di Pavia', *Humanistica Lovaniensia*, 31 (1982), 29 – 75.

时间去调整。⑦

游历一般有常规的路线。文科的预科学习通常在本国完成。其后学生去法国,再到意大利。路线有两条,可选其中之一。第一条路线是巴黎、奥尔良、布尔日、蒙彼利埃、多勒,第二条路线是:巴黎、多勒、斯特拉斯堡、巴塞尔。中欧和东欧的学生通常不必经过法国而直接去意大利。

在16世纪,自然科学日益引起人们学习的兴趣。法学文凭意谓着成功的职业。文学和自然科学的学习形成文艺复兴时期的"通才"。因而,几个学科被结合起来,尤其是在16世纪末和17世纪初的第二次人文主义时期,⑧ 这种结合更为显著。学生转换三所、四所,甚至八所大学去寻找最好的老师学习成为很普通的事情,因为那时意大利的医学或法学博士头衔或是蒙彼利埃的医学学位提升了持有者在本国的声望,甚至是他的职业前景。

宗教改革与反宗教改革

在接近16世纪中期的时候,学生流动的模式受到宗教改革与反宗教改革的破坏并有所改造,不仅大学公开声明教派的特色有所变化,而且学生对大学和学科的选择也深受影响。

"让每个国家都遵循统治者的宗教信仰"的格言同样适用于大多数大学。统治者通过立法禁止学生在国外学习,试图将他们限制在国内。统治者的论据总是同样的:外国大学是宗教和政治污染的源泉,而且学生移民出境对其所在的大学城造成很大的经济和财政损失。每个统治者都具有 420
这样的野心——拥有受其"控制"的大学。他的官员和牧师可以在这所大

⑦ 参见注释6以及H. de Ridder-Symoens, 'Italian and Dutch Universities in the Sixteenth and Seventeenth Centuries', in C. S. Maffioli and L. C. Palm (eds.), *Italian Scientists in the Low Countries in the XVII th and XVIII th Centuries* (Amsterdam, 1989), 31－64; H. de Ridder-Symoens, 'Internationalismus versus Nationalismus an Universitäten um 1500 nach zumeist südniederländischen Quellen', in F. Seibt and W. Eberhardt (eds.), *Europa 1500. Integrationsprozesse im Widerstreit: Staaten, Regionen, Persönenverbände, Christenheit* (Stuttgart, 1987), 397－414.

⑧ 借助于本人对第二次人文主义的主要理解,即第二次人文主义是涉及自然科学的智力运动,本人认为第一次人文主义(15世纪末至16世纪)带有更多的语言学和文学的特征。

学里按照他独特的宗教和政治思想来培养。对于违背统治的行为最常用的处罚是从政府部门开除。

自由自在的学生以及追求外国大学所能提供的奇异事物的人们最初不被这些所限制，这些并不能有效地迫使他们呆在国内。因为在那些混乱、动荡、非常危险的年代，官僚机构存在的时间都很短。随着16世纪末和17世纪初社会的日益稳定，这一限制性的立法开始奏效，对大学的国际性特征产生深远的影响。在有些国家，统治者阻止学生去外国大学学习。哈布斯堡对此限制地非常严格。早在1555年查里五世颁布法令，要求瑞奇斯卡姆翟雷克特明法律陪审员，无论是贵族还是非贵族，都至少要在帝国承认的一所大学生里学习法律五年。⑨1559年他的儿子、西班牙国王菲利普二世禁止他的西班牙国民去其他的大学学习，而只上西班牙的大学或科英布拉大学、罗马大学、那不勒斯大学和博洛尼亚大学（西班牙学院）⑩。由于菲利普二世与其他西班牙天主教的哈布斯堡皇室（1570年通过了更为苛刻的法令）的限制性立法，几乎所有来自荷兰南部的学生安于在鲁汶、杜埃、多勒和罗马等宽容的大学学习。然而，大量与他们相当的来自荷兰北部的学生却继续横跨欧洲。⑪1566年，托斯卡纳大公要求锡耶纳大学和比萨大学学生宣誓忠诚于正统信仰。1544年还要求学生们宣誓忠诚于大公，1575年这一要求更为迫切。这两个誓言导致了来自新教国家的学生数量显著下降。相反，直至17世纪20年代，西班牙学生的数量却在不断地增长。这可能与1585年西班牙国王意识到在比萨大学取得学位的正确性有关，此后，曾一度受1559年法令限制的西班牙学生有可能更多地来到

---

⑨ A. Laufs (ed.), *Die Reichskammergerichtsordnung von 1555* (Cologne/Vienna, 1976).

⑩ M. Peset, ‘Universidades españolas y universidades europeas’, *Ius Commune*, 12 (1984), 78.

⑪ H. de Ridder-Symoens, ‘L'évolution quantitative et qualitative de la pérégrination académique des étudiants néerlandais méridionaux de la Renaissance à l'époque des Lumières’, in M. Kulczykowski (ed.), *Pérégrinations académiques. IVème Session scientifique internationale, Cracovie 19 – 21 mai 1983*, Zeszyty Naukowe Uniwersytetu Jagiellonskiego DCCCLXX. Prace Historyczne, Z. 88 (Warsaw/Cracow, 1989), 87 – 97; Frijhoff, *Gradués*, *passim*.

比萨。⑫

其他大多数国家也颁布了类似的限制性立法，以保护当地大学（例如：波兰在1534年、葡萄牙在1538年、勃兰登堡在1564年和1610—1614年、法国在1603和1629年）。在许多国家（例如：瑞典、巴伐利亚和奥地利），这种法令要么执行时间短，要么只在部分地区实施。晚至1798年，俄国沙皇保罗一世禁止学生到国外学习。⑬

由此西欧和中欧被明显地分为三个宗教区域：天主教、路德教和新教，完全改变了学生迁移的模式。⑭从此，就有了三种类型的大学：第一类是新教大学，它们中有很多人劝诱他人改信新教，热衷于培养牧师（例如：维滕堡、海德堡、日内瓦和斯特拉斯堡等大学）；第二类是反宗教改革的天主教大学，也劝诱他人改信天主教，专注于培养精干的神职人员（在这方面耶稣会扮演一个最重要的角色），巴黎、鲁汶、因戈尔施塔特、维也纳、格拉茨、维尔茨堡、科隆、蓬塔穆松、多勒及其他地方的大学，还有伊比利亚的大学，都属于这一类型；第三类包含几所有意识地采取宽容态度的大学，它们不愿意拒绝它们宗教外的学生，例如：帕多瓦和锡耶纳、奥尔良和蒙彼利埃都是天主教大学，而莱顿和其他荷兰大学却是加尔文教大学的典范。三种大学类型的存在解释了近代学生迁移的模式。游学的几条固定路线就显现了这三种大学类型存在的一种结果。

---

⑫ D. Julia and J. Revel, 'Les étudiants et leurs études dans la France moderne', in *Populations étudiantes*, vol. Ⅱ, 59-60.

⑬ Julia, 'Les étudiants et leurs études'（注释12）, 59-60; H. Hattenhauer, *Geschichte des Beamtentums* (Cologne, 1980), 49-57, 72-73; R. Kohler, 'Bildung und Konfession. Zum Studium der Studenten aus den habsburgischen Ländern an Hochschulen im Reich (1560-1620)', in G. Klingenstein, H. Lutz and G. Stourzh (eds.), *Bildung, Politik und Gesellschaft. Studien zur Geschichte des europäischen Bildungswesens vom 16. bis zum 20. Jahrhundert*, Wiener Beiträge zur Geschichte der Neuzeit, 5 (Vienna, 1978), 111, 及表; S. Göransson, *De Svenska studieresorna och den religiösa kontrollen från Reformationstiden till Frihetstiden*, Acta Universitatis Upsaliensis, 8 (Uppsala/Wiesbaden, 1951).

⑭ D. Julia, 'Frontières étatiques, clivages confessionnels et cloisonnements intellectuels dans l'Europe des XⅥe-XⅦe siècles', in J. P. Genet and B. Vincent (eds.), *Etat et église dans la genèse de l'État moderne. Colloque organisé par le Centre national de la recherche scientifique et la Casa de Velázquez, Madrid, 30 novembre et ler décembre 1984* (Madrid, 1986), 79-80.

新教大学

改革为德意志帝国大学带来极大声誉，而在此之前它们几乎被其他国
422 家的学生所忽视。从1536年或其前后的维滕堡开始，许多大学改信新教，并有新的改革者大学建立。

任何需要人文主义文学和神学教育的具有改革信念的人现在首先考虑德国大学。维滕堡的毕业生在北欧、中欧和东欧大量地传播福音，在莱比锡也有一定的传播。全欧洲的学生从神圣罗马帝国的四周来到路德教会的大学，他们来自不列颠群岛、北欧的国家、西班牙和意大利，乃至包括俄国在内的所有东欧国家，甚至还有少数来自达尔马提亚、克罗地亚、斯拉沃尼亚和土耳其的学生。在16世纪中期的莱比锡，所有注册学生中有三分之一是外国人，他们并非全部来自东部或北部内陆。[15]

对欧洲大学的外国学生的任何分析必须记住大学的地理位置。在他们国家外围的大学的位置十分特殊，因为他们的服务范围超越了国家的边境，达到内地。因而耶拿吸引了大量奥地利新教徒、俄国人、说德语的波兰人、匈牙利人、波希米亚人和摩拉维亚人。罗斯托克、格赖夫斯瓦尔德和柯尼斯堡的大学在波罗的海和夫里斯兰群岛国家中招募学生。在帝国末期的科隆和斯特拉斯堡有大量荷兰人、法国人以及佛朗什－孔泰人或瑞士人。萨拉曼卡大学几乎成为葡萄牙大学，因为它的许多学生来自毗邻的葡萄牙。

像维滕堡一样，海德堡和日内瓦大学积极培养加尔文教的神职人员。1600年前后，在海德堡注册的所有学生中几乎有五分之二的人是外国人，

---

[15] R. A. Müller, 'Sozialstatus und Studienchance in Bayern im Zeitalter des Absolutismus', *Historisches Jahrbuch*, 95 (1975), 124－126; Kohler, 'Bildung und Konfession'（注释13）; G. Langer, C. Prokert and W. Schmidt, *Vom Einzugsbereich der Universität Wittenberg* (*Kartographische Darstellung und Ortsregister*), vol. Ⅰ: *1502－1648* (Halle/Saale, 1967); vol. Ⅱ: *1649－1815* (Halle/Saale, 1973); M. Drobisch, 'Beiträge zur Statistik der Universität Leipzig innerhalb der ersten hundert und vierzig Jahre ihres Bestehens', *Berichte über die Verhandlungen der Königlich sächsischen Gesellschaft der Wissenschaften zu Leipzig*, vol. Ⅱ (Leipzig, 1848), 60－96.

并且它的很多学生也在斯特拉斯堡、巴塞尔和日内瓦学习。[16]这些加尔文教大学里的外国学生主要来自瑞士、法国和荷兰,其次来自不列颠群岛、西班牙、意大利和东北欧。在第一所加尔文教派大学(黑博恩大学,建于1584年),有大量的波希米亚和匈牙利的本地人,在诸如采尔布斯特和不来梅等精英学校也有不少。[17]由于年轻的共和国和拿骚伯爵领地间的君主关系,黑博恩受到荷兰学生的欢迎。

16世纪其他欧洲国家的新教大学只是偶尔地吸引大量学生,这其中的原因将在后面论述。在16世纪末联合省成为对新教知识分子最具吸引力的地方。莱顿无疑是17世纪新教徒最大的国际中心,这里的新教徒是如此之多,故1765年大百科全书记载道:"文学界所有著名人物似乎都在那里学习过,使其从建立起就繁荣兴旺。"[18]古典语言和东方语言的教学、历史学、加尔文教神学、笛卡儿哲学、人文主义罗马法(文雅学校)、自然科学以及医学等等在那里享誉盛名。其他的荷兰大学从它的名声中获益,时常充当在荷兰之行的中继站和授予学位的大学(很多事后才被告知)。17世纪莱顿有三分之一至二分之一的学生是外国人,在小夫里斯兰群岛的弗拉讷克大学也曾在短期内出现这样的情况。[19]

如同维滕堡和莱比锡的情况一样,宗教改革之后大学的重组促进了高等教育机构的国际化。例如,1580年后圣·安德鲁斯大学就是如此。作为公共文科教育的一部分,它成为国内外重要的新教徒教育中心,16世纪晚

---

⑯ F. Eulenburg, *Die Frequenz der deutschen Universitäten von ihrer Gründung bis zur Gegenwart*, Abhandlungen der philologisch-historischen Klasse der königl. sächsischen Gesellschaft der Wissenschaften, XXIV, 2 (Leipzig, 1904), 112. The edition of the matriculation lists of Basle mentions also the other visited universities: H. G. Wackernagel (ed.), *Die Matrikel der Universität Basel, 1460 – 1800*, 5 vols. (Basle, 1951 – 1975).

⑰ N. Hammerstein, 'Schule, Hochschule und Res Publica Litteraria', in S. Neumeister and C. Wiedemann (eds.), *Res Publica Litteraria. Die Institutionen der Gelehrsamkeit in der frühen Neuzeit*, Wolfenbütteler Arbeiten zur Barockforschung, 14 (Wiesbaden, 1987), 93 – 110.

⑱ 引自:H. Schneppen, *Niederländische Universitäten und deutsches Geistesleben von der Gründung der Universität Leiden bis ins späte 18. Jahrhundert* (Münster in Westfalen, 1960), 7.

⑲ H. T. Colenbrander, 'De herkomst der Leidse studenten', *Pallas Leidensis* (Leiden, 1925), 273 – 303, with tables; Frijhoff, *Gradués*, 380 – 382.

期和 17 世纪上半叶在新教青年学生的哲学和神学教育领域中占据一席之地。[20]

424 在荷兰共和国以外，只有像斯特拉斯堡这样的加尔文教徒大学或像海德堡和巴塞尔这样早先建立的新教大学有多学科的教学，它们有充足的法学和医学教师，其他很多教师只教授文科和神学。在路德教会的大学中神学和法律是主要学科，文科只被视做预备教育。医学师资通常不够充足，因此学生改去意大利、联合省或一两所像蒙彼利埃和巴黎这样的法国大学。[21]

天主教大学

16 世纪的宗教分歧导致一些反宗教改革的大学不亚于新教大学反应强烈，许多新教大学热衷于劝诱改宗的工作。在耶稣会的帮助下，世俗和教会当局非常积极地重组现存的大学，并在受异教威胁的地区和国家建立新的教育机构，将哲学和神学的教学放在首位。老牌大学，例如那些西班牙和意大利大学，努力维护它们的合法性和中世纪的传统，即意大利大学传统。在 17 世纪后半叶前，像统计学和自然法等新学科不被传入大学，而且到 18 世纪许多医学院也没有现代化。因此，尽管违背规则，但是许多寻求现代最新式教育的年轻天主教徒觉得有必要在“异教”大学学习。然而，历史的事实是，除少数例外，就像其他活动一样，天主教国家，尤其是西班牙、西属荷兰、波兰、巴伐利亚和奥地利的少数地区，高等教育比新教国家更为封闭。[22]

---

⑳ J. K. Cameron, ‘Some Students from the Netherlands at the University of St Andrews in the Late Sixteenth and the Early Seventeenth Centuries’, in C. G. F. de Jong and J. van Sluis (eds.), *Gericht Verleden. Kerkhistorische opstellen aangeboden aan prof. dr. W. Nijenhuis-Essays on Church History Dedicated to Prof. Dr. W. Nijenhuis* (Leiden, 1991), 49 – 72.

㉑ 医学周游路线，参见 Julia, ‘Les étudiants et leurs études’ (注释 12), 73 – 76.

㉒ E. Schubert, ‘Zur Typologie gegenreformatorischer Universitätsgründungen: Jesuiten in Fulda, Würzburg, Ingolstadt und Dillingen’, in *Universität und Gelehrtenstand*, 85 – 106; Hengst, *Jesuiten*; P. Baumgart and N. Hammerstein (eds.), *Beiträge zu Problemen deutscher Universitätsgründungen der frühen Neuzeit*, Wolfenbütteler Forschungen, 4 (Nendeln/Liechtenstein, 1978).

西班牙和葡萄牙大学的名望在16世纪和17世纪早期达到顶峰。萨拉曼卡神学院、西班牙法学院和科英布拉大学的哲学院具有国际声望,然而它们并没有从其他静寂的天主教国家吸引很多学生。非常奇怪的是,甚至西属荷兰和西西里的学生也不去西班牙的大学学习或获取学位。直至法国大革命爆发,伊比利亚国家一直处于封闭与孤立的社会状况。如果鲜 425
有外国学生移民入境到伊比利亚半岛和伊比利亚半岛本地学生移民出境,那么就会有大量的国内移民。因此,学院的学生宿舍尽可能地从半岛的各个地方接收学生,形成一个成比例的地理分布制度。博洛尼亚的西班牙学院接受了成功地离开其本国的“少数幸福者”。㉓

在西班牙属荷兰和那些神圣罗马帝国统治的国家中,大学仍然是天主教的,它们不屈服。杜埃、鲁汶、科隆和因戈尔施塔特成为反宗教改革的堡垒。在因戈尔施塔特只有1.5%的法学学生是外国人(大多数是波兰人),但是却有大量的国内移民。科隆和弗莱堡的大学主要在荷兰、瑞士和阿尔萨斯等邻近国家招募学生。在1530年之前,维也纳大学是个相当国际性的中心。虽然16世纪衰退了,但在17世纪又变得重要起来,并对外国人更加开放。当时,它的学生包括波兰人、匈牙利人、摩拉维亚人、波希米亚人,以及荷兰南部的本地人。㉔

耶稣会的高等教育中心(例如:迪林根、格拉茨、帕德伯恩、莫尔塞姆、奥斯纳布吕克和班伯格)与众不同,耶稣会也在很多古老大学的神学院系留下印记,如特里尔、美因茨、维尔茨堡、科英布拉和埃武拉的大学。在国外最有名的耶稣会高等教育机构是格拉茨、维尔茨堡和迪林根的大学。它们的外国学生主要是匈牙利、波兰和捷克的贵族,但是波兰、捷克和匈牙利国内有耶稣会大学,它们分布在布劳恩斯贝格、伦贝格、维尔纽斯、布拉格和瑙吉松博特等地。这些17世纪耶稣会高等教育中心的建立导致了国外旅行的减少。1592—1599年西格蒙德国王短期执政时,波兰对瑞典实现了短暂的统治,在这期间,瑞典天主教徒经常造访波兰的高等教育机构。

㉓ Kagan, *Students and Society*.

㉔ 图表,参见 W. Dotzauer, 'Deutsche in westeuropäischen Hochschul- und Handelsstädten, vornehmlich in Frankreich, bis zum Ende des alten Reiches. Nation, Bruderschaft, Landmannschaft', *Geschichtliche Landeskunde*, 5 (1969), 89-159;另可参见注释11。

然而瑞士的天主教徒却直接为他们自己选择了一个高等教育机构,即萨尔斯堡的本笃会修士大学——迪林根大学,该大学建于1620年,迄今仍受天主教徒们的欢迎。㉕

426 由于1564年神圣罗马教会要求表白忠诚的做法阻碍了新教年轻人在罗马教皇统治国家求学,当然也不能在那里获得学位,这就造成博洛尼亚、罗马、费拉拉和佩鲁贾等意大利大学外国留学生的流失。从此它们的外国学生都是阿尔卑斯山南麓的天主教徒。㉖

宽容的大学

约1600年前后,帕多瓦大学的学生数超过其母校博洛尼亚大学,这主要是因为它对非正统派学生持宽容的态度。像威尼斯共和国的大学一样,通过法律上的推定,它已经避免了正统派的强制监督。在威尼斯共和国,新教徒可以在私人会议上由巴拉丁伯爵获准毕业,而不是必须在正式的公共会议上由主教批准。这一特权主要适用于天主教国家的新教学生,尤其是意大利,那里大多数地方在取得学位时要求有天主教的宣誓。它赞成不是教堂而应当是君主来授予学位。约1600年前后,一位很有实力的人拥有帕多瓦大学的印章。但是在1613年后,威尼斯参议院不再接受这样的做法,即在威尼斯共和国,学位由在德意志帝国控制下的一位外国君主授予。学生可以通过官方权威机构获准毕业,例如由参议院决定。对医学学生来说,还存在另外一个可以逃避帕多瓦学位高额花费以及天主教教堂控制的方法——去威尼斯。因为英国天主教徒或波兰新教徒以及许多其他的非正统派学生被允许作为医生在威尼斯比较廉价的医学院毕业,这里已经有权给那些通过严格考试的专业候选人授予学位。这一医学方面的规定非常受来自不列颠群岛和波兰的学生的欢迎,以致于他们到16世纪末在帕多瓦拥有了自己的同乡会。这并非是由帕多瓦的教授们向阿尔卑斯山南麓的学生提供的唯一好处。在1578年,该大学在其法令汇编(罗马法

㉕ 参见注释22。

㉖ R. L. Kagan, 'Universities in Italy 1500 – 1700', in *Populations étudiantes*, vol. I, 153 – 186.

书籍)中引进人文主义者(主要是高卢的)课程,从而顺应了德意志民族的愿望。㉗

锡耶纳大学改变其策略以吸引阿尔卑斯山南麓的学生。1596 年,锡耶纳大学为德国人、荷兰人、波兰和波希米亚人开设了一个会所,在那里他们可以吃到依他们本国口味烹制的食物。毫无疑问,在 16 世纪 70、80 年代对异教学生的迫害并导致大量学生离开锡耶纳之后,锡耶纳大学及城邦
一直努力地在外国人中追求好名声。随着宗教和解(1590 年前后)的到 427
来,新教和天主教都被锡耶纳承认,锡耶纳的萨皮兹大学成为意大利第三大外国留学生中心。比萨、佩鲁贾、费拉拉和帕维亚等地的其他意大利大学在意大利之旅中驻足不前,因为作为观光或朝圣,意大利之旅通常在罗马结束。㉘因此,通常很难确定一个生活在罗马的阿尔卑斯山以南、在萨皮兹或一所慷慨地向非教士教师支付酬金的宗教或传教士学院的学生是一个勤奋的学生,或他究竟是一个观光者还是朝圣者。在巴黎的母校也存在同样情况。

16 世纪巴黎大学学生几乎不能被称做是国际性的群体,但是任何旅行途经法国的外国人,无论是天主教徒还是新教徒,都要在巴黎停留一段时间。因为巴黎智力和文化方面的发展是如此显著,它确实值得人们一游。在法国,如同在意大利一样,即使是在宗教论战期间以及 1598 年《南特敕令》颁布之后的一段时期,无论一个人的宗教信念如何,他仍可以旅行、学习,并获得大学学位。㉙

然而,像洛林的蓬塔穆松一样,天主教大学主要从邻近国家招生。新教大学则主要为培养法国胡格诺教派神职人员而建立,如那些在索米尔、色当和奥兰治的大学。在 17 世纪上述大学被包含于游历欧洲大陆的大旅行之中,关于这一点下文还会有详细说明。除了奥尔良、布尔日、蒙彼利埃

㉗ R. Palmer, *The 'Studio' of Venice and its Graduates in the Sixteenth Century* (Padua/Trieste, 1983); L. Giard, 'Histoire de l'université et histoire du savoir: Padoue (XIVe–XVIe siècles)', *Revue de synthèse* Ⅲ, 120 (1985), 439.

㉘ De Ridder-Symoens, 'Italian and Dutch Universities' (注释 7).

㉙ L. W. B. Brockliss, 'Patterns of Attendance at the University of Paris, 1400–1800', *The Historical Journal*, 21 (1978), 503–544, revised version in *Populations étudiantes*, vol. Ⅱ, 487–526; Julia, 'Les étudiants et leurs études' (注释 12), *passim*.

和巴黎等几个国际中心外，从 16 世纪下半叶起，法国大学只从特定地区招生。到 1688 年为止，奥尔良的大学一直有很多来自德国的法学学生。由于《南特敕令》的废除，更因为路易十四在东境的战争，奥尔良大学里不再有外国留学生，其他的国际中心则仍旧受欢迎。路易十四的政策和战争也影响了到蒙彼利埃——医生的麦加的移民。高卢之旅由此结束。[30]

对学生流动性的两个主要影响因素仍未被提及。第一，16、17 世纪
428 欧洲出现大量宗教或政治流亡者。与近代的大规模移民运动比较，那时的大学与移民有着更为密切的关系。第二，在现代，进入大学接受培训、获得毕业以及参观游历之间有所区别。这些不同的教育类型在整个 17 世纪游历欧洲的大旅行盛行时同样能够比较容易地分清。

大学作为避难所

宗教战争、各种新教教会的崛起以及天主教在特伦托会议后的攻势等产生了大量的逃亡者，他们一边寻找自己的宗教成员，一边迁移出欧洲，试图找到一个可以为他们提供安全和工作的国家。[31]这些逃亡者的孩子们在接纳他们的国家的大学里学习。大部分情况下他们仍将自己的国籍视为原来他们所逃亡出的国家，而不是接纳他们的国家。也有的流亡者从一所大学转向另一所大学，一个国家转向另一个国家，有时长达数年之久。依照具体情况，他们或独自旅行，或结队旅行。

在反抗西班牙的叛乱期间，或是在 16 世纪后半叶法国宗教战争期间以及英格兰血腥玛丽统治时期逃出低地国家的新教徒，以及怀特山脉战役中战败的捷克人，在荷兰共和国、神圣罗马帝国以及瑞士的新教大学中寻找到避难所，在那里他们被训练为传教士。维滕堡、日内瓦、莱顿和许多其他新教大学为新建立的新教教会培养牧师。在三十年战争期间许多德国

---

[30] Julia, ‘Les étudiants et leurs études’(注释 12), *passim*.

[31] H. de Ridder-Symoens, ‘The Place of the University of Douai in the *Peregrinatio Academica Britannica*’, in J. Fletcher and H. de Ridder-Symoens (eds.), *Lines of Contact between Great Britain and the Low Countries. Proceedings of the Second Conference of Belgian, British and Dutch Historians of Universities Held in Oxford, September 1989* (Ghent, 1994), 21–34.

人逃往乌普萨拉和多尔帕特新建的或重建的大学，这些大学迄今也没有吸引多少外国人。罗斯托克和柯尼斯堡由于没有卷入战争，因此也成为吸引外国人的中心。

英格兰和苏格兰大学仅是在这不稳定及宗教移民时期才吸引了一些外国学生。通常因为政治上的原因，甚至是苏格兰人都喜欢首选欧洲大陆的大学，而不是牛津或剑桥。荷兰人比尔德狄克（1756—1831）说：大陆学生之所以不选择英格兰或苏格兰大学的一个原因是他们不懂那里说的拉丁文。[32]但是很明显这个托辞并不能完全讲得通。因为牛津和剑桥的学生 429 或毕业生名录里很少出现宗教性流亡者，所以不可能从牛津和剑桥举出确切的数字。无论如何，最多的流亡者侨民出现在伦敦，大陆学生在牛津大学的数量不超过全体学生的1%。由于进入牛津和剑桥必须赞同有关英国国教的三十九条信纲，因此只有英格兰人和威尔士的英国国教徒进入牛津和剑桥的学院就不足为奇。在那里，英国非国教派者、爱尔兰人、苏格兰人以及欧洲人极少被吸收成为其学生或教工。直至法国大革命爆发，除在18世纪末爱尔兰人的比例达到2%—5%外，其他时期都没有超过1%。[33]

从不列颠群岛、荷兰北部、帝国的部分地区、斯堪的纳维亚的国家以及瑞士等地驱逐或移民出来的年轻天主教流亡者受到非常有组织的欢迎，尤其是受到耶稣会的欢迎。在大学里专门有一些新创建的特殊学院来接纳和培养年轻的避难者，并训练他们去改变他们国家的宗教。鲁汶、杜埃、巴黎、萨拉曼卡、罗马和科隆成为苏格兰人、英格兰人、爱尔兰人、荷兰人和德国人的教育中心。他们按照国际标准组织对上述人员的接待。如此，来自不列颠群岛的天主教徒通常在鲁汶或杜埃寻求教育，在那里他们被接收到特殊学院。他们当中的一些人从这里被派往巴黎或萨拉曼卡，住在爱尔兰学院（现在的丰塞卡学院）。他们当中最有才华和热情的在罗马结束他们的游历。罗马有很多训练牧师和传教士的学院，其中最重要的要数日尔曼

---

[32] Frijhoff, *Gradués*, 91.

[33] T. H. Aston, G. D. Duncan and T. A. R. Evans, 'The Medieval Alumni of the University of Cambridge', *Past and Present*, 86(1980), 9 – 86.; T. H. Aston, 'Oxford's Medieval Alumni', *Past and Present*, 74 (1977), 3 – 40; L. Stone, 'The Size and Composition of the Oxford Student Body', in Stone (ed.), *The University in Society*, vol. I, 35 – 101.

和匈牙利(1552 年建立)学院、罗马学院(1553 年建立)和都市学院(1627 年),他们就被这样的学院接纳。同样,几乎每一宗教团体在罗马都有大学馆,团体中最有天赋的成员在那里接受高质量的培训。㉞

在 1685 年《南特敕令》撤销后至法国大革命前的最后一次重大的避难
430 者浪潮中,好几万胡格诺教徒离开法国,在新教国家中寻求庇护。他们作为宗教流放者或逃亡者在荷兰大学注册。㉟

也有希腊人和犹太人被流放。在 1453 年君士坦丁堡沦陷后,希腊学生跨过亚得里亚海,到意大利大学里学习。在 15 世纪后半叶他们的数量迅猛上升,帕多瓦大学成为希腊知识分子最常出入的避难所。㊱

在中世纪,犹太人被拒之于大学之外,直到 15 世纪末教皇才允许犹太人在意大利医学专业注册。帕多瓦成为欧洲人和北非犹太人学术训练的重要中心,也有一些欧洲人和北非犹太人进入锡耶纳学习。在中世纪,大多数西班牙和葡萄牙的犹太人更喜欢呆在蒙彼利埃,在那里他们受到宽容的对待。在其他大学只有改换信仰的犹太人才能被接受。犹太人、摩尔人、中世纪被迫改信基督教的犹太人和摩尔人,以及新皈依的基督教徒再三地被从西班牙和葡萄牙驱逐,特别是在 1480—1492 年间以及 1609 年。他们在任何能够接受他们、允许他们并能够让他们学习的国家寻求庇护。在 15、16 世纪里,他们主要定居在法国的大商业城市和低地国家(荷兰、比利时、卢森堡),尤其是比利时的安特卫普省。17 世纪荷兰变为他们的庇护所,荷兰的大学也成为他们的学习中心。当德国大学对犹太人敞开大门的时候(新教大学在 17 世纪末,更重要的是天主教大学在 18 世纪),宗教

㉞ 参见注释 31 以及 P. Guilday, *The English Catholic Refugees on the Continent 1558 – 1795* (London, 1914), 4 – 19; L. W. B. Brockliss, 'The University of Paris and the Maintenance of Catholicism in the British Isles, 1426 – 1789: a Study in Clerical Recruitment', in *Populations étudiantes*, vol. Ⅱ, 577 – 616 与注释 31.

㉟ S. J. Fockema and T. J. Meijer (eds.), *Album Studiosorum Academiae Franekerensis* (*1585 – 1811*; *1816 – 1844*), vol. I: *Naamlijst der studenten* (Franeker, 1968), 240ff.

㊱ A. Vacalopoulos, 'The Exodus of Scholars from Byzantium in the Fifteenth Century', *Cahiers d'histoire mondiale*, 10 (1966 – 1967), 463 – 480; G. Fabris, 'Professori e scolari greci all'Università di Padova', *Archivio veneto*, ser. v, vols. 59 – 62 (1942), 121 – 165.

融合的进程加快,犹太人甚至被其他的文学院和法学院接受。[37]这样,向犹太人敞开大门的大学至今也未能与欧洲社会相融合,因为接受甚至保护拥有其他宗教信仰或政治信念的学生,使他们自己远离了占主导地位的宗教偏狭。这些大学有帕多瓦、锡耶那、莱顿、弗拉讷克、乌得勒支、蒙彼利埃,甚至是巴塞尔的大学,它们只能提供医学课程。与此不一致的是,这些城市或地区在其他方面显得宽容,仅举一例,蛊惑政治迫害的人在荷兰共和 431
国、威尼斯共和国以及安特卫普或巴塞尔都没有发现支持者。帕多瓦、莱顿和蒙彼利埃的医学专业、莱顿和1615—1625年间巴黎的法学专业进行了磋商,在此期间他们谴责了不能宽恕的政治迫害以及残忍的审讯过程。[38]

游历欧洲大陆的大旅行

16世纪,学生们主要来自资产阶级或贵族家庭。整个16世纪到约1600年,贵族子弟大量涌入大学。尽管为鼓励大学生在最近的大学里做好从事神职工作的准备,大学为他们提供奖学金和寄宿,但是在法国大革命前大学里很少有贫穷的学生,更没有四处游历的穷学生。[39] 不过他们仍然可以通过一个方法参加17、18世纪流行的大旅行,即他们可以作为指导教师或管理者陪伴一位年轻的贵族来进行他们的欧洲之旅。[40] 旅行者指南及旅游说明强调游历的成功要依靠管理者或导师。一次成功的大旅行有可能使职业出身低贱但具有雄心与才干的年轻人在其学生家庭的赞助下在一所著名的大学学习,或至少可以在那里取得学位。汉堡的约翰尼

---

[37] G. Kisch, *Die Universitäten und die Juden: eine historische Betrachtung zur Fünfhundertjahrfeier der Universität Basel*, Philosophie und Geschichte, 77 (Tübingen, 1961); S. Kottek, 'Sur l'ouverture progressive des universités de l'Europe centrale aux étudiants en médecine juifs au XVIII e siècle', *Revue d'histoire de la médecine hébraïque*, 27(1974), 113 - 118; M. Richarz, *Der Eintritt der Juden in die akademischen Berufe. Jüdische Studenten und Akademiker in Deutschland 1678 - 1848* (Tübingen, 1974).

[38] H. de Ridder-Symoens, 'Intellectual and Political Backgrounds of the Witch-Craze in Europe', in M. S. Dupont-Bouchat (ed.), *La Sorcellerie dans les Anciens Pays-Bas, Hekserij in de Nederlanden*, Etats et Assemblées-Standen en Landen (Heule/Kortrijk, 1987), 37 - 64.

[39] 参见第7章第311-312页。

[40] 参见精选文献中有关游历欧洲大陆的大旅行的综合性文献。

斯·弗里德里克斯·赫罗诺维厄斯(1611—1671),一位从本土战争的惊骇中逃出的逃亡者,担任了劳伦斯和斯蒂文·杰勒德这两个阿姆斯特丹的贵族青年的指导教师。赫罗诺维厄斯希望到法国的某个地方查阅手稿并取得法学学位,但对于这两个阿姆斯特丹年轻人来说,大旅行却有另外一个目的。他们的父亲希望通过它能够使他们的行为举止文雅优美,并使他们悉知贵族们的闲暇嗜好和知识范围。在1639年4月至1642年1月间,三个年轻人追随着古典的旅程:英国、法国(他们在那里的骑术学校停留了一段时间,并且劳伦斯和斯蒂文在奥尔良获得法学博士学位),然后他们继续访问了意大利、德国南部,最后抵达瑞士。㊶

432 古典时期的纨绔子弟非常认真地遵循人文主义者的建议,通过在欧洲旅行完成他们的教育,但却赋予这一建议一种新的观点。到1600年,贵族教育已经历激烈的变化。贵族不再只是培养骑士精神,也学习文学和法律,为以后服务于国家的各项事业和外交作准备,高等教育与这些新要求相适应。大学调整自身来适应这类新型的学生,通过减少物质和财政资助以及引进优秀人才等措施来抵制来自于下层社会的竞争。只有那些提供特定学科教学的大学才有希望吸收年轻的贵族,即那些在大城镇里的贵族、处于中上等社会阶层以及名门望族家庭的子弟。这些大学必须首先有可能提供诸如数学和筑城学、政府的行政和管理体制学、外交学、文学和造型艺术学等新兴学科的教学。大多数年轻的旅行者早已在本地大学为一种职业做了准备。他们之中的很多人没能在本地获得学位,但他们对此漠不关心,有些具有很高名誉的大学已愿意授予他们博士头衔。凭借支付一定的费用,他们甚至可以获得先前必须学习一些课程后才能得到的证书。这些“授学位”大学也为贵族提供初始或继续文雅技艺的学习,如骑马、击剑、舞蹈和用现代语会话。因为相关资料匮乏,所以很少有证据表明,旅行者在教师家里进行私人课程的学习。如果这样的学生未能在大学注册,那么有关他们的学习情况也就无法留下记录。在16世纪晚期流行这样的做法:途中请同事、朋友或学者,在一本书的空白页上写下一些东西(一首诗、

㊶ P. Dibon and F. Waquet, *Johannes Fredericus Gronovius, pélerin de la République des Lettres: recherches sur le voyage savant au XVII e siècle* (Geneva, 1984).

引语、谚语、格言或一幅画)。[42]这样的做法对解释学生或学者的游记是非常有帮助的。

为满足本土精英分子的教育需要,鼓励他们留在自己的国家,专门学校在欧洲各处迅速出现:法国的高等专科院校、帝国的专门学院、意大利的贵族学院和联合省的精英学校。虽然西班牙学院的学生宿舍中贵族只占少数,但那些学院逐渐成为有赖于家庭出身、政治关系和社会地位的社会精英培训中心(例如:莱佐德斯学院)。牛津和剑桥的学院也存在相同的情 433
况,它们主要关心培养社会精英,通过教他们如何使自己适合社会、行政部门、法律和外交等方面的工作来为他们在未来社会中扮演的角色做准备。贵族学校像大学一样提供更多同样的计划,但没有授予学位的资格。虽然这些大学和学院是为培养国家精英而建,但更多的是大旅行中的贵族光顾,因为这些久经世故的绅士发现,虽然许多传统大学也在努力地适应新时尚,但这些机构比那些传统大学更适合他们的口味。[43]

英国人和德国人以最热心的学术旅行者著称,正如他们自己所承认的那样,因为他们缺乏文明和文雅。大旅行的狂热者也包括荷兰、波兰、匈牙利,以及捷克的贵族。总而言之,欧洲精英追随了这种时尚。新教徒比天主教徒更热衷于大旅行。与法国人、意大利人和西班牙人相比,有更多说英语、德语和斯拉夫语的人追求这种时尚。

在法国、意大利、英格兰和联合省等旅行者喜欢的国家里,有很好的接待中心。奥尔良的德语民族甚至设计了专门的签字簿,供那些为荣誉或子孙希望将名字记在其上的旅行者使用。这种做法并不是唯一的,在意大利的德语民族、在帕多瓦的波兰民族以及其他国家及地区都有这样的做法。法国大学的学术水准跌落得非常低下,费利克斯·普拉特尔的父亲建议儿子在巴塞尔而不是蒙彼利埃取得其医学博士学位,因为这将是更"荣耀的"。"如果我在法国取得学位,人们一定会说我不够巴塞尔大学的标准。因为每个人都知道法国大学是'我们收了他们的钱,但他们回德国时与来

---

[42] W. Klose (ed.), *Stammbücher des 16. Jahrhunderts*, Wolfenbütteler Forschungen, 42 (Munich, 1988); J. - U. Fechner (ed.), *Stammbücher als kulturhistorische Quellen*, Wolfenbütteler Forschungen, 11 (Munich, 1981).

[43] 有关机构,参见第 7 章第 318 - 324 页。

时一样无知'。"㊹在奥尔良、布尔日、安格斯、卡昂、兰斯和奥兰治(只提到最常有外国人来访的大学)等处的大学卖学位是很普通的事情。㊺但法国不是唯一以这种不严肃的方式授予学位的国家:格尔德兰的哈尔德韦克大学、离荷兰边界不远的德国杜伊斯堡大学,在18世纪的一个喜剧中赢得这样的嘲弄:"他的学位是'德国制造',或许他在哈尔德韦克为它花了整整一
434 百,全然不需费一丝努力,不必说一句拉丁文,他便可以在公众面前炫耀,并像学者一样被接受。"㊻

这样的例子还有很多。他们对这些大学的教学质量只字未提。如此,就产生两种大学的分裂,即学习课程的大学和取得学位的大学。旅行学生的实践使学生有充分的理由为其智力训练选择一所或多所本国或外国的大学,并因为种种原因而选择在另一所大学获得学位。一些学生被一些悠闲的或收费适中的大学所吸引。巴黎大学医学乃至法学博士头衔的花费简直就是天文数字:在17世纪医学博士头衔要花到3000—5000里弗(相当于一个年收入500里弗的熟练工匠十年才能赚到的钱)。㊼而兰斯、安格斯或卡昂收费要低一些。荷兰著名的莱顿大学的博士学位花费昂贵,其他大学会少一些。西班牙人喜欢在甘迪亚拿学位,那里按照市民或教会法一个学士学位需要花费33里弗,而在西班牙的巴伦西亚则需53里弗。㊽那瓦公国规模不大的奥尼亚特大学在最兴旺的时候有这样的常规:从比较大的西班牙大学中录取学士并授予其更高的学位。相当一部分奥尼亚特大学教授的收入来自于授予学位的费用。其他较小的18世纪西班牙大学以同样的方式吸引学生,如奥苏纳、埃拉克和阿尔马格罗。㊾1570—1571年,奥格斯堡的乔治·瓦格纳发现要决定在哪里获得学位很难。他已

㊹ 引自:Julia,'Les étudiants et leurs études'(注释12),39.

㊺ Julia,'Les étudiants et leurs études'(注释12),83-86.

㊻ 引自:Frijhoff,*Gradués*,34.

㊼ L. W. B. Brockliss,'Medical Teaching at the University of Paris, 1600-1720',*Annals of Science*,35(1978),221-251.

㊽ P. García Trobat,'Los grados de la Universidad de Gandía(1630-1772)',in M. Peset(ed.),*Universidades españolas y americanas. Época colonial*(Valencia, 1987),17; M. Peset and M. F. Mancebo,'La population des universités espagnoles au XVIIIe siècle',in *Populations étudiantes*,vol. I,193.

㊾ Kagan,*Students and Society*,210-211.

经在帕多瓦学习法律，但是在帕多瓦一个博士头衔花费要多于 50 斯库，太昂贵了。博洛尼亚没有更便宜的。所以他可以在锡耶那或费拉拉之间选择，前者需要 34 斯库，后者需要 28 斯库。经过长时间的考虑，他选择了锡耶那，因为费拉拉的学术名声不好。在费拉拉，懒惰的学生甚至要比算计花费的学生还要多。[50]

在 17 世纪上半叶神圣罗马帝国几乎没有大旅行。三十年战争使这个区域的很多地方动荡和遭受毁坏。像因戈尔施塔特和斯特拉斯堡等少 435
数大学城在战争的恐怖中幸存下来。它们的大学借其虚假的外表成功地吸引一些年轻的贵族来此旅行，但是来此的年轻贵族是本国人而非外国人。有两个受欢迎的线路：阿尔特多夫、斯特拉斯堡、巴塞尔；海德堡、黑博恩、不来梅。这两个路线在卡瓦赖尔斯旅行中可以看出，尤其是新教贵族学生，从中欧游历到东欧。[51]

如果试着给“授学位大学”或至少有此风尚的大学下一定义，则完全可以被确定为：公共机构（例如：政府参议会、国会、市议员或教会团体）成员获得学位的大学。这种研究还有另外一个好处，即阐明了随着时间的流逝而发生的变化。1660—1792 年间属于明斯特国王法庭的律师和法官喜欢在博洛尼亚、奥尔良和 17 世纪的杜伊斯堡以及在 18 世纪的哈尔德韦克获得学位。[52]

1580 至 1794 年间，在列日公国得到圣·兰伯特大教堂基督教会承认的约 60％的天主教教士都是本地人，其中 88％的人大学毕业。相反，杰出的教士却主要地来自荷兰和神圣罗马帝国。鲁汶大学是未来的大教堂教士们最常出入的地方（在 236 名大教堂教士中有 182 名，约 77.1％，曾在

---

[50] Palmer, The ‘*Studio*’ (注释 27), 16.

[51] 参见以下成果：G. Hölvényi, E. Donnert, G. Grimm, R. G. Plaschka and J. Sota in R. G. Plaschka and K. Mack (eds.), *Wegenetz europäischen Geistes*, vol. Ⅱ: *Universitäten und Studenten. Die Bedeutung studentischer Migrationen in Mittel- und Südosteuropa vom 18. bis zum 20. Jahrhundert*, Schriftenreihe des österreichischen Ost und Südosteuropa-Instituts, 12 (Munich, 1987), 117－126; F. Hrubý, *Etudiants tchèques aux écoles protestantes de l'Europe occidentale à la fin du XVIe et au début du XVII e siècle* (Brno, 1970)；参见以下成果：L. Hajdukiewicz, J. Pešek and M. Svatoš, K. Kubik and Z. Hojda in Kulczykowski (ed.), *Pérégrinations académiques* (注释 11).

[52] Schneppen, *Niederländische Universitäten* (注释 18), 47－48.

那所大学学习)。在德国大学中,只有科隆大学的名声好(有41名毕业于此的大教堂教士,约占17.4%)。意大利大学在16世纪末吸引了一些学生,总共17名。在法国大学中,兰斯培养了最多的(30名)未来的大教堂教士(主要是1670年之后;在那之前,奥尔良培养了14名大教堂教士)[53]。

1723至1725年在爱丁堡建立医学院的9名医师均是布尔哈夫大学校友,并且只有1名毕业于莱顿。3名已经在兰斯取得学位,1名在安格斯、1名在帕多瓦。多年以后,3名苏格兰人选择了一所苏格兰大学:格拉
436 斯哥大学、圣·安德鲁斯大学和爱丁堡大学。[54]在卡斯蒂利亚王国,90%以上西班牙最让人羡慕的职业,主要由那些出身于上层社会家庭、出自萨拉曼卡和巴利亚多利德大学学生宿舍的毕业生包揽,至少也要毕业于阿尔卡拉。[55]

17世纪(1649—1699)在布鲁塞尔医学院注册的103位医生中,68%在鲁汶取得学位,10名(9.7%)在杜埃获得学位,其次是帕多瓦(8名)、博洛尼亚(5名)、多勒(3名)、罗马(2名)、兰斯(2名)、莱顿(2名)、帕维亚(1名)和比萨(1名)。18世纪登记在册的77名医师中,74名(96%)在鲁汶、2名在博洛尼亚、1名在哈尔德韦克取得学位。[56]在荷兰北部,情形十分类似:大约1640—1699年间,75.8%在阿姆斯特丹注册的医师是荷兰大学的毕业生;在18世纪,这一数字为87%。在1675—1799年间,83.9%在海牙注册的医师分别在他们自己的国家里取得学位。在17世纪,阿姆斯特丹的医师喜欢法国和意大利的大学,到18世纪则喜欢德国大学。[57]之所以在选择外国大学方面存在这样的差异主要是因为阿姆斯特丹医学院里有很多外国人,尤其是德国人和犹太人。荷兰南部的情形与北部并不相似。

---

[53] O. Chapeau, 'La formation universitaire des chanoines gradués du chapitre cathédral de Saint-Lambert à Liège', *Annuaire d'histoire liégeoise*, 20 (1979), 79-114.

[54] G. A. Lindeboom, *Herman Boerhaave. The Man and his Work* (London, 1968), 372.

[55] Kagan, *Students and Society*, 80, 97-98.

[56] C. Broeckx, *Histoire du Collegium Medicum Bruxellense* (Antwerp, 1862), appendix: list of admitted physicians.

[57] W. Frijhoff, 'Université et marché de l'emploi dans la République des Provinces-Unies', in *Populations étudiantes*, vol. I, 212; Frijhoff, *Gradués*, 230-245.

启蒙运动

这些事例说明,在 18 世纪出国拿学位的风尚已绝。大旅行不再是最好的教育的顶点,更像是愉快之旅。启蒙运动的信徒们所热衷的效用观念也开始在教育学思想中占居优势。在某些特殊的情况下,出国学习仍被视做有益的,甚至是明智的。年轻的知识分子在精心选择的机构里寻求高级的职业训练,如果国内没有,他们就去国外寻找。简而言之,国内学校设施不足时,才去国外大学。当时的风尚支持不公开声明教派的做法,而且宗教的要求日益宽容,因此大学公认的宗教已不太重要。由于在从事政府工 437
作、申请学校记录在册或求职时必须提交毕业证书,所以参加国立大学的考试也是必要的,或者,如果国外大学在授予学位方面收费较低,也可以参加国外大学的考试,除非国内政府找外国文凭持有者的麻烦。到 17 世纪末,这种限制重又兴起。当时,统治者并不太担心国外旅行带来的宗教方面的异教危险,而更担心可能带来的政治影响以及经济和财经上的损害。他们怀疑大旅行甚至是怀疑国外学习的益处,他们害怕过多的知识分子会成为国家的负担。[58]哈布斯堡的情形清楚地表明这一观点。17 世纪时,他们禁止荷兰的国民去杜埃(杜埃在 1687 年成为法国领土),认为“在杜埃居住(他们说)会给予青年人有害于政府部门的思想”。[59]

17 世纪后期的欧洲战争,特别是路易十四发动的那些战争结束了大规模的学生流动。1685 年《南特敕令》的撤销使得一些德国人和荷兰人逃离法国,但从 1687 年开始的巴拉丁领地继承权战争,使更多的德国人和荷兰人从法国逃走。1688 年,丹纳斯伯爵三个儿子的管理者写信给他们的父亲:“在都灵学院每天都充斥着从法国逃来的德国加尔文教徒。”[60] 1697 年赖斯韦克和约并没带来什么改变,法国大学只是偶尔吸引外国学生的到

---

[58] 参见第 9 章第 387 - 388 页。

[59] 引自:G. Dehon, 'Frontière et culture: le conflit entre l'Université de Douai et l'Autriche (1755 - 1763)', *Les facultés catholiques de Lille*, 30 (1973), 13 - 17.

[60] N. Conrads, 'Politische und staatsrechtliche Probleme der Kavalierstour', in A. Mączak and H. J. Teutenberg (eds.), *Reiseberichte als Quellen europäischer Kulturgeschichte* (Wolfenbüttel, 1982), 55.

来。兰斯大学则有些例外。在18世纪早期，兰斯大学医学毕业生中外国人不少于60%，在18世纪末仍保持在30%。这些外国人几乎都是不列颠群岛人，18世纪前半期主要是英格兰人和苏格兰人，1750年以后则是爱尔兰人。英格兰和苏格兰的新教徒去莱顿听布尔哈夫演讲，这在当时是革命性的行为。大概在返回家乡的途中，他们继续在兰斯取得学位。莱顿的学位申请者得写一篇博士论文，但是在兰斯外国人如果付了学费并答应不在法国就业则可发给学位。[61]信奉天主教的爱尔兰人似乎在巴黎学习过，18
438 世纪后期，那里的医学研究绝对是最新式的。外科学院更是由于其先进的实践训练吸引了很多外国医学专业的学生。[62]

布尔哈夫在莱顿的听众来自世界各国。在1701—1738年间，有1910名学生听过他的演讲，其中三分之一(659名)来自说英语的国家，当时这些国家的医学训练水平很低。而他的学生(共178名，其中43名说英语)在莱顿获得学位的却相当少。[63]在苏格兰启蒙运动的影响下，苏格兰大学在18世纪繁荣起来，爱丁堡在18世纪中、格拉斯哥则在18世纪末也先后繁荣起来。由于这些苏格兰大学不要求任何正式定为国教的长老教会的信仰表白，而且他们的医学教学计划十分灵活。就医学院来说，那是爱丁堡大学引以为荣的，后来格拉斯哥的医学也成为其骄傲。因此它们吸引了世界各地的学生，有斯堪的纳维亚人、葡萄牙人和其他国家的人(在他们当中也有俄国人)，还有来自英格兰和爱尔兰的非国教派的人和美洲殖民地的加尔文教徒。[64]然而他们中很少有人获得学位。同17世纪的莱顿一样，爱丁堡大学在18世纪成为研究大学的优秀范例。因而在18世纪80年代其医学院每年有500学生，只有20至30人能在那里取得学位。[65]

---

[61] Julia, 'Les étudiants' (注释 12), 61 - 82.

[62] W. Frijhoof, 'Le recrutement étranger de l'Académie Royale de Chirurgie de Paris(1752 - 1791): la place des Allemands', in M. Parisse(ed.), *Les Echanges universitaires francoallemands du Moyen Age au XXe siècle. Actes du colloque de Göttingen-Mission historique française en Allemagne 3 - 5 novembre 1988* (Paris, 1991), 73 - 106.

[63] Lindeboom, *Herman Boerhaave* (注释 54), 356 - 357.

[64] Anon., *Evidence, Oral and Documentary Taken by the Commissioners for Visiting the Universities of Scotland*, vol. XI: *University of Glasgow* (London, 1837), 525.

[65] J. B. Morrell, 'Medicine and Science in the Eighteenth Century', in G. Donaldson (ed.), *Four Centuries of Edinburgh University Life 1583 - 1983* (Edinburgh, 1983), 38 - 52.

新建立的哈勒大学和哥廷根大学是帝国最吸引留学生的地方，但对其国际性不能估计过高。它们的确吸引了大量北欧、东欧和几乎只有英国人代表的西欧的年轻人。[66]在玛丽亚·特蕾西娅统治时期，威尼斯大学的改革使它在哈布斯堡帝国具有更广泛的吸引力。匈牙利的加尔文教徒学生在继续从他们的家庭获得支持之外，当他们旅行至荷兰共和国或瑞士的时候还得到东道国的支持（在整个18世纪，至少400名学生去过荷兰，约210名学生去过瑞士）。[67]

意大利大学完全落伍了。接近18世纪中期的时候，那里的外国人同乡会由于缺少生源而关闭，就像1745年在帕多瓦的波兰同乡会一样。[68]在帕维亚，1772—1796年有一半多的法学毕业生是来自米兰和帕维亚的年轻人，只有一个威尼斯人和两个瑞士人是来自阿尔卑斯山南麓的学生。[69] 439

总之，启蒙运动的确复兴了大学的生活，在某种程度上鼓励了学生迁移，但这种迁移主要在内部，并局限于少数中心，这些中心给予了适合于启蒙国家需要的现代教育。

总趋势

这种按年代顺序进行的描述自然会对学生在近代的流动带来一些全面的评论和对现状的思考。

欧洲边缘国家移民学生的行为表现出明显的一致性，并且与大量来自

---

[66] N. Hammerstein, 'Die deutschen Universitäten im Zeitalter der Aufklärung', *Zeitschrift für historische Forschung*, 10 (1983), 73 - 89.

[67] G. Hölvényi, 'Studenten aus Ungarn. Ihr Studium an verschiedenen Universitäten im 18. Jahrhundert', in Plaschka and Mack (eds.), *Wegenetz europäischen Geistes*（注释51）, 118 - 126.

[68] A. Brillo, 'Gli stemmi degli studenti polachi nell'Università di Padova', in *Ommaggio dell' Università di Padova all'Academia polacca di scienze e lettere in occasione del VII congresso internazionale di scienze storiche in Varsavia* (Padua, 1933), 4 - 5.

[69] M. C. Zorzoli, *Le tesi legali all' Università di Pavia nell'età delle riforme 1772 - 1796* (Milan, 1980)；以下文献也给出了类似图形：M. C. Zorzoli, *Università, dottori, giureconsulti. L'organizzazione della 'Facoltà legale' di Pavia nell' età spagnola* (Padua, 1986), 72 - 74.

欧洲中部国家的学生大不相同。尤其是苏格兰和斯堪的纳维亚国家(丹麦、瑞典、挪威、冰岛和芬兰)的移民学生,他们有着惊人的相似。15世纪建立的国立大学(1411年建立的圣·安德鲁斯大学、1495年建立的阿伯丁大学、1477年建立的乌普萨拉大学和1479年建立的哥本哈根大学)在学校的巩固和赢得自己国家学生的认可方面存在很大困难。不仅这些本国的大学所提供的训练被视做不充分,而且出国旅行成为苏格兰人和北欧知识分子欧化并加深对欧洲文化、欧洲科学和经济进步认识的唯一途径,这种认识在较高级的知识分子中表现得更为突出。

直到17世纪晚期,更多苏格兰人和北欧的学生在国外而不是国内的大学学习,但是却很少有外国人在苏格兰或北欧的大学学习。17世纪后半叶,在苏格兰或斯堪的纳维亚国家的大学的外国学生数量有所下降,当然其他所有欧洲国家也一样。改善国家教育的努力获得成功,为将年轻人留在本国学习,一些新大学建立起来。例如:1630年建立的多尔帕特大学和1640年建立的奥布大学。为促进和保护国家的高等教育体系,斯堪的
440 纳维亚和苏格兰当局的国家主义者及其中央集权的政策开始着手通过一些法令来限制以学习为目的的出国旅行。

意大利之旅几乎没有丧失其对欧洲边缘学生的吸引,高卢之旅和荷兰之旅一度也受到他们的欢迎。但是另一方面,那些学生选择了离自己国家不太远的外国大学。如此,葡萄牙学生涌入西班牙大学,尤其是萨拉曼卡;苏格兰人喜欢去西北欧(巴黎、奥尔良、低地国家和科隆);北欧人主要在波罗的海诸国的大学(多数质量很低)或是靠近神圣罗马帝国的大学学习(格赖夫斯瓦尔德、罗斯托克、布拉格、维滕堡和柯尼斯堡)。波兰人、摩拉维亚人和波希米亚人的选择余地更小,或者与天主教学生在国内大学学习,或者在最近的外国大学(克拉科、布拉格或哈布斯堡大学)学习。16世纪上半叶,维滕堡是路德教会成员最喜欢的大学。16世纪后半叶和17世纪早期,海德堡是加尔文教徒最青睐的大学。在17世纪,荷兰的大学仍受欢迎。因为沙皇彼得大帝对西方的偏好,所以尽管荷兰大学及总体上学生的流动趋于衰退,但在荷兰大学学习的俄国学生数在接近18世纪中期时仍然在增长。在彼得大帝之前,学习并取得学位的需求相当有限,那时这种需求取决于对专家的实际需要。那么仍然想在国外获得学术教育的极

少量俄国年轻人去德国(柯尼斯堡)或意大利的一些大学。1755年建立的莫斯科大学最初只有基础教育。学生们被送往巴黎、斯特拉斯堡、莱顿和哥廷根深造并毕业。[70]西西里岛人和意大利人一般很少离开意大利半岛，他们中有很多人去意大利北部规模较大的大学。大多数来自塞浦路斯(由威尼斯统治直至1570年)和克里特(由威尼斯统治直至1669年)的学生甚至在他们的国家陷入土耳其统治下时仍在帕多瓦学习,并联合组成海外政府。据记载,孤立的希腊学生在阿尔卑斯山北部的大学学习,几十个土耳其人曾在17世纪就学于荷兰。

与国家人口成比例,大国的年轻人在国内学习的相对较多。但要引用数字说明是不可能的。尽管下面的设想不是一种被证明的事实,但它是 441
基于多方面材料获得的。依照奥伊伦堡[71]的资料,1800年以前所有上过大学的德国人中有10%的人是在意大利学习的。游历学生的总数更高。尼莱恩[72]统计了17世纪在瑞典和外国大学(主要在神圣罗马帝国和联合省)注册的瑞典人的数量:在世纪初,有五分之四的瑞典学生已在外国大学学习,但到世纪末这一比例下降到仅仅10%。在整个17世纪平均百分比为13.3%。在1560—1620年间,波希米亚、摩拉维亚、西里西亚和福拉尔贝格(奥地利)的贵族几乎全部在国外学习,除了大旅行,他们最喜欢在神圣罗马帝国学习。将贵族和平民都算上,四分之三的哈布斯堡学生去德国大学,而不去维也纳大学。[73]

根据I.卡纽斯卡的计算[74]:1510—1560年间,约有20%上过大学的

---

[70] G. A. Novický, 'L'origine de l'enseignement supérieur en Russie et la fondation de l'université de Moscou', in *Universités européennes*, 162.

[71] Eulenburg, *Frequenz* (注释16), 126 and W. Frijhoff, 'Grandeur des nombres et misères des réalités: la courbe de Franz Eulenburg et le débat sur le nombre d'intellectuels en Allemagne, 1576 - 1815', in *Populations étudiantes*, vol. I, 33, 50.

[72] L. Niléhn, *Peregrinatio Academica. Det Svenska Samhället och de utrikes studieresorna under 1600-thalet* (Lund, 1983), 165, with tables. 参见有关瑞典在欧洲科学研究网络的特殊论点:*A Scandinavian Journal published by the Finnish Society for Science Studies*, 5.2 (1992) and more especially P. Eliasson, 'Peregrinatio Academica: the Study Tours and University Visits of Swedish Students until the Year 1800. 600 Years of Travelling Students', 29 - 42.

[73] Kohler, 'Bildung und Konfession' (注释13), 110 - 111 and tables.

[74] I. Kaniewska, 'Les étudiants de l'Université de Cracovie aux XVe et XVIe siècles (1433 - 1560)', *in Populations étudiantes*, vol. I, 127.

波兰人在国外学习。她估计有1300—1500名游历学生，与在克拉科注册的7438名学生不同，她没有将所有在克拉科及在国外的学生全部计算在内。

1575—1814年间，至少有10%来自荷兰北部的大学毕业生在外国大学获得学位。尤其在17世纪这一数字曾上升到18%。大多数毕业生在他们于国内获得基本的学术教育之后进行的大旅行期间获得文凭。[75]

从已有的资料可以估算：到约1600年，有大概15%的荷兰南部学生在外国大学注册。在17世纪这一数字有了相当的下降。在西班牙、奥地利统治下的荷兰，大旅行是稀罕事。更精确的数字保存在安特卫普城。[76]
442 大约四分之一的安特卫普学生上了外国大学。这一数字在16世纪达到最高，尤其是在下半叶。然而，安特卫普不是荷兰南部的代表性城市，当然在16世纪也是如此，那时候它迅速地发展成为国际贸易和金融中心。它的国际重要性完全体现在其市民在外国学习的声望。

从上述不完全数字资料可以清楚地看出：旧制度时期前或直至约1700年，欧洲学生的流动性是大学史既重要又基本的一个部分。在学生流动过程中，路途艰险、交通工具简陋、旅馆严重不足且质量极差；军事上的行动常常伴随前行，还有盲目的爱国心和惧外心理的爆发以及冗长的宗教和政治上的争论。成千上万的年轻人历尽艰辛游遍欧洲，或是为寻求知识、文化、冒险、安全、与他们的宗教相同的人们，以及声望更高的学术学位，或只是附庸当时风雅。

与此相比较：1985年，不到1%的欧洲学生有在国外学习的经历。为使大学的学习更具国际性，欧洲共同体委员会发起伊拉斯谟计划（为促进欧洲大学生流动的欧洲行动方案），希望到1992年其成员国学生中能够有10%到共同体其他国家进行一段时间的正式学习。[77]而在旧制度时期我们的学生祖先早已达到10%。

---

[75] Frijhoff, *Gradués*, 383.

[76] H. de Ridder-Symoens, 'Het onderwijs te Antwerpen in de zeventiende eeuw', in *Antwerpen in de XVIIde eeuw* (Antwerp, 1989), 233–237.

[77] Anon., 'Commission des communautés européennes. Pour un nouvel essor de la mobilité des étudiants en Europe', *CRE-Information*, 72 (1985), 128–129.

有关学生的旅行故事及家信为他们的游历提供了生动而丰富多彩的记叙。他们首先选择旅行的方式：坐船、赶马车、骑马或是坐驿站的四轮大马车；其次选择结伴的对象：商队或外交使团、其他旅行者，或他们自己。那时的导游给予他们有价值的信息：在国外应该看什么以及他们很可能遇到的困难、办理护照必需的条件、外国货币及其兑换、天主教国家的宗教裁判所、一路的风土人情，等等。很多事情对他们来说都是新奇的。导游的引导还包括旅馆、食物和酒的信息，当然还有住宿的费用，这些与直接有关教育方面的建议是连在一起的。直接有关教育的信息有在哪里学习、学习什么课程、有效的社交，以及可能涉及到的目的地国家的政治、行政和宗教方面的信息，等等。

正如旅行日记清楚地表明的那样，有些国家不受外国人喜欢是可以 443
理解的。英国旅游者发现在法国、意大利和荷兰旅行是最舒适的。而在波希米亚、波兰和神圣罗马帝国东部（威斯特伐利亚邦和萨克森）等地旅行却是困难的，因为旅馆容量不足，带轮子的交通工具在路上无法通行，公共交通工具又难以获得。在西班牙和葡萄牙旅行纯粹被视做一种冒险：伊比利亚半岛通往海港的路途几乎是荒凉的，任何想冒险进入其内部的人必须自带烹饪器具和被褥，因为旅馆缺乏最基本的条件，甚至不能提供足够消费的食物。路途危险且不能使用带轮的交通工具，唯有骑骡子。要避免夏天的酷热，因此在冬天或春天旅行是明智的。对一个外国学生来说，"和蔼可亲的法国"也不是完美的，举例来说，安格斯就是一座"贫民窟和尖塔、富有的娼妓和贫穷的学者"共存的城市。⑱维滕堡是路德教的圣地，也好不到哪里去，是一个"贫穷与肮脏，学生、妓女和猪云集之所"⑲。

毋庸置疑，有时物质条件会影响学生对大学的选择，其他的障碍可能更严重。鼠疫的爆发引起学生和教师从城市逃走：在1502—1530年间，奥尔良先后爆发几次瘟疫，人口骤减，大学荒芜。然而，1500年伊拉斯谟在从巴黎的瘟疫中逃出后在奥尔良寻找避难所。在1564—1565年间，瘟疫迫使海德堡大学关闭；大量学生移民埃平根，他们在那里找到的避难所现

⑱ E. S. Bates, *Touring in 1600. A Study in the Development of Travel as a Means of Education* (Boston, Mass./New York, 1912), 158.

⑲ 引自:Bates, *Touring in 1600* (注释78), 121.

今仍存。[80]

军事行动是另一个阻碍移民学生自由流动的障碍。战争能够中断旅行,因为16世纪上半叶弗朗西斯一世与查理五世之间在皮卡第地区发生战争,截断了学生去巴黎和奥尔良学习的道路。在本国发生的战争既使本国的学生不能出去,也使外国的学生不能到来。每所欧洲大学时不时地要受到战争的干扰。所有这些灾祸在学生注册中均有体现,这有助于解释本国学生和外国学生在数字上的波动,但并不能改变既定的趋势。鼠疫或战
444 争可以在一段时间内使大学孤立,但是好战的民族主义时常与民族的偏狭和宗教的分隔结伴而行,时不时地将外国学生拒之于门外。1433年胡斯信徒动乱后布拉格就是一个明显例子。

如此多的因素限制着大学的选择。学生通常根据以下因素来选择大学:家族传统、大学或城市的声望、宗教及政治状况、经费的考虑,另外还有诸如距离、是否容易进入或生活是否舒适、学术特权、精通外国语的机会、风尚(对贵族尤为重要)等方面实际的考虑,以及各种偶然的和无法预见的因素。

外国学生最重要的特权是保障条款。保障条款的字面意义实际上是由统治者向外国学生提供安全一护送,意思是外国学生免受暴力劫掠,一般指保护其人身、所携人员和财产免遭任何形式的侵害。但是,在与外国作战时,有时统治者就"忘记"了这样的特权,而且这时公众对外国人的仇恨常常高涨起来,使得统治者不得不命令他们的国民来尊重保障条款特权。在近代,统治者对其领土内的移民控制得很紧,外国学生也受到影响,他们受制于护照制度。护照的要求也能够使当局密切注视他们自己国民的行动,并能够执行禁止出国学习的法令。如果一位青年学生设法离开他的国家并获得外国大学学位,由此他工作的资格、他要想返回国内大学取得为毕业生保留的职位,必须到当局申请分配。这就很容易知道申请者到国外那些地方学习能够填补国内教育的缺口。

应当怎样评定个别学生的学术移民及其影响范围呢?这些问题很难

---

[80] C. Cuissard, 'La peste noire à Orléans, 590－1668', *Mémoires de la Société d'agriculture, des sciences, belles-lettres et arts d'Orléans*, 36 (1897), 105－165; F. Meuthen, *Kölner Universitätsgeschichte*, vol. I: *Die alte Universität* (Cologne/Vienna, 1988), 244.

回答,更何况原因也没有被彻底地调查。很多著名的思想家已就其对思想观念和知识的影响方面有较多论述,但对多数青年知识分子在他们探索知识和文化过程中面对的危险和困难却少有涉及。如果不是这些青年人,思想观念以及欧洲偏僻地方普通文化的传播是不能想象的。学生的流动使欧洲边缘国家从孤立状态中解放出来,并使它们在整个欧洲大陆的发展中成为合作伙伴,促进欧洲大陆在智力、文化和物质上的进步。J.佩塞克和D.萨曼在其有关波希米亚的论著中明确了这一点,他们写道:"在国外学习促进了波希米亚和国外的文化和科学的关系,同时在国外的学生也是波希米亚获得有关国内外政治、意识形态和宗教等事务的信息来源。"[81]一位出身于希腊的俄国僧侣作家使西欧与希腊的马克西姆间有了密切的智力联结,因为他在15世纪末曾在意大利大学长期逗留。正是通过他,拉丁文化和人文主义思想才首次进入莫斯科。在16—19世纪期间,毕业于帕多瓦的希腊学生通过建立希腊学校,使希腊和拉丁文化在奥斯曼帝国的东正教人民中存活。在大学里学会与基督教成员共存的知识分子则促进了犹太人与欧洲的融合。[82] 445

欧洲的文献出版物被成千上万的游历知识分子保存和丰富。一个国家对另一个国家的影响以及在欧洲思想的传播等方面的研究越来越多,那些游历学生和教授在其进程中所起的至关重要的作用是毋庸置疑的。因而,法国法律学校以及后来荷兰法律学校对苏格兰法律和机构的影响是广为人知的。

K.Å.莫德在关注瑞典时清楚地表述:"欧洲法学家在17世纪瑞典的法律生活中扮演一个非常重要的角色。他们中的许多人活跃在欧化进程中,他们在促使瑞典熟悉新的法律形式方面做了许多工作,通过这些工作促进了瑞典的法律进程,继而促使其成为一个强国。"[83]正如17世纪科学

---

[81] J. Pešek and D. Šaman, 'Les étudiants de Bohême dans les universités et académies d'Europe centrale et occidentale entre 1596 et 1620', in *Population étudiantes*, vol. I, 110.

[82] E. Denisoff, *Maxime le Grec et l'Occident. Contribution à l'histoire de la pensée religieuse et philosophique de Michel Trivolis* (Paris/Louvain, 1943).

[83] K. Å. Modéer, 'Die Rolle der Juristen in Schweden im 17. Jahrhundert. Eine rechtshistorische Skizze', in G. Rystad (ed.), *Europe and Scandinavia. Aspects of the Process of Integration in the Seventeenth Century* (Lund, 1983), 133.

革命由在国外科学中心学习过的科学家传入反对新科学的国家一样，意大利模式和高卢模式是通过游历的学生和教师在欧洲广为传播的。几乎全欧洲的医学院乃至远处的俄国都按照布尔哈夫在莱顿的医学课程和教学程序的模式重新改造，全欧洲的教师都统称为学术教授。[84]这一模式由他的毕业生传播到所有欧洲国家。

446 学生移民的影响也体现在其他方面。学生流动在欧洲改革的传播中的重要性已被重复强调过。正如16、17世纪的帕多瓦和17、18世纪的莱顿都是欧洲医学教学改革的中心一样，维滕堡、海德堡、黑博恩和日内瓦可被视做宗教改革的发源地。

在三十年战争期间，大量德国学生先在塔图，然后去一座瑞典城市，德国学生的习惯和风俗对学生生活产生了一些不严肃的影响，例如团伙意识和斗酒。[85]

从官方观点看有很好的理由支持禁止在国外学习的法律。霍布斯写道：大学是激进分子和共和主义者的温床，他们传播颠覆的学说。就低地国家而言，他毫无疑问是对的。16世纪60年代的荷兰革命者就是从国外获得的启示。荷兰的几个叛乱领导人都曾于1561—1572年间在奥尔良学习过，那时奥尔良是胡格诺教徒的要塞。在那里法学学生直接接触传统叛逆者、加尔文教徒的共和政体形式以及有关加尔文教徒神学教义的介绍。C.希尔在其《英国革命的智力起源》书中写道："要评估英国人从外界获得的智力激励比较容易……在智力影响方面，好战的法国和荷兰的新教徒甚至比光荣的威尼斯(帕多瓦)新教徒更重要。"[86]1662年，勃兰登堡的选帝腓特烈·威廉因为维滕堡大学反对其在公侯国内努力实现加尔文教徒和路德教徒的和解，命令其国民离开萨克森的维滕堡，不遵从命令者将被剥夺所

---

[84] Lindeboom, *Herman Boerhaave*（注释 54），355.

[85] S. Goštautas, 'The Early History of the University of Vilnius. A Crossroads between East and West', in G. von Pistohlkors, T. U. Raun and P. Kaegbein (eds.), *Die Universitäten Dorpat/Tartu, Riga und Wilna/Vilnius 1579 – 1979*, Quellen und Studien zur Baltischen Geschichte, 9 (Cologne, 1987), 3.

[86] C. M. Ridderikhoff and C. Heesakkers (eds.), *Deuxième livre des procurateurs de la nation germanique de l'ancienne Université d'Orléans, 1547 – 1567. Première partie: Texte des rapports des procurateurs*, vol. I (Leiden, 1988), XLII-XLIV; C. Hill, *Intellectual Origins of the English Revolution* (London, 1972), 276.

有进入政府部门的权利。⑧⑦

下面引证威廉·冯·洪堡的一段话来结束对欧洲学生流动性的考察，他曾在 1810 年成功地恳请普鲁士国王废除以前执行的禁令，使学生重新获得在国外学习的自由。“普鲁士人不再只是被迫仅仅在国内大学学习。”⑧⑧ 447
洪堡自己就是一个游历学生，他开辟了大学史的新纪元。

精选文献

Bates, E. S. *Touring in 1600. A Study in the Development of Travel as a Means of Education*, Boston, Mass./New York, 1912.

Black, J. *The British and the Grand Tour*, London/Sydney, 1985.

Black, J. ‘France and the Grand Tour in the Early Eighteenth Century’, *Francia*, 11 (1983), 407 - 416.

Brizzi, G. P. ‘La pratica del viaggio d'istruzione in Italia nel Sei - Settecento’, *Annali dell'Istituto Storico Italo-Germanico in Trento*, 2 (1976), 203 - 291.

Burgess, A. and Haskell, F. *The Age of the Grand Tour*, London, 1967.

Conrads, N. ‘Politische und staatsrechtliche Probleme der Kavalierstour’, in A. Maçzak and H. J. Teutenberg (eds.), *Reiseberichte als Quellen europäischer Kulturgeschichte*, Wolfenbüttel, 1982, 45 - 64.

Csáky-Loebenstein, E.—M. ‘Die adelige Kavalierstour im 17. Jahrhundert. Ihre Voraussetzungen und Ziele’, Ph. D. dissertation, Vienna, 1966.

Dotzauer, W. ‘Deutsches in westeuropäischen Hochschul-und Handel-

⑧⑦ Conrads, ‘Probleme’ (注释 60), 57.

⑧⑧ W. von Humboldt, ‘Ueber Aufhebung des Verbotes, fremde Universitäten zu besuchen, 4. April 1810’, in W. von Humboldt, ‘*Gesammelte Schriften*, vol. X (Berlin, 1903), 237.

sstädten, vornehmlich in Frankreich, bis zum Ende des alten Reiches. Nation, Bruderschaft, Landsmannschaft', *Geschichtliche Landeskunde*, 5 (1969), 89–159.

Dotzauer, W. 'Deutsches Studium und deutsche Studenten an europäischen Hochschulen (Frankreich, Italien) und die nachfolgende Tätigkeit in Stadt, Kirche und Territorium in Deutschland', in E. Maschke and J. Sydow (eds.), *Stadt und Universität im Mittelalter und in der frühen Neuzeit*, Sigmaringen, 1977, 112–141.

Frank-van Westrienen, A. *De Groote Tour. Tekening van de educatiereis der Nederlanders in de zeventiende eeuw*, Amsterdam, 1983.

Le Goff, J. and Köpeczi, B. (eds.) *Intellectuels français, intellectuels Hongrois, XVIIIe–XXe siècles*, Budapest/Paris, 1985.

Hammerstein, N. 'Prinzenerziehung im landgräflichen Hessen-Darmstadt', *Hessisches Jahrbuch für Landesgeschichte*, 33 (1983), 193–237.

Helk, A. V. *Dansk-Norske Studierejser fra reformationen til enevaelden 1536–1660. Med en matrikel over studerende i udlandet*, Odense, 1987.

Julia, D. and Revel, J. 'Les étudiants et leurs études dans la France moderne', in D. Julia, J. Revel and R. Chartier (eds.), *Les Universités européennes du XVIe au XVIIIe siècle. Histoire sociale des populations étudiantes*, vol. II, Paris, 1989, 25–486.

Kibry, P. F. *The Grand Tour in Italy*, New York, 1952.

Kühnel, H. 'Die adlige Cavaliers-Tour im 17. Jahrhundert', *Jahrbuch für Landeskunde Niederösterreichs*, NS 36 (1964), 364–384.

448 Kulczykowski, M. (ed.) *Pérégrinations académiques. IVème Session scientifique internationale, Cracovie 19–21 mai 1983*, Zeszyty Naukowe Uniwersytetu Jagiellonskiego DCCCLXX. Prace Historyczne, Z. 88,

Warsaw/Cracow, 1989.

Mathorez, J. *Les Etrangers en France sous l'ancien régime. Histoire de la formation de la population française*, 2 vols., Paris, 1919 – 1921.

Meed, W. E. *The Grand Tour in the Eighteenth Century*, Boston, Mass./New York, 1914.

Natio Polona. Le Università in Italia e in Polonia (secc. XIII – XX). Mostra documentaria-Uniwersytety w Polsce i we Wloszech (Wieki XIII – XX). Wystawa Archiwalna, Perugia, 1990.

Plaschka, R. G. and Mack, K. (eds.) *Wegenetz europäischen Geistes. Wissenschaftszentren und geistige Wechselbeziehungen zwischen Mittel- und Südosteuropa vom Ende des 18. Jahrhundert bis zum Ersten Weltkrieg*, Schriftenreihe des österreichischen Ost-und Südosteuropa-Instituts, 8, Munich, 1983.

Plaschka, R. G. and Mack, K. (eds.) *Wegenetz europäischen Geistes*, vol. II: *Universitäten und Studenten. Die Bedeutung studentischer Migrationen in Mittel-und Südosteuropa vom 18. bis zum 20. Jahrhundert*, Schriftenreihe des österreichischen Ost-und Südosteuropa-Instituts, 12, Munich, 1987.

Stagl, J. 'Die Apodemik oder "Reisekunst" als Methodik der Sozialforschung vom Humanismus bis zur Aufklärung', in M. Rassem and J. Stagl (eds.), *Statistik und Staatsbeschreibung in der Neuzeit vornehmlich im 16. – 18. Jahrhundert*, Paderborn/Munich/Vienna/Zürich, 1980, 131 – 204.

Trease, G. *The Grand Tour*, London, 1967.

Treue, W. 'Zum Thema des Auslandreisen im 17. Jahrhundert', *Archiv für Kulturgeschichte*, 35(1953), 199 – 211.

第四编 学术

第十一章　传统与创新

奥拉夫·彼德森

最早的欧洲大学出现于12和13世纪，其表现形式为由教师和学生组成的行会。在此类行会中，高等教育受到重组并沿着明确反映社会某些基本需要的方向发展。事实上，在文学、法律、医学和神学这四种传统专业中，每种专业均是一所为需要一定专业知识的某种专业领域服务的学院。

这一相当简单的体制似乎表明，对专业知识的需要仅限于某些特定领域。然而，这只是一种错觉。很明显，一方面，日益复杂的社会经济生活必然对教育提出新的要求，而这些要求必须在已确立的教育体制的内部或外部得到满足。但另一方面，有足够的证据表明，即便是在大学发展的初期阶段，大学也无力满足对高等教育提出的所有要求。在有些情况下，大学通过把教学范围扩展到和社会有直接联系的领域的方式来改正自身所存在的缺点，从而促进了科学和学术的真正进步。在其他情况下，大学甚至忽视了一些很明显的问题。结果，与那些非大学学院和其他一些更能适应新的挑战的机构相比，大学的教学变得日益陈旧，社会影响日益减弱。17世纪中叶，这些非大学机构已成为教育体制的一部分，它们涵盖的领域极其宽广复杂，在我们这里尽可能逐学科地展示其中一些主要领域，以说明大学如何通过拨款、内部改革或设立非传统性的机构来克服自身的缺点。

452

医学院

医学院在许多方面表现出自己的独立性，因为医学院一开始就意识到理论与实践的脱离是实施全面教育的障碍，后来其他学院也逐渐意识到了这一问题，并且较其他类型学院而言，医学院更懂得如何解决这一问题。结果是医学不仅在大学之内获得了发展，而且获得了作为高等教育和研究主要领域的理想地位。

以萨莱诺医学院为最重要代表的中世纪最初的主要医学院，比较重视狭义上的医学而忽视外科。这一传统延续到最初的那些大学医学院，并在下述两种不同的情况下得以加强：

首先，外科需要相当程度的手工技能，因此在传统上被认为是一种实际技能或技术。像其他手艺一样，外科应该由受过专门训练的实践人员，如外科医生、理发师或者更低级的专业人员来从事。所有这些人员逐渐组成各自的社团或行会，专门为他们自己的学徒提供教育，并努力让非社团或行会的人员无法进入此项职业。结果，中世纪的医学不得不限定在通过纯粹的药物治疗、饮食疗法或者保健疗法治愈疾病的范围内。大学医学课程的内容就由这些治疗方法组成，并通过希腊文或阿拉伯文教材以一种"理论的"方式传授给学生。尽管医学课程通常也包括在行业医生监督下的一些临床知识教育，但大学教育仍被普遍视为是一种非手工技能的知识领域。①

其次，影响医学与外科结合的障碍还来自牧师方面。1215年第四次拉特兰会议在其第18条教规中宣布，所有高级牧师（包括预备修士、教会

① 参见第Ⅰ卷，第11章。

执事以及副教会执事)均不得出席任何流血现场。该措施最初的直接目的是反对在司法程序中使用酷刑,强化它的是一些与医学毫不相干的原因。但后来这一措施得以普遍实施,并且明确禁止以上人员参与割切和烧灼消炎的手术中。结果大学禁止把外科引入医学课程,外科只能由世俗人士或更低一级的修士在其他地方学习。会议准许这些修士结婚的条令则有助于把普通医学转变成一种世俗化的职业。②

然而,即使这一限定性意义上的医学院也无法自给自足。内科医生需要使用药材和内服药品,而这些又是由不属于学术行业的药剂师和草药师协会提供的。同时药物学的理论知识是由医学教授来传授的,这一事实促使后来药学在医学院得以设立。

这样一来,医学、药学和外科之间的分离就成为中世纪医学生活的一大特点。这种分离有多严格也许很难说清,不过重要的一点是虽然大学只培养医学行业人员,但是从一开始在学院以外还存在培养外科人员的附属性高等教育。这种二分法带来了许多困难。内科医生和外科医生常常出现在同一个病人的床前,常常很难划分出他们之间的明确界限。同一个伤口须经外科医生擦干净,然后再敷上一些内科医生所开的药膏。为什么不允许外科医生独自完成这一治疗呢?另一方面,内科医生觉得没有必要让外科医生打开一个对他自己所开的药膏具有抵抗力的伤口。随着时间的推移,这两种职业彼此需要,将这两种职业结合起来变得越来越迫切。不过,这是一项困难的任务,部分原因在于两个行会彼此嫉妒,互相争夺原来属于他们各自独立处理病例的权利;部分原因在于,赋予外科以学术地位将暗含着要与解剖这个棘手的问题联系起来。

人人都认为外科医生需要具有丰富的人体解剖学知识。但是古罗马法律禁止解剖尸体,因此用于科学研究的解剖也是非法的,在古代和中世纪,人体解剖被认为是件深恶痛绝的事情。结果,加伦和其他人所编撰的传统的解剖学指南常常是根据人体解剖和猪解剖的实际的和臆测的类比完成的。外科医生也许是通过手术和解剖所获得的知识逐渐意识到书本

---

② P. Diepgen, *Die Theologie und der ärztliche Stand* (Berlin, 1922); 参见 P. Delaunay, *La Médicine et l'Eglise. Contribution à l'histoire de l'exercice médical par les clercs* (Paris, 1948).

454 中所存在的谬误。只是到了 1300 年左右,一种否认传统偏见的新的认识才开始出现。意大利率先于 1308 年在博洛尼亚大学设立了一个大学外科教授职位。

在法国,事情进展更为迟缓。直到 1366 年蒙彼利埃才允许解剖尸体,1404 年巴黎才许可尸体解剖行为(参见第一卷第十一章)。在巴黎,这两种学科结合的第一步是外科医生提交进入医学院学习的申请。1436 年巴黎大学医学院允许外科医生学习医学课程,但不能获取医学学位,以阻止他们取得行医者资格。③1494 年这一令人不满的情况变得更糟:学院竟向外科医生最主要的对手——理发师敞开了大门,这使外科医生陷于绝望之中。1506 年双方达成一项协议;科班出身的准外科医生声明自己是医学院的学生,并发誓要把法定誓言呈报给校长,该协议在 1515 年最终得到确认。从这时起,巴黎大学里开始进行医学和外科合并的教育。这一体制也逐渐在其他地方推行。④ 在英格兰,1540 年的议会法案规定所有理发师、外科医生和军事外科医生集中在伦敦的一个行会里;但是皇家内科医学院(1518 年由托马斯·利纳克尔创办)被授予一种特权:把解剖重犯尸体(1565)作为 1569 至 1570 年间为内科医生举办解剖学讲座的前提条件。⑤

医学教育主要分支学科的融合对社会非常有益。这可以为社会培养一种新型的行医人员;这种行医人员较其中世纪的前辈更有能力处理更多的病例,然而,此举对大学发展所产生的影响可能更大。毫无疑问,医学和外科的结合不仅是大衰退时期大学医学院能够幸存下来的主要原因,而且也是学院发展成为一个新型的科研中心的主要原因。16 世纪令帕多瓦大学成为欧洲医学中心的一批解剖学家如是说:医学与外科结合的最首要的前提是,承认解剖学是应该引起大学关注的一种科学的和学术性的学科。
455 现代解剖学就是在帕多瓦大学的解剖室诞生的,这里设立了第一个解剖学教授职位(1609),从而使解剖学与外科终于分离开来。在随后的两个世纪

③ H. Denifle and E. Châtelain (eds.), *Chartularium Universitatis Parisiensis*, vol. Ⅳ (Paris, 1897), 594, no. 2496.

④ E. Wickersheimer, *Commentaires de la faculté de médicine de l'Université de Paris 1395 - 1516* (Paris, 1915). 亦可见第 9 章, 375 页, 403 - 406 页。

⑤ G. Clark, *A History of the Royal College of Physicians of London*, 2 vols. (Oxford, 1964 - 1966).

里，全欧洲此类解剖室的增多足以证明医学院已认识到，学术生存的实现取决于出于研究和教学的考虑而必须接纳新的学科——其他学院却不愿意领悟这一教训。但是这些昂贵的解剖室也表明，要保持大学作为高等教育固有的中心地位，还需要相当数量的经济投资。⑥

法学院

较其他三类学院而言，法学院与社会各种机构保持着更直接的联系，更多地涉及公众明显感兴趣的问题。国王、王子和主教要在法学院的毕业生中挑选地方议会成员、法官和文职人员，这些人员对他们领地的日常管理是必不可少的；在许多情况下，要召集所有的法学院成员就国内和国际事务中的棘手问题或者没有把握的政策提出建议。单单基于这个原因，在早期的大学中，神学院不太常见，也并非每一所大学都设有医学院，但是任何地方的大学都设有法学院。并且，就教师和学生数量来说，法学院都堪称大学中最大的学院。

法学院对中世纪社会的影响在很大程度上取决于两大法律体系成为主要的教学课程，每一个体系又组成了一个独立的系或者学院，即教会法和罗马法(参见第一卷第十二章)。作为一种学术学科，罗马法不能为满足大多数欧洲国家的需要做准备，但是却为学生们提供了法律事务方面的正规训练，这对他们在不同的国家从事整理或执行地方法规(非罗马法)，以及运用更为国际上接受的封建法规的工作时提供了帮助。⑦

然而，1679 年科尔贝尔在巴黎改革法学院时，不仅引进了罗马法的教学(自 1219 年以来已被禁止)，而且增设了一个新的法国法教授职位。 456

在英格兰，对罗马法的反对以一种明确的方式表达出来。在这里，普通法获得传统的强有力支持，并因 13 世纪中期亨利·德·布雷克顿编著的《英格兰法律和习惯法大汇编》(拉丁文)而得以加强。这本书是根据不同

---

⑥ G. Richter, *Das anatomische Theater*, Abhandlungen zur Geschichte der Medizin und der Naturwissenschaft, 16(Berlin, 1936).

⑦ 参见 H. D. Hazeltine 所做的详细研究，'Roman and Canon Law in the Middle Ages', in J. R. Tanner, C. W. Prévite-Orton and Z. N. Brooke(eds.), *The Cambridge Medieval History*, vol. Ⅴ(1st edn Cambridge, 1926; 8th edn Cambridge, 1979), 697 - 764.

法院实际判决的判例法实践和司法程序编纂而成的。[⑧]然而，大学似乎从没有考虑到把某个国家的法律作为他们教学内容一部分的可能性。

这一疏忽导致大学教学实践中出现了一种有组织的变通形式。在伦敦，这种变通形式表现为“律师学院”。[⑨]这类独特的机构要追溯到1400年，那时，多数案件是在国王法院、大法官法庭和其他高级法院中审理的，因此地方法官必须在伦敦度过他们法定的任职期限。地方法官于是自发组成行会或俱乐部的形式，每一行会或俱乐部都拥有自己的馆舍、厨师和佣人，这可以解释“馆舍”名字的由来。律师在法院休庭期间教导学生时创立了一种制度，这种制度在约翰·福蒂斯丘撰写《论专制与法制》(约1470)时得到最终定型。都铎王朝时期，律师学院异常繁荣，以至于可以和大学平起平坐；如其他新教国家一样，宗教改革撤销了牛津和剑桥的教会法学院之后，律师学院的相对重要性又有增强。威廉·哈里森在1577年所著的《英格兰记事》中甚至写道：“我们这个时代，英格兰有三所尊贵的大学，一所在牛津，另一所在剑桥，第三所在伦敦。”学生数量证实了这一说法。约在1560年，格雷律师学院大约有220名学生，内殿律师学院和中殿律师学院各大约拥有190名学生，林肯律师学院大约有160名学生。另外还要加上十家规模较小的大法官学院的学生。

当时机适宜并且来自社会的压力过分强大时，打破大学法学院的教学垄断就成为可能。英国律师学院的发展或许就是关于这一事实的最初和最有趣的实例之一。如果没有律师学院的创立，就难以遏制大学不断提升罗马法地位的势头，也就不可能坚持英国法的传统体系。

诺曼人把法语确定为英国法定的司法语言表明：如果不充分掌握法语
457 就不可能从事英国法工作。现在，没有哪所中世纪大学曾经传授过一种“现代”本国语言，所以在这一点上大学也未能满足明确的需要。约1300年，牛津大学的一些教师开始讲授“写作艺术、起草公文和讲说法

⑧ F. Pollock and F. W. Maitland, *The History of English Law* (Cambridge, 1952).

⑨ W. Prest, *The Inns of Court* (London, 1972).

语”,教师与大学就此问题达成了某些协议。这说明大学已意识到这一事实。[10]这些教师发誓遵守大学的规章制度,并每年拿出一定数量的款项资助文学院的教师。这意味着大学原则上意识到有责任传授一门不寻常的课程,但是却把它承包给法学院以外的教师。1362 年英语被确定为法院正式工作语言,此前开展校外教育的动机消失了,校外教育是否还能继续尚未可知。

文学院:人文主义的影响

在文学院,现当代语言备受忽视,拉丁语作为西方学者们的通用语言和文献学、文学唯一重视的语言而居于主导地位。罗马作家和诗人的地位为人们所公认,罗马作家和诗人的作品被广泛选用为“三艺”教学中的修辞学教材。然而就语法和词汇而言,大学的修辞学显得晦涩难懂。

人文主义的起源和发展已在第一卷的结尾部分述及。在遭受此前数个世纪的相对忽视之后,人文主义导致了一场不容置疑的修辞学复兴,很自然,修辞学与处于人文主义学者兴趣中心的文学教材直接相关。

然而,人文主义运动绝不仅是文献学的复兴。人文主义运动与崭新的关于人的哲学观联系在一起。这一雏形最早可追溯到彼特拉克所认为的“美好生活”即是教育目的这一思想。在历史学家那里,同样的倾向导致从内在的政治原因而不是以最终的神学观点分析历史发展过程——马基雅维利在其《佛罗伦萨史》(1525)中,对历史的世俗化曾有过完美的表述。然而这种哲学运动在大学中反响微弱;哲学运动的精英人物喜欢聚集在私
人的小圈子里,其中最著名的就是以梅迪契宫廷和马尔西利奥宫廷为中心 458

---

⑩ H. Rashdall, *The Universities of Europe in the Middle Ages*, ed. F. M. Powicke and A. B. Emden, vol. Ⅲ (Oxford, 1936; reprint, London, 1942 - 1958; reprint Oxford, 1988), 162; H. G. Robinson, 'Business Training in Medieval Oxford', *American Historical Review*, 46 (1941), 259 - 280; B. Bischoff, 'The Study of Foreign Languages in the Middle Ages', *Speculum*, 36(1961), 209 - 224;有关法律语言见 W. Stubbs, *The Constitutional History of England*, vol. Ⅱ (Oxford, 1877), 414 and M. Mckisack, *The Fourteenth Century*(Oxford, 1959), 524.

的佛罗伦萨派或者柏拉图派学者学会。[11] 这是一些相当排他的学者社团，其影响主要通过印刷的作品传播。印刷书籍的引进成为传播新、旧学术的主要因素。印刷术的传播成燎原之势，结果导致早期阶段几乎所有的欧洲国家都拥有多家出版社。在这一初级阶段，数千种书籍的出版表明存在一个需求各知识领域书籍的巨大而多样化的市场。最畅销的就是关于礼拜仪式方面的书籍。《弥撒书》出版了 1200 次，《每日的祈祷书》出版了 400 次，拉丁语《圣经》出版了大约 100 次，还有用方言写成的 30 个《圣经》版本。[12]但是也有关于数学、科学、星占学、技术和医学方面的 3000 册书籍（其中包括 650 名不同作者撰写的 1000 册书籍）。致力于古典文学艺术的作家大量出现，[13]也出版了许多为学龄儿童编写的语法、算术入门读物。

一段时期里，15 世纪有名望的书籍收藏家对这些缺乏美感、印制装帧粗糙的新书投以睥睨的目光。但是，众多普通学者却热情地称赞这一发明实为出版廉价课本的有效办法。1470 年，索邦大学建立的出版公司印制发行了法国第一本书籍。[14]然而，还有美学以外的担忧。1464 年左右，天文学家约翰尼斯·雷乔蒙塔努斯（卒于 1476）指出印刷术这一新发明使真理实现更便捷的传播，但当粗心的出版商迅速出版他们碰巧得到的错误百出的手写稿时，这一新发明还会扩大和保存错误。[15] 这就是出版业兴起之后即出现校勘艺术的原因。为出版对学者真正有价值的学术著作，15 世纪末成立的大型出版社开始和文献学及语言学家合作。在巴黎，亨利·埃蒂安纳出版社得到法国最有名的希腊语专家台塔普勒的支持；在巴塞尔，弗
459 罗贝纽斯出版社与鹿特丹的伊拉斯谟合作；在威尼斯，阿尔都斯公司专门

---

⑪ A. Della Torre, *Storia dell'Accademia platonica di Firenze*（Florence, 1902）; P.O. Kristeller, *The Philosophy of Marsilio Ficino*（New York, 1943）. 见第 9 页注释 5。

⑫ C.F. Bühler, *The University and the Press in Fifteenth-Century Bologna*（Notre Dame, Ind., 1958）, 26.

⑬ A.D. Klebs, 'Incunabula scientifica et medica', *Osiris*, 4（1938）, 1－359; 参见 M. Bingham Stillwell, *The Awakening Interest in Science during the First Century of Printing 1450－1550*（New York, 1970）.

⑭ A. Claudin, *The First Paris Press. An Account of the Books Printed for G. Fichet and J. Heynlin in the Sorbonne, 1470－1472*（London, 1898）.

⑮ 有关这一事件参见 O. Pedersen, 'The Decline and Fall of the Theorica Planetarum', *Studia Copernicana*, 16（1978）, 157－186.

赞助出版由许多学者编写的希腊语教材。这样，印刷术的发明有助于创设古典文献学这一新人文主义学科的学术世界。⑯

印刷书籍在全世界范围内产生了更大的影响。通过提供大量用方言编写的书籍，进一步降低了已经呈下降趋势的非学术界人口的文盲率。在博洛尼亚最早印刷的500册书籍中，至少有104册书籍是以意大利语编写的。⑰在伦敦，威廉·卡克斯顿出版公司出版的90册书籍中，竟有74册是以英语写成的。⑱这一情况促使出版商决定要采用地方语言。正当现代意大利语从意大利大多数出版商钟爱的托斯卡纳方言中分离出来时，卡克斯顿出版公司选择伦敦和伦敦周围各郡的方言作为出版时使用的语言，这一方言不久成为全英国的通用语言。这样，出版业有助于在大国中形成一种民族统一性，并在众多小的语言群体中保持这种统一性。就像加泰隆语也许会因为用这种方言出版的文学作品的存在而免于灭绝一样，荷兰人也得益于第一本用荷兰语出版的《圣经》(1477)。

从更广阔的前景来看，印制书籍成为16世纪欧洲伟大的运动或大众化运动的主要媒介。在意大利，人文主义在手抄本时期已经出现并得到发展；但在阿尔卑斯山以北，人文主义显然是由于印刷书籍的出现而得到了传播；宗教改革初期，宗教改革是由曾经造访过维滕堡的巡游学者以古老的方式传播的，不久宗教改革就演变成为用方言写成的印刷品、书籍、小册子大战。由于缺乏类似于路德的廉价印刷品所具有的每个人都可以买得起的优点，这些书籍从没有传播到广大民众中去。而在随后的几个世纪里，《教理问答》成为欧洲北方所有国家学生书包里的必备读物。⑲

这样，印刷艺术刺激了生活的方方面面，没有哪个特别的领域免受印刷术的影响。更重要的是印刷术引发了人们态度的改变，学者们总是设法与他的同事和学生交换新的想法。现在出版业和方言的使用使社会各阶

---

⑯ E. J. Kenney, *The Classical Text* (Berkeley, Calif., 1974); B. Weinberg, *A History of Literary Criticism in the Italian Renaissance*, 2 vols. (Chicago, Ill., 1962).

⑰ Bühler, *The University and the Press*（注释 12）, 34 n. 24.

⑱ S. M. Steinberg, *Five Hundred Years of Printing* (London, 1955), 71 n. 23.

⑲ E. L. Eisenstein, 'L'avènement de l'imprimerie et la Réforme. Une nouvelle approche au problème du démembrement de la Chrétienté occidentale', *Annales. Economies, Sociétés, Civilisations*, 26(1971), 1355–1382.

460 层拥有书籍的人都能够自然地与越来越多的人交流此类想法。在随后的几个世纪里，频繁的公众争论可以证明这一点。[20]

有两个特殊的因素增加了人文主义对大学的压力。首先是一些学校为了向城市中富有和受过教育的市民的孩子提供较传统的文法学校更广泛的教育，把人文主义课程引入到大学前的教学之中。一个典型的例子就是维多里诺（卒于1446年）在曼图亚创办的“学园”。1425年，维多里诺离开帕多瓦大学，在一所学校或学院里为弗朗西斯科侯爵的孩子和其他市民的孩子授课。这一方案以许多方式体现出教育要为年轻人适应“美好生活”做好准备的古希腊“派地亚”思想的复活，并在大学理论教育之外提供了一种具有吸引力的选择。此类学校的教学以古典文学作品为基础，注重对古典文学作品的分析和背诵，重视语言和文体的学习，还进行散文和诗歌的写作练习，学生在娱乐时间则进行体操、击剑和骑马之类的体育锻炼。显而易见，此类学校的创立显示，整个人文主义运动有绕过大学而进行的危险。[21]

圣经研究兴趣的高涨使希伯来语和希腊语的重要性日益突出。瓦拉根据拉丁语圣经和三本希腊语小册子出版了一套《新约全书》的注释。从而使这一“新学问”成为与神学相关的学问。1498年红衣主教希门内斯为实现借助一系列激进改革措施改革神学教学的目的，率先创办（也许是重建）了阿尔卡拉大学（马德里）。在这所大学里，按照人文主义思想建立两所以上的文学院，废除罗马法，教会法被移至神学院。神学院教授负责改编已被人们接受的圣经文本，整理用希伯来语、希腊语和古叙利亚语编写的《圣经》改写本，最后编写出版一部以多种语言形式出版的全本圣经。这部六卷本巨著于1517年完成，其中，从1514年起开始编著的第五卷收录了首版的希腊语《新约全书》，这比鹿特丹的伊拉斯谟编写的版本早了两

---

⑳ E.L. Eisenstein, *The Printing Press as an Agent of Change*, 2 vols. (Cambridge, 1979); L. Febvre and H.J. Martin, *L'Apparition du livre* (Paris, 1958); J. Carter and P.H. Muir, *Printing and the Mind of Man* (London, 1967).

㉑ 有关曼图亚学园的记载参见 R.C. Jebb in *The Cambridge Modern History*, Vol. Ⅱ (Cambridge, 1934), 556 ff.

年。[22]

在其他国家,古典语言的研究与教学这一新学问以一种并不引人注目的方式逐渐向大学渗透,并经常受到曾经访问过意大利的巡游各地的学者的促进(参见第一卷后记)。在德国,荷兰学者阿格里科拉(卒于1485年)成为海得堡大学的第一位希腊语教授,罗伊希林(卒于1522年)把希伯来语研究置于非常重要的地位。正是曾先后执教于巴塞尔、因戈尔施塔特和图宾根大学,职业生涯多变不定的罗伊希林,挑起了古典语言研究与教学这一新学问的坚信者与以科隆大学里的多明我会为代表的传统制度的支持者之间的第一次激烈斗争。

在巴黎,拜占廷学者约翰·拉斯卡里斯(1445—1535)巩固了希腊语研究。拉斯卡里斯曾把数百册希腊语手稿从君士坦丁堡带到梅迪契宫廷,并为教皇利奥十世创立了一家希腊语出版社。在英格兰,大约在1509年,约翰·科利特(1466/1467—1519)在伦敦创办了一所男生学校,该校首次讲授希腊语;科利特与其友人托马斯·莫尔把伊拉斯谟学说带到英格兰,他们的合作促进了两所大学里的希腊语研究,这一举动遭到牛津大学(1518)特罗伊派的反对。[23]然而,新语言的引进在鲁汶大学却进展地很顺利,大约1517年,鲁汶大学成立了一个新的希腊语、拉丁语和希伯来语的"三语委员会",从而使鲁汶大学一时间成为西欧人文主义学习的主要场所。

虽然人文主义倾向能够对大学的教学产生某些方面的影响,但是,不依靠政治力量干预的人文主义者仅仅凭借他们自己的力量能否在16世纪迅速取得胜利还值得怀疑,因为这时的政治力量已经卷入到课程现代化的斗争中。在法国,这一运动发轫于1530年,该年,在鲁汶大学"三语委员会"的直接启发下,著名希腊语学者比代(1467—1540)建议法国国王弗朗西斯一世成立一个由国王直接命名并独立于巴黎大学的新的希腊语、拉丁语和希伯来语行会,即皇家学院;后来还增加了其他学科,皇家学院遂成为

---

[22] K. J. von Hefele, *Cer cardinal Ximenes* (Tübingen 1844; English translation, London, 1885);也见 B. Hall, 'Biblical Scholarship: Editions and Commentaries', in S. L. Greenslade (ed.), *The Cambridge History of the Bible. The West from the Reformation to the Present Day* (Cambridge, 1963).

[23] 参见托马斯·莫尔于1518年3月29日写给牛津大学的信,信的内容是为希腊研究辩护:T. More, *Selected Letters*, ed. E. F. Rogers (New Haven, Con./London, 1967), 94-103.

法国高级研究的主要中心。在法国学院中,皇家学院是法国大革命中唯一幸存下来的高等学府。皇家学院从未对大学构成威胁,因为它既不参与学位审查,也不颁授学位。㉔

462 虽然是以不同的方式,英国政治力量还是对古典语言教学与学习这一新学问的发展发挥了促进作用。早在 1502 至 1503 年间,玛格丽特女士(国王亨利七世的母亲)即在她的告解神父(即听其忏悔的神父——译者注)约翰·费希尔的帮助下,在牛津大学和剑桥大学新设了两个神学讲师职位。费希尔在 1504 年出任剑桥大学名誉校长之前,曾是本校第一位神学讲师,他醉心于圣经人文主义,并帮助伊拉斯谟在 1511 年获得玛格丽特女士授予的剑桥大学讲师职位。该职位成为剑桥大学的第一个希腊语职位。继而,国王亨利八世于 1535 年正式颁布了一项训令,要求每所大学在每天举办的讲座中使用希腊语和拉丁语。这一举措好像在 1540 年被剑桥大学的五个神学、民法、医学、希腊语和希伯来语教授职位所取代。1546 年,牛津大学设立神学、民法、医学、希腊语和希伯来语教授职位。由于过多地受到已经解散的修道院的影响,牛津大学把传授两门新人文主义课程置于特别突出的位置。直到 1622 年,威廉·卡姆登才在牛津大学设立一个历史学职位,1628 年剑桥大学也设立了同样的职位。㉕

在德国,路德教派的大学按照菲利普·梅兰克顿提出的教育方针进行了重组。梅兰克顿曾是罗伊希林的学生,深受人文主义运动的影响,1518 年出任维滕堡大学的第一位希腊语教授。梅兰克顿的就职演说包含了一份完整的以人文主义为原则的大学改革计划;在保留大学文科正式体系的基础上,梅兰克顿强调希腊语知识对于神学和哲学的绝对必要性;除道德

㉔ A. Lefranc, *Le Collège de France (1530 – 1930). Livre jubilaire composé à l'occasion de son quatrième centenaire* (Paris, 1932); A. Lefranc, *Histoire du Collège de France depuis ses origines jusqu' à la du fin du Premier Empire* (Paris, 1893); H. De Vocht, *History of the Foundation and the Rise of the Collegium Trilingue Lovaniense 1517 – 1555*, 4 vols. (Louvain, 1951 – 1955).

㉕ 有关皇家讲席的记载见 J. Bass Mullinger, *The University of Cambridge*, vol. Ⅱ (Cambridge, 1884), 52ff.; C. E. Mallet, *History of the University Oxford*, vol. Ⅱ (London, 1924), 71;参见 K. Sharpe, 'The Foundation of the Chairs of History at Oxford and Cambridge: an Episode in Jacobean Politics', *History of Universities*, 2 (1982), 127 – 152. 参见第 5 章,第 211 页。

哲学和自然哲学外,后来的学科体系也都应该包括历史学。[26]在维滕堡大学,梅兰克顿亲自主讲历史课程,后加斯帕·波伊策尔任其助手。当梅兰克顿负责筹建新的马伯格大学时(1529),即设立不下十个的文科职位——修辞学两个,希腊语、希伯来语、辩证法、文法、诗歌、历史学、物理学和数学(其中包括天文学)各一个。其他学校也逐渐开始传授类似的课程,进而显
示出人文主义教育思想的盛行。这样大学在与人文主义者长期的斗争中 463
赢得最后胜利。就“三艺”而言,新教国家的文学院有能力迎接挑战。在经受内部学术压力与外部政治、社会压力的条件下,大学有能力克服自身缺点,实施课程改革,以至于在古典语言教学与研究领域,大学教育不会被任何教育所取代。

然而在某些情况下,尤其在像德国南部、法国、西班牙和意大利等天主教国家,这种课程的必要性突变促使一种特殊的机构应运而生,这就是学院。作为收留贫穷学生的虔诚性机构,学院诞生于13、14世纪的中世纪大学。到中世纪末和16世纪,学院制度的发展参照了纳瓦尔的巴黎学院(建于1304年)和尼德兰共同生活弟兄会的学校模式。一些著名学院聘任了一些住院教师,使日常的大学讲座对学生的作用下降了。传统的文学院、法学院和神学院仅成为学位颁授机构了。文学院和神学院在与学院的竞争中遭受了很严重的损失,其中,文学院的损失更大。

除学位授予和其他权力外,与大学联成一体的学院和那些在大学城镇之外设立的学院之间并不存在太大差别。这两种学院均代表了一种新的人文主义的知识倾向:把文法和修辞学放在重要的地位,但是又不摒弃较多的自然科学学科。它们还运用一种把学生分为各种“班级”的更先进的教学方法,这就满足了旧式学院很难实现的发展人文主义思想的要求。尽管由耶稣会教士、奥拉托利会教士在现代所创办的学院能否融入已有大学尚未可知,但这些学院的创办很明显地代表了一种新的教育观念的成功:即学院实施人文学科的中等教育与仍由大学垄断实施的“高一级”教育之

---

[26] P. Melanchthon, ‘Dissertatio de corrigendis adulescentiae studiis’, *Opera omnia*, ed. H. Brettschneider, vol. IX (Braunschweig, 1843), cols. 15 – 25;参见他的‘De artibus liberalibus (1517)’, *Opera omnia*, ed. H. Brettschneider, vol. IX (Braunschweig, 1843), cols. 5 – 14.

间存在的传统隔膜被打破。[27] 至于自然学科“四艺”,学院的扩张还不足以矫正中世纪大学中所存在的明显缺点。[28]

464 英格兰学院制度的发展则循着不同的方式。在中世纪的牛津大学和剑桥大学,学生们居住在设备齐全的学生旅馆或学生宿舍里,而学院则是专为住院教师或高级学院的学生设立的。宗教改革后很多高级学院的学生离开学院,于是学院在接纳住院教师的同时,也向“本科生”敞开了大门,而宿舍的数目则锐减至零。这样就出现了直至近期还风行于旧式大学的学院结构。

文学院:技术的挑战

在“四艺”许可的限度内,借助于实验方法的普遍运用,中世纪科学取得较大的进展。这种进展既表现为数学和天文学等理论学科方面的发展,也表现在光学和磁学等有效运用实验方法的物理学科的发展上。这样就导致一些深刻影响我们日常生活的实际改革的出现,例如13世纪眼镜的发明和14世纪机械钟表的引进。但总的来说,科学和技术之间的联系仍很微弱。在大学建设盛期到来的时候,没有一所中世纪大学拥有实验室,甚至在15世纪也没有一所大学想到要建立实验室。毫无疑问,如果“四艺”能够有幸获得后来建设解剖实验室的巨额费用的话,将获得更快的发展。

中世纪后期整个社会经济结构包括了由工匠和手工艺人组成的技术世界。他们日益按照行会或协会的形式组织起来,拥有一些政治机构授予的权利和特权。每个行会由掌握同一种手工技艺的人员所组成,以便他们的人数随着社会技术复杂性的提高而增加。行会的目的在于保护其成员免受来自外面非组织的劳动力的竞争,从而保持一种相当程度的专业水平。这意味着对学徒实施正规培训,这种培训常常在本行会的一个年长者

---

[27] M. - M. Compère, *Du collège au lycée (1500 - 1850). Généalogie de l'enseignement secondaire français* (Paris, 1985). 参见第4章、第7章和第8章。

[28] J. McConica, 'The Rise of the Undergraduate College', in *History of Oxford Ⅲ*, 1 - 68.

的作坊里进行，这位年长者已经成为大家公认的师傅。中世纪技术以这种方式日益被封闭在固定的小圈子里，每个行业对其手工技艺都守口如瓶，这与学校和大学里的公开教学形成了对比。

实践教学和理论教学之间的二分法自然成为科学与技术之间建立有效联系的障碍。精通一门手工技艺要比精通一门艺术需要更长的时间，鲜有人能够同时“毕业”于这两个领域，即便有也属凤毛麟角。然而，这二者之间的因果联系在当时表现得并不是很明显，例如，牛津大学学者——沃 465
林福德的理查德就在圣·阿尔波斯(英国)制造出第一个天文钟表。[29]但自15世纪开始，社会步入迅速发展时期，快速发展的社会所提出的挑战是大学“四艺”所不能应对的。

航海学和制图学即是最早明显体现出大学不能应对这一挑战的领域。中世纪时欧洲的海上贸易主要限制在地中海和欧洲西海岸，带有海岸线和路标说明的简单航海用书就足够了。然而，地中海贸易使制图学以地图或者拥有航海经验的人员绘制“港口寻找图”的形式获得很大发展，这些航海图与学者们绘制的常常像轮子形状的地图有很大的不同。例如自1275年起卡特·皮森航海图中地中海海岸线上就注有一个矩形坐标；一个世纪之后，大幅的加泰隆地图集上标出了整个地中海海域，并用许多线条标出航海方向，此举意味着指南针的使用(12世纪指南针被引入欧洲)。大学没有记载这一革新，在15世纪初托勒密所著《地理学》及意大利人文主义学者所译《地理学》拉丁文译本被重新发现后，数学家们才开始了解数学制图学的原理。[30]

从15世纪早期，葡萄牙航海家们开始探索非洲西海岸。1474年他们第一次越过赤道，八年后在艾尔迈纳建立了第一个欧洲殖民地，这一地区陌生的风向和水流使航海者和船长有必要掌握更多的水文地理方面知识。但有趣的是，航海事务的主管机构从未要求科英布拉大学为此设立一个航海系；相反，航海家亨利(卒于1460年)却在开普圣文森特建立了一个几内

㉙ J. D. North, *Richard of Wallingford*, 3 vols. (Oxford, 1976)：关于圣·阿尔波斯的钟表，参见 vol. Ⅰ, 441 - 523 and vol. Ⅱ, 309 - 370.

㉚ L. Bagrow, *Geschichte der Kartographie* (Berlin, 1951). 关于航海术，参见 E. G. R. Taylor, *The Haven-Finding Art* (London, 1956).

亚—印度航海公司，这是一家专司航海图绘制、修改及发明、检测航海工具的水文地理公司。1484 年葡萄牙国王约翰二世组建一个特别委员会，以发现借助观察太阳确定海上经度的天文学方法。1492 年美洲大陆被发现
466 以后，西班牙政府也以同样的途径在塞维利亚省建立了他们自己的水文地理机构，并命名为贸易公司。[31]

西班牙和葡萄牙以这样的方式表明，通过建立和大学没有任何联系的特殊学校即可以满足紧急的需要。接下来的时间里，所有与航海有关的国家均建立了它们自己的航海学校，这些学校有的由政府资助，有的则由个人资助。有时一些大学毕业生任教于此类学校，例如著名的佩德罗·努涅斯（卒于 1578 年）在出任皇家宇宙结构学家（1529），科英布拉大学数学教授（1544）和首席宇宙结构学家（1547）之前，曾在萨拉曼卡大学获得医学学位。与此类似，16 世纪伟大的绘图学家赫拉德·墨卡托（卒于 1594 年）在师从与其同居一个城镇的行医者吉马·弗里西斯学习数学之前，曾在鲁汶大学学习神学。然而日益明显的是，人们有关现实世界的科学技术必须在专业机构或者从 16 至 18 世纪间为非大学教育做出突出贡献的私人“数学实践家”那里获得。[32]

航海学和绘图学的发展仅是体现这一总体趋势的例证之一。这一趋势还可以在大商业城镇中富有市民的身上发现。这些富有的市民意识到必须尽快使本阶层人们接受高等教育，而不是坐等大学实施课程改革或者招收语法学校和公立学校之外的学生。一个典型的例子是一位名叫托马斯·格雷欣爵士的伦敦商人（卒于 1579 年），他创办了一所皇家证券交易所（1565），还被认为是经济理论的创始人之一。格雷欣爵士捐资兴建格雷欣学院，此学院于 1597 年在伦敦建成，设立天文学、几何学、医学、法学、神学、修辞学和音乐学七个教授职位，学院向所有人开放。[33]这一机构建设成为一所开放性大学，并使牛津和剑桥大学意识到社会中还有一些被它们冷

---

[31] Pulido Hurtado, *La Casa de la Contratación de las Indias* (Madrid, 1907); J. P. Rubio, *El piloto mayor de la Casa de la Contratación de Sevilla* (Sevilla, 1923).

[32] E. G. R. Taylor, *The Mathematical Practitioners of Tudor and Stuart England* (Cambridge, 1954).

[33] F. R. Johnson, 'Gresham College, Precursor of the Royal Society', *Journal of the History of Ideas*, 1(1940), 413 – 438.

落的阶层。

数个世纪中日益显得重要的另一领域就是土木工程和军事工程。这里我们只能简要说明一下一些新生的、急迫的问题是如何通过各种各样的手段解决的，并且一些解决手段如何对整个教育制度产生了重要的影响。

467 至于建筑，中世纪最好的建筑家同时身兼建筑师和工程指挥二职，他们的手艺是在石匠行会中习得的。但是后来证明，一种更专业的知识具有更大的用途，例如，我们会有趣地注意到，布鲁内莱斯基（卒于 1446 年）之所以能承担建造佛罗伦萨大教堂的任务，原因在于他懂得如何制造一架巨大的起重机，使用它建造一个圆屋顶就不需要昂贵的材料来搭建脚手架。[34]这一时期机械技术发展的状况可以在达·芬奇（卒于 1519 年）的素描册里略见一斑，他不仅画下了自己的发明，而且还对整个中世纪的机械业实施了一种不太系统的分类。

磨粉机的设计者在很大程度上解决了能源供应问题，他们制造出水力磨和风力磨，在一种纯实验的基础上锻炼着他们的手艺。桥梁、道路、运河和船闸的建造者们也是如此。中世纪后期矿石和煤矿开采出现了新的问题，当转井的转轴越来越深时，由于矿坑中的积水，生产必须停止。这就必须建造水泵和其他排水设备。阿格里科拉（卒于 1555 年）在其所著《金属学》（1530）中对许多此类设备均有描述，阿格里科拉曾任乔约阿希姆斯塔尔矿区的内科医生。[35]

在很大程度上，16 世纪机械技术的理论基础是由一批具有实践特长的学者们奠定的。每一种机器都取决于静力学，这门学科对中世纪来说绝非新生事物，但静力学常常作为数学的一个分支而讲授，人们并不考虑它的技术应用。在 16 世纪的意大利，通过自学或者由私人教育成才的学者塔尔塔利亚（卒于 1559 年）和本尼狄克（卒于 1590 年）在这方面取得了一

---

[34] F. D. Drager, 'Brunelleschi's Inventions', *Osiris* 9 (1950), 547 – 554.

[35] 对这一时期技术发展所做的最完整的研究是 vol. Ⅲ of Ch. Singer, E. J. Homyard, A. R. Hall and T. I. Williams (eds.), *History of Technology* (Oxford, 1957)，第 3 章关于采矿学(J. U. Nef)，第 4 章关于风车(R. Wailes)，第 12 章关于排水设备(L. E. Harris)，第 13 章关于机械(A. P. Usher)，第 14 章关于军事工艺(A. R. Hall)，第 20 章关于制图学，测量术和航海学 (E. G. R. Taylor)，第 23 章关于科学仪器(D. J. Price).

些进步。蒙特侯爵(卒于1607年)在此方面表现得尤为突出:他曾在帕多瓦大学学习数学,之后又作为一名军事工程师在梅迪契议院任职,直到最后放弃公职,成为一名私人绅士—学者而安享宁静生活。与此相似,水处理导致流体静力学和水力学的产生,并由斯泰芬(卒于1620年)把它放在了一个重要的地位,此人曾在军队中接受训练,并作为公共工程师效力于
468 荷兰政府。后来,煤矿排水问题促使萨弗里(卒于1715年)和纽科门(卒于1729年)两人合作发明了蒸汽抽水机和大气蒸汽发电机。前者的教育背景不详,后者在达特茅斯作"铁贩子"之前,曾接受过一名非国教派牧师的教诲。

军事技术有它自己的问题。14世纪火炮的引入使中世纪的炮术获得革新性的发展,并由此产生了发射学问题。发射学问题是亚里士多德的机械学所不能解决的,毫无疑问,这一问题促成了亚里士多德的机械学在17世纪的最终衰落,其衰落的标志为1638年伽利略(卒于1642年)首次发表有关发射物体运动的现代理论(虽然只是接近现代理论)。火器使用对已发展成为实用几何学分支的筑城术产生了久远的影响:堡垒必须设计成尽可能地能够抵御炮火的攻击,并且允许要塞最大限度地使用自己的炮火;另一方面,使用布雷和挖坑道袭击的方式攻击要塞的艺术,必须具备使用指南针和从平常测量获得的三角学方法在地下"航行"的能力。

在某种程度上,在16世纪和以后的几个世纪里,筑城学是由数学教授讲授的。实践证明,这一做法既不充分又不符合实际,因为现役军官中很少有人达到录取条件。尽管很多军官出身贵族并受过一些前期教育,但是军队生活和大学生活是不能相提并论的。很多情况下,他们通过家庭教师或者想借此获得额外收入的大学老师的教育中获得必要的数学知识。伽利略在帕多瓦大学的个人活动就是这方面的一个典型例子。也许只有在16世纪末以后的荷兰大学里,高等职业教育才和科学理论教育并存。荷兰共和国的两次执政者"沉默的威廉"之子莫里斯王子为培养在抵抗西班牙的战争中需要的合格土地测绘员和堡垒筑造者,创建了一所军事工程学校。尽管学校课程讲授均使用荷兰语,但这所被称做"德斯克算术学校"的学校却建在莱顿大学附近,学校的课程是由著名的工程师斯泰芬设计的(1600)。该校的学生经过一个时期的数学理论科目学习后,就要参加一段

实习,实习有时在该校的学生军队里进行。其他荷兰大学里也实施了同样的专业教育。㊱

17 世纪,一种更为正规的教育机构以设立于大学之外的军官学校或军事学院的形式建立起来——此类院校的讲授内容不仅包括方方面面的战争艺术,还包括筑城术和火枪射击术,以及包括绘图学和测量在内的所有与桥梁建造或特殊机械制造相关的机械技术。鉴于在此类军事院校曾接受过其最初的数学和统计学教育的科学家的数量,人们不能否认,这种特殊形式的非大学教育事实上对整个科学的发展产生了一些影响。火器使用的一个意外后果就是 16 世纪外科得益于军队外科医生的艰难经历,以及军马外科发展为兽医科学分支学科的主要起点之一。 469

葡萄牙和西班牙的航海学校以及遍布全欧洲的军事院校为技术教育问题的解决指明了方向。技术教育在 18 世纪步入最后发展阶段,并以明显揭示大学当时被冷落程度的方式得以实现。人们从没有要求大学设立技术或多科技术学院,大学本身也无意采取此类措施。相反,各地政府部门却更愿意为接踵而至的具体学科设立了专门学校,而仅建立了几所具有综合性质的机构,如布拉格的技术学院(1717)或者布兰斯威格的卡罗林那学院(1745)。1744 至 1747 年间,法国军事道路和桥梁工程师行会被桥梁—道路学校所取代。1735 至 1762 年间,在塞麦克巴亚(匈牙利)、1765 年在弗赖贝格(萨克森州)、1775 年在克劳瑟(汉诺威)、1783 年在巴黎均建立了矿业学院。1766 年在阿尔福特(法国)创立了第一所兽医中学,随后在维也纳(1776)、汉诺威(1778)和哥本哈根(1778)也建立了类似的学校。㊲

"四艺"应对技术挑战的失败也反映了流行的文科理论的失败。人们常常把这些文科视为一系列的具体学科,而不是一般性的知识领域。"四艺"被认为是四门数学—物理的专业学科,而不是一门普遍的"自然科学"。

㊱ P. J. van Winter, *Hoger beroepsonderwijs avant-la-lettre. Bemoeiingen met de vorming van landmeters en ingenieurs bij de Nederlandse universiteiten van de 17e en 18e eeuw* (Amsterdam/Oxford/Paris, 1988).

㊲ 关于德国,参见 K. Glodmann, *Die deutschen technischen Hochschulen* (Munich, 1942) and his *Verzeichnis der Hochschulen* (Neustadt an der Aisch, 1967).

这样就不可能在现实中扩充“四艺”以与那些没有（或者还没有）从属于数学方法的自然科学联系起来。

这解释了为什么科学课程的最显著延伸是受医学院的激励而完成的，而没有得到文学院“四艺”的帮助。这一点在植物学方面表现尤为明显。470 植物学一般科学的地位是由古代亚里士多德门徒泰奥弗拉斯托斯确立的，后来植物学的范围常常限制在药材知识方面，这构成了中世纪药物学的主要部分。但是在16世纪，一些与医学保持某种关联的学者把植物学作为一门普通学科加以重建。在这些学者中，奥托·布隆费尔斯（卒于1534年）和让·博欣（卒于1613年）均是行医者；瓦勒雷斯·科杜斯（卒于1544年）是维滕堡大学的医学教授，加斯帕·博欣（卒于1624年）是巴塞尔大学医学院教授，加斯帕·博欣在此讲授解剖学和植物学知识，并拥有希腊语教授职位。在同一时期，康拉德·格斯纳（卒于1565年）发展了动物学，他在担任苏黎世城内科医生之前，曾在洛桑学院教授希腊语。[38]

当法国国王亨利四世在蒙彼利埃（1593）设立一个植物学兼解剖学教授职位时，这一新的学科凭借自己的力量被承认为一门学术性科目。植物园的建立促进了这一成功。植物园最初由个别教授建立，不久医学院也建立了植物园。第一所植物园可能是由卢卡·基尼（卒于1556年）在比萨（1545）建立，后来帕多瓦（1546）和博洛尼亚（1561年后）及随后一所欧洲大学也相继建立了植物园。只有医学院能在教学和科研的设施建设上做出如此巨大的经济投入。

科学家们的大批退出

文学院之外的世界对科学的兴趣日渐高涨伴随着文学院内挫折感、不安感的日益萌生。这一形势的严峻性可以用大批科学家纷纷离开文学院的事实加以说明。这些科学家意识到，只有在一种不同的文化环境中才能很好地完成自己想做的事情。他们的成批退出使大学丧失了一批科学发展的开创者。在天文学方面可以找到这一趋势的最初例子，这也许是因为

---

[38] M. Möbius, *Geschichte der Botanik* (Jena, 1937).

自12世纪以来,这一学科要比其他学科更能够以一种积极的方式发展。除此之外,天文学在一些地方文学院也获得独立的教授职位(克拉科,1394)。

15世纪50年代,乔治·普尔班奇(1423—1461)在维也纳讲授天文学,由于深受访问过该市的意大利人文主义者们的影响,乔治以一种典型的人文主义方式提出,只有返回其古典源头中去,天文学才能实现更新并从中世纪的沉积物中净化出来。他的实践高峰就是与自己的学生约翰尼斯·雷乔蒙塔努斯(1436—1476)合作直接从希腊语翻译托勒密所著《大综合论》计划,乔治的过早辞世中断了这一计划。雷乔蒙塔努斯后来继承了乔治的职位,并一直出任天文学教授,其间仅在第二年和贝萨利翁一起造访意大利。在国王马提亚斯·科尔万的资助下,在匈牙利停留了一段时间,最后出于要在一个没有大学的小镇追求一种纯粹的科学生涯而定居于纽伦堡(1471)。在纽伦堡,雷乔蒙塔努斯建立了一个小型的天文台和一家出版社,负责出版日历和其他天文学和数学作品。[39] 471

虽然雷乔蒙塔努斯也英年早逝,但是曾经任其助手的一个富有的公民伯纳德·沃瑟(卒于1504年)在其谢世后继续了他的工作。伯纳德去世后,又有一个曾经在因戈尔施塔特和罗马学习过的名为约翰内斯·韦尔纳(卒于1522年)的牧师继承了此项工作。在拉丁语一统天下的欧洲,纽伦堡的事业代表了一种全新的东西—— 一个科学研究和出版中心、免受教学干扰、独立于大学之外并受到当地一个有影响的捐赠者的资助。这是即将发生的事情的一个先兆。本可以居留于维也纳的雷乔蒙塔努斯之所以决定永久地离开大学肯定是基于这样一种信念:天文学从文学院分离出来是有好处的,但他没有考虑到大学会因此失去一个本世纪最好的天文学家和数学家。

哥白尼(1473—1543)的情况表现出某种程度的不同,但却可以同样显示出科学与大学之间的关系正在发生变化。哥白尼曾在克拉科大学文学院接受人文教育,这里的天文学可与维也纳的天文学相媲美,他从这里前

---

[39] E. Zinner, *Leben und Wirken des Johannes Müller, genannt Regiomontanus* (Munich, 1938), 27.

往帕多瓦大学学习医学课程，并在博洛尼亚大学与天文学家诺瓦拉共同度过了一段时光，直到 1503 年在费拉拉大学获得教会法学位。随后哥白尼永远离开了大学，在以后 40 年的生涯里，他一直担任阿姆兰德大教区牧师，没有任何证据表明他曾经希望与那时的科研机构建立更为密切的联系。重要的是，对大学的这一脱离并没有阻止哥白尼的作品成为 16 世纪最有影响的著作之一。[40]

哥白尼天文学所提出的科学问题引起大学内天文学家们的浓厚兴趣，但一项重要的事实是，解决天文学发展问题的两项主要的贡献却由大
472 学之外的人完成。第谷·布拉厄(1546—1601)认识到：首先，天文学的“复兴”必须始于运用能够长时间固定和性能稳定的仪器对所有的天体现象进行全新的观察性探测；其次，此类计划不可能获得任何大学充分的支持。结果，哥白尼离开了哥本哈根大学(在仅从事几周的教学之后)，而到赫温岛上创建自己的科研机构——一个永久的天文台、一个仪器制造厂、一家造纸厂和一家出版社。所有这些均获得丹麦国王的支持，这样国王就把政府每年 1% 以上的收入投资到纯粹的科学研究活动中。[41]

布拉厄作为皇帝鲁道夫二世的“宫廷数学家”，在布拉格度过了自己的全部人生历程。在这里，布拉厄的全部财富就是在丹麦 20 余年的工作中所作的观测纪录。这些观测纪录成为开普勒(1571—1630)理论研究的基础。正是开普勒成功发现了行星运行的规律。开普勒曾就读于图宾根大学，但作为一个非正统派的路德教派成员，他不能在大学里谋取一个职位，然而他在为皇帝服务的过程中却做出了划时代的科学成就。

在这一联系中，伽利略的工作生涯也饶有趣味。在大学体系中，伽利略凭借自己的勤奋工作从比萨的一位薪水微薄、职位低微的教员一跃成为薪水丰厚的帕多瓦大学数学教授。繁重的教学任务和极有限的科学研究时间使其难于开展科学研究工作，于是伽利略就私下里与佛罗伦萨宫廷协

---

[40] 有关哥白尼的著作很多。近期的研究结论参见 *Studia Copernicana* (Wroclaw/Warsaw/Cracow, 1970ff.).

[41] J. L. E. Dreyer, *Ty cho Brahe: a Picture of Scientific Life and Work in the Sixteenth Century* (Edinburgh, 1890; 2nd edn New York, 1963)；参见 O. Pedersen, 'Tycho Brahe and the Rebirth of Astronomy', *Physica Scripta*, 21 (1980), 693-701.

商以便成为佛罗伦萨的“宫廷数学家”。当伽利略使用望远镜进行天文观测而在欧洲赢得自己的声望后(1610),即获得了佛罗伦萨“宫廷数学家”这一职位。[42]

大学科学家的大量流失贯穿于整个17世纪。比如,著名解剖学家和地质学家尼尔斯·斯滕森(1638—1686)在哥本哈根大学执教18个月后,为恢复其在梅迪契宫廷的职位而离开了哥本哈根大学;牛顿(1642—1727)放弃剑桥大学教授的职位而出任伦敦铸币厂的首席工程师。当然,这不是一个总的趋势,因为大多数科学家仍在传统的框架下工作。但是大学里却失去了一大批在历史上为科学进步做出过杰出贡献的科学家。[43]

导致科学家从大学大批流失的原因似乎不是单一的。就天主教徒斯滕森来说,他决定从哥本哈根重返佛罗伦萨,无疑是由于在一个路德派的环境里,觉得自己是一个局外人而感觉不适,在这里即便他想听一下弥撒曲(在一个大使馆的小教堂里)也要征得皇家同意。同样开普勒的宗教信仰也促使他远离大学。但一般说来,科学家们离开大学的主要动因在于寻求足够的时间和经费以开展科学研究工作。 473

伽利略的情况当然也一样,在与佛罗伦萨宫廷的通信中,伽利略明确表述了离开帕多瓦大学的原因。伽利略在大学任教的18年间,身心疲惫且深感失望。虽然他举办正式讲座的压力有所减轻,但是他的薪水并不能养活他的家庭,于是他被迫自己招收学生,并提供食宿,还经营一家仪器加工厂以从仪器销售中获得一些收入。这使得他的住处嘈杂不安,使其不能集中精力从事科学研究,尤其是不能撰写反映自己机械学研究成果的著作。毫无疑问,伽利略的许多同事必然也深有同感。

17世纪,许多大学试图通过设立新的学院,尤其是为天文学家设立新学院来阻挡教授离开大学的潮流。这一做法的动机源于耶稣会士或者基于与大学内其他学院竞争的需要。在因戈尔施塔特耶稣会大学,天文学家克里斯托弗·沙伊纳(卒于1650年)首次引进配有采取赤道装置载片(用来观察太阳黑子)(赤道装置即能绕和地球自转轴平行的极轴以及垂直于极

---

[42] 有关伽利略生产的最新研究由S. Drake所做,in *Dictionary of Scientific Biography*, vol. v(New York,1972), 237-249.

[43] G. Scherz, *Niels Stensen. Eine Biographie*, 2 vols.(Leipzig,1987-1988).

轴的赤纬轴旋转的装置——译者注)的开普勒望远镜;1637年,该大学建立了一个测算瞭望台或者天文台。在新教徒的土地上,莱顿大学则成为这一潮流的引导者(1632)。1642年乌得勒支镇在城墙上为大学提供了一个观测台,同年哥本哈根大学的圆塔竣工。在德国,毗邻纽伦堡的路德教派的阿尔特多夫大学建设起藏品丰富的药物标本室(1626)、解剖室(1650)、观测台(1657),重要的是还设立了化学实验室(1682),这是最早设立的实验室之一。这样,至少一些大学意识到忽视对科学研究的物质投资是很危险的。但是大学中的观测台没有一家能与但泽市的约翰尼斯·赫维留的大规模私人天文台(1641),或者巴黎的国家天文台(1671)和伦敦的国家天文台(格林威治1675)相提并论。后两家国家天文台由法国和英国政府建造,主要用来进行天文观测。这些天文台与大学毫不相干,拥有强大海军
474 的政府似乎对大学失去了信任,至少在涉及国家经济这些严肃的事情时不信任大学。[44]

就这样,天文学成为教学和科研分离并各自开展截然不同活动的最早的学科之一。科学研究在很大程度上得到政府的支持,而教学的地位相对较低且局限于获得较少资助的文学院内。同样的趋势还可以在其他领域发现,早在16世纪科研与教学分离的力量就在静悄悄地发挥作用,而当时宗教在大学里的作用也发生了意义深远的变化。

神学院

神学院从其诞生之日起,即被置于一个特殊的位置。一方面,由于神学院致力于使自己成为一个对于理解社会具有重要意义的基督教学科,即把社会理解为一个由超越于所有政治派别的共同信仰维系在一起的基督教共同体,结果,神学院就不可避免地卷入到关于人类社会的本质、宗教和国家之间的关系,以及公共生活和私人生活的道德准则等诸如此类问题的争论之中。总的来说,由于基督教教会法建立在神学的基础之上,因此神

㊹ O. Pedersen, 'Some Early European Observatories', in A. And and P. Beer (eds.), *Vistas in Astronomy*, vol. XX (Oxford, 1976), 17 - 28. 该卷还有巴黎天文台和格林威治天文台的历史记录。

学院就和法学院有着紧密的联系,并和后者一起成为政治和经济思想的一个天然论坛。

另一方面,神学院出现在教会发展的后期,那时教会已经确立自己最迫切的知识任务——以自己的方式开展牧师教育。就总体来说,大学是基于行会概念而出现的一种新的学校类型,对于基督教教会法来说,大学是一个新生事物,基督教当局对大学也深感困惑。我们可以从大学名誉校长(作为一名基督教官员)与大学校长(代表行会)对这一新机构的最终控制权之间的争夺中发现这一点。如果神学院受后者控制的话,它将永远不能被作为教会结构的一部分而为教会所接纳;而在很多情况下,即便对一所独立的神学院的工作,教会也会表示怀疑。这就是直到 14 世纪末,教皇们也不愿意准许在巴黎、牛津和其他几个传统宗教中心之外的区域设立神学院的原因。直到"教会大分裂"(指 1347—1417 年西欧天主教会内部的大
分裂——译者)之后,为在王子、主教和欧洲的城镇中获得更多的支持者, 475
由教皇和伪教皇批准建立的神学院才真正多了起来。

教会教育制度的确立虽经历数个世纪的演变,依旧没有一个严格明确的形式。㊺一般说来,每一个教区教堂均有一个类似主教的资助人、一所修道院、一个行会,甚至一个普通信徒。他们的职责就是为教堂寻找一个教区牧师,牧师的地位处于当地主教之下,并由主教考察其是否称职。在中世纪,基督教教育的标准还不太高,并在黑死病爆发之后的岁月里似乎有所下降,那时有必要吸纳一些没有受过太多教育的人来补充严重枯竭的牧师队伍以维持教堂的正常运行。这一时期之后,到处可以听到人们对不称职牧师的抱怨,因此急需大量的小册子来告诉教区牧师如何履行他们的职责。

在这种情形下,神学院不能够提供任何直接的帮助。它们使其学生通过接受正规的课程教育以获得传道资格证书,而普通资格证书(如果允许这一表述的话)却牢牢地掌握在主教们的手中。

㊺ F. W. Oediger, *Über die Bildung der Geistlichen im späten Mittelater* (Leiden, 1953); G. Le Bras, 'Le clergé dans les derniers siècles du Moyen Age', in G. Bardy, A.-M. Henry, R. Laprat, G. Le Bras, J.-F. Lemarignier and M.-H. Vicaire, *Prêtres d'hier et d'aujourd'hui*, Unam Sanctam, fasc. 28 (Paris, 1954), 155－181.

总的来说，低级神职人员的文化水平非常低。高级神职人员均接受过神学方面的大学教育，或者常常受过基督教教会法方面的教育。但是毫无疑问，中世纪后期神职人员总体受教育状况是招致人们众多批评的原因，教会也偶尔采取一些措施来提高神职人员的文化修养。为此设立了一些新学院以开展牧师培训活动，然而这一状况的根本性改变有待于宗教改革时期的到来。宗教改革不仅使神学院卷入激烈的教义争论中，并开辟了神学教育的新时代。在这个新时代中，罗马天主教和新教以不同的形式开展了教会教育。

作为宗教改革影响大学的一个相当典型的范例，我们可以考察一下丹麦的情况。1526 年在丹麦的许多省市创设了一些培养路德教派牧师的私立学校，1529 年，其中的一所学校还得到国王的特许状，而与此同时，国王却没收了哥本哈根大学唯一一所学院（一所招收加尔默罗派学生的学院）。第二年信奉天主教的教授被开除，大学教堂被攻击传统信仰的暴民
476 炸毁。一年以后，重新任命一位大学校长已不可能，教学实际上陷于停滞，这样哥本哈根大学也就停办了。1539 年在一位德国神学家的组织下，以维滕堡大学为榜样，哥本哈根大学被重建成为一所纯粹的路德教派大学。[46]一些类似的事件也说明，许多路德教派教区内或实施宗教改革地域内的其他大学也面临相同的命运。起初这对牧师们没有任何影响，因为在一段时间内牧师教育一直是宗教改革教区的牧师们的责任。但是在 1564 年，萨克森州拥有选举权的人规定，没有受过大学教育的人不能被任命为牧师。这一制度不久在其他信奉路德教的国家盛行，如此这些国家的大学就被赋予一项中世纪大学禁止从事的重要任务。从广阔的背景来看，这是宗教改革最重要的结果之一。

在法国的改革派教会中，情况却有些不同。正当路德利用维滕堡大学作为活动中心时，加尔文自 1533 年与在其就职宣言中明显表现出新教倾向的新任教区长尼古拉斯·柯普一起逃离巴黎后，就没有固定的大学做后盾。加尔文在巴塞尔、日内瓦和斯特拉斯堡度过了以后的岁月，直到 1541

---

[46] S. Ellehoj and L. Grane (eds.), *Københavns Universitet 1479 – 1979*, vol. v (Copenhagen, 1980), 68; E. H. Dunkley, *The Reformation in Denmark*, Church Historical Society (London, 1958).

年最终在日内瓦定居下来。这时唯一一所为使用法语的新教教派牧师开办的学校就是洛桑学院。洛桑学院由伯尔尼政府在兼并沃州后建立。只要这所学校存在,加尔文就不能实现在日内瓦创办一所新教教派大学的计划。直到1559年,加尔文创办新教教派大学的计划才得以实现。这一新教教派大学引进了洛桑学院的大多数教授,其中包括后来成为日内瓦学院首任院长的著名古希腊语言、文学和文化学者托多·德·贝札。[47]

日内瓦大学创办后,其他加尔文神学院便有可能从日内瓦大学获得教师。1573年加尔文教信徒拿骚·路易伯爵重建了奥兰治大学(随后隶属于德意志帝国)。在蒙彼利埃、尼姆、奥尔泰兹、蒙托邦、索米尔、色当和迪等城市也创设了许多小规模的学院,这些学院均没有发展成为完整的大学。一段时间内法国的加尔文主义者似乎不得不依靠此类中等教育机构;然而,所有这些学校在路易十四领导下的宗教统一运动中均告停办。结果,学习新教教派神学的学生不得不转往他方,可能去海德堡,或者去一所加尔文主义已占据神学系统主导地位的苏格兰大学。但学生更多的是去了 477
尼德兰,1575年奥兰治公国王子加尔文主义者威廉建立了莱顿大学,以作为与鲁汶大学相抗衡的一所新教教派的大学。

在信奉天主教的地区,宗教改革被认为是低级神职人员缺乏足够的神学训练所造成的后果之一,改进这一状况成为特伦托会议的一项重要任务。但在这里,解决该问题所采取的方式是绕开大学,努力使教区教育的传统体系现代化。早在1546年,第五届会议就规定每一个信奉天主教的大教堂教士会都应该为教士和贫寒学者传授拉丁文法和圣经知识。1553年依纳爵·罗耀拉在罗马为德国基督教教会的学生创办了一所学院。红衣主教波尔深慕此举,返回英国以后,即提议建立同样机构,并命名为神学院。终于,1563年第23届会议下令为所有天主教教堂配备一个教士学院,专门为12岁以上的男孩提供完整的基督教教育——家境贫寒者优先接受教育——直到他们具备从事圣职的资格。课程应该包括通常的文科课程(就像在大学里一样)和一些能够使他们从事布道、教授一般信徒、做

---

[47] P. F. Geisendorf, *L'Université de Genève* (Geneva, 1959). 有关日内瓦学院的地位参见第50页。

礼拜以及主持圣事所必需的神学知识和履行牧师职责方面的知识。[48]

这一久远而从未中断的传统表明,已找到一个切实可行的解决天主教牧师教育问题的方案,但是很难评价在信奉天主教的国家里这些神学院对高等教育的影响。这些神学院当然实现了为教堂牧师提供一些对于中世纪时期牧师所接受的更加优良的教育和训练的目的,并且教育费用由教堂承担,从而得以吸引来自社会各个阶层的学生。由于经济原因,这些学生本来是不可能接受一般的大学教育的。另一方面,很多神学院受到宗教会社的管辖,这些会社把一些或多或少的修道院规定强加给学生,把他们禁锢在一个苦修的、封闭的世界里,而与他们将来要履行牧师职责的外部社会缺乏有效的接触。这样导致没有几个学者和科学家以圣职终其一生,他们有时并没有任何虔诚的宗教信仰,这种状况成为启蒙运动时期具有深远影响的一个结果。

在为此目的专设的一位红衣主教的指导下,这一制度慢慢地在各地
478 传播。1565 年,第一所神学院在罗马创立。随后在米兰的大主教辖区又创立了三所神学院,其中一所是为希望完成学业的牧师们设立的。在德国,第一所神学院于 1564 年在艾希施泰特创立, 随后于 1610 年明斯特市也创办了一所神学院,此后"三十年战争"的爆发使神学院的开办搁浅。在法国创立神学院的最初尝试也以失败告终, 直到 1642 年第一所法国神学院才在巴黎建立。18 世纪, 一些神学院合并到大学,例如法国的南锡或阿维尼翁神学院。这也促使文学院和神学院的衰落。后来,神学院这一制度逐步普及化,并一直存续到第二次梵蒂冈会议(1962—1965)的召开,其间没有出现较大的改变。

少数宗教团体问题

宗教改革运动强化了高等教育的宗教特征,各地高等教育的发展应该尽可能地遵照所在国家已经确立的教会教义实施,因此世俗的或非教派性大学的发展只能是属于未来的事情。在信仰加尔文教教义的日内瓦,任何

---

[48] J. O'Donohoe, *Tridentine Seminary Legislation. Its Sources and its Formation* (Louvain/Boston, Mass., 1957).

不按照官方教理问答签署一份公开的宗教信仰声明的学生将不得参加大学任何课程的学习。这一规定一直延续到1576年,之后这一要求仅限于教授和讲师,而其他教派的学生则被允许入学,以便能够受益于日内瓦教会的教诲。其他改革派教会却没有这么宽松。在法国加尔文教派的学院中,学生被强制发誓信仰加尔文教并接受加尔文教教会的戒律。在德国和斯堪的纳维亚的路德教派的大学里,信守奥格斯堡信纲成为学生入学的一个必要条件。在路德正统教派统治时期,甚至对加尔文教或天主教信仰的怀疑就足以使一个学生被降级或一个教授被解雇。在英国,牛津大学与剑桥大学转变成为纯粹的英国圣公会机构,从统一法案和至尊法案(1559)到大学测验法(1871),所有的成员必须遵守英国教会的信纲。

从理论上说,这些规定旨在于在各个国家组成的学术世界中保持宗教一致性,而这种一致性被认为对政府职能的顺利实施是不可或缺的。实际上,这些规定在学术界导致一大批宗教上的少数派的产生。起初这些少数派包括了由于这些新措施的实施而被很快剥夺职位的学者,后来又增加了一些由于不能与本国已确立宗教保持一致性而阻挡在大学门外的潜在的学生。这些少数派的成员如何接受教育成为一个严峻的问题,他们的成员 479
设法以各种方式解决这一问题。

在这些国家里,宗教歧视非常严重,唯一的选择就是移民到一个能够接受他们的宗教信仰的国家。在整个16和17世纪,欧洲到处都是根据国内和国外的宗教情况而在不同国家之间漫游的学者。[49]这里选择的余地是很有限的。比如,加尔文教信徒在信奉路德教派的国家里是不受欢迎的;当17世纪法国宗教宽容程度下降时,胡格诺教派信徒的避难者将首选一些荷兰大学,他们的加尔文教信仰在这里不会受到威胁;在英格兰,各种各样不信奉英国国教的教派的增多提出了更加多样的需求,而苏格兰、荷兰、德国,尤其是日内瓦的一些大学则可以满足其中的一些需求。

然而英国也成为不信奉英国国教的人选择的地方。1689年所谓的《宽容法》使得非英国圣公会成员开办自己的学校成为可能,结果导致不信

㊾ 本书第10章谈学生的流动性。

奉英国国教的私立学校数量骤增。[50]这些学校的基本目的在于培养牧师，但其中一些学校也招收其他学生，并常常出人预料地向这些学生讲授一些与数学、法语和现代历史课程相关的知识。此类学校办学时间较短，大多随着其创立者的去世而停办，但它们却填补了教育体系中的一个空白。它们有时招收的学生人数高达300人，如1669年至1698年间在拉斯韦尔（约克郡）开办的里查德·弗兰克兰学院即如此，该学院在某种程度上发挥了一所北部大学的作用。从约1660年到1780年间大约开办了50所类似的学校。此类教育机构为英国文化生活做出了不容置疑的贡献，学校培养的许多优秀学生即是证明。这也说明当时的统治集团对这些学校充满了敌意，他们或错或对地认为这些学校会对牛津大学和剑桥大学构成威胁，并成为不受欢迎的政治思想和宗教思想的温床。

新教国家的罗马天主教徒的处境多少有些不同，因为他们从未被包括在针对不信奉国教的新教徒的偶然的宽容范围。[51]另一方面，法国、南尼德兰、意大利和西班牙等国家里的所有天主教大学均对非国教徒开放，并乐
480 意接受个别学生。然而在一些国家，宗教改革从没有取得彻底的胜利，天主教仍占主导地位，并急需大量的牧师。这一情况迫使英国非国教信徒不仅在罗马恢复了由教皇格列高利十三世授予特许状的（1576）的传统英语学院，而且在杜埃还开设了一所特殊大学。该大学由菲利浦二世在1559至1560年间创办，是一所与宗教改革相对立的大学。大学征得罗马天主教皇训谕的同意，设立了四所传统学院。该大学一直开办到法国大革命时期。[52]

大学里宗教的兴衰在许多国家造成了严重的问题，但在爱尔兰却导致一场灾难。爱尔兰直到1592年才拥有自己的大学——该年设立都柏林三一学院，为爱尔兰民众中信奉新教的少数宗教团体提供服务。信奉天主教的大多数学生已被他们在宗教改革之前经常就读的英格兰大学和苏格

[50] I. Parker, *Dissenting Academies in England* (Cambridge, 1914 ; 2nd edn New York, 1969); J. F. Fulton, 'The Warrington Academy (1757 – 1786) and its Influence on Medicine and Science', *Bulletin of Medical History* (1933), 50 – 80.

[51] A. C. F. Beales, *Education under Penalty* (London, 1964).

[52] M. Williams, *The English College in Rome* (London, 1982). 参见第2章66 – 67页。

兰大学排除在外，结果他们被迫远赴欧洲大陆，因为在那里许多爱尔兰的学院均隶属于罗马天主教大学，如萨拉曼卡大学(1592)、里斯本大学(1593)、杜埃大学(1603)、巴黎大学(1623)、鲁汶大学(1624)和其他大学。这样在梅努斯开办当地的爱尔兰神学院之前(1795)，爱尔兰大陆学院的数量已超出 11 所，总共拥有 44 名教授和 824 名学生。[53]

学园的兴起

具有全欧洲意义的一项重要发展起源于意大利，这里的一些特殊条件促成了打破中世纪大学作为高级教学和科研场所的垄断地位。随着许多独立自治的城邦凭借工业、国际贸易和银行业变得富足起来，一个新的富有的市民阶层出现了。这些市民文明、睿智，且能够意识到高等教育的价值，这一阶层的存在是意大利较其他欧洲地区拥有更多大学和更多受过高等教育人数的主要原因之一。

威尼斯共和国和热那亚共和国却是例外，这里，王子和公爵组成的等
级贵族统治之下的君主政体取代了最初的民主政治或者寡头政治。君主 481
政体的宫廷逐渐吸引了艺术家和博学之士。宫廷占星家、教育贵族子弟的接受过学术训练的教育家、建筑师、工程师以及出任衡器和量具勘测员或者管理员的数学家取代了传统的宫廷医生。这样意大利宫廷就成为大学之外的文化活动中心，并常常得到比大学更多的捐助，结果拥有一技之长的知识分子在世俗世界里也可以拥有一份有钱可赚的职业。

这些宫廷学者聚集在一起讨论一些大家关心的问题是很自然的事情。前面已经提到所谓的佛罗伦萨学园或者柏拉图学园就是作为与梅迪契宫廷有联系的人文主义哲学家和教育家们聚集的场所而出现的。毫不夸张地说，这一举动具有传染性，在 16 世纪，几乎每一所意大利城镇均有一所或多所致力于哲学或科学探索的“探古”学园和“艺术业余爱好者”学园。

---

[53] W. P. Treacy, *Irish Scholars of the Penal Days: Glimpses of their Labours on the Continent of Europe* (New York, 1887); H. [Robinson]-Hammerstein, 'Aspects of the Continental Education of Irish Students in the Reign of Queen Elizabeth I', *Historical Studies*, 7 (Dublin, 1971), 137 - 153.

这些学园有时得到政府的资助，但更多的是由私人建立的。一些学园研究的领域很广，还有一些学园致力于一些更专门的领域。[54]

在佛罗伦萨，该市的两位地方行政长官——诗人格拉齐尼和哲学家萨维亚蒂——于1582年成立黛拉·克鲁斯卡学园，其目的在于研究和推广托斯卡纳方言。他们把该方言记录在1612年第一次出版的一部大字典中。同一年，1606年成为该学园成员的伽利略决定用托斯卡纳方言出版自己的科学论文，这一事实与该字典一起极大地促使了托斯卡纳方言作为意大利所有地方的官方语言。

大约1560年，内科医生詹巴蒂斯塔·德拉·波尔塔（卒于1615年）在那不勒斯创立了一个由更具有科学头脑的人组成的纳特里探究学园。波尔塔曾经周游法国、西班牙和意大利各国，参观当地图书馆，与了解"任何新奇的东西"的学者和艺术家们进行交流，这是他后来通过大量的通信保持下来的一种研究方法。任何成员只要做出了一项新发现或者观察了一种自然现象均可加入这个团体。这样做的一个直接结果是波尔塔出版了自己长达20卷的《自然界奥妙》（1589）的自然科学技术百科全书。早些时候，西班牙和德国也拥有了自己的具有人文主义倾向的学园。

482 另一家久负盛名的学园是林西罗马学园，由年轻王子费德里戈·希西（1585—1630）于1603年创立，不过林西罗马学园存在时间较短。费德里戈是一个天才的业余博物学家，他不仅参与了林奈的植物分类研究，而且是第一位在显微镜下研究昆虫的人。伽利略（从1611年）也是林西罗马学园的少数成员之一，他的一些最重要的著作就是由该学园资助出版的。该学园还出版了一部名为《西班牙新百科全书》的著作。该书记录了从弗朗西斯科·埃尔南德斯（卒于1587年）的作品中精选出来的大量关于美洲的自然历史。后来，希西关于创造一个国际性学园网络的计划失败了，他自己的学园也随着他的早逝而结束。1847年建立并于1875年重建的新的意大利国家学园采用了他的名字，并接管了他的图书馆。由意大利托斯卡纳大公梅迪契二世于1657年创办的西门托佛罗伦提学园仍然存在，其目的在于促进实验科学，伽利略最后的一个学生维维亚尼是该学园的著名成

---

[54] M. Maylender, *Storia delle accademie d'Italia*, 4 vols. (Bologna, 1926–1930).

员。⑤⑤

17世纪,学园运动在阿尔卑斯山北部尤其是法国和英国发展迅速,并深受这里外部政治和宗教形势的影响而在很大程度上发生了变化。在巴黎,方济各会神父梅森(卒于1648)许多年来主持着一个科技信息交流中心,梅森搜集信息,然后通过大量的信件把它传播到欧洲各地。同一时期,他的女修道院成为法国一批著名数学家、科学家和工程师的聚会之所,并在事实上成为一家私立的信息型学园。上面所有这些事情都发生在1635年,也正是在这一年,黎塞留为推广法语创办了法语文学学园。以后的岁月里,梅森团体的活动就不太出名了。他去世以后,其他私立学园开始出现。1648年马萨林创立了一所雕刻绘画学园,以此证明新政府希望继承黎塞留延续下来的传统。这一举动在科尔贝尔那里表现得更加明显:他在1663年创立了文学学园,1666年又创办了科学学园,最后在1671年重组了雕刻学园和一家新的建筑学园。显而易见,这是科尔贝尔实施普遍重商主义政策的结果。通过把科学和艺术领域的专家聚集在此类的共同体中,政府就能够使法国上层知识分子共同体为其服务,并控制他们的活动。⑤⑥

英国克伦威尔摄政期间,内战的爆发和宗教暴乱极大地扰乱了大学生活,许多学者很难开展普通的学术活动。1645年,许多科学家和数学家开始率先在一座小旅馆里、后来在格雷欣学院秘密集会。许多年来,一个类似的团体聚集在牛津一家备有试验设施的药房里或者聚集在瓦德海姆学院。这些团体被统称为"隐形学院",它没有欧洲大陆上的学院正规。许多成员深受培根著作中有关哲学和科学观念的影响,认为科研是一种具有自己特点的行为,应与教学分离,由政府来组织。 483

当1660年君主制恢复的时候,该隐形学院以"哲学家协会"的名义出现在社会中,其成员人数剧增,除贵族成员外还有学者和技术领域的成员。1662年它又获皇家许可状,更名为伦敦皇家促进自然科学知识协会。法令规定该协会的任务在于促进关于"自然界事物的知识,以及所有有用的

---

⑤⑤ W. E. Knowles Middleton, *The Experimenters. A Study of the Academia del Cimento* (Baltimore, Md., 1971).

⑤⑥ R. Hahn, *The Anatomy of a Scientific Institution: the Paris Academy of Sciences 1666 – 1803* (Berkeley, Calif., 1971);参见 Roche, *Le Siècle des Lumières*.

文科、制造、机械实践、机车和通过实验获得的发明等方面的知识”。还要以一种批评和公正的态度进一步验证科学理论，为此还聘用了一个试验演示员。很明显协会把自己看做是一个研究机构，不需承担任何教学任务。[57]

另一个有趣的决定就是协会不得“干预神学、形而上学、伦理学、政治学、文法、修辞学或者逻辑学”。这一决定不仅意味着人文学科被排除在外，不得不等到1902年创建人文学科自己的英国科学院，而且意味着皇家协会希望自己远离仍然阻碍着大学成为真正国家机构的宗教纷争。协会成员既不需要发表自己对宗教的看法，也不用签订任何信仰声明，这一宽容的态度使协会得以接纳具有任何宗教信仰的著名科学家，并为那些来自对宗教信仰和政治不宽容成为学者自由交流障碍的国家的避难者提供支持和庇护。

法国的情况恰恰相反。1685年南特敕令的撤销结束了宗教信仰宽
484 容的状况，结果虽然一些科学学园的著名成员可以作为平等的学园成员留居法国，但他们还是离开了。这一混乱时期一直持续到1699年，该年，法国政府按照明确的学园结构和学园活动方案对学园进行彻底重组：学园园长由国王任命，直接接受一个大臣的领导，并有义务履行许多法定的职责，例如检验新的技术发明并对其用途进行报道；学园成员人数由法令规定，成员还必须具备学术资格，他们均领取薪水并被分成四个等级，包括十名“领取薪酬者”以及来自其他三个等级即“学园提供食宿者”、“学员”和“带薪学员”各二十名的人员。其中，“学园提供食宿者”包括数学、天文学、解剖学、化学和植物学五门学科各三名代表，以及一位秘书和一名财务主管。以上这些成员必须住在巴黎，而“学员”这一级别可以任命八名外国成员。

“带薪学员”这一阶层不是学生而是具有发展前途的学者，他们中的每一位均要为一位学园提供食宿者充当助教。这样科学学院就变成了一个

---

[57] H. Lyons, *The Royal Society 1660 - 1940* (London, 1944); T. Spratt, *History of the Royal Society* (London, 1667; fasc. reprint St Louis, Miss. /London, 1959); 参见 R. E. Schofield, *The Lunar Society of Birmingham, a Social History of Provincial Science and Industry in Eighteenth-Century England* (Oxford, 1963).

高度科层化的、高效运转的国家科研部门。[58]

而伦敦皇家协会的发展却与此形成了鲜明的对比，它保存了自己作为一个自由行会的地位和独立性。法令没有对协会成员人数做出限制，许多成员为业余研究者、出身贵族的科学家，或者甚至是没有任何科学倾向的贵族。国家对协会不提供任何财政援助，会员必须每年缴纳会费来支付一切费用。另一方面，不同于法国的同类协会，伦敦皇家协会成员可以自由确定自己的科研方向，而且伦敦皇家协会从没有为政府做太多的工作。

这样就存在两种不同的学术性协会模型。在几乎所有欧洲国家中，新协会的创办者或多或少地效仿了这两种类型的学园。[59]在德国，这一运动肇始于1652年施韦因富特学园的创立。在皇帝的资助下，该学园于1677年重组为利奥波尔迪纳学园，由于没有固定校址，只有把总部移到新当选学园园长所居住的小镇。1700年，普鲁士国王腓特烈一世，采纳莱布尼兹的计划，1711年在柏林按照法国模式创办了一家作为国家机构的科学院，称做“Akademie”。这一模式又为设于圣彼德堡的俄罗斯皇家学园所效仿。485
创设俄罗斯皇家学园的计划由彼得大帝提出，后由叶卡捷琳娜于1725年将该计划变为现实。这一运动波及到斯堪的纳维亚，在斯德哥尔摩(1741)和哥本哈根(1742)也创立了受皇家保护的学术性协会。

学园在整个欧洲的扩展表明：独立于大学的学术性学园肯定满足了当时社会中的现实需要。[60]事实上，这一运动获得成功和政府对学园所表现出的仁善姿态具有几个方面的原因：从国家来说，这样做可以直接依靠一批专家，委任给他们一些由于太繁重而单一的大学学院不能胜任的公共事务。这方面的一个典型的例子就是17和18世纪法兰西学园(French Academy)承担的大地测量工作，包括长途跋涉到秘鲁和拉普兰等偏远国家进行长期而昂贵的科学探险。这类任务也只有政府资助的科层组织才有可能完成。在如此宽广的领域，没有一所大学学院能够与此类学园相提

[58] 重组学院的方案登载在 *Histoire de l'Académie Royale des Sciences. Année M.D C. XCIX* (3rd edn Paris, 1732), 3–6.

[59] F. Hartmann and R. Vierhaus (eds.), *Der Akademiegedanke im 17. und 18. Jahrhundert* (Bremen/Wolfenbüttel, 1977).

[60] J. Voss, ‘Die Akademien als Organisationsträger der Wissenschaften im 18. Jahrundert’, *Historische Zeitschrift*, 231(1980), 43–74.

并论,然而学术或知识界却从多个方面受益于这种学术运动。学园对国家经济技术发展问题的参与提出了刺激科学探索的新问题,在某些情况下,政府委托的研究成为公共生活的一个新特点。另外,学园还是地方性的或国际性的科学学术交流的伟大推进器。定期集会——在巴黎一星期两次——提供了一个鲜活的、思想能够得到迅捷交流和讨论的知识氛围,国外成员和国内同仁组成的学术网络开阔了人们的视野,这一影响已慢慢地渗透到了大学里面。最后,科学杂志或者学术杂志的引进又是一项全新的冒险事业,从而极大地促进了新知识的传播和应用。

此类科学期刊不是学园的发明。它开始于 1665 年丹尼斯·德·萨洛律师创办的法语杂志《斯坎文思周刊》,萨洛是法国国会的一名议员。同年,伦敦皇家协会的《哲学会刊》创刊,该会刊刊载的内容包括协会收到的一些有价值的科学论文,此外还刊发在其他国家发表的论文摘要、船长的海外来信及书评。第二年,法国科学学院开始印行两套丛书:年鉴或者科
486 学论文和描述该院举办会议和总体工作的年刊、历史文献。仅仅在两年以后,意大利罗马出版了第一种此类的杂志:《吉纳尔文化》。自 1682 年起,莱比锡大学的(那儿还没有学园)一些学者出版了《博学者论坛》,莱布尼兹为其主要撰稿人。这证明大学也意识到这一新兴信息工具的重要性。[61]

借助于期刊,学园可以将自己的影响扩大到其学术成员组成的圈子之外。它们可以使大学教授、“爱好数学”的教师、数学实践及私人“贵族科学家”能跟上科学或者学术进步的步伐。

这样学术协会就成为 18 世纪知识分子生活中的一个特别重要的因素,在此类协会中,知识分子很好地适应了启蒙运动的意识形态。1750 年,莫佩尔蒂(卒于 1759)把柏林学园的成员们描绘成“自由人”和受文学界感召的公民,只是稍微暗示了大学的顽固和政府的专制。[62]1767 年他的后继者——约翰·福默(卒于 1797)在一次讲话中把所有这些学术团体的任务解释为:在迎接真理的世纪里驱散人类的无知。这篇讲话几乎全文刊登在最典型、最全面地陈述了启蒙运动思想的书籍,即《百科全书》(1776)

---

[61] D. A. Kronick, *A History of the Scientific and Technical Press 1665 - 1790* (New York, 1976).

[62] 参见 Voss, ‘Die Akademien’(注释 60), 44 n. 73.

的附录中。[63]

然而,学术团体作为知识界自由和进步开拓者的充满乐观色彩的图画中也含有暗淡的色彩。德国启蒙运动的斗士克雷斯蒂安·沃尔夫(卒于1754年)毫不迟疑地把学园运动解释为产生和传播新的科学知识和科学发明成果,以区别于以教学为目的大学的任务。同样,哥廷根协会的首任会长阿尔布雷希特·万·哈勒(卒于1788年)认为大学是教学性学园,而学园是研究性学园,从而把大学和协会区分开来。[64]这样,启蒙运动时期教学和科研日益分离开来。大学继续从事教学,而研究却越来越集中在其他机构和协会中。一方面,这日益延长了把一项新的科学事实或理论引入课程的时间;另一方面,它也把专职研究者与年轻学生活跃的思想分裂开来。 487
无疑,这会丧失许多闪光的思想,从而迫使大学寻找一些纠正这一不幸局面的途径。

精选文献

Allen, P. 'Scientific Studies in the English Universities of the Seventeenth Century', *Journal of the History of Ideas*, 10(1949), 219 - 253.

Ben-David, J. *The Scientist's Role in Society: a Comparative Study*, Englewood Cliffs, N.J., 1971.

Van Berkel, K. *In het voetspoor van Stevin. Geschiedenis van de Natuurwetenschap in Nederland 1580 - 1940*, Amsterdam, 1985.

Brown, H. *Scientific Organizations in Seventeenth Century France (1620 - 1680)*, New York, 1934.

Bullough, V.L. 'Training of the Non-University Trained Medical Practitioners in the Later Middle-Ages', *Journal of the History of Medicine and Allied Sciences*, 14(1959), 446 - 458.

Van Caenegem, R.C. *Judges, Legislators, and Professors. Chapters in Euro-*

---

[63] Voss, 'Die Akademien'(注释 60), 71.
[64] Voss, 'Die Akademien'(注释 60), 45.

pean Legal History, Cambridge, 1987.

Crosland, M. P. (ed.) *The Emergence of Science in Western Europe*, London, 1975.

Debus, A. G. *The Chemical Philosophy. Paracelsian Sciences and Medicine in the Sixteenth and Seventeenth Centuries*, New York, 1977.

Eisenstein, E. L. *The Printing Press as an Agent of Change*, 2 vols., Cambridge, 1979.

Feingold, M. *The Mathematicians' Apprenticeship. Science, Universities and Society in England, 1560 – 1640*, Cambridge, 1984.

Frijhoff, W. 'Geleerd genootschap en universiteit: solidair of complementair in de wetenschapsontwikkeling? Nederland en de omringende landen tot in de negentiende eeuw', in *Wetenschapsbeoefening binnen en buiten de universiteit*, Nieuwe verhandelingen van het Bataafsch genootschap der proefondervinde lijke wijsbegeerte te Rotterdam, 3rd ser., vol. v, Rotterdam, 1990, 6 – 19.

Hall, A. R. 'The Scholar and the Craftsman in the Scientific Revolution', in M. Clagett (ed.), *Critical Problems in the History of Science*, Madison, Wis., 1962, 3 – 32.

Heers, J. 'L'enseignement à Gênes et la formation culturelle des hommes d'affaires en Méditerranée à la fin du Moyen Age', *Etudes islamiques*, 44 (1976), 229 – 244.

Jones, R. F. *Ancients and Moderns: a study of the Battle of the Books*, St Louis, Miss., 1936.

Kearney, H. F. *Origins of the Scientific Revolution*, London, 1964.

Kulczykowski, M. (ed.) *L'Université et l'enseignement extra-universitaire XVI e – XIX e siècles. IIème Session scientifique internationale, Cracovie 11 – 12 mai 1979*, Zeszyty Naukowe Uniwersytetu Jagiellonskiego DCLVII. Prace Historyczne, Z. 73, Warsaw/Cracow, 1983.

488 López Piñero, J. M. *Ciencia y técnica en la sociedad española de los siglos XVI y XVII*, Barcelona, 1979.

Maffioli, C. S. and Palm, L. C. (eds.) *Italian Scientists in the Low countries in the XVII th and XVIII th Centuries*, Amsterdam, 1989.

O'Malley, C. D. (ed.) *The History of Medical Education*, Berkeley, Calif., 1970.

McClellan III, J. E. *Science Reorganized: Scientific Societies in the Eighteenth Century*, New York, 1985.

De Moulin, D. *A History of Surgery with Emphasis on the Netherlands*, Dordrecht, 1988.

Ornstein, M. *The Rôle of Scientific Societies in the Seventeenth Century*, Chicago, Il., 1928 (many reprints).

Prest, W. *The Inns of Court*, London, 1972.

Roche, D. *Le Siècle des Lumières en province. Acadèmies et académiciens provinciaux 1680 – 1789*, 2 vols., The Hague/Paris, 1978.

Roche, D. 'L'intellectuel au travail', *Annales. Economies, Sociétés, Civilisations*, 37(1982), 465 – 480; reprinted in D. Roche, *Les Républicains des lettres. Gens de culture et Lumières au XVIII e siècle*, Paris, 1988, 225 – 241.

Shapiro, B. J. 'The Universities and Science in Seventeenth-Century England', *Journal of British Studies*, 10(1971), 47 – 82.

Vierhaus, R. (ed.) *Wissenschaften im Zeitalter der Aufkärung*, Göttingen, 1985.

Van Winter, P. J. *Hoger beroepsonderwijs avant-la-lettre. Bemoeiingen met de vorming van landmeters en ingenieurs bij de Nederlandse universiteiten van de 17e en 18e eeuw*, Amsterdam/Oxford/Paris, 1988.

489 # 第十二章　知识的新结构

威廉·施密特·比格曼

大学里的学术和科学

在近代早期大学的四所传统学院——神学、法学、医学和哲学院中，在宗教改革进行的那个世纪里，神学是最重要的学科，神学院的这一领导地位归功于它的主题——神性启示。然而，虽然神学院为宗教改革的成功付出了一些努力，但宗教改革的结果却导致神学院失去了其主导地位。到了17世纪，法学成为最重要的科学。而医学虽然不能在大学的知识结构中占据有利地位，但是它却凭借成为近代早期最早接受笛卡尔机械科学模式的学科之一而闻名。在这三所高级学院之下，是普遍设立的哲学院。

尽管哲学院在传统学院体系中地位最低，然而科学概念——即曾经赋予并正在赋予大学其内部知识衔接的概念——和哲学院的理论主张与制度主张却有着不可分割的联系。不考虑哲学院的双重作用,就无法对大学的知识历史进行理论性或制度性的考察。作为排名第四的学院,哲学院是起始性的和基础性的学院,它所设学科既属于基础学科又属于教学学科。哲学院虽然居于知识体系的最低位置,但却决定着什么是有次序的理性知识,哲学院也声称有能力为作为一个机构的大学确立知识性衔接的基础。同时哲学院所讲授的是最基础的学科。从长远来看,作为有序知识的科学概念决定了高一级大学学院的基本办学理念。

因此哲学院的科学重要性取决于它的制度性作用(institutional role) 490
和反过来依赖它的概念性东西。[1]在这一更迭中,很显然,科学概念的变化导致制度性结果的产生;制度性的变化与变动中的科学信仰之间又存在交互作用,并且科学信仰并不总是与制度化的现实相一致。何时大学的影响要超过本身的范围,何时大学变得现实、将其思想灌输到大学之外的社会活动中去,皆取决于哲学院的办学思想。为此,人文科学和社会科学只有凭借反复地跨出大学与学园和其他科学、政治机构来建立联系,才能在大学学科的大致框架内开展研究。重要的思想家往往是廷臣和民间人士而不是大学教师,他们的思想却极大地影响了人文科学和社会科学的本质,因此他们在这一章里占有重要地位。

与过去不同的是,现在的人文科学和社会科学已不再局限于大学之内了。各个科学领域的内容及各领域之间关系的变化,伴随着各大学学院之间制度方面的紧张关系而产生。早在近代初期,就存在着一些不太和谐的种类繁多的科学门类,它们构成了各种不同的争论领域:亚里士多德科学;具有神学取向的一元化科学,包括拥有严格亚里士多德方法的司各脱主义,包括赫耳墨斯主义和犹太教神秘哲学在内的各种形式的新柏拉图主义;最后是同时有着历史学和语言学倾向的西塞罗科学。当然,这些概念也存在于大学,并对大学的学院及大学关于学科性知识工作的观念产生影响。对于具体概念的影响程度与概念所具有的实际用途直接相关。一方面,由于不同种类科学之间的内部紧张关系,另一方面由于不同科学对政

① 关于“哲学院”的文章参见 K. Gründer (ed.), *Historisches Wörterbuch der Philosophie*, vol. Ⅶ (Darmstadt, 1989), 572 - 878.

治的依附和由此产生的结果,萌生了一种使大学成为某一特殊学科占据领导地位的知识机构的学术动力。科学的历史就表现为一些学科维持了自己的领导地位,一些学科丧失了自己的领导地位,一些学科赢得了领导地位。

491

科学门类

亚里士多德科学

科学史——科学机构、科学对象、科学成就及其缺点——可以从"科学"及其同根词的历史中清晰地发现。科学也只是从19世纪起才开始被划分为自然科学和人文科学。为界定近代早期"科学"的含义,我们必须把它与有关科学常用的、正式的及实质性的概念—— 科学、艺术、法学、百科全书、历史和哲学——联系起来。用这些术语所表示的科学研究领域在存在许多相似之处的同时,这些概念也对应于不同的科学研究方向。人文主义时代和宗教改革时期科学概念的所有特征在哲学领域均有与之对应的概念。当诸如"向量"之类的科学术语超越文学院范围的时候,它们代表16世纪出现于神学院、医学院的科学门类,并在此过程中逐步涉及政治学及主要以科学、法学和艺术为特征的文献学类型的科学。②

经院哲学产生后的四个多世纪里,亚里士多德科学一直是流行的科学形式。受研究对象的引导,亚里士多德科学以形而上学为原型。适当的科学概念本身是永恒的,但也构成了变化的科学概念框架。自然实质上是不变的,但却是事物成长和衰落的框架。时间与空间一样是连续不断的,但却是预示变化的永恒存在。"存在"这一形而上学概念思考的是永恒不变的物质,"存在"构成了所有变化的东西的基础,以及静止的动体,或者拥有不变结构的灵魂。③有关概念基本原理的科学是真正的科学,它把科学理

② 详细论述在 J. Zarabella, *De methodis and De natura Logicae* (1578), in *Opp. Logica* (Frankfurt-on-Main, 1608), in *Opera Logica* (Frankfurt-on-Main, 1966). 参见 W. Schmidt-Biggemann, *Topica universalis. Eine Modellgeschichte der humanistischen und barocken Wissenschaft* (Hamburg, 1983), 70ff.

③ 参见 C. B. Schmitt, Q. Skinner, E. Kessler, J. Kraye (eds.), *The Cambridge History of Renaissance Philosophy* (Cambridge, 1988).

解为通过对研究对象的思索与理性观察而获得的认识。严格说来,科学探索仅仅是为科学自身而开展的,科学研究的唯一目的就是认识研究对象,这有时要以挑战神性启示理论的理性为代价。阿威罗伊学说就是这样一个例子,该学说从中世纪一直延续到现代,并在16世纪的帕多瓦大学获得 492
最后充分的发展。按照起源于阿拉伯的阿威罗伊学说对亚里士多德科学概念的解释,运用严格的亚里士多德方法既不能揭示灵魂的永恒性,也不能说明世界作为被创造现实(比如它的可毁灭性)的特点。④与理论对象一样,物理学、形而上学和神学等概念所指对象既不以人为取向,也不以社会为取向,它们都认识到物质的不可改变的尊严,只有神学才能够提供此类科学的最完整形式。什么概念能比上帝更好地满足科学的主张?神学获得领导性科学的地位,一方面得益于作为至高无上的科学概念——永恒科学;另一方面,还得益于神学的研究对象。⑤这一观点对正处于经院哲学第二次浪潮中的西班牙、意大利和法国的罗马天主教大学中的学院产生了影响,同时成为路德教正统派神学的一大特征。

自古代以来,实践科学与理论科学之间就有了区分,当然在16世纪,理论和实践的关系还未成为"改变"世界的问题。的确,科学分析行动的方式与分析永恒概念的方式是相同的,行动分析以观念的形式结束,因此,在行动科学和实践科学中,适当地、明智地选择实现具体目的的手段便成为重要的事情。法学就是选择实现某种有益目标或个人行动目标的适当手段的一门艺术,⑥法学科学即是一门关于适当手段的科学。从科学方法的角度而言,伦理学、政治学和经济学因而被视为实践科学。法学也涉及到方法的合理性和适当性。即使法学不想与哲学发生紧密的联系,它也不能否认它与实践哲学的联系,这可以从法学家的教学法则和法学家的教育中

---

④ 关于阿威罗伊学说参见 F. Van Steenbergn, *Maître Siger de Brabant* (Paris, 1977); P. O. Kristeller, 'Paduanensischer Averroismus und Alexandrinismus im Licht neuerer Studien', in P. O. Kristeller, *Humanismus und Renaissance*, ed. E. Kessler, vol. Ⅱ (Munich, 1976), 124–131. 参见 Kessler 关于哲学的作品, in Schmitt *et al*. (*eds*.), *Renaissance Philosophy* (注释3) 455–463.

⑤ 参见 Thomas Aquinas, *Summa theologiae*, vol. I, Q. I and Cajetan's commentary, ed. Leonina, vol. Ⅳ (Rome, 1888), 6ff.

⑥ Thomas Aquinas, *Summa theologiae*, vol. Ⅱ, 2, Q. 48, and Cajetan's commentary, ed. Leonina, vol. Ⅷ (Rome, 1895), 395ff.

发现。⑦如果严格意义上的科学仅仅是沉思的话,那么理论科学就是处于实践行为终端的具有尊严的科学。就像形而上学解释的那样,实践科学仅
493 仅把手段传至终点。实践科学是为其他事物而存在,它是手段的艺术。

哲学院里实践科学与人文科学的讲授与分析和它们作为实现一些目的而需要的智慧、审慎、技能的地位是一致的,并不是以行动本身为目的。人文科学始于文字科学:语法、修辞和逻辑,因为在15世纪末才发现遗失的亚里士多德的《诗学》。这些人文科学也不仅仅为自己而存在,而是用以传授知识和管理知识。逻辑学确保真理之间的正确联系,修辞学服务于主题或事实的发现、处理和展示。

关于科学、法学和艺术认识——以托马斯—亚里士多德学说⑧及古代后期潜在的斯多葛哲学内容为框架——被修改以适应作为基础科学的哲学与神学之间的密切关系。科学这一概念的实际变体就是法学。相对来说,理论医学在学术领域一直势单力薄,既不属于理论科学也不属于真正意义上的实践科学,它更属于不同于修辞学或逻辑学的一门艺术。

一元化科学

在科学、法学和艺术之间有所区别的这一科学观点,即便在中世纪也不是没有遇到过挑战。与主张不同科学类型和不同科学学科之间存在明显区别、学科与科学概念之间存在明确联系观点截然相反的是,存在着两种朝着一元化科学发展的主要取向:司各脱主义者和基于神性启示的教皇职责的倡导者。

借助于分析"存在"这一概念和人类科学,邓斯·司各脱(约1266－1308)及其追随者试图按照严格的科学规则建立一个基本上适应所有学科的形而上学。基于"存在"这一概念——考虑到人类有限的认识能力,"存在"是所有不能超越自身的概念中最具有综合性的概念——是依据最为严

---

⑦ 参见 *Hugo Grotii et aliorum dissertationes de studiis instituendis* (Amsterdam, 1645), esp. Grotius himself (1－6) and Joh. Coccenius (559－565).

⑧ Thomas Aquinas, *Expositio super Boetium librum de Trinitate*, ed. B. Decker (Leiden, 1955).

格的标准从所有客观领域中推导而出的科学。⑨13世纪，司各脱主义概念的严格性是概念论或唯名论的起点之一。当然，对概念论来说，概念不仅仅就人类有限的能力方面来说是有效的，同时也可以解释为人类不能对超精神世界的实质内容做出进一步说明的征兆。正如司各脱主义所认为的那样，唯名论的科学理想承认只有概念性的组织才算得上是纯粹的科学。在司各脱主义理论中，"存在"的概念为建立纯粹形而上学提供了可能，而在唯名论或者概念论中，认为所有的概念均是超精神世界之外领域的征兆的思想阻塞了通向客观形而上学的道路。

正像托马斯·阿奎那那样，司各脱主义和唯名论的科学概念也改变了亚里士多德学说的概念；它们把亚里士多德学说概念的一方面含义做了极端化的理解，然后把结果应用到主要学科——神学中去。然而唯名论在正式的大学科学中没有发挥根本性的作用，因此经院哲学后期和新经院哲学时期，亚里士多德学说，继而是托马斯主义的转变便汇聚为第二大重要潮流。⑩从教育史的角度来说，一直到18世纪托马斯主义和司各脱主义均为天主教大学指明了道路。1526年，西班牙多明我会成员佛朗西斯科·德·维多利亚成功地在萨拉曼卡大学将阿奎那的《神学大全》确定为天主教神学的主要教材。托马斯的《神学大全》成为基督教教义资料读物的普遍声誉即从这时开始。同时，托马斯·德·比奥·卡耶坦为《神学大全》撰写了著名的书评(1507—1522)。⑪著名的西班牙耶稣会会士弗朗西斯科·德·苏亚雷斯所著的《形而上学论文集》于1597年在萨拉曼卡首次出版。该书也永久性地为神学确立了司各脱主义关于形而上学概念的含义。⑫与此同时，

---

⑨ 参见 L. Honnefelder, *Scientia transcendens: Die formale Bestimmung der Seiendheit und Realität in der Metaphysik des Mittelalters und der Neuzeit* (*Duns Scotus-Suárez-Wolff-Kant-Peirce*), Paradigmata, 9 (Hamburg, 1990).

⑩ 参见 M. Grabmann, *Die Geschichte der katholischen Theologie seit dem Ausgang der Väterzeit*, 2nd edn (Darmstadt, 1974), 161 - 172; U. Leinsle, *Das Ding und die Methode. Methodische Konstiution und Gegenstand der frühen protestantischen Metaphysik* (Augsburg, 1985); U. Leinsle, *Reformversuche protestantischer Metaphysik im Zeitalter des Rationalismus* (Augsburg, 1988).

⑪ 关于托马斯主义参见 *Lexikon für Theologie und Kirche*, vol. X (Freiburg, 1958), 158 - 167. 及 C. Giacon, *La seconda scholastica*, 3 vols. (Milan, 1944 - 1950).

⑫ 参见 R. Specht's introduction to his selection of passages from F. Suárez, *Disputationes metaphysicae* (Hamburg, 1976).

唯名论的传统——以一种次要的方式——被保留延续到英国的霍布斯和洛克时期。

以虔诚为基础、以神学的至高无上地位为先决条件的这类科学在大学里发挥着重要作用，并且超越大学而扩展到学园和修道院，而并未认识到亚里士多德学说的排他原则和分析逻辑。这类科学的主张还源于神学
495 客观对象的特殊尊严，而这一对象必然是包含在所有学科之内的。在中世纪全盛时期被博纳旺蒂尔⑬视为权威的这类科学还以虔诚的概念认识自己，就像从"基督教真理"的角度出发所主张的那样，自认比亚里士多德科学拥有更多的上帝的光辉。就像尼古劳斯·卡杉内斯(1401—1464)或者法国人文主义者雅克·勒费弗尔·德·台塔普勒(约 1460—1536)所解释的那样，这类科学也可以用新柏拉图主义的观点加以解释。正如巴黎大学校长让·格尔森(1363—1429)所做的，这类科学还可以与经院哲学和神秘主义联系在一起。这类科学还为伊拉斯谟旨在促进各种宗教分歧和解的文献科学提供了背景。最后它还支持路德教派观点和神学教义原则。⑭总之，在所有教派的科学家眼里，这类科学是非赫耳墨斯式的虔诚模式。这种情况一直延续到 17 世纪，尤其对夸美纽斯 (1592—1670)和安东尼·阿纳德(1612—1694)来说更是如此。他们提出了艺术和科学有所区别这一问题，一元化科学的各种不同倾向也未能成功地消除这一差异。以亚里士多德学说为基础的一元化科学对用不同方式把形而上学、逻辑学与神学(亚里士多德物理学)联系在一起产生兴趣的同时，却把从后古代时期开始被"七艺"承接下来的讨论领域排除在外，而以柏拉图学说、文学和教义术语阐述神学至高无上地位的科学却是另外的情形。

赫耳墨斯—柏拉图科学

在神学的至高性并未局限于亚里士多德学说的阐释的地方，出现了一种不同于经院式神学的形而上学式神学。这时的形而上学并不是现在意

---

⑬ Bonaventura, 'De reductione omnium scientiarum ad theologiam', in Bonaventura, *Tria opuscula* (Quaracchi, 1938).

⑭ C. F. Städlin, *Geschichte der Theologischen Wissenschaften seit der Verbreitung der alten Literatur* (Göttingen, 1808-1811).

义上的关于存在的完整教义，而被视为一种对本质上不可理解的有关神学真理独创性洞察力的哲学解释。就人类智慧而言，人类只能以类推的方式理解神性智慧；同时，历史就是在拯救的历程中体现神性智慧的场所，至少从文艺复兴时期的哲学家马尔西利奥·菲奇诺和乔万尼·皮科·德拉·米兰多拉开始即是这样，异教派的柏拉图哲学和犹太教神秘哲学（由中世纪一些犹太教士发展而成的对《圣经》作神秘解释的学说——译者注）也是如此。从梵蒂冈图书管理员阿戈斯帝诺·施托科（1497/1498—1548）生活的时代起，这一传统被称做是终极哲学。⑮传统本身成为一副安定剂。真理 496
存续的时间越长，就越接近神圣的天堂传统。这就有可能把传统的内容解释为神学真理。于是无论是对于独创性地洞察潜在的、稳定的历史性信仰的神性智慧，还是对于独创性地洞察神的存在、神的公正、三位一体和灵魂不朽等奥秘而言，传统都是至关重要的。那时这些富有启发性的观念构成可与神性启示相提并论的智慧宝藏。无论对之相信或怀疑，神性启示的奥秘弥补了缺乏任何概念性形而上学的不足，也弥补了缺乏理性的、逻辑的和形而上学思考的不足。

首先，奥秘（神秘）这一概念仅仅意味着神的知识与人类知识之间的差别。由于不能体悟神的意图，人类需要神性启示。关于自然和《圣经》的启示本身便是一种神性奥秘。神朝向人类的仅仅是神在创造万物和历史中体现的神性智慧的一面。

无论出于何种原因，当亚里士多德形而上学落伍时，就需要提供一种自然哲学取而代之，以解释并服务于纯理论神学。佛罗伦萨的新柏拉图主义者——菲奇诺、皮科·德拉·米兰多拉、施托科、帕拉切尔苏斯——及其后继者——韦格尔（1533—1588）、弗卢德（1574—1637）——以及基督教派的犹太教神秘哲学家——伯麦（1575—1624）、弗兰肯贝格（1593—1652）——在提供一种替代性理论的努力中均使用了新柏拉图式的概念模式。人文主义神秘自然学家阿格里帕·冯·内特斯海姆（1486—1535）和波尔塔（1534—1615）描述了未被西塞罗传统遮蔽的部分科学知识，譬如自然哲学

⑮ C. B. Schmitt, ‘Perennial Philosophy: from Steuco to Leibniz’, *Journal of the History of Ideas*, 27 (1966), 505 - 532.

和自然神学。为取代亚里士多德形而上学概念的准确性，关于柏拉图、赫耳墨斯全部学说、毕达哥拉斯学说和犹太教神秘哲学传统（图宾根大学希腊语和希伯来语教授皮科、罗伊希林）所做的新柏拉图式的诠释，已涉及到自然的神秘力量［尤其是由特勒肖（1509—1588）、费拉拉大学、帕多瓦大学和罗马大学哲学教授帕特里兹（1529—1597）、布鲁诺（1548—1600）和康帕内拉（1568—1639）所作的解释］。来自于自然和历史的神性启示取代了经院式的形而上学概念。犹太教神秘学信徒的自然科学和赫耳墨斯医学似乎具有等同于思辨神学的效用。[16]在巴罗克风格流行时期学者阿塔纳修
497 斯·基歇尔（耶稣会，1602—1680）和拥有本杰明·惠奇科特（1609—1683）、约翰·史密斯（1618—1652）、亨利·莫尔（1614—1687）和拉尔夫·卡德沃思（1617—1688）等学者的信奉新柏拉图学说的剑桥大学那里，这一哲学最终在 17 世纪达到了发展巅峰。[17]

凭借对神性启示的强烈期盼，赫耳墨斯科学视自己为普遍性科学。这种普遍性源于赫耳墨斯科学对自然及经文中隐藏的、有待于被发现的神性智慧的参与。自然被视为神性智慧的一个普遍性参考框架。宏观世界和微观世界、宇宙和人类、占星术和顺势疗法医学均是相互依存、相互支持的。在一切可视的事物中总存在一种指向不可视事物方向的存在物，这就是符号学、炼丹术和教诲文学直至玫瑰十字会运动的原动力。归结到一点，上帝的精神体现逐步集中在偶然性的神学激进意义上，这最终导致一个神秘的、消极的神学出现，其潜在目的在于取消神学作为大学科学。[18]

---

[16] W. Pagel, *Das medizinische Weltbild des Paracelsus. Seine Zusammenhänge mit Neuplatonismus und Gnosis* (Wiesbaden, 1962); W-D. Müller-Jahnke, *Astrologisch magische Theorie und Praxis in der Heilkunde der frühen Neuzeit* (Wiesbaden/Stuttgart, 1985); A. G. Debus, *The Chemical Philosophy. Paracelsian Science and Medicine in the Sixteenth and Seventeenth Centuries* (New York, 1977).

[17] 参见 C. A. Patrides (ed.), *The Cambridge Platonists* (Cambridge, 1980).

[18] 参见 M. De Molinos, *Guida spirituale* (Rome, 1675), on the Catholic side, and on the Protestant side G. Arnold, *Das Geheimnis der göttlichen Sophia* (Leipzig, 1700) and G. Arnold, *Historie und Beschreibung der mystischen Theologie* (Frankfurt-on-Main, 1703).

西塞罗式科学

运用历史文献学方法的西塞罗主义乐于接受赫耳墨斯—柏拉图学说。由于使用历史文献学方法的西塞罗主义是一种没有发展成为任何独立形而上学或神学的教育类型，因而常常觉察不出西塞罗科学与赫耳墨斯—柏拉图神秘主义之间的界限。对这种教育类型而言，一切事情均要追溯到历史和百科全书。这一类型的学术与科学领域没有任何关系，它仅仅局限于"七艺"课程中。

文科这一术语——与科学相对的术语——绝不仅仅是理论科学与实践法学之间的根本性区别。"七艺"属于制度性学习领域，自从古代末期（从瓦罗以后的马提努斯·卡佩拉）开始，"七艺"就从文献学和数学那里汲取营养，而非形而上学。16世纪，甚至在17世纪，"七艺"中的前三艺——文法、修辞和辩证法——确定了学术性学院与大学哲学学院的边界。⑲人们对分析性 498
形而上学和经院式亚里士多德学说的敌意越强烈，越依赖于文献学（伊拉斯谟）或者偶尔依赖理论数学（尼古劳斯·卡杉内斯、勒费弗尔·德·台塔普勒、彼得吕斯·拉谟斯以及开普勒）的人数也就越多。理论数学曾以音乐理论、天文学、算术和几何学的形式出现在"七艺"的"四艺"中。⑳

"七艺"与哲学的结合包括了对修辞、诗歌和历史研究的接近，大学中与这一科学领域最为接近的学科是法学。作为大学课程的法学，以罗马法为基础。这样，自罗马法重新发现以来，一种广义上的西塞罗科学的历史类型出现了。这一科学类型不仅不倾向于亚里士多德科学体系，还运用文献学的和历史学的方法巧妙地避开了后期经院哲学的严格科学方法，并借此重新塑造了科学体系。这样处于发展巅峰初期的文献学家们——从彼特拉克（1304—1374），经过瓦拉（1407—1457）直到莱顿大学的波利齐亚诺（1454—1494）、伊拉斯谟（1466—1536）、约瑟夫·贾斯特斯·斯卡利杰（1540—1609）和布尔日的法学家雅克·德·居雅斯（1522—1590）——发展

---

⑲ Paulsen, *Geschichte des gelehrten Unterrichts*; W. Barner, *Barockrhetorik. Untersuchungen zu ihren geschichtlichen Grundlagen* (Tübingen, 1970).

⑳ 有关该方面的记载参见 E. Cassirer, *Individuum und Kosmos in der Philosophie der Renaissance* (Leipzig/Berlin, 1927).

了一整套的文章评论方法。[21]这一方法的实践催生了一种调和式的西塞罗"哲学"。这一类型的西塞罗哲学把历史视为最重要的知识储存所(需要仔细地筛选),辩论和逻辑的结合成为探索知识的工具。由于对形而上学的重要性的认识不同,这种文献学方法、历史学观点与经院神学是对立的。

历史史料的丰富弥补了形而上学的不足。既然重要的不再是一个基本的形而上学概念问题,而是一个把丰富的历史发现汇编在一起的问题,那么继古代修辞学传统之后,百科全书就成为必要的了。文艺复兴以后,文献的修辞学传统成为百科全书中最突出的部分,这是一种与基本的形而上学主张截然对立的历史研究传统,一种至今还存在于我们的生活之中并仍然发挥作用的传统。[22]

近代早期,最初的百科全书不是按照字母排列,而是按照学科体系排列的。这种排列方式体现出存在于普通概念和最有权威的交流的历史智
499 慧之中,譬如特殊的洞察力、格言、谚语、定理、原始资料,而这些均来自于历史,来自于书本学习、自然和传统。让·博丹(1529—1596)是一个对现代产生巨大影响的博学之士、公法专家、巫术专家和自然神秘主义者,他曾在自己的历史哲学著作中很清晰地阐述了这一历史智慧。[23]历史研究中的普通概念似乎是作为学科间知识交流的教学原则而安排的,这样就在经验的科学概念与教育斡旋的方法之间取得了一致。下面摘录于约翰·海因里希·阿尔施泰德(参见精选文献)的图1就说明了这一方法。

哲学院百科全书工作的开展始于中世纪乔治·赖施《玛格丽特哲学》(斯特拉斯堡,1502)的出版。在法国人文主义者彼得吕斯·拉谟斯有关逻辑学争论中,按照不同的概念内涵对百科全书的理论实施了全面修订,并发展到顶峰。

㉑ P. Koschaker, *Europa und das römische Recht* (Munich/Berlin, 1947); F. Wieacker, *Privatsrechtsgeschichte der Neuzeit unter besonderer Berücksichtigung der Deutschen Entwicklung*, 2nd edn (Göttingen, 1967); K. H. Burmeister, *Das Studium der Rechte im Zeitalter des Humanismus im deutschen Rechtsbereich* (Stuttgart, 1974).

㉒ Schmidt-Biggemann, *Topica universalis* (注释 2).

㉓ A. Seifert, *Cognitio historica. Die Geschichte als Namengeberin frühneuzeitlicher Wissenschaften* (Berlin, 1976).

- 学科的哲学体系
  - 理论学科
    - 普通学科:形而上学 1.
    - 特殊学科
      - 气体力学 2.
      - 物理学 3.
      - 数学
        - Pura
          - 算术学 4.
          - 几何学 5.
        - 中心课程:外围课程
          - 集体课程
            - 综合:宇宙学 6.
            - 分科
              - 天文学 7.
              - 地理 8.
          - 个别课程
            - 光学 9.
            - 音乐学 10.
            - 建筑学 11.
  - 实践学科
    - 方法学
      - 普通学科:伦理学 1.
      - 特殊学科
        - 经济学 2.
        - 政治学 3.
        - 演讲术 4.
    - 实证课程:历史学 5.
  - 诗歌
    - 逻辑学
      - Pura
        - 交换艺术技巧
          - 词法学 1.
          - 语法学 2.
          - 修辞学 3.
        - 推理方法:逻辑学 4.
      - 中心课程
        - 雄辩术 5.
        - 诗歌 6.
    - 记忆法 7.

图 1　学科的哲学体系(摘自: Alsted, *Encyclopaedia*, col. 81)

这在下列著作中有明确体现:巴塞尔内科医生特奥多尔·茨温格所著《大学 500
舞台》(巴塞尔,1565);培根所著《科学的尊严与成长》(伦敦,1623),《伟大的复兴》;黑博恩哲学家和神学家阿尔施泰德所纂百科全书(1620—1630);巴罗克时期耶稣会会士基歇尔所著《伟大的科学》(阿姆斯特丹,1669);早期英国皇家学会的普遍性科学计划,该计划导致罗伯特·玻意耳化学符号体系的出现;㉔夸美纽斯的"泛智教育"思想;最后是莱布尼兹的"普遍性特征"的计划。百科全书按字母顺序排列的制度确立于 18 世纪。伊弗雷姆·钱伯斯所编纂的《百科全书》(1728);泽德勒缩编的《万有词典》(莱比锡,

㉔　参见 J. Knowlson, *Universal Language Schemes in England and France 1600 - 1800* (Toronto, 1975).

1732);狄德罗和达朗伯合作编纂《大百科全书》(1750) 都努力对 18 世纪的科学知识进行总结。

西塞罗主义确立了 16 世纪的文献学和历史研究,成为 1500 至 1800 年间大学中所讲授的所有历史科学和文献科学的出发点,而按字母顺序排列的百科全书的出现即是继承西塞罗主义的结果。

神学:16 世纪的主要科学

作为 16 世纪初两种对立的学术类型,亚里士多德学说和西塞罗学说在大学中实现了完全的制度化。赫耳墨斯—新柏拉图学说倾向立于大学之外,并间或表示出对亚里士多德学说和西塞罗学说的敌视态度。然而在大学的四个学院中,就各种学术模式都有争论,而这些学术模式也必须证明其在神学、文学、法学和医学领域的价值。

在 16 世纪的前三分之二的时间内,亚里士多德学说、西塞罗学说和赫耳墨斯新柏拉图学说无一怀疑神学的主要学科地位。在大学科学共同体、借助于大学开展的学术活动和政治领域里,神学言语就是法律(这就是关于主要学科的界定);无论是天主教还是新教,神学都是最主要的学科。因为神学规则和原理能够为人们在解决普遍性或个别问题时提供指导,譬如,跨越某一具体科学的知识边缘,或者借助于单一学科的方法难以解决富有争议的问题的时候。主导性科学就是神学,此类科学在科学事业中享
501 有优先权,各类教学职位的不同工资标准即体现了这一优先权。

主导性科学的功能在于成为科学政策的一部分,并且这种功能取决于此类科学的成功。如果 16 世纪初期大学神学未能发挥主导作用的话,德意志帝国、法国和英国的宗教改革运动将是不可想象的。神学理论设计出对 16、17 世纪的宗教动乱和政治动荡产生巨大影响的模型。但是神学并未能维持自己的主导地位。运用历史学和文献学方法的西塞罗学说不仅成为宗教改革神学的一门辅助科学,而且最重要的是,西塞罗学说还得以与法学结合起来。在实施罗马法的地方,历史学和文献学知识对法律程序来说是必要的。赫耳墨斯—柏拉图科学不仅仅局限于理论神学,它取代 16 世纪阿威罗伊学说和加伦派医学,进而确立了一个非亚里士多德的自

然观念。

原则上来说,所有的大学科学均有可能成为主导性科学。实际上,法学首先取代了神学。继而,随着18世纪出现的对自然概念的重新解释,哲学又取代了神学的主导地位。哲学在18世纪的最后三分之一世纪里变得愈发重要,并曾在19世纪的一段时间内拥有主导性学科的地位。这在与洪堡这一名字相关的大学改革中表现得尤为明显。

神学学科的门类

16世纪初,亚里士多德学说、西塞罗学说和赫耳墨斯—柏拉图科学均与神学保持着密切联系,这一联系具有方法论上的优势。对于运用神性启示神学与逻辑学术语阐释上帝概念及其含义的神学而言,亚里士多德学说与形而上学和逻辑学的结合是有意义的,这也是经院式亚里士多德神学的一个标准。路德派和加尔文派的宗教改革神学家们均希望一个在较大程度上独立于经院哲学的神学的存在,具有人文主义倾向的西塞罗学说为此开辟了道路。这是伊拉斯谟、科利特和勒费弗尔·德·台塔普勒理解基督教哲学的基础,同时也是路德神学体系中文献学与圣经绝对主义之间实现独特结合的基础。[25]

在宗教改革神学中,文献学首先是研究圣经(圣经,基督教指《旧约圣经》和《新约圣经》;犹太教指《律法书》、《先知书》和《圣录》——译者注)的一门辅助性课程。历史文献学是从宗教改革的角度开展研究的。伊拉斯谟和勒费弗尔·德·台塔普勒利用圣经文献为宗教改革铺平了道路。这种 502 学究式的方式在16和17世纪得以加强。当斯卡利杰在莱顿大学建立曾在17世纪占据主导地位的荷兰文献学的时候,托多·德·贝札在日内瓦大学创立了神学文献学,格劳秀斯和多才多艺的学者福西厄斯成为该学科最重要和最具神学能力的代表。文献学和历史研究互相独立,并成为和宗教改革关系最紧密的学科。圣经科学获得了文献学的帮助,神学则采纳了历史研究的典型的事例方法。

亚里士多德科学在新教教派中从没拥有其在天主教派中的地位。如

---

[25] Städlin, *Geschichte der Theologischen Wissenschaften* (注释 14), 14.

梅兰克顿所说，当宗教改革开始穿上亚里士多德学说的“衣服”时，这实际上是一种西塞罗式的亚里士多德学说，是一种缺乏严格形而上学和逻辑学概念并偶尔带有修辞学和斯多葛学派色彩的亚里士多德学说。[26]其结果，教义学不是在使用逻辑学和形而上学概念的本质和注解中形成的，而是在话题、在主要交流中形成的。

赫耳墨斯—新柏拉图主义学说也以神学为中心。该学说的主要代表人物——佛罗伦萨的柏拉图主义者菲奇诺和皮科、梵蒂冈图书管理员阿戈斯蒂诺·施托科、古典派学者约翰尼斯·罗伊希林、内科医生帕拉切尔苏斯和弗朗西斯卡斯·梅屈里厄斯·范·黑尔蒙特(1618—1699)以及基督教派的犹太教神秘哲学家克诺尔·冯·罗森洛斯(1636—1689)——均声称能够把异教派、基督教派和犹太教神学理论结合为一体。隐藏在天国里的本原智慧适用于所有的人。在历史长河中，无知之徒已难以洞察这种智慧。赫耳墨斯—新柏拉图主义学说的主要教义为：三位一体、灵魂不朽、爱的戒律、宇宙审判，这些均被认为是柏拉图—赫耳墨斯学说的启示以及基督教的神性启示。可以肯定地说，赫耳墨斯哲学从没有以正式教会的方式与神学结合起来，就像亚里士多德哲学与天主教哲学或者西塞罗哲学与宗教改革神学的结合那样。赫耳墨斯—新柏拉图哲学不过是所有教派所发起的绝大多数的神秘主义者和唯灵论者运动的科学模型。[27]

从科学政策的观点来看，宗教改革结束后神学的胜利恰恰是它毁灭的原因。因为，虽然一方面宗教改革有能力把神学分裂为新教派和天主教
503 派；另一方面，从长远的观点来看，无论是新教教派或是天主教教派，没有一个教派神学能够战胜其对手而取得最终胜利。在 17 世纪行将结束之时，文学界已难以忍受拥有彼此对立的真理主张的各神学派别之间的竞争。这种状况从整体上败坏了教派神学的声誉，并为非教派的自然神学提供了空间。

---

[26] P. Petersen, *Geschichte der aristotelischen Philosophie im protestantischen Deutschland* (Hamburg, 1924).

[27] 参见 A. Haas, *Sermo mysticus. Studien zur Theologie und Sprache der deutschen Mystik* (Fribourg, 1979); H. Brémond, *Histoire littéraire du sentiment religieux en France depuis la fin des guerres de religion jusqu'à nos jours*, 12 vols. (Paris, 1916－1936).

新教神学

虽然在宗教感情上仇视罗马的新教神学对于法国、德国和英国的早期各种形式的民族主义具有相当吸引力,但新教神学成功的基础却在于其激进的神学主张。通过把圣经唯一和信仰唯一的原则确定为基督教信仰的基础,神学教授马丁·路德对神学实施了重组。在此之前,神学一直以传统的托马斯主义、司各脱主义或者偶尔以唯名论的方式,在较大篇幅和晦涩难懂的圣经评论文章中宣传自己的主要主张。单独把圣经作为信仰基础的主张是以圣经文句全集作为先决条件的,作为神性启示的特征,圣经文句全集是一些宗教信条,且其有关神学主张也是充分的。这意味着文献学可以有组织地渗透到神学之中去。文献学、历史学与神学的雷同是不可避免的,因为它们之间的合作使得确立圣经的基本文本成为可能,并进而满足了人们诠释圣经和布道的需要。同时,与经院哲学相比,人们认为神学是独立的,它不需要文献学的帮助,因为这与圣经的充实性原则相违背。

仅仅借助于信仰维护教义使得信仰行为成为宗教的陈旧习俗。这里,上帝的尊严和人类的赎罪即刻结为一体。通过圣子,上帝宽恕了人类的罪恶。圣子以人的形式隐藏着,只有信仰基督、信仰耶稣的人才能理解上帝的爱。但是对信仰者来说,信仰并不能带来什么利益。即使人类可能信仰这一宗教,这也是基于上帝的尊严而非人类意愿。面对绝对的上帝,人类意愿又算得了什么?当一切造物均源于造物主的创造时,造物又怎能为自己要求什么呢?[28]

这一神学产生了深远的影响。教会只是传达上帝旨意的信使。在新教的教会里,一度统治这些教会并仍在统治天主教教会的圣事神学仅仅变成了洗礼和圣餐仪式。从神学上讲,不再保证对神性启示和宗教崇拜实施统一管理,拥有各自法律的不同地域和城市社区的教会发生了分裂。教派 504
代表人物在神学方面达成的共识逐步成为有权威的教义。而教派代表人物大多是大学教师,新教大学的神学院获得特别的关注。这些新教大学有

[28] 参见 R. Seeberg, *Lehrbuch der Dogmengeschichte*, vol. V, 5th edn (Darmstadt, 1959).

的隶属于市政机构，有的隶属于地区权利机构。这些神学院所发挥的作用，表现在它们常常成为根本性教义问题上诉法院。在16世纪末和17世纪的前半个世纪里，欧洲所有新教大学均是如此：德国路德教派大学、法国、日内瓦、荷兰和苏格兰等国的改革教派学院，克伦威尔时期的英国也是这样。无论如何，即便不可能对这些有争议的教义做出一个结论，大学毕竟为讨论比较深奥的教义问题提供了场所。当然，还存在许多争议性的问题，就逐渐实现体系化的富有争辩性的反天主教神学来说，尤其如此。其中一个最著名的例子就是马丁·开姆尼茨(1522—1586)的《三位一体论的反思》(四部分，1565—1573)。

但是论辩神学也将改革派神学家(茨温利主义者和加尔文主义者)和路德教派分裂开来。不久这一分裂就明显地表现为两个方面的争议：一方面表现为加尔文教派与茨温利教派之间在“称义”与“得救预定论”关系上一直存有的分歧(按照新教教义，“信仰”是得到救赎和在上帝面前得称为义的必要条件)；另一方面表现为加尔文教派与路德教派之间在圣餐仪式问题上存在的分歧。[29]“称义”教义以神性尊严的至高无上自由为基础，人类完全匍匐于这种尊严之下。人类对神性尊严的依赖是否意味着上帝对要拯救的人和对要毁灭的人已预先做出安排又成为争论的焦点。加尔文主义者坚持“得救预定论”；与此相反，路德教派却对此不置一辞。

路德与茨温利也已经意识到他们难以在“圣餐”问题上达成共识。路德强调耶稣在圣事活动中的真实存在；茨温利则认为耶稣的存在只是“象征性”的。后来路德又进一步主张圣餐仪式中的神性存在。茨温利的观点则为驱除所有祭祀崇拜成分的日益严格的加尔文教派铺平了道路。

大学神学院的代表们对这些不可调和的基本神学观点最初表示关
505 注，后来又就此展开激烈的争论，以至于难于寻求到一个和平解决方案。结果，16世纪后半期，新教神学体制的完整性被打破了。在萨克森、巴拉丁、荷兰等地，这一解体过程有时还引发路德教派与改革派神学家之间爆发充满怨恨的冲突。在英国，改革派神学家们之间的神学信仰分歧还成为克伦威尔时期革命爆发的原因之一。这也是使用“神学家狂热”这一术语

---

[29] 参见 K. Heussi, *Kompendium der Kirchengeschichte*, 12th edn (Tübingen, 1960).

的最初场合。

天主教神学

在宗教改革和特伦托会议(1545—1563)的推动下,16世纪中期之前一直使用经院哲学或西塞罗学说的术语表述自己的天主教神学步入了经院哲学的第二个时期,即由西班牙流派[30]和意大利流派[31]占主导地位的哲学与天主教神学的合流。在这种新经院神学和哲学中居于主导地位的,首先是多明我会成员,继而是耶稣会会友。并且这种主导地位并非仅仅存在于西班牙和意大利,它还适用于德国信奉天主教的地区。[32]而此时在法国发挥最大作用的则是奥拉托利会派。[33]

特伦托主教会议之后的教义是以教会为中心的圣事性代表神学,这是一种直接反对路德教派的两项核心主张——圣经唯一和信仰唯一的极端的反新教教派教义。以教会为中心的教义特征清楚地表现在对传统教义的强调中。作为一种等级制度,制度化的教会活动证实自己为耶稣的尘世代表,这意味着教会传统拥有宣布神学权威的权利,信仰唯一的原则就因此被废除了。圣事神学保留了以下七大圣事:洗礼、忏悔、圣餐、坚信礼、婚礼、牧师的授圣职礼和终傅(天主教、东正教神父为病危教徒所作的临终敷擦圣油仪式——译者注),主张"圣餐变体论"(天主教神学理论,认为面饼和葡萄酒在弥撒中经神父祝圣后变成耶稣的身体和血)和耶稣在面饼与葡萄酒中的真实存在(指使面包和葡萄酒变为耶稣的身体和血——译者注),与主张耶稣无处不在的路德教派教义和坚持圣餐的象征意义的茨温利教派观点相对立。

与运用信仰唯一为自己辩护的新教教派的观点相对立的是自由意志的神学,这种神学摒弃了将概念绝对性归因于上帝的观点。自由意志神学不仅反对为维护可以依赖的神的正义而强调神无所不在的观点,而且认为 506

㉚ 参见 H. Jedin (ed.), *Handbuch der Kirchengeschichte*, vol. Ⅳ: *Reformation, katholische Reform und Gegenreformation*, (Freiburg/ Basle/Vienna, 1967).

㉛ Giacon, *La seconda scholastica* (注释11).

㉜ B. Duhr, *Geschichte der Jesuiten in den Ländern deutscher Zunge*, 4 vols. (Freiburg/ Regensburg, 1907-1928).

㉝ 参见 M. Dupuy, *Bérulle et le sacerdoce. Etude historique et doctrinale* (Paris, 1969).

人类对上帝的依赖既不能教条地把信仰这种庄严的行为包括在内，也不能排除自由意志的可能性。自由意志神学由近代早期西班牙神学家、耶稣会会友路易斯·莫利纳(1535—1600)、苏亚雷斯(1548—1617)系统阐述，前者曾在埃武拉大学㉞传授神学，后者在罗马、阿尔卡拉、萨拉曼卡等大学担任神学教授。他们认为仁慈与上帝有着可以信赖的合法联系；教派就是正义的和人们钟爱的上帝在人世间的代表；在对上帝的崇拜中，各教派必须承认正义的上帝所发出的光芒和上帝的伟大。这是鲁本斯和莫扎特在雕塑艺术和音乐中着重强调的对天主教的崇拜的神学基础，也是18世纪神学日益退却到对上帝的崇拜之后的前提。

宗教改革极大地改变了天主教神学的状况。首先，神学学习得以在大学之外进行。梵蒂冈的图书管理员阿戈斯蒂诺·施托科就是一个例证。不过在较大程度上，新教教派的大学神学制度体系很快影响到天主教国家。特伦托会议规定从事牧师职业的人须接受神学院的培训，这就为学院神学的复苏提供了制度依据。较意大利神学和法国神学而言，自西班牙神学更密切地附属于大学以来，学院神学的复苏变得更为容易。16世纪后半期，新教国家或者接管各区域内的大学或学院，或者在各个区域内重建大学或学院。㉟ 天主教大学的地位大致如下：古典大学——巴黎大学、博洛尼亚大学、萨拉曼卡大学、科英布拉大学、帕多瓦大学、布拉格大学和维也纳大学——甚至在特伦托会议之后，就能够传授一种不仅仅对建立一个代表政治上具有双派性神学感兴趣的神学体系。16世纪末以后，当耶稣会的大学得到重建或者耶稣会成员在神学中恢复其领导地位之后——尤其在西班牙，德国和意大利的许多大学也是这样㊱——天主教神学越来越成为反宗教改革的一个强大的工具㊲。耶稣会会士、红衣主教罗伯托·贝拉明对天主教神学产生了决定性的影响。他曾是鲁汶大学(1570—1576)的神学教授，在鲁汶大学选择托马斯的《神学大全》作为教材，从1588年起他又成为罗马大学论证神学(基督教神学课题之一，以驳斥谬误为研究对象——

㉞ 参见 H. Jedin, *Geschichte des Konzils von Trient*, 4 vols. (Freiburg, 1949－1975).

㉟ 参见第2章和第3章。

㊱ Hengst, *Jesuiten*.

㊲ 参见 Grabmann, *Geschichte der Katholischen Theologie* (注释10), 178ff.

译者）教授。[38]17 和 18 世纪，体现反宗教改革思想的大学神学对国际性争论事务的参与，使得天主教神学成为一个不受外界或新思想影响的地方。这一方面在于天主教神学无法接受源于宗教改革的立法革新，这些曾促成独立于宗教的主权国家的诞生；另一方面在于天主教神学不能接受 18 世纪哲学的解放。

自然神学

由于三个主要教派之间在教义方面存在冲突，这使得神学作为这三个教派共同的主导科学成为可能，并最终导致神学不再宣称自己即是真理。[39]如果大学和学院里这些信仰基督教的教派神学方面的专家尚不能在重要问题上达成共识，那么就可以说没有什么要取得一致意见的问题。持续于数代人的参与争辩的各方既不再诋毁各自的对手，也不再相信教派神学的全部思想，这为自然神学的产生开辟了道路。[40]

有两个等待自然神学来填补的空缺：一方面，自然神学为各教派提供了基础；另一方面，自然神学填补了由于形而上学的缺席而在西塞罗式学科中所遗留下来的空隙。

西塞罗学说是一种人文主义学科，倾向于文献学和历史学的研究，从各个方面来说，它都是关于修辞和政治方面的学说。后来当所谓“终极问题”——上帝、自由和不朽论的问题——的确已被西塞罗学说解决之后，这些问题仍然存在继续讨论的余地，处于被搁置、仅仅停留在理论上、几乎是中立的境地。西塞罗学说吸纳所有的哲学理论并将其导向为国家公民责任及共和国服务的轨道。对于菲利普·梅兰克顿的宗教改革神学以及与此有所不同的加尔文宗教改革神学来说，这一形而上学和神学方面的中立成

---

[38] J. von Döllinger, *Geschichte der Moralstreitigkeiten in der römisch-katholischen Kirche seit dem 16. Jahrhundert*, 2 vols. (Nördlingen, 1889). Also S. Tromp's article on Bellarmine in *Lexikon für Theologie und Kirche*, vol. Ⅱ (Freiburg, 1958), 160 – 162.

[39] K. Werner, *Geschichte der apologetischen und polemischen Literatur der christlichen Theologie*, vols. I – V (1861 – 1867; reprint Osnabrück, 1966).

[40] 参见 W. Philipp, *Das Werden der Aufklärung in theologischer Sicht* (Göttingen, 1957); K. Feiereis, *Die Umprägung der natürlichen Religion in Religionsphilosophie* (Leipzig, 1965).

为认同文献学和历史学的西塞罗学说的关键。《圣经》教义代替了愈发松散的形而上学主张。

由于基督教各教派之间争端的存在,《圣经》教义本身成为争论的焦点,进而失去其原来的可信性,以至于基督教教派神学的可信度招致怀疑,因此有必要恢复《圣经》教义的可信度。但就关于如何恢复还没有一个具
508 体的方法。为恢复《圣经》教义的权威性可以采取任何可以采取的方法,其中就包括可以利用自然神学传统。

教派神学通过他们自己之间的争端彼此达成妥协,而神学却非如此。神学可信度的丧失仅仅影响到那些隶属于这些教派的神学领域,如属于宗教改革教派的精通圣经文学的称义神学即如此,把经院式的亚里士多德的形而上学和神学结合在一起的天主教派也是如此。在神学家们的争辩之后所幸存下来的就是真正独立于各教派的神学,也就是教派神学自此不再对其进行研究的神学领域。换句话说,就是哲学家们的神学,它使哲学取代神学成为大学学科的主要课程。自然神学对上帝、自由和不朽论重新进行解释以取代各种教派所缺乏的真理主张,这些真理主张获得徘徊于西塞罗学说—斯多葛派学说和赫耳墨斯—柏拉图主义之间的非亚里士多德式的形而上学神学[41]的认可。处于这一新阶段的自然神学在两方面发挥了补偿作用:在西塞罗学说中取代形而上学,必须恢复教派神学的信度。因此自然神学具备发挥补偿作用的所有特征,它的内容不能准确地固定下来。赫耳墨斯—柏拉图主义普遍流行——甚至在大学里——的原因相当一部分应归功于自然神学为教派神学日益减弱的可信度所发挥的补偿作用。早期得以流行的路德神学学说所体现出来的帕拉切尔苏斯派的自然神秘主义也是一个很明显的例子——如约翰·阿恩特(1555—1621)、[42]克里斯托夫·贝措尔德(1577—1638)[43]或者是戈特弗里德·阿诺德(1666—1714)。[44]加尔文学派的学者也是如此——例如,玫瑰十字会(该会系始于

---

[41] Aristotle was in the end claimed either as Catholic or for Protestant orthodoxy; 参见 W. Sparn, *Wiederkehr der Metaphysik. Die ontologische Frage in der lutherischen Theologie des frühen 17*. Jahrhunderts (Stuttgart, 1976).

[42] *Vier Bücher vom wahren Christentum* (美因河畔法兰克福首次发行,1605).

[43] *Axiomata philosophico-theologica*, 2 vols. (Strasburg, 1616 - 1626).

[44] Arnold, *Historie und Beschreibung* (注释 18).

17—18 世纪的秘密会社，该会成员自称有古传秘术——译者注）会员米夏尔·梅尔（1568—1622）和罗伯特·弗卢德（1574—1637），梅森和伽桑狄就是通过弗卢德参与争论的。[45]剑桥大学中信奉新柏拉图主义的学派深受犹太教神秘哲学家和帕拉切尔苏斯学说的影响。[46]在天主教方面，自然神秘主义只有在组织严格的亚里士多德派的大学之外才能发现。比如弗朗西斯 509
库斯·帕特里兹（1529—1597）和耶稣会会士阿塔纳修斯·基歇尔（1602—1680）就是这样。自然神学所发挥的普遍化的补偿作用保证了现代自然概念获得确定性含义过程的平稳推进。

这一过程可以从终极哲学的传统——佛罗伦萨派的新柏拉图学说的自然哲学——那里得到支持。1569 年蒙田改编了中世纪后期新柏拉图主义者雷蒙德斯·萨本德斯（卒于 1436）（巴黎，修订本出版于 1589 年）所著的《自然神论》以后，最重要的是自从纳瓦尔省亨利四世的顾问、加尔文学说的信奉者菲利普·迪普莱西·莫内的重要著作《论基督教信仰的真实性》（安特卫普 1587）问世以来，哲学和神学所共享的传统相应地得到加强。从那时起出版了许多自然神学的著作，其中格劳秀斯所著的《基督教之真理》（1617）无疑是其中最有影响的一部著作。[47]自然于是成为神学和哲学中毫无争议的最为重要的概念。另一方面，自然神学的这一发展强化了一种自然宗教思想。这一过程在莱布尼兹所著的《自然神学》中达到了高峰，[48]它对 17 世纪自然哲学产生了决定性的影响，甚至在大学之外，以伽桑狄、笛卡尔、梅森和霍布斯为代表的自然神学家开始用机械学的术语解释自己的学说。[49]直至启蒙运动时期，一种目前独立的自然神学才能够对天启神学发起强烈的挑战。这可以从英国自然神论者和其争论对手之间

---

[45] R. Lenoble, *Mersenne et la naissance du mécanisme* (Paris, 1943).

[46] E. Cassirer, *Die platonische Renaissance in England und die Schule von Cambridge* (Leipzig/Berlin, 1932); S. Hutin, *Henry More: essai sur les doctrines théosophiques chezles platoniciens de Cambridge* (Hildesheim, 1966).

[47] C. Chesneau, *Le Père Yves de Paris et son temps 1590 – 1670* (Paris, 1947).

[48] W. Schmidt-Biggemann, *Theodizee und Tatsachen* (Frankfurt-on-Main, 1988), 61 – 72.

[49] M. Mersenne, *L'Impiété des déistes* (Paris, 1624); 参见 Lenoble, *Mersenne* (注释 45).

就自然给人带来的神示和历史为人带来的启示所展开的争论中清楚地发现；[50]后来就与莱辛所著《片断》有关的自然主义对《圣经》所提出批评的合理性展开的争论也体现了这一点；并且最清楚的是——这儿再一次在大学里——从康德所著的《宗教信仰：理性的彰显》(1793)和《范科特之辩》(1798)也可以发现这一切。

法学：巴洛克时期的主要学科

作为居于统治地位的思想模式，神学并未立即被自然哲学所取代。法学成为主要学科的时间是在16世纪末，并把这种地位保持了近乎一个半世纪。如果缺乏曾经为解释神学提供帮助的自然概念，即使法学也寸步难
510 行，但是自然法的兴起部分弥补了神学信度的丧失。自然法和主权为接受由发现美洲和宗教改革而带来的政治性后果提供了一种认识方法，[51]其结果就是法律的政治化，必须由法学家和法律哲学家们来实施法律。而在人文主义中，对罗马法实施富有权威性的历史的和文献处理的是由法国法学家雅克·居雅斯首先完成的。[52]宗教改革以后，随着政治问题的凸显，解决国家的行政和宪法问题成为法学家的主要任务。同时，随着国家和法律之间新的联系的建立，政治经济学作为一门新学科开始出现。或者因为基于西班牙托马斯主义者的传统国家和司法机构认为它们同受普通自然法的支配，[53]或者基于亚里士多德奥尔苏人联邦制的和谐统一原则传统而坚信共同的伦理基础，[54]或者因为就像博丹和霍布斯所指出的那样，国家凭

[50] G.V.Lechler, *Geschichte des englischen Deismus* (Stuttgart/Tübingen, 1841; reprint Hildesheim, 1965); E. Hirsch, *Geschichte der neueren evangelischenTheologie im Zusammenhang mit den allgemeinen Bewegungen des europäischen Denkens*, vol. I (Gütersloh, 1949).

[51] J. Höffner, *Christentum und Menschenwürde. Das Anliegen der spanischen Kolonialethik im Goldenen Zeitalter* (Trier, 1947).

[52] Wieacker, *Privatrechtsgeschichte* (注释 21), 167 ff.

[53] E. Reibstein, *Völkerrecht* (Freiburg/Munich, 1957); E. Reibstein, *Volkssouveränität und Freiheitsrechte*, 2 vols. (Freiburg/Munich, 1972).

[54] O. von Gierke, *Johann Althusius und die Entwicklung der naturrechtlichen Staatstheorien* (Breslau, 1880; reprint Aalen, 1958).

借自身的绝对权威缔造了法律体系,[55]所有上述因素导致整个司法管理与国家建立紧密联系这一最终结果的出现。神学只有符合上述三种模式中的一种时,才会被考虑在内。

自然法

随着美洲的发现,西方法律实践的传统模式被打破,与宗教改革同时出现但又独立于宗教改革的关于自然法的清醒反思成为必要事务。西班牙统治"新世界"所需要的法律原则并不以基督教的启示内容为基础,而是就其本质而言需要适用于所有人类,因为只要新世界没有完全实现基督教化,新发现的美洲居民就不得不成为能够确立合同契约关系的合法对象。同样,适用于所有人的这一法律原则意味存在并接受一整套适用于所有人的法律规则。就我们所知,这些法则包括孰是孰非的范围内扬善惩恶、己所不欲勿施于人,以及诸如社区规则等众人公认且良心上可以接受的根本性道德准则。

就理论上而言,将道德标准的自主权建立在托马斯主义的基础上是可能的。事实上,西班牙大学的神学家们,尤其是萨拉曼卡大学的佛朗西斯科·维多利亚的确把它作为抵抗殖民主义者剥削的一种形式。[56]自然观察不仅仅洞察外部世界,自然法还确实对神圣创造的秩序具有深邃的透视力,因此与自然神学存在类似之处。司法关注使得以西班牙殖民地尚未发挥基督教威力的"自然法"讨论取代教会和神学家们的法律条文成为必须。正如自然法独立于基督教一样,它与自然神学的结合导致以萨拉曼卡大学佛朗西斯科·维多利亚、加夫列尔·巴斯克斯和弗朗西斯科·苏亚雷斯为代表的后期西班牙法学家在法律学领域取得杰出的学术成就。[57]这一传统在新教的自然法中得到了体现,如格劳秀斯所著的《论战争与和平》(1625) 511

---

[55] 参见 C. Schmitt, *Die Diktatur*, 2nd edn (Munich/Leipzig, 1928); C. B. Schmitt, *Der Nomos der Erde und das Ius Publicum Europaeum* (Cologne, 1950).

[56] 参见 Höffner, *Christentum* (注释 51) and Reibstein, *Völkerrecht* and *Volkssouveränität* (注释 53); F. *de Vitoria*, *De Indis recenter inventis et de jure belli Hispanorum in barbaros*. Lectures held in 1538 – 1539 (1st edn Lyons, 1557).

[57] E. Reibstein, *Johannes Althusius als Fortsetzer der Schule von Salamanca* (Karlsruhe, 1955).

和塞缪尔·普芬道夫所著的《论自然与和谐》(1672),这两位作家的主要著作成为法律研究的基础;启蒙运动时期克雷斯蒂安·沃尔夫则奠定了司法在自然法中的稳固基础。

公法和政治

国家与其治理对象在一种愈以紧密的联结系统中的结合促进了自然概念的大众化,但这种结合并没有考虑到教派与其教会的政治性格。“基督教徒的自由”,或是别的什么类型的自由,都不能视为他的政治自由!早在14世纪,法国国王——还有德国皇帝——均成功地从教会—国家有关政治优先权的争论中解脱出来。他关于教会政治功能的争论在一元化宗教与世俗权威代表之间展开,在这一争论中,基于相同的宗教信仰使得国家事务与世俗权威的法律联系获得原则上的保障。法律争论仅与公民权利有关,然而宗教改革改变了这一形势。一方面因为宗教改革派神学不能够从整体上改革古代教会,另一方面各种天主教派也不能废除宗教改革,
512 结果各教会团体发现自己从属于教派性的彼此充满敌意的世俗权威。如果王子颁布一项改变宗教团体的命令,社会以此作为发动战争的理由,那么经常以宗教方式获得法律认可的权威统治领域将受到挑战。这种情况发生在1530年的德意志帝国,奥格斯堡和平条约只是表面上解决了这一争端。在16世纪的法国,这一问题表现得更加严峻:胡格诺教派代表与天主教派代表之间的教派分歧成为主要由相互矛盾的政治主张和神学主张引发的旷日持久的内战的原因。[58]

从长远的观点来看,由于教派神学不能够完成自身政治合法化的任务,也无法证明自己作为论辩神学的统一的神学力量的存在,因此神学不仅在神学领域不被人相信,而且在确立政治秩序方面也不再令人信服。于是出现了君权概念——让·博丹在《六个里弗尔与共和政体》(1587)中对此进行了重新构想,托马斯·霍布斯在《公民论》(1642)与《极权国家》(1651)中也对此进行了解释。[59]随着君权概念的出现,最高权力——世上无一匹

---

[58] N. O. Keohane, *Philosophy and the State in France* (Princeton, N. J., 1980).

[59] 参见 Schmitt, *Die Diktatur* (注释 55), 40; H. Quaritsch, *Staat und Souveränität* (Frankfurt-on-Main, 1970).

敌的权力，国家拥有绝对约束力的特点超越了所有教派神学的法律主张，具有约束力的法律权利成为国家的特权。因此，神学问题甚至是教派的问题均须隶属于世俗君权的管辖范围。原则上，这是一种保留国家教会而把其他教会排除在外的主张，该主张与标准的基督教自然法水火不容，因为自然法赋予国家和个人同样的权利和义务。如果国家作为最高的世俗权力机构确立了法律，结果对除它以外的任何人均不承担责任的话，它就不接受一个有可能与其竞争的自然法的限制。国家唯一的自然法就是分配的地位和义务，这即是国家的理性。[60]

既然从法律角度来看，唯一被君权国家认可的教会就是受国家法律支配的国家教会，那么自认为原则上超越国家的天主教会便不可能接受正在公法领域中形成的君权概念。因此随着时间的推移，各个地区的天主教派日益被迫效仿国家教派的模式，法国就是这样[61]——在法国法学家的帮助下——德国18世纪的约瑟主义者就是这样做的——他们也得到了法学家们的帮助，只是这次是帝国的法学家。[62]在没有做出如此努力的地方，天主教的法学家们不得不从君权的讨论中撤退出来。17世纪早期，以约翰尼斯·阿尔特胡修斯、格劳秀斯和霍布斯为代表的在反宗教改革的西班牙大学里开始的对公法的讨论也脱离了天主教，并成为新教法学家们和政治哲学家们的讨论范围。 513

人权

对合法地体现在君权教义中的“国家理性”至高无上地位的反对来自两个方面：从自然法或从自愿签订的契约中获得合法性的自称为“反马基雅维利主义”派的成员；[63]以及无论来源如何，为了生存而开展宗教活动必

[60] F. Meinecke, ‘Die Idee der Staatsraison’, in F. Meinecke, *Collected Works*, vol. I, 3rd edn (Munich, 1963).

[61] V. Martin, *Les Origines du Gallicanisme*, vols. 1－2 (Paris, 1939).

[62] 关于 Josephinism 参见 H. Jedin, *Die Kirche im Zeitalter des Absolutismus und der Aufklärung*, Handbuch der Kirchengeschichte, vol. V (Freiburg/ Basle/ Vienna, 1970); E. Winter, *Der Josefinismus. Die Geschichte des österreichischen Reformkatholizismus* (Berlin, 1962).

[63] 参见 Gierke, *Althusius* (注释 54), 39 及 Reibstein, *Volkssouveränität* (注释 53), 39.

须获得批准的各宗教团体。基于帕多瓦的马西利乌斯在其所著的《捍卫和平》(1324)中所竭力主张的中世纪国家契约理论,反马基雅维利主义派的成员设想了一个依据整体公民意志而建立的世俗威权制度,而在一个非法的威权制度中公民意志是不会受到尊重的。(权威制度)非法原则的标准就是引进了一个错误的教派,换句话说,也就是说其他教派的引入。自德国的宗教改革战争、荷兰摆脱西班牙统治的斗争,以及16世纪法国内战和17世纪的英国革命以来,[64]原来用于实现世俗原则合法化的契约模式改变了自身功能,从而成为各教派及与宗教的原因反对接受一个与其对立的教派统治的工具。[65]

所有教派的神学家们和法学家们均提出了"君主政体"理论——如比较激进的路德教派的成员弗拉希乌斯·伊里利卡斯,[66]日内瓦大学加尔文的继任者托多·德·贝札,亨利四世的法律顾问菲利普·迪普莱西·莫内,[67]西班牙的耶稣会会士、神学家、哲学家、法学家弗朗西斯科·德·苏亚雷斯——君主政体理论在黑博恩大学的法学家约翰尼斯的《论政治条理化》(1603)中得以系统化,而加尔文主义可以说是这一理论的忠实代表。按照
514 对抗性神学理论,1649年英格兰查里一世被推上断头台也被视为一件合法的事情。

当授予政府合法地位的社会契约为人们所接受,宗教虽然仍受尊重,但却降级为一项私人事务时,一种解决国家君主政体和宗教至高无上权力之间对抗的方法便出现了。宗教信仰仍被视为一种个人权利,不过关于宗教机构的重要性将威胁到政府和其合法性的认识大大减弱了。这里我们甚至可以发现法学家和政治哲学家们为人权和现代意义上的公民所做出的最初的和最重要的成就:约翰·洛克在其《论宗教宽容》(写于1667年,

[64] 参见 R. Saage, *Herrschaft*, *Toleranz*, *Widerstand*. *Studien zur politischen Theorie der Niederländischen und der Englischen Revolution* (Frankfurt-on-Main, 1980).

[65] G. Paia, *Marsilio da Padova nella Riforma e nella Controriforma* (Padua, 1977).

[66] W. Schmidt-Biggrmann, 'Althusius' politische Theologie', in K. W. Dahm, W. Krawietz and D. Wyduckel (eds.), *Politische Theorie des Johannes Althusius* (Berlin, 1988), 213–231.

[67] A. Elkan, *Die Publizistik der Bartholomäusnacht und Mornays Vindiciae contra tyrannos* (Heidelberg, 1905).

1685 年匿名出版)中强烈要求把宗教作为一种个人权利,并把个人的宗教信仰权利视为个人权利思想的一项中心内容和关键点;[68]1686 年法学家和历史学家塞缪尔·普芬道夫也将此视为公法的一项理性原则。[69]于是历史上第一次出现了一个不受政府约束的私人领域,一个可以借助合法的手段劝说国家放弃有关主张的领域,宗教成为与政治无涉的事情使得界定国家事务中的私人领域成为可能。因而,宗教自由起初成为政治自由的关键部分;按照洛克的人权观,这一权利被延伸为"生存权、自由权和财产权";[70]哈勒大学法学家、哲学家克里斯蒂安·托马西乌斯在其所著的《神圣的法律体系》(1688)中把这一理论又发展成为"私人领域"的理论。[71]如果公民希望获得国家的宽容,那么他们在与其他人的交往中就需要尊重对方的自由权利。这也是启蒙运动着力形成的宽容观念的法学核心。

人们只有在一个在教派信仰中立的主权国家中才能真正快乐地生活。正如政治哲学和法学所希望的那样,只有现代世俗的主权国家为个人私人领域和公民宽容提供并将继续提供普遍性的保障时,人们才能真正地幸福。这也正是开明的君主政体国家理论的本质所在。[72]

从公法到政治经济学

515

民法、公法契约实现神学合法化的失败使得国家得以运用自身"理性"的术语解释自己,这一"理性"就是国家机制在促进国家繁荣和实现各部门有效运转过程中所发挥的作用。自 17 世纪以来,有关法律解释对国家变得重要起来。法学家开始通过设立医疗检查团,制定管理准则、贸易规则和创建新的商业体制等来使国家保持安定;教会法受到法学界的质疑而变

---

[68] S. Pufendorf, *De habitu religionis Christianae ad vitam civilem* (Bremen, 1686; reprint Stuttgart/Bad Cannstatt, 1972).

[69] 参见 Reibstein, *Volkssouveränität* (注释 53).

[70] J. Locke, *Second Treatise on Government* (London, 1690).

[71] C. Thomasius, *Institutiones jurisprudentiae divinae*, 7th edn (Halle, 1730; reprint Aalen, 1963).

[72] 参见 C. G. Svarez, *Vorträge über Recht und Staat* (1791), ed. H. Conrad and G. Kleinheyer (Opladen, 1960).

得次要，宪法、公法和经济学成为司法领域最重要的部分。[73]作为最有用的科学，法学成为现代国家的主要学科，[74]这在德意志帝国、尼德兰、意大利和苏格兰等国家表现得尤为突出。

17 世纪末，现代公法诞生。现代公法研究宪法和行政效率的效能，并有效地刺激了 18 世纪的大学改革。[75]由于拥有克里斯蒂安·托马西乌斯(1655—1728)以及以他为代表的流派，哈勒大学成为宣传政治法学思想的中心，政治法学也首次全面分析了普鲁士的国家管理体系和中世纪后期的国家管理体系；由于约翰·史蒂芬·帕特(1725—1807)的缘故，哥廷根大学在公法传统中享有特殊的声誉。[76]然而，从历史和实用方面来说，在国家发展过程中，为服务于国家利益和实现国家职能，法学家们在哲学层面上处理自身合法性问题显得软弱无力。法学为政治进步所付出的代价则是自身批判性能力的丧失。

由于现代政府是以法律方式来理解的，因此界定其内部秩序和经济状况就更容易了。使国家更有效地发挥作用是中欧“政治科学”的目的，它们研究的是行政管理、公民生活、公民纪律的适当形式，并为国家立法提供建议。国家繁荣总是依赖于经济繁荣。由于国家效能已成为法学研究和经济科学的主要任务，经济科学——属于经验哲学、法学和政治学的共同领
516 域——成为大学中主要科学研究任务之一。法国商人正是援用这一结论以满足中央集权国家的需要。自约翰·约阿希姆·贝歇尔(1635—1682)始，正像他们的社会状况所要求的那样，德国财政学家们就把德意志帝国领域内的小国变成他们争论的基础。[77]首先确立经济自由主义的文化基础的，却是有着扎实政治哲学功底的在苏格兰大学任教的经济学家们。洛克在

---

[73] M. Stolleis, *Geschichte des öffentlichen Rechts in Deutschland*, vol. I: *Reichspublizistik und Policeywissenschaft 1600 - 1800* (Munich, 1988); H. C. Recktenwald, *Geschichte der politischen Ökonomie* (Stuttgart, 1971).

[74] 法国有所不同，参见 Keohane, *France* (注释 58).

[75] N. Hammerstein, *Jus und Historie. Ein Beitrag zur Geschichte des historischen Denkens an deutschen Universitäten im späten 17. und im 18. Jahrhundert* (Göttingen, 1972).

[76] Stolleis, *Reichspublizistik* (注释 73), 298 - 333.

[77] A. Nielsen, *Die Entstehung der deutschen Kameralwissenschaft im 17. Jahrhundert* (Jena, 1911); H. E. Bödecker, 'Das staatswissenschaftliche Fächersystem im 18. Jahrhundert', in R. Vierhaus (ed.), *Wissenschaft im Zeitalter der Aufklärung* (Göttingen, 1985), 143 - 162.

其所著的《再论政府》中，把财产理解为一种自然权利。以此基础为起点，未能实现作为一名大学教师愿望的大卫·休谟(1711—1776)把工作和商业看做是一个高效运转的政府体制的根本成分,而一个有效运转的政府体制必须以公民的劳动成果保证其物质幸福。[78]亚当·弗格森(1763—1816)[79]和亚当·斯密[80](1723—1790)两位教授又把休谟的这些思想系统化为“政治经济学”。如此一来,这一学科一方面从商业和财政学领域中解脱出来,另一方面也从道德哲学中解脱出来。[81]

17世纪中,法学取代神学成为主要学科。国家实施君主政体的过程导致法学的政治化程度日益提高;同时,政治法学也确立了国家凌驾于教会之上的统治权,这在启蒙运动早期导致宗教的私人化。宗教的私人化使得将宗教自由视为一种自由模式成为可能,使得宗教自由成为天赋人权之一。在洛克看来,这些天赋人权包括生存权、健康权、自由权和财产权。18世纪的英格兰被表述为一个自由宪制国家,[82]而18世纪末前后的普鲁士和奥地利开明专制君主(1784)的立法宪制(1811)是国家、教会和个人之间司法和政治冲突的结果,这里的个人指的是由一些开明的受过教育的人士所组成的政治哲学圈子,包括一些大学中的哲学法学家。1789年8月发展的兼具启蒙性、革命性的《人权和公民权利宣言》也是这一群体争论的结果。这一争论所产生的第三个结果就是把政治经济学重新解释为基于个人权利和财产权利的承认而得出的逻辑上的必然结论。 517

启蒙运动时期科学重组和哲学的首要任务

自然形而上学

18世纪末,在启蒙运动的影响下,开明专制主义、个体人权或者以获

---

[78] D. Hume, *Essays, Moral and Civil* (Edinburgh, 1741).

[79] A. Ferguson, *Essays on the History of Civil Society* (Edinburgh, 1767).

[80] A. Smith, *An Inquiry into the Nature and Causes of the Wealth of Nations* (London, 1776).

[81] 参见 Recktenwald, *Ökonomie* (注释 73), 47.

[82] Voltaire, *Lettres sur les Anglais* (London, 1728).

取个人幸福为目的的经济学均可以宣称自己是“自然”的。18世纪，谋求与自然的一致可以视为神学、政治学、法学或者财产所有权的基础。自17世纪以来，“自然”概念经历了一个令人意想不到的漫长历程，其间哲学的作用也出现了变化。但这是一种什么样的“自然”概念？还有另外更有价值的其他概念吗？自然同时又几乎是所有事物的代名词：外部自然界、可以观察的现实的本质、政治或者经济状况的稳定器、法律保障，同时又是经验和理性的对象。但是无论以何种形式出现，自然总是和某种观念或者深受人类随心所欲和变化无常影响的某些真理相联系。自然是客观性的一种保证。

起初，“自然”概念的一致性获得了神学保证。就事物的本质而言，如果一切均是富有理性的上帝的造物，富有理性的造物便构成了自然的一致性，富有理性的造物便实现了自然神学和自然法的合法化。就定义来说，形而上学的任务就是解释和表达自然状态的理性原则，形而上学——由于它是教派神学衰败的产物，获得了自己作为自然神学的新地位——现在成为学术神学和哲学之间的中间领域。

当需要用造物神学来帮助解释形而上学时，由此而生的形而上学就是一神论的，就是一种和自然神学没有太大区别的神学形而上学。对自然神学或者自然形而上学而言，三种科学（亚里士多德学说、西塞罗学说和赫耳墨斯—新柏拉图学说）均是大学哲学院最初开设的课程。

骤然观之，由于亚里士多德学派在大学里拥有最牢固的地位，亚里士
518 多德形而上学似乎最有可能赢得不同学派之间的竞争。特伦托会议之后，天主教世界的学术领域尤其如此，[83]自17世纪以来，路德教派的学术界也是如此。亚里士多德形而上学的论断由“存在”这一中心概念所决定，[84]作为人类意识所能提出的一个最具普遍性的概念，“存在”概念必须同样适用于上帝和人类。如果以上帝的存在为起点的话，这一论断是可能的。于是人们可以说上帝“他”与他创造出来的生物一样是存在的。只有在“存在”

---

[83] 参见 G. M. Pachtler (ed.), *Ratio studiorum et institutiones scholasticae Societatis Jesu*, Monumenta Germaniae Paedagogica, 2, 5, 9, 16, 4 vols. (Berlin, 1887 – 1894; reprint, Osnabrück, 1968).

[84] Sparn, *Wiederkehr* (注释 41).

既适用于上帝的本性,同时又适用于造物的本性的前提下,亚里士多德派形而上学才能成立。巴洛克时代最有影响的学者、哲学家,西班牙耶稣会会士弗朗西斯科·德·苏亚雷斯所著的《形而上学论辩》(萨拉曼卡大学,1597)就是以这一司各脱主义者的论断为基础的。如果这些假设被接受——天主教正教和路德教正教同样准备接受这些假设——那么可以清楚地看到建立在"是(is)"这一系动词即"存在"的一种形式基础之上的逻辑判断是有助于解决神学问题的。诸如"这是我的身体"或者"耶稣就是救世主"之类的说法就是合乎逻辑的关于真实"存在"的话语。甚至类似的神学问题也都是"存在"的问题。因此可以认为在天主教范畴内,耶稣在圣礼中的存在问题,或者在路德教派中基督的化身问题均是逻辑学和形而上学问题,[85]以这种方式可以揭示神学的科学特征,可以显示神学对于自然和理性的趋同性。

为了公正地完成自然神学的任务(即解释上帝、人类和自然界的关系),赫耳墨斯—柏拉图学派科学也需从"造物"开始。当然他们没有必要把世界的依赖性解释为对"存在"概念的分析,这里所说的世界即是指上帝"按照大小、数量和重量"创造的。相反的,形而上学概念也可以从完美的上帝这一观念出发,这一完美上帝显示出和其造物相和谐的完美特性。这一和谐被人类尊崇为"微观世界",它同时代表并解释了造物。这种形而上学包括两方面:一方面,这一学说主张人可以洞察到受神庇佑的完美事物的本质;另一方面,造物的和谐性是可以觉察的。剑桥大学柏拉图主义者拉尔夫·卡德沃思(1617—1688)在其所著的《宇宙真正的智能体系》一书中 519
就表达了类似的思想。[86]继拉尔夫·卡德沃思之后,柏拉图主义就成为大学之外学者们的兴趣所在:安东尼·沙夫茨伯里(1671—1713)把这些思想作为理解自然界的一种模式,[87]莱布尼茨把这种思想融会到了他所著的《自

[85] Sparn, *Wiederkehr*(注释 41).

[86] R. Cudworth, *The True Intellectual System of the Universe* (London, 1678); Cassirer, *Die platonische Renaissance*(注释 46).

[87] A. A. Cooper, Earl of Shaftsbury, *The Moralist* (London, 1705) and *A Letter concerning Enthusiasm* (London, 1708).

然神学》(1710)和《单子论》(1716)中,赫德[88]和后来的威廉·冯·洪堡[89]以此为基础发展了他们关于自然和历史的有机哲学。因此,从内部来看这种形而上学很明晰,从外部来看可运用于实践。形而上学在作为一种先例的同时,还具有实用性和历史性。

自然历史

西塞罗派科学没有自己的形而上学,该学派的形而上学常常是通过对别的学派的形而上学实施文献学和历史学的改造之后转借而来的。在大学里,西塞罗学说的显著影响主要体现在实用哲学、文献学、法学和历史研究等方面,在此类学科的形而上学主张中,西塞罗科学依赖的是改造过的历史。如果历史学意味着揭示自然神学和历史神学的含义,那么,就不会出现"存在"的意义的问题了,那是因为历史学不关注形而上学中所包含的任何问题。既然西塞罗科学是唯一运用秩序概念并以历史经验作为前提条件的学科,那么这一经验的概念性状况便超出了他们的研究范围。

西塞罗学说预先假定与历史观念相融合的历史,正是赫耳墨斯—新柏拉图学说基于对造物本质的独创性的洞察以及以哲学家的眼光考察古人的独创观点的历史思想——古代作品的一脉相承性——因为古人更接近于真理的来源。[90] 最后,上帝关于人类的创造和其他行为结合起来成为启示的源泉。历史和诗歌的发展均受到表述超凡的神圣智能的引导,这一神圣智能是一种神秘知识,必须借助于文献的方式才能被揭示。在决定性的
520 分析中,古人比现代人略胜一筹,构成自然神学思想的一些原始、实用的和精妙的观点正是在古人身上发现的。因此,自然和历史是一致的,它们本身就是经验的对象。把历史划分为教会历史、政治历史、自然历史和智能历史——正像让·博丹在他所著的《认识历史之方法》(1560)[91]反复申述

[88] J. G. Herder, *Ideen zu einer Philosophie der Geschichte der Menschheit* (Riga/Leipzig, 1784–1791).

[89] W. Von Humboldt, *Über die Verschiedenheit des menschlichen Sprachbaus* (Berlin, 1836).

[90] "西塞罗派科学"见注释 1,"哲学"见注释 15。

[91] Seifert, *Cognitio historica* (注释 23); Schmidt-Biggemann, *Topica universalis* (注释 2), 30.

的那样——这一分类对把与人类能力相称的现实历史经验和关于现实的见解结合在一起的领域进行了说明。

这一"历史"概念和法学中的自然概念没有任何区别;二者均以自然法概念为出发点。当然,前者是后者的基础。这里法律的本质源于对人类所拥有的共同智慧原则的独特洞察。唯如此,驾驭自然法、使其发挥一种稳定动力的超宗教和超教派的作用才成为可能。自然法的概念可以在一般概念的范畴内进行描述,这对法律的基本见解具有普遍的效用。为此,有必要——这也正是莱布尼兹试图要做的[92]——从这些一般概念的角度来分析法律的历史,梳理其强制性特征和彼此之间的联系。

这里,历史和自然是一致和统一的。因为只有在康德的《形而上学的基础》(1786)中,当理性的自治权被解释为一项司法准则时才从哲学上表现得清晰起来。法学的任务就是寻找真正的自然智能,在历史宝库或在自然和人类的既定秩序中,每一个人都能够通晓这些真正的自然智能。这也是一项考证任务,需要一种分类学方法:按照标准实现关于实用智能见解的系统化和组织化。这适用于所有形式的现代法学学科:普通法、基督教自然法、[93]政治法、公法[94]和主权法。[95]

18 世纪初基督教自然法理论和国家主权理论是明确的。现在法学的作用有所改变:它不再从内部借助签订一些社会契约、提出一些宪法提案,或者制定一些具有普遍性质的神学和政治计划等举措来完成国家的合法化任务;恰恰相反,法学从内部借助于具有历史性合法地位的专门机构来巩固一个国家。获得这一权力的大学法学丧失了实现一个国家合法化和对国家行使批评职责的哲学能力。哲学家们承担了这一使命:18 世纪, 521
孟德斯鸠、沃尔夫、卢梭、休谟和后来的康德对政治哲学的研究范畴重新进行了界定——这些人中只有德国哲学家是大学教师。

相反,法学却从历史和系统的角度对自然法、国家主权法和公法进行

---

[92] H. P. Schneider, *Iustitia universalis. Quellenstudien zur Geschichte des christlichen Naturrechts bei Gottfried Wilhelm Leibniz* (Frankfurt-on-Main, 1967).

[93] Schneider, *Iustitia universalis* (注释 92).

[94] Stolleis, *Reichspublizistik* (注释 73), 42.

[95] Quaritsch, *Staat* (注释 59). 参见 Schmitt, *Der Nomos* (注释 55).

了分类和系统化，这一方法与启蒙运动时期自然法的分类要求是一样的，如布丰(1707—1788)[96]或者林奈(1707—1778)[97]所使用的就是这种方法。自然提供的启示——如果用编码的形式——是一些在历史中也可以获得的见解，这是自培根的《新工具》(1620)和《伟大的复兴》(1624)问世以来就很清楚的事情。作为经验和秩序的范畴，自然包括所有自然的和历史的真理。在揭示这些真理的过程中，自然科学、形而上学和法学都是一致的，对它们来说，自然就是一种比所有个人经验都重要的准则。

自然是一种既不以人类意志也不以政治活动而转移的领域。尽管神学家们围绕上帝的积极启示主题争论不休，但自然仍然是上帝和他所规定秩序的伟大象征。同时自然也不受不断变化着的善恶行为的摆布，它在规则和规则机制方面均是稳定的。自然不受人类冲突和政治矛盾影响的特性使它成为秩序、经济、法律和财富方面实施纯真教导的领域。因此，自然这一概念适用于神学、医学、法学和哲学等所有学科。

从形式质料学说到数学

近代初期，自然概念的一个最显著的变化在于：自 17 世纪以来人们越来越多地运用数学术语来理解自然的内部结构，而在 16 世纪人们是用形式质料学的模型对自然内部结构进行全面描述的。这一具有决定性意义的变化主要不是发生在保守的亚里士多德式的大学里，相反却发生在大学之外对自然哲学感兴趣的知识分子圈子里以及科学研究会和科学协会中。

522 在大学里，亚里士多德学说关于自然形式质料学模式的根源，在于古代把世界划分为星球世界和地球世界、月球以上的世界和月球以下的世界。数学似乎只适合研究星球世界，而不适合研究处于现象状态、可生可灭的地球。月球以下的世界可以用分析所有存在物的方式来分析，比如用质料和形式。一个实体的形式就是组成它的要素，也就是说能够断定那个实体的物质。实体的质料就是保证其在人的意识之外客观存在的物质。

---

[96] G. L. L. De Buffon, *Histoire naturelle générale et particulière*, 44 vols. (Paris, 1749-1804).

[97] C. Linnaeus, *Systema naturae* (1735), complete in 3 vols. (Stockholm, 1765-1768). 全面的论述见 W. Lepenies, *Das Ende der Naturgeschichte* (Munich, 1976).

就自然概念内部结构的转变而言,关键点在于现在人们认为数学不仅可以用来研究星球空间,而且还适用于解释地球上的某些现象。这在自然概念方面和与其相关的现象状态方面均是一个根本性的转变。如果形式质料学的自然概念特别适合于解释运动、存在和动植物的消亡,如果这一自然概念包括了后来被称做生物学的领域,那么这一新的自然概念,这一数学化的概念就适用于解释机械运动。在帕多瓦大学数学教授伽利略和笛卡尔的教导下,通过把天文几何学和最新发展起来的代数学运用到现实的机械现象中,这一新的关于自然的描述便成为可能。[98]

在自然概念的这一转变中,我们还同时可以看到古代晚期文科"七艺"概念的深远影响。自形式质料学被运动几何学,如机械学,取代以来,四艺——音乐、天文学、几何和算术(在大学哲学院的数学系也讲授此类课程)中的"数学"学科——表明了亚里士多德物理学和形而上学所占据的领导地位。在任何情况下,运用毕达哥拉斯的数学术语理解天文学成为可能,譬如就像开普勒所描述的毕达哥拉斯的新柏拉图主义那样处于宫廷和大学的边缘[99]——可以把天文学解释为几何结构性科学。依此为基础,可以把数学领域关于上帝的神学解释为关于造物的自然神学。从理论上来说,天文学中的空间和时间均是预先假定的。如果这适合于所有创造物的 523
话,那么也可以用几何学术语重构地球上的现实性物理运动。伽桑狄(1592—1655)撰写了一篇论文,从原子论方面重新解释了自然的构成成分,从而把自然看做是空间中各种成分的组合。[100]伽利略把"自然书籍"看做是用几何术语写成的。[101]在对自然所做出的物理学描述中,笛卡尔只承

---

[98] 概要在 E. J. Dijksterhuis, *The Mechanization of the World Picture* (Oxford, 1981); 英文版 *De mechanisering van het werldbeeld* (Amsterdam, 1950). 关于哲学的推论,参见 H. Blumenberg, *Die Genesis der kopernikanischen Welt* (Frankfurt-on-Main, 1975).

[99] J. Kepler, *Mysterium cosmographicum* (Tübingen, 1596); J. Kepler, *Harmonice mundi* (Linz, 1619).

[100] P. Gassendi, *Syntagma philosophiae Epicuri* (Lyons, 1649).

[101] G. Galilei describes this especially vividly in *Il saggiatore*, *in Opp. ed. nazionale*, vol. Ⅵ (Florence, 1890 - 1909), 232. 亦可参见 G. Galilei, *Dialogo sopra i due massimi sistemi del mondo, tolemaico e coperniano* (Florence, 1632), in *Opp. ed. nazionale*, vol. Ⅷ (Florence, 1890 - 1909), 21 - 520 及 G. Galilei, *Discorsi et dimostrationi matematiche intorno a due nove scienze attenti alla mecanica & i movimenti Locali* (Leiden, 1638), in *Opp. ed. nazionale*, vol. Ⅸ (Florence, 1968), 39 - 312.

认数量性的机械测量，[102]牛顿则用数学方法阐明了这一机制。笛卡尔哲学的新形而上学又充实了这一革新性的物理学观点，新形而上学的主要概念包括意识、广度和上帝确保空间物体有序运动。这一场物理学革命同时又是一场形而上学革命，它促使人们对形而上学形式质料学的亚里士多德式学术模式及其概念提出了质疑。

近代早期数学领域内的变革导致了自然概念的变化，这一变化引发了神学和哲学之间关系的变化。在主导性学科、法学和国家为神学颁布而形成的强制性和平的掩盖下，新的自然概念成为各教派之间无可争辩的领域。在缺乏教义争执的条件下，就有可能运用哲学手段从自然方面揭示上帝的伟大。哲学辨惑学能够利用神的爱心和万能特点从形而上学方面揭示世界特征，因为在造物和仁慈的造物主之间一定存在着某种相似性。哲学辨惑学存在于神学笛卡尔主义结束后的时期里，而神学笛卡尔主义的理论观点介于尼古拉斯·德·马勒布朗士所著的《真理的探索》(1675)与约翰·洛克所著的《基督教的合理性》(1695)之间。在“所有可能世界中最优秀”的理论的引导下，莱布尼兹的《神正论》吸纳了17世纪辩护性自然哲学，并与牛顿物理学的形而上学解释一起对塑造启蒙运动时期的自然哲学发挥了较大的积极和消极的影响。[103]

524 在自德勒姆的《天体神学》、丰特奈尔的《论世界的复杂性》到汉堡文献学家、哲学家和圣经评论家赫尔曼·塞缪尔·赖马鲁斯的《知识变迁论文集粹》延续下来的自然哲学中，均对世界秩序进行了分类并对此表示尊重。但是由于描述自然神学方法的纯粹哲学性质，“自然哲学是神学的俾女”这一论点逐渐背离其为教义辩护的初衷。无论如何，如果哲学处于确立自然启示的地位，如果哲学降低了人们对源于圣经启示的兴趣，圣经启示自身的教条主义结果和问题使其变得名不符实了。如此，哲学便承担起就与圣经启示相关问题做出判断的职责。[104]所幸有自然科学新理性的存在，大学中的哲学也就拥有了批判的地位。这即是唯理主义者的圣经批判主义产

---

[102] R. Descartes, *Principia philosophiae*, Ⅱ, *Oeuvre*, ed. by C. Adam and C. Tannéry, vol. Ⅷ (Paris, 1905), 78 ff.; *De principibus rerum materialium*, part Ⅱ, 40-49.

[103] Schmidt-Biggemann, *Theodizee* (注释 48), 7-116.

[104] Lechler, *Deismus* (注释 50); E. Hirsch, *Geschichte* (注释 50).

生的源泉,也为启蒙运动行将结束的时候批判性哲学成为大学里的主导学科奠定了基础。

西塞罗科学的衰落和关于文献学与历史学的重新解释

文献学与历史学已经成为西塞罗历史科学的基本组成部分,并与神学保持着紧密联系。文献学宣称自己是神圣的历史"宝藏"的卫士,帮助人们了解和传播神的历史与世俗历史中所揭示出来的神的超凡智能。在发挥这一职能的过程中,文献学家们编纂了古代文献,并提供了概括西方历史文献中所蕴含的智能的众多历史记录,最终出版了以下诸多古典语言的同义词辞典:亨利·斯特凡努斯(埃蒂安纳)编著的《希腊语同义词大全》(1572 ff.),埃吉迪奥·福尔切利尼编著的《拉丁语词汇大全》(1771)和约翰·布克斯托夫编著的《希伯来语占星术辞典》(1607)。统一历史年表的编订就是根据约瑟夫·贾斯特斯·斯卡利杰所著的《太阳历校订》(1583) 以及约翰·海因里希·阿尔施泰德所著的《历史年代类书辞典》(1624)完成的。

文献知识汇编是大型文献百科全书的最主要目的。这一目的不仅体现在约翰·戈特弗里德·塞德尔巴斯特所著的四卷本《〈圣经〉的捍卫与亵渎——史学的视角》(1697—1700)之中,而且最重要的是,同样的目的还体现于约翰·艾尔伯特·法布里希乌斯[105]所著的《拉丁语希腊文献:从古代到中世纪》(1734—1746)及其学生约翰·克里斯托夫·沃尔夫所著的四卷本《希伯来书册》(1715—1733)之中。[106]这些文献作品的核心内容仍然是神学历史和世俗历史中所揭示的多种形式的圣经中显示的上帝智能带给人们的启示。这些不同的文献作品的发展以神向人们所展示的启示为基础,教堂神父和异教徒作家共同编辑的古典文献即是如此;东方学也是这样。东方学最初是为研究希伯来语《圣经》而设立的一门辅助学科,从文献学家塞缪尔·博查德(1599—1667)或爱德华·波科克(1604—1691)所编著的文献著作中即可发现这一点。所有伟大的文献学家,从彼特拉克到波利齐亚 525

[105] J. A. Fabricius, *Bibliotheca graeca* (Hamburg, 1704 - 1728); J. A. Fabricius, *Bibliotheca latina* (Hamburg, 1697); J. A. Fabricius, *Bibliothecae mediae et infimae latinitatis* (Hamburg, 1734 - 1746).

[106] J. C. Wolff, *Bibliotheca Hebraea*, 4 vols. (Hamburg, 1715 - 1734).

诺,从伊拉斯谟、比代和梅兰克顿到荷兰学者约瑟夫·贾斯特斯·斯卡利杰、约翰·乔戈·格雷菲乌斯、约翰尼斯·弗里德里克斯·赫罗诺维厄斯及其子雅各布均延续了这一传统,这些学者对圣经启示和世俗启示的智能原则均表现出兴趣。最杰出的天主教《圣经》文献学家,奥拉托利会会友里理查德·西蒙、圣公会成员爱德华·波科克,以及哥廷根路德派东方学家约翰·戴维·米夏埃利斯也表现出同样的兴趣。[107]

牛津大学古典学者理查德·本特利(1662—1742)的著作标志着一种变革。当然他的出发点仍是启示的统一,不过对他而言,自然启示秩序、关于牛顿宇宙秩序的形而上学解释已经为古代著作和基督教著作中的真理提供了一把标尺。历史学作为神的智能宝库的地位被自然秩序所取代。[108]本特利的情况表明西塞罗科学的各个组成部分已发生分化。世俗历史和神学历史所揭示的神性启示智能的概念已经把文献学和历史学维系在一起。最初,自然只是整个宇宙历史经验的一部分。由于运用数学术语而不是约定俗成的术语加以解释的具有启蒙意义的新概念的出现,历史统一体所拥有的经验领域的地位已经丧失。从神正论的护教概念来看,自然本身就成为上帝的理性证据;自伏尔泰有关世俗宇宙历史的新思想面世以来,拯救历史的辩护学科性质导致其被排除在外。[109]这也是伏尔泰的主要著作《风俗论》(1763)所要表达的主题。哲学变成了诉讼的法庭,宗教批评与圣经启示相对抗,文学和历史学获得新地位。它们都必须用自然秩序加以衡
526 量。虽然文献学全面记录了有关神学主张,但同时却面临物质性的能力丧失。结果,文献学的形式主义更加突出,以达到成为一门纯粹的文本学科的程度,从而在启蒙运动时期丧失了它在历史科学领域的重要地位。历史学和文献学之间的联系趋于松散。18 世纪上半期以来,历史学在法学领

---

[107] 全部参见 J. E. Sandys, *A History of Classical Scholarship*, 3 vols. (Cambridge, 1903 - 1908); U. von Wilamowitz-Moellendorff, *Geschichte der Philologie*, 3rd edn (Leipzig/Berlin, 1921).

[108] 这方面参见 R. Pfeiffer, *History of Classical Scholarship from 1300 to 1850* (Oxford, 1976), 143ff.

[109] Voltaire, *Essai sur les moeurs et l'esprit des nations* (Geneva, 1756). 具体内容参见 K. Löwith, *Meaning in History* (Chicago, Ill., 1949).

域获得一席之地,[110]并为折衷主义法学家们提供了世纪争论的话题。[111]从18世纪以来,即便在神学领域中,历史事实也不再被视为神的智能象征,这一智能被分解成语言历史和事实历史。

如此,甚至《圣经》也仅仅作为诸多来源的一种而存在。这一世俗化的过程使《圣经》成为文献评论和实体评论的对象,而不再是公理的基础。虽然在英国自然神论中承认了自然和启示的趋同性(托兰所著的《基督教不是神秘的》)[112],赖马鲁斯则试图以新确立的自然概念与《圣经》相对抗。[113]为使《圣经》的可信度免遭破坏,必须对其重新进行道义性的解释。18世纪《圣经》信度的逐渐丧失也是文献学的观点发生变化的标志。由于基督教西塞罗学说的等级划分被取消了,也不再受历史启示观点的束缚,各种形式的文献学能够自由地集中探讨各自的实体问题和各自的历史。人们逐渐把各种语言的个体特征解释为教育的民族性原则,并与自赫德(1744—1803)和维科(1688—1744)以来新的历史进化观点相联系,又加之民俗学与文献学的结合,所有这些事实有助于我们理解在形成一种新的推理性历史概念的过程中,寻求正在日益具体的新的个别文献学统一体的尝试。[114]

然而,历史性神学启示的作用并非一概被闲置。采纳新柏拉图主义观点的18世纪文化希腊主义即把约翰·约阿西姆·温克尔曼(1717—1768)所著的《古代艺术史》(1764)作为自己的基础。至少在使用德语的地区,文化希腊主义是神学在发挥文献学职能方面不力的结果。文艺复兴和巴洛克风格的启示文献学从基督徒与世俗古人的统一体中来确定自己的前进方向,这是它的终极哲学。在启蒙运动后半期,崇奉"高尚的简单与平静的伟业"的希腊古人重新占有了这一主导地位。温克尔曼把文献学与哲学结合在一起,有助于19世纪洪堡式大学的创立,并在弗里德里希·尼采对希腊人新的塑造中达到高峰。这一结合也基本上是自启蒙运动以来对文献学 527

[110] Hammerstein, *Jus und Histoire* (注释 75).

[111] Schmidt-Biggemann, *Theodizee* (注释 48), 31－50, 203－222.

[112] Lechler, *Deismus* (注释 50), 62.

[113] H. S. Reimarus, *Apologie oder Schutzschrift für die vernünftigen Verehrer Gottes* (约1765年完成,1972年在美因河畔法兰克福首次发行).

[114] 洪堡的著作尤其重要。

进行重新解释的结果。

批判哲学:各种学科的裁判

在大学里,自然和历史领域某些方面的改组,甚至文献学的重新安排,均是依赖哲学而不是其他高级学科来完成的。关于法律、自然的美丽及对自然进行机械性说明的可能性思考并不为教派神学所关注。其中对自然进行机械性说明的可能性思考可使天文学、物理学与各种力量结合起来。虽然自然一直是自然神学研究的主题,但是神学从总体来说已经确立,因此自然神学不属于已经确立的神学领域,而属于哲学范畴。由于自然哲学的这一新地位,文献学和神学之间的联系因此中断。温克尔曼的希腊式理想取代了以神学为基础的美学理想。信奉新柏拉图主义的剑桥学院为温克尔曼的希腊式理想铺平了道路,而后来安东尼·沙夫茨伯里所引导的美学方向使温克尔曼的希腊式理想得到加强。这种亲希腊的态度成为洪堡教育观念中最具本质性的东西,也是他改革大学的依据。

自从伏尔泰的世俗历史哲学出现以来——尤其是自赫德所著的《关于人类发展的另一种历史哲学》(1774)发表以来——古老的拯救历史的地位被普遍性的历史哲学所取代。这一过程在19世纪黑格尔的国家哲学和历史哲学中达到高峰。在黑格尔的国家哲学和历史哲学中,以自然法为基础,法学以哲学的自然概念为前提,并发展到以自然法为基础进行申辩的地步;在公法中,为实现政府效能的最大化,强调修改包含人权的自然法的规范条文,并改变关于功效的认识和历史起源的解释。

18世纪下半期,以历史文学、自然、政治和传教的统一体为基础的古老学术理想已不复存在。教派神学既不能束缚新的自然概念,也不能驾驭多种方式的文献学。法学日益与实际的政府行政管理联盟,遂不能完成实现国家的合法化的任务,无论这一国家是专制独裁的国家,还是以自然法
528 为基础的国家,而这一任务恰恰是法学最初承担的哲学和政治任务。另一方面,所有学科基本上还是把新的自然概念作为它们的讨论基础:超教派宗教神学使用自然神学概念;哲学法学运用自然法概念,在克雷斯蒂安·沃尔夫的学院更是如此。自然概念是神学、法学和哲学的共同基础,但是由于大学中的神学(由于其特定的教派联系)和法学(由于它与国家之间所

存在的服务联系)不能够对这一概念的所有来源进行探究,因此18世纪后半期自主地把自然概念解释为自然法、自然宗教、人性便成为哲学的任务。

如此一来,哲学便逐渐成为自然和宗教之间、自然和国家之间关系的裁判。正如康德在启蒙运动末期竭力主张的那样,哲学家能够像法学家那样,运用自然法的概念从哲学方面实现国家的合法化;[115]也能像神学家那样,自然而然地"在纯理性的范围内"理解宗教。[116]然而,与神学和法学的不同之处在于,哲学能够凭借自己的新能力同时完成这样两项任务。在沃尔夫学校的传统中,哲学凭借对自然有条不紊的处理而确立了自己的理性神学概念,凭借对历史的评论处理而确立了现实哲学概念。这就是折衷主义的传统。[117]当康德赋予哲学对经验进行全方位评判的能力时,他是以理性的自治为前提的。批判哲学描述了自然界机械的然而合理的规律性,检验了现实经验、历史主张和能够以此类推到自然的反自主性规律启示。这样,哲学以一种非派别性的和自主的方式宣告了自身独立于宗教和政治活动之外。哲学认为自己有权发挥明确的自主真理的非派性管理者的职能,能够超越和抵制那些不能以理性解释的不同类型机构的主张和指示。

18世纪末,哲学——康德甚至在大学里——获得了伽桑狄、笛卡尔、洛克、莱布尼兹早在一个世纪之前即提出的学科评判权。作为学科裁判,启蒙运动时期的哲学恢复了主要学科的新地位,并在此过程中完成自身的 529
制度和理论重构。18世纪——借助于克雷斯蒂安·沃尔夫的理性主义学派和休谟的不可知论——哲学发展成为知识活动的一个自主分支,并且借助于德国折衷主义对历史所持有的批判态度,借助于伏尔泰建立一种普遍世俗历史的计划——哲学发展成为历史经验的司法机构和关键的诉讼机构。哲学解释了自然神学和获得历史性和评论性启蒙的神学。哲学确立了理性的自然法和公共法的准则。

教派神学的瘫痪促使新的神学基础的诞生,并且导致一个新兴的而且

---

[115] I. Kant, *Metaphysik der Sitten* (Königsberg, 1797).

[116] I. Kant, *Die Religion innerhalb der Grenzen der blossen Vernunft* (Königsberg, 1793).

[117] Schmidt-Biggemann, *Theodizee* (注释48), 7-61, 202-223; H. Holzhey, 'Philosophie als Eklektik', *Studia Leibnitiana*, 15 (1983), 20-29.

具有政治合法性的政权建设的必要性。这两项任务是由经过修正的自然概念、自然神学概念和自然法概念完成的。由于神学保留了派别性，法学趋于政治化，哲学遂能够成为主要学科。启蒙运动时期哲学即梦想获得这一学科位置，此时终于梦想成真。

精选文献

Alsted, J. H., *Cursus encyclopaedia libris 27 complectens universae philosophiae methodum*, Herborn, 1620.

Barner, W. *Barockrhetorik. Untersuchungen zu ihren geschichtlichen Grundlagen*, Tübingen, 1970.

Blumenberg, H. *Die Genesis der kopernikanischen Welt*, Frankfurt-on-Main, 1975.

Brockliss, L. W. B. *French Higher Education in the Seventeenth and Eighteenth Centuries. A Cultural History*, Oxford, 1987.

Debus, A. G. *The Chemical Philosophy. Paracelsian Sciences and Medicine in the Sixteenth and Seventeenth Centuries*, New York, 1977.

Garin, E. (ed.) *Storia della filosofia italiana*, Turin, 1967.

Grabmann, M. *Die Geschichte der katholischen Theologie seit dem Ausgang der Väterzeit*, 2nd edn, Darmstadt, 1974.

Hirsch, E. *Geschichte der neueren evangelischen Theologie im Zusammenhang mit den allgemeinen Bewegungen des europäischen Denkens*, 5 vols., Gütersloh, 1949 – 1954.

Höffner, J. *Christentum und Menschenwürde. Das Anliegen der spanischen Kolonialethik im Goldenen Zeitalter*, Trier, 1947.

Jedin, H. (ed.) *Handbuch der Kirchengeschichte*, vol. Ⅳ: *Reformation, katholische Reform und Gegenreformation*; vol. Ⅴ: *Die Kirche im Zeitalter des Absolutismus und der Aufklärung*, Freiburg/Basle/Vienna, 1967, 1970.

Keohane, N. O. *Philosophy and the State in France*, Princeton, N. J.,

1980.

Müller-Jahncke, W.-D. *Astrologisch-magische Theorie und Praxis in der Heilkunde der frühen Neuzeit*, Wiesbaden/Stuttgart, 1985.

Pfeiffer, R. *History of Classical Scholarship from 1300 to* 1850, Oxford, 530 1976.

Quaritsch, H. *Staat und Souveränität*, Frankfurt-on-Main, 1970.

Recktenwald, H. C. *Geschichte der politischen Ökonomie*, Stuttgart, 1971.

Reibstein, E. *Volkssouveränität und Freiheitsrechte*, 2 vols., Freiburg/Munich, 1972.

Sandys, J. E. *A History of Classical Scholarship*, 3 vols., Cambridge, 1903 – 1908.

Schmidt-Biggemann, W. *Topica universalis. Eine Modellgeschichte der humanistischen und barocken Wissenschaft*, Hamburg, 1983.

Schmitt, C. *Der Nomos der Erde und das Ius Publicum Europaeum*, Cologne, 1950.

Schmitt, C. B., Skinner, Q., Kessler, E., Kraye, J. (eds.) *The Cambridge History of Renaissance Philosophy*, Cambridge, 1988.

Stolleis, M. *Geschichte des öffentlichen Rechts in Deutschland*. vol. I: *Reichspublizistik und Policeywissenschaft 1600 – 1800*, Munich, 1988.

Überweg, F. *Die Philosophie der Neuzeit bis zum Ende des 18. Jahrhunderts*, revised by M. Frischeisen-Köhler and W. Moos, Berlin, 1924.

Vierhaus, R. (ed.) *Wissenschaften im Zeitalter der Aufklärung*, Göttingen, 1985.

Wollgast, S. *Philosophie in Deutschland zwischen Reformation und Aufklärung*, Berlin, 1988.

531 第十三章 科学革命和大学

罗伊·波特

处于被动局面的大学

16、17世纪科学的一个显著特点,就是科学处于一个堪称"革命"的时期,而不仅仅是一个变化的时期。许多倡导科学革命的人坚信传统科学在总体上是有缺陷的:其原理和方法、事实和理论、思潮和观点都是错误的。这时的评论家包括大学外部激进的布鲁诺、康帕内拉和英国革命的教派成员,以及布拉赫和伽桑狄等喜怒无常的保守派人员。他们普遍轻视已经在学术领域内拥有牢固地位的科学,在排斥学者的时候,抨击学院。布拉赫认为,新的天文学必须推翻亚里士多德科学在学院里所拥有的"压迫性权威"。①

近代早期,评价科学的声音掩盖了对大学失误的批判。这一过程至少从帕拉切尔苏斯在巴塞尔接受教授席位并公开销毁阿维森纳和加伦的著作时就开始了,中间历经布鲁诺用刻薄的语言抨击都铎王朝后期牛津大学的书呆子,并表现在对圣像崇拜反对者的谩骂所进行的剖析之中。大学忽视科学并标榜自己为未来的改革者。大学里对自然界的探索充满浓厚的学究气,盲目照搬古人文章;探究自然的主要目标不是揭示自然真相,而是一些徒劳的胜利和咬文嚼字的争论。大学里的科学研究是一片荒野, 532
既没有取得任何结果,也未能向人们提供任何启示。培根是这样谴责大学的:

> 在学校、学园、学院和类似注定要成为学者住所和培养学术的地方的习惯和制度中,一切均和科学的发展背道而驰……因为这些地方人们的研究禁锢在某些作家的著作中,如果任何人对他的看法持有异议的话,他就会受到排斥并作为一个暴乱分子和革新者而接受审判。②

(批评家们认为)大学不仅不能充当科学的保护神,还坚决地把最先进的现代观察排除在外。17 世纪 40 年代,正像清教徒改革家约翰·霍尔抨击牛津大学和剑桥大学时所说的那样:"在哪里我们和机械化学有过联系?……在哪里对实验进行过检验和推理?……在哪里我们持续阅读过关于生物活体或尸体解剖的有关材料,或者亲眼见证任何草药的疗效?"③

在 17 世纪很难找到一位未对经院哲学和学院科学提出批评的杰出科

① R.S. Westman, 'The Astronomer's Role in the Sixteenth Century', *History of Science*, I8 (1980), 124. 同时反对大学的记载见 R. F. Jones, *Ancients and Moderns: a study of the Battle of the Books* (St Louis, Miss., 1936); A. G. Debus, *Science and Education in the Seventeenth Century; the Webster – Ward Debate* (London, 1970).

② F. Bacon, *Novum organum* (London, 1620), 引自 H. F. Kearney, *Origins of the Scientific Revolution* (London, 1964), 144.

③ 引自 C. Hill, *Intellectual Origins of the English Revolution* (London, 1972), 305.

学家。像伽利略这样的科学家为数不少，他们赢得类似于后来破除学术浅薄的圣乔治的那种公众声望。

有足够的理由认为，20 世纪历史学家赞同对学院科学发起的这一攻击不足为奇。在论及布鲁诺对书呆子所进行的分析时，耶茨把都铎王朝时期的牛津大学描述为“非科学的语法学家占绝对优势的机构”，“亚里士多德式的顽固特点日益突出”，并深受“亚里士多德派系”的蛊惑。④一个世纪之后，牛顿传记的主要作者——韦斯特福尔认为斯图亚特王朝后期剑桥大学的状况更糟：“已濒临知识荒漠的地步”，“在剑桥大学里我找不出任何科研的团体”，“我甚至不能确定存在任何知识团体”。⑤如何准确界定科学革
533 命的争论仍在继续，并变得越来越强烈。⑥ 但大多数历史学家在有关大学在科学发展方面发挥的作用非常有限这一点上，认识是一致的。⑦阿什比写到“科学革命的历史几乎完全与大学无关……任何情况下，欧洲的大学都不能被认为是科学革命的发起者。”⑧贝尔德以更加肯定的语气认为在科学的发展上，大学是一种确定的障碍：“尽管科学在教育中占有一定地位，但 17、18 世纪科学的巨大发展并不是因为大学在教育中所拥有的这一地位。就科学知识而言，19 世纪中期之前所有的伟大科学家都是自学成

---

④ F. A. Yates, ‘Giordano Bruno's Conflict with Oxford’, *Journal of the Warburg Institute*, 2 (1938 – 1939), 231.

⑤ R.S. Westfall, ‘Isaac Newton in Cambridge: the Restoration University and Scientific Creativity’, in P. Zagorin (ed.), *Culture and Politics from Puritanism to the Enlightenment* (Berkeley, Calif., 1980). These issues, respecting England and many other European nations, are now extensively discussed in R. Porter and M. Teich (eds.), *The Scientific Revolution in National Context* (Cambridge, 1992), which contains a lengthy introduction with an up-to-date bibliography.

⑥ 不同的观点参见 G. Basalla, *The Rise of Modern Science* (Lexington, 1968); R. Briggs, *The Scientific Revolution of the Seventeenth Century* (London, 1969); Kearney, Origins(注释 2); P. Heimann, *The Scientific Revolution* (London, 1983).

⑦ 该观点的表述见 *inter alia*, Hill, *Intellectual Origins* (注释 3); P. Allen, ‘Scientific Studies in the English Universities of the Seventeenth Century’, *Journal of the History of Ideas*, 10 (1949), 219 – 253; W. Costello, *The Scholastic Curriculum at Early Seventeenth Century Cambridge* (Cambridge, Mass., 1958); Kearney, *Scholars and Gentlemen*.

⑧ E. Ashby, *Technolgy and the Academies* (London, 1966), 4, 引自一篇十分具有启发性的文章 J. Gascoigne, ‘The Universities and the Scientific Revolution: the Case of Newton and Restoration Cambridge’, *History of Science*, 23 (1985), 391.

才的……科学在古老的大学里并没有立足之地。"⑨

但后来这一解释受到了挑战。修正论者告诫我们不要按照字面意义理解关于大学的批评。⑩批评者常常是自身观点的宣传者，或者自身利益的服务者。在任何情况下，每一个人的学术见解都是为自己的观点辩护，⑪因此，我们必须超越这些表面的词句来审视学院的实际工作。如此，我们便会获得一些十分不同的认识。的确，在一百所或者更多的欧洲大学中，大多数和科学的联系极为松散，那些和科学有联系的大学也不是加州理工学院的原型(这些大学为什么应该与科学研究建立联系？就像霍尔提醒我们的，"大学应该是教育机构，而不应该是研究机构")。⑫如果大学不是科学的绿洲，那么它也不完全是科学的沙漠。

我们不应该被正式法规和官方课程所误导。在亚里士多德、托勒密、加伦及其评论家置身其间的许多大学里，传统研究居于统治地位，新科学生存于夹缝间，并通过课外讲座、私人讲授及由教师和学生举办的专门研讨班而得以发展。历史学家的目光一旦从法令和职位移开，而开始详细地检查一些私人的、手稿式的证据——学生笔记和信件、传记、图书馆目录、讲座笔记——他们就会发现一些远较人们的想象更加丰富多彩的科学动力和科学活动的证据。例如剑桥大学科珀斯克里斯蒂学院的一位名不 534

---

⑨ J. Bernal, *The Social Function of Science* (London, 1967), 71.

⑩ 修正论者的观点例见 M.H. Curtis, *Oxford and Cambridge in Transition 1558 - 1642. An Essay on Changing Relations between the English Universities and English Society* (Oxford, 1959), ch. 9; B.J. Shapiro, 'The Universities and Science in Seventeenth-Century England', *Journal of British Studies*, 10 (1971), 47 - 82; R.G. Frank, 'Science, Medicine and the Universities of Early Modern England: Background and Sources', *History of Science*, Ⅱ (1973), 194 - 216, 239 - 269; N. Tyacke, 'Science and Religion at Oxford before the Civil War', in D. Pennington and K. Thomas (eds.), *Puritans and Revolutionaries. Essays in Seventeenth-Century History Presented to Christopher Hill* (Oxford, 1982), 73 - 93; M. Feingold, *The Mathematicians' Apprenticeship. Science, Universities and Society in England, 1560 - 1640* (Cambridge, 1984); I. Adamson, 'The Administration of Gresham College and Its Fluctuating Fortunes as a Scientific Institution in the Seventeenth Century', *History of Education*, 9 (1980), 13 - 25; I. Adamson, 'The Foundation and Early History of Gresham College, London, 1596 - 1704', Ph. D., Cambridge, 1975.

⑪ 参见 Debus, *Science and Education* (注释 1) for reprintings of John Webster's *Academiarum examen* and John Wilkins's and John Ward's *Vindiciae academiarum*.

⑫ A.R. Hall, *From Galileo to Newton, 1630 - 1720* (London, 1970), 133.

见经传的教师亨利·戈斯特林(1667—1675 年间任学院研究员)所保留下来的 120 本书之中,至少有 23 本数学书籍,其中包括维埃特、梅森、笛卡尔、沃利斯和塞思·沃德的著作。戈斯特林的同代人,拉尔夫·卡德沃思所留下的 2200 本书中,有 420 本"数学、医学和哲学的小册子",66 本数学书籍。[13]因此大学里面还存在一所大学。17 世纪中叶牛津大学章程提及只有亚里士多德和托勒密的著作被作为自然哲学和天文学的教材,但塞思·沃德却认为,讲座实际上是按照物理学的"原子和磁性假设"及"天文学的哥白尼学说"举办的。[14]

修正论者的研究确信无疑地表明:近代早期大学并非蒙昧无知、墨守成规、僵化而不思变革的机构,近代早期大学也并非仅仅关注陈腐科学和医学的会议纪录。有关个别机构工作及教授、学生工作学习生涯的研究说明学院的科学研究活动十分活跃。譬如,后来的查尔斯·施密特对 16 世纪意大利大学的植物学和自然历史表现出富有成效的兴趣。同样,西班牙大学对在"新世界"发现的动植物群做出了积极反映。[15]布罗克里斯的研究显示虽然巴黎医学院素以保守主义著称,然而 17 世纪前半期该院学生的学位论文却表明他们诚心接受新思想。[16]最近的研究表明意大利北部和低地
535 国家在发展新科学方面处于领先地位。在这些国家和地区,新科学的发展主要是在帕多瓦大学和莱顿大学完成的。[17] 英格兰学者法因戈尔德在自己的数学研究中令人信服地提出:传统史学认为大学,尤其是格雷欣学院滞后于大都市发展的观点是错误的。牛津大学和剑桥大学的数学研究取得了丰硕成果——以至于某些激进分子对这里的数学理论进行了攻击,将

---

[13] 参见 Gascoigne, 'Universities and the Scientific Revolution' (注释 8), 416.

[14] 引自 R. G. Frank, *Harvey and the Oxford Physiologists* (Berkeley, Calif., 1980), 48.

[15] 参见 C.B. Schmitt, 'Science in the Italian Universities in the Sixteenth and Early Seventeenth Centuries', in M. P. Crosland (ed.), *The Emergence of Science in Western Europe* (London, 1975), 35 - 56.

[16] L.W. B. Brockliss, 'Medical Teaching at the University of Paris, 1600 - 1720', *Annals of Science*, 35(1978), 221 - 251.

[17] C.S. Maffioli and L.C. Palm(eds.), *Italian Scientists in the Low Countries in the XVIIth and XVIIIth Centuries* (Amsterdam, 1989); T. H. Lunsingh Scheurleer and G. H. M. Posthumus Meyjes (eds.), *Leiden University in the Seventeenth Century. An Exchange of Learning* (Leiden, 1975). 参见精选文献。

其视为虚假的、蒙昧主义的和精英主义的产物。[18]

关于科学研究在大学里得到广泛培育的证据不胜枚举。但是关键的问题是：大学在此类的科学革命中发挥了什么作用——如果发挥了作用的话——是不是正如巴特菲尔德所说的，这一非凡的转变"促使基督教诞生以来的一切均黯然失色；与这一转变相比，文艺复兴和宗教改革只是一个小插曲而已，只是中世纪基督教体制的内部更迭而已"，就其重要性而言，只是一个无法与科学革命相比拟的一个小插曲而已："因为科学革命推翻了中世纪和整个古代世界的科学权威——因为科学革命不仅导致经院科学的黯然失色，而且促使亚里士多德物理学的毁灭？"[19]

科学革命这一概念并不浅显易懂和简单明了。科学革命这一术语只是最近才出现的，似乎是在半个世纪以前由科伊尔引进的。[20]关于科学革命这一现象的具体本质、规模或者开展的时机还未获得共同的认识——的确，有关这一现象的解释千差万别，以至于阿诺德·撒克里总结到，虽然它仍是一个"主要的探索手段……和各种教材和课程的主题"，但科学革命最初的解释很少，"随着时间的推移，越来越难以相信一个独一无二的科学革命的存在，越来越难以相信科学革命连贯性的存在"。[21]

然而，我仍然认为有必要提起科学革命，下面我着重说明科学革命的本质。

科学革命

536

很明显，大学为科学革命所作的贡献必须取决于如何准确看待科学

---

⑱ 参见法因戈尔德的著作，*Apprenticeship* and Adamson，'Gresham College'（注释10）.

⑲ H. Butterfield, *The Origins of Modern Science 1300 – 1800* (London, 1949), viii.

⑳ A. Koyré, *Etudes galiléennes* (Paris, 1939), 6–9. 学术性的评价见 R. Porter, 'The Scientific Revolution: a Spoke in the Wheel?', in R. Porter and M. Teich (eds.), *Revolution in History* (Cambridge, 1986).

㉑ A. Thackray, 'History of Science', in P. Durbin (ed.), *A Guide to the Culture of Science, Technology and Medicine* (New York/London, 1980), 28. 一个最新的优秀评述是 P. Corsi, 'History of Science, History of Philosophy and History of Theology', in P. Corsi and P. Weindling (eds.), *Information Sources in the History of Science and Medicine* (London, 1983), 3–26.

革命这一问题。一份有影响的读物将其描绘为“漫长的革命”,以中世纪为起点,横跨中世纪以来的数个世纪。巴特菲尔德认为“与16和17世纪具有普遍联系的科学革命事实上可以沿着一条毫无疑义的路线追溯到一个更早的时期”,[22]同样,克龙比认为虽然“16世纪末科学革命获得加速发展”,但事实上科学革命的起点应“远远追溯到13世纪”。[23]

这里并非探索中世纪科学遗产这一棘手问题的场所。然而愈来愈明确的是,如果我们把科学革命发生的时间向后延伸,即把中世纪末期包括进来,那么我们就会自觉地把大学置于这场科学革命的中心位置,因为中世纪末期的科学发展完全展示了学术研究成果及随之而来的综合性研究机构所从事的哲学研究成就,展示了13世纪起巴黎大学、牛津大学、博洛尼亚大学、帕多瓦大学以及其他地方讲授亚里士多德哲学的成就。[24]

然而,最后的情形是主张科学革命可以追溯到中世纪的读物又把科学革命视为一张普罗克汝斯忒斯之床(出自希腊神话,普罗克汝斯忒斯系阿蒂卡巨人,羁留旅客,缚之床榻,体长者截其下肢,体短者拔之使之与床齐长,在这里意为强求一致的制度、主义或政策——译者)。恰当地说,“革命”这一概念包括了真正的间断,直到(在某种程度上)16和(更远些的)17世纪我们才发现了明确的和具有代表性的中断:拒绝接受传统的科学遗产,希望科学能够、必须和一定能超越古代科学,以及全新的科学理论的实际胜利。受篇幅所限,这里无法详细列举出17世纪科学发生的令人惊奇的主要变化,但是值得强调的是那些体现了17世纪科学特征的某些关键因素。许多宣传者把自己标榜为激进的‘新科学’斗士,与学院古板沉闷的教条进行殊死搏斗:培根的《新大西岛》、开普勒的《新天文学》和伽利略的《两种新科学》等著作的名称就体现了这一争论不止的革新语调。实验自然科学家亨利·鲍尔在1644年所写的文章中也很好地表达了这一新奇的感觉:

---

[22] Butterfield, *Origins* (注释 19), viii.

[23] A. C. Crombie, *Augustine to Galileo*, vol. I (London, 1961), 28.

[24] 当代对中世纪和文艺复兴时期科学发展的重新评判见 C. B. Schmitt, ‘Recent Trends in the Study of Medieval and Renaissance Science’, in Corsi and Weindling (eds.), *Information Sources* (注释 21), 221–242.

> (我认为)这是一个哲学大潮来临的时代;亚里士多德学派弟子 537
> 也许希望(或者与薛西斯一世一起)阻止这一潮流,阻止自由哲学的溢出就像阻止海洋潮涨潮落一样:我认为我看到了这一潮流如何以排山倒海之势把所有的旧垃圾,把年久失修的建筑物推倒并清除出去。这是为一个更伟大的永远不会被推翻的哲学奠定新基础的年代:正如我们欣赏艺术作品,观察手艺人一贯正确的证明一样,这一时代将要以经验为根据切合实际地详细调查自然现象,从自然的本源中推测万事万物的发生原因;当然这就是建立一个真正的、永久哲学的方法。舍此,别无他法。㉕

培根和伽利略对正统观念不散的阴魂和僵死的思想尤其不屑一顾,其不屑的程度甚至哥白尼和韦萨琉斯也不能与他们相提并论,更不用说他们的先辈了。毫无疑问,其间多是一些虚饰巧辩之词,而备受责难讽刺的主要是经院哲学家;同样毋庸置疑的是17世纪自然哲学家更多地是利用学术遗产,而不是接受它。㉖然而17世纪相互对立的自然哲学流派之间的确爆发了激烈的冲突,要求脱离沉闷的正统观念的呼声贯穿整个世纪,并在有关古(自然哲学)今(自然哲学)之争及书籍之战中达到顶峰,最后以现代(自然哲学)的胜利而结束。

这场冲突需要由新科学的旗手来处理。传统的自然哲学规则已经深深地植根于神学院和大学之中,植根于教材、课程和受教育者的心灵之中。传统自然哲学规则受传统知识观念的监护者、天主教会的庇护,尤其受到罗马教皇的保护,其间发生了火焚布鲁诺、审判伽利略之类的事件;传统自然哲学规则还受到其他教派的保护,这在斯图亚特王朝早期英格兰劳德基督教圣公会教义所拥有的稳固地位中得以体现。把这一场冲突描绘为黑暗力量和光明之子之间的斗争是愚蠢的漫画手法;然而17世纪一直是对立的自然哲学派别之间展开激烈斗争的战场,这些派别总是置身于把自己

㉕ 引自 by Jones, *Ancients and Moderns* (注释1), 195.

㉖ 关于伽利略的科学体系中哪些创新,特别是哪些是承袭,先辈学术遗产的新观点见 W. A. Wallace, *Galileo and his Sources* (Princeton, N. J., 1984).

分解成旧派和新派之间的斗争,最后导致——比16世纪更甚——新自然哲学派别的胜利。

另外,在概念基础和精微的(理论)构造方面,许多科学的确发生了根本性的转向。几个例子就足以说明这一点。在天文学领域,地面压力体系和地心说在1600年仍占绝对优势,但到1700年所有国际科学界的精英
538 们均支持日心说。1600年,亚里士多德物理学关于限度、位移和四因素的说法仍很普遍,在许多情况下以经过提炼和重新注入活力的方式表现出来。然而,直到1700年,物理哲学总存在这样或那样的一种潮流,这一潮流减弱了亚里士多德物理学对著名科学家的影响。那时的物质理论不是用传统的四元素和质量的语言表述的,而是运用粒子和有限动力的语言表述的,粒子和有限动力体现了新的运动法则和力学原则。伽利略的发现最终破坏了关于天体科学和地球科学的传统划分,并由牛顿的万有引力在二者之间架起了桥梁。在方法论方面,望远镜、显微镜等科学仪器的发展鼓励并刺激了观察法的使用。新的可观察、可认识的宏观世界和微观世界呈现在世人面前,这为仪器制造学的整体发展做出了贡献,而仪器制造学已经发展成为现代科学的一个重要因素。与此同时,实验法催生了新的科学研究方法,增进了关于"客观真理"的认识。另外,数学的发展——著名的笛卡尔解析几何、牛顿和莱布尼兹的无穷小理论——赋予科学以计算和控制此前曾属于印象派知识领域的能力。此类例子举不胜举。[27]

必须强调的是,这些变化不仅仅是一场"论文革命",也不仅仅是关于一次伟大复兴的虔诚希望。[28]这些变化的成就是巨大而永恒的,充满了对未来的憧憬和希望。逐一言之,的确,开普勒、笛卡尔、伽利略和玻意耳的著作制造了多少混乱就解决了多少混乱。整体言之,在以牛顿为首的综合

㉗ T. S. Kuhn, *The Copernican Revolution* (Cambridge, Mass., 1957); A. Koyré, *From the Closed World to the Infinite Universe* (Baltimore, Md., 1957); M. Boas, *Robert Boyle and Seventeenth-Century Chemistry* (Cambridge, 1958); E. J. Dijksterhuis, *The Mechanization of the World Picture* (Oxford, 1981).

㉘ 相反,有观点认为16世纪至17世纪早期赫尔墨斯学派哲学家们的努力并未取得系统化的成就,参见 F. A. Yates, *The Rosicrucian Enlightenment* (London, 1972), and for a slightly later cadre of reformers, C. Webster, *The Great Instauration. Science, Medicine and Reform 1628 – 1660* (London, 1975).

体系被视为结构严密、范围和潜力令人惊叹，在它已成熟到足以解决实际问题（库恩的“范式科学”）的地步之前，开普勒、笛卡尔、伽利略和玻意耳等人的研究已对科学的基本原理进行了富有成效的阐述，牛顿则使长期争论的问题达成了一致。㉙

这样，许多具体科学——动力学、水力学、气体力学、光学等——的概念和实践得到了转变，新的自然理论得以建立。物理科学的信心使其机械模型得以向新领域扩展，博雷利生理学方面的情形即是如此，这一扩展提 539
高了自然哲学的声望，自然哲学成为真实知识的集中表述——贯穿于整个18世纪的把牛顿学说运用到美学、社会和伦理哲学、政治学和心理学方面的热情即是见证。㉚对启蒙运动时期激进的知识分子来说，科学的成功使得形而上学和神学成为昨日黄花。在洛克看来，哲学是科学的仆役，哲学的工作在于为科学的“建筑师们”扫除一切垃圾。对狄德罗和达朗伯、普里斯特利和达尔文来说，科学是进步的发动机。

我一直想表明的最重要一点是，科学发生变革正是在17世纪。这种变革包括有关科学理论基本概念的重新界定，旧有传统观念的推翻以及新生的、经得起时间考验的科学概念的确立。从一个更宽泛的意义上来说，这一变革意味着人在自然界中拥有了新的地位，确立了人类对自然的控制权，丰富了人们对力量（物质力量和知识力量）、进步、启蒙运动，尤其是科学在社会中的基本作用的认识。我们该如何解释这场非同寻常的变革？

一种流行的解释认为，除非把科学革命视为是对欧洲正在发生的更加深刻变化的一种反映，否则科学革命是不可理解的，马克思主义者即把科学革命看做是从封建秩序向资本主义秩序转变的一个必要条件。商业、工业和帝国扩张道路上所存在的技术障碍阻碍资本主义的发展，而科学革命所提供的科学技术挽救了资本主义的发展。天文学革命解决了越洋商业资本主义所遇到的精确航线问题即为其中的一个明证，月球运动理论则曾

㉙ 参见 I. B. Cohen, *The Newtonian Revolution: with Illustrations of the Transformation of Scientific Ideas* (Cambridge/ New York, 1980).

㉚ 18世纪对牛顿的崇拜见 H. Guerlac, ‘Where the Statue Stood: Divergent Loyalties to Newton in the 18th Century’, in E. R. Wasserman (ed.), *Aspects of the Eighteenth Century* (Baltimore, Md., 1965), 31－34; P. Beer (Ed.), *Newton and the Enlightenment* (Oxford, 1978).

希望解决经度问题。进一步来说,作为资本主义秩序的新宗教的科学,在自然法的作用下实现了社会秩序的合理化。㉛

同时,其他历史学家以一种平行的方式,把科学革命看做是宗教改革
540 的附带现象。新教声言为人们带来了一种新的认识自然的态度:反对权威,尊重经验和实验,怀疑魔力和神秘学,把自然看做是一种神圣的工具。新教科学家声称他们在科学革命中发挥了一种与其数量不相称的重要作用。㉜最近,人们认为谷登堡时代在科学革命中发挥了关键作用。借助于印刷书籍媒介而实现的准确、具有无限再生能力信息的大众传播,消除了人们对旧学术的迷信崇拜;借助于无尽的评论繁荣营造了一种科学争论、科学批评和科学竞争的氛围。㉝

很明显,以上关于科学革命的任何读物均不承认大学在科学革命曾经发挥过任何开创性或形成性的作用。这些解释均强调物质文化和社会变化,从而我们就会认为科学革命最初所依赖的是手工艺人,而不是学者;科学革命的发源地在大学较少的伦敦而不是牛津,在里昂而不在巴黎。在所有的这些解释中,尤其是马克思主义者的解释,认为大学是旧科学制度的忠实捍卫者,是一种阻碍变化的彻头彻尾的障碍。㉞

就某种程度上而言,上述解释在确认社会经济发展和文化变革的动力

㉛ B. Hessen, 'The Social and Economic Roots of Newton's *Principia*', in J. Needham and P. G. Werskey (eds.), *Science at the Crossroads. International Congress of the History of Science and Technology London, June 29th to July 3rd, 1931* (London, 1931), 147 - 212; D. Dickson, 'Science and Political Hegemony in the Seventeenth Century', *Radical Science Journal*, 8 (1979), 7 - 38. 有关评价参见 J. Ravetz and R. S. Westfall, 'Marxism and the History of Science', *Isis*, 72 (1981), 393 - 405.

㉜ 关于"新教改革与科学革命"关系的争论有一部十分有价值的文集,参见 C. Webster (ed.), *The Intellectual Revolution of the Seventeenth Century* (London, 1974). 批判观点参见 A. R. Hall, 'Merton Revisited', *History of Science*, 2 (1963), 1 - 16;霍尔观点(p. 10)'mind determines social forms'.

㉝ S. Drake, 'Early Science and the Printed Book: the Spread of Science beyond the Universities', *Renaissance and Reformation*, 6 (1970), 43 - 52; E. L. Eisenstein, *The Printing Press as an Agent of Change*, 2 vols. (Cambridge, 1979). 批判观点参见 W. Eamon, 'Arcana Disclosed: the Advent of Printing, the Books of Secrets Tradition and the Development of Experimental Science in the Sixteenth Century', *History of Science*, 22 (1984), 111 - 150.

㉞ 附录中包含一个有力的陈述('A Note on the Universities') to Hill, *Intellectual Origins* (注释 3).

方面是成功的。这些社会经济发展和文化变革的动力刺激了16、17世纪的科学发展,并为后来科学获得更有利的地位提供了成功保障。然而,资本主义或者新教所承受的压力能否解释科学革命自身的关键概念尚值得怀疑。的确,至少自鲍里斯·黑森的开创性著作《牛顿原理的经济学基础》(1931)面世以来,㉟很多人试图解释新科学理论如何对新兴资本主义经济学做出反应或反映。然而这些解释难以令人信服。运用经济总需求、阶级冲突或者广泛的宗教转变作为解析一些假设的兴衰似乎繁琐不堪,被解析 541
的这些假设包括日心说、原子论、四元素化学和三元素化学之间的斗争或自然摈弃真空学说等。㊱

然而对知识直接反映社会的怀疑是否走向另一个极端是值得怀疑的,即认为科学革命根本就没有社会基础,纯粹为科学革命自身所拥有和所需要的成分所导致。科学革命需要的是一种精神归宿。也许是接受了科学革命时期最有影响的历史学家科伊尔、霍尔和吉利斯皮的激励,巴舍拉尔提出了一种关于科学革命的理想主义者的解释。这种解释倾向于否认外部社会或者意识形态压力对具有创造性的科学家所产生的影响,他们只而把创新性的科学家视为孤独的天才运用自己的大脑完成复杂的理论创新。㊲吉利斯皮讲述的关于牛顿的一件轶闻很好地说明了这一点。当牛顿的一位崇拜者问及"你怎样完成你的发现"时,牛顿说"靠常常思考它们"。㊳

依据这种浪漫主义的观点,科学革命成为个体开拓者的产物。这些个体开拓者是超凡脱俗的,甚至不受权利、政治和名誉的影响,他们只是一些

㉟ 参见 Hessen, 'Roots' (注释 31).

㊱ 唯物主义者对此进行了尖锐的批判,参见 A. R. Hall, The Scholar and the Craftsman in the Scientific Revolution', in M. Clagett (ed.), *Critical Problems in the History of Science* (Madison, Wis., 1962); A. R. Hall, 'On the Historical Singularity of the Scientific Revolution of the Seventeenth Century', in J. Elliott and H. Koenigsberger (eds.), *The Diversity of History* (London, 1970), 199–222; A. R. Hall, *Ballistics in the Seventeenth Century* (Cambridge, 1952).

㊲ 科学史上理想主义者的解释见 Corsi, 'History of Science' (注释 21) and P. B. Wood, 'Philosophy of Science in Relation to History of Science', in Corsi and Weindling (eds.), *Information Sources* (注释 21), 116–136. 关于 *Bachelard* 参见 M. Tiles, *Bachelard: Science and Objectivity* (Cambridge, 1984).

㊳ C. C. Gillispie, *The Edge of Objectivity* (Princeton, N.J., 1960), 117.

学院成员。浪漫主义作家华兹华斯对牛顿肖像的描述体现了这一点:“(牛顿)有一副棱角分明的和沉默的面孔,独自遨游在陌生的思想海洋里”;弗兰克·曼努埃尔在剑桥大学对牛顿简洁有力的刻画更具有代表性:“在一片知识的荒漠中,一位孤独的人创造了人类的理论体系”;㊴韦斯特福尔的评论也赞同这一观点:“据我对剑桥大学的了解,它作为一所教育机构未在引导牛顿走向新哲学方面发挥什么作用”。㊵的确,人们常常指出的是,牛顿在他“奇迹迭出”的一年,也就是1665至1666年间做出了许多伟大的发明,而为躲避瘟疫,牛顿这一年的许多时间是在林肯郡的乡下老家度过的。关于自己在1665至1666年间在剑桥大学和林肯郡所作的发明,牛顿有一段著名的描述:

542 1665年初,我发现了近似数列的方法以及把任何二项式缩略为此类数列的原则,同年5月我找到了格列高利和斯吕希乌斯正切的方法,11月发现了正流数法。第二年1月发现了色彩原理,5月份我开始涉及反流数法。还在这一年,我开始思索涉及月球的地球引力问题,并找到了如何估算围绕行星运转的天体给该行星表面所带来的压力的方法:依据开普勒关于据轨道中心3:2距离处行星的周期次数法则,我推断出使行星处在轨道中的力量一定是可以互逆的,相当于行星与运转中心之间距离的平方,因此把使月球处于轨道内的力与地球表面的重力相比,我发现它们很接近。所有这些均在发生瘟疫的1665至1666年间完成。因为与我生命中的任何时间相比,这段日子我都处在发明的黄金时期,处在对数学、哲学产生浓厚兴趣的黄金时期。㊶

在这一解释中,大学在科学革命中发挥的作用很小——也许只是为一些科学天才提供膳宿——因为大学把这些天才们视为在大脑中设有自己的研究中心的人。但是,如果说关于科学革命所作的宽泛的社会学解释假

㊴ F. Manuel, *A Portrait of Isaac Newton* (Cambridge, Mass., 1968), 133.

㊵ Westfall, 'Newton' (注释5), 147.

㊶ 引自 A. R. Hall, *The Revolution in Science 1500 - 1750*(London, 1953), 307.

设过多的话，那么这种理想主义的解释的确否定太多。因为我们一旦仔细审查一下科学家和科学革命时期的科学的话，一些重要的科学家对机构的依赖模式就会浮现出来。

证据的考察

毋庸置疑，一些主要证据可以说明科学革命是大学的产物。一方面，无论依据任何标准都对科学革命做出贡献的人绝大多数都接受过大学教育。一些统计数字可以说明这一点。因在科学研究方面做出重要贡献而被载入《国家传记辞典》的生活在17世纪末的65名英国科学家中，75%的科学家曾在牛津大学和剑桥大学接受教育，还有5%是其他大学的毕业生。[42]同样，1663年伦敦皇家协会的115名成员中，65名成员在大学学习过。[43]如果对整个欧洲进行列举的话，会牵涉到方法和可比性等令人头疼的问题(准确地讲，何类教育机构可以称得上大学？一个人是在哪里完成 543
科研成果的?)。但只要粗略地浏览一下科学名人录就会很快证实上述印象。阿尔德罗万迪曾在帕多瓦大学就读，培根与巴罗曾就读于剑桥大学，伊拉斯谟·巴托林曾在荷兰大学接受教育，著名的伯努利·詹姆斯、伯努利·约翰、伯努利·尼古拉斯赴巴塞尔大学就读，布尔哈夫是在莱顿大学接受的教育，玻意耳住在牛津大学，第谷·布拉厄在哥本哈根大学接受教育，卡梅拉里乌斯在图宾根大学，卡尔达诺在帕维亚大学和帕多瓦大学接受的教育，卡西尼在热那亚的耶稣会学院接受教育，摄尔西乌斯就读于乌普萨拉大学，切萨皮诺就读于比萨大学，雷亚多·科隆坡赴帕多瓦大学就读，哥白尼曾在克拉科大学、博洛尼亚大学、帕多瓦大学和费拉拉大学接受过教育，如此可以按照字母表列举下去。[44]在为科学革命做出贡献的最杰出的二三百名科学家中，只有极少数人没有接受过大学或者按照宗教原则创办的提供类似高等教育的学院(尤其是耶稣会或者奥拉托利会)的教育。特殊的

[42] 数据引自 Gascoigne, 'Universities and the Scientific Revolution'(注释8), 393.

[43] M. Hunter, *Science and Society in Restoration England* (Cambridge, 1981), 60, 62.

[44] 传记材料来自 C. C. Gillispie (ed.), *Dictionary of Scientific Biography*, 16 vols. (New York, 1970–1980).

例外情况是，一些人出生在富有家庭，可以接受私人教育。比如惠更斯（一个有名望的知识分子的儿子）和帕斯卡就是其中的两人。其他的人出生在不能为他们提供大学教育的贫穷家庭，必须通过自己艰难的努力或其他渠道取得成功：外科医生安布鲁瓦·帕雷就是通过作学徒来获得成功的，化学家利巴威斯和最早的冶金学家比林古乔通过为意大利王子服务而获得盛名。少数人在商场上获得了成功：最早的显微镜专家列文虎克最初是一位服装商，本杰明·富兰克林起初是以印刷工人开始自己的生涯的。然而这些均是特殊的例子。在名人录上按照字母顺序从阿尔德罗万迪到雷恩，在科学革命中享有盛名的绝大多数人均在大学中接受了他们全部或部分的高等教育。

这样陈述似乎是在不厌其烦地说些显而易见的东西，然而就像我在前面引述贝尔纳的话（“就他们的科学成就而言，19 世纪中期以前所有伟大的科学家均是自学成才的”）[45]所表明的那样，为了纠正错误的见解，强调这一点是有必要的。另外，这一点也并非微不足道，因为在后来的世纪中，绝没有这么多在科学上取得成就的科学家接受过大学教育，或在类似于大学的机构中学习过。18、19 世纪科学发展的长河中有许多从未被大学录取的伟大人物——地理学先驱威廉·史密斯和自然选择进化理论的共同提
544 出者阿尔弗雷德·拉塞尔·华莱士就是其中的两位，这些人有的出身贫寒，有的出身显贵，受过私人教育，是科学事业的业余爱好者。同样在实践和实验科学领域，许多主要实践者都是在店铺或工厂中取得成就的。物理科学领域更是如此。伦敦皇家学院的两位伟大科学家——哈姆弗里·戴维和迈克尔·法拉第——从没有上过大学。然而在近代早期，大学教育与科学声望之间的联系表现得尤为明显。

我们可以更有说服力地说明这一点。在近代科学发展早期，绝大部分的伟大科学家实际上是在大学里以教授为业的（或者至少是以大学教授开始自己事业的）。我们的确听到许多这样的故事：第谷拒绝出任哥本哈根大学校长一职（他认为，教授是“追求虚幻东西的人”，是“沉溺于不切实

---

[45] Bernal, *Social Function* (注释 9).

际的繁文缛节和空洞文字职业的人”),[46]而希望在赫温岛上创办自己的研究基地;哥白尼在弗劳恩伯格担任主教堂牧师;开普勒经常巡游;笛卡尔独自寓居荷兰。这些都是事实。但是不知还有多少知名科学家是地地道道的大学教授呢!阿尔比努斯在莱顿大学,阿尔德罗万迪在博洛尼亚大学,阿塞利在帕维亚大学,巴罗在剑桥大学,巴托林在哥本哈根大学,伯努利·詹姆斯,伯努利·约翰、伯努利·尼古拉斯三人在巴塞尔大学,布尔哈夫在莱顿大学,博雷利在墨西拿大学,布拉得雷在牛津大学,卡梅拉里乌斯在图宾根大学,卡尔达诺在帕维亚大学和博洛尼亚大学,摄尔西乌斯在乌普萨拉大学执教等,许多富有创造性的科学家均在大学里拥有教授职位。很可能直到最近的世纪之前,大量优秀的科学家都在大学里拥有教授职位。

当然,科学家在大学里拥有职位不能说明一切问题。一些著名的大学在职成员(如 17 世纪剑桥大学医学教授弗朗西斯·格利森)事实上是一个的缺席者,总是指派其助手完成他的职责。与今天的情形一样,许多人在领取薪水的同时,还对大学经费短缺牢骚满腹。一些人离开了大学。伽利略庆幸自己在 1610 年放弃了帕多瓦大学的教授职位,成为佛罗伦萨托斯卡纳公爵宫廷的科学家和哲学家;牛顿在 1696 年离开了剑桥大学成为铸币局的大师(然而他直到 1702 年才放弃他的大学职位)。就伽利略而言,认为他最好的工作是在放弃大学职位以后完成的是有争议的(大学毕竟为 545
他完成这些工作做好了准备)。[47]但是,就像牛顿一旦离开剑桥大学赴伦敦后,他的科学发明实际上已经停止了一样,韦萨琉斯在放弃帕多瓦大学职位出任查理五世的宫廷内科医生后,在解剖学方面也毫无建树。[48]

但是仅根据许多著名科学家在大学里拥有教授职位这一事实,就认

---

[46] Westman, ‘Astronomer’s Role’(注释 1), 123. 关于第谷参见 J. L. E. Dreyer, *Tycho Brahe: a Picture of Scientific Life and Work in the Sixteenth Century* (Edinburgh, 1890; 2nd edn New York, 1963); W. Norlind, *Tycho Brahe: en levnadsteckning med nya bidrag belysande hans liv och verk*, Skansk senmedeltid och Rënassans, skriftserie utgiven au Vetenskaps-Societeten, 1 (Lund, 1970).

[47] S. Drake, *Galileo at Work: his scientific Biography* (Chicago, Ⅰ11., 1978); S. Drake, *Galileo Studies: Personality, Tradition and Revolution* (Ann Arbor, Mich., 1970); W. R. Shea, *Galileo's Intellectual Revolution: Middle Period 1610 – 1632* (London/ New York, 1977).

[48] R. S. Westfall, *Never at Rest: a Biography of Isaac Newton* (Cambridge, 1980).

为大学孕育了科学革命也是荒谬的。但是当我们回顾一下地位显赫的科学家和具有创造性的科学家如韦萨琉斯、牛顿、伯努利·詹姆斯、伯努利·约翰、伯努利·尼古拉斯、布尔哈夫、格斯纳、哈勒、林内乌斯、马尔皮基、莫尔加尼等,在他们发明创造处于旺盛时期的大部分时间内,均在大学里拥有职位,就有理由认为"这次科学革命的历史几乎完全是在大学之外完成的"(和阿什比一样)这一观点尤其不合情理。[49]一方面,在16和17世纪期间,是大学为这些人提供了生活保障——为他们发放薪水(虽然往往薪水不太高)和提供相对稳定的职位——没有这些很难想象一个现在受到支持的永久、稳定的国际科学共同体的存在。诚然,自皇家科学院建立之日起,在皇室的保护下,科研机构为科学家提供了少数几个定期付酬职位;[50]当然,在此之前,各地也有少数几位以皇家科学家、皇家占星家、皇家内科医生和类似职位获得资助的科学研究者。近代早期大学是科研事业的生命线。

另外,这一时期为科研人员提供的大学付酬职位的数量激增。关于绝大多数大学教授职位设立的分析表明大学付酬职位数量表现出明显的扩张。以牛津大学和剑桥大学作为例子,它们在17世纪的增长是相当显著的。16世纪的牛津大学和剑桥大学教授职位的数量非常有限:1527年设立利纳克尔讲师职位,1540年和1546年设立钦定物理讲座教授职位。但是牛津大学在17世纪早期扩展很快,在1619年设立萨维尔几何学和天文学教授职位,1621年设立塞德雷安自然哲学教授职位,1622年拥有但比伯爵植物园,1624年设立汤姆林斯解剖学高级讲师职位,1669年设植物学教授职位。剑桥大学的扩展紧随其后:1663年设立卢卡森数学教授职
546 位——牛顿的职位——接着1702年设立化学教授职位,1704年设立解剖学教授职位,1724年设立天文学和几何学教授职位。[51]当然,对大学教授职位快速增长的理解必须置于整个欧洲大背景之下进行,欧洲大学总数稳

---

[49] Ashby, *Technology* (注释 8).

[50] 参见 R. Hahn, 'Scientific Careers in Eighteenth-Century France', in Crosland (ed.), *Emergence* (注释 15), 127 - 138; M. P. Crosland, 'The Development of a Professional Career in Sciences in France', in Crosland (ed.), *Emergence* (注释 15), 139 - 160. And R. Hahn, *The Anatomy of a Scientific Institution: the Paris Academy of Sciences 1666 - 1803* (Berkeley, Calif., 1971).

[51] 参见 Frank, 'Science, Medicine and Universities'(注释 10).

步增长,1650 年大学总数约 100 所。

除为科研人员在提供基本生活保障方面发挥关键作用之外,大学还在科学发展方面发挥了其他作用。大学为许多学生了解自然科学,并与大师级教师进行面对面交流提供了机会。不知开普勒在图宾根大学从曾经教导他的梅斯特林那儿受益多少,也不知牛顿在剑桥大学学习期间从老师巴罗那儿获得多少教益,但是,年轻学子受过导师的启发和引导却是不容置疑的。当然绝不是所有知名的科学教授都开办讲座或者指导学生。牛顿一年中仅举办八场讲座(由于当时牛顿讲座的内容在于帮助理解《数学原理》,任何参加或能够理解讲座内容的人均在科学研究领域做出了突出成就)。

但许多著名科学家都以他们的教学使命、以拥有吸引学生和赢得年轻人拥护的才能而深感骄傲。尤其在文艺复兴时期的意大利和其他地方的医学院里,教室和解剖实验室的合二为一使教授的课堂成为宣传解剖学和病理学革新的重要场所,从而使大批杰出的学生投身著名教授的门下:哈维是法布里希乌斯的学生,他对静脉的瓣膜和胎儿感兴趣也许是受他老师的影响;而法布里希乌斯曾经是法洛皮奥的学生,法洛皮奥又是安东尼奥·穆萨·布拉萨沃拉的学生,等等。[52]1450 至 1650 年间对医学做出贡献的人中,绝大多数得益于在意大利大学里所接受的医学教育。稍后的蒙彼利埃大学、布尔哈夫领导下的莱顿大学、霍夫曼和施塔尔时期的哈勒大学,[53]以及接着从 18 世纪中叶起,拥有以卡伦、布莱克、门罗家族和詹姆斯为首的教授队伍的爱丁堡大学,不仅成为训练行医内科医生的重要中心,而且也成为创新和传播解剖学和生理学新知识的关键场所。[54]自然历史学的最伟 547
大的推动者——林内乌斯的成年时期一直出任乌普萨拉大学的教授,他把对分类学的热爱与教学有机地结合起来,并率先把他的学生组成一个科研

---

[52] 例见 J. J. Bylebyl (ed.), *William Harvey and his Age* (Baltimore, Md., 1979).

[53] 最近的记述见 J. Geyer-Kordesch, 'German Medical Education in the Eighteenth Century: the Prussian Context and its Influence', in W. F. Bynum and R. Porter (eds.), *William Hunter and the Eighteenth-Century Medical World* (Cambridge, 1985), 177 - 206.

[54] 关于爱丁堡大学医学教育的最新研究见 C. J. Lawrence, 'Ornate Physicians and Learned Artisans: Edinburgh Medical Men, 1726 - 1776', in Bynum and Porter (eds.), *Hunter* (注释 53), 153 - 176.

团队,就像19世纪吉森大学的李比希在有机化学领域所做的那样。[55]

大学还为科学研究提供了个人所不能获得或尚未占有的宝贵资料。图书馆的重要性自不待言,但提供书籍并不是全部内容。到16世纪,大多数意大利大学已富足到拥有自己的药物园及拥有大量自然历史收藏品的程度,数个世纪以来,这些均成了鉴定植物和化石的指南。[56]米兰大学、博洛尼亚大学、布拉格大学、莱顿大学里陈列着大量的收藏品,牛津大学拥有丰富自然历史收藏品的阿什莫林博物馆的建立,伍得沃蒂恩把自己的收藏品捐赠给剑桥大学,都为自然历史的研究奠定了基础。[57]另外,(虽然就重要性而言,任何一所大学观测站都不能与那些规模较大的私人或者皇家观测站相比)随着望远镜的出现,对大学观测站的投入也开始增加。医学院学生解剖设备的配置、化学实验室的逐步建立为学生们提供了实践的机会,集体性的尝试变得真实具体起来。

但是有组织的科研活动的开展究竟从大学那里获得多少激励? 与19世纪末或20世纪的大学相比,作为一个机构,有幸获得研究捐赠、拥有学生和政府合同的近代早期大学一般不鼓励集体性的科学探索。然而大学常常是有价值的思想融会之所——学生、教授、访问学者汇聚于此并交流思想。比如,17世纪50年代,牛津大学有幸拥有几个为科学献身的团体。一个团体以众灵学院为聚会之所,成员包括克里斯托夫·雷恩和约翰·梅奥, 马修·雷恩和罗伯特·玻意耳也前来访问出席。另一个小团体在基督教堂学院附近聚会,成员包括托马斯·威利斯、约翰·沃德、理查德·洛厄、罗伯特·胡克、纳撒尼尔·霍奇斯、亨利·施图贝和约翰·洛克。在沃德海姆学院,以约翰·威尔金斯为中心也形成了一个学术团体,成员包括劳伦斯·鲁克、沃尔特·波普、克里斯托夫·雷恩和塞思·沃德。这些团体中的许多成员均在科学领域取得了成功——确实有,多数人很快成为皇家协会成员,也

---

[55] 关于林内乌斯,参见 T. Frängsmyr (ed.), *Linnaeus. The Man and His Work* (Berkeley, Calif., 1983); S. Lindroth, *A History of Uppsala University 1477 – 1977* (Uppsala, 1976), 92 – 146.关于李比希,参见 J. B. Morrell, 'The Chemist Breeders: the Research Schools of Liebig and Thomas Thomson', *Ambix*, 19 (1970), 1 – 46.

[56] 参见 Schmitt, 'Italian Universities' (注释 15).

[57] 参见 O. Impey and A. MacGregor (eds.), *The Origins of Museums. The Cabinet of Curiosities in Sixteenth and Seventeenth-Century Europe* (Oxford, 1985).

548

许诸如西门托学院和皇家协会等聚会地点的建立表明专家们缺少一个聚在一起讨论科学问题的地方,而这一方面大学明显不能充分提供。[58]但人们应该看到,作为科学体制外部延伸的存在于大学之外的科学团体却源于17世纪大学的成功动议,[59] 并且这些团体可能具有科研的作用。17世纪50年代牛津大学科学团体的许多成员都在(罗伯特·弗兰克认为)自觉地按照哈维划定的路线从事科学研究工作,因此,玻意耳、威利斯、洛厄、梅奥和胡克等人都以不同的方式使哈维理论在呼吸作用、发酵活动和肌肉运动研究领域取得进展。

大学和科学思想

我一直试图说明:近代早期的大学是实施科学教育的机构,科学知识得到传播和扩散,大学引发了人们的科学兴趣。或许对开展科学活动变革来说,造就足够数量的具有科学素养的人才是不可或缺的。这并不是说大学就是促进科学发展的理想场所。以下事实将充分证明这一点:这一时期绝大多数关于理想科学活动蓝图的规划均不是在大学或学院中完成的,而是在一些专业性更强、设备更齐全、更独立的研究机构或研究社团中完成的。培根的"所罗门俱乐部"就是一项富有远见的计划,斯威夫特的"拉甘都大学园"即为效仿"所罗门俱乐部"的结果。[60] 与这些乌托邦式的设想相近似的组织开始涌现。17世纪在欧洲大学之外出现了各种非正式的科学团体——比如,布拉格的鲁道夫二世宫廷周围的学者群体。[61]后来,如巴黎蒙莫学园之类的更多正规团体开始出现,随后产生了一些有组织的科学学

---

[58] 参见 Frank, *Harvey* (注释 14).

[59] 参见第 11 章,第 484－487 页。

[60] 参见注释 28 所引的著作。

[61] R. Evans, *Rudolph II and His World* (Oxford, 1973); R. Evans, 'Learned Societies in Germany in the Seventeenth Century', *European Studies Review*, 7 (1977), 129－151; B. T. Moran, 'Science at the Court of Hesse-Kassel: Informal Communication, Collaboration and the Role of the Prince-Practitioner in the Sixteenth Century', Ph. D., Los Angeles, Calif., 1978.

549 园，如林西学院、西门托学院或稍后出现的皇家科学学园和伦敦皇家协会。[62]许多科学家聚集在这些机构之中，不需承担教学义务，且常常免受正统派神学观念的影响，这里为科学家提供了一个比大学更具活力、更安全的科学环境。一个世纪以来，理想的科学研究场所不在学院性学术世界之内，而在学园或学术团体的世界之外。哥廷根大学和后来的柏林大学实现“教学自由”与“学习自由”的新理想之后，大学再一次成为探索真理的典范。[63]然而很难看出，如果缺乏大学提供的基本教育和保护，科学如何在社会中确立自己的位置。

如果我们把目光从科学家移向科学思想的话，这一点将表现得更明确。这两者之间存在明显的相关。16、17世纪，那些发生了巨大变革的科学领域，那些取得令人难以置信的进展的科学领域，恰恰正是大学里最突出的课程。我们要把从哥白尼到牛顿的科学革命与天文学和宇宙论领域的巨大革新联系起来，与物质理论方面的转变联系起来（从亚里士多德的元素论到微粒、机械哲学的转变），与新的运动理论、机械规律、动力学、惯性和动力思想联系起来，与接受普遍性自然规律支配的无限空间论和同质性宇宙论的胜利联系起来，而且至少要与定量的出现，尤其是在牛顿《数学原理》(1687)中达到顶峰的自然科学的数学原理联系起来。自13世纪以亚里士多德、欧几里得、托勒密、海桑及其评论家为中心、以传授“三艺”、“四艺”为基础的大学形成以来，所有这些广泛的科学领域——天文学、物理学、数学，以及更广泛的自然哲学——均深深地植根于大学的土壤之中。

虽然早期历史学家认为学究们的科学不久就趋于僵化，但是现在关于中世纪末期和文艺复兴时期学院物理学和形而上学的研究修正了这一判断。[64]研究发现，各类大学——尤其是14世纪的牛津大学和文艺复兴时期

---

[62] H. Brown, *Scientific Organizations in Seventeenth-Century France (1620 – 1680)* (New York, 1934); M. Ornstein, *The Rôle of the Scientific Societies in the Seventeenth Century* (Chicago, Ill., 1928).

[63] 参见 McClelland, *State, Society and University*.

[64] 参见第Ⅰ卷，第11章；C. B. Schmitt, ‘Towards a Reassessment of Renaissance Aristotelianism, *History of Science*, 11 (1973), 159 – 193; C. B. Schmitt, ‘Philosophy and Science in Sixteenth-Century Universities: Some Preliminary Comments’, in J. E. Murdoch and E. D. Sylla (eds.), *The Cultural Context of Medieval Learning* (Dordrecht, 1975), 487 – 537.

的帕多瓦大学——就惯性和运动理论等展开了激烈讨论。学者们还不断地发现16世纪缜密而经过彻底洗礼的亚里士多德理论所发生的变化，而 550
这一变化是通过摒弃陈旧的阿拉伯式评论、重新研读原始的纯洁文本，尤其是随着人文主义思想与希腊观念的引入，加上对柏拉图哲学、斯多葛派学说以及其他补充性的思想的吸收而实现的。[65]

同等重要的是，研究表明数学在文艺复兴时期的大学里取得了巨大进步。最初，至少16世纪的意大利大学里设立了无数个数学教授职位；随后在其他大学里也取得了类似的进步——尤其在拉谟斯主义者们的影响下——结果，与笛卡尔曾就读的拉弗莱什学院情况相同的耶稣会学院的主要优势之一就是数学教育。这样的发展或许并不令人惊奇，毕竟数学对于揭示充满柏拉图主义和毕达哥拉斯主义的文化所体现的宇宙的根本和谐发挥着重要作用。[66]对于帮助天文学之类的学科实现诸如矫正立法错误之类的社会和宗教目的而言，准确的计算是至关重要的。然而，在16世纪人文主义的影响下，数学已获得越来越大的文化声誉。数学已不再是一门纯粹的辅助课程，不再仅仅是一门基础学科，而更成为一门具有自己特色的学科。[67]

当然，从根本上来说，15、16和17世纪大学所讲授的自然哲学框架是属于亚里士多德理论学派的，形而上学、伦理学和神学的整个理论大厦依赖于这一自然哲学基础的牢固性和统一性。然而，在亚里士多德理论体系中存在许多值得怀疑、询问、争论和修正的地方。正像对存在于关于宇宙的数学解释和物理学解释之间联系的争论一样，运动原理(惯性、动力)也长时间处于激烈的争论之中。现在，科学革命一个最伟大的转变就包括对

---

[65] 经院哲学与其后的科学二者之间的联系见 S. C. Reif, 'The Text-book Tradition in Natural Philosophy 1600 – 1650', *Journal of the History of Ideas*, 30 (1969), 17 – 32; C. B. Schmitt, 'The Faculty of Arts at Pisa at the Time of Galileo', *Physis*, 14 (1972), 263

[66] 数学的发展见 F. De Dainville, 'L'enseignement des mathématiques dans les collèges Jésuites de France du seizième au dix-huitième siècle', *Revue d'histoire des sciences et de leurs applications*, 7 (1954), 6 – 21, 109 – 123; republished in F. De Dainville, *L'Education des Jésuites (XVI e -XVIII e siècles)*, ed. M.-M. Compère (Paris, 1978), 323 – 354; P. L. Rose, *The Italian Renaissance of Mathematics, Studies on Humanists and Mathematicians from Petrarch to Galileo* (Geneva, 1975).

[67] Westman, 'Astronomer's Role' (注释 1).

亚里士多德学派关键理论所进行的一系列反驳。但这些都是学者们的工作,他们所接受的大学教育使他们不仅精通亚里士多德学派的传统理论体系,而且对于来自亚里士多德学派传统理论体系内部的许多反对意见也非常熟悉。这些学者一般善于援引亚里士多德的观点来反对亚里士多德,学
551 者们在大学中所掌握的数学知识为他们实现将以定性为主的自然模式转换成具有更多定量因素的自然模式提供了强有力的工具。这些伟大的科学革新者摒弃了亚里士多德,但正是他们所拥有的亚里士多德理论的学术基础使他们具备了摒弃亚里士多德理论的能力。这样,培根(曾在剑桥大学接受教育)摒弃了从前在学校所接受的逻辑推理方法,但是他这样做是以和亚里士多德提出的特别相近的一种逻辑归纳推理方法进行的。[68]哈维(受教于剑桥大学和帕多瓦大学)摒弃了加伦有关血液的讲述,然而他却依据亚里士多德的理论基础和神学理论基础证实了血液循环的原理。[69]笛卡尔(在一所耶稣会学院接受了的一种经院式的教育)摒弃了在校所学的运动原理,但却提出了和亚里士多德理论中的“可怕的真空”相似的“广度”的概念。[70]而伽利略——也许是历史学家争论最多的人——的确是所有人中反对经院哲学、反对偶像崇拜呼声最高的一位,据说保留和运用了大量学究气很足的术语和论据,尤其坚持宇宙的异质性原理、坚持月球轨道的内外之分。[71]强调这一点并不是说论证“连续性”的问题,而是说明科学革命涉及到一场理论和学术科学方面的“内部革命”。

科学革命在学院教育倡导按照严格的理性和形而上学进行理论建设的一些领域表现得最为显著。这可以用另一种较为消极的方式说明:17世纪的科学革命对于那些处于大学边缘领域的探索并不太成功,大量的化

---

[68] L. Jardine, *Francis Bacon. Discovery and the Art of Discourse* (Cambridge, 1974).

[69] 特别要参见 E. Lesky, ‘Harvey und Aristoteles’, *Sudhoffs Archiv*, 41 (1957), 289 – 316, 349 – 378; J. S. Wilkie, ‘Harvey's Immediate Debt to Aristotle and Galen’, *History of Science*, 4 (1965), 103 – 124; C. Webster, ‘Harvey's *De generatione*: its Origins and Relevance to the Theory of Circulation’, *British Journal of the History of Science*, 3 (1967), 264 – 274; W. Pagel, William Harvey's Biological Ideas (Basle/New York, 1967); W. Pagel, ‘William Harvey Revisited’, *History of Science*, 8 (1969), 1 – 31; 9 (1970), 1 – 41.

[70] E. Gilson, *Etudes sur le rôle de la pensée mediévale dans la formation du système cartésien* (Paris, 1951).

[71] 参见 Drake, *Galileo Studies* (注释 47).

学实验、海上航行、农业、矿业和其他科学探索活动，都是在大学之外进行的，但是那些包含强有力新理论的全新的科学学科却不属于上述领域。

这样，至少直到 17 世纪后半期之前，由于偶然的原因化学被列为一门大学课程，并主要由一些炼丹家和药剂师之类的熟练工匠讲授。当然，化学在 16 和 17 世纪由于受到帕拉切尔苏斯的化学医学之类的激励而获得 552
较快发展。[72]然而，大多数历史学家都否认化学曾经经历一场根本性的革命，譬如化学的发展建立在一个确定的基础上。这就是那么多 18 世纪的科学家仍在积极寻求他们自己的“牛顿革命”的原因，就是拉瓦锡的工作被戏称为“迟延的化学科学革命”的原因。[73]当然这也说明虽然牛顿在自己的化学实验室花费了大量时间，也许想在冶金术和化学之间寻求某种联系，但他最终把自己所有的研究成果完全变成了私人的、没有公开发表的东西。[74]总的来说，经济压力与机遇、改革者们的化学梦想、社会中的手艺人和能工巧匠们还不足以在化学领域发动一场真正的变革。

主要在大学外进行的其他研究也面临同样的命运。毫无疑问，16 和 17 世纪野外科学、地理和航海学科的发展，进一步扩展了对由水路形成的地球的探索，积累起大量的实用知识。但是用更准确的科学标准来衡量的话，这些学科那时还没有经历一场类似“哥白尼式的革命”或“牛顿式的革命”。因此，直到 18 世纪末，诸如地质学一类学科的现代形式才得以确立。的确也只是在 18 世纪末才出现“地质学”这个术语。[75]同样，对人体物理特性，如热量、磁性和电性的研究也是在这时广泛实施的——有时就像磁性一样，是在类似神秘学的学科框架内开展的。这些研究主要是在大学自然哲学的大纲外进行的，因而往往缺乏重新界定基本概念所必需的关联性和

---

[72] A. G. Debus, *The Chemical Philosophy. Paracelsian Sciences and Medicine in the Sixteenth and Seventeenth Centuries* (New York, 1977).

[73] 有关讨论参见 I. B. Cohen, *Revolution in Science* (Cambridge, Mass., 1985), 229 ff.

[74] 参见 B. J. T. Dobbs, *Foundations of Newton's Alchemy* (Cambridge, 1975).

[75] R. Porter, *The Making of Geology* (Cambridge, 1977); M. Guntau, 'The Emergence of Geology as a Scientific Discipline', *History of Science*, 16 (1978), 280–290.

缜密性。⑯当然，认为只有依赖大学精英们超乎寻常的脑力才能进行科学革命是荒唐的。然而我是说，一些特定的科学领域——那些属于“七艺”范畴，形而上学、古典几何学和数学等纯粹理论性学科——尤其要经得起思
553 想革命的检验。这是一些大学里教得最多、研究最多、争论也最多的学科。科学的其他分支——应用性、描述性、经验性较强的学科或者野外科学，那些主要在大学外进行研究的学科——到目前为止很少(像其他学科那样)拥有足够清晰的概念，很少拥有常规性的公共活动领域而使自己具体起来。

科学的出走

然而这一判断冒着描绘出一幅静止画面的危险。借助于对经院逻辑学的评判，接受过大学教育的人在文学院的学科范围内所发起的科学革命打破了传统科学的束缚。当伽利略、培根和(较为不明确的)笛卡尔抨击传统科学权威的时候，他们强烈呼唤通过革新而不是依照传统设立科学发展和验证科学成效的新场所，呼唤革新而不是传统，呼唤眼睛观察到的事实而不是课本或者大部头著作，呼唤人类的共识而不是教授们武断的结论。观察、实验尤其是实验成为新的口号。⑰17 世纪期间确立了一整套例证显示了观察和实验如何打破学院教条：比如，托里拆利管(或者托里拆利真空)演示实验即摧毁了亚里士多德学派关于自然界拒绝(不存在)真空的看法，另外还有其他演示热量、体积、压力和膨胀之间关系的实验。

值得提出的是，许多此类新的使人大开眼界的实验工作是在大学之外开始的：帕斯卡是在山上进行的气压实验；最著名的气压检验实验——冯·居里克的实验——是由马德堡的一位市长进行的，尽管这位市长接受过大学教育；在佛罗伦萨公爵的资助下，西门托学园把物理实验作为他们的理

⑯ 参见 T. S. Kuhn, ‘Mathematical versus Experimental Traditions in the Development of Physical Science’, *Journal of Interdisciplinary History*, 7 (1976), 1－31; republished in T. S. Kuhn, *The Essential Tension: Selected Studies in Scientific Tradition and Change* (Chicago, Ill., 1977), 31－65.

⑰ 参见 B. J. Shapiro, *Probability and Certainty in Seventeenth-Century England* (Princeton, N. J., 1983).

论基础;[78]开展和接受实验报道成为伦敦皇家协会的主要任务之一。在许多方面,正是大学把机械哲学作为理论进行公开传播的,但是当科研人员需要占有机械设备(水泵、望远镜、显微镜、弹簧、阀、杠杆和类似设备)时——就像他们在17世纪末期所做的那样,大学之外的场所能更好地满足了他们开展科学实验的需要。[79]地处商业城镇的科学协会常常获得皇家或者贵族的资助,拥有设备基金和接近行业技术人员的优势。实验吸引了一些业余科学爱好者及追逐时尚的观众。自17世纪末机械哲学把实验运用到热、火、光、声音、大气压等现象中时,促进了科学知识生产中心从大学到封闭性学园或者开放性协会的转变。[80] 554

在另外一个科学领域也出现了类似的转变。受人文主义所激发的数学兴趣的推动,并得益于笛卡尔解析几何及后来牛顿和莱布尼兹微积分的发展,自然越来越数学化。自17世纪后期以来,日益复杂的代数技术逐渐用于解决自然哲学中最复杂的问题——月球轨道、地球轨迹、流体静力学、刚体特性等。18世纪之前,一批卓越的科学家——克莱劳特、欧拉、伯努利·詹姆斯、伯努利·约翰、伯努利·尼古拉斯——正在运用的技术完全摒弃了传统文科课程中的欧几里德几何。他们所研究的数学完全脱离了大学教学,并与大学教学格格不入。这些极其深奥的研究主要不是在大学里开展的,而是从王侯和封闭的学园那里获得庇护和资助:比如,在大部分工作时间里欧拉受聘于圣彼德堡科学学园。[81]如此一来,开始出现不一致。诸如爱丁堡大学和剑桥大学之类的进步大学普遍运用流数来讲授新的数学,如微积分、附加几何学。这对实现教学目的而言是最佳的,但对新的探索

---

[78] W. E. Knowles Middleton, *The Experimenters. A Study of the Accademia del Cimento* (Baltimore, Md., 1971).

[79] S. Shapin, 'Pump and Circumstance: Robert Boyle's Literary Technology', *Social Studies of Science*, 14 (1984), 481-520; S. Shapin and S. Schaffer, *Leviathan and the Air-Pump: Hobb Boyle, and the Experimental Life* (Princeton, N. J., 1985).

[80] 最好的讨论是 T. Hankins, *Science and the Enlightenment* (Cambridge, 1985), ch. 2.

[81] 参见 C. Truesdell, *Essays in the History of Mechanics* (Berlin, 1968). 比较 R. W. Home, 'Science as a Career in Eighteenth-Century Russia: the Case of Aepinus', *Slavonic and Eastern European Review*, 51 (1973), 75-94.

来说却是一个终点。[82]相比之下，少数几个声望卓著的精英人物组成的团体却成为有理数学和有理机械学的研究中心。

这样，我一直想要说明的是大学及其学术传统为科学革命提供了一
555 个范式。事实证明，科学革命是成功的，是具有发展活力的，并很快超越了大学的界限。并且基于许多根本性的彼此独立的原因，这一过程还与下列事实联系在一起：从17世纪下半叶起，欧洲大学的招生总数递减，大学作为文化精英的中心地位下降。从17世纪下半叶起，对于科学的知识地位来说，关键在于知识探索中心——尤其伴随大学之外从事科学职业的机会增加——获得规模空前的增长。

在这些知识探索中心中，有一些是私立的或非正式的。从17世纪40年代蒙特摩学园到拿破仑时期的阿尔塞维尔协会，由科学精英组成的小规模的团体在法国科学研究发展过程中发挥了关键作用。[83]在英格兰，从18世纪60年代起，月亮协会把科研人员、生产者和科学研究的业余爱好者聚集到正处于工业化进程之中的西部内陆群岛。[84]其他中心均是正式建立的自愿性团体，如伦敦皇家协会。还有几个中心是服务于政府的工具。科学学园、柏林学园和圣彼德堡学园均为一批经过仔细遴选的杰出科学工作者提供了科研工作的机会，以为资助他们的王室和一定程度的政府服务带来声誉。[85]对研究者来说，皇家学园可以为他们提供免于从事枯燥的教学工作的自由、免于宗教测试或者免于参加圣职授任仪式的自由，并且拥有教授所缺少的权利。对科学自身的发展来说，学会性科研机构承诺成为科研活动的推进器、科学信息交流中心，尤其要凭借科学出版物成为国际性的科学知识传播和知识产权登记的渠道，而大学几乎无望做到这一点。对于

---

[82] G. Davie, *The Democratic Intellect* (Edinburgh, 1961).

[83] Brown, *Scientific Organizations* (注释62); Ornstein, *Scientific Societies* (注释62); M. P. Crosland, *The Society of Arceuil* (London, 1967). 亦可见 Roche, *Le Siècle des Lumières*.

[84] R. E. Schofield, *The Lunar Society of Birmingham, a Social History of Provincial Science and Industry in Eighteenth-Century England* (Oxford, 1963). 亦可见 R. Porter, 'Science, Provincial Culture and Public Opinion in Enlightenment England', *British Journal for Eighteenth-Century Studies*, 3 (1980), 28–39.

[85] J. E. McClellan Ⅲ, *Science Reorganized: Scientific Societies in the Eighteenth Century* (New York, 1985).

文艺复兴时期的科学来说,如果大学是国际文学界的庇护所的话,那么国家科学协会在启蒙运动时代就继承并改变了大学的这一作用。就哲学来说,如德·达朗伯或者休谟就认为知识应该脱离学院,而与科学协会结合在一起;新兴的科学协会在麦克莱伦戏称为科学知识的"社会化"过程中发挥 556
了关键作用。[86]

然而,认为启蒙运动时期新式学园在科学发展中的作用超出了大学,并不是说大学把新科学拒之门外,或者在思想上排斥新科学。很明显,很多大学对发展新科学态度消极。宗教正统观念、审查制度以及大学作为培养牧师和律师基地的重要地位等综合因素,当然导致西班牙大学对科学漠不关心,但就 18 世纪西班牙的科学研究而言,是在基于经济发展目的而设立的国家学园内由个别神职人员进行的。[87]同样,大多数以德语为教学语言的大学一直维持着较小的规模,并仍然过多地卷入到宗教改革和反宗教改革对神学所造成的后果之中,因而对科学发展缺乏兴趣。[88]但绝不是到处都是这样暗淡的画面。17 和 18 世纪,为吸收新的科学发现成果,欧洲国家主要大学中包含自然哲学内容的标准本科生文科课程发生了持续转变。当然这种转变是渐进的和谨慎的。这并不奇怪,传统的亚里士多德自然哲学的上层体系是更为广泛的知识结构的有机的基础理论部分,包含伦理学、逻辑学、形而上学和神学的广泛的知识体系。整个理论体系作用的发挥取决于各部分的相互融合。任何情况下,亚里士多德的自然哲学绝不

---

[86] McClellan, *Science Reorganized* (注释 85), xxiii.

[87] D. Goodman, 'Science and the Clergy in the Spanish Enlightenment', *History of Science*, 21 (1983), 111 – 140; G. Delpy, *L'Espagne et l'esprit européen: l'oeuvre de Feijóo (1725 – 1760)* (Paris, 1936); M. E. Burke, *The Royal College of San Carlos: Surgery and Spanish Medical Reform in the Late Eighteenth Century* (Durham, 1977); Ajo González, *Universidades hispánicas*; *Kagan, Students and Society*.

[88] J. M. Fletcher, 'Change and Resistance to Change: a Consideration of the Development of English and German Universities during the Sixteenth Century', *History of Universities*, I (1981), 1 – 36; J. Engel, 'Die deutsche Universitäten und die Geschichtswissenschaft', *Hundert Jahre Historische Zeitschrift, 1859 – 1959* (Munich, 1959), 248 – 249. 关于德国科学的发展,参见 K. Hufbauer, 'Social Support for Chemistry in Germany during the Eighteenth Century: How and Why Did it Change?', *Historical Studies in the Physical Sciences*, 3 (1971), 205 – 231; R. S. Turner, 'University Reformers and Professorial Scholarship in Germany, 1760 – 1806', in Stone (ed.), *The University in Society*, vol. Ⅱ, 495 – 532.

仅仅是机械学、流体静力学、光学等学科中纯粹技术假设的综合;为维持传统形式、物质、天国的完美与永恒性法则,人们相信应把深奥的真理与自然理性和造物主在其造物中所体现的智慧联系起来。

557 因此把新科学纳入到教学课程是一个非常琐碎的过程。[89] 在莱顿大学的法语学院,在日内瓦学院的意大利语系,新学说——如伽利略的落体定律——在遭到或多或少的抵制之后融入到有限宇宙和四元素学说的传统体系中去。实际上到处均废除了托勒密的宇宙论(1619 年,亨利·萨维尔爵士坚持认为牛津大学的天文学教授应该传授托勒密学说和哥白尼学说的理论体系);特别在法国,托勒密的宇宙论普遍被第谷(宇宙)体系所取代。即使还保留着宇宙不可毁灭的一般理论体系,但是像太阳黑子、木星的卫星的发现和月亮外彗星存在的事实还是常常可以让人接受。这无疑表明学术界某种保护性保守主义的存在。但是关于新科学的种种反应也说明教授的思想自由和思想独立,并再一次提醒我们科学革命中不存在决定某一方取得最终胜利的决定性因素。

大学如何迅速、广泛地吸收新科学的确给我们留下深刻印象。甚至在 18 世纪初之前,荷兰大学,尤其是在赫拉弗桑德和穆申布鲁克的推动下,莱顿大学引进了关于牛顿学说的一种解释和试验哲学(穆申布鲁克发明了"莱顿广口瓶")。[90]从 1709 年起,波伦尼在帕多瓦大学的课堂上一直运用实验的方法。[91]也许最突出的一点是,18 世纪剑桥大学学院的导师们似乎很早就放弃了亚里士多德经院哲学的整个"包袱",发展起一种大众化牛顿学说的创新性综合理论体系,形成了以洛克经验主义为基础的心理学认识论逻辑学,而其中最重要的是以标准的日常应用数学体系和欧几里得几何学取代了传统的学院形而上学体系。

---

[89] 详见第 14 章(有文献资料)。

[90] P. Dibon, *La Philosophie néerlandaise au siècle d'or*, vol. I: *L'Enseignement philosophique dans les universités à l'époque précartésienne 1575 – 1650* (Paris, 1954); E. G. Ruestow, *Physics at Seventeenth- and Eighteenth-Century Leiden* (The Hague, 1973); C. L. Thijsen-Schoute, 'Le cartésianisme aux Pays-Bas', in E. J. Dijksterhuis, C. Serrurier and P. Dibon, *Descartes et le cartésianisme hollandais* (Paris/Amsterdam, 1950), 183 – 260.

[91] B. Dooley, 'Science Teaching as a Career at Padua in the Early Eighteenth Century: the Case of Giovanni Poleni', *History of Universities*, 4 (1984), 115 – 178.

准确地说,混合模式——数学荣誉学位考试的前身——出现的原因还很难说明(毕竟牛津大学没有效仿此类做法),并且考虑到乔治时代剑桥大学的麻木状态,它对科学所产生的短期影响并不鼓舞人心。从长远来看, 558 唯一以数学为基础的本科课程的出现无论对学生教育(尤其是为升级、分班的笔试铺平了道路),还是从18世纪末为英国数学、物理学繁荣期的出现都发挥了极大的促进作用。[92]与此类似的发展——洛克的归纳逻辑推理和牛顿的机械哲学代替了亚里士多德的原理体系,也成为18世纪苏格兰大学的一大特色。[93]

虽然一般来说,直到法国革命后的改革时期大学才成为新科学发展的主要场所,但是这样就得出大学对新科学充满敌意的结论是错误的。但是有一门学科的教学和发展一直是完全以大学为中心的,那就是医学。的确也偶尔听到一些反对意见,比如,据报道,托马斯·西德纳姆主张"药物学知识不能通过大学教育来获得";[94]但是这种情况很少。虽然存在一些很少的例外,但自中世纪以来上层欧洲内科医生的教育一直是在大学里进行的,并且大多数解剖学、生理学和医学理论方面的重大进展均是在大学环境里发生的。一些特殊的学科时盛时衰,但是没有出现任何一种相应的机构能够成为医学教育和医学权威的中心。尤其是就整个欧洲而言,医学行会有权颁发行医资格证,但却不能提供医学教育或者推动医学方面的研究。

大学在医学教育领域占据统治地位的原因很难找到。有志成为内科医生的人渴望拥有基于自由的大学教育而带来的声誉,而不是仅仅拥有诸

---

[92] Gascoigne, 'Universities and the Scientific Revolution' (注释8); J. Gascoigne, 'Mathematics and Meritocracy: the Emergence of the Cambridge Mathematical Tripos', *Social Studies of Science*, 14 (1984), 547 - 584; J. Gascoigne, 'Politics, Patronage and Newtonianism: the Cambridge Example', *The Historical Journal*, 27 (1984), 1 - 24.

[93] J. R. R. Christie, 'The Rise and Fall of Scottish Science', in Crosland (ed.), *Emergence* (注释15), 111 - 126; J. B. Morrell, 'The Audience for Science in Eighteenth-Century Edinburgh', *History of Science*, 12 (1974), 95 - 114; P. B. Wood, 'Thomas Reid, Natural Philosopher: a Study of Science and Philosophy in the Scottish Enlightenment', Ph. D., Leeds, 1984.

[94] 引自 J. Ward, *Diary of the Rev. John Ward*, 由 C. Severn 整理(London, 1839), 242.

如学徒制所赋予的工具性的、实用性的地位。进一步来说,医学学位可以充当颁发行医资格证的权威部门大门的通行证。另外,数世纪以来不同国家的大学成为可以合法而安全地解剖尸体的为数不多的地方之一。解剖
559 实验室里的技能——演示的技能而不仅仅是解剖的技能——为韦萨琉斯、法洛皮奥和其他人赢得了大批的观众。在16和17世纪的大部分时期内,意大利医学院成为吸引来自欧洲所有地方的学生的场所,因为它把精良的教学设施(包括最早搜集的自然历史的材料和植物园)与医学发展中心的名声融合在了一起。文艺复兴时期医学界的著名人物:切萨皮诺、法洛皮奥、雷亚多·科隆坡、法布里希乌斯、桑克托雷斯、马尔皮基等几乎全是意大利医学院的教授。稍后,布尔哈夫在莱顿开办的学校承蒙附属于医学院的教学诊所发展的帮助,声名显赫;在德国,施塔尔和霍夫曼领导下的哈勒学院发挥了同样的作用;到18世纪中期,以卡伦、门罗家族和格列高利为首的爱丁堡大学,也在教授大批部分受其优良的临床设施吸引而来的讲英语的学生。只有在英格兰,大学和主要医学教学中心之间才存在分界线,比如在伦敦。这种情况为欧洲所仅有。[95]

在大学常被指责与社会失去联系的世纪里,大学在医学领域很明显满足了社会的——和职业的——需求,在"城市大学里",比如意大利和苏格兰,城市元老们有时非常慷慨地为医学院拨付大量资金和资源,承认城镇居民的利益和大学师生们的利益是一致的。[96]并且,只有通过医学发展所需要的推动者所提供的服务,植物学、药物学和化学等才能最终在大学里获得真正的发展。

新科学和大学

以"17世纪大学的失败"为标题,约瑟夫·本－戴维提出"为什么17世纪的新科学一直徘徊在大学之外"这一疑问。[97]这一问题基于以下两个原

[95] 参见第11章,第454页。

[96] C. D. O'Malley (ed.), *The History of Medical Education* (Berkeley, Calif., 1970) 和注释16(Brockliss), 64 (Schmitt), 93 (Morrell).

[97] J. Ben-David, *The Scientist's Role in Society: a Comparative Study* (Englewood Cliffs, N. J., 1971).

因而显得不够适当:一方面,认为科学革命产生于大学之外——尽管存在哥白尼、第谷和笛卡尔的情况——有些夸大其辞;另一方面,新科学的确——必须承认,不是马上但却局部地——渗透到了大学课程里面。(正如我已经提到的那样),如果科学革命的实质主要是17世纪自然概念的根本性转变的话,很难看出若没有一套连贯的、抽象的科学理论——大学文 560
科课程的主要组成部分——和没有一大批曾接受过大学教育的学者努力克服大学教育所产生的问题的话,如何实现这一根本性的转变?这样,科学革命就是从现存的学院科学内部发动的革命(虽然毫无疑问,如神秘学之类的学院"外部"思想传统极大地推动了这次革命)。[98]换句话说,科学革命不是以迥异于经院传统的思想方式取代哲学的、理性的教学。科学革命不是魔力的胜利,不是神秘主义的胜利,也不是赫耳墨斯文本的胜利。[99]同样科学革命也不是对崇拜实践艺术的胜利,不是对农业秘诀的崇拜的胜利,不是对民间医学的崇拜的胜利,也不是实践化学的胜利。或许令历史学家感到遗憾的是,玫瑰十字会把学术世界转换成包罗万象的体系的希望终告破灭,改革者们把大学变成传授实际技能和实用知识的"开放大学"的计划也没有实现。[100] 1500年或者1600年,学院自然哲学因为成为精英分子垄断的领域和唯理性而遭到批评。1700年仍以拉丁语的形式大量传播的新大学科学也遭到了同样的批评,只是现在为一种附加的晦涩数学语言所补充。一种充满活力和行之有效的新科研传统,即机械哲学和数学哲学取代了即将消亡的科研传统。但事实证明大学是探讨和传播新哲学的最持久的主要场所。

当然,大学并没有为新科学获得垄断地位提供保证。在启蒙运动时期,科学的巨大成功和科学思想本身意味着科学已遍布正发生巨大变化的

---

[98] 参见 P.M. Rattansi, 'Some Evaluations of Reason in Sixteenth- and Seventeenth-Century Natural Philosophy', in M. Teich and R. M. Young (eds.), *Changing Perspectives in the History of Science* (London, 1973), 148-166.

[99] R. S. Westman and J.E. McGuire, *Hermeticism and the Scientific Revolution* (Los Angeles, Calif., 1977); M. Feingold, 'The Occult Tradition in the English Universities of the Renaissance: a Reassessment', in B. Vickers (ed.), *Occult and Scientific Mentalities in the Renaissance* (Cambridge, 1984), 73-94.

[100] 参见注释28所引的 Yates 和 Webster 的著作。

社会的许多角落,意味着科学已深入到受过优良教育、享有更多闲暇、少受宗教干扰和较以前更注重实际的民众之中。此后,大学和其他知识生产机构共同分享了科学进步的成果,这类知识生产机构包括如皇家学会、自愿协会和诸如观察站之类的专业性知识研究中心。较大学而言,这类知识生产机构在18世纪可能更好地满足了科学研究的需要。在新科学里,大学养育了一个回头的浪子。但是,浪子归家尚待时日。

561

精选文献

Allen, P. 'Scientific Studies in the English Universities of the Seventeenth Century', *Journal of the History of Ideas*, 10 (1949), 219 – 253.

Ben-David, J. *The Scientist's Role in Society: a Comparative Study*, Englewood Cliffs, N. J., 1971.

Brockliss, L. W. B. 'Medical Teaching at the University of Paris, 1600-1720', *Annals of Science*, 35 (1978), 221 – 251.

Brockliss, L. W. B. *French Higher Education in the Seventeenth and Eighteenth Centuries. A Cultural History*, Oxford, 1987.

Brown, H. *Scientific Organizations in Seventeenth-Century France* (1620 – 1680), New York, 1934.

Crosland, M. P. *The Society of Arceuil*, London, 1967.

Crosland, M. P. (ed.) *The Emergence of Science in Western Europe*, London, 1975.

Eisenstein, E. L. *The Printing Press as an Agent of Change*, 2 vols., Cambridge, 1979.

Feingold, M. *The Mathematicians' Apprenticeship. Science, Universities and Society in England, 1560 – 1640*, Cambridge, 1984.

Frank, R. G. 'Science, Medicine and the Universities of Early Modern England: Background and Sources', *History of Science*, 11(1973), 194 – 216, 239 – 269.

Gascoigne, J. 'The Universities and the Scientific Revolution: the Case of

Newton and Restoration Cambridge', *History of Science*, 23 (1985), 391-434.

Geyer-Kordesch, J. 'German Medical Education in the Eighteenth Century: the Prussian Context and its Influence', in W. F. Bynum and R. Porter (eds), *William Hunter and the Eighteenth-Century Medical World*, Cambridge, 1985, 177-206.

Hall, A. R. 'The Scholar and the Craftsman in the Scientific Revolution', in M. Clagett (ed.), *Critical Problems in the History of Science*, Madison, Wis., 1962, 2-32.

Hammerstein, N. 'The Modern World, Sciences, Medicine and Universities', *History of Universities*, 8 (1989), 151-178.

Heyd, M. *Between Orthodoxy and the Enlightenment. Jean-Robert Chouet and the Introduction of Cartesian Science in the Academy of Geneva*, The Hague, 1982.

Hill, C. *Intellectual Origins of the English Revolution*, London, 1972.

Holmes, F. L. 'Eighteenth-Century Chemistry as an Investigative Enterprise', *Berkeley Papers in History of Science*, 12 (1989).

Jones, R. F. *Ancients and Moderns: a Study of the Battle of the Books*, St Louis, Miss., 1936.

Kearney, H. F. *Origins of the Scientific Revolution*, London, 1964.

Lindroth, S. *A History of Uppsala University 1477-1977*, Uppsala, 1976, 92-146.

López Piñero, J. M. *Ciencia y técnica en la sociedad española de los siglos XVI y XVII*, Barcelona, 1979.

Maffioli, C. S. and Palm, L. C. (eds.) *Italian Scientists in the Low Countries in the XVII th and XVIII th Centuries*, Amsterdam, 1989.

McClellan III, J. E. *Science Reorganized: Scientific Societies in the Eighteenth Century*, New York, 1985. 562

McClelland, C. E. *State, Society and University in Germany 1700-1914*, Cambridge, 1980.

Ruestow, E. G. *Physics at Seventeenth- and Eighteenth-Century Leiden*, The Hague, 1973.

Schmitt, C. B. 'Recent Trends in the Study of Medieval and Renaissance Science', in P. Corsi and P. Weindling (eds.), *Information Sources in the History of Science and Medicine*, London, 1983, 221-242.

Shapiro, B. J. 'The Universities and Science in Seventeenth-Century England', *Journal of British Studies*, 10 (1971), 47-82.

Taton, R. (ed.) *Enseignement et diffusion des sciences en France au XVIII e siècle*, Histoire de la Pensée, 9, Paris, 1964.

Turner, R. S. 'University Reformers and Professorial Scholarship in Germany, 1760-1806', in L. Stone (ed.), *The University in Society*, vol. II, Princeton, N. J., 1974, 495-532.

Tyacke, N. 'Science and Religion at Oxford before the Civil War', in D. Pennington and K. Thomas (eds.), *Puritans and Revolutionaries. Essays in Seventeenth-Century History Presented to Christopher Hill*, Oxford, 1982, 73-93.

Westfall, R. S. 'Isaac Newton in Cambridge: the Restoration University and Scientific Creativity', in P. Zagorin (ed.), *Culture and Politics from Puritanism to the Enlightenment*, Berkeley, Calif., 1980.

Westman, R. S. 'The Astronomer's Role in the Sixteenth Century', *History of Science*, 18 (1980), 105-147.

563

第十四章 课 程

劳伦斯·布罗克里斯

近代早期大学的课程研究处于初级阶段。19 世纪和 20 世纪早期的历史学家们主要叙述其母校的制度问题,而不大关心大学的文化功能,研究极少涉及到课程,而且绝大多数只是将讨论限定在由大学章程的颁布带来的阶段性变化上。然而,大学章程所提供的信息往往并不能真实反映各个学院的实际情况。这是因为,其一,正常情况下大学很少对章程进行修改,以至于章程所强化的往往只是很久以前所发生的变化,或者,需要革新时,这些章程在改变之前已废弃了许多年。例如,巴黎文学院的章程在 1400 年至法国大革命期间只修改了两次:一次在 1453 年,另一次在 1598 年。其二,即便学院的章程能够定期审查,也不能确保它们就能提供有关课程的有价值的资料。例如,巴黎医学院不仅在 1453 年和 1598 年,而且在 1660 年、1696 年和 1751 年对其章程进行了修改。然而,它们所展现的不过是该学科领域里不同教授的介绍,而且到了 17 和 18 世纪甚至没有放弃课程赖以建立的原来那些权威典籍。

实际上，正像研究近代早期大学课程的今天的历史学家已认识到的那样，重现这一时期真实课堂教学情况的唯一可靠的方法就是重建教授的实际课程。这个任务并不难，因为在欧洲各图书馆和档案文献中所保存下来的有用的原始资料非常丰富。著名的教授以使用方便的手册的形式出版了他们的讲稿，同时，很多学生在笔记本上详细地记录了他们老师的思想，
564 并在结业时的学位论文中进行了拷贝。① 另一方面，从这类材料中筛选出有代表性的样本是一项长期的工作，而且只是在最近的 10—15 年里，大学史学家才开始发表他们的研究成果。在这一重建的孕育阶段，人们不可避免地倾向于将注意力集中在特定的学院上面，甚至集中在某些以独创性而闻名的个别教授身上，当然也有一些国家将对这一事业的热情放在了其他事情上。其结果是几乎没有出现全国性的综合研究，在我们的研究中还存在巨大空白。尤其是神学教学基本上为研究者所忽视，这种轻视令人吃惊，因为至少在 1700 年以前神学还是大学学术的皇后。② 当然我们不敢说下列关于大学课程的说明是确定无疑的定论，根据现在的有限文献只能进行尝试性的描述，但是有一点我们希望能做到，那就是描绘出课程概貌的主要结构，当然将会不可避免地把握不住其细微的差别和变化。

简述一下本章的组织结构是必要的。为方便起见，我们假设每所大学都包括四门学科：文学、神学、法学和医学。实际上只有以巴黎和牛津为模式的北欧大学才是这种情况。在大多数意大利学校里文学院和医学院是结合在一起的，而如奥尔良法律大学这样的学校只有一门学科。③ 也是为了方便，我们还假设，每一所文学院既提供传统的哲学学科（包括自然科学）的教学，也提供一种宽泛的多种新学科：数学，古典、东方和现代语言，历史和地理。但是这又需要加以限定。首先，几乎没有一所学校曾经在语言和历史科学的每一个分支都提供自始至终的训练，哲学是在菜单上唯一确保能提供的一道菜。其次，即便引入了这些新课程科目教学的学校也没有在文学院里建立独立的专家席位。特别是希伯来语和教会史经常在神

① 这些内容见第 2 章。

② 所说见第 12 章。

③ 见第Ⅰ卷第 4 章和本卷第 4 章。

学院里讲授，但随着时间的流逝，古典和现代语言的教学任务逐渐主要由独立学院来承担了。实际上，在法国这类国家里，哲学也变成了以学院为基础的学科，并且文学院完全放弃了它们的教学职责，自此以后只作为颁发学位的机构。

无论如何，两种假设都有用处，而且这种编排也不至使人误入歧途。565
近代早期教育家们将提供知识本身的大学学科和提供预备教育的那些学科区分开来。第一类包括神学、法学和医学三门“科学”；第二类包括语言和历史学科；而哲学则极不舒服地处于二者之间，毫无疑问它是一门“科学”，但又是一种预备教育，为在三种“较高级”学院的学习提供所谓的必需的认识工具。这种等级化的分类在学生的教育经验中有所反映。毕业后从事教会、法律和医学职业的大学新生首先接受预备性的文科教育，然后转到哲学上，再修完他们所选的较高级学科的学业。这就是“大学”学程，尽管他们的大部分教育是在大学围墙之外完成的。因而就有了以下几页里关于四类学院模式的假设和一种百科全书式的标准的文科课程。唯有如此，才能在大学背景下对学生学习过程进行成功的描述。我们将单独集中在学生专业学习上，而不去理会属于其智力发展组成部分的冗长的预备训练阶段。

教学方法

描述信息传递的方式有助于认识近代早期大学对文化的影响。每所学院所使用的教学方法都非常形式化，并且在这一时期几乎没有什么改变。每天，一般每周五天，大学教授都要在学院规定的授课时间登上讲台进行长约1—1.5小时的演讲。演讲通常分成三部分。首先，这位教授诵读来自权威典籍的内容，这时要求每位学生坐在教授前面的长凳上，膝上放着一本要学习的经典著作(或手抄或印刷形式)。接下来，该教授将继续提供所选段落的详细解释，将不同的注释性的读物介绍给他的听众，否定其中的一些，调和另外一些，并提出自己的修正意见，然后做出一个权威的结论。这一授课阶段显然最为重要，并且占分配时间的最大份额。正是在这时学生通常逐字地记下教授智慧的珍珠。最后，讲课以一种问题—回答

566 式的辩论结束，教授以学生对其注释的理解为标准测试其功课。然而，有大量证据表明这种总结性的练习常常被忽视，自然如果到场的学生非常多这也是可以理解的。

这种极度缺乏个性化的教学方法渊源于中世纪后期。由于即便在18世纪时神学者仍然首先围绕着一系列问题组织他们的解释，对这些问题的答案反过来既受到挑战并为无限辩护，因而这一方法的确依然称得上是"经院的"。尽管它有很多缺点，而且在16世纪早期时还被人文主义者所特别利用，它的作用甚至比以前更大了。从本质上看，这种严格的形式化的教学方法确保了所有教授，不管其作为交流者的能力如何，都能为他们的学生提供有关要讨论问题的清楚的、全面的，虽然并非一定简练的说明，而且这种方法被证明是适应性最强的。在这一阶段期间，正如我们将要看到的，通过引进有关实践医学的演讲使医学课程获得了新生（见医学院部分，第609－611页）。无论如何，实践解剖学得以如理论物理学那样以同样精确的方式进行教学。教授们很少亲自做各类解剖，而是留给助手（通常是外科医生）去做。助手的工作正如教授在对解剖教科书做说明的过程中所分析的那样，向学生们展示人体每个部分的组织结构。

只有最有才气的教授才提供当场的解释。教授通常根据精心准备的讲义授课，读的时候一般以听写的速度为准以方便学生记下来。如果教授们完全即席演讲，他们也只是从已经准备好的讲稿中抽取出要点来。其结果是学生在课程结束时拥有了两种不可缺少的文本：权威典籍和权威注释。有时二者合在一起，前者包含在后者里。如果权威典籍太长或太复杂（如托马斯·阿奎那的《神学概论》），教授就可能从正文中将要讨论的主要问题提取出来，并将对作者论点的解释与他们后来详细的分析结合起来。另一方面，如果知识处于快速变化中且传统的典籍已丧失信用，而又未能找到永久的替代者，教授们就会准备一种完全个人化的课程。例如，在17世纪末和18世纪的法国，哲学教授们虽然继续以亚里士多德为基础组织他们的自然科学教学，但将其范围主要限定在后来的物理学文集里，由这些文集提供问题并决定其讨论的顺序。④

---

④ Brockliss, *French Higher Education*, ch. 7, sect. I.

其中许多个人的纲要和讲义最终付印了(常常在去世以后),其中那些 567
包含极其高深思想的往往被大学推荐为教科书,并成为后来的教授进行解释的起点。为表明这些讲义包含了常规但又相对浓缩的可以获得的知识的精华,继为6世纪的皇帝查士丁尼所准备的罗马法指南之后,这些讲义也被冠以"基本原理"这一名称。应该说,随着时间的推移,花费在这类摘要上的学费越来越多。在中世纪后期,一个学生要获得学位通常要在他所选择的学院里接受5—7学年的教育,于是,作为教授们课程的基础权威典籍就不免包罗万象,课上讨论的内容也冗长无比。这反映了这样一个事实,即开始的时候所有学科,即便是医学的教授都将教育的主要任务视为为下一代学者的成长做准备。然而,如果考虑到越来越多的毕业生作为初出茅庐的人被教会和政府机构所吸收,在1500年以前的很长时间里这种观念就已过时了。事实上,不仅仅是医学院,而是所有的学院,都产生了越来越多的野心家。在16世纪和17世纪早期的大多数国家里,学位不只是一种有效的条件还是许多世俗和教会职位的一个基本要求,大学也几乎成了政府机构,所以学生也就对他们所选择的专业的高深学问基本不感兴趣,大多数学生都想尽快地结束他们在高等学校中的学业。学校最终对学生这种愿望进行迎合及在校学习时间的大大缩短就是可以理解的了。

然而,学生在他们的大学课程中并不只是经历这种极端程式化的教学方法。首先,许多引入到文学院课程的新学科都以一种非常不正式的方式教授。在古典和现代语言的基本教学中尤其如此,教授们试图通过鼓励大多数学生参与学习来保证对文法和句法获得快速的理解(见文学院部分,第571-572页)。其次,学院所提供的演讲对许多学生来说只是他们
教育经历的一部分。那些寄居在学院或研究机构的学生更是受益者,在其 568
整个大学生涯中,他们或以个人或以小组的形式得到了现任教师和学者的额外辅导。在牛津和剑桥大学,其个别辅导制一直延续到了今天,这类课外教学组织形式一直相当普遍。从16世纪中期开始,(牛津和剑桥大学中)每个大学教员都有责任照顾一些男生的学习以避免或尽可能避免受到外部的干涉。在其他地方,在校长和专家的指导下,教师被委任监视相同年龄和能力的学生。例如在巴黎大学,自1670年以后学院各类助学金很

少光顾他们自己的寄宿学生。⑤

而且,在这一时期末,在德国的两所大学——哥廷根和哈勒大学里第一次出现这一征兆:小组教学在官方大学里也获得了认可。在新哥廷根大学,自格斯纳(1691—1761)始,18世纪后半期的许多语文教授不仅运用程式化的注释进行高级的教学,而且定期举办研讨班。哈勒大学沿着哥廷根大学的路线于1786年由沃尔夫(1759—1824)建立了一个语言学研讨班。每一种教学方法都有自己特殊的教育作用:演讲,相对于那些无知的学生听众来说,是传递要讨论学科原理的最重要的和无争议的有效工具;相反,研讨班则是一种媒体,在这种媒体中,教授们向一个批判的但相应地也持赞赏态度的追随者圈子展示自己对学科发展的贡献。⑥哥廷根大学的创新清楚地指出了19世纪学校向研究型大学发展的一种新途径。然而,研讨班的出现并不是一种从无到有的发展。这是因为,在整个这一时期,许多教授,尤其是医学教授,都对一些热衷学习的学生提供较高水平的私人教学,研讨班只是已存在的安排的制度化。例如在16世纪的帕多瓦,这种私人化的教学就是学习医学的一个重要组成部分。⑦

569 语言课堂的气氛越是轻松,学院教师和研讨班从一开始就越注重本土语言的教学。传统教师使用的语言主要是拉丁语。在16世纪,一些热心者受文艺复兴人文主义的影响,当要学习的著作的最初写作语言是希腊语时,也偶尔将他们的注释建立在希腊文本的传统典籍(如亚里士多德或加伦的著作)之上。例如图宾根大学的哲学教授詹姆斯·舍克(1511—1587)就曾根据《工具论》⑧的希腊文本教授逻辑学。然而,这些教授顽固地坚持用拉丁语传递他们对课文的分析,但大量的希腊典籍的新的、可靠的译本的出现使得他们这种求助于原文的教学行为日益显得多余。另一

---

⑤ M. H. Curtis, *Oxford and Cambridge in Transition 1558 - 1642. An Essay on Changing Relations between the English Universities and English Society* (Oxford, 1959), chs. 4 and 5; Brockliss, *French Higher Education*, ch. 2, sect. Ⅳ.

⑥ U. von Wilamowitz-Möllendorf, *History of Classical Scholarship*, ed. H. Lloyd-Jones (London, 1982), 93.

⑦ J. J. Bylebyl, 'The School of Padua: Humanistic Medicine in the Sixteenth Century', in C. Webster (ed.), *Health, Medicine and Mortality: the Sixteenth Century* (Cambridge, 1979), 339 - 350.

⑧ N. W. Gilbert, *Renaissance Concepts of Method* (New York, 1960), 158.

方面,本土语言只是在1700年以后才真正被采用。如果说在此之前它作为交流的工具通常还是医学教授的禁区,那是因为教授们很少向那些缺乏正统训练的外科医生和药剂师学徒听众讲授外科学和药剂学。

即便在18世纪本土语也从来没有对拉丁语的至高无上地位造成真正的威胁。可以理解的是,法律教授用本土语讲授新的法令或习惯法(见法学院部分,第600-601页),但是在课程的其他部分则几乎都使用拉丁语。医学教授在讲授实践医学时也越来越多地使用本土语,但是在学科核心理论的教学中则很少使用。例如在苏格兰,最先于1748年在格拉斯哥用英语讲授病理学和生理学的教授是威廉·卡伦(1710—1790)。本土语对哲学和神学教学的影响甚至更小。在法国大革命前夕,偶尔有哲学教授,如兰斯的安托万·米若(1730—1794),在自然和数学学科的教学中使用本土语,但其他课程通常没有发生任何变化。布达大学在1779年可能被要求用德语进行教学,但这是个别情况,毫无疑问这是来自哈布斯堡皇室的有关授意,目的是使匈牙利的教会德国化。[9]

文学院 570

语言

在整个近代早期,学生语言教育的最主要任务是学习拉丁语。这是可以理解的,因为在18世纪以前,拉丁语仍是教育性演讲的媒介。文艺复兴以后,在欧洲知识阶层中可能已经很少有人会选择这种语言进行交流,但确定无疑地是,出版界仍然是混合语的世界。牛顿在1687年发表他的数学《原理》时用的是拉丁语 Principia,而不是英语 Principles。首先,正如我们注意到的,拉丁语是大学学生在学科学习和检查中所使用的语言(见文学院部分,第519页)。由于对即将毕业的学生主要的测试是一系列口试,

---

⑨ C. J. Lawrence, 'Medicine as Culture: Edinburgh and the Scottish Enlightenment', Ph. D., London, 1984, 315; Brockliss, *French Higher Education*, ch. 5, sect. I; S. D'Irsay, *Histoire des universités françaises et étrangères des origines à nos jours*, vol. Ⅱ (Paris, 1935), 134.

所以既掌握书面拉丁语，也懂口语是非常基本的要求。

然而，与中世纪后期的地位相比，拉丁语不再是文学院可以学习的唯一语言。首先，从这一时期初，教学开始用希腊语和希伯来语进行。在人文主义学者和早期宗教改革家，如西班牙人希门内斯·德·西斯内罗斯(1437—1517)的促动下，这两种语言的教学迅速地制度化了：1450—1500年之间首先在意大利(那儿的教授席位主要是希腊语)实现，然后是欧洲的其他地区在16世纪的第一个十年得以落实。这种发展在许多大学里因专门学院的建立得以巩固，尤其是鲁汶大学(三一学院)、牛津大学(基督圣体学院)、阿尔卡拉大学(圣·杰罗姆学院)、巴黎大学(法兰西学院)和维也纳大学(圣·尼克鲁斯学院)。[10] 其次，许多规模较大的大学急于提升圣经研究的学术水平，也逐渐实施基于东方语言的教育。例如在18世纪早期的牛津和剑桥一度设立不少于两个阿拉伯语的教授席位。[11] 最后，在18世纪末已迈出了以本民族语言教学的第一步。许多城市大学与相邻的国家维持着密切的商业和文化交流，在这一时期的大部分时间里提供一到两种现
571 代外语教育。甚至早在16世纪末期，波尔多(大学)也有一位荷兰语教授，莱顿(大学)也有一位法语教授。[12]但是母语在18世纪上半叶之前却被严重忽视，那时，只有一些热心的教授，如牛津大学的亚当·斯密(1723—1790)和莱比锡大学的约翰·克里斯托夫·戈特舍德(1700—1766)，开始用母语提供私人教育。然而进展缓慢，而且即便在这一时期末也很少有大学步巴黎大学的后尘，将本土语的研究培育成为羽翼完全丰满的课程学科。[13]

近代早期大学的语言教育在教育方式上与中世纪后期先驱有很大不

---

⑩ P. S. Allen, 'The Trilingual Colleges of the Early Sixteenth Century', in P. S. Allen (ed.), *Erasmus, Lectures and Wayfaring Sketches* (Oxford, 1934), 138－163.更进一步参看第11章第461页。

⑪ L. Sutherland, 'The Origin and Early History of the Lord Almoner's Professorship in Arabic at Oxford', in L. Sutherland, *Politics and Finance in the Eighteenth Century*, ed. A. Newman (Oxford, 1984), 519－530.

⑫ E. Gaullier, *L'Histoire du Collège de Guyenne* (Paris, 1874), 440; D'Irsay, *Histoire des universités* (注释9), vol. Ⅱ, 14; W. Barner, *Barockrhetoric. Untersuchungen zu ihren ges-chichtlichen Grundlagen* (Tübingen, 1970), 415－417, 444－446.

⑬ Brockliss, *French Higher Education*, ch. 3, sect. I.

同。传统上教授们都将他们的教学围绕着亚历山大·维勒迪约(约 1170—约 1250)的极为复杂的文法教科书来进行,目的主要不是向初学者介绍拉丁语的文法规则,而是对它的神秘句法进行哲学分析。他们的这种课程与其说是文法不如说是语言学。⑭然而,由于人文主义者对这种无效方法的渐次激烈的严厉批评,确保了拉丁语学习的目的是成为杰出的古典文体学家而不是逻辑学家,到 16 世纪 20 年代亚历山大·维勒迪约的文法教科书就几乎销声匿迹了。从此以后,拉丁语和其他大学语言的教学开始围绕着经过精心准备的清楚简洁地记录了各种规则的文法手册来进行。到 1510 年,维腾堡大学的教学已经采用了意大利人文主义者韦鲁利人焦万尼·安东尼·苏尔皮齐奥编写的拉丁语初级读本,十年以后因戈尔施塔特大学在教学中使用了巴伐利亚人阿文提努斯(1477—1534)的著作。⑮

在 16 世纪的前 50 年中,语言教育还在全新的方向上进行了重新定位。学生不只是学习文法规则,还通过学习适当的古典课文、口头练习及散文写作真正理解语言的用法。同时,语言课不再被视为围绕演讲的某一部分而组织的静态实体,而是从最简单的文法规则向最复杂的文法规则流畅过渡的动态过程。和今天不同,那时的学生在完全掌握了动词变化及各种词的词尾变化之后才能转到句法的学习上。这种发展的结果是,课程被分成一节一节的课,每一节课由不同的教授来上,学生则根据其能力水平进行分组。此外,如果文法规则没有教完,则课程不结束。由于接受了人 572
文主义者关于学生应成为文体家的主张,因此最后要让学生接受修辞学教育。

语言教育的这一新的形式似乎于 16 世纪 20 年代和 30 年代早期首先在巴黎大学出现了。它是一小批特别有天分的教师共同努力的结果,他们包括马瑟林·科迪尔(约 1480—1564)、德国人约翰·斯图谟(1507—1589)和苏格兰人乔治·布坎南(1506—1582)。它被称为巴黎模式⑯。诚然,这

---

⑭ 参见 J. Heath, 'Logical Grammar, Grammatical Logic and Humanism in Three German Universities', *Studies in the Renaissance*, 18 (1977), 9-16.

⑮ M. Grossmann, *Humanism at Wittenberg 1485 - 1517* (Nieuwkoop, 1975), 53; Heath, 'Logical Grammar' (注释 14), 37.

⑯ 最好的研究是 G. Codina Mir, *Aux sources de la pédagogie des Jésuites. Le "modus Parisiensis"*, Bibliotheca Instituti Historici S.I., 28 (Rome, 1968).

一模式的创造者并没有设想使他们的教学制度区别于当时的氛围,它的基础来自于各个方面的资源。文法教育应该是一个不断前进的过程这一思想在15世纪时就已产生了,持这种主张的是"共同生活弟兄会"在荷兰和德国北部的其他传统主义教派。⑰当时的教育家如伊拉斯谟已经在积极提倡必须将古典文学和修辞学的学习引入到课程中。同时由于在各地游学的众多人文主义教授的努力,文法教授们已对原文解释的课程教学技术非常熟练。像维也纳大学的乔治·普尔班奇(1423—1461)和巴黎大学的科尔内纽斯·维特利乌斯(约1450—约1500)等著名人士通过提供私人的、临时的、有关自己喜欢的拉丁语演说家和诗歌课程而成为了这方面的先驱。⑱

对近代早期课堂语言教育所使用的教科书的研究到现在才开始全面进行。从对拉丁语教学领域中偏爱的作家的研究来看,初始阶段明显处于混乱状态,之后两个世纪是教科书内容统一的时期。在16世纪的前半个世纪里,所有流行的文法课本中只有荷兰人约翰尼斯·德斯伯特里斯(1480—1520)和尼古劳斯·克伦纳达斯(1495—1542)的拉丁语和希腊语初级读本还在使用。尽管这些初级读本在1600年以后常常以修改过的形式
573 呈现给学生,但它们的影响直到1750年仍非常普遍。⑲所有为人文主义教育家所提倡并被大学和学院条令允许的异教的和基督教的作家中只有屈指可数的几位的作品一直被使用,其中拉丁语作家中有西塞罗、李维、维吉尔、贺拉斯和奥维德;希腊语作家中有荷马、狄摩西尼和卢西恩。虽然有这样一点儿模糊的信号,即更艰难的文体家如塔西图斯在17和18世纪也赢得了一些追随者,但上述这种观点是确定无疑的。的确,考虑到塔西图斯

---

⑰ A. Hyma, *The Christian Renaissance. A History of the Devotio Moderna* (New York, 1924); A. Hyma, *The Brethren of the Common Life* (Grand Rapids, Mich., 1950).

⑱ A. Renaudot, *Préréforme et humanisme à Paris pendant les guerres d'Italie, 1494 - 1517* (Grenoble, 1917), 121 - 125; P. L. Rose, *The Italian Renaissance of Mathematics. Studies on Humanists and Mathematicians from Petrarch to Galileo* (Geneva, 1975), 91. 伊拉斯谟最重要的教育论文是 *Declaratio de pueris statim ac liberaliter instituendis of 1529*, 法语版由 J. C. Margolin (Geneva, 1966)翻译。

⑲ For the many different editions of Despauterius and Cleynaerts used in France, see Brockliss, *French Higher Education*, ch. 3, sect. Ⅱ. A useful intellectual biography of Cleynaerts is to be found in M. Breda-Simoes, 'Un pédagogiste du XVIe siècle. Nicolas Clénard', in *Pédagogues et juristes: Congrès du Centre d'études supérieures de la Renaissance de Tours: été 1960* (Paris, 1963), 157 - 172.

在当时本土语言学类型发展中的影响力,他被作为必然的样板在课堂教学中得到发扬就不难想象了。近来的研究所显现出来的一个事实是这种口味的一致性。16世纪时斯特拉斯堡大学学习的课文一个世纪以后巴塞尔大学及法国大革命前的巴黎大学都在背诵,只是版本不同而已。学生很少能直接接触到古典文本:原作都根据公共机构应遵循的教会的、政治的和道德的原则进行了删改。⑳

人们关于巴黎模式的各个组成部分在课堂教学中要花费多长时间所知甚少。据推测,学习的重点很灵活,取决于正在学习的语言所要达到的目的。主要用于口头表达的语言与只用于阅读的语言(如希伯来语)在教法上存在差异。也许只有拉丁语是以上面所描述的那种古典方式进行教学。的确只有拉丁语是每位学生都必须认真学习的语种。源于这种必要性,学生每天4—5小时,用6—7年的时间沉浸于它的神秘性中。毫不奇怪,在修辞课结束时他们能流利地说拉丁语并能现场做诗或进行学术演讲。然而这也使得人们对其他语言的兴趣大大减少,尽管牧师(尤其是新教牧师)被认为在希腊语和希伯来语方面表现出色,可以明确的是,希腊语从未产生如人文主义者所期望那样的影响,主要原因在于许多有价值的文学和哲学遗产以译文的形式存在。的确,即便在那些将希腊语视为文学课程必修部分的学校,学生的投入也明显较少。根据17世纪早期巴黎博韦学院院长让·格朗热(1574?—1644)的说法,当希腊语课开始时很多学生都在教室外蹓跶。㉑

574 绝大多数语言教授仅仅是教师而已,对语言学的研究没有作出什么贡献。但有些学者是例外,他们成功地将教学职责与积极的研究事业结合起来,尤其是在这一阶段中一直采取措施对那些在古典研究领域做出了创新性贡献的名人进行保护的大学。在14和15世纪时情况则不是这样,因为意大利人文主义者发起的对古典遗产的恢复主要是在学校外进行的。

⑳ A. Schindling, *Humanistische Hochschule und Freie Reichsstadt. Gymnasium und Akademie in Straßburg 1538 – 1621* (Wiesbaden, 1977), 210 – 235, 265 – 270; W. Rother, 'Zur Geschichte der Basler Universitätsphilosophie im 17. Jahrhundert', *History of Universities*, 2 (1982), 162 – 164. A good example of the bowdlerization of Horace's Odes is given in J. Maillard, *L'Oratoire à Angers* (Paris, 1975), 176.

㉑ J. Grangier, *De l'estat du Collège de Dormans, dit Beauvais* (s. l., 1628), 79.

但是当文艺复兴转移到阿尔卑斯山以北并且发现的时代让位于评注的时代之后，学术界就成了原文注释易于产生丰硕成果的土壤。这一时期大多数大学都自夸至少拥有一位有国际声望的古典注释家，但只有个别大学是文化的温室。

在16世纪中期(1540—1570)，最重要的古典学术中心无疑是巴黎大学，它拥有三位成绩显赫的教授：让·多拉(1508—1588)、阿德内安·蒂尔内布(1512—1565)和丹尼斯·朗班(1520－1572)。前两位是修正和解释希腊诗人和剧作家文本的专家。我们必须感谢多拉，是他将卡利马科斯的赞美诗重新引入到欧洲文化中来。而朗班则是一位拉丁语学者，因对卢克莱修和贺拉斯的可靠注释而名垂千古。所有这三位向我们展示的是通过对现存原稿的初步校对使我们对一种作品的理解能到何种程度，然后利用这些信息去解决其他同时代作品所存在的难题。

然而在即将进入17世纪时候，巴黎大学的这种卓越地位被新的莱顿大学所取代。这所荷兰大学作为古典学术研究中心达一个半世纪之久。其古典学派的奠基人是约瑟夫·贾斯特斯·斯卡利杰(1540—1609)，他对优西比乌斯遗失著作的富有灵感的重建是古代年代学之学术性研究的肇端。斯卡利杰的后继者包括17世纪以出版塞内卡的《悲剧》的可信版本而闻名于世的约翰·弗里德里奇·赫罗诺维(1611—1671)及18世纪的泰比里厄斯·赫姆斯特赫斯(1685—1766)。后者是18世纪中期步剑桥神学家理查德·本特利(1662—1742)后尘，开辟一条新的路线提供古典诗人更好版本的许多荷兰教授中的一位。他们的重建不像他们的前辈那样对各种文本进行侦探性地仔细校勘，而是对诗人的措词和韵律手法进行直观地把握。

莱顿的古典学术明星地位在1760年之后最终暗淡了下来。这一时期
575 末最著名的大学(参看前面第568页所述就可理解了)是哥廷根大学和哈勒大学，这两所大学在海涅(1729—1812)和沃尔夫(1759—1824)的游说下创立了真正的历史文艺批评学派。受在大学中没有职位的审美学家和艺术史家温克尔曼的影响，这两位教授主张只能通过作品产生时的文化背景来理解文艺作品。所以，研究古典名著的教授如果想成为成功的评论家必须是考古学家、古钱学家和人类学家，而不能只是哲学家。如果说只有沃尔夫真正将其独创性用于他的结论中的话，这两位教授则都非常热衷于将

他们的方法论运用到对荷马的研究中去。后者在《荷马诗作导论》(1795)中强调,对《伊利亚特》和《奥德塞》的分析与对《埃涅伊德》的分析不能采取相同的方式,因为这些诗作最初曾经通过口头传诵而传下来,不是一个人的作品,其艺术整体经过了后来修订者的重重添加。㉒

历史和地理

在16世纪和17世纪早期,许多欧洲大学,尤其在新教国家的大学,开始设立大量的历史学教授席位。1529年和1537年在马伯格大学和维也纳大学设立的教授席位属于第一批,1622年和1627年在牛津大学和剑桥大学设立的教授席位属于最后一批。㉓这些教授席位的设立反映出了相似的灵感。首先,它们的创立源于人文主义信念,即古典文学研究不仅具有体裁的价值而且具有道德的价值。古代历史学家是一个独特的智慧宝库。然而,作为较后的这些古代史学家,尤其是塔西图斯,不应老是被作为文体家的典范来看待,进行个别阅读而不是作为语言教育的一部分似乎更符合逻辑。另外,宗教改革时期政治和宗教的竞争又重新诱发了对年代学和一般历史的研究。当关于教旨或国王权利问题的争论常常主要围绕缺乏记录的教会或贵族议会的日期或意义时,将社会专业精英引入以建立适当的结论就成为必然。

所以在这一阶段前半期人们寄望于历史学教授履行两项不同的职 576
责,当然,两项职责中有所侧重是不可避免的。同样不可避免的是历史学教授对学科的发展贡献很少:他们或者是普通的文本解释者,或者是不加批判的年代学者,跟在《四君主统治论》——作为大学课本在1701年左右最少出了80个版本——的作者约翰·斯莱丹(1506—1550)后面详细解释

㉒ J. E. Sandys, *A History of Classical Scholarship*, vol. Ⅱ (Cambridge, 1908), 185-191, 199-204, 319-321, 401-410, 447-453; vol. Ⅲ (Cambridge, 1908), 38-44, 51-60; Wilamowitz-Möllendorf, *History* (注释6), 49-53, 55,72,79-82, 85, 100-102, 108-110; R. Pfeiffer, *History of Classical Scholarship from 1300 to 1850* (Oxford, 1976), 103-106,111-112, 115-118, 143-157, 163, 171, 173-177.

㉓ E. C. Scherers, *Geschichte und Kirchengeschichte an den deutschen Universitäten* (Freiburg, 1927), 43; K. Sharpe, 'The Foundation of the Chairs of History at Oxford and Cambridge: an Episode in Jacobean Politics', *History of Universities*, 2 (1982), 127-152.

"四君主政治"计划[24]。当然有些教授在他们的职位上作出了创造性的贡献,尤其是16世纪晚期莱顿大学和鲁汶大学教授于斯特斯·利普西乌斯(1547—1606)。在他的领导下,对塔西图斯的注释启动了现代政治艺术的研究并成为为绝对主义辩护的着力点。沿着他的路线的其他人,特别是斯特拉斯堡大学的马蒂亚斯·贝尔内吉尔(1582—1640),像利普西乌斯一样拒绝马基雅维里式的塔西图斯的思想,而运用《赫马尼亚》支持他对君主立宪政体的信仰。[25]

但是必须指出,这只是有限的发展。大多数16世纪晚期和17世纪的学生都获得了有关当时欧洲国家制度的知识,即使从根本上讲不是从历史学教授也是从修辞学教授那儿获得的。后者,为使作为文体样本学习的有关雄辩和诗歌的名著更容易理解,常常为学生讲解蓬波尼厄斯·梅拉关于古代世界的地理学以提供背景知识。当然,他们这样做除了对旧的世界进行分析外,往往还将分析延伸到了对当今和新的世界之文化和制度问题上。因而卡昂大学的安托万·阿莱(1592—1676)在17世纪60年代时曾对他的学生详细讲解过近代法国人远征加拿大的问题。[26]

只有在18世纪,当时一些著名的教育家,如巴黎人查尔斯·罗林(1661—1741),对历史学教授的职责进行了重新界定,才使大量的历史学教授脱离了古典文学和年代学桎梏的束缚。[27] 依据新的思想学派,古代的历史学家们不再是人类智慧的唯一宝库:从本质上说,现在这一作用只属
577 于过去了。同时通史也不再等同于年代学,而是对主要帝国的兴衰原因进行分析。结果,对那些热心的历史学教授来说,不仅可以发表关于相对较晚时期历史的演讲,而且将自佛罗伦萨人弗朗西斯科·圭恰尔迪尼(1483—

㉔ Scherers, *Geschichte und Kirchengeschichte* (注释 23),46 - 53.

㉕ G. Ostreich, 'Justus Lipsius', in T. H. Lunsingh Scheurleer and G. H. M. Posthumus Meyjes (eds.), *Leiden University in the Seventeenth Century. An Exchange of Learning* (Leiden, 1975), 177 - 201; Schindling, Straβburg (注释 20), 280 - 289.

㉖ Brockliss, *French Higher Education*, ch. 3, sect. v. 耶稣会似乎已将这一惯例传入法国,参见 F. De Dainville, 'Les découvertes portugaises à travers des cahiers parisiens de la fin du seizième siècle', in F. De Dainville, *L'Education des Jésuites* (*XVI e-XVIII e siècles*), ed. M.-M. Compère (Paris, 1978), 455 - 462.

㉗ Author of *De la manière d'enseigner et d'étudier les belles lettres*, 4 vols. (Paris, 1726 - 1728). 他对历史作为一门课堂学科的详细讨论见第Ⅲ卷和第Ⅳ卷。

1540)时代即兴盛于大学以外的复杂的当代历史地理学传统引入到课程中来。而且到这一时期末时,教授们不再总是讲授他们所钟爱的内容,而是必须根据完整连贯的课程大纲进行教学。例如,1786 年后布尔日大学教义学院的学生必须依次学习《旧约全书》、古典历史和法国历史,同时要学习自然地理学及近东、地中海和欧洲的地形学。课程是如此之新,以至于学习要结束时教师的演讲涉及到了美国独立战争。[28]

最初 18 世纪的教授们依赖别人所撰写的教科书是可以理解的,但随着时间的推移,他们自己的教科书问世了。帕尔马大学的前耶稣会士教授克洛德·米约(1726—1785)尤其多产,除了著名的《世界通史》外,还出版了便于使用的英国历史和法国历史。但是这些著作中没有一本能像同时代的哲学家伏尔泰(1694—1778)的历史杰作《路易十四时代》那样表现出作者的写作天赋和作品的持久生命力,而这部历史著作全部都是在大学外撰就的。用一种一维的方式去探讨复杂的历史变化常常是这些著作的硬伤。米约认为英国混乱的政治和宗教历史完全可以追溯到盎格鲁—撒克逊人天生的狂热和变化无常的性格上。[29]那不勒斯人詹巴蒂斯塔·维科(1668—1744)的通史是个例外,尽管我们都知道他只是一位修辞学教授,而且从来没有在他的课堂上宣扬过他的历史哲学。维科于 1727 年发表的《新科学》尽管在当时为人们所忽视,今天却被视为历史名著。和他的同代人一样,维科也热衷于对文化的变化做出具体的解释,但他在深入探究异教宗教(并涉及到基督教)的发展时一直避免陷入单一因果关系的陷阱。[30]

但是,如果说大学历史学在 18 世纪进行了彻底改革的话,但它仍具有显著的非学术特点。尽管许多教授如米约口头上表示在处理资料时应该采用批判的方法,但他们的作品并没有表现出应有的严密和深刻。具有 578
讽刺意义的是,最具批判倾向的课程都是由那些仍然抱有传统职责观念的教授提供的。乌得勒支大学的教授彼得·韦斯林(1692—1764)在 18 世纪

---

[28] Brockliss, *French Higher Education*, ch. 3, sect. v.

[29] Brockliss, *French Higher Education*, ch. 3, sect. v.

[30] M. H. Fisch and T. G. Bergin (eds. and trs.), *The Life of Giambattista Vico Written by Himself* (Cornell, 1944), esp. 136–140 and 198–199; 关于维科理论变革的介绍,参见 L. Pompa, *Vico. A Study of the 'New Science'* (Cambridge, 1975).

中期仍然将通史等同于年代学,但在处理这一学科时对于历史事实的不可靠性却表现出了令人钦佩的清醒认识。[31]但实际上守旧的年代学家不会增进历史知识的总体数量。在18世纪,真正的历史学研究似乎一直是德国法学院的专利。在那里,公法教授都热衷于文献研究和评价宪法内容。[32]历史学教授真正开始进行学术研究时,18世纪已接近尾声,这时施勒策(1737—1809)及其前辈们在新的哥廷根大学拓展了其同事在法学领域的工作并发起成立了历史研究学派,利奥波德·冯·兰克(1795—1886)所做的成就使之达到了巅峰。[33]

哲学

哲学课程在中世纪后期分成了四门独立的学科:逻辑学、伦理学、形而上学和物理学。伦理学包含了政治学和经济学,形而上学包含了自然神学和心理学,而物理学则包含了所有的自然科学。除逻辑的学习外,课程的每一部分都建立在从亚里士多德文集中抽选出的著作之上,逻辑的学习则通常从对西班牙的彼得(d.1277)的《逻辑学导论》的分析开始。彼得的这本著作是一本介绍性的教科书,也包括了大量的关于命题逻辑的论述。[34]然而,亚里士多德的文本是教授们解释的唯一起点,从根本上它为教授们提供了一系列取之不尽的问题,可以独立地或随机地对这些问题进行不停探究和讨论。几个世纪已经证明了《命题》是一种生产性的工具,它允许教授在传统许可的范围之内进行创造性的工作。

然而在16世纪初,中世纪后期的哲学课程受到了抨击。文艺复兴时
579 期的人文主义者对亚里士多德独一无二地凌驾于其他古典哲学家(尤其是柏拉图)的统治地位、过长的课程(一般5—7年)及以不规范的拉丁语来讨

㉛ J. Roelevink, '*Lux Veritatis*, *Magistra Vitae*. The Teaching of History at the University of Utrecht in the Eighteenth and Early-Nineteenth Centuries', *History of Universities*, 7 (1988), 149-174.

㉜ N. Hammerstein, *Jus und Historie. Ein Beitrag zur Geschichte des historischen Denkens an deutschen Universitäten im späten 17. und 18. Jahrhunderts* (Göttingen, 1972), esp. chs. 4-5, 关于哈勒大学两位法学教授的贡献 J. P. von Ludewig (1668—1743) and N. H. Gundling (1661-1729).

㉝ Hammerstein, *Jus und Histoire* (注释32), ch. 7.

㉞ Heath, 'Logical Grammar' (注释14), 41-55.

论深奥的哲学问题所花费的大量时间(在他们的眼里)感到悲痛。许多人希望大学完全放弃哲学教学。其他较中庸的一些人只是要求引入选择性的新柏拉图主义的文本使这门课程获得新生,并且进行彻底地重组以保证学生在合理的时限内覆盖所有的哲学问题。另外许多新教教育家反对这种四分法。他们认为形而上学应被清除出课程,因为构建一种理性神学的努力是超出凡人的能力之外的,必定会以亵渎和错误告终。

无论这种批评怎样有力,人文主义者和改革家对课程变革的影响只成功了一部分。在整个16世纪和17世纪上半期哲学课程仍是四分结构,亚里士多德哲学还是最强的声音。不可否认,大多数新教大学的确取缔了形而上学的教学,但它的出局只是暂时的,即使最初往往得不到当局的鼓励。在1600年左右又恢复了这门学科的教学,㉟同样不可否认的是,有人试图介绍新近发现的柏拉图学派的课本,但热心者的努力往往是毫无结果。尤其是耶稣会士担心过多地接触柏拉图可能会对青少年的心灵有腐蚀性的影响,因为他的哲学既不是彻底的异教也不是正统的天主教。结果柏拉图主义者的教授席位只是在四所大学里曾经设立过,均在16世纪末期和17世纪早期的意大利:比萨大学、费拉拉大学、罗马大学和帕维亚大学。㊱如果学生想将自己沉浸于二者择一的传统中,他就不得不私下这么做或者到牛津和剑桥大学的教师隐居的地方。后者确实使大学的柏拉图哲学在英国处于活跃状态,并于17世纪中期在剑桥大学的拉尔夫·卡德沃思 580

㉟ J. S. Freedman, 'Philosophy Instruction within the Institutional Framework of Central European Schools and Universities during the Reformation Era', *History of Universities*, 5 (1985), 124 - 125; P. Dibon, *La Philosophie néerlandaise au siècle d'or*, vol. I: *L'Enseignement philosophique dans les universités à l'époque précartésienne 1575 - 1650* (Paris, 1954), 1 - 70, *passim*; J. Prost, *La Philosophie à l'académie protestante de Saumur 1606 - 1685* (Paris, 1907), 10, 51, 55.

㊱ C. B. Schmitt, 'Platon et Aristote dans les universités et les collèges du XVIe siècle', in J. C. Margolin and M. de Gandillac (eds.), *Platon et Aristote à la Renaissance. XVIe Colloque international de Tours* (Paris, 1976), 193 - 194; A. C. Crombie, 'Mathematics and Platonism in the Sixteenth-Century Italian Universities and Jesuit Educational Policy', in Y. Maeyana and W. G. Saltzer (eds.), *Prismata. Naturwissenschaftsgeschichtliche Studien (Festschrift für Willy Hartner)* (Wiesbaden, 1977), 63 - 94.

(1617—1688)和亨利·莫尔(1614—1687)周围发展为一个真正的学派。[37]

真正发生变化的,除了西班牙的彼得的书被简单得多的波菲利(约234—约305)的《普遍问题》所取代外,还有其解释的方法。虽然亚里士多德的著作被保留了下来,但许多教授都认为他的《全集》不再被视为(如果它是的话)一座由教授们根据一时的兴致去筛选、打磨并向学生展出的充满了未加任何个人雕琢的各种珍宝的大的钻石矿山。相反,要求教授们将亚里士多德的文本视为一个整体,概括他的一般论点,按照合适的进度施教,并根据校长提出的长度要求详细说明。另外,为鼓励规范,大学的改革者继续沿着14、15世纪的革新动向,将学习时间划分为几个具体的阶段,每个阶段分配的课文内容必须讲解完。结果到1600年左右时,哲学课程的学习时间基本上不超过2—3年。换句话说,作为人文主义者批评的一个结果,即在哲学的教学上越来越强调统一性。但这也有代价:注释这种新方法更适合教授式埋头工作的人而不适合文艺鉴赏家式的工作者。

这种新颖结构的约束内可以区分出两种不同的亚里士多德学派。与帕多瓦和意大利的许多大学联系在一起的是第一种,也是最著名的一种,强调要抓住亚里士多德教学的本质,揭示出许多世纪以来各种观点背后隐藏着的大师的精神。它的成员寻求的是真实的亚里士多德,而不是真理本身;他们既是解释者又是哲学家。[38]第二种学派最先在巴黎大学形成,但却兴盛于整个北欧地区,尤其是得到了耶稣会士的支持,是非常传统的学派。它的拥护者并不完全避开人文主义者的解释技巧,但主张其主要任务乃是以批判的精神分析亚里士多德的文本。大师可能说过什么或可能没说过什么是很重要,但是其最终的重要性是有限的。学生要学的是亚里士多德应该得出的结论,就这一目的看,阿拉伯和基督教学究的解释工具是助手

㊲ 关于此学派及其成果,参见 C. A. Patrides (ed.), *The Cambridge Platonists* (Cambridge, 1980). The 1570s Cambridge statutes permitted Plato's *Republic* to be read in the official course of ethics: Curtis, *Oxford and Cambridge* (注释 5), 87.

㊳ 一般介绍见:A. Poppi, 'Lineamenti di storia della scuola padovana di filosofia', in A. Poppi, *Introduzione all'aristotelismo padovano* (Padua, 1970), 17-46.

而不应是累赘。[39]就短期效应来看，帕多瓦学派表现得更具创新性、更加激进，因为当提出一些违背天主教正统的哲学观点特别是关于精神的唯物主义观点时，注释的方法就被帕多瓦学派用来作为掩护。然而，从长远来看，巴黎学派对未来西方哲学的发展贡献更大。

首先，耶稣会士，曾受命为特伦托主教会议的基督教教义作一种托马斯主义的辩护，对亚里士多德的全部著作做了一系列具有重要意义的批判的且常常是创造性的解说，这在17世纪理性主义的起源过程中起到了种子的作用。特别值得一提的是16世纪末期和17世纪早期与葡萄牙的乔姆布诺大学有关的出版物，因为这些出版物为整个欧洲广泛地阅读，并成为天主教和新教解释亚里士多德文本的共同起点。尤其重要的是西班牙人弗朗西斯科·德·苏亚雷斯(1548—1617)于1597年出版的《形而上学论争》。苏西雷斯在移居葡萄牙之前曾在罗马大学和阿尔卡拉大学执教。虽然亚里士多德的《形而上学》在很大程度上为帕多瓦学派所忽视，但它作为对上帝之特性进行理性探究的基础对耶稣会会士仍具有特殊的价值。《形而上学论争》很快在国外出版了，并对许多其他形而上学方面的教科书有所启发，特别是在信奉路德教会的德国，《形而上学论争》这本书开创了以人本身作为主要哲学关怀的研究。[40]

其次，巴黎大学本身产生了一位前培根时代最有影响且争议最大的亚里士多德哲学的批评家，就是彼得吕斯·拉谟斯(1515—1572)，他的重要性在于他研究逻辑学所使用的革命性的方法。拉谟斯反对中世纪晚期(及亚里士多德学派)关于逻辑学是与正确推理规则有关的学科这样一种信念，坚决主张它只是一种确定和排列论据的实用技术。所以，他不大注意修辞和逻辑的传统区别而致力于发展一种简易的程序化的辩证方法，作为调查

㊴ 关于亚里士多德在整个16世纪和17世纪早期的情况，参见 C. B. Schmitt, 'Towards a Reassessment of Renaissance Aristotelianism', *History of Science*, Ⅱ (I973), 159 - 193.

㊵ K. Werner, *Die Scholastik des späteren Mittelalters*, vol. Ⅳ.2: *Der Übergang der Scholastik in ihr nachtridentisches Entwicklungstadium* (Vienna, 1887), 一直是巴黎学校工作的标准依据 For Suárez in Germany, see M. Wundt, *Die deutsche Schulmetaphysik des I7. Jahrhunderts* (Tübingen, 1939), esp. 41 - 47, 173 - 225, *passim*, 263 - 273.

和传播知识的工具。[41]

在这里需要强调的是,拉谟斯不是第一个与传统逻辑断交的人,因为
582 到处游历的人文主义者鲁道夫·阿格里科拉(1444—1485)以前就使用过这种方法,而且阿格里科拉的《发明论》在17世纪30年代的巴黎大学已广为人知。然而正是拉谟斯将方法论的工具加进了逻辑学,也正是拉谟斯主义在16世纪下半期强烈地影响了新教欧洲。实际上每一所新教大学或早或晚都将拉谟斯的《辩证法》定为教科书,值得注意的是,在这些大学里都对如何教育未来的律师和牧师进行了清楚的和令人信服的辩论。例如,由于注意到拉谟斯主义教学法的潜力,拉谟斯主义的方法在加尔文教派所属的黑博恩大学受到了如此高的赞誉,以致于学校当局要求各个学院的所有教授在他们的授课中都要使用这种辩证方法。但是到17世纪早期的时候,拉谟斯的星光暗淡了下来。在天主教各个大学里,他的逻辑学从未取代过亚里士多德(甚至在他的母校也未能做到),而在新教学校中,科学教学也回到了传统的道路上来,或者至少像在联省共和国一样,发展了一种折衷性的亚里士多德—拉谟斯课程。[42]

从长远看,巴黎模式则更具灵活性和生命力。面对当代实验哲学家的各种发现,帕多瓦模式只能提供一种消极的因而不够迅速的反应。尽管自称其兴趣主要在于揭示真实的亚里士多德,但像塞萨尔·克雷蒙尼尼

---

[41] 近来的研究:Gilbert, *Renaissance Concepts* (注释8), xxiv and ch. 5; N. E. Nelson, *Peter Ramus and the Confusion of Logic, Rhetoric and Poetry* (London, 1947); W. J. Ong, *Ramus, Method and the Decay of Dialogue* (Cambridge, Mass., 1958), esp. 171-292.; R. Hooykaas, *Humanisme, science et réforme: Pierre de la Ramée (1515-1572)* (Leiden, 1958).

[42] Ong, *Ramus* (注释41), 93-130, 297-306; G. Menk, *Die Hohe Schule Herborn in ihrer Frühzeit (1584-1660). Ein Beitrag zum Hochschulwesen des deutschen Kalvinismus im Zeitalter der Gegenreformation* (Wiesbaden, 1981), 203-217, 274-281; J. Moltmann, 'Zur Bedeutung des Petrus Ramus für Philosophie und Theologie im Calvinismus', *Zeitschrift für Kirchengeschichte*, 67 (1957), 295-318. 近来的研究表明拉谟斯的影响可能没有最初想象的那么大;参见 J. McConica, 'Humanism and Aristotle in Tudor Oxford', *English Historical Review*, 94 (1979), 298-314. 日内瓦自身从来没有接受拉谟斯的观点,参见 M. Heyd, *Between Orthodoxy and the Enlightenment. Jean-Robert Chouet and the Introduction of Cartesian Science in the Academy of Geneva* (The Hague, 1982), 15.

(1550—1631)等许多教授仍本能地相信亚里士多德和真理是同义词。[43]另一方面,巴黎学派的人及其同盟者并不将亚里士多德视为唯一的哲学权威,因而他们更能适应科学革命的新世界。不迟于17世纪的第三个25年,他们全都根据天文学、生理学、动力学和气体力学的新成果对传统的物理学课程进行了改造。巴黎大学教授皮埃尔·巴尔贝(大约卒于1675年)于1675年首次出版了最受欢迎的教科书《证据》。毫无疑问巴尔贝是亚里士多德学派的人,根据存在独立的物质形式这样一种信念专注于对自然现象做出定性解释。但是当他放弃亚里士多德的世界转而支持16世纪晚期 583
丹麦天文学家第谷·布拉厄(1546—1601)的秩序时同样没有困难。布拉厄的世界可能仍是以地球为中心的,但是现在只有太阳和月亮直接围着地球转动,而其他的星星则是围着太阳旋转。他可能仍然支持地上宇宙和地外宇宙的区别,但他已经接纳了伽利略的发现,宇宙不再是静止的。[44]

由于具有灵活性,巴黎模式的亚里士多德哲学在整个17世纪仍然是一种具有创造性的、生机勃勃的哲学力量,而帕多瓦模式很快就凋败死亡了。然而巴黎模式的这种适应性毕竟是有限的。这种折衷主义可以毫不费力地将最新科学发现融入到他们的课程中去,但是正如巴尔贝立场的基本内容所揭示出来的,他们不可能脱开与亚里士多德基本原理的干系。所以,发展一种全新的理解自然现象的解释策略即机械论哲学只能由一些仅与大学界保持着松散联系的个人来完成就不奇怪了。在17世纪主张仅根据物质和运动就可对自然现象做出更科学的解释的第一代哲学家中只有(法国)艾克斯省的哲学教授、伊壁鸠鲁原子论者皮埃尔·伽桑狄(1592—1655)于1616—1624年期间拥有大学的教授席位。

17世纪中期(从根本上讲源于选择性的德谟克利特的古典传统)多种形式的机械论哲学的出现对亚里士多德学派的教授提出了无法回避的挑战。在16世纪已经看到了竞争者柏拉图哲学和赫耳墨斯哲学地位的上

---

[43] M. A. Del Torre, *Studi su Cesare Cremonini. Cosmologia e logica nel tardo aristotelismo-padovano* (Padua, 1968); C. B. Schmitt, *Cesare Cremonini, un aristotelico al tempo di Galilei* (Venice, 1980).

[44] L. W. B. Brockliss, 'Aristotle, Descartes and the New Science: Natural Philosophy at the University of Paris 1600－1740', *Annals of Science*, 38 (1981), 43－46. 法国大学和耶稣会大学中其他折中主义的类似例子见 Brockliss, *French Higher Education*, ch. 7, sect. Ⅱ.

升，但它们并未能成功地俘获文化权威仲裁者的精神和头脑。相反，机械论哲学不仅很快地得到了当时大多数实验哲学家的支持(不包括耶稣会教的科学家是很容易理解的)，而且也在大师们和上等阶层中赢得了强大的支持者。最重要的是它抓住了 17 世纪后半期的新科学学术团体，在这儿当局和实验哲学家有时进行了富有成效的联手努力，尽管他们不大可能进行实质性的联姻。结果大学的亚里士多德学派要么对抗，要么屈服。最初(成为巴黎学派生命力的一种标志)，很多教授拾起了逍遥学派的大棒。然
584 而从根本上讲，反对他们的力量太强大，又由于世俗的公共舆论日益反对亚里士多德学派的形式主义，他们最终，尽管非常迟缓，承认了自己的失败。

亚里士多德哲学在欧洲大学被机械论哲学取代的历史尽管只是现在才有人注意，但其主要的轮廓已变得明晰了。这种转变在新教国家中那些经济较为繁荣的大陆国家始于 1650 年左右，这些国家处于沃什河和波河之间的南北轴线上，然后稳定地向外扩展。所以，机械论哲学在剑桥大学、莱顿大学、黑博恩大学及日内瓦大学讲授时是在 17 世纪 50—60 年代，但到这个世纪末时只在匈牙利的加尔文教区得到承认。[45]而在天主教世界这种转变往往开始得更迟：鲁汶大学在 17 世纪的第三个 25 年对其课程进行了修改；巴黎大学和帕多瓦大学到 18 世纪左右时还没有放弃原来的课程；西班牙的大学就更晚了，在 1750 年之后查里三世统治时才极不情愿地放弃了原来的哲学课程。[46]

---

[45] E. G. Ruestow, *Physics at Seventeenth and Eighteenth-Century Leiden* (The Hague, 1973), ch. 4; Heyd, *Between Orthodoxy and the Enlightenment* (注释 42.), ch. 4; J. Gascoigne, 'The Universities and the Scientific Revolution: the Case of Newton and Restoration Cambridge', *History of Science*, 23 (1985), esp. 405 - 413; J. Zimplèa, 'The Reception of Copernicanism in Hungary', in J. Bukowski (ed.), *The Reception of Copernicus' Heliocentric Theory* (Torùn, I973), 330 - 339.

[46] Brockliss, 'Aristotle, Descartes' (注释 44), 52 - 60; G. Vanpaemel, *Echo's van een wetenschappelijke revolutie. De mechanistische natuurwetenschap aan de Leuvense Artesfaculteit (1650 - 1797)* (Brussels, I986); M. Soppelsa, *Genesi del methodo galileiano e tramonto dell' Aristotelismo nella scuola di Padova* (Padua, 1974), ch. 4; B. Dooley, 'Science Teaching as a Career at Padua in the Early Eighteenth Century: the Case of Giovanni Poleni', *History of Universities*, 4 (1984), 115 - 152; D. Goodman, 'Science and the Clergy in the Spanish Enlightenment', *History of Science*, 21 (1983), 118 - 124.

在欧洲天主教地区,这么顽固地为定性物理学辩护是很容易理解的:教会的势力较大。不论是在新教国家还是在天主教国家,由牧师所确立的对机械论哲学的直接反应一直是充满敌意的。各种名堂的基督教神学家都不喜欢似乎只是将上帝视为原动力的哲学,它摧毁了关于"人的巨大镣铐"这种观念,并且接受了哥白尼的学说,不再将人置于宇宙的中心。然而,只有天主教堂拥有有效宣传支持传统哲学的组织和能力,特别是耶稣会这种形式。

在欧洲大部分地区,亚里士多德的定性主义为机械论哲学的笛卡尔哲学形态所取代。在这一点上去争论区别毫无意义。在机械论者积极性的第一波影响下,天主教徒和加尔文教徒一样根据笛卡尔的《哲学原理》 585
(1644)提出了一种先验主义的机械论哲学,强调获得关于真理的完美知识是可能的,精神和物质尽管有联系但有本质上的差别,宇宙是一个充满物质的实体。然而在大部分地区大学中所讲授的笛卡尔哲学体系的基本要素仅仅来自笛卡尔本人。通常情况下教授们所讲授的机械论是经后来的笛卡尔哲学信徒或新笛卡尔哲学家用批判的棱镜折射出来的哲学。法国受到的间接影响来自以巴黎人为基础的笛卡尔哲学家尼古拉斯·马勒布朗士(1638—1715),他是奥拉托利会会友的教学组织成员,虽然讲授哲学原理,但他自己并不是一位大学教授。[47]在北欧路德教会地区则相反,占有优势影响地位的是更为折衷的克雷斯蒂安·沃尔夫(1679—1754)。他是哈勒大学和马伯格大学的教授,尽管他的哲学体系主要源于笛卡尔哲学,但像他的导师莱布尼兹一样,仍保留了亚里士多德哲学的许多内容。汉诺威人莱布尼兹是一位唯理论哲学家,也不在大学工作。[48]

与此相对照,在不列颠群岛,笛卡尔机械论哲学形态仅仅是曾经得到

---

[47] Brockliss, *French Higher Education*, ch. 4, sect. Ⅲ. 要了解笛卡尔的这位最初的法国信徒的生活和工作,参见 D. Radnor, *Malebranche: a Study of a Cartesian System* (Assen, 1978).

[48] M. Wundt, *Die deutsche Schulphilosophie im Zeitalter der Aufklärung* (Tübingen, 1945), 122 – 230; T. Frängsmyr, *Wolfianismens genombrott i Uppsala*, Acta Universitatis Upsaliensis, 26 (Uppsala, 1972) 英语梗概:'The Emergence of Wolfianism at Uppsala'. 关于沃尔夫,参见 W. Schneiders (ed.), *Christian Wolff 1679 – 1754* (Hamburg, 1983),特别是由以下作者所著文章 Scheiders, Corr, Hammerstein 和 Rühling.

了有限的支持。[49]相反，从17世纪晚期开始，许多大学为更加具有经验主义倾向的伽桑狄的虚无主义的机械论所占领。但是这儿的机械论哲学通过本土化大熔炉的提炼也带有了较强的民族特色。一方面，当约翰·洛克(1632—1704)1690年出版的《人类理智论》还在编写时，伽桑狄的经验主义的和或然主义的偏见已在大学之外的世界中打磨得相当完美了。另一方面，法国人对笛卡尔实体的拒绝因伊萨克·牛顿(1642—1727)的引体物理学获得了坚固的数学基础。[50]这里必须指出，牛顿这位剑桥路卡森学院的数学教授并不是牛顿学说圣徒传记中的唯一天才，而是17世纪后半期对大多数英国实验哲学家所信奉的经验主义和现象学传统特别谙熟的一
586 位从业者。[51]和他的同事一样，牛顿的主要兴趣在于获得对宇宙的精确(用他所理解的术语就是数学的)描述，而不是对源于第一法则的自然现象做出机械论的解释。所以，当他1687年发表他的《原理》时，其目的在于证明维持太阳系的引力的存在，而不是解释它的原因。牛顿呈现给世人的机械主义的物理学与大陆所提倡的完全不同，在大陆上仍在试图找到原因问题，所以牛顿的著作最初不被理解也就不足为奇了。在大陆哲学家如莱布尼兹看来，牛顿学说又回到了亚里士多德的定性物理学。

自1687年《原理》出版大约50年时间里，欧洲大陆的大学一直沿着大学外世界哲学高手的路线前进，并且毫不掩饰他们对机械主义的伽桑狄和牛顿学说的轻视。牛顿是一位伟大的数学家，他计算出了维持行星在它们的轨道上绕太阳运转所需的力，但是作为哲学家他是定性主义的惯犯。在牛顿学说的缔造者去世的时代，只能在荷兰和意大利才能找到一些教授接受了牛顿的哲学革命。莱顿的数学和天文学教授赫拉弗桑德(1688—1742)最迟在1723年出版了引力学方面的教科书，那不勒斯人尼科洛·德·

---

[49] 最全面的研究是 A. Pachi, *Cartesio in Inghilterra da More a Boyle* (Bari, 1973).

[50] 英国大学接受牛顿主义的时间的详细研究是 C. M. King, 'Philosophy and Science in the Arts Curriculum of the Scottish Universities in the Seventeenth Century', Ph.D., Edinburgh, 1975.

[51] J. Henry, 'Occult Qualities and Experimental Philosophy: Active Principles in PreNewtonian Matter Theory', *History of Science*, 24(1986), 335-381.

马蒂亚诺在18世纪20年代晚期讲授过牛顿的物理学课程。[52]然而,不迟于1740年,越来越多的大陆科学机构逐渐认识到牛顿物理学可提供证据的优越性,且认识到要为笛卡尔的旋涡理论(是法国人机械论宇宙哲学的核心)提供数学论证是不可能的。结果,学者们倒向了引力论,而且可以预见的是,这将使这些教授处于觉醒状态。在18世纪40—60年代期间先验的、独断的笛卡尔哲学在短暂的风光之后就被人们随便的抛弃了,经验的、或然主义的、"机械主义的"牛顿学说取而代之登上了殿堂。

牛顿学说革命于18世纪中叶在全欧洲得以展开。18世纪60年代及70年代初,《耶稣会教令》的迅速废除使之在天主教国家成为可能。耶稣会教会的分解和最终的灭亡确实使天主教欧洲失去了成千上万的具有献身精神的教师,但正如主持死刑的开明专制君主所期望的那样,这的确解 587
放了(哲学)这门课程。所以在有些国家大学能够直接从亚里士多德时代转到牛顿时代,根本就没有笛卡尔哲学这个中间过渡。结果,随着近代早期的渐近结束,一种新的统一模式统治了不为人知的物理学教学达一个多世纪。机械论哲学,特别是以牛顿学说的现象学形式最终获得了胜利。[53]

牛顿哲学在大学中地位的确立对传统哲学造成的威胁远比笛卡尔哲学的引进要大得多。不论是亚里士多德哲学还是笛卡尔哲学,其所有的哲学分支最终都依赖于一套共同的形而上学原理,并且可以通过使用语言逻辑以相似的方式进行探究。教授们在采用机械论哲学的牛顿学说形态时都自觉或不自觉地背弃了这一信条,承认物理学是自成一格的,是日益建立在数学基础上的经验主义的科学。这样,物理学就独立了出来。既然物理学已经这么做了,其他的哲学学科为什么还要结合在一起呢?逻辑学、形而上学、伦理学及它们的各个子学科作为独立的研究学科,按照牛顿的经验主义方式且不受先验主义假设或神学命令的限制来进行研究,不就可以得到更好的发展吗?随着18世纪的过去,启蒙运动的主要领军人物,当然包括牛顿学派,都认为这样做可以使各个学科得到成功的发展,这样社

---

[52] Ruestow, *Physics at Leiden* (注释45), ch. 8; V. Ferrone, *Scienza, natura, religione: mondo newtoniano e cultura italiano nel primo settecento* (Naples, 1982.), 498-500.

[53] 要了解牛顿主义在法国大学和学院中的胜利,参见 Brockliss, *French Higher Education*, ch. 7, sect. Ⅳ.

会科学的各个分支的独立研究就出现了。

无可否认，在19世纪的大学圈内献身于早期实证主义研究的人寥寥无几。在学校中启蒙哲学家通常像无神论秘密赞同者和公共道德败坏者一样被开除了。只是在某些新教国家，特别是苏格兰，启蒙运动才在一定程度上起源于高等教育机构。然而在这些地区，个别教授常常对这种运动做出了重要的贡献。苏格兰人亚当·斯密（1723—1790）就是一个例子，他在1750年拥有格拉斯哥大学的道德哲学教授席位。斯密的创造性在于他以现世主义者的、功利主义的伦理哲学作为严肃的经济学研究的起点，[54]而18世纪时不论在大学内或大学外都几乎没有人将后者视为一门学科。从根本上讲，如果哲学教授涉及到这一学科，他们往往只是在有效管理家
588 庭方面进行一种布道式的说教。在文学院中只有那些在重商主义的新科学或公共管理方面拥有教授席位的人才被允许讨论国家经济。但是甚至连他们也没有形成有关这一学科的理论认识，故往往将分析限制在政府在目前经济增长中的作用这个具体问题上（见法学院部分，第603－604页）。所以，出版于1776年的《国富论》尝试建立以经济变化为中心的一般机制，标志着一门新学科的创立就没有什么争论的余地了。

另一方面，如果大多数教授都对启蒙事业表示怀疑，并相信它导致了道德混乱，那么通过仔细的辩论，他们中最有才智的人就会认识到，这些新的世俗论者的方法和实验方法在应用于伦理学和政治学时就不得不被谨慎对待并遭到反对。这一点对真正在西方文明的边缘生活和工作的一位教授，柯尼斯堡的伊曼纽尔·康德（1724—1804）来说尤其正确。康德一直被哲学史家视为启蒙运动的顶点和浪漫主义的先驱，实际上他反对这种绝对的分类法。康德基本上是他所在大学环境的产物，作为18世纪的哲学教授，虽然他确信牛顿的方法是研究自然科学的正确方法，但由于随后的相对主义和环境主义流向的影响，却对当时哲学一统的瓦解及经验主义对道德研究及美学批判的突破一无所知。在1781至1790年之间康德在出版他的三部哲学名著的过程中，试图在自己更为满意的方向上为18世纪

---

[54] 他的《道德情感理论》出版于1759年，到1790年再版了六次，了解对它的介绍见：T. D. Campbell, *Adam Smith's Science of Morals* (London, 1971).

的哲学重新定向，一方面为牛顿主义提供其明显缺少的形而上学，另一方面又主张实验方法不是探索世界的唯一方法。伦理学、美学和生物学都可以通过一种不同的认知方法得到科学的探索。[55]

从康德哲学在德国新教大学散布的速度可以看出，他对牛顿学说的辩护及其绝对道德实现了长期以来大学世界在以上帝为中心的过去和以人类为中心的现在之间所缺乏的不稳定的平衡状态。[56]的确，如果没有法国大革命的介入，康德哲学也许已经成了整个大陆都占支配地位的哲学流派。实际上，法国大革命的到来使得经验主义者在法国及其后来征服的地 589
区免遭毁灭的厄运。启蒙运动的追随者作为革命者摧毁了旧的文学院，使得孔狄亚克（1714—1780）而不是康德成了哲学的主角。[57]英国人也反对康德哲学的折衷性，并直接了当地宣称赞成牛顿的方法，并靠凯尔特人的机智避开针对经验知识之可靠性可能提出的一些令人尴尬的问题。18 世纪末，爱丁堡大学教授杜格尔·斯图尔特（1753—1828）通过巩固业已确立的有关经验主义的常识性辩护，即先承认形而上学问题再矫饰其不存在，在边界以北建立了一个创造性的破坏时代。[58] 结果，伴随着欧洲的大学被划分为两个各具特色的哲学阵营（一个在东部地区，另一个在西部地区），欧洲进入了近代时期。

数学

在进入 16 世纪的时候，想获得文科硕士学位的哲学学生被要求花一定时间在文学院并学习数学。大多数大学对学生的最低要求是通过参加

---

[55] 要了解康德体系的一般理论，参见 S. Körner, *Kant* (London, 1959). 要具体了解康德道德理论的发展，参见 E. Cassirer, *Rousseau*, *Kant*, *Goethe*. *Two Essays* (Princeton, N. J., 1965)(由 J. Gutmann, P. O. Kristeller and J. H. Randall 翻译)。

[56] 康德甚至影响到德国天主教大学，参见 T. Blanning, 'The Enlightenment in Catholic Germany', in R. Porter and M. Teich (eds.), *The Enlightenment in National Context* (Cambridge, 1981), 124.

[57] The *écoles centrales*, established in 1795 to replace the arts colleges of the *ancien régime*, gave instruction in psychology, logic and ethics, which closely reflected the ideas of the utilitarian Idéologues. See in particular S. Moravia, *Il tramonto dell' Illuminismo*. *Filosofia e politica nella società francese (1771 - 1810)* (Bari, 1968), 347 - 369.

[58] S. A. Grave, *The Scottish Philosophy of Commonsense* (Oxford, 1960), 关于斯图尔特及其流派的其他成员。

有关13世纪的数学家约翰·坎帕内斯和约翰·萨克罗博斯科(霍利伍德)的教科书的讲座,初步了解欧几里得的《原理》和托勒密的天文学。然而在许多情况下,学生接受的古典和阿拉伯数学遗产的教育可能要精深得多,因为从大量保存下来的手稿可以明显看出,整个中世纪大学课程都是相当复杂的。维泰洛(1210—1285)的教科书可能提供光学教育;可能有关于音乐理论的教学;既然天文学课程可能包含额外的有关计算和占星术方面课本的大量注释,由此可以推断学生可能不仅要学习天文学理论,而且可能要学习如何自己制作图表。在这一阶段早期开始占星术一直是大事,对那些将来要运用有关治疗技术科学的内科医生来说具有特殊的价值。

然而,无论这些数学训练有多复杂,它都与文科课程的主要内容——
590 哲学课关系不大。中世纪末期大学所教授的亚里士多德的物理学几乎没有数学内容。只有主要在14世纪牛津和巴黎大学曾经兴盛过的一个学派的成员——计算者通过自己的能力将集中运动和分散运动作了区分,领会到可以运用数学来研究自然现象。结果,数学从文科课程中分离了出来,并且很可能成为一门学生很容易就能逃避的课程。数学的意义在于学生通过对萨克罗博斯科的学习可以获得一种完全不同的考察自然现象的方法:与亚里士多德物理学强调用目的论的、因果关系的方法去认识世界不同,萨克罗博斯科将宇宙视为一个可以仔细观察然后用数学形式加以描述的实体。[59]

在整个16和17世纪,数学和物理一直被当做两门分离的大学学科。亚里士多德学派的教授认为,由于数学要研究的自然现象是从它们的自然背景中提炼出来的,所以数学在研究真实世界的变化中没有什么作用。而且,数学是一门特殊的混合学科,因为它既不是一门艺术也不是关于因果关系的科学。所以,在这一时期的这一阶段对即将毕业的文科学生在数学知识上的要求并不比中世纪后期更高也就不奇怪了,尽管数学在当时的进步很大:在代数分析、对数发明、坐标几何和微积分方面都有很多成就。伊丽莎白一世时代的剑桥大学明显是个例外,它不但要考查文科硕士候选学生的欧几里得几何学原理和天体学,而且要考查他们透视画和宇宙学方面

[59] 见第Ⅰ卷第10章第2页。

的知识。[60]一般地,官方规定的文科硕士课程的仅有的显著变化在于推荐的数学课本上。因此,常常规定,欧几里得几何学原理的教学要使用纯希腊文本的现代译文或新编辑的教科书,如杰罗拉莫·卡尔达诺(1501—1576)的《算术》,而萨克罗博斯科则被现代的教科书如巴黎大学教授奥龙斯·菲内(1494—1555)的著作所取代。特别是被新教和天主教都拥护的萨克罗博斯科在整个16世纪都保有一本标准的教科书。

然而,如果说物理学在16和17世纪仍然是一门主要依靠语言逻辑的学科,那么正如中世纪晚期一样,在许多大学它可能还是属于相对先进的数学学科的一种课外教育。正像文艺复兴激起了人们对古典诗歌的兴趣一样,它也激起了人们对古典数学的兴趣,在15世纪晚期,在各地漫游的许多人文主义者通过托勒密的天文学原著提供技术课程使大学数学获得了新生。正是由于这个原因,哥白尼于15世纪90年代在克拉科大学获得了良好的数学教育。[61]特别是在意大利,永久性数学教授席位的设立使16世纪这种传统得以巩固。传统上大学的数学教授职位都是从住校的文科硕士中每年遴选一次,而且不必是该学科的专家或热心的实践者。相反,这些新的教授职位常常不是在学院中选择,而是吸引优秀的候选人,并有选择教学内容的自由。同时像弗朗切斯科·毛里利柯(1494—1575)等热心者坚持,数学知识具有独特的应用价值,应确保新教授能有更多的受众。根据辩护者的说法,该学科的学习对要进入正在成长的专业如测量和海员的新手来说,是社交礼节上的需要。[62]的确,正是对这种论点的普遍接受使得在接下来的世纪中将许多具有永久基础的涓涓细流变成了一股巨大浪潮。17世纪数学教授职位在全欧洲建立了起来,尤其是耶稣会教士在它

591

---

[60] Curtis, *Oxford and Cambridge* (注释 5), 87 - 92.

[61] 这一运动的一个主要人物是 Regiomontanus (1436 - 1476),在维也纳大学和帕多瓦大学教学,参见 Rose, *The Italian Renaissance* (注释 18), 91 - 123.

[62] C. B. Schmitt, 'Science in the Italian Universities in the Sixteenth and Early Seventeenth Centuries', in M. P. Crosland (ed.), *The Emergence of Science in Western Europe* (London, 1975), 47 - 48; Crombie, 'Mathematics and Platonism' (注释 36), 62 - 63; J. M. Fletcher, 'Change and Resistance to Change: a Consideration of the Development of English and German Universities during the Sixteenth Century', *History of Universities*, I (1981), 22 - 30, *passim*.

们的创立中是强有力的支持者。[63]

这些不受约束的数学教授在科学革命的启动和促进过程中是不可或缺的参与者。首先,16世纪的许多意大利教授通过讲授至今鲜为人知的潜在的古典课文帮助伽利略铺平了道路。诚然,最先出版关于阿基米德主要遗产的学术著作的最重要人文主义数学家并不是大学教师,但是这不应该减损像帕多瓦大学教授彼得罗·卡泰纳(1501—1576)等人所做的贡献:
592 卡泰纳向多届学生介绍了假冒亚里士多德所写的《力学》,这部著作在伽利略《动力学》的产生过程中起着非常重要的作用。[64] 其次,17世纪遍布欧洲的许多数学教授打着讲授发射学、航海和其他实用数学学科的幌子,将静力学、动力学、光学和天文学方面的最新著作融合到了他们的课程中,对新科学的传播起到了推动作用。当然,他们这么做与其物理学领域的同事所起的作用一样,但他们却积极得多。由于摆脱了亚里士多德的束缚(或者任何解释实验哲学家著作的要求),他们能够对数学语言领域里最新的发现做出详细的和准确的描述。只有当讨论到宇宙论的时候他们才不得不小心翼翼,确保未超出圣经的条条框框。这一点至少在天主教国家是这样,因为新教国家受的约束要少得多。正是图宾根大学的数学和天文学教授米夏尔·梅斯特林(1550—1631)第一个拥抱了哥白尼的学说,是哥本哈根大学的数学教授克里斯蒂安·隆哥蒙塔努斯(1562—1647)设计出了最为流行的折衷的半哥白尼学说,所以,在他设计的理论中,虽然地球每天都在旋转,但仍沿着第谷宇宙体系的说法将地球放在宇宙的中心。[65]

数学和物理学的完全分离最早在笛卡尔时代受到了挑战。勿庸置疑,17世纪下半期和18世纪早期的笛卡尔学派教授对精确的数学物理学的兴趣并不比亚里士多德学派的教授更多。然而,他们确实相信,正如在他

---

[63] F. De Dainville, 'L'enseignement des mathématiques dans les collèges jésuites de France du seizième au dix-huitième siècle', in De Dainville, *L'Education des Jésuites* (注释 26), 323 - 354; G. Consentino, 'L'insegnamento delle matematiche nei collegi gesuistici nell' Italia settentrionale', *Physis*, 23 (1971), 206 - 216.

[64] Rose, *The Italian Renaissance* (注释 18), 223, 243, 285.

[65] K. P. Moesgaard, 'How Copernicanism Took Root in Denmark and Norway', in Bukowski (ed.), *The Reception of Copernicus* (注释 45), 126 - 134; R. S. Westman, 'The Comet and the Cosmos: Kepler, Mästlin and the Copernican Hypothesis', *Colloquia Copernicana*, I (1973), 7 - 30.

们之前的笛卡尔一样,几何学知识有助于训练人们形成清晰严密的论点。结果,他们开始在讲授物理学之前加上了数学入门。最初这种入门很少占用教授们的大量时间。巴黎大学教授热罗姆·伯苏恩(1686—1763)在1710年代将其两年哲学课程的一半时间用于研究物理学,而用于讲授预备性的《欧几里得几何学原理》的时间不到一个月。但巴黎的第二代笛卡尔学派的教授则大胆得多。据多里瓦德记载,1730年代的数学入门占去了当时物理学学年中3个月的时间,除几何学原理外,还包括代数学基础和三角学。[66]

然而只有在牛顿时代,这种异常的同居生活才转化为真正的婚姻。593
不用说,牛顿的《原理》是最杰出的数学著作。不管是牛顿对笛卡尔旋涡理论的否定,还是他对倒数平方规律(正是它确立了行星间的关系)的证明,都不可能为数学文盲所理解。就在这一点上,需要物理学学生掌握圆锥几何学技能和更适宜的微积分技能。结果,从那时起牛顿的宇宙哲学才真正为大陆大学所理解,物理学课程才得以以详细的数学教育为开端。这样新一代物理学教授在二三十年内在许多大学里出现了,不管他们是牛顿哲学世界的支持者还是反对者,都将坚实的数学物理学当做教学任务。但是这种革命是以很高的代价换来的。尽管在18世纪初的法国,其数学课程仅占物理学学年中一个月的时间,但到法国大革命谢幕的时候却已占据了半年的时间。[67]由于这些情况的存在,物理学的学习不得不缩短时间,许多传统的原理被抛弃了。物理学课程被减少到只学习动力学原理及其在宇宙哲学中的应用。

然而这种发展适逢自然科学迅速扩张的时代,可能会妨碍物理学教授将电学和磁学方面的最新成果引入到该课程中来。所以,到本时期末出现了一种比认识论更紧迫的要求,促使大学机构将物理学从其他哲学学科中解放出来。数学物理学的产生提出了一个逻辑难题,这个难题只能通过设立两门独立的哲学课程来解决。

---

[66] Brockliss, *French Higher Education*, ch. 7, sect. VI.

[67] Brockliss, *French Higher Education*, ch. 7, sect. VI.

神学院

大学神学课程的教学在宗教改革之前分为两个部分。第一部分是讲解《圣经》,第二部分讲解12世纪巴黎神学家彼得·伦巴第关于《圣经》文句的四部书。后者不仅被视为系统的、全面的神学教科书(主要涉及《圣经》和教父遗书的文句问题),还以正统的方式解答了许多不同的教义争论,正是对这些教义的不同理解使教会一开始就出现了分裂,同时自拉特兰第四
594 次会议(1215)时代开始,它就一直被视为年轻神学者捍卫自己的信仰以反对异教徒(不必提及许多无知的君主)的理想指南。两部分课程的教学都以核准的经院哲学模式进行。这些《圣经》文本在学习之初提出了一系列的问题,可使学生从这些原始的问题出发继续深入,并确保教授以相对抗的观点在他的解释中充分展开亚里士多德精密的逻辑学。像学习哲学一样,许多较难和有趣的问题都被从文本中完全剔除掉,并成为进行神学争论的支柱。由于要符合正统,所以要将无拘无束地自由探究的可能性降至最低是很容易理解的,但是大量的阴暗地带(在这里教会至今没有放弃这一法则)的存在使得神学的创新没有被完全阻塞。可以这么说,正是由于这个原因,在中世纪末才会花那么多的精力来讨论释罪和感恩祈祷的本质问题。[68]

基督教人文主义者在15世纪末和16世纪初发现了这种完全无益于教化的存在于许多学院的投机性神学课程。在进入16世纪的时候,人们在世俗精英和宗教中坚中看到了一种精神的大觉醒,那时有许多个人第一次要求对《福音书》基本问题做出令自己满意的回答:主啊,我应该做什么才能得到永生呢?像伊拉斯谟等人文主义者是这一运动的发言人,他们认为要找到这一问题的正确答案只能是对具有再生能力的《圣经》和《圣父》的学术版本进行客观的仔细研究。结果,他们觉得学院的课程不是像它应该做的那样帮助人们获得这种启迪,而是绝对的阻碍。有关《圣经》文句的演讲很明显对处于痛苦中的基督徒的灵魂没有什么实际的帮助,伦巴第应

---

[68] 见第Ⅰ卷第13章。

该被扔到历史的垃圾堆里。学院中关于《圣经》的演讲也同样没有价值。那些通行的演讲对其以之为基础做出解释的公认的《圣经》文本的正确性不感兴趣,即他们的注意力不是放在作者的本意上,而是揭示和破解往往是模糊不清的所谓寓意和神秘性。确实,他们被这种他们所认为学院里空虚的《圣经》学习完全激怒了,以致于很错误地伪称他们完全不理会《圣经》的存在。他们那些目的在于给《圣经》和《圣父》文本以精确和客观知识的解释为各个"学院"提供了许多范本。

随着大学自身也受到了来自这一巨大精神觉悟的影响,人文主义者
很快在学术天堂里培养了信徒。尤其是在1510年代新建立的维滕堡大学 595
里,一位处于极度精神煎熬状态、名叫马丁·路德的奥古斯丁教派修士,在他一系列关于《保罗使徒书》字面意义的演讲中(1515—1518),开始向学生提供自己艰难获得的关于人类拯救问题的解决方案。不可否认,路德并不是一个羽翼完全丰满的人文主义者。尽管他总是被人视为成功的解说家并像神一样敬仰而不是学问家,但在1518年维滕堡大学的菲利普·梅兰克顿到来之前,他基本上不懂希腊语,就更不用说希伯来语了。另一方面,如果他是那种传统的惯于缄默的学者的话,也就不可能出现路德宗教改革了。毕竟,德国人通过使信仰本身合理化这种方式来解决时代的重大问题并没有什么异常;英国人文主义者约翰·科利特于15世纪90年代后期,在牛津曾部分地预测过它的出现;伊拉斯谟自己在他1516年版本的《新遗嘱》中也曾提出过。不过,维滕堡大学的这位教授和提倡者就敢从他的解决方法中推导出一系列可能对已有教会造成破坏的教会学结论来。天生不愿妥协又被因戈尔施塔特大学教授约翰·埃克(1486—1543)逼到绝路上的这位大学教授,在1519年莱比锡大学的辩论中宣称自己绝对可靠,将自己推到了伟大的宗教改革运动的潮头上。教授变成了改革家,基督教界则支离破碎了。[69]

新教徒自然完全同意人文主义者对当时神学教学的批评。在他们控制的大学里很快对现有的课程进行了改革,神学教授变成了对最初的希伯

[69] 要了解路德作为圣经解释着的情况,参见 Grossmann, *Humanism at Wittenberg* (注释 15), 74 - 82.

来语和希腊语的文本做字面分析的解释者。与此相对照，天主教徒的热情则不高，因为他们认为，虽然这不公平但可以理解，在特伦托主教会议后的世界里，路德只是将伊拉斯谟下的蛋孵出来而已。尽管新的重点是学习《圣经》的字面意义，并且对它的隐喻分析不被提倡，但传统的经院哲学理论从来就没有被扔掉。确实，对神学问题的研究仍是课程的核心。例如，17 世纪结束之前，巴黎大学 12 个教授职位中只有 1 个属于经文研究，而且据称供职时间最长的神学教授马丁·格朗丹(1604—1691)根本不懂希伯来语。[70]

596 同样，在新教和天主教学院间不应该存在太大的差别。首先，新教一般不会将神学课程仅仅限制在经文的字面解释上。在英国这样的一个国家是可能的，因为英国在 16 世纪末的时候，天主教重新回归的危险已经消除了。但在那些两种信仰一直存在且有时竞争激烈的地区，这里的牧师和教师一样必须是辩论家，就有必要在宗教辩论方面进行适当的训练。这类简单的《圣经》学习永远不可能存在，因为《圣经》不会只是一种神学教科书。相反，它只能通过基本的神学教义的独立教育来实现，这样才能简便地描述出两种忏悔的联系和差别。维滕堡大学的梅兰克顿在宗教改革早期就认识到宗教课程应该如此，而且从宗教课程看，它在德国和法国不一样，这是容易理解的，因为两个国家的传统不一样。16 世纪路德教派的标准教科书是梅兰克顿的《圣经文句选集》(1521)，约翰·加尔文教派的标准教科书是首版于 1536 年的法国改革家的《基本原理》。然而，尤其是梅兰克顿的课本离标准权威典籍相去甚远。所以，至迟于 17 世纪初，教授们编写了内容更丰富的教科书，其中耶拿大学教授约翰·格哈特(1582—1637)的《神学总成》最有影响。格哈特的著作全面系统，首先适当地详尽地学习权威典籍和《圣经》全文，据推测路德教派的神学就是以之为基石的。[71]

其次，如果天主教学校继续过分地注重合乎传统的神学，那么就必须

---

[70] Brockliss, *French Higher Education*, ch. 5, sect. I; C. Gerin, *Recherches historiques sur l'Assemblée du clergé de France de 1682*, 2nd edn (Paris, 1870), 518 - 519.

[71] P. Althaus, *Die Prinzipien der deutschen reformierten Dogmatic im Zeitalter der aristotelischen Scholastik* (Leipzig, 1914; reprint, Darmstadt, 1967); P. D. Bourchenin, *Etudes sur les Académies protestantes en France aux XVI e et XVII e siècles* (Paris, 1882), 245 - 247.

对学科教学方法进行大的改革。在16世纪末，信誉不高的彼得·伦巴第的课本已经被普遍抛弃。通常它的替代课本为托马斯·阿奎那的《神学大全》。阿奎那作为神学家得到了耶稣会教派和多明我教派(后者企图独霸神学教育)的支持。例如在萨拉曼卡，这种替代因1561年法令的变化而合法化。确实，在17和18世纪，如果不采用阿奎那的书，其他可供选择的似乎只有13世纪的芳济各修会修道士邓斯·司各脱的著作和16世纪的耶稣会教士弗兰西斯科·德·苏亚雷斯的著作。这两位作家是设立了独立的司 597
各脱学派和苏亚雷斯学派教授职位的许多西班牙大学评议的对象。[72]

更重要地是——在这里人文主义者的批评温和得多——不管哪种课本受欢迎，它都被当做一个不可分割的整体，禁止教授们从中抽出一些有趣的问题进行详细的和煽动性的分析，而是对著作中所论述的更重大的问题进行全面的和合乎传统的解释。有时教授们将这类教科书当做一个整体来处理，但更常见的是将其分成两部分，教授们或者提供神学教义性课程，或者提供精神性的神学课程。此外，随着课程时间的不断减少，神学毕业生一直被要求学习科学(见第566－567页，教学方法论)，通过易于使用的手册来缩减无所不包的托马斯主义的总论和演讲成为一种惯例。仅在18世纪的法国，主要用于神学院的手册就有14种。在整个世纪中频繁再版，且特别为苏尔比斯会会员所拥护的最著名的手册，是普瓦捷的主教让·克洛德·德·拉·普瓦普·德·韦尔特涅(卒于1732年)的《神学制度简论》(1717)。[73]

同样重要的是，新教和天主教教授们在构建和捍卫他们的强有力的神学领地时对理性的作用表现出了相似的态度。路德完全将神学视为建立在《圣经》基础上的一门科学，反过来它又成了一部被解译而不是被人理解的著作。通过神的灵感、人类解释的工具和上帝的指引，他的目的只是抽

---

[72] 在1625年萨拉曼卡有三位教授教授阿奎那，两位教授讲授丹斯·斯科特斯的《命题》(Sentences)，约1720年增设了一个苏亚雷斯学派教授席位，参见 G. M. Addy, *The Enlightenment in the University of Salamanca* (Durham, 1966), 45; F. L. Cross (ed.), *The Oxford Dictionary of the Christian Church* (London/Oxford/New York/Toronto, 1971), 1299－1300, *sub* Suárez.

[73] The manuals published in France are discussed in A. Degert, *Histoire des séminaires français jusqu'à la Révolution*, vol. Ⅱ (Paris, 1912), ch.1.

取出每个段落的含意，而不是去判断它的合理性。作为人类，要想走得更远一些都是夜郎自大的行为，是一种灾难。所以，路德坚决反对在神学院中花时间用理性去考查具体教义的合理性及其含意。只要教义有《圣经》的根据就足够了。然而，宗教改革者的观点在这一阶段对天主教神学家根本没有影响，即便对紧接着的新教继任者也影响不大。梅兰克顿和加尔文一样热衷于对神学教义进行理性探究。对教派立场的理性辩护可能不如对《圣经》和《教父遗书》的辩护有影响，但它们是穿着辩论者盔甲的合理武器。此外，当《圣经》的段落间存在矛盾及神父们观点不一致时，理性的辩
598 论是必不可少的。正是由于这一原因，像17世纪晚期的日内瓦人路易斯·特龙金(1629—1705)等新教徒发现，笛卡尔的形而上学是一种特别有用的工具：它用本质和偶然性的绝对分类法使理性主义的支持者即托马斯主义的亚里士多德哲学脱离了变形论。[74]

所以，在后宗教改革时代，不管是天主教的教义学或是新教的教义学，都和中世纪晚期的神学理性主义教授一样，对16世纪早期的人文主义者很不满意。可以说，人文主义会发现这些争论将越来越没有结果，因为这些教授都局限于自己狭窄的宗教圈子里，而且与他们的那些受到更多诽谤的前辈相比，他们展示宗教创意的自由更少。在后宗教改革世界里，理性主要被视为一种扰乱对手的消极的工具，很少进行创新性的探索。最重要的是，理性作为一种工具从来没有对为所有主流教派奉为真理加以信仰的基督教的基本原理构成挑战。所以，没有教授能够用理性去怀疑《圣经》的神性或《尼西亚信经》的绝对地位。像日内瓦人让—阿方斯·图雷蒂尼(1671—1737)只能相当谨慎地发明一种自然神学，小心地将加尔文宗教神学中理性的和超理性的成分区别开来。然而，没有任何人被允许模仿18世纪的自然神论信仰者和无神论者，并断言基督教中只有那些可以用理性证实的信条是正确的。如果不在神学院内，那么在大学里也确实存在基督

---

[74] 对这一现象最全面的研究，参见 J. Bohatec, *Die Cartesianische Scholastik in der reformierten Dogmatic des 17. Jahrhunderts*, vol. I: *Entstehung, Eigenart, Geschichte und philosophische Ausprägung der Cartesianischen Scholastik* (Leipzig, 1912)；也可参见 E. Bizer, 'Reformed Orthodoxy and Cartesianism', *Journal for the History of Theology and the Church*, 2 (1965), 20-82. 要了解 Tronchin，参见 Heyd, *Between Orthodoxy and the Enlightenment* (注释42), 73.

教批判家,但是通常情况下他们都很低调。汉堡文科中学的希伯来语和东方语言教授H.S.赖马鲁斯(1694—1768)逐渐认识到耶稣基督超自然的使命在于身后之事,并且认识到耶稣自己纯粹是犹太人世俗化的弥赛亚。但是,他在《沃尔芬比特尔片断》一书中集中体现的思想直到他死后才由G.E.莱辛(1729—1781)出版。那些公开说出他们怀疑的人,即便他们只是反对宗教争论,也都不可避免地受到了迫害。所以,18世纪早期主管哈勒学院的虔信派教徒(路德教派中信奉正宗基督教的人)对克雷斯蒂安·沃尔夫关于宗教和平主义的浅薄的理性主义辩护的反应,就是将其从哲学教 599 授职位上赶下来。18世纪的神学家,不管是天主教的或是新教的,都被要求证明纯自然宗教的不足,而不是被要求使信仰的标准合乎理性。结果,在《圣经》研究和神学中令人瞩目的发展[人们会记起斯宾诺莎(1632—1677)或理查德·西蒙(1638—1712)的著作]往往发生在学院之外。只有哥廷根大学的建立指出了通向较少注重忏悔的19世纪神学院的道路,因为这所大学的教授,如果必须是路德教派的话,都被明确禁止成为好争论的狂热者。然而,往往直到这一时期末,神学教授的主要职责就是制造忏悔的副本。[75]

法学院

尽管大多数欧洲人都生活在某种习惯制度之下,但中世纪末期的法学课程几乎都被用于罗马法和教会法的学习。教授们的讲授在两种情况下都主要围绕两种相互关联但又各有特色的法律选集。罗马法学习的主要内容来自《法典》和《罗马法典》,二者都是根据6世纪东罗马帝国的皇帝查士丁尼的法典编辑而成,但前者是关于皇帝颁布的帝国未来法令的编辑版本,而后者则是罗马的法律咨询工作者用来从事法律工作的文献资料的汇编。另一方面,教会法学习的主要内容来自于12世纪的僧侣格拉齐安的《教令集》和罗马教皇格列高利九世(13世纪)的《教令集》。前者是教会法

---

[75] 研究18世纪使用理性批评用于忏悔的教条主义的杰作,参见K. Aner, *Die Theologie der Lessingzeit* (Halle, 1929). 关于Turrettini参见G. Kaiser, *François Turrettini: sa vie et ses oeuvres et le consensus* (Lausanne, 1900).

的一个选集，它包括了自早期教会起由联邦、国家和各个省议会公布的教会法，作者根据公认的权威等级进行了排序。后者是一系列罗马教皇认可的有关教会法的正式教令，只是将权威的典籍单纯地编辑在一起，很少或根本没有内在逻辑性。不过，阅读的顺序按照编辑的顺序进行，将课文一块一块地分配给教授们，轮流对每项法律进行研究。学院通常为毕业生同时提供两种法律制度的教学。然而，在一些大学里，特别是西班牙的大学，也为每一门学科设立独立的学院。[76]

600 在近代早期，传统的法律课程发生了许多重大的变化。[77]首先，在这个时期的大部分时间里，法律课程往往沦为只学习一种单一的法律制度。在中世纪晚期时，民法教学被教皇洪诺留三世禁止以后，巴黎大学从1215年起只提供教会法课程，这件事并不怎么为人所知。而在16和17世纪这种实践则相当普遍。新教学院放弃了教会法的教学(至少放弃了教令集的两种形式)也就不难理解了，而在许多新成立的天主教大学里，教授职位大多为耶稣会教士所把持，从未出现过民法教授。

其次，从16世纪末开始，逐渐放弃了权威教科书教学所使用的传统方法。教授们在解释过程中不再总是忠实地按照编写的循序来进行，而是在一些特定的学科主题下根据一种合理的循序提供材料。有时创新仅局限于围绕着某个个别的题目建立新的解释，而不是围绕着它所包含的法律内容。所以教授们的阅读是从一个题目到另一个题目，而不是从一项法律到另一项法律。然而，教授们也常常将一些特别的题目从课文中分离出来，组成了一门特别的课程。例如在帕多瓦大学，在1540—1768年间，根据从《罗马法典》和《法典》中抽取出来的内容组成了一个关于刑法的特殊课程。[78]也不再常常要求学生听未经仔细准备的关于权威典籍的演讲。这样，《法典》和《罗马法典》的学习通常开始于查士丁尼的《法理概要》(初学

---

[76] 见第Ⅰ卷第12章。

[77] 到目前为止，对近代早期法律课程进行的最系统的研究，参见 H. Coing, 'Die juristische Fakultät und ihr Lehrprogramm', in Coing, *Handbuch I*, 3–102 and *Handbuch II*, part I, 39–128.

[78] H. Coing, 'Das juristische Vorlesungsprogramm der Universität Padua im XVII. und XVIII. Jahrhundert', *Studi in onore di Edoardo Volterra*, vol. IV (Milano, 1971), 181, 187–188, 194.

者的手册）和题为《法规概要》之类的入门课程，后者通行的是马伯格大学和莱顿大学教授埃弗拉德·布龙乔斯特（1554—1627）的版本。于是，在解释《罗马法典》之前要依次学习一种纲要，如哈勒大学教授海内克丘斯（1681—1741）编写的纲要在这一时期末为整个德国和奥地利帝国所使用。[79]

第三，也是最重要的一点，在17世纪早期是试探性的，但在1700年以后则成为惯常做法，这就是开始在成文法和习惯法、公法及自然法和国 601
际法等新的学科领域建立教授职位。前两个领域与罗马法或标准的教会法实践不同，涉及当时实际生活的各项法律。成文法和习惯法主要是地方和国家制定的关于财产关系问题的法令，虽然在欧洲南部和神圣罗马帝国这些罗马法管辖的区域，它的范围明显要小得多。公法学科涉及国家的法律和统治当局与人民及外国力量的权利问题。而自然法和国际法涉及人与人之间（及国与国之间）的管理问题，因为他们之间的关系不受成文法或新法的统治，只能由理性来引导。这在任何时代和任何地方都是如此。

这些革命性的课程革新的震中位于德国南部和联合教区的新教大学。国家法律课程的引进起因于17世纪民法研究比较方法上的创新。除了试图对课文进行说明外，这一时期的许多教授着手对一些特殊的罗马法与当时的法律现实进行仔细的比较。这种解释的新方法，大概在进入17世纪时首先由斯特拉斯堡大学教授乔治·奥布雷希特（1547—1612）引入，特别是阿诺德·温尼尔斯（1588—1657）和约翰·富特（1647—1713）使之在莱顿大学获得充分发展。温尼尔斯1642年关于《制度》的评论及富特在1698—1704年间关于《罗马法典》的评论是运用比较方法的杰作，在整个18世纪被欧洲当做注释学的典范。以“模式运用”而闻名的研究罗马法的这种比较方法最终成了阿尔卑斯山以北大学中这一学科教学的权威方法，一直到这一时期结束时都被视为一种使罗马法研究与法律实践联系更加密切的途径。然而，在17世纪结束前的很长一段时期，它作为引导学生学习民族法律传统的唯一方法就开始受到质疑，其原因在于人们认为，法律

[79] R. Feenstra and C. J. D. Waal, *Seventeenth-Century Law Professors and their Influence on the Development of Civil Law*: *Bronchorst*, *Vinnius*, *Voet* (Amsterdam, 1975), 18-23, 55, 70-71, 88, 106.

和法令都有其独特性，不可能仅通过民法研究这一途径就都能获得正确的解释。特别是德国的法律咨询人员开始鼓动进行独立的教学，这种要求是在 18 世纪的第一个年代得以实现，如在 1702 年的莱比锡大学。[80]

602 公法的课程制度最初也同样与民法解释的发展有关。这门学科的出现又可追溯到 17 世纪上半期，这时包括奥布雷希特在内的许多新教派教授以与《法典》有关的一些书籍为基础向学生提供关于专门比较罗马法和德国宪法的课程。不过，更深入和更重要的推动似乎来自于德国哲学教授 1650 年以后对政治理论的极大兴趣。这门学科的教学一般属于哲学课程的伦理学部分，但在 16 世纪和 17 世纪早期被整个欧洲严重地忽视了。如果存在这方面的教学的话，也是在哲学教授的领地，或者存在于天主教神学家解释彼得·伦巴第和阿奎那的课程中。然而，从 17 世纪中期开始，黑尔姆施塔特大学的赫尔曼·康林（1606—1681）教授和海德堡大学的塞缪尔·普芬道夫（1632—1694）教授又将政治学引入到哲学课程中来。康林和他的追随者研究这门学科仍像传统的做法一样将他们的课程建立在亚里士多德的《政治学》之上。而普芬道夫则拒绝教授任何现存的关于这门学科的权威陈述，通过对前政治的自然状态中人类关系的由因及果的考察，形成了他自己的政治学"笛卡尔"体系。但是不管这些教授的出发点是什么，他们的目的最终都是一致的：根据理想的政治理论考察德国宪法的本质。因而他们为一种全新的公法课程打下了基础：一种完全独立于罗马法的课程。[81]然而，将这种课程引进到法学院中只是在进入 18 世纪时在哈勒大学的克里斯蒂安·托马西乌斯（1655—1728）的革新中才得以成功实施。托马西乌斯坚决主张不仅公法应从《法典》中独立出来，政治理论也应如此，在他看来，从事这门独立学科的研究应根据历史的法则而不是理性主

---

[80] Schindling, *Straßburg* (注释 20), 304 - 320; Feenstra and Waal, *Seventeenth-Century Law* (注释 79), 24 - 41, 57 - 106, *passim*; Coing, 'Die juristische Fakultät' (注释 77), 44 - 46; K. Luig, 'The Institutes of National Law in the Seventeenth and Eighteenth Centuries', *Juridical Review* (1972), 193 - 226, *passim*.

[81] M. Stolleis (ed.), *Herman Conring (1606 - 1681). Beiträge zu Leben und Werk* (Berlin, 1983), part Ⅳ; H. Denzer, *Moralphilosophie und Naturrecht bei Samuel Pufendorf, Eine geistes-und wissenschaftsgeschichtliche Untersuchung zur Geburt des Naturrechts aus der Practischen Philosophie* (Munich, 1972).

义的法则。[82]

相反,自然法和国际法课程的建立则与民法研究的发展没有直接的联系,可以说,正如我们将看到的,它来源于加强成文法教学的一种新需要,即通过对司法普通原理的分析在某种程度上可以了解所有的法律制度。所以,自然法的教学从致力于《罗马法典》中概念讨论的开放性题目的专门课程中分离出来时不存在一个过渡阶段,而是可以这么说:由于建立在17世纪中期许多北欧新教大学(发端于1658年的莱顿大学)的课程之 603
上,它一出现就享受到良好的待遇。在热心的、知识渊博的人士的努力下,自然法的内容很快就超出了对抽象原则的讨论。那些最出色的教授将课程扩大到对当时一直以各种形式被完全拒之门外的国际法和海事法的讨论中。然而,并不是所有的自然法的教授职位都设立在法学院中。有时,如在1661年的海德堡大学,教授职位就设在文学院。这使得普芬道夫时代对原始状态的人的研究不仅对法学院学生有明确的意义而且对哲学院学生也有明确的意义。许多天主教学校也做出决定,如1764年的帕多瓦大学,将自然法的和公法的教学委托给同一个教授。从17世纪发展的角度及所在地区的教授未受托马西乌斯历史主义方法影响的角度来看,这也有同样的意义,但是它也再一次表明,自然法与法学课程的其他部分缺乏基本的联系。[83]

自然法不只是被两类学院分享的新学科。在17世纪下半叶和18世纪早期,那些对政治学理论有特别兴趣的德国教授,可能属于"亚里士多德学派"、"笛卡尔学派"或像克雷斯蒂安·沃尔夫一样属折衷学派,都曾经促成了这一概念的形成:即政府是社会—经济发展的发动机。政府不再是一个有权能的联盟,而是一个致力于使它的公民文明和富足的社会救济组织。结果,他们政治学课程的一部分补充内容讨论政府促进增长的机制问题,或者逐渐成为世人所知的重商主义的财政科学。在18世纪它又变成了独立的研究学科,政治学领域的第一批教授职位是1727年在奥得河畔

[82] Hammerstein, *Jus und Historie* (注释32),91–117;Coing,'Die juristische Fakultät' (注释77), 42–43.

[83] Coing,'Die juristische Fakultät' (注释77), 46–47; Coing,'Padua' (注释78), 194.

法兰克福大学和哈勒大学所设立的。特别是在哥廷根大学教授冯·尤斯蒂(1720—1771)的领导下,这门新科学的发展超出了政府税务政策和学科管理领域,成为包括人口统计学和公共卫生在内的一门科学。教授们也越来越关注资料的收集问题,并且将课程的一部分时间用于统计学的学习。然而,对那些包括这门新学科的学院来说,这是一个颇有争议的问题。很明
604 显财政学是政治学的一个分支,但它也与公法有密切的联系,因为政府采取行动促进国家富裕的自由可能会严重受制于现实的宪法。结果,虽然在所有的学院都设立了教授职位,但该学科确定无疑的地位从来没有实现过。难怪冯·尤斯蒂在他1758年出版的杰出的财政学教科书中大声呼吁建立一个独立的经济学院,在这个学院中将提供化学、博物学、机械学和政治学,并特别提及了它们的社会效用。[84]

将这些新的课程学科引入到德国北部和联合者之外的法学院的进程很慢,只是在路德教派和加尔文教派控制的欧洲其他地区才得以较快地实现。例如,爱丁堡大学、巴塞尔大学和乌普萨拉大学很快地走上了莱顿大学和哈勒大学的路线,但信奉英国国教的英格兰地区的许多大学则不是这样。当然,在英格兰,习惯法的教学通常发生在大学之外的伦敦律师学院里。所以也就不奇怪,直到1800年之前民法才停止了它作为剑桥大学课程中唯一的官方学科的地位,而习惯法教授职位在牛津大学是从1753年开始设立的。[85]在欧洲南部天主教地区引进这些新学科的步伐极为缓慢。尽管维尔茨堡大学和因戈尔施塔特大学的伊克斯塔(1702—1776)做了许多开拓性的工作,但在德国南部,只是随着18世纪70年代早期耶稣会教派的迅速发展,这种变化才得以成功地实现。[86]这种情况在伊比利亚半岛各大学也同样存在。卡斯蒂利亚的大学从1713年开始被允许提供有关

[84] J. Brückner, *Staatswissenschaft, Kameralismus und Naturrecht* (Berlin, 1977); E. Hellmuth, *Naturphilosophie und bürokratischer Werthorizont. Studien zur preussischen Geistes- und Sozialgeschichte des 18. Jahrhunderts* (Göttingen, 1985).

[85] L. Sutherland, 'William Blackstone and the Legal Chairs at Oxford', in Sutherland, *Politics and Finance* (注释11), 551-562.

[86] N. Hammerstein, *Aufklärung und katholisches Reich: Untersuchungen zur Universitätsreform und Politik katholischer Territorien des Heiligen Römischen Reichs deutscher Nation im 18. Jahrhundert*, Historische Forschungen, 12 (Berlin, 1977)), esp. chs. 2. and 3 on Ickstatt.

1567 年《卡斯蒂利亚法典》的教学,但它的重要性被严重忽视,并且在 1770 年代早期萨拉曼卡之前又开始提供西班牙法律课程。[87]即便在法国这个早在 1679 年就引入了习惯法和皇室法令教学的国家,这种革命也进行得不彻底。不管布歇·德-阿吉斯(1708—1791)等当时的法学家对这种情况表现出了多大的悲哀,许多教授对发生在莱茵河两岸的这些变化仍然熟视无睹。在法国大革命前夕,基本上没有关于公法或财政学的授课(除了斯特拉斯堡提供神圣罗马帝国宪法的教学之外),并且在法国独立的巴黎学院只设立了自然法学教授席位。[88] 605

法律课程扩张最显而易见的根本原因在于 1600 年以后近代早期政府的发展。在中世纪末,作为今天人们所理解的政府尚不存在。当然也存在一个具有司法和财政功能的中央政府机构,但它管理的范围很小。尤其是司法行政通常高度分散。即便在被称为罗马法的地区,人们通常在一种独特的乡村庄园法庭统治下生活,很少的国家拥有一套与地方传统严重冲突或需要全国遵守的政府法律。结果,中央政府的司法机构主要关注的是难以处理的民事诉讼及特别恶性的犯罪案件。在这种情况下,培训通晓罗马法的律师就要比培训当代法学律师有意义。许多毕业生将成为政府司法和财政机构的成员,在那儿他们的大部分时间都用于解决愤怒的商人、地主和纳税人带到他们面前的争端,这些商人、地主和纳税人认为他们的既有权益受到了邻居或政府的粗暴侵犯。在以博学的和不偏不倚的方式解决这些争端中,罗马法的知识是一种有用的工具。罗马法被视为一种基于自然公平法则理想的百科全书式的合理、统一的法律制度。所以,它是一种完美的工具,有助于帮助律师处理矛盾重重的传统制度或发现习惯法不能提供的解决问题的方法。此外,尤其得益于《法典》全本对罗马法囊括式的处理方式,罗马法就非常便利地帮助公法确立了它在法学中的皇冠地位。

---

[87] Addy, *The Enlightenment* (注释 72), 108, 113 - 114; Luig, 'The Institutes of National Law' (注释 80), 198 - 199, 214 - 215.

[88] Brockliss, *French Higher Education*, ch. 6, sect. I; J. Portemer, 'Recherches sur l'enseignement du droit public au XVIIIe siècle', *Revue historique de droit français et étranger*, 37 (1959), 341 - 397; C. Chêne, *L'Enseignement du droit français en pays de droit écrit (1679—1793)*, Travaux d'histoire éthico-politique, 39 (Geneva, 1982).

然而,在1500—1800年期间,政府变成了一个重要得多的庞大机构。不再满足于担当司法仲裁的角色,15世纪末期和16世纪的许多政府主张应将各种习惯法收编起来并使之合理化。自此以后,如果不得到皇室的许可,王子往往只允许他的臣民在传统习惯法的统治下生活。同时,尤其是一些不合理的习惯法都被政府立法废除了,而那些统一性特别好的法规选
606 集(如巴黎的习惯法)在处理冲突时被优先使用。由于人们从人口统计学上受到启发认识到,16世纪和17世纪早期是一个经济迅速增长而社会混乱的时代,这个时代产生的问题只有政府能够解决,所以很快就形成了一套国家法律。至迟在17世纪,政府要在过去认为不属于自己权限范围内的广泛区域进行立法,这些区域包括:货币改革、对外贸易、教育、消除贫困等。而且一旦它懂得了立法的这种马嚼子的控制作用,就不可能再停下这项工作。1650—1730年间是一个经济相对停滞的时期,然而,真正的结果是政府的干预甚至更强了,而且一直持续到18世纪中期经济恢复增长的时候。事实上,到这一时期末时,受到很大启发的专制君主迟早都会将他或她干涉的触角伸到人们生活的各个领域。在那时立法的成果如此巨大以致于许多国家都开始着手法律编纂工作。这种竞赛的持续向前产生了与一个查士丁尼的《法典》相媲美的国家成果,在1791年(1794年修订)这一荣誉为这些国家当中政府官僚化程度最高的普鲁士所获得。[89]

近代早期政府进化为一种立法机构,使得详细学习罗马法意义无可置疑地变得越来越小。既然许多习惯法都已公共化和合理化,并且不断增加的政府立法为几乎所有法律事件提供了解决方法,那么作为公平的罗马法的价值就很低了。另一方面,掌握当代民法和公法的丰富知识成了法律培训的基本组成部分。这个泥沼太复杂以致于学生仅靠自己很难消化这些无序的知识形式,它的学习就必然要成为学院课程的内容。同时也很容易明白为什么需要一门法学原理或自然法方面的课程。由于要经常面对各种相互冲突的罗马法不包括的一些问题的解决方法,律师需要一套明确

---

[89] H. Weill, *Frederick the Great and Samuel Von Cocceji* (Madison, Wis., 1961). 路易十五的顾问德-阿格索起初试图在法国创建一种统一的民族法典,参见 F. Olivier-Martin, *Histoire du droit français des origines jusqu'à la Révolution* (Paris, 1951), 352-355;奥利弗-马丁的著作就是近代早期民族法迅猛发展的说明。

的法则作为参考以辨清某个行为的合法性。此外,由于许多法学学生变成了服务于这个崇尚干涉的机构的官员,使得他们大学课程中对新的财政科学的学习有了重要意义。可以说,通常是政府在发动课程改革,因为正是政府的发展使其有了改革的必要。

这就是说必须认识到,法律解释的根本变革也促使了民法地位的降低。在进入16世纪的时候,民法教授加入了14世纪的博洛尼亚的巴尔托鲁创立的分析学派。他们的主要目的是以逻辑分析的方法论证《法典》或《罗马法典》所包括的每一条法律和意见是如何与支持这个体系的一系列基本法律原则联系起来的,以使人们相信罗马法具有一致性和合理性。这样做必然导致教授们不注意揭示仅仅是他们的出发点的法律文本的本来含义。如果文本模棱两可或不容易进行理性的分析,他们就会提供一种相配的假象。他们将重点放在维持体系的完整性上,而不是忠实于法律援助和咨询的精神。 607

这种对法律文本本来意义的傲慢的漠视必然与主张任何文本解释的首要目的都是揭示作者本意的人文主义者相悖。所以,在16世纪不可避免地出现了一个与之相对抗的历史学派,他们致力于对《法典》和《罗马法典》进行语源学的分析而不是理性的分析。从一开始这个新的学派就是在大学世界里发展起来的。虽然这一学派在本世纪初首先在意大利出现,却在法国得到充分的发展,在那里是安德烈亚斯·阿西亚特斯(1492—1550)在16世纪20年代末将它介绍到了布尔日大学。结果,它变成了与信奉巴尔托鲁主义的意大利学派相区别的高卢学派的代名词。这一学派最伟大的实践家是布尔日大学教授雅克·居雅斯(1522—1590),他对民法文本的人文主义的分析成了下两个世纪的权威标准。高卢学派从法国传播到了德国和荷兰的大学,但是在17世纪最出色的解释工作逐渐地都是由大学之外的学者完成的,尤其是以文雅学派闻名于世的著名的荷兰古文物研究学派,他们的成员很少在大学供职。[90]

近代早期对法学理性主义的放弃必然要对罗马法的地位产生重要的影响。虽然居雅斯口头上仍表示他的作品形成了一种一致的平衡法体系,但他解释的重点是文本的语源学意义,并且对巴尔托鲁主义的毫无兴趣似乎暗示他的著作只是人为的历史学作品。那么作为一种对当代法律的解
608 释性支持的罗马法到底有什么价值:公共的、私人的还是习惯的?对于以习惯法为主的北欧地区的法律工作者来说,认识到民法研究在专业上毫无意义只是个时间早晚的问题。事实上,居雅斯在布尔日大学的一个同事弗朗索瓦·奥特芒(1524—1590)早在1570年就已指出过,不过那时正处在17世纪中期,这种认识尚未得到普遍认可。[91]

这一时期后半段,那些受人文主义者启发的教授们倒不是想使当代法学完全脱离理性主义的方法。18世纪早期,成功地将居雅斯的技术运用于德国公法的研究中的哈勒大学的托马西乌斯确实这样做了,但他是个例外。[92]大多数不很崇尚历史决定论的教授仍然希望有一种绝对的标准可以依靠以考查,如果必须批评的话,本国法律体系的合理性。正是由于这一原因,自然法的研究在1650年以后成为许多国家法学课程非常重要的组成部分。既然罗马法被当做公平的同义词,那么对普通的司法进行独立的考查就没有多大意义了。确实,在16世纪它的研究几乎完全成了西班牙神学家的禁区,无疑他们受到了西班牙远征新世界的刺激,对未受过神的启示启蒙的原始人的权利和义务的思考比中世纪末他们的前辈的思考要深得多。是这些重要人物,如萨拉曼卡大学的多明我会会员佛朗西斯科·德·维多利亚(约1485—1546)、耶稣会会员苏亚雷斯等人,最初使这一学

---

[90] H. E. Troye, 'Die Literatur des gemeines Rechts unter dem Einfluss del Humanismus', in Coing, *Handbuch I*, *615 – 796*; D. Maffei, *Gli inizi dell'umanismo juridico* (Milan, 1956); D. R. Kelley, *Foundations of Modern Historical Scholarship* (New York, 1970); K. H. Burmeister, *Das Studium der Rechte im Zeitalter des Humanismus im deutschen Rechtsbereich* (Stuttgart, 1974).

[91] D. R. Kelley, *François Hotman: a Revolutionary's Ordeal* (Princeton, N.J., 1970).

[92] 参见 the comments in Hammerstein, *Jus und Histoire* (注释 32), 54 – 62, 72 – 147, *passim*.

科得到了发展。[93]在新教神学家中也偶尔有人对自然法感兴趣，如哥本哈根大学的教授尼尔斯·赫明森(1513—1600)。[94]

然而，一旦民法失去了它永恒的信任状，了解人与人间的自然关系也就成了法学工作者关心的问题，尽管他们对待这门学科的方法截然不同。神学家在大堕落之前安置了一些性质类似于伊甸园的圣经国家，在那儿充满了甜美和光明。相反，将这一学科引入法学课程的新教教授偏爱更加讲实际的世俗方法，这种方法源于广为流行的普芬道夫的先验主义的教科书和荷兰法学家许戈·格劳秀斯(1583—1645)在大学外编写的先验主义倾向更加明显的手册。

医学院

609

在转入16世纪的时候，没有几所大学设立了功能完善的医学院。[95]尽管大多数大学已经得到了教皇的允许可以建立医学教育机构，但只有蒙彼利埃大学和巴黎大学设立了医学院，是仅有的不在意大利的重要的医学教育中心。这反映了在阿尔卑斯山以北地区人们对医学专业的不重视。如果那些富人在什么时候想获得医学方面的建议，他们可能会像咨询他们的理发师一样去咨询有资格开业的医师。然而，在整个近代早期富有的北方人对他们身体的病痛变得越来越在意，在选择医师的时候越来越挑剔。结果，到18世纪末的时候，事实上每个国家都至少有一所有声望的医学院，初学者不再被迫长途跋涉到帕多瓦和博洛尼亚去求学。诚然，意大利的大学及蒙彼利埃大学和巴黎大学也一直保持着他们的国际声誉。但在1500年以后，他们不再是医学银河系中仅有的几颗明星。图宾根大学在16世纪时开始闪耀，然后是一个世纪后的莱顿大学，到18世纪中期，哈勒大学、维也纳大学、哥廷根大学、斯特拉斯堡大学和爱丁堡大学都发出了同

---

[93] J. Kohler, 'Die spanischen Naturrechtslehrer des 16. und 17. Jahrhunderts', *Archiv für Rechts- und Wirtschaftsphilosophie*, 10 (1916 - 1917), 235 - 263; B. Hamilton, *Political Thought in Sixteenth-Century Spain* (Oxford, 1963).

[94] 参见 S. E. Styke, *Copenhagen University: Five Hundred Years of Science and Scholarship* (Copenhagen, 1979), 43 - 46.

[95] 见第Ⅰ卷第11章。

样的光芒。

所以,医学是一门特殊的传统课程科目,因为随着时代的进步,它逐渐成熟起来。除帕多瓦大学和蒙彼利埃大学之外,当初被所有大学视为灰姑娘的这个高级学科的穷亲戚在启蒙运动时期已变成了公认的公主,并且哲学家们认为它是三门学科中唯一值得学习的课程。此外,作为大学的一门学科,由于它日益注重课程的实践倾向,即便它地位上升后,也一直保持着它的特殊性。哲学、神学和法学无一例外地都围绕着理论知识组织教学。正如我们所看到的,这种教学就是由以小时为单位的程式化的演讲所构成:教授登上讲坛,从规定的课文中选取一段进行阅读,然后提供一些个人的解释,可能逐字提供,或者更为常见的,从一系列经过仔细准备的注释中口述。相反,到18世纪时,每一所医学院都既提供理论的教学也提供实践的教学。当教授们在讲台上讲课时并不只是涉及实际的医学实践,所以他们总是在一定程度上对病理学,或者如人们所经常称呼的实践医学,进行讨论。更正确地说,自此以后他们的充满学识的话语将明显地在解剖学、外科学、植物学和药剂学等伴随性课程中体现出来。实际的医学教学可能
610 继续高度程式化的朝向课本的方式进行,但现在学生的目光不再是盯着教授的诵经台,而是坚定地专注于操作演示台上的那些活动。

这些近代早期的发展仍始于16世纪上半期意大利的大学。在这一时期初有两所意大利大学,即帕多瓦大学和博洛尼亚大学,就已经开设了规范的解剖学课程,并且在16世纪的第一个年代整个意大利半岛都开始效仿他们的做法。到本世纪中期,许多意大利大学都已经建立了严格的实践训练制度,并且像实施解剖学的教学一样,那时普遍提供外科学、植物学和药剂学的课程。而且,教授职位头衔的设立确保了教学的持久性。帕多瓦大学在1533年、博洛尼亚大学在1534年,费拉拉大学在1541年、比萨大学在1544年,分别设立了植物学教授席位。[96]意大利的这些改革很快蔓延到阿尔卑斯山以北。到16世纪结束时,解剖和植物采集在许多医学院

---

[96] Schmitt, 'Science in the Italian Universities' (注释62), 42 - 43; Bylebyl, 'The School of Padua' (注释7), 352 - 368; E. A. Underwood, 'The Early Teaching of Anatomy at Padua with Special Reference to a Model of the Paduan Anatomy Theatre', *Annals of Science*, 19 (1963), 5.

的日历中是经常出现的常规活动。例如巴黎大学声称拥有许多伟大的16世纪的解剖学家,如第一个在解剖实验中运用彩色染料的雅克·西尔维乌斯(1478—1555)。不过,在1623年之前还没有出现官方组织的一年一度的解剖。[97] 相反,药剂学和外科学在北欧医学课程中站稳脚跟的时间要长得多。传统上这两门学科一直是药剂师和外科医生的知识特权,在阿尔卑山以北这两学科的人员被视为医学技工和受过正规学校训练的医师的辅助人员,所以,医学学生往往不重视这门学科。因此,虽然在17世纪中期时学院为实习外科医生和药剂师提供了这方面的教学,但也很少坚持要求他们的学生必须参加。但在意大利学校这种偏见要轻得多,因为尤其在半岛北部地区至少外科医生和医师的身份差别没有这么明显。[98]事实上,即 611
便在16世纪时,外科医生不是必须接受大学的课程教育以后,才能在一些意大利大学获得外科学学位。

在16和17世纪期间实践医学教育的事实只能在地位最低的那些学校才能看到。而在18世纪时实践医学的进一步扩张影响的只是那些最有声望的学校。首先,许多传统上在外科学和药剂学名下实施教学的学科,其地位提高后上升为独立的科学,特别是产科学和化学。后两种学科的转变具有特别重要的意义。虽然化学通常仍属于医学学科,一般被视为药剂学的预备学科,但自实验学派的先驱如约瑟夫·布莱克(1723—1799)等人在爱丁堡大学讲授以后,它就从治疗学的教学中独立了出来。我们确实必须注意到,当化学教授席位在瑞典的大学(乌普萨拉大学于1750年、隆德大学于1758年以及奥布大学于1761年)纷纷设立的时候,并不都是在医

[97] Brockliss, *French Higher Education*, ch. 8, sect. I. Underwood, 'The Early Teaching of Anatomy' (注释96), 8, 给出了16世纪最先知道的阿尔卑斯山以北的十所大学解剖学出现日期。

[98] C. M. Cipolla, *Public Health and the Medical Profession in the Renaissance* (Cambridge, 1976), 74-79, 作者认为在16世纪和17世纪早期的意大利,外科医生和医师的身份差别也很大。关于外科医生与医师的差别,也可参见 chapters 9, pp. 403-406, and 11, p. 454.

学院，有的也在文学院设立从而成为政治学课程的一部分。[99]其次，一些学校开始提供临床医学教育。临床教学的某些形式似乎由帕多瓦大学的G. B·孟他努斯(1498—1552)在16世纪中期时引入课堂，但却从来没有被纳入正规课程。可以确定，是赫尔曼·布尔哈夫(1668—1738)于18世纪早期首先在莱顿大学创立了临床课程。虽然这位荷兰人的改革在他去世时失败了，但是他的革新工作由他的弟子在其他地方继续实施，特别是在维也纳大学、爱丁堡大学和斯特拉斯堡大学。这样他们就为临床医学在1789年之后的15年中的迅速成长奠定了坚实的基础。[100]最后，必须提及兽医课程在帕多瓦大学的引进。这一门学科在1750年之前在任何地方都找不到
612 专门的教育机构。传统上走在医学发展前列的维也纳大学从1773年开始开设这门课程。[101]

然而，在实践课程的实施和全体学生对它的掌握上存在巨大差异。这是因为要使实践课程或吸引人或使学生受益，就必须将它们置于一个构造特殊的手术室或实验室中。如果学生不能在通风良好且光照充足的室内坐在阶梯座位上围着一个置于中央的工作台的话，那么他们能看到的除了相邻同学的帽子之外恐怕就什么也看不见了。如果没有植物园，那么植物采集活动只能退化为在乡间的漫游。可在1600年之前几乎没有大学具备这些条件。尽管比萨大学和帕多瓦大学早在1544年就建立了第一批植

---

[99] C. Meinel, 'Artibus Academicis Inserenda: Chemistry's Place in Eighteenth and Early-Nineteenth Century Universities', *History of Universities*, 7 (1988), 89 - 116. 关于布莱克和爱丁堡大学的化学，参见 A. L. Donovan, *Philosophical Chemistry in the Scottish Enlightenment. The Doctrines and Discoveries of William Cullen and Joseph Black* (Edinburgh, 1975).

[100] Bylebyl, 'The School of Padua' (注释 7), 339 - 347; G. A. Lindeboom, *Herman Boerhaave. The Man and his Work* (London, 1968), 282 - 305, 363 - 372; F. J. Brechka, *Gerard Van Swieten and His World 1700 - 1772* (The Hague, 1970), 134 - 170; O. Keel, 'The Politics of Health and the Institutionalization of Clinical Practices in the Second Half of the Eighteenth Century', in B. Bynum and R. Porter (eds.), *William Hunter and the Eighteenth-Century Medical World* (Cambridge, 1985), 207 - 256; T. Gelfand, *Professionalizing Modern Medicine. Paris Surgeons and Medical Science and Institutions in the 18th Century* (Westport/London, 1980), chs. 6 - 8; M. Foucault, *Naissance de la clinique* (Paris, 1963; 2nd edn Paris, 1972); English translation by A. M. Sheridan Smith, *The Birth of the Clinic: an Archeology of Medical Perception* (New York, 1975).

[101] P. Bandelli, 'La medicina veterinaria nell'Università di Padova', *Atti e memorie dell'Academia patavina di scienze, lettere ed arti*, 59 (1942), 213.

物园,但在帕多瓦大学和莱顿大学分别于1595年和1597年建造他们的会堂之前,任何地方都没有永久性的解剖学手术室。即便在17世纪许多大学也只是缓慢地获得了适当的实践场所:巴黎大学和牛津大学在17世纪20年代;哥本哈根大学在1640—1643年期间;乌普萨拉大学则更晚,是在1662年。实际上,在法国一些规模较小的大学,如图卢兹大学,在这一时期根本就没有建立一个植物园。[102]当缺乏这些设施时,教师们只好尽其所能将就从事。各种解剖就在临时搭建的沉闷的木制手术室或在冬天寒冷刺骨的露天进行。没有场所只能寄望于吸引那些具有战斗精神的热心者,只有他们愿意且能够奋勇向前。

实际上,即便在1700年之后,通常这些设施都有了很大改善的时候,也很难吸引一般的学生参加,因为很少对他们进行明确具体的考查。在这整个阶段,大多数即将毕业的医学学生,与他们神学和法学的同伴一样,仅接受一些私人的或公开的口头考查,使其在争论中通过维护自己的观点来表现他们的能力。要求他们展现的完全是理论知识。只有少数几个学院在18世纪期间设法将实践标准引入到考试题目中。巴黎大学制定的要求最严格,学生只有在解剖实践上通过了为期两周的解剖学和外科学方面的考查才能获得博士头衔。一般的医学院缺少这些评价学生的严格方法,因为要获得大量的尸体是很困难的,只要这一个原因就够了。然而巴黎大学就能供应得起这种奢侈,因为一年当中也就是两三个学生在那儿获得学位。获得巴黎大学学位付出的这种极为高昂代价的结果是它能使这些毕 613
业生立刻获得在法国首都这个具有巨大吸引力的大都市开业的许可证。[103]据推测,多数医学院的毕业生在离开大学时几乎没有什么实际的知识。许多毕业生在获得学位之后,只能通过作为实习医生工作或依靠某位成功的医师来获得必需的经验,然后再安心地从事一般的实践工作。

对学生理论医学课程的评价,可以理解的是,如17世纪中期的哲学课程一样,主要考查认识论方法问题。在1650年之前,教授们完全根据身体

[102] Brockliss, *French Higher Education*, ch. 8, sect. I.

[103] Brockliss, *French Higher Education*, ch. 2, sect. Ⅲ, and ch. 8, sect. I. In contrast, the requirements demanded of graduates at even so prestigious a faculty as Leiden were trivial; see Lindeboom, *Boerhaave* (注释100), 36-38.

某一部分组织形式的良性或恶性活动来探索健康和疾病的秘密。之后，定性的生理学和病理学逐渐被机理医学所取代。身体不再是一个活的有机体，而是一个不能活动的机器，它的正常工作依赖于保持运动和压力的适当水平。关于这种转变的年表我们所知甚少，这也就意味着这种情况下很难从时间的角度在欧洲的新教地区和天主教地区做出细分。当然，是新教首先理解了笛卡尔的医学思想，确实，乌得勒支大学的教授亨利·雷吉厄斯(1598—1675)早在1640年就公开表示支持机理医学，[104]但是天主教派教授似乎也很快就改变了立场，也许是由于神学对医学院约束较少的缘故。至迟在17世纪70年代早期，机理医学已确定无疑地在蒙彼利埃大学获得了听众，而20年后G.巴利维(1668—1707)在罗马大学向学生们介绍这种新的哲学时，已经没有什么阻力了。[105]

然而，理论医学教育的历史在两个重要方面打上了个人的烙印。其一，定性医学哲学的主流并不简单地只是亚里士多德哲学。无可否认的是，亚里士多德学派大师曾经撰写了几篇重要的并且实际上是经验主义的生理学论文，但后来罗马医师加伦在公元2世纪时对这些著作进行了修改和取而代之，后者也是重要的病理学家，而亚里士多德在这一领域中没有什么贡献。首先是加伦将一群公元前5世纪和公元前4世纪的医生留下的论文(在近代早期将其视为希波克拉底一个人的著作)进行了发展完善并综合为一个体系。所以，在16世纪和17世纪上半期医学院讲授的医学
614 哲学是加伦的而不是亚里士多德的，尽管亚里士多德为其提供了认识论基础。

其二，机械论哲学在医学院正如在文学院一样，从未获得一个安全可靠的坚实的立足点。牛顿哲学对笛卡尔哲学的批评也许曾经使人们怀疑过机械论物理学的本体论基础，但它从未对机械论方法在研究自然现象方面的有效性构成根本的挑战。即便那些相信宇宙万有引力的信仰牛顿学说的人，也承认通过接触产生推动力是正常的运动方式。然而，在机械论

---

[104] K. E. Rothschuh, 'Henricus Regius und Descartes', *Archives internationales d'histoire des sciences*, 21 (1968), 36-66.

[105] Brockliss, *French Higher Education*, ch. 8, sect. Ⅱ; C. C. Gillispie (ed.), *Dictionary of Scientific Biography*, 16 vols. (New York, 1970-1980), *sub* Baglivi.

时代之初,就总是有一些反对机理医学基本信条的医学教授。在他们看来,人体生理学太过复杂,不可能单纯用机械的方式就能解释:生理的作用常常超出所有与外显的机械的力量相对应的内容。因此,人不是一种机械,而是一个具有生命能力的有机体,他的能力不可能通过机械的力量就能实现,相反,从严格的意义上说,这些机械的力量反而是次要的。

这种相对抗的生机论哲学在转向18世纪的时候由新哈勒大学教授乔治·恩斯特·施塔尔(1660—1734)最先加以阐明。然而,在18世纪期间,由于J.P.巴尔泰兹(1734—1816)等人的努力,使得蒙彼利埃大学与对生机论的支持有了特别的联系。[106]无可否认,蒙彼利埃的榜样不具有传染性。几乎没有学校成为全心全意的生机论者,因为大多数教授都是被生机论者对机械论的批判所吸引,养成了怀疑主义的不可知论。[107]从1760年开始讲授理论医学的爱丁堡大学的教授威廉·卡伦(1710—1790)就是一个典型的例子。[108]换句话说,与其说生机论是一个竞争者,不如说是一种刺激物。不管怎么说,它都同样起到了一种影响发展的重要作用。可以说,生机论对形成一个更加崇尚经验主义且表达更加谨慎清楚的机械论是一种积极的刺激。通过嘲弄机械论理论的不足,生机论的批评使得18世纪后半期的机理医学的独断和哲学独尊主义变少了。

这是一种有益的影响。第一代医学机械论者,如巴利维和莱顿大学教授阿奇博尔德·皮特凯恩(1652—1713),是傲慢的、常常是肤浅的构建系统的人,自以为是且毫无根据或很少有根据地解释人体的内部结构。由于 615
相信在活的机体内的生理过程可以简单地在试管内复制,他们对实验证明缺乏足够的认识。同时,他们还偏爱简单的一维的解决方案。相反,在1750年之后,医学机械论者就谨慎和温和多了。他们认识到对健康和疾病的机制所知甚少,不再企图构建一个体系。相反,许多教授或者在蒙彼

[106] L. King, 'Stahl and Hoffmann. A Study in Eighteenth-Century Animism', *Journal for the History of Medicine and Allied Sciences*, 19 (1964), 118-130; E. Haigh, 'J. P. Barthez: Clash of Monism and Dualism', *Medical History*, 21 (1977), 1-14.

[107] The best recent study of the development of vitalism in the late seventeenth and eighteenth centuries is F. Duchesneau, *La Physiologie des Lumières. Empiricisme, modèles et théories* (The Hague, 1982.), esp. 1-64, 103-171.

[108] Lawrence, 'Medicine as Culture' (注释9), ch. 8, esp. 315-336.

利埃大学的疾病分类学家弗兰克斯·布瓦西耶·德·索瓦热斯(1706－1767)的领导下对症状学有了新的兴趣,或者效法帕多瓦大学伟大的病理学家詹巴蒂斯塔·莫尔加尼(1682—1771),致力于确定疾病在体内的生发区,仅此而已。这样,在第一种情况下,他们效仿博物学家的做法,因为自文艺复兴以来特别是植物学家一直忙于寻找完整的分类系统。然而,疾病分类学很快就还清了这个债务。曾在乌普萨拉大学医学院教学的18世纪瑞典伟大的博物学家林奈的灵感就来自于布瓦西耶·德·索瓦热斯的著作。[109]

怀疑主义的医学机械论的不断向前发展,解释了为什么在18世纪后半期最受欢迎和尊重的医学哲学家是临床医学的先驱赫尔曼·布尔哈夫。18世纪早期的这位莱顿大学教授在许多方面不过是持有疾病完全是固态的身体受到伤害这种偏见的另一个构建系统化机理医学的人。同样,他将自己的理性主义与经验主义者的谦卑调和起来,总是承认他的解释是一种如何的假设,如何看重观察的作用。通过他的许多外国弟子的努力及阿尔布雷希特·冯·哈勒(1708—1777)及范格哈特·斯威滕(1700—1772)的著作中对他的思想的传播,布尔哈夫实际上变成了在各个医学院的权威标准。在18世纪70年代,布尔哈夫的著作甚至在曾经害怕新教颠覆的萨拉曼卡大学也得到了推荐,确认这位荷兰人,即使不是医学界的牛顿,也是确定无疑的第二个加伦。[110]

关于在文艺复兴时期大学陷入了只能依赖19世纪的改革和创新来激活这样一种智力迟钝状态的这种传统观点的疑问,我们在前文已说了很多。[111] 即便大学对自然哲学的革命没有做多少积极的贡献(尽管我们从来
616 没有忘记伽利略和牛顿都出身于大学),它们在其他科学领域新思想的产生中也做出了重要的创造性工作。路德、居雅斯、布尔哈夫和康德只是大学这个星系中几颗最明亮的星星而已,在他们所选择的领域的创造性工作给他们带来了世界性的和永久的声誉。这些巨人,如果不是许多我们都记

---

[109] Gillispie, *Dictionary* (注释 105), *sub* Morgagni; R. J. Martin, 'François Boissier de Sauvages (1706－1767)', M. Phil., Cambridge, 1984, esp. 5－7, 9.

[110] Lindeboom, *Boerhaave* (注释 100), 74, 266－282, 356－372; G. A. Lindeboom, *Bibliographie Boerhaaviana* (Leiden, 1959).

[111] 也见第13章。

不起来的专业同仁为其奠定了坚实的根基,可能永远也登不上他们专业的珠穆朗玛峰。如果没有阿西亚特斯的奠基性工作,居雅斯怎么能获取法学的人文主义基础呢?这些大学世界的智慧巨人中很少有人在与世隔绝的状态下工作,尽管他们的工作有相当多的创新,但总是在一种学术传统中工作,他们极大地发展了这种传统,并将之留给后来者继续发展。

那就是说,我们得承认大学在近代早期丧失了其在思想创新方面领头人的专利权,这不只是体现在自然哲学领域,而且在人类知识的所有分支科学中,特别是在认识论和形而上学方面,但在神学和法学方面则更甚。18 世纪在圣经批评领域,最具有创新精神且最大胆的工作,正如我们已注意到的,是大学以外的人士,如赖马鲁斯等完成的。然而,这种对前一时代现状的激进的叛逆通过文化赞助这种传播形式迅速地为人们所接受。在中世纪后期,除意大利外,大学是学者自然的也是唯一的家园。相反,在欧洲近代初期,越来越多的法庭、贵族甚至商业巨头都为文人提供可以选择的避难所,这些避难所在 1650 年专业学院创建之后也最终被赋予了制度上的形式。这种发展反映了贵族社会一种新的财富和文明。这决不是大学颓废的一个必然标记。这种可以选择的避难所之所以有如此大的吸引力,只是因为世俗的赞助人通常付出多要求少。通过远离大学世界,这些知识分子常常能够,虽然不总是,逃脱繁重的教学任务并且在从事研究时不必考虑是否超出了神学规定的界限。同样地,他也为这种自由付出了代价:赞助人可能脾气古怪、背信弃义并且常常乐于将这些缺乏独立性的客户禁锢在牢笼式的乡间小屋里。真正的事实是,这一时期有这么多伟大的知识巨人不断地在大学这个大世界里发现适当的位置,表明许多学者都在安全的充满学术友谊的环境下找到了他们最初的灵感。

当然,也不是每所大学都是思想的动力中心。相反,大多数大学对当代欧洲文明根本没有什么积极的贡献,或者在创造力上仅是昙花一现。圣安德鲁斯大学的教授曾在哪些方面赢得了国际的声望呢?在居雅斯死后 617
谁还将布尔日大学看做民法学的中心呢?但这是事实,没有什么可奇怪的。在 1700 年欧洲是一个大约有 1 亿居民的前工业社会,要供养这么多的大学,而在这些大学中教育的只不过是有限的社会职业精英的男性后裔而已。这个社会,特别是由于那些潜在的明星不停地向法庭和乡间小屋付出心血，就从来没有生产足够多的有创造性的思想者以使每所大学都成为文化发展的动力源。当然，在这种环境下，为了证实这个作为一种文化创造力量的机构发挥了作用，我们只要记得，在整个阶段中每个国家不管其规模大小实际上都至少拥有一所具有国际声望的大学也就足够了。这一点在18世纪尤其正确，因为这段时间通常被视为大学历史的最低点。对于圣安德鲁斯，相应地有爱丁堡，对于布尔日，则有蒙彼利埃和巴黎。

此外，仅仅以创造性来评判大学的文化作用是不公平的。大学主要是教育机构。我们不是要求教授们去发展知识，而是将知识组织成为大众易于消费的形式。如果仅以课程是否过时或学生是否能与当时的学术发展并肩前进这样的标准衡量，近代初期的大学作为文化恐龙就应被解散。然而，这远不是真实的情况。不管这些新的思想是在大学环境内还是在大学环境外产生的，倘若它们不带政治色彩或者在宗教上不是异端，它们最终都会融进最没有意义的学校的课程大纲中。事实上，在18世纪学校对这种思想的吸收特别迅速，即便是异端思想也能找到如果不是同情的也是认真的听众。关于无神论和自然神论，巴黎大学的学生没有什么不知道的。[112]

所以，近代早期大学的真正作用是充当传播文化的代理机构，并且在这种外衣下提供基本的服务。在这一时期的三次伟大的智力运动，即宗教改革和反宗教改革、科学革命和启蒙运动，之所以在欧洲文明中都烙下了永久的印迹，主要是由于它们都在社会精英的文化自觉中扎了根。但是产生这种结果并不是历史发展的某种必然法则。这些运动起了作用是因为它们发生的时期也正是那些处于性格形成时期的精英成员在大学中接受教育的时期。在1750年之前当书籍的广泛阅读尚不普遍并且除英格兰和联省共和国之外尚不知报刊杂志为何物的时代，教授的讲坛就是信息交流
618 链条上最重要的一环。教授如牧师一样塑造精英的头脑，而教区牧师则塑造穷人的头脑。大学是欧洲文明一个至关重要的助手，离开了它们，文化就是一潭死水。

最后，我们必需强调指出，近代早期大学中知识分子的生命力不能只

---

[112] Brockliss, *French Higher Education*, ch. 4, sect. Ⅲ; ch. 5, sect. Ⅱ; conclusion.

以官方的课程来衡量。至少在规模较大的大学的适当庇护下，在整个近代早期阶段都存在着大量丰富的教育资源。这不单是指学生有时有权进入的装备精良的那些大学图书馆，如莱顿大学图书馆[113]；另外，学院、医院和其他机构也供养了许多公众的和私人的教师和讲师，他们在课程和课外科目的辅助教学必然为文化盛宴增添了相当多的调味品。事实上，有时正是这些另类的教育资源首先将学生吸引到了大学中来。在18世纪来到巴黎大学的医学学生很少是受了学院官方课程的吸引。他们来到这儿是为了在贾丁·杜·罗伊开设的公开课及一些重要人物如外科医生弗朗索瓦·勒·德罗（1685—1770）和化学家皮埃尔·富克鲁瓦（1755—1809）的私人课程。[114]私人教学有时也在大学课程中起重要作用，而不仅仅是辅助作用。正如在其他大学一样，牛津和剑桥的导师制度最初就是作为一种为在某个学院中接受教育的富裕青年绅士提供道德和学术监督的方法发展起来的。他们同事中的许多人几乎是立即闻风而动，当然，他们担负起这些责任不只是对教学的支持，还是赞同一种选择性强且更加具有革新意义的教育过程。到18世纪，大学几乎完全接管了附设于大学的学院的功能，后者只是一种执行考试的机构。[115]所以，很明显，任何有关近代早期大学之文化作用的描述如果只集中在学院上，都只是描述了故事的一半。然而，尽管只是一直用这种有缺憾的，如果是可以理解的途径来考察这种公共机构，从前述的概观中也完全可以看出它是多么地值得我们称赞，这正是公共机构有活力的一个标志。

---

[113] E. Hulsoff Pol, 'The Library', in Lunsingh Scheurleer and Posthumus Meyjes (eds.), *Leiden University*（注释25），394－459. 也可见第4章第195－205页。

[114] U. Boschung (ed.), *Johannes Gesners Pariser Tagebuch* (*1727*) (Berne, 1985), 44－49, 89－105; R. Rouault de la Vigne, 'Une correspondance d'étudiants à la fin du XVIIIe siècle. Les études et l'installation d'un médecin', *Revue des sociétés savantes de Haute Normandie*, 31 (1963), 38－45.

[115] L. Sutherland, 'The University of Oxford in the Eighteenth Century: a Reconsideration', in Sutherland, *Politics and Finance*（注释11），504; Curtis, *Oxford and Cambridge*（注释5），chs. 4－5; Kearney, *Scholars and Gentlemen*, ch. 1.

619

精选文献

Ashmann, M. *Collegia en colleges. Juridisch onderwijs aan de Leidse Universiteit 1575 – 1630 in het bijzonder het disputeren*, Groningen, 1990.

Blettermann, P. A. *Die Universitätspolitik August des Starken 1694 – 1733*, Mitteldeutsche Forschungen 102, Cologne/Vienna, 1990.

Brechka, F. J. *Gerard Van Swieten and His World 1700 – 1772*, The Hague, 1970.

Brockliss, L. W. B. *French Higher Education in the Seventeenth and Eighteenth Centuries. A Cultural History*, Oxford, 1987.

Brückner, J. *Staatswissenschaft, Kameralismus und Naturrecht*, Berlin, 1977.

Burmeister, K. H. *Das Studium der Rechte im Zeitalter des Humanismus im deutschen Rechtsbereich*, Stuttgart, 1974.

Coing, H. 'Die juristische Fakultät und ihr Lehrprogramm', in H. Coing (ed.), *Handbuch der Quellen und Literatur der neueren europäischen Privatrechtsgeschichte*, vol. I, Munich, 1973, 3 – 102 and vol. II, Munich, 1977, 39 – 128.

Crosland, M. P. (ed.) *The Emergence of Science in Western Europe*, London, 1975.

Dibon, P. *La Philosophie néerlandaise au siècle d'or*, vol. I: *L'Enseignement philosophique dans les universités à l'époque précartésienne 1575 – 1650*, Paris, 1954.

Goodman, D. 'The Spanish Enlightenment', *History of Science*, 21 (1983), 118 – 124.

Hammerstein, N. *Jus und Histoire. Ein Beitrag zur Geschichte des historischen Denkens an deutschen Universitäten im späten 17. und im 18. Jahrhundert*, Göttingen, 1972.

Hellmuth, E. *Naturphilosophie und bürokratischer Werthorizont. Studien zur preussischen Geistes-und Sozialgeschichte des 18. Jahrhunderts*, Göttingen,

1985.

D'Irsay, S. *Histoire des universités françaises et étrangères des origines à nos jours*, 2 vols., Paris, 1933 – 1935.

Julia, D. and Revel, J. 'Les étudiants et leurs études dans la France moderne', in D. Julia, J. Revel and R. Chartier (eds.), *Les Universités européennes du XVI e au XVIII e siècle. Histoire sociale des populations étudiantes*, vol. II, Paris, 1989, 25 – 486.

Lindeboom, G. A. *Herman Boerhaave: the Man and his Work*, London, 1968.

Lunsingh Scheurleer, T. H. and Posthumus Meyjes, G. H. M. (eds.) *Leiden University in the Seventeenth Century. An Exchange of Learning*, Leiden, 1975.

Maffioli, C. S. and Palm, L. C. (eds.) *Italian Scientists in the Low Countries in the XVIIth and XVIIIth Centuries*, Amsterdam, I989.

Nielsen, A. *Die Entstehung der deutschen Kameralwissenschaft im 17. Jahrhundert*, Jena, 1911.

Porter, R. and Teich, M. (eds.) *The Enlightenment in National Context*, London, 1981.

Porter, R. and Teich, M. (eds.) *The Renaissance in National Context*, London, 1992.

Roelevink, J. *Gedicteerd verleden. Het onderwijs in de algemene geschiedenis aan de Universiteit te Utrecht, 1735 – 1839*, Amsterdam/Maarssen, 1986. 620

Vanpaemel, G. *Echo's van een wetenschappelijke revolutie. De mechanistische natuurwetenschap aan de Leuvense Artesfaculteit (1650 – 1797)*, Verhandelingen van de Kon. Academie voor Wetenschappen, Letteren en Schone Kunsten van België, Klasse der Wetenschappen, Jg. 48, Nr. 173, Brussels, 1986.

Wansink, H. *Politieke wetenschappen aan de Leidse Universiteit 1575 – 1650*, Utrecht, 1981.

621 # 尾声：启蒙运动

诺特克尔·哈默施泰因

在18世纪期间，几乎所有欧洲国家发展的一般过程和个别事件在相当大的程度上都受到了启蒙运动思想及其引起的要求和行为的影响。这种影响可能采取了完全不同的形式，但在总的趋势上没有差异，①即便是彼得大帝和后来的叶卡捷琳娜二世时的俄国也加入了这种潮流。它想方设法地，尤其是在大学教育领域，虽然不总是始终如一地或成功地模仿欧洲的这些成就。

启蒙运动

始于英国、得名于法国的启蒙运动为整个欧洲大陆既提供了思想的模

① E. Cassirer, *Die Philosophie der Aufklärung*, 2nd edn (Tübingen, 1932); P. Gay, *The Enlightenment* (London, 1973).

式也提供了行动的模式,渗透到所有的学院和高等教育机构。这种渗透在不同的国家和传统中差异显著,形式多样。不过,不管是在新教地区还是在天主教地区,在启蒙运动理想的实现上都极具特色。对实施人类启蒙法则的教育和实践教育的高度重视要求必须逐渐将所有的教育机构置于人类关注的焦点上。全面改善人类生活的要求以实践教育和发展智力为前提。

正如理性是人类的共性,正如各种社会在它们的契约关系中遵循基本相同的法则,也正如大自然接受普遍规律的支配,这些都需要人类用头 622
脑去发现,所以每个个体也都平等地接受启蒙的洗礼,并且都能同样产生进步的思想和行动。依靠这种启蒙,他们分享那些普遍的和共同的东西。从这点上讲,人类通过其理性能力分享世界的文化,这种世界文化不是一定需要人类的实际经验才能实现。这种尚未受过启蒙的经验毕竟可以置之不理,所以与启蒙法则的普遍有效性并不必然相悖。通过进行激活精神的教育和克服"自己导致的依赖状态"(康德)的实际训练,也就是通过知识批判的训练,那些非理性的和只被传统神圣化的东西就能够而且应该得到抑制并最终完全消灭。所以,不管是政治的、科学的、宗教的还是社会的批判,都是思想启蒙课题不可分割的组成部分。②

很自然,人们对这种课题具体应承担哪些内容的认识各异,取决于历史的、民族的、政治的和宗教的环境,但基本的观点各地没有什么差异,其目的永远是为了改善生活并消除现存的各种异常,它们在现有的生活和社会环境中比比皆是。这种基本的认识对传统的秩序是一种威胁。面对这些批判的意见,是为传统的秩序寻找一个新的理论基础,还是沿着批判意见所暗示的路线进行改革,人们必须做出选择。如果两者都不,则只有消失。

各个教会跟旧制度时期最后几十年的政府和社会一样都面临这些选择,即便是科学及其机构和各个社会阶层也必须顺应这些思想的要求。不管这一理想是如何构想的,也不管对人类的这些祝福,如"共同幸福"、"社

② P. Hazard, *La Pensée européenne au XVIII e siècle de Montesquieu à Lessing* (Paris, 1946); P. Chaunu, *La Civilisation de l'Europe des Lumières* (Paris, 1971).

会满意”、“公益”、“最多数人的最大幸福”等能否实现，一旦这些障碍即那些不合理和不自然的所有东西挡了道，就会被置于一边或被清除。

这种批判可能是尖锐的、激烈的，并可能引起分裂，特别是在欧洲，对新的、自信的、自由的、可能性的觉悟就是一场美国的独立战争，它引导着
623 法国大革命去实践这些指向未来的批判热情。[3]这种批判，通过渐进的改善，通过和平的启蒙，通过历史发展过程中所透露出的理性，可唤起人们的正确信念，并对那些曾因不正确的使用而丧失了活力和信誉的各种公共机构产生信心。具体的行动、决议和事务将不得不改变，但理性的批判一定要带来改善、活力和复兴，不能只是促进改革。与18世纪的上半叶相比，18世纪下半叶似乎更令人兴奋、更令人心潮澎湃、更令人振奋，对自身的认识更加不确定，并且更迫切地进行更激烈的变革。

在18世纪下半叶，这种弥漫于整个欧洲且在某种意义上的全球性发展日益为一些趋势所陪伴，即似乎逐渐从这些理性主义的普遍信仰中走向了它的反面。从根本上看这种表面的反向趋势并不是事实，它们实际上是启蒙发展成果的组成部分。更加明确的强调所谓重视民族特色价值的“前民族性”得到了巩固。正如在人文主义时代曾出现过的一样，尊崇爱国与古老的传统逐渐合拍，一个民族独有的艺术、政治和语言学成就在欧洲国家竞争中的作用被夸大。孟德斯鸠所谓的民族才智为这种观点提供了典型的解释：只有那些与其传统行为模式和信仰标准相和谐的法律、教令和规范才是正确的，才对国家有益。有这种观点的人决不只是孟德斯鸠自己：神圣罗马帝国的御用宣传员、荷兰的某些哲学派别、穆拉托里在意大利和其他地方的追随者及与孟德斯鸠一脉相承的英国的罗伯逊和吉本都持有这种观点。伏尔泰将历史视为文化史的历史学观念被赫德关于文化民族的观念所吸收，似乎也将“民族才智”视为独特的贡献，特别是对全世界的贡献。所有这些都在欧洲的传统知识界产生了骚动和冲突。

③ R. R. Palmer, *The Age of the Democratic Revolution*, 2 vols. (Princeton, N. J., 1959 - 1964); C. Brinton, *A Decade of Revolution* (New York/London, 1934).

科学的民族化

这个过程的一个明显的征兆乃是欧洲不同社会的学者和科学家在过去都曾参加过的国际对话的衰减。许多国家效仿伦敦皇家学会和法兰西科学院的做法,成立了自己国家的科学和学术机构,这样就减少了国际讨论的机会。先前曾在自然科学领域及同样在其他领域流行的国际性知识交流削弱了。624 本来到国外研究就不普遍,因为自16世纪开始先是西班牙,然后是法国、意大利和英国,都禁止学者在外国大学从事研究。这样,禁止到国外从事研究再一次成为许多国家专制君主政体制定的商人主义政策的一部分。学生被强制在自己国家所属的大学里学习。曾经是通用的学术语言的拉丁语被各种各样的自然的本土语取代,甚至在神学领域也是这样。虽然拉丁语从来没有完全消失,但它作为学术王国的通用语的垄断地位丧失了。虽然在18世纪后半期书籍的产量在总体上增长迅速,但增长的主要是不同语言的出版物。在每个国家中拉丁语出版物所占的比例只有20%—30%。

这种趋势的另一个表现是作为年轻人经验之必需要素的教育旅行传统丧失了它的魅力和作用,并且几近完全消失。年轻中产阶级骑士在故土之外遍游欧洲的教育大旅行又一次成为时髦,并且以学术机构自己的方式延续着它的传统。然而,它与早期的教育大旅行相比还有其他的目的和理想,其目标乃是拓宽知识面及培养年轻旅行者的职业能力。④

教育的实用主义

18世纪后半期的主要特征是仍然对启蒙将会带来好处这一点充满信心。它是对未来的希望——一个被赋予了越来越多价值的非永恒的范畴;

---

④ M. Rassem and J. Stagl (eds.), *Statistik und Staatsbeschreibung in der Neuzeit vornehmlich im 16. - 18. Jahrhundert* (Paderborn/Munich/Vienna/Zurich, 1980) (esp. the articles of M. Rassem, I. Toscani, J. Stagl and A. Seifert); D. Julia and J. Revel, 'Les pérégrinations académiques, XVIe-XVIIIe siècles', in *Populations étudiantes*, vol. II, 32ff. 关于学生的流动性也可参见第10章。

它是这样一种希望，即流行的愚蠢会被克服；它是对许多现有秩序的批判。在这种观点看来，在实际事务中有用的东西要提升为理论。大学和类似的机构要讲授的不应是形而上学和神学，而是像经济学、技术学、医学和自然科学这类学科——不是口头上的而是实际操作的。在许多大学里，像这类学科，如法国的医学和各种自然科学、德国和意大利的财政学、苏格兰的道
625 德哲学，以及许多欧洲国家的自然法学，都得到了加强或第一次开设。神学丧失了它在大学的领导地位，不再是最重要的学科。无需证明的信念和对权威的无条件顺从被放弃了，学校越来越多地教育学生自己思考。⑤

那些僵化的传统大学——正如那时所称呼的“经院哲学的”——在启蒙运动的支持者看来似乎常常没有能力实现这些目标。特别是在法国，但也在伊比利亚半岛和意大利，人们认为，大学不适合实现启蒙运动的这些雄心壮志。很明显从某些新的公共机构的建立来看，创办专门化的培训机构，如医学、农业技术、军事战术和战略、工程学、财政学、美术和自然科学，似乎更好。较早的学术机构，如伦敦皇家学会、科学院、古典和现代文学院、都柏林哲学学会、利奥波尔迪纳、柏林莱布尼茨科学院，以及在马德里、里斯本、乌普萨拉、哥本哈根、博洛尼亚、罗马、澳洛穆茨和在斯德哥尔摩和巴勒莫之间、圣彼得堡和费城之间的其他许多地方建立的从 18 世纪之初就仿效他们榜样做法的新机构的活动，就是不再依赖大学这种趋势的明证。所以，自 1764 年之后，在圣彼得堡、克拉根福、格拉茨、伽斯、维也纳、因斯布鲁克、布格豪森、策勒、曼彻斯特、伯明翰、德比、格拉斯哥、纽约、马德里、拉科鲁尼亚和 70 多座西班牙和其他地方的城市都建立了一整套经济学的和爱国的学术团体。虽然他们的名称不同且有不同的专门化的活动领域，但都认为他们有责任传播启蒙思想并教授技术的和实用的知识。在大多数情况下，这些机构都是由大学以外的人领导，因而他们主动并欢迎与其一样的团体交流，并通过专有的学术成员资格复制了主要的学术机

---

⑤ 见第 14 章；Brockliss, *French Higher Education*.

构。这些体现了这种普遍的趋势。⑥

其结果是许多专门学院的建立,如农业专门学院,外科专门学院,如查利泰学院,以及财政专门学院,如柏林派彼尼尔学院,等等。它们对那些停滞不前的大学是一种威胁,因为这些大学在许多欧洲国家确实处于停滞状态。科学家和启蒙运动的支持者将希望寄托在了这些研究院、技术学校、学术团体和学会身上(见第二章)。

在一些国家,大学能够改变自身以接受各种类型的新知识并承担新任务。我们将不讨论这一问题,即在不同的情况下,在多大程度上是学院自身主动变革,在多大程度上对他们来说,这么做是与政府合作,或者部长们,甚至王子们在多大程度上为这些大学的改革提供了权力和必要的推动。无论如何,其结果是作为标准学科的神学从根本上为法学所取代,大学更加世俗化,各种自然科学和科学家努力变得"谦恭"和"优雅",并且变得更能接受各种疑问和更加现代的各门学科。不管采取什么途径——是否是通过学院的内部改革或学科和教育培养的重新设计——其结果是在现有的学术界,在某种程度上是在大学里发生了激烈的变化。后一种类型的变革只发生在那些一直保持着活力和在智力方面保有积极性的大学里,在荷兰和德语民族的神圣罗马帝国就是这种情况。⑦

神学院的地位——自反宗教改革时代,但在大多数情况下甚至时间更早的这种领导地位——跟它解释的垄断权利和检查员的作用一起被削弱继而被废除了。自此以后,文学院发现它们不用再像以前那样充当神学婢

---

⑥ L. Hammermayer, 'Akademiebewegung und Wissenschaftsorganisation. Formen, Tendenzen und Wandel in Europa während der zweiten Hälfte des 18. Jahrhunderts', in E. Amburger, M. Ciésla and L. Sziklay (eds.), *Wissenschaftspolitik in Mittel-und Osteuropa. Wissenschaftliche Gesellschaften, Akademien und Hochschulen im 18. und beginnenden 19. Jahrhundert* (Berlin, 1976), 1–84; J. Voss, 'Die Akademien als Organisationsträger der Wissenschaften im 18. Jahrhundert', *Historische Zeitschrift*, 231 (1980), 43–74; W. Frijhoff, 'Geleerd genootschap en universiteit: solidair of complementair in de wetenschapsontwikkeling? Nederland en de omringende landen tot in de negentiende eeuw', in *Wetenschapsbeoefening binnen en buiten de universiteit*, Nieuwe verhandelingen van het Bataafsch genootschap der proefondervindelijke wijsbegeerte te Rotterdam, 3rd ser., vol. V (Rotterdam, 1990), 6–19.

⑦ 参见 Frijhoff, *Gradués*; N. Hammerstein, 'Zur Geschichte und Bedeutung der Universitäten im Heiligen Römischen Reich Deutscher Nation', *Historische Zeitschrift*, 241 (1985), 287–328.

女的角色，它们现在希望为已成为领导学科的法学院提供预备教育。这一过程是在不同的时间以完全不同的方式完成的，并且在内容和突破的深度上也不一样。尽管在具体的细节上有这么多差异，但在欧洲却是一个普遍的现象。

世俗化

在天主教地区，这种发展主要发生针对耶稣会教派。1759 年他们被
627 迫害并被逐出葡萄牙之后，626 仅仅过了 14 年，教皇克莱门特十四世（主及救赎主）迫于世俗的压力又将他们解散了。这对教育前景特别是天主教国家的教育前景有着深远的影响，并造成了许多问题。⑧

学科的世俗化是其在启蒙运动时期得以生存的条件，不是所有大学都追求并要实现的目标，那些神学仍保持着主要地位的大学就没有这种学科发展上的兴趣。

泛泛地说，牛津和剑桥以及许多法国、意大利、西班牙和葡萄牙的大学就是这种情况。偶尔在地中海地区的一些天主教国家，改革者反对耶稣会教派的斗争及其胜利有时延缓甚至避免了大学的衰落。实际上，凡是发生这种情况地区，那里的一些大学就变成了启蒙运动的代言人。

在那些政府与教会关系特别密切和牢固的国家对反对教会和神学有一种激烈的对抗态度。代表启蒙力量的斗争有时没有将神学从大学中驱逐出去，那时大多数的学术争论只在这些学校身边一掠而过。这使他们孤零零地留在了他们的正统中，不能在主要的学术争论中发挥任何重要的作用，并阻止了他们采取措施走向自身的复兴。这对神学的未来、对大学，甚至对这些国家教会的地位都有重要的影响。

大量的秘密组织，特别是共济会会员，对这些大学进行了有力的补充，他们在对科学进行补充的同时，也与他们在学术及与学术关系不大的问题上竞争。这些组织也认为，自己有责任通过那些与阶级和财产没有关系的科学和文化活动，推动人类和科学知识的进步。尽管他们在许多方面依旧

---

⑧ B. Plongeron, 'Recherches sur l'Aufklärung catholique en Europe occidentale (1770 – 1830)', *Revue d'histoire moderne et contemporaine*, 16 (1969), 555 – 650.

唯我独尊,但他们还是希望有一种人人都能自由参与并且没有宗教界限的启蒙运动。他们想要一个人人都将相互帮助的世界。深奥而又实用的各种科学知识是为了使这些团体的成员有能力实现他们的目标。⑨像"民族的"和"实践上有用的"学院、"哲学研究会"及"鼓励艺术、制造和商业"的学会等这些秘密组织,同样极力反对教会进行的专制的知识界必须接受的审查制度——特别是在那些曾经将这些权力冒称属于自己的大学及其神学院。人们认为科学和学术能够脱离行会精神的羁绊。 628

尽管启蒙运动坚决支持的努力并不总是成功,但在限制教会和政府审查方面的确是成功的,在有些地方后者甚至完全消失了,这样出版自由在很大程度上实现了。甚至是印刷自由——正如席勒所谓的在这个"吊笔杆子"世纪较早出现的重要的舆论机构——在很多地方得以实现,并且在其他地方也可以容忍,尽管在每个地方都是法律规范的目标。印刷自由是启蒙运动为确保自己的思想能够传播,特别是确保书面语言能被普遍理解而制定的计划的一部分。结果书籍的生产达到了一个前所未有的水平,并且许多以科学普及、教育和娱乐为目的的期刊对书面语言的广泛传播起到了补充作用。⑩

然而,不管它们怎么宣称如何具有全球性质,这些报纸、期刊及很多书籍在受众和影响范围上都常常被限定在一国之内。只有法国启蒙运动最伟大的成就——大百科全书及伏尔泰、孟德斯鸠和卢梭的著作——驰名于整个欧洲。之所以如此,首先是因为法国的语言在许多地方是教养阶级的通用语,其次是因为法国人的思想本身具有先进性,代表了时代的发展趋势。除了这些法国作家外,一些英国作家的作品也远近闻名:如洛克、休谟和许多自然科学家特别是牛顿的著作。就不那么杰出和成功的其他作家

---

⑨ P. F. Barton, *Maurer, Mysten, Moralisten* (Vienna, 1982); L. Hammermeyer, 'Zur Geschiche der europäischen Freimaurerei und Geheimgesellschaften im 18. Jahrhundert', in É. H. Balazs (ed.), *Beförderer der Aufklärung in Mittel- und Osteuropa* (Berlin, 1979), 9–68; H. Reinalter (ed.), *Freimaurer und Geheimbünde im 18. Jahrhundert in Mitteleuropa* (Frankfurt-on-Main, 1983).

⑩ O. Dann (ed.), *Lesegesellschaften und bürgerliche Emanzipation* (Munich, 1981); Roche, *Le Siècle des Lumières*; R. Gruenter, *Leser und Lesen im 18. Jahrhundert* (Heidelberg, 1977); W. Martens, *Die Botschaft der Tugend*, 2nd edn (Stuttgart, 1971); J. Wilke, *Literarische Zeitschriften des 18. Jahrhunderts (1688–1789)*, 2 vols. (Stuttgart, 1978).

来看,书籍翻译有助于他们思想的传播。许多同时代的著作被译成了其他文字,如果不是这样做它们几乎不会产生什么影响,或者甚至不为很多公众所知。在这儿我们又要说,不管大学怎么要求,普遍的情况是只限于校内而不是教区。然而,由于启蒙运动的全球性目的是知识分子的殷切期望
629 并渗透到了他们的著作中,尽管接触到它们的受众比整个人类的范围要小,但使用"全球性"这个术语不算不当。

学科地位

在大学仍然保持着重要性和影响的那些国家里,学科的地位和影响发生了变化。启蒙运动计划的成功降低了神学的重要性:神学院以前是最主要的学院,其教授的工资也最高,现在神学院降级了。

法学院取代了它。最迟从 18 世纪中期开始,"哲学院"——从 17 世纪起更喜欢被人称为"人的学科"——承认了它作为新的领导学科的"婢女"的角色,虽然非常不情愿。哲学院要求具有平等的地位和独立,甚至要求成为真正的中心学院(见十二章)。

那种情况发生在大学在启蒙运动的传播和移植上起了决定性作用的地区,如在德国、苏格兰和荷兰。哲学院的一些学科在 18 世纪后期已经坚决要求至少应与先前较高级的学院具有平等的地位。改革的认识、方法和实质内容对每一门学科都似乎是不可缺少的,以便能向广泛的学生做适当的推荐,并且在一些大学这是普遍的做法。在柏林大学建立及进行学科重组很早之前,哥廷根大学,这个 18 世纪德国最受欢迎的领袖大学,就提供了一些极好的例子。

也是在这种情况下,在那儿开始出现了改变人们关于科学和学术学科及其组织方法的传统观点的发展。各门学科博学的百科全书式的组织和安排进行得更加有活力,进行了改革和重新安排。强调学科的有用性和实践性,哲学院关于其学术地位至尊的新主张和神学院地位的降低,共同促使这个不怎么承认各门学科相对平等而重视科学观念的改革形成了气候。自此以后不再追求百科全书式的博学——尽管这继续是一种广泛流
630 行的实践——而是对一些具体学科进行系统整理和研究。从前博学的学

者开始转变为热衷于研究的科学家。[11]

按科学的方法认识和掌握未知的宇宙秩序，这个在逻辑上与将世界视为世俗现象这种认识相一致的任务，从法国大革命中获得了持久的动力催化剂。自美国的独立战争始，人类基于科学的知识自由地进行决策，并采取合理的行动可以改善世界，已成为人们显而易见的共识。通过对世界和人类的科学研究，人们可以获得正确的认识。以科学知识为基础，人们对进步变得更加有信心，直到19世纪这种信心在科学上变成了令人愉快的自信。

不用说，对理性的这种信心，事实上是对理性的过度崇拜，遭到了多种力量的反对。关于这一点要注意到，大多数的斗争和渴望是对神学的正统、强大的教会等级、关于科学知识的行会性质的垄断和严格的社会身份界限抱有敌意，这是非常重要的。这种反对来自全球的自然神论、虔信主义、詹森主义、审美个人主义和创世纪信徒。前浪漫主义和早期的非理性主义的历史相对论都各自以自己的方式加固了这一批判倾向，并为重新评价科学的内容和方法铺平了道路。在18世纪，这些不同的思潮已经开始摆脱启蒙运动的世界观，只是看起来不那么明显。它们一起侵蚀现有的教育理想，并促使这些教育理想及其体现这种理想的教育机构发生变化。

大学模式和学院改革的差异

爱国主义及在18世纪的启蒙运动中的共生共存的排他主义和全球主义一起，造就了自近代早期就保持的各种欧洲大学模式的区别方法。尽管科学和在整个欧洲大陆占主导地位的某种学术理论和方法以及某些具体的教学方法存在共同的特征，但这些不同的大学继续以自己独特的途径进行发展，并且同时它们仍然只是普遍的欧洲大学模式的不同表现。这种发展是由其自身实践和认识的理论基础本身所固有的性质所决定的。

一方面，法国大学的情况存在明显的分歧，另一方面，日尔曼民族的 631

[11] P. Moraw, 'Aspekte und Dimensionen älterer deutscher Universitätsgeschichte', in P. Moraw and V. Press (eds.), *Academia Gissensis. Beiträge zur älteren Giessener Universitätsgeschichte* (Marburg, 1982), 1－44.

神圣罗马帝国、荷兰和北欧社会的那些大学的情况也存在明显的差异。除此之外，牛津和剑桥仍然坚持它们自己特有的模式，作为学院大学不设法学院，并坚持保留以培养未来牧师为目的的机构。[12]同时苏格兰的大学则依照启蒙运动的精神在运行。[13]在地中海地区，启蒙运动采取了不同的形式，其领导的改革或改革的努力，改变了这些国家教育的特征。在伊比利亚半岛，遵循的是启蒙运动的法国模式，[14]而在意大利[15]——也像在俄国，在莫斯科大学一样[16]——采取的是荷兰和德国大学的改革模式。亲冉森教派与意大利宗教改革时期的天主教有联系——留下了烙印，并对非意大利国家产生了直接的影响。

简短的概括评论可能有助于对欧洲大学的不同模式进行描绘。

在18世纪的法国，大学对法国社会的智力生活及其启蒙讨论过程不再有任何显著的影响。[17]文学院在反宗教改革的耶稣会教派的影响下，已经降低为只是颁发毕业文凭的机构。学院——均接受教会或修道会的管理——认真地承担起预备教育的任务，已变得完全僵化，不可能去发展科学学科。启蒙讨论只发生在各种沙龙和到处涌现出来的学术团体中。大学和学院仍将自己限于执行纯粹社会性的自我复制训练功能的这种与世隔绝状态，从本世纪中期就已经招致了日益猛烈的抨击，要求改革。德－
632 达朗伯在《大百科全书》“大学”辞条，只是受到不合理责难并且同时要求进行基本改革的众多出版物中的一篇。在现代外语、自然科学、历史领域需

---

⑫ *History of Oxford V*.

⑬ A. Chitnis, *The Scottish Enlightenment* (London, 1976); N. T. Phillipson, 'The Pursuit of Virtue in Scottish University Education', in N. T. Phillipson (ed.), *Universities, Society and the Future* (Edinburgh, 1983), 82－105.

⑭ J. Sarrailh, *L'Espagne éclairée de la seconde moitié du XVIII e siècle* (Paris, 1954); R. Herr, *The Eighteenth-Century Revolution in Spain* (Princeton, N. J., 1953).

⑮ M. Fubini (ed.), *La cultura illuministica in Italia*, 2nd edn (Turin, 1964); A. Wandruszka, *Leopold II*, 2 vols. (Vienna/Munich, 1963－1965); F. Venturi, *Settecento riformatore* (Turin, 1969).

⑯ G. A. Novick, 'L'origine de l'enseignement supérieur en Russie et la fondation de l'Université de Moscou', in *Universités européennes*, 160－168.

⑰ Chartier, *Education en France*, esp. 207ff.; L. W. B. Brockliss, 'Le contenu de l'enseignement et la diffusion des idées nouvelles', in Verger (ed.), *Universités en France*, 199－260.

要更好的教学方法,同时也需要对大学输入活力。

虽然自18世纪初以后,要求教育改革的出版物的数量增加了5倍,但宫廷和教会都没有表现出任何兴趣。它们没有沿着启蒙运动要求的路线进行改进,甚至连杜尔哥引入改革的努力也没有取得任何进展。1752年耶稣会教令的废除的确对法国教育进而对大学的入学提出了一些严肃的问题。然而,政府并没有承担曾经由耶稣会教会完成的任务——而且它也缺乏承担这项任务必要的素质和技能,政府将他们的任务转交给了其他教派,如奥拉托利会会友或本笃会修士。

难怪越来越多受过启蒙的法国公众觉得,大学除了能满足资格证明的机会和需要之外是一种多余的东西。专业的机构如农业学院、外科学院、在1701年进行了改革的科学院、医学院是仅有的促进科学发展并进行适当的培训和教育活动的机构。这些职责是由各省的众多的研究院、共济会地方分会集会处、巴黎人的沙龙和18世纪80年代新建立的国立中学及博物馆来完成的。宫廷始终没有推出一种学术活动模式,是由贵族和中产阶级组成的社团对人们的思想产生了更多的影响。⑱

只是在法国大革命以后,在拉·夏洛泰的领导下才颁布了《公共教育法令》(几乎完全失败了),至此流行的教育制度被废除了。在1793年,国民公会的一项法令取消了研究院和学会。之后不久,督政府根据4年雾月3日(1795年10月23日)热月党人的思想和准备,建立了国家科学和文学院。它的三个班级——行政—数学班、文学和美术班及道德和政治学班对培训、传播和推进一种文明公民但不是真正平等主义的科学观念有重要的意义。教育和培训完全世俗化了,它在这方面是成功的。正如关于大学的 633
地位逐渐明晰,虽然教会的垄断看起来已经走到了尽头,但主要的目的未能实现。⑲

拿破仑对大学教育的重组(我们在这儿不予讨论)从法令的视角来看只赋予了高等教育机构有限的科学意义。它们被指令提供某些专门职业

---

⑱ J. Voss, *Geschichte Frankreichs*, vol. Ⅱ (Munich, 1980), 151 - 167; Roche, *Le Siècle des Lumières*.

⑲ V. Karady, 'De Napoléon à Duruy', in Verger (ed.), *Universités en France*, 261 - 366.

的培训。真正的科学和高等教育由专门的机构提供。拿破仑在颁布这一政策时做了一些符合启蒙运动支持者长期要求的事情。在更全面的预备教育之后的专门训练的法则在一定程度上得以实现。自17世纪始,法国大学持续的衰败(只有某些机构和学科如巴黎大学和蒙彼利埃大学的医学是例外)几乎是不可避免地选择了这种解决方法。

日尔曼民族的神圣罗马帝国的发展过程走上了完全不同的方向,大学在它们各自社会的学术生活中仍起着关键作用。在17世纪即将结束的时候,根据启蒙运动的思想和某些启蒙原理进行的首次对高等教育的改革就成功地实现了——我们在这里首先应该想到克里斯蒂安·托马西乌斯和哈勒大学。然后这种运动扩展到了其他大学。1737年建立的哥廷根大学,成了天主教会处理启蒙运动的学科和引导公开的学术讨论的榜样。(由耶稣会解散引起的问题是如何建立科学知识的新结构。)自宗教改革以来,神圣罗马帝国中有学问的人、知识分子和在学术上受过培训的人,第一次可以用单一的语言相互交谈。一旦这种事情发生了,教会的分裂就不再有什么特别重要的意义了。[20]

在许多大学里,在方法上已现代化了的进步的法学主宰着科学知识
634 的结构。科学的所有学科和主体(包括神学)都吸收了法学的成就。包括神学在内的这些学科根据启蒙运动的思想对自身进行了改革,这在神圣罗马帝国引入了一种明显的历史方法。这种新的方法赢得了所有教师的参与和合作,并进行了全面普遍的讨论。这些教师对神学的敌意比他们的法国同行少得多。神学家们在这些讨论中发挥了重要的作用。这样他们对他们的学科进行了现代化的改革,这些进步的教授还对大学和学科的世俗化做出了贡献。当然,在神圣罗马帝国也出现了"爱国的"、"伦理—经济学"社团,"实用知识学会"和许多"学会"。也出现了梅森学派和一些秘密

---

⑳ Hammerstein, 'Zur Geschichte und Bedeutung' (注释7); McClelland, *State, Society and University*, 34 – 98; N. Hammerstein, 'Universitäten und gelehrte Institutionen von der Aufklärung zum Neuhumanismus und Idealismus', in G. Mann and F. Dumont (eds.), *Samuel Thomas Soemmerring und die Gelehrten der Goethe-zeit*, Soemmerring Forschungen I (Stuttgart/New York, 1985), 309 – 329; N. Hammerstein, *Aufklärung und katholisches Reich. Untersuchungen zur Universitätsreform und Politik katholischer Territorien des Heiligen Römischen Reichs deutscher Nation im 18. Jahrhundert*, Historische Forschungen, 12 (Berlin, 1977).

学会,但它们的目的和行为方式都已经为那些改革了的大学所接纳了。它们与大学绝对不矛盾:在许多大学城,这些人与许多学院都有广泛而深远的联系。地方性和地区性很久以来就是神圣罗马帝国的固有特征,这与启蒙运动的全球主义特点一点儿也不矛盾。德国古典主义和理想主义甚至是浪漫主义,从全球主义那儿继承了更明确的遗产,比从那个时代欧洲其他国家的学术环境特征中继承的财产更多。

自 18 世纪 80 年代始,在大学里和从前一样在学院之上对科学知识和精深的知识进行划分,因此学科内的学术讨论将促进对哲学学科及其子学科的发展。后者现在作为与以前的"高级"学科平等的身份出现了,事实上哲学学科宣称(最后成功了)它是其他学科的理论和方法论基础。即便当人们将重心放在历史和文献学科及"唯心主义"哲学的时候,那也没有真正阻止"四艺"中的学科(自然科学及其主旨和方法)吸收这些学科以自己的方式产生的影响。㉑在荷兰,大学所起的作用与神圣罗马帝国的大学所起的作用类似,这一部分改革也获得了成功。㉒

都源于神圣罗马帝国的新教地区是大多数成功改革的共同特征,它们常常是教授们和那些自身在大学里接受过教育的君主的顾问合作的结果, 635
所以这些改革主要都是内部的学术创新。罗马天主教会的教育机构之所以采纳这些改革,通常源于一些教授的坚持,但更多地源于地区政府、君主的顾问和君主们本人的作用。结果,他们首先考虑的是政府的利害关系,而不是教会的利害关系。但是如果说那些在或多或少都属倒退的公共机构里成功地取得了一些必然的进步的话,那必定是财政科学起到了"改革—学科"的突出作用。这种情况在其他罗马天主教国家里表现在许多方面,俄国也是这样。君主们为了使他们的社会符合当代的标志,不得不将专业培训当做通向目标的可靠途径。神圣罗马帝国大学在学术上的重要作用在一定程度上是这一事实的结果,即它是一个没有首都的政府,它没有一个学术中心能够通过沙龙或研究院或宫廷来提供一个有代表性的说

㉑ N. Hammerstein, 'Die deutschen Universitäten im Zeitalter der Aufklärung', *Zeitschrift für historische Forschung*, 10 (1983), 73 - 89; L. Hammermayer, *Geschichte der bayerischen Akademie der Wissenschaften*, vol. I, 2nd edn (Munich, 1983).

㉒ Frijhoff, *Gradués*.

服者。从1760年开始,人们对帝国的这种状况日益感到悲哀。人们要求改变神学和哲学学科的这种落后状况。在对贵族政府的激烈批评中伴随着这些抱怨。他们的主要目标在于,为以前的哲学院和新教神学院的学生争取获得与法学院学生以前所享受的平等地位,并因此为他们赢得获得公共职位的权利。大学重组以后,在对新柏林大学的效法中,这种不满的感觉在哲学院的毕业生和学生的身上转变成了各种优越的情绪并体现出来。㉓

启蒙运动宠爱专门学院甚于综合大学的趋势在总体上并没有成功地赢得德国、荷兰或北欧国家负责任的当局的支持。的确,柏林的苗圃和矿业学院、维也纳的玛丽亚—塞丽西厄那姆和兽医学校以及慕尼黑的财政学院都表明大学并非一统天下。然而,即便是星期三改革者学会,即在柏林致力于启蒙运动法则的改革者的圈子在讨论这些问题(主要在1795年)的
636 时候,也公然宣称,他们反对大学的"废除或彻底地转化"。将大学分成学院尽管是陈旧的和"修道士的",但它是(有争论)对学科的一种理想的调整。只有改革,而不是彻底地变化才是明智的。

在西班牙和在葡萄牙一样,王权或它的负责大臣宣布根据启蒙运动的原理对大学进行改革。改革不只是关心如何确保政府在所有公共事务中的统治,还明显地反对教会或反对耶稣会。改革者极为关心如何改善大学的荒凉状况,因为它们已没落到了为专业从业者提供预备教育的培训学院和机构的水平。那些在17世纪曾经起过重要作用的为数不多的学科已经无足轻重了。尽管它们受控于神学和神学家,并且在他们的神学工作中根本没有任何学术的影响,这些极端的教授和机构仍阻止每一种改革的尝试,同时继续提供很久以来就已过时的传统培训。

首先是查里三世(1759—1788)试图对大学进行改造,他对那不勒斯的启蒙运动思想相当熟悉,并且试图通过他的大臣伯纳多·塔努奇对之施加

㉓ U. Muhlack, 'Die Universitäten im Zeichen von Neuhumanismus und Idealismus: Berlin', in P. Baumgart and N. Hammerstein (eds.), *Beiträge zu Problemen deutscher Universitätsgründungen der frühen Neuzeit*, Wolfenbütteler Forschungen, 4 (Nendeln/Liechtenstein, 1978), 299-340; T. Nipperdey, *Deutsche Geschichte 1800-1866. Bürgerwelt und starker Staat* (Munich, 1983), 470-482.

影响。[24]1753 年协定同意给予王权的职责及对耶稣会的驱逐,为改革提供了有利的条件。从这些改革始,每所大学均设四个学院。法学院特别受到宠爱,它们被赋予了实现法国启蒙运动理想的任务,并被视为提供了所有改革努力的正确模式。虽然上层宣布进行这些改革,但没有获得受教育不足的教授们的多少支持。结果,改革只停留在表面上。然而,从中也形成了一种在 19 世纪才被充实内容的制度结构,并在知识分子和部分上层阶级中间持有着亲法国政府而反对教会特权的态度。然而,这种态度的广泛程度和深入程度,都不足以提供一种能够使短短的两个年代的改革活动走向成熟,并产生持久的效力。尽管如此,许多省属的学院确实使农学和技术取得了进步。正如省属学院在其他欧洲国家所起的作用一样,这些学院在共济会会员和许多秘密社团的支持下,使改革者的这种绵长的努力得到了加强。他们遇到了财产分配制度和蕴藏于不加批判公认的传统中的社 637
会制度所强加的种种限制。

尽管与在西班牙相比需要更大的努力,卡瓦略侯爵这位杰出的葡萄牙大臣还是试图根据他那个世纪的进步和启蒙运动颁布法令。当卡瓦略向耶稣会教派宣战(这是一场对整个欧洲都产生了影响的战争)的时候,约瑟夫一世授予了他放手大干的权利。在约瑟夫一世加冕 12 年之后,卡瓦略开始收回耶稣会教派的教育特权,他受法国启蒙运动的启发,希望将教育建立在世俗的法理之上。耶稣会教会在反宗教改革时期建立的埃武拉大学被废除了,并且将科英布拉大学纳入了国立大学,根据启蒙运动的原则进行管理。科英布拉的地位于 1777 年得到确认,由此宣布了经院哲学的结束,也使各门科学开始转到了经验主义和实际应用的方向上。葡萄牙似乎是进步的天主教社会的先锋,启迪开始较早,并被新大陆急切地吸收,又在那儿获得进一步发展。[25](在 19 世纪早期法国大学改革之前这些都已

---

[24] E. Passerin d'Entrèves, *L'Italia nell'età delle riforme 1748 – 1796*, 2nd edn (Turin, 1965); G. Procacci, *Geschichte Italiens und der Italiener* (Munich, I983), 186 – 219; A. Omodeo, *Die Erneuerung Italiens und die Geschi-chte Europas* (Zürich, 1951); R. Lill, *Geschichte Italiens vom 16. Jahrhundert zu den Anfängen des Faschismus*, 2nd edn (Darmstadt, 1987), 31 – 60.

[25] B. Romano, *L'espulsione dei Gesuiti dal Portogallo* (Città di Castello, 1914); A. Ferrão, *O marquês de Pombal e as reformas dos estudos menores* (Coimbra, 1915).

完成了。)

在正式组织上,苏格兰大学与大陆大学保持着巨大差异。首先,它们没有采用大陆大学的做法将大学分成学院。不过,它们的教学和教科书影响了许多参与了欧洲启蒙运动的国家,并且对美国的教学和培训也产生了非常重要的影响。苏格兰大学的优势于19世纪逐渐消失。苏格兰大学屈服于各种学术危机及其聘任杰出教师的能力的危机。苏格兰逐渐移出了欧洲的学术圈子。

在18世纪下半叶,整个欧洲的大学都从神学院的统治中解放了出来,这与他们希望讲授有用的、实践的和易于应用的知识的想法相吻合。正如在法国不久发生的那样,这导致培训专门人才的专业成为教育的重点。它也导致了新学科的引进和大学里已经在教授和学习的那些学科发生了变化。无论如何,对科学和学术本身在方法上和本质上的认识变化了,并且由于这种认识的变化,发展科学和学术的那些人的行为和自我认识也同样变化了。

638 在欧洲不同大学的一种普遍的变化绘制了一副色彩极为丰富的图画。在某种程度上,法国在培训、大学、学院和其他高等教育机构方面比其他欧洲国家更全面地坚持实施了启蒙运动的思想。在由拿破仑领导的法国对欧洲部分地区的占领期间,一些被占国家接受了法国的模式,但没能在总体上保持多长时间。

启蒙运动时期,西班牙、葡萄牙和俄国的改革在大学里没有多少持久的效力。在紧随法国大革命的一些事件之后,来自上层的压力一旦缓和,改革的热情马上就烟消云散了。因而大多数大学保持的仅是在科学和学术命题建立过程中留给它们的那些东西,除此之外它们没有增加任何内容及变化。它们仍停留在旧的传统和稳定之中,变成了纯粹的公共培训机构。

某些学科的革新在牛津和剑桥曾出现了许多良好的开端,并且出现了对大学改革的激动人心的公开讨论,但是英国大学对其以前的组织模式及科学本质和方法的理解抱有相当忠实的信念。从根本上看,它们坚持已有的古老传统。

在意大利则相反,某些相信意大利政府的大学进行了深刻且持久的变革,但新的精力释放到了科学和学术工作中。它们以自己的方式期待在意大利半岛出现各种更广泛的运动,这些运动将导致社会和学术更具有全面的活力,国家更加统一。在波兰也是这样,大学教育和培训的革新也带来了相当明显的进步学术运动的成果。然而,国家的支离破碎使得这种努力画上了句号。㉖

苏格兰大学,特别是爱丁堡大学,经历了一个具有广泛交错影响的巨大的高潮。启蒙运动的某些思想、科学和技术的某些观念,以其最具有活力的形式出现在苏格兰。但与神圣罗马帝国的大学不同,苏格兰大学的这些革新没能维持下去。

在法国大革命和拿破仑时代的挑战之后,发生在哈勒大学和哥廷根大学的改革及德语国家的大学仿效它们所进行的改革,因一些重要的革新 639
得以延续,这些革新在许多方面为大学教育和培训及理论科学和学术的应用建立了一种新的模式。这是一种能够发展和成长的模式。虽然柏林大学的改革在其重点上有创新,并且确实提出了一种在广泛的意义上认识研究、科学进步和科学价值的新的途径,但它们仍是建立在以前的发展、理论和方法之上的。显然自此以后,大学成了科学和学术,为现代政府对自己的合法性和能力充满信心提供理论基础,并使人们认识到现代社会需要教育和培训的适当场所。

精选文献

Álvarez Morales, A. *La ilustración y la reforma de la universidad en la España del siglo XVIII*, Madrid, 1971.

Amburger, E., Ciésla, M. and Sziklay, L. (eds.) *Wissenschaftspolitik in Mittel- und Osteuropa. Wissenschaftliche Gesellschaften, Akademien und Hochschulen im 18. und beginnenden 19. Jahrhundert*, Berlin, 1976, 1 -

㉖ Jobert, *La Commission d'éducation nationale en Pologne, 1773 - 1794* (Paris, 1941); M. Ciésla, 'Die polnische Hochschulreform der siebziger und achtziger Jahre des 18. Jahrhunderts', in Amburger *et al*. (eds.), *Wissenschaftspolitik* (注释 6), 348 - 358; B. Lésnodorski, 'Les universités au siècle des Lumières', in *Universités européennes*, 143 - 159.

84.

Boehm, L. 'Wilhelm von Humboldt (1767 – 1835) and the University: Idea and Implementation', *CRE-Information*, 62 (1983), 89 – 105.

Brockliss, L. W. B. *French Higher Education in the Seventeenth and Eighteenth Centuries. A Cultural History*, Oxford, 1987.

Chartier, R., Compère, M.-M. and Julia, D. *L'Education en France du XVIe au XVIIIe siècle*, Paris, 1976.

Donnert, E. *La Russie au siècle des Lumières*, Leipzig, 1986.

Hammerstein, N. *Aufklärung und katholisches Reich. Untersuchungen zur Universitätsreform und Politik katholischer Territorien des Heiligen Römischen Reichs deutscher Nation im 18. Jahrhundert*, Historische Forschungen, 12, Berlin, 1977.

Hammerstein, N. 'Universitäten und gelehrte Institutionen von der Aufklärung zum Neuhumanismus und Idealismus', in G. Mann and F. Dumont (eds.), *Samuel Thomas Soemmerring und die Gelehrten der Goethe-Zeit*, Soemmerring-Forschungen, I, Stuttgart/New York, 1985, 309 – 329.

Kulczykowski, M. (ed.) *Les Grandes Réformes des universités européennes du XVIe au XXe siècles. IIIéme Session scientifique internationale, Cracovie, 15 – 17 mai 1980*, Zeszyty Naukowe Uniwersytetu Jagiellonskiego DCCLXI. Prace Historyczne, Z. 79, Warsaw/Cracow, 1985.

Lésnodorski, B. 'Les universités aux siècle des Lumières', in *Les Universités européennes du XIVe au XVIIIe siècle. Aspects et problèmes*, Geneva, 1967, 143 – 159.

McClelland, C. E. *State, Society and University in Germany 1700 – 1914*, Cambridge, 1980.

640 McClellan III, J. E. *Science Reorganized: Scientific Societies in the Eighteenth Century*, New York, 1985.

Plaschka, R. G. and Klingenstein, G. (eds.) *Österreich im Europa der Aufklärung*, 2 vols., Vienna, 1985.

Plaschka, R. G. and Mack, K. (eds.) *Wegenetz europäischen Geistes. Wis-*

senschaftszentren und geistige Wechselbeziehungen zwischen Mittel- und Südosteuropa vom Ende des 18. Jahrhundert bis zum Ersten Weltkrieg, Schriftenreihe des österreichischen Ost- und Södosteuropa-Instituts, 8, Munich, 1983.

Roche, D. *Le Siècle des Lumières en province. Académies et académiciens provinciaux 1680 – 1789*, 2 vols., The Hague/Paris, 1978.

Taton, R. (ed.) *Enseignement et diffusion des sciences en France au XVIII e siècle*, Histoire de la Pensée, 9, Paris, 1964; reprint Paris, 1986.

Verger, J. (ed.) *Histoire des universités en France*, Toulouse, 1986.

主编关于索引的说明

因为一些实际原因,本书将索引分成两部分:一是人名索引,二是地名与主题索引。

第一部分索引包括本卷中涉及到的所有人名。在近代早期卷中,几乎在所有情况下,所使用的字母顺序根据姓而不是教名。这意味着,对大多数中世纪的学者和人物,以及通常以其教父名而闻名的人文主义者来说,出现在字母顺序表中表示特征的名字是他们的姓。名字的变体示于相应条目后的括号里,作者的著作没有列在索引里。

地名与主题索引经过了仔细的编辑。换言之,文中出现的各种各样的主题没有必要在索引中反复重现或列在地名之下,而是改为将其纳入更普遍的题目下的集体条目下,并且索引中包括的仅是那些与大学史有直接相关的主题。地名提供的是英语形式,当这个地名继续存在时,则提供(现代的)国家和行政划分(县、国家、教区、省、kraj,等等)。鉴于历史的精确性,索引中的地名一般使用当时的名称用法。现代的地名或其他用法都标在相关条目后的括号中。

所有有关个人的参考资料需要读者查阅人名索引。然而,在某些情况下,也有必要查看主题索引,像亚里士多德学说、拉谟斯主义、加尔文教派、笛卡尔哲学、牛顿学说等概念。如果可能,人物身份统一且位置确定。

这两部分索引的编辑是在根特的约翰·汉塞莱尔的帮助下完成的。我们向他表示最诚挚的感谢,感谢他的辛勤劳动和对具体细节的注意。

人名索引*

* 人名索引及地名与主题索引中的页码为原书页码——译者。

B

G

H

I

J

M

N

O

S

X

Y

Z

地名与主题索引

B

D

E

H

I

J

P

Q

R

T

U